노인복지론

노인복지론

2020년 2월 28일 초판 1쇄 펴냄
2025년 8월 13일 개정판 1쇄 펴냄

지은이 최혜지 · 이미진 · 전용호 · 이민홍 · 이은주
기획 비판과 대안을 위한 사회복지학회

편집 정지현 · 박훈
디자인 김진운
본문조판 토비트
마케팅 유명원

펴낸이 윤철호
펴낸곳 (주)사회평론아카데미
등록번호 2013-000247(2013년 8월 23일)
전화 02-326-1182
팩스 02-326-1626
주소 03993 서울특별시 마포구 월드컵북로6길 56
이메일 academy@sapyoung.com
홈페이지 www.sapyoung.com

ISBN 979-11-6707-188-0 93330

노인복지론

최혜지 이미진 전용호 이민홍 이은주 지음

사회평론아카데미

개정판 서문

권리로 노인복지를 조망하는 교과서를 다시 내놓으며

초판이 소개되고 다섯 해가 지나 2판을 내놓는다. 이 책이 독자에게 두루 읽히고, 나름의 소임을 다한 덕에 2판이 나오는 행운을 얻은 것이라 생각하고, 또 감사한다. 2판에는 초판과는 다른 노인의 삶을 담을 수 있기를 바랐으나 다섯 해라는 시간이 지난 지금도 노인의 삶은 그때와 별반 다르지 않다. 따라서, 생의 어느 시기를 지나건, 품격 있고 존중받는 삶을 사는 노년을 향한 저자들의 희망은 진행형이며, 인권을 기반으로 노인복지를 설명하려는 이 책의 목적은 여전히 유효한 것 같다.

이 책은 사회복지를 전공하는 대학 학부생을 주 독자층으로 한 교재로 기획되었다. 따라서 노인과 노인 가족을 대상으로 사회복지 관련 분야에서 일하기를 희망하는 전공자에게 필요한 지식과 기술을 소개하는 기본서의 성격을 갖는다. 일반적인 교재가 특정 패러다임에 기반을 두지 않는 것과 다르게 이 책은 노인의 권리를 강조하는 인권관점과, 삶이 완결되기까지 인간은 변화와 성장을 멈추지 않는다는 발달관점을 통해 노인복지를 설명한다. 이에 따라 인권관점을 이해할 수 있는 내용으로 서두를 열었으며, 노인 인권에 대한 새로운 해석을 제시하는 최신 노년학이론을 소개했다.

저자들은 독자가 쉽게 이해할 수 있도록 가능한 평이한 단어로 글을 풀어내고자 했으며, 학부생에게 익숙하지 않은 용어와 개념은 각주와 〈더 알아보기〉를 통해 자세히 설명했다. 특히 노년학이론을 소개할 때는 사례를 제시해 설명을 구체화하고, 노인복지 관련 세부정책과 실천방법에 대해서도 토착사례를 다양하게 소개했다. 무엇보다 노인복지에 관한 최신 통계 데이터를 제공하기 위해 노력했으며, 시각적으로도 독자들의 이해를 돕는 사진 자료를 배치하여 지루함을 덜고자 했다.

이 책은 네 가지 주제를 중심으로 총 4부 15장으로 구성했다. 제1부 '노인과 노인복지'에서는 인권관점과 발달관점에서 바라본 노인과 노년기를 다루었으며(1장), 사회노년학의 노화이론을 비판적으로 검토했다(2장). 제2부 '노년기의 변화와 사회적 위험'에서는 노인이 겪는 신체적·심리적 변화(3장)와 사회적 변화(4장), 그리고 노년기에 맞닥뜨릴 수 있는 전통적 위험(5장)과 신사회위험(6장)을 살펴보았다. 제3부 '노인복지정책'에서는 노인의 권리를 보장하기 위한 제도적 도구로서 노인복지정책과 전달체계(7장)를 비롯해 노인소득보장정책(8장), 노인노동정책(9장), 노인건강보장정책(10장), 노인돌봄정책(11장), 노인주거보장정책(12장), 노인사회참여정책(13장)을 현장의 사례와 함께 자세히 안내한다. 마지막 제4부 '노인복지실천'에서는 노인이 높은 삶의 질을 유지하도록 지원하는 중시 및 미시적 실천을 안내한다. 노인복지실천의 패러다임 변화와 노인복지상담, 사례관리 기술을 배우고(14장), 인권관점 노인복지실천이란 무엇인가를 독자들이 명확하게 습득할 수 있도록 개념부터 실천 과정, 방법기술, 사회복지사의 역할, 관련 모델, 개입 사례까지 충실히 담아냈다(15장).

특히, 이 책은 부마다 도입글을 두어 각 장의 내용이 노인복지에서 함의하는 바가 무엇인지 상세하게 소개한다. 이러한 저자들의 노력이 독자들에게 닿아 노인복지에 대한 학습 의욕을 좀 더 불러일으킬 수 있기를 바란다. 또한 노인의 삶에 관한 문제의식을 높이고 비판적 실천의 역량을 높이고자 각 장을 마무리하며 논의할 필요가 있는 주제를 토론쟁점으로 제안하고, 토론거리를 제시했다.

책의 기획과 집필에 다섯 명의 저자가 함께했다. 이미진은 1장, 3장, 4장,

6장 5절과 6절을 집필했다. 이민홍은 6장 2절과 3절, 13장, 14장, 15장을 완성했다. 이은주는 5장 1절과 8장을 집필했으며, 전용호는 2장, 5장 2절과 3절, 6장 1절과 12장을 완성했다. 최혜지는 5장 4절, 6장 4절, 7장, 9장, 10장, 11장을 집필했다. 끝으로 2판이 나올 수 있도록 지원을 아끼지 않은 사회평론아카데미 편집부에 깊이 감사드린다.

2025년 6월

모두가 존중받는 삶을 희망하며

최혜지(서울여자대학교), 이미진(건국대학교),

전용호(인천대학교), 이민홍(동의대학교), 이은주(사회복지연구소 물결)가 썼습니다.

서문

권리로 노인복지를 조망하는 새로운 교과서를 집필하며

모든 사람은 그(녀)가 누구이건, 생의 어디쯤을 지나고 있건, 품격 있고 존중받는 삶을 살 수 있어야 한다. 그러나 사회는 어떤 가치를 지향하는가에 따라, 종종 생의 시기를 기준으로 그(녀)가 지닌 인간으로서의 품격과 존엄함을 인정하는 데 인색하다. 특히 생의 완결기를 향해가는 노인은 존엄한 삶을 위해 고군분투해야 하고, 간혹 비참한 삶을 인내하도록 강요받는다. 높은 자살률은 노인의 존엄한 삶을 지켜내지 못한 무기력한 우리 사회의 자화상을 드러낸다. 노인의 삶에 관한 이 같은 단상을 토대로 이 책의 저자들은 품격을 유지하고 존중받는 삶을 살 수 있는 사람으로서의 권리, 즉 인권을 토대로 노인복지를 그려내고자 했다.

이 책은 사회복지를 전공하는 대학 학부생을 주 독자층으로 삼는 교재로 기획되었다. 따라서 노인과 노인 가족을 대상으로 사회복지 관련 분야에서 일하기를 희망하는 전공자에게 필요한 지식과 기술을 소개하는 기본서의 성격을 갖는다. 일반적으로 지식 전달을 목적으로 하는 교재는 특정 패러다임에 기반을 두지 않는다. 이는 대부분의 교재가 저자의 시각을 되도록 덜어내는 이유이며, 이 책의 저자들이 새로운 교재를 기획하게 된 까닭과 맞닿아 있다.

기획 의도에 따라 이 책은 관점의 선명성과 설명의 구체성을 높여 기존의 교재들과 거리를 두고, 책의 유용성에 관한 저자들의 고민과 우려를 해소하고자 했다. 즉, 품격 있고 존중받는 삶에 대한 노인의 권리를 강조하는 인권관점과, 삶이 완결되기까지 인간은 변화와 성장을 멈추지 않는다는 발달관점을 통해 노인복지를 설명한다. 그렇기에 인권관점을 이해할 수 있는 내용으로 서두를 열었으며, 노인인권에 대한 새로운 해석을 제시하는 최신 노년학이론을 소개하고자 했다. 또한 노인복지정책을 설명하면서 해당 정책이 노인의 사회적 권리와 어떻게 연결되어 있는지 검토했다. 그와 더불어 발달관점에 기초해, 생의 완결기까지 지속적으로 삶의 의미를 성찰하고 성장하는 능동적 주체로서 노인과 노년의 삶을 강조했다.

저자들은 무엇보다 학습내용이 피상적이거나 관념적이지 않고 손에 잡히듯 쉽게 이해할 수 있도록 평이한 단어로 글을 풀어내고자 했다. 독자의 눈높이에 맞추어, 학부생에게 익숙하지 않은 용어와 개념은 각주와 〈더 알아보기〉를 통해 자세히 설명했다. 특히 추상성이 높은 노년학이론을 소개할 때는 각 이론마다 사례를 제시해 설명을 구체화하였고, 노인복지 관련 세부정책과 실천방법에 대해서도 토착사례를 다양하게 소개했다. 노인복지에 관한 최신 통계 데이터를 제공하기 위해 노력했으며, 시각적으로도 독자들의 이해를 돕는 사진자료를 배치하여 분위기를 환기하고 지루함을 덜고자 했다. 보는 맛, 읽는 맛이라는 두 마리 토끼를 잡기 위해 애를 쓴 덕분에 꽤 괜찮은 교재가 탄생했다고 본다.

이 책은 비판적 노인복지실천 역량을 함양하는 네 가지 주제를 중심으로 총 4부 15장으로 구성했다. 1부 '노인과 노인복지'에서는 노인을 능동적 주체로 이해하기 위해 인권관점과 발달관점에서 바라본 노인과 노년기를 다루었으며(1장), 사회노년학의 노화이론을 비판적으로 검토했다(2장). 제2부 '노년기의 변화와 사회적 위험'에서는 노인이 겪는 신체적·심리적 변화(3장)와 사회적 변화(4장), 그리고 노년기에 맞닥뜨릴 수 있는 전통적 위험(4장)과 신사회위험(5장)을 살펴보았다. 세 번째 주제인 제3부 '노인복지정책'에서는 노인의 권리를 보장하기 위한 제도적 도구로서 노인복지정책과 전달체계(7장)를 비롯해 노인소득보장정책(8장), 노인노동정책(9장), 노인건강보장정책(10장), 노인

돌봄정책(11장), 노인주거보장정책(12장), 노인사회참여정책(13장)을 현장의 사례와 함께 자세히 안내한다. 마지막 4부 '노인복지실천'에서는 노인이 높은 삶의 질을 유지하도록 지원하는 중시 및 미시적 실천을 안내한다. 노인복지실천의 패러다임 변화와 노인복지상담, 사례관리 기술을 배우고(14장), 그렇다면 과연 인권관점 노인복지실천이란 무엇인가를 독자들이 명확하게 습득할 수 있도록 개념부터 실천과정, 방법기술, 사회복지사의 역할, 관련 모델, 개입 사례까지 빠짐없이 담아냈다(15장).

이 책은 부마다 도입글을 두어 각 장의 내용이 노인복지에서 함의하는 바가 무엇인지 상세하게 소개하고 있다. 이러한 저자들의 노력이 독자들에게 닿아 노인복지에 대한 학습의욕을 좀 더 불러일으킬 수 있기를 바란다. 또한 노인의 삶에 관한 문제의식을 높이고 비판적 실천의 역량을 높이고자 각 장을 마무리하며 논의할 필요가 있는 주제를 토론쟁점으로 제안하였을 뿐 아니라 쟁점에 대해 깊이 들여다볼 수 있는 토론거리를 제시했다. 토론거리는 독자가 습득한 지식을 분석하면서 스스로 해결방법을 도모하게끔 능동적인 학습을 유도하는 내용으로 구성했다.

책이 완성되기까지 오랜 시간 동안 논의와 기획, 집필에 다섯 명의 저자가 함께했다. 이미진은 1장, 3장, 4장, 6장 5절과 6절을 집필했다. 이민홍은 6장 2절과 3절, 13장, 14장, 15장을 완성했다. 이은주는 5장 1절과 8장을 집필했으며, 전용호는 2장, 5장 2절과 3절, 6장 1절과 12장을 완성했다. 최혜지는 5장 4절, 6장 4절, 7장, 9장, 10장, 11장을 집필했다. 끝으로 집필진의 기획 의도가 본문에 제대로 투영되고, 그림으로 시각화할 수 있도록 조언과 지원을 아끼지 않은 사회평론아카데미 편집부에 깊이 감사드린다.

2020년 2월

모두가 존중받는 삶을 희망하며

최혜지(서울여자대학교), 이미진(건국대학교),

전용호(인천대학교), 이민홍(동의대학교), 이은주(참여연대)가 썼습니다.

차례

제1부

노인과 노인복지

한국 사회에서 고령화가 급속하게 진행되면서 노인복지에 대한 관심이 많아지고 있다. 여러분 또한 노인복지에 대한 학문적 열의로 이 책을 펼쳤을 독자라고 예상한다. 노인복지학은 노인에 대해 사회복지적인 접근을 하는 학문으로, 이 책은 독자들에게 사회복지에 대한 기본적인 학습이 이루어졌을 것으로 가정하고 '노인'에 중점을 두고 기술하였다. 그러면 노인에 대한 공부는 왜 해야 할까?

노인에 대한 공부는 자신의 미래 삶에 대한 공부에 다름 아니다. 독자들은 아마도 평균적으로 80~90세까지 장수하는 삶을 누릴 것이고, 노인이 될 것이다. 따라서 노인에 대한 공부는 자신의 미래를 준비하기 위한 학습활동과 같다. 여러분의 부모, 형제자매를 포함한 가족, 친척, 친구, 이웃도 머지않은 미래에 노인이 될 것이기에, 노인에 대한 공부는 여러분이 관계를 맺고 있는 사람들에 대한 이해의 폭을 넓히는 일이 된다. 장수사회에 살고 있는 우리 세대에는 이전 세대에 비해 노년기가 전체 삶에서 차지하는 비중이 더 길어질 것이므로 노년기의 삶의 질을 높이는 일은 더더욱 중요해진다.

노인에 대한 과학적 이해는 오해와 편견을 부수는 기초가 된다. 글쓴이는 초등학생 시절 밤에 요강을 사용하는 할머니를 보고 '할머니는 냄새나고 더러운 요강을 쓰지…'라고 생각했다. 그러나 성인이 되어 노인복지를 공부한 이후에는 생각이 달라졌다. 노년기에는 밤에 숙면을 하지 못하고 방광기능이 약화되어 화장실을 자주 갈 수밖에 없음을 알게 되니, 수세식 화장실이 없어 마당에 있는 조명도 변변치 못한 화장실까지 가는 번거로움을 피하기 위해 할머니가 요강을 사용하셨음을 깨닫게 된 것이다.

여러분 또한 노인복지를 공부함으로써 노인을 보는 일반적 관점에 대해 비판적으로 성찰할 수 있게 되기를 바란다. 그리고 노인이 기본적으로 누려야 할 권리를 향유하면서 보다 행복하고 즐거운 삶을 살 수 있도록 제도적, 실천적 기반을 제공하는 방법을 알게 되기를 기대한다. 고령화가 심각해지면서 노인빈곤, 노인일자리, 만성질환, 돌봄, 자살 및 우울, 학대 등 다양한 문제가 발생하는데, 이들 문제에 대해서도 기본적인 지식을 쌓고 통합적이고 비판적으로 바라볼 수 있는 관점을 가질 수 있기를 소망한다. 예를 들면, 노인의 노동문제를 '취업'정책 또는 '고용'정책의 관점에서 바라보면 노인일자리를 늘리는 것에 초점을 맞추게 된다. 그러나 노동자로서의 노인의 관점에서 보면 노년기 노동권 보장을 어떻게 할 것인가라는 문제의식을 가지게 된다. 이렇듯 노인을 바라보는 다양한 관점에 대해서도 학습할 수 있기를 바란다.

이 책은 노인과 노인복지를 발달관점과 인권관점에서 바라볼 것을 제안한다. 발달관점은 인간이 영유아기, 아동청소년기에서 그치지 않고 전 생애에 걸쳐 발달 과정을 거친다고 본다. 이 관점을 견지하면 노년기를 전인적인 발달의 한 과정으로 이해하면서 전체적이고 통합적인 관점으로 노인을 조망할 수 있게 된다. 또한 노년기의 신체적, 심리적, 사회적 변화가 상호 연관되어 있으며, 이러한 노년기의 변화를 노인과 사회환경이 상호작용한 결과물로 인식할 수 있게 된다. 인권관점을 갖추게 되면 노년기를 의존적인 시기로 바라보는 고정관념에서 탈피해 노인을 자율적인 결정을 내릴 수 있는 존엄한 존재로 인식하게 된다. 인권관점은 노인복지를 이해할 때 노년기에 기본적으로 누려야 할 보편적 권리는 어떻게 달성될 수 있는가라는 질문으로 나아가게 한다.

1장에서는 이와 같이 노인과 노인복지에 대한 새로운 관점을 제시한다. 2장에서는 사회노년학의 여러 노화이론을 살펴볼 뿐 아니라 한국 사회의 고령화 위기이론과 신노년이론을 비판적으로 성찰한다.

Chapter

01

노인과 노인복지에 대한 새로운 관점

노인을 전통적인 관점으로 바라보면 의존적인 존재, 쇠약하고 취약한 존재로 인식하기 쉽다. 노인복지를 정의할 때도 취약한 노인의 욕구문제를 해결하기 위한 정책·프로그램 및 실천적 개입으로 규정하는 것이 일반적이다. 그러나 노인을 발달관점과 인권관점에서 바라보면 노인과 노년기의 새로운 모습을 발견할 수 있다.

예를 들면 일본군 '위안부' 피해자였던 김학순(1924~1997), 김복동(1926~2019) 할머니는 신체적인 쇠약함을 초월하여 인권운동가로 활동하다 생애를 마쳤다. 1991년 8월 14일 김학순 할머니는 일본군 '위안부' 피해자 최초로 일본군 성노예의 존재에 대해 증언하였고, 김복동 할머니는 만 93세의 나이로 사망할 때까지 27년간 일본군 성노예의 존재를 알리고 일본 정부가 이를 공식적으로 인정하고 사과할 것을 당당히 요구하였다. 김복동 할머니가 암 투병 중에도 수요집회에 참가한 모습은 노년기를 신체적 쇠약함으로 단정짓는 것이 얼마나 협소한 인식인가를 깨닫게 한다. 또한 두 분 할머니는 아픔을 딛고 인권운동가로 활발히 활동했는데, 이러한 모습은 노년기에도 성장할 수 있음을 단적으로 보여준다.

이 장에서는 노인복지의 주요 개념과 한국 사회의 고령화에 대해 다룬다. 또한 발달관점과 인권에 대한 기초적인 지식을 소개하고, 이러한 관점에서 노년기를 조망하고 노인복지를 설명한다.

1. 노인에 대한 이해

1) 노년기와 노인의 개념

(1) 노년기

노년기가 언제 시작되는지에 대해서는 여러 이견이 존재한다. 미국의 대표적인 노년학 교과서 집필자인 애칠리Atchley와 바루시Barusch는 성인 후기later adulthood가 60대부터이고, 노년기old age는 70대 후반 또는 80대 초반에 시작된다고 간주한다(Atchley and Barusch, 2004: 8). 이 책은 노년기를 UN(국제연합)의 노인인구 기준에 따라 65세를 전후하여 시작하는 것으로 가정한다. 하지만 일부 논의 주제에 따라서는 다른 기준을 적용할 것이다. 예를 들면 노인노동과 관련해서는 우리나라의 정년퇴직 연령이 만 58세(통계청, 2015a)이므로 50세의 고령자를 논의 대상으로 삼는다.

(2) 노인

흔히 노인은 역연령chronological age[1] 기준으로 65세 이상인 사람을 일컬으며, 그 기원은 독일 비스마르크Bismarck가 재상이었던 1883년경부터 65세인 자를 근로무능력자로 간주하였던 것과 관련이 있다(지은정, 2021). 산업화 이후 퇴직 시기를 노년기의 시작으로 보는 관점이다. 역연령으로 노인연령을 정하

1 역연령은 시간이 경과한 달력상의 시간을 기준으로 한 나이로, 출생 시점에서 현재 시점까지 몇 년이 지났는지를 산출하여 얻은 나이를 의미한다.

는 것은 행정편의주의적 발상이라는 비판을 받기도 한다. 최근에는 전 세계적으로 연금재정 압박에 대한 해결책으로 연금을 받기 시작하는 연금 수급 개시 연령이 점차 높아지고 있으며, 이에 따라 노인의 연령기준도 상향 조정되는 경향이 있다. 우리나라에서도 2000년대 이후의 연구를 보면 70세를 노년기의 시작으로 보는 견해가 다수를 이룬다(이금룡, 2006).

최근 우리나라의 노인복지현장에서는 노인을 '선배시민'senior citizen으로 표현하면서 기존의 노인에 대한 인식을 변화시키려는 움직임이 활발하다. 선배시민이란 몸은 늙었지만 나와 나를 둘러싼 공동체가 잘 살아가고 있는지를 묻고 비판하며, 후배시민과 공동체를 돌보는 존재를 의미한다(유범상, 2018). 정부에서 지원하는 선배시민 관련 사업으로는 선배시민대학, 선배시민 자원봉사 프로그램이 있다. 이러한 활동에 참여하며 자신감과 존재감을 되찾고 지역사회에 공헌하고자 노력하는 노인들이 늘고 있다.

이 책에서는 노인을 '노년기의 신체적, 심리적, 사회적 쇠퇴와 상승, 발달을 경험하는 개인'으로 정의한다. 우리나라 노인복지 교과서의 대표적 필자인 최성재 · 장인협(2005)이 노인을 "생리적 및 신체적 기능의 퇴화와 더불어 심리적 변화가 일어나 개인의 자기유지기능과 사회적 역할기능이 약화되고 있는 사람"으로 정의한 것과 달리 이 책은 노년기 변화의 긍정적인 측면과 부정

| 더 알아보기 |

노인에 대한 정의의 다양한 기준

노인을 정의할 때, 개인의 주관적인 자각에 기초하거나 사회적 역할상실 여부, 기능적 연령 등을 기준으로 삼기도 한다(최성재 · 장인협, 2005). 흔히 은퇴자를 노인과 등가로 생각하는데, 이는 사회적 역할이 상실된 사람을 노인으로 정의하는 방법이다. 그러나 전업주부처럼 역할상실 시점이 불분명한 경우 적용하기 어렵다는 단점이 있다.

기능적 연령에 의한 구분은 노인의 특성을 관찰하여 개인이 소속되는 연령집단을 정하는 방법이다(Atchley and Barusch, 2004: 7). 예를 들면 신체적인 용모(흰머리가 있는가 없는가), 이동성, 힘, 정신능력 등으로 노인과 비노인을 구분한다. 노인의 기능 정도는 객관적으로 평가하기 어렵지만 노인을 획일적으로 보지 않게 해준다는 점에서 유용하다.

적인 측면을 아우르는 발달관점을 반영하여 접근하였다.

2) 한국 사회의 고령화: 현황과 전망

(인구)고령화[2]는 한 사회에서 전체 인구 중 노인인구가 차지하는 비중이 높아지는 현상을 일컫는다. 사회별 고령화의 속도를 비교하기 위해서 전체 인구 중 노인인구 비율이 7% 이상인 사회를 고령화사회aging society, 14% 이상이면 고령사회aged society, 20%부터는 초고령사회ultra aged society로 구분한다. 우리나라는 2018년에 65세 이상 인구가 738만 명으로 전체 인구 중 14.3%를 차지함으로써 고령사회로 진입하였다. 2025년에는 초고령사회의 대열에 합류하면서 세계적으로 가장 빠른 고령화 속도를 달성할 것으로 예측되고 있다(〈표 1-1〉 참조). 통계청은 2060년에는 노인인구 약 1,868만 명, 노인인구비는 44.2%에 달할 것으로 예상하였다(〈표 1-2〉 참조). 합계출산율[3]이 계속 감소하는 추세를 감안하면 고령화는 더욱 가속화될 것으로 전망된다.

표 1-1 주요국가 인구고령화 속도 추이

구분	도달연도			소요연수	
	고령화사회 (7%)	고령사회 (14%)	초고령사회 (20%)	고령사회 도달	초고령사회 도달
한국	2000	2018	2025	18	7
일본	1970	1994	2006	24	12
독일	1932	1972	2009	40	37
미국	1948	2015	2036	73	21
프랑스	1864	1979	2018	115	39

주: 한국 출처는 통계청(2018a), 그 외 국가 출처는 보건복지부(2010)

2 미국식 영어로는 'aging'이라고 쓰지만 영국, 호주, 그리고 국제적으로는 'ageing'이라고 표기한다.

3 가임여성(15~49세) 한 명이 평생 동안 낳을 것으로 예상되는 평균 출생아수를 나타낸 지표이다.

표 1-2 우리나라 연령계층별 인구 구성비 및 부양비 추이

(단위: 천 명, %)

연도	1970	1980	1990	2000	2010	2020	2025	2030	2040	2050	2060
총 인구	32,241	38,124	42,869	47,008	48,875	51,780	51,684	51,306	50,059	47,107	42,302
0~14세	13,709 (42.5)	12,951 (34.0)	10,974 (25.6)	9,911 (21.1)	7,907 (16.2)	6,296 (12.2)	5,258 (10.2)	4,159 (8.1)	3,878 (7.7)	3,751 (8.0)	2,933 (6.9)
15~64세	17,540 (54.4)	23,717 (62.2)	29,700 (69.3)	33,702 (71.7)	35,611 (72.9)	37,358 (72.1)	35,912 (69.5)	34,166 (66.6)	29,029 (58.0)	24,448 (51.9)	20,687 (48.9)
65세 이상	991 (3.1)	1,456 (3.8)	2,195 (5.1)	3,395 (7.2)	5,357 (11.0)	8,125 (15.7)	10,513 (20.3)	12,980 (25.3)	17,151 (34.3)	18,908 (40.1)	18,682 (44.2)
총 부양비[1)]	83.8	60.7	44.3	39.5	37.2	38.6	43.9	50.2	72.4	92.7	104.5
유소년부양비[2)]	78.2	54.6	36.9	29.4	22.2	16.9	14.6	12.2	13.4	15.3	14.2
노년부양비[3)]	5.7	6.1	7.4	10.1	15.0	21.7	29.3	38.0	59.1	77.3	90.3
노령화지수[4)]	7.2	11.2	20.0	34.3	67.7	129.0	199.9	312.0	442.2	504.0	636.9

주: 1) 총 부양비 = 유소년부양비+노년부양비
2) 유소년부양비 = (0-14세 인구)÷(15-64세 인구)×100
3) 노년부양비 = (65세 이상 노인인구)÷(15-64세 인구)×100
4) 노령화지수 = (65세 이상 노인인구)÷(0-14세 인구)×100
출처: 보건복지부(2005), 통계청(2019), 통계청(2023a)

고령화의 진행[4]은 평균수명[5]의 연장과 합계출산율의 감소에 의해서 결정되는데, 〈표 1-3〉을 보면 우리나라 기대수명은 1970년부터 2020년까지 50년간 20세 이상 연장되었으며 2070년에는 90.9세가 될 것으로 예상된다. 남성의 기대수명은 1970년 55.8세에서 2020년 79.6세로 늘어났으며, 2070년에는 89.2세가 될 것으로 예상된다. 여성의 기대수명은 1970년 63.3세에서 2020년 85.7세로 증가하며, 2070년에는 92.5세가 될 것으로 보인다. 남녀 기대수명의 차이는 1970년 7.5세에서 2070년에는 3.3세로 줄어들 것으로 보인다. 여성이 남성보다 오래 사는 것은 유전적 요인, 생활양식(음주, 흡연 등), 성역할, 환경 등의 차이에 기인하는 것으로 알려져 있다(Atchley and Barusch, 2004).

합계출산율은 1970년 4.53명에서 1980년 2.82명으로 급격히 하락하고,

4 고령화에서 중요한 요인 중 하나는 이주(migration)인구의 변동이다. 그러나 한국 사회는 이주인구의 절대적인 수가 작아 이에 대한 논의는 제외하였다.

5 평균수명은 당해연도에 출산한 0세의 기대여명을 뜻한다.

표 1-3 우리나라 기대수명 추이

(단위: 세)

구분	1970	1980	1990	2000	2010	2020	2025	2030	2040	2050	2060	2070
전체	59.3	65.0	70.3	74.9	79.5	82.8	84.5	85.5	87.2	88.6	89.8	90.9
남성	55.8	61.0	66.1	71.0	76.0	79.6	81.6	82.8	84.8	86.5	88.0	89.2
여성	63.3	69.3	74.6	78.8	82.7	85.7	87.3	88.1	89.5	90.7	91.7	92.5

출처: 통계청(2023c)

1990년에는 1.57명으로 다시 한 번 큰 폭으로 하락한 후, 2000년에는 1.47명으로 떨어지고 그 이후에도 감소가 지속되어 2023년에는 역사상 가장 낮은 수준인 0.72명에 달하였다(〈그림 1-1〉 참조). 합계출산율의 저하는 미혼율의 증가, 초혼연령의 증가, 소자녀관의 확산 등에 기인한다. 통계청(2023b)에 따르면, 초혼연령은 남성이 1980년 27.2세였으나 2023년에는 33.97세로, 여성의 초혼연령 역시 1980년 24.1세에서 2023년에는 31.45세로 높아졌다. 초혼연령의 증가는 불임 가능성을 높이고 생물학적으로 낳을 수 있는 자녀 수를 제약함으로써 합계출산율을 낮추는 요인이 된다. 2000년대 이후 결혼한 여성 중 출산을 하지 않은 경우, 희망하는 자녀수의 평균은 1.15명(김유경, 2014)으로 2명에도 미달하여 소자녀관이 일반적인 가치관으로 자리 잡았음을 보여준다.

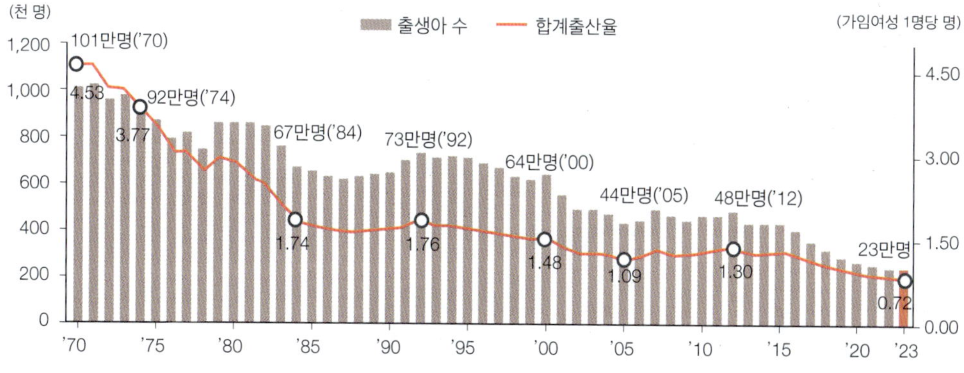

그림 1-1 우리나라 합계출산율의 추이

출처: 통계청(2024)

3) 기존 노인복지 관점의 한계와 대안

급속한 고령화 시대를 맞아 노인과 노인복지를 바라보는 관점을 돌아볼 필요가 있다. 기존 노인복지의 관점은 노인문제와 욕구에만 초점을 맞추어왔다. 이처럼 노인의 문제와 욕구에만 초점을 맞추게 되면 노인이 가지고 있는 강점이나 역량이 간과될 수 있으며, 노인이 한 인간으로서 존엄하게 살아가기 위해서 무엇이 필요한가라는 문제의식을 갖지 못하게 된다. 특히 노인이 당연히 누려야 할 권리가 무엇인지에 대해 제대로 알지 못하면, 노인에게 필요한 자원이나 서비스 제공을 마치 시혜나 혜택[benefit]으로 인식하는 오류를 범할 수 있다. 더불어 노년기의 긍정적 측면을 간과하는 한계를 가지고 있다. 또한 노년기를 신체적인 쇠퇴의 시각에서만 보면 노인과 노인복지를 온전하게 이해할 수 없다.

이 책은 노년기를 발달관점에서 조망한다. 이러한 대안적인 관점은 노년기에 부정적 정서가 감소하면서 편안해지고 안정을 얻는 긍정적인 심리발달이 일어날 수 있다는 사실을 깨닫게 해 줄 뿐 아니라 노년에 대한 새로운 시각을 갖고 성찰할 수 있도록 도와준다. 문화인류학자인 김찬호(2009)의 제안처럼 노년을 초라한 퇴장이 아닌 우아한 격상의 시기로, 도전과 개척으로 잘 여물어가는 시기로 바라볼 수 있게 한다.

노년기를 발달관점에서 조망하면 노년을 초라한 퇴장이 아닌 우아한 격상의 시기로 바라볼 수 있다.

또한 기존의 노인복지의 관점은 노년기 의존성을 주로 개인적인 차원에서 이해함으로써 사회구조적인 원인이 잘 부각되지 않았다. 예를 들어 빈곤과 불평등, 생애에 걸쳐 누적된 불리함을 완화시키는 사회안전망이 마련되지 않아(예: 국민연금제도의 미성숙 및 사각지대의 존재) 노년기 의존성이 발생한다는 점이 간과되곤 했다. 즉, 사회구조적·역사적 관점에서 노인복지를 바라보지 못하는 한계가 있었다.

이 책은 인권관점에 기반하여 노인복지에 접근한다. 이는 노인이 가지고 있는 문제, 욕구, 의존성에만 초점을 맞추는 관행에서 탈피하고자 함을 의미한다. 더 나아가 노인이 인간으로서 누려야 할 권리가 무엇이며 이를 어떻게 보장할 것인지, 노인이 사회참여의 주체로서 활동하도록 개인, 가족, 집단, 사회, 국가를 어떻게 변화시킬 것인지에 집중하는 대안적인 관점을 제시하고자 한다.

다음 절에서는 노인과 노인복지를 바라보는 대안적인 관점 중에서 먼저 발달관점에 대해 살펴보고자 한다.

2. 발달관점과 노년기 변화

1) 발달과 노년기 변화의 개념

(1) 발달

발달development이란 시간의 흐름에 따라 개인에게 일어나는 신체, 사고, 행동의 체계적 변화를 일컫는 것으로, 신체적(생물학적) 측면뿐만 아니라 심리적, 사회적 측면을 포괄하는 개념이다(이인정·최해경, 2007: 33). 이는 상승뿐 아니라 퇴행적 변화를 포함하는 역동적 개념으로, 특히 유전적 요인과 환경적 요인에 의해 발생하는 변화를 의미한다. 유전적 요인과 환경적 요인은 서로 상호작용하여 인간발달에 영향을 미치는데, 이때 인간은 단지 이들의 영향을 받는 수동적 존재가 아니라 환경을 수정하거나 변화시킴으로써 적극적으로 적응을 도모하는 존재이다. 발달개념은 인간발달을 전체적이고 통합적인 관점에서 이해하고 신체적, 인지적, 사회적, 정서적 능력이 상호 연관되어 있다는 관점을 견지한다.

(2) 노년기 변화: 노화

노년기 변화를 의미하는 노화aging는 신체적 성장이 정점에 이른 후에 생겨나는 변화로서, 주로 생물학적 관점에서 정의하는 개념이다. 즉, 노화는 "폐, 심장과 같은 조직체계의 효율성을 저하시키는 신체적 변화"를 일컫는다(Hooyman and Kiyak, 2005: 4). 이런 생물학적 노화는 자연발생적으로, 그리고 점진적으로 진행되며, 질병과 달리 누구나 보편적으로 경험한다. 따라서 방사능 누출로 인해 피부에 변화가 생겨 늙어 보일 경우에는 이를 노화라고 지칭하지 않는다.

그러나 노화를 신체적 측면에 국한하여 정의한다면 이는 노화를 협소한 틀로 바라보는 것이다. 노화의 다양한 측면과 역동성을 보다 잘 이해하려면 신체적 변화 이외에도 "감각, 지각, 정신기능, 적응능력, 성격 등이 시간의 흐름에 따라 변화"하는 심리적 측면과 "가족과 친구, 무급·유급 노동, 집단 내 역할 및 관계가 변화"하는 사회적 측면까지를 포괄하는 개념으로 노화를 정의해야 한다(Hooyman and Kiyak, 2005: 4).

한 가지 주의할 점은 여기서 논의하는 노화는 노인 일반이 경험하는 변화이지만 개인 차이가 분명히 존재한다는 점이다. 즉, 노년기에 모두 동일한 변화를 경험하는 것은 아니므로 당연히 개인 차이가 존재한다. 또한 한 개인으로만 한정한 경우에도 신체적, 심리적, 사회적 측면에서 변화의 속도는 다를 수 있다. 예를 들면 50대임에도 얼굴에는 주름이 거의 없어 40대처럼 보이지만 근력은 또래 집단에 비해 훨씬 급속도로 약해져서 60대의 평균수준인 경우가 있는데, 이는 동일한 인물의 신체라 하더라도 영역별로 노화의 진행이 다를 수 있음을 단적으로 보여준다.

노년기 변화에서 중요하게 고려할 사항은 지속성stability이다. 지속성(연속성)이란 개인의 생애발달단계에서 다음 단계로 이동하더라도 바뀌지 않고 지속되는 특성을 의미한다. 사람의 성격이나 자아정체성은 대개 지속성을 지닌다(이인정·최해경, 2007). 단지 나이가 든다고 해서 개인의 성격이 변하지는 않기 때문이다. 연령이 증가하면서 이렇게 지속성을 보이는 영역이 있고, 반대로 변화가 두드러지는 영역이 있다. 또한 노년기 안에서도 전반부, 후반부, 사망 직전 등 시기에 따라 변화의 속도는 다를 수 있다. 일반적으로 사망 직전에는 정신적, 신체적인 여러 기능이 쇠퇴하는 것으로 알려져 있다.

2) 발달관점에서 바라본 노년기 변화

이 책은 발달관점에서 노년기 변화를 조망함으로써 쇠퇴와 성장을 균형 있게 바라보고자 한다. 발달관점은 인간의 발달이 한 시기에만 국한되지 않고 전 생애에 걸쳐 지속적으로 이루어진다고 본다(이인정 · 최해경, 2007). 발달관점에서 보면, 노년기는 중년기의 단순한 연장이 아니며, 중년기의 특성이 지속되는 측면과 변화되는 측면이 공존한다. 주름진 얼굴, 흰머리, 검버섯, 고독, 사별, 건강악화 같은 쇠퇴와 상실이 노년기의 특성 중 하나임은 분명하다. 하지만 노년기에는 쇠퇴와 상실만 있는 것은 아니다. 모든 생애주기에는 얻는 것과 잃는 것이 존재한다. 예를 들면 배우자 사별 이후 노인들은 친구와 이웃의 관계를 보다 돈독히 함으로써 배우자 상실을 보완해간다. 인간의 발달은 전 생애에 걸쳐서 이루어지고, 노년기 역시 예외가 아니다. 일반적으로 노년기에는 신체적 쇠퇴에만 주목하는데, 이 시기에도 심리적 성장이 이루어질 수 있다. 특히 부정적 정서가 감소하고 긍정적 정서는 지속됨으로써 노년기가 오히려 편안하고 안정적인 시기가 될 수 있다(유경 · 민경환, 2005; 장수지, 2013).

한편, 노년기에 일어나는 변화를 있는 그대로 받아들이기 위해서는 노년기에 발생하는 신체적 쇠퇴를 수용하고 자연의 섭리로 받아들이는 마음가짐이 필요하다. 노화를 지연시킴으로써 젊음을 계속 누릴 수 있다는 주장은 노년기를 부정하는 행위가 될 수 있으며, 노인으로 하여금 노년기의 변화를 있는 그대로 수용하는 태도를 갖지 못하게 할 수 있다. 젊음을 숭상하는 문화 속에서 신체적 쇠퇴를 부정하는 태도는 노년기 쇠약을 두려워하는 내면의 반영일 수 있다. 노화를 지연, 중지, 나아가 역전reverse시킬 수 있다고 보는 반노화anti-aging는 노인 전체에 대한 부정적인 인식의 토대가 된다는 점에서 대단히 우려스럽다(Binstock et al., 2006).

발달관점에서 노년기를 바라본다면 노년기의 어두운 측면만 집중적으로 조명했던 기존 관점에서 탈피하여 노년기의 긍정적인 측면을 발견하고 노년기

노년기를 단풍처럼 곱게 물들어서 멋진 낙엽이 되어가는 과정으로 인식하면 어떨까?

를 보다 온전하게 이해할 수 있다. 노년기를 늙음으로 바라보는 데에 그칠 것이 아니라 단풍처럼 곱게 물들어서 멋진 낙엽이 되어가는 과정(고진하, 2008)으로 인식한다면 노년기를 사회심리적, 문화적으로 풍요로운 시기로 만들어갈 수 있다.

물론 노년을 긍정적으로 미화하는 관점은 또 다른 고정관념을 낳을 수 있다. 긍정적인 고정관념이 과연 좋은 것인가에 대해서는 이론적 논의가 많지 않지만, 긍정적인 고정관념이 도덕적인 의무감을 부여한다면 개인을 옥죄는 족쇄가 될 가능성도 배제할 수 없다(Settersten and Bengston, 2016). 노년기에는 지혜롭고 자애로운 사람이 되어야 한다고 믿음으로써 그렇지 못한 노인을 비난하게 될 수 있고, 노년기의 긍정적인 측면만 집중함으로써 과학적 탐구의 자세를 견지하지 못하게 될 수 있다.

정신분석학자 에릭 에릭슨Erik Ericsson이 인간발달이론에서 제시한 것처럼 노년기는 자아통합 대비 절망이라는 사회심리적 위기를 겪는 시기이고, 이 위기를 잘 '극복'하면 지혜를 얻게 된다. 이러한 표현에서 보듯이 노년기에 반드시 지혜가 쌓이는 것은 아니며, 이 시기 또한 지혜를 획득할 수 있는 기회의 시기임에 주목하자. 노년기의 부정적인 측면만 부각됨으로써 간과되고 있는 긍정

| 더 알아보기 |

노인에 대한 고정관념

손자녀를 돌보는 자애로운 노인이라는 고정관념은 순기능과 역기능을 모두 갖는다.

한국 대학생의 노인에 대한 고정관념을 분석한 박경란 · 이영숙(2001)의 연구에 의하면, 대학생들이 노인에 대해 가지고 있는 긍정적인 고정관념 중 하나는 '자애롭고 아이들을 좋아하는 조부모상'이다. 이는 노인 일반의 부정적인 고정관념을 교정하는 순기능을 수행할 수 있지만 한편으로는 노년기에는 손자녀 돌봄 역할을 수행해야 한다는 도덕적 의무감을 부여하는 역기능을 유발할 수 있다. 다시 말해 아이들을 좋아해서 손자녀를 돌보는 자애로운 이미지가 노년기의 표준이 됨으로써, 이 틀에 맞지 않는 노인들을 바람직하지 못한 노인으로 여길 여지가 있다.

적인 측면에 주목한다면 노년기 퇴행과 상승을 보다 균형 있고 조화롭게 인식할 수 있다.

3. 인권관점과 노년기

1) 인권의 개념과 특성

인권은 인간으로서 존엄하고 인간답게 살아가기 위해 보장받아야 할 보편적인 모든 권리를 뜻한다. 권리는 영어로 'right'를 의미하며, right는 옳고 정당함을 뜻한다는 점에서 인권 또한 옳고 정당한 권리라는 뜻을 내포하고 있다(조효제, 2016). 흔히 인권을 행복추구권이나 복지권, 차별금지로 단순화시키지만, 이는 시민, 정치적 자유, 사회보장, 연대 등을 아우르는 상위의 개념으로 이해해야 한다. 사회복지는 기본적으로 인간욕구에 초점을 맞추고 있으므로 이런 관점에서 보면 인권은 "인간의 기본적 욕구를 충족시킬 수 있는 권리"라고 정의할 수 있다(조효제, 2007: 123).

인권은 정치적 자유와 같은 공적이며 제도적 차원에 적용되는 개념에서 출발하였지만 점차 아동학대, 가정폭력, 노인학대와 같은 사적인 차원에도 적용되는 것으로 발전하였다. 또한 처음에는 단순히 선언적인 권리로 이해되었다면 근래에는 협약비준과 국내법 강제 등 규범적 권리로의 성격이 점차 강해지고 있다. 다만 역사적, 경제사회적 맥락에 따라 인권의 달성은 점진적으로 이루어지는 경향을 보인다. 현재 우리나라 노인복지현장에서는 노인들을 대상으로 연 1회 인권교육을 의무화하고 있다. 동시에 노인복지종사자들도 노인인권에 대한 교육을 의무적으로 받고 있다.

인권에 대한 오해 중 하나는 이를 집단이기주의와 혼동하는 것이다. 인권은 사회적 관계를 전제로 하기 때문에 개인의 사익만을 주장해서는 안 되며 타인의 권리를 존중해주어야 하는 책임을 동반한 권리이다. 인간의 본질적인 이익을 추구하고 사회공동체를 배려한다는 점에서 단순한 사익과는 구분해야 한다(조효제, 2007). 예를 들어 노인이 요양시설에서 돌봄의 권리를 주장하면서 요양보호사의 기본적인 노동권을 침해한다면 이는 노인의 인권으로 인정될 수 없다. 마찬가지로 어떤 개인이나 집단이 자신의 정치적 입장을 표현할 자유를 누릴 수는 있지만, 개인이나 집단, 국가가 다른 개인의 인권을 파괴하거나 부정할 권리는 갖지 못한다.

2) 인권 발달: 자유권, 사회권, 연대권

인류는 제2차 세계대전이라는 커다란 비극(특히 나치의 인종말살정책)을 경험하면서 이에 대한 대비책의 일환으로 1948년 〈세계인권선언〉을 탄생시켰고, 이로써 현대적 의미의 인권개념이 생겨났다. 〈세계인권선언〉은 모든 국가가 준수해야 할 최소한의 행동규범으로, 이의 탄생은 인류가 자유, 정의, 평화, 안전과 번영, 행복으로 나아가기 위한 위대한 첫걸음으로 평가할 수 있다(Reichert, 2008).

인권에 대한 첫 선언문인 〈세계인권선언〉이 공포된 이후 18년 만인 1966년에는 인권의 국제적 보장을 위하여 〈국제인권규약〉이 UN 총회에서 채택되었다. 이 규약은 '경제적·사회적·문화적 권리에 관한 국제규약'(A규약 또는 사회권규약)과 '시민적·정치적 권리에 관한 국제규약'(B규약 또는 자유권규약)으로 이루어져 있으며, 법적 구속력이 없는 〈세계인권선언〉과 달리 국제규약에 가입한 국가에 법적 구속력을 갖는 것이 특징적이다.

1948년 12월10일 UN 총회에서 〈세계인권선언〉이 채택되었고, 이를 기념하여 매년 12월 10일은 세계 인권의 날로 제정되었다.

인권은 서구 사회의 가치를 반영하였기에 아시아에서는 보편적인 개념으로 볼 수 없다는 주장과 이를 둘러싼 논쟁이 있었으나, 아시아 국가들 역시 경제성장의 궤적과 함께 민주주의가 발전하면서[6] 이런 주장은 점차 힘을 잃어가고 있다. 다만 인권이 개별 국가를 통해 실현되는 만큼 실제로 개별 국가에 거주하는 모든 개인의 권리를 보장해줄 수 있는가에 대해서는 현실적인 제약이 존재한다. 따라서 우리가 흔히 인권이라고 지칭하는 용어는 실제로는 시민권citizenship이라는 협소한 개념으로 사용되는 경우가 더 많다고 보는 것이 보다 정확하다.

인권의 발달은 편의상 자유권, 사회권, 연대권의 3단계로 구분되며, 발달단계의 구분은 기본적으로 영국의 사회학자 마셜T.H.Marshall의 시민권이론에 기초한다. 마셜은 시민권을 "공동체의 성원에게 부여된 지위status"라고 보았으며, 시민권을 갖고 있는 모든 사람은 시민의 지위에 따르는 권리와 의무에 평등한 자격을 갖고 있다고 주장하였다(Marshall, 1963: 87; 김윤태, 2013 재인용). 마셜의 시민권이론이 기여한 바는 복지를 빈민에 대한 자선과 박애, 구호 차원이 아

6 필리핀은 1986년 '피플 파워(people power)' 혁명으로 21년 장기 집권한 마르코스의 독재를 무너뜨렸다. 이 혁명은 한국의 1987년 6월 민주화운동에 이어 미얀마의 1988년 '8888' 항쟁에 영향을 끼쳤다. 특히 한국에서는 박근혜 전 대통령의 헌법에 위배되는 범죄의혹에 국민이 촛불집회로 저항하여 2017년 5월 평화적인 정권교체를 이뤘다. 이는 세계역사상 돋보이는 시민혁명으로 평가받고 있다.

| 더 알아보기 |

인권과 시민권의 차이

인권과 시민권은 어떻게 다를까? 인권을 보장하기 위해서는 국적에 관계없이 대한민국에 거주하는 모든 사람에게 그 권리를 보장해주어야 한다. 이와 달리 시민권은 국민국가에 거주하는 시민의 권리, 즉 국적에 기반하여 부여되는 권리이다. 인권 측면에서 보면, 빈곤층에게 현금을 지급하는 국민기초생활보장제도는 대한민국에 거주하는 모든 사람(외국인 포함)에게 보장되어야 하지만 실은 그렇지 못하다. 대부분의 국내 사회보장제도는 인권 개념에 기반하기보다는 한 국가에 거주하고 있는 시민들에게 부여되는 시민권의 개념에 기초하고 있다.

닌 모든 시민이 보편적으로 누려야 하는 권리 차원에서 접근함으로써 복지 개념에 대한 인식의 전환을 가져왔다는 점이다. 또한 마셜은 18세기에 생명, 재산, 자유와 같은 법적인 지위와 관련된 시민적 권리가 나타났고, 19세기에는 선거권으로 대표되는 정치권이 등장했으며, 전쟁과 노동계급의 투쟁의 결과물인 사회권은 20세기에 연금, 의료, 교육, 사회서비스와 관련된 제도로 확대되었다고 보았다(김윤태, 2013). 즉, 마셜은 시민권, 정치권, 사회권이 상호 연관되어 있으며, 시간의 경과에 따라 각각의 권리가 누적되면서 발전해왔다고 보았다.

이러한 마셜의 시민권이론을 토대로 인권의 발달단계를 살펴보면 다음과 같다.

(1) 1세대 인권: 자유권

1세대 인권은 시민적 권리인 공민권과 정치권(통상 이 둘을 자유권으로 명명함)을 포함한다. 먼저 공민권은 사유재산권, 계약체결의 자유, 언론·출판·집회·결사의 자유, 법 앞의 평등과 같은 개인의 자유 실현을 위한 핵심적인 내용을 포함하고 있다(Marshall, 1963: 74; 윤홍식 외, 2019 재인용). 공민권은 18세기 경제·사회적 변화를 배경으로 한다. 18세기 산업혁명으로 자본가계급인 부르주아가 등장하였고 사회적으로 시민혁명(영국의 청교도혁명·명예혁명, 프랑스 시민혁명, 미국의 독립전쟁·남북전쟁 등)이 발생하였다. 이러한 역사적 변화들은 중

세 봉건제의 신분적 억압으로부터 해방을 가져왔다. 여기서 주목할 점은 사유재산권과 계약체결의 권리 보장이 자본주의 생산양식의 발달을 촉진시켰고, 언론·출판·집회·결사의 자유와 법 앞의 평등 보장은 자본주의 사회에서 자유로운 시민계급(사회)이 성장할 수 있는 토대를 제공해주었다는 것이다(박순우, 2004: 89).

정치권이란 "한 사회의 성원으로서 투표할 수 있는 권리뿐만 아니라 대의기구에 선출될 수 있는 권리"를 뜻한다(Marshall, 1963: 74; 윤홍식 외, 2019 재인용). 정치권의 보장은 공민권의 발달과 함께 이루어지는데, 초기에는 귀족과 신흥 자본가계급 등 소수에게만 보장되었으나 19세기 노동운동을 통해 노동계급 일반에도 보장되었다(윤홍식 외, 2019). 다만 이때의 정치권의 보장은 남성에게만 국한되었고, 20세기에 들어와서야 여성에게도 부여되기 시작했다.

(2) 2세대 인권: 사회권

2세대 인권은 사회권을 지칭하며, 의식주, 사회보장 등을 포함한 충분한 생활수준을 향유할 권리, 교육을 받을 권리 등을 포함한다(Reichert, 2008: 37). 마셜은 사회권을 "적정 수준의 경제적 복지와 사회적 유산을 공유하고 그 사회의 보편적 기준에 따라 문명화된 삶을 살 수 있는 권리"로 정의내리고 있다(Marshall, 1963: 74; 윤홍식 외, 2019 재인용). 사회권은 20세기에 발달하였는데, 이전 세기에 공민권이 등장함에 따라 시민사회가 성장하고 정치권이 확대되면서 민주주의가 발전하여 이로 인한 정치적 변화가 결실을 맺었다고 보는 것이 일반적이다(윤홍식 외, 2019).

사회권은 '경제적·사회적·문화적 권리에 관한 국제협약'에 보다 구체적으로 명시되어 있는데, 여기에는 노동, 가족의 보호, 적절한 식량·주거·의료서비스와 같은 사회안전(보장), 교육을 받을 권리, 문화적·과학적 발전에의 참여를 포함한다. 이는 제2차 세계대전 중 경험한 빈곤과 결핍, 실업의 공포 등에서 벗어나기 위한 인류의 열망이 투영된 것이다(Reichert, 2008: 164).

(3) 3세대 인권: 연대권

3세대 인권은 연대권으로, 국제화가 진전되면서 출현하였다. 인권을 개인의 문제로만 바라보던 관점에서 탈피하여 가족, 집단 등의 권리를 상대적으로 중요하게 인식하면서 나타난 개념이 연대권이다. 연대권은 제3세계 민족주의와 관련해서 민족자결권, 발전권, 전 인류 공통의 유산(자원) 향유권 등을 포괄한다(조효제, 2007: 97).

이와 관련된 내용으로 〈세계인권선언〉 제16조 가정보호조항[7]과 '경제적·사회적·문화적 권리에 관한 국제규약' 제1조 제1항이 있다. '경제적·사회적·문화적 권리에 관한 국제규약'에서는 "모든 인민은 자기결정권을 가진다. 이 권리에 기초하여 모든 인민은 자신들의 정치적 지위를 자유롭게 결정하고, 자신들의 경제적·사회적·문화적 발전을 자유롭게 추구한다"라고 규정하고 있다(조효제, 2007: 97). 3세대 인권은 인권선언과 보장에서 국가와 개인의 연대의식을 핵심적인 가치로 보지만, 그 개념은 아직 명확히 정립되지 못했다.

3) 자유권과 사회권의 관계

자유권이 국가의 부당한 간섭을 받지 않을 권리와 국가업무의 정치적 참여 및 통제를 할 수 있는 권리를 의미한다면, 사회권은 인간다운 삶을 보장받을 권리를 지칭하기에 국가의 적극적인 개입의무를 강조한다. 흔히 자유권은 고문이나 탄압받지 않을 권리에, 사회권은 건강과 웰빙을 누릴 수 있는 권리에 빗대어 표현하기도 한다(조효제, 2007).

사회권 보장에 대해 소극적인 입장을 펼치는 쪽은 국가의 경제상황과 상관없이 항상 경제논리, 성장우선논리만을 내세운다. 주요 언론 매체는 우리 사회가 경제력에서 세계 10위의 상위권에 랭크되어 있음에도 불구하고, 사회복지지출을 늘리자는 주장에 대해서 항상 경제적으로 어렵다고 공격하는 내용을 주로 보도한다. 이들은 우리나라의 사회복지지출이 OECD 평균의 절반에 그친다는 사실은 의도적으로 무시하거나 간과하며, 심지어 '복지병'을 운운하면

7 〈세계인권선언〉 제16조 제3항에서는 "가정은 사회의 자연적이고 기초적인 단위이며, 사회와 국가의 보호를 받을 권리가 있다"라고 밝히고 있다.

서 사회복지지출 확대를 반대한다.

물론 사회권 보장은 관련 제도의 실질적인 권리 보장 수준이 어떠한가의 문제(예: 국민기초생활보장제도의 생계급여가 어느 정도 수준이 되어야 인간다운 삶이 가능한가?)이기에 단순한 절차의 보장(예: 대통령선거 투표권 행사)과는 질적으로 다른 문제이다. 사회권을 적정한 수준으로 보장하는 문제는 매우 도전적인 과제이다. 하지만 이를 인권의 문제, 즉 모든 사람이 보편적으로 누려야 할 권리의 문제로 인정한다면 현재 우리의 사회권 보장이 취약함을 인정하고 적정 수준의 보장이라는 목표를 설정할 수 있을 것이다. 이렇듯 인권은 사회권을 보장할 때 좌표로서의 기능을 수행한다는 점에서 그 가치가 있다(Reichert, 2008).

자유권과 사회권은 동전의 양면과 같은 상호의존적인 관계를 가진다(문진영, 2013). 사회권의 보장이 전제되지 않는다면 자유권 행사가 온전할 것이라고 기대하기 어렵다. 예를 들어 프레드먼Fredman의 설명(Fredman, 2009)처럼 지금 당장 굶주리고 있는 노숙인이 대통령 선거에 참여할 수 있는 정치적 권리를 누릴 수 있다는 사실이 실제로 의미가 있을까? 반대로 사회적으로 적정한 소득과 고용이 보장되지만 정치적인 참여가 제한되어 있다면? 이 두 경우 인간으로서 온전한 자유를 누린다고, 인권이 보장된다고 볼 수 있을까? 이러한 물음을 통해 인권은 선별적으로 어떤 권리만 더 중요하게 취급해서는 안 되는 불가분성indivisibility의 특성을 가지고 있음을 알 수 있다.

사회권의 발달은 공민권과 정치권, 즉 시민사회의 성장과 민주주의의 실현이라는 토대 위에서 자라날 수 있으며, 입법화된 제도를 통해 실제로 구현될 수 있다. 이는 인권이 법적인 권리임을 의미하는 것은 아니다. 인권은 오히려 도덕적 권리이며, 다만 인권의 보장을 위해서는 법적인 제도화가 필요함을 시사할 뿐이다. 조효제는 법적인 권리인 기본권과 인권을 구분하여 설명하고 있는데, 기본권이란 민주사회의 헌법, 법률에 규정된 법적 권리를 지칭하며, 인권은 인간 존엄성에 기초를 둔 인간의 평등, 자유, 정의 등의 기본 가치를 반영하는 도덕적 권리를 뜻한다(조효제, 2007: 101-103). 자유권과 사회권의 관계를 사회복지 영역에 대입해보면, 사회복지제도의 설계에서부터 운영, 평가에 이르기까지 시민들의 관리, 통제, 참여의 구조적인 통로가 마련될 때 인권에 기초한 사회복지제도가 만들어지고, 유지·발전될 수 있다(문진영, 2013).

4) 인권 달성

인권 보장은 법적 제도화로 환원되는 문제가 아니다. 인간 존엄성 보장이란 개별 권리의 총합뿐 아니라 그 이상이 보장되어야 한다(조효제, 2016: 14-15). 조효제는 인권 보장을 위한 적극적인 개입을 강조하기 위해 인권의 달성achievement이라는 표현을 썼는데, 이는 권리의 요구자격entitlement, 인권의 향유enjoyment, 인간의 자력화empowerment, 인간의 포용embracement을 의미하는 4E로 구성된다.

인권이 달성되려면 먼저 권리의 요구자격이 필요하다. 권리의 요구자격이란 자신의 권리를 적극적으로 행사할 수 있는 법적·제도적·계약상 근거가 있음을 의미하는 것으로, 이것이 발현된 형태로 장애인 이동권, 복지수급권 등을 들 수 있다(조효제, 2016: 41-42). 인권의 향유는 권리의 내용을 실질적으로 즐기고 누린다는 뜻으로, 법제화 자체가 인권을 보장하지 않기 때문에 실제로 향유할 수 있는지의 여부는 인권 달성에서 매우 중요하다(조효제, 2016: 43). 조효제는 역량강화로 일컬어지는 '임파워먼트'empowerment를 자력화로 번역하면서 이를 자신의 권한과 능력을 인지하고 적극적으로 발휘하는 것, 스스로 권리를 주장할 수 있는 주체임을 자각하고 자기 권리를 요구할 줄 아는 것으로 정의내리고 있다(조효제, 2016: 47). 마지막으로 인간의 포용은 형식적이고 제도적인 인정이 아닌 인격적 관계로 서로를 인정한다는 의미로, 사회심리적 차원의 '받아들임'을 뜻한다(조효제, 2016: 48-49). 이는 모두가 평등한 권리를 가진 개인이라는 상호 주관적 인정을 의미한다. 미국에서는 제도적으로 인종차별은 철폐되었지만 여전히 인종차별 의식이 강력하게 남아 있어 실질적으로 백인이 아닌 시민의 인권 달성을 가로막고 있다. 이 원리를 노인복지에 적용하면, 노인차별을 금지하는 법적인 제도화가 이루어진다 하더라도 사회구성원 모두가 노인에 대한 포용적 자세를 가지지 못한다면 노인의 인권 달성은 요원할 것임을 알 수 있게 한다.

5) 인권관점에서 바라본 노인과 노년기

노년기를 조망할 때 주요하게 살펴봐야 할 것 중 하나가 바로 노인의 인권이다. 노인이 노년기에 인간의 존엄성을 지키며 기본권을 실제로 향유하고 있는가를 살피는 일은 매우 중요하다. 따라서 이 책은 노년기에도 존엄성, 평등, 자유, 연대 등의 기본적인 가치가 존중됨으로써 인권이 달성되고 있는지에 주목한다. 또한 노인인권이 침해받는 구조를 사회역사적, 구조적 맥락을 통해 이해함으로써 노인의 성별, 연령, 인종, 성적 지향성 등에 따라 받게 되는 부당하고 억압적인 사회체계를 어떻게 이해할 것인지에 대한 인식의 틀을 제공한다. 특히 노인인권이 침해되는 구조적 맥락에 대해 강조하여 설명할 것이다.

인권관점에서 노년기를 바라보면, 노인을 문제가 있거나 의존적인 개인 또는 집단으로 바라보는 기존의 주류적 시각에서 벗어날 수 있다. 기존의 주류적 시각은 노년기 노인의 의존성에 초점을 맞춤으로써 노인을 과잉보호overprotection하고 그들이 가지고 있는 강점이나 유능함을 쉽게 무시해왔다(Baltes and Cartensen, 1999). 노인을 타인의 도움을 필요로 하는 불쌍한 존재로 인식하고 자선, 연민, 동정의 시각으로 바라보는 기존의 주류적 관점은 노인이 도움을 받을 권리가 있는 주체이자 자율적인 결정을 내릴 수 있는 인격체라는 사실을 망각하게 한다.

이 책은 기존의 주류적 관점에서 벗어나 노년기와 노인을 인권관점에서 바라볼 것을 대안으로 제시한다. 노인이 가지고 있는 문제, 욕구, 의존성에 국한해 바라보는 편협한 시각에서 벗어나 이들이 기본적으로 누려야 할 보편적 권리가 무엇이고, 이를 어떻게 보장해줄 것인지 고민하는 인권관점으로 전환할 때 노인복지를 보다 온전하게 발전시킬 수 있다고 믿는다. 기존의 주류적 관점에 따라 노인의 욕구충족에 주목하게 되면 표면적으로 나타나는 노인의 경제적 빈곤문제를 해결하기 위해 일자리사업이 필요하다는 결론에 다다르게 된다. 이와 달리 노인을 노동할 권리를 지닌 주체로 파악할 경우 노인의 노동에 대한 대가로 적정한 소득을 보장받을 수 있는 방법이 무엇인지 발전적으로 모색하게 된다. 이처럼 인권관점에서 노년기를 바라보게 되면 노인을 사회와 역사의 주역으로서 인식할 수 있을 뿐 아니라 사회참여의 주체인 선배시민으로 받아들이는 발상의 전환이 이루어진다.

4. 새롭게 정의하는 노인복지와 고령화

1) 노인복지의 새로운 정의

발달관점에서 보면 노년기에도 인간은 상승과 쇠퇴를 경험하면서 발달 과정을 거치게 된다. 따라서 노인복지 영역에서는 노년기 노인 발달과업을 성취할 수 있도록 돕는 것이 중요한 과제가 된다. 한편, 인권관점에서 노년기와 노인을 바라보면, 노인의 기본적 욕구를 충족하는 데에만 머무르지 않고, 존엄하고 인간다운 삶을 누릴 권리를 향유할 수 있는지, 노년기에 실질적인 자유를 누릴 수 있도록 '역량'을 신장시켰는지에 관심을 기울이게 된다.

발달관점과 인권관점을 적용하여 이 책은 노인복지를 '노년기의 신체적·심리적·사회적 쇠퇴와 상승, 발달을 경험하는 개인의 역량을 최대한 신장시키고 기본적 권리를 달성하는 데 필요한 정책 및 프로그램, 그리고 이를 위해 사회복지의 가치·지식·기술을 활용해서 개별·집단·지역사회조직 등을 대상으로 통합적으로 실천하는 활동'으로 정의한다. 이 정의는 노년기를 발달관점에서 조망해야 하며, 개인 인권 달성과 발달을 돕기 위해서는 정책적·실천적 개입이 동시에 이루어져야 함을 시사하고 있다. 우리나라 노인복지의 대표적인 학자인 최성재·장인협(2005)은 노인복지를 노인과 사회환경이 상호작용할 때 개인 적응의 문제와 발전적 욕구 해결에 필요한 정책적 프로그램과 서비스를 제공하는 것으로 정의하였다. 이 정의와 비교해보면, 이 책은 사회복지의 기본 개념인 욕구충족에서 더 나아가 인권이라는 권리 보장에 방점을 두고 있으며, 문제해결에 그치는 것이 아니라 노인 개인의 역량을 강화하고자 하는 관점을 반영하고 있다.

| 더 알아보기 |

역량

이 책에서 정의하고 있는 '역량'은 미국의 철학자 마사 누스바움(Martha Nussbaum)이 제시한 역량이론의 역량(capabilities)을 지칭한다. 그의 역량이론은 사람의 삶의 질을 개선하기 위해 어떤 접근이 필요한가를 논리적으로 설명해주고 있다. 누스바움은 노벨경제학상을 받은 인도 출신의 경제학자 센(Sen)의 역량(인간실현력)이론을 보다 정교하게 발전시켰다.

센은 GDP와 같은 경제발전수준이 인간의 삶의 질 수준을 제대로 보여주지 못한다고 비판하며, 역량을 실질적 자유로, 즉 선택하고 행동할 수 있는 기회의 집합으로 정의한다(최혜지, 2013: 138; Nussbaum, 2011: 35).

누스바움은 여기에서 더 나아가 역량을 내적역량과 결합역량으로 구분한다. 내적역량은 교육과 훈련을 통해 개발된 유동적·역동적인 개인의 상태를, 결합역량은 구체적인 정치·경제·사회적 상황에서 선택하고 행동할 기회의 총합을 뜻한다. 예를 들어 개인적으로 종교의 자유를 누릴 역량을 가지고 있지만 사회적으로 종교의 자유를 억압한다면, 실질적인 결합역량을 갖추지 못했다고 볼 수 있다. 누스바움의 역량이론의 개인과 환경이라는 두 가지 초점은 이들의 상호작용에 주목하는 사회복지의 관점과 일맥상통한다.

2) 고령화 관련 용어와 주요 개념

(1) 연령변화와 연령차이

노인복지는 시간의 흐름에 따른 개인의 발달과정을 다루기 때문에 노화로 인한 변화인 연령변화age change가 주요 관심사가 된다. 연령변화란 시간의 흐름에 따른 변화를 지칭한다. 예를 들면 50대의 삶에 대한 만족도가 10년 후인 60대에는 어떻게 변화하고, 또 그로부터 10년 후인 70대에는 어떻게 변화하는지를 살펴보는 것이다. 이와 달리 2017년 9월 현재 시점에서 단 한 번의 횡단조사로 50대, 60대, 70대의 삶에 대한 만족도를 비교한다면 이는 연령집단 간의 차이인 연령차이age difference를 비교한 것이다. 이 조사에서 50대에 비해 70대의 만족도가 낮다고 해서 연령이 증가하면 삶에 대한 만족도가 낮아진다고 결론을 내린다면 이는 잘못된 추론일 수 있다. 70대가 20년 전인 50대일 때에도 현재와 같은 수준의 삶에 대한 만족도를 보였을 가능성이 있지만 일회성의 횡단조사로는 이를 파악할 수 없기 때문이다. 다만 현재 시점에서 조사하였을 때 50대에 비해 70대의 삶에 대한 만족도가 낮게 나타났을 뿐이다.

(2) 코호트효과

노화로 인한 연령변화는 모든 동년배집단에서 동일하게 나타나지는 않는다. 동년배집단은 '코호트'cohort를 번역한 것인데, 이는 동일한 역사적인 시기에 태어나거나 또는 유사한 사회, 정치, 문화적 경험을 하는 연령집단을 일컫는 용어이다. 요즘 언론에 자주 등장하는 '베이비부머' 역시 코호트를 의미한다. 흔히 노화가 되면서 정치적으로 보수화된다고 가정하지만 이는 이전의 코호트를 대상으로 한 연구결과에 토대를 둔 것으로, 향후 미래세대의 노인은 현 세대의 노인과 다를 수 있다. 이는 연령변화가 순수한 노화효과가 아닌 코호트효과가 혼재되어 생겨날 수 있음을 시사한다.

| 더 알아보기 |

코호트

코호트는 같은 출생연도에 태어난 연령집단만을 지칭하는 용어는 아니다. 예를 들어 이주민의 경우 나이는 다양하더라도, 우리나라에 같은 연도에 들어와서 동일한 이주민 정책의 변화를 경험한다면 이들 또한 코호트로 구분할 수 있다. 코호트는 통상적으로 출생연도를 기준으로 하고, 분석의 편의상 5세를 기준으로 한다. 예를 들어 2000~2004년 출생자를 하나의 코호트집단으로 구분한다.

(3) 기간효과

기간효과period effect는 관찰 기간 내에 발생한 사회적, 정치적, 문화적 환경 등의 변화가 결과에 미치는 영향을 일컫는다(최성재 · 장인협, 2005: 44). 예를 들면 보건복지부 노인복지시설현황에 의하면 우리나라 노인의 요양시설 입소는 1990년대 후반만 하더라도 1%에 미치지 못하였는데, 장기요양보험제도가 도입된 2008년에는 1.6%에 달하게 된다. 이러한 변화는 장기요양보험제도의 도입으로 인한 기간효과로 해석된다. 왜냐하면 이를 단순히 연령의 증가로 인해 도움을 필요로 하는 노인이 증가하였다거나(연령변화), 1990년대 후반의 노인과 2008년의 노인은 서로 다른 집단(코호트효과)이라고 보기는 어렵기 때문이다.

5. 한국 사회 고령화의 특성

1) 고령화의 지역별 격차 확대

한국 사회는 지역별로 고령화 속도가 매우 상이하게 나타난다. 1980년 도시지역의 고령화는 2.6%, 농촌지역은 5.6%로 3%p의 차이를 보였지만, 2005년에는 도시지역 7.2%, 농촌지역 18.6%로 그 격차가 11.4%p로 급격하게 확대되었다. 시도별로 보면 2023년 전남은 고령화율이 25.5%로 이미 초고령사

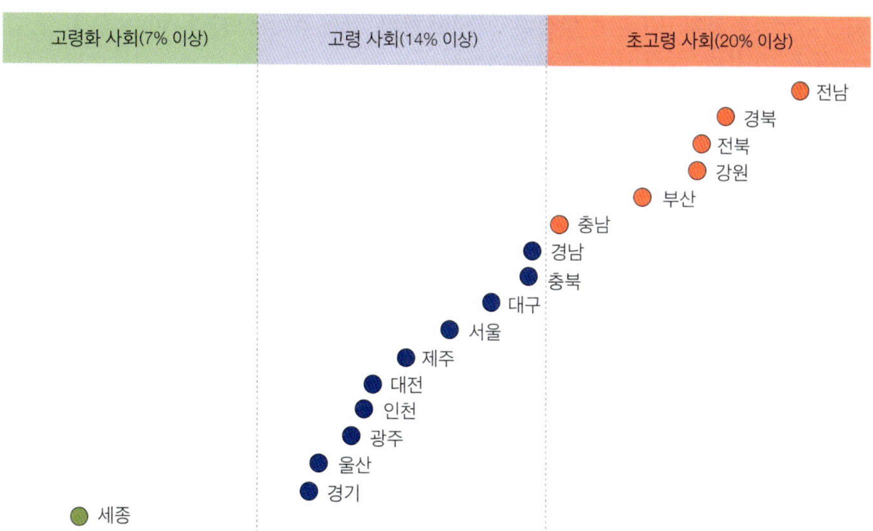

그림 1-2 지역별 노인인구 및 비율(2023년)

출처: 통계청(2023d)

회로 진입한 반면 세종시는 10%를 초과하여 아직 고령화사회에 도달하지 못하였다(〈그림 1-2〉 참조). 일반적으로 도시지역에 비해 농어촌지역이 사회경제적으로 열악하고 의료서비스 또는 교통서비스 등의 사회적 인프라 역시 결핍되어 있다는 점을 감안하면, 농어촌지역의 노인문제가 도시지역에 비해 훨씬 심각함을 알 수 있다.

2) 초고령 연령집단의 급속한 증가

한편, 노인집단 내에서도 나이가 많은 초고령 연령집단이 빠른 속도로 증가하고 있다. 2024년에는 85세 이상 초고령 집단은 100만명을 넘고, 2027년에는 517만명으로 약 5배 넘게 폭발적인 증가세를 보일 것으로 예상되고 있다(통계청, 2023). 85세 이상 초고령 집단은 경제적으로 빈곤하고, 건강상태가 악화되어 의료 및 돌봄서비스에 대한 욕구가 높은 집단이다. 또한 이들 집단의 치매발병률은 38.4%로 65~69세의 7.1%에 비해 5.4배나 높게 나타난다(중앙치매센터, 2017). 그뿐만 아니라 85세 이상 초고령 집단은 배우자 사별, 자녀의 노년기 진입(자녀 역시 노인이 되면서 그들의 노부모를 돌보기 어려워짐) 등으로 인해 가족이나 친구, 이웃의 도움을 기대하기가 점차 어려워진다. 이는 향후 초고령 연령집단의 복지 증진을 위해서는 소득보장, 건강보장, 돌봄보장에 대한 국가와 사회 전체의 역할이 보다 강화될 필요가 있음을 시사한다.

3) 노인 교육수준의 빠른 향상

고령화가 급속히 진전되면서 여러 가지 변화가 일어나고 있다. 특히 주목할 점은 우리나라 노인의 교육수준이 전반적으로 급격히 향상되고 있다는 점이다. 교육수준은 노년기 신체적, 심리적 변화뿐만 아니라 사회적 변화 모두에 영향을 끼치고 노인 생활의 다방면에 영향을 미치는 요인이라는 점에서 그 중요성이 크다. 2020년 기준 전체 노인의 평균적인 교육수준을 보면 전체 노

표 1-4 우리나라 노인 교육 정도

(단위: 천 명, %)

구분	계	교육 정도					무학
		소계	초등학교	중학교	고등학교	대학 이상	
1990	**2,162**	**36.3**	**25.9**	**4.9**	**3.3**	**2.2**	**63.7**
남자	811	55.3	34.3	9.5	6.3	5.2	44.7
여자	1,352	25.0	20.9	2.1	1.5	0.5	75.0
2000	**3,372**	**55.7**	**33.8**	**8.4**	**8.0**	**5.4**	**44.3**
남자	1,287	77.0	36.2	14.0	14.4	12.3	23.0
여자	2,084	42.6	32.4	4.9	4.1	1.2	57.4
2005	**4,365**	**66.5**	**37.0**	**10.9**	**11.4**	**7.2**	**33.5**
남자	1,736	84.5	34.4	15.8	19.2	15.0	15.5
여자	2,629	54.7	38.7	7.7	6.2	2.0	45.3
2010	**5,424**	**75.0**	**37.9**	**13.9**	**14.5**	**8.7**	**25.0**
남자	2,197	89.7	31.9	18.3	22.7	16.8	10.3
여자	3,227	65.0	42.0	10.8	9.0	3.2	35.0
2015	**6,541**	**82.0**	**35.6**	**16.5**	**19.2**	**10.7**	**17.0**
남자	2,749	93.6	27.3	19.7	27.7	18.9	6.4
여자	3,793	73.5	41.7	14.2	13.0	4.7	26.5
2020	**8,205**	**89.1**	**32.0**	**18.2**	**26.2**	**12.7**	**10.9**
남자	3,550	96.3	23.3	19.6	33.0	20.4	3.7
여자	4,655	83.6	38.7	17.1	21.0	6.8	16.4

출처: 통계청(1990; 2000; 2005; 2010; 2015b; 2023e)

인의 10.9%는 무학이고, 32.0%는 초등학교 졸업자로 나타났으며 대졸자는 12.7%이다. 그러나 1990년대 전체 노인 중 약 90%가 무학 및 초등학교 졸업자(무학 63.7%, 초등학교 졸업자 25.9%)였던 것과 비교한다면, 노인의 교육수준이 빠르게 개선되고 있음을 알 수 있다. 남성노인과 여성노인의 교육수준 격차는 여전히 커서 2020년 기준 남성의 3.7%만이 무학인 반면 여성은 16.4%에 달한다. 대졸자를 비교하면 남성은 20.4%지만 여성은 7%에도 미치지 못한다(〈표 1-4〉 참조).

4) 노인부양에 대한 부담

한국 사회에서 초고령연령 집단의 급속한 증가와 추락하는 출산율은 노인부양에 대한 부담, 보다 극적으로 표현하면 노인부양에 대한 '공포'를 유발한다. 특히 청년세대보다 노인세대가 사회적으로 노인들이 부담이 된다는 인식이 더 강한 것으로 나타났다(최유석, 2014).[8] 그러나 다음과 같은 면을 살펴보면 노인부양에 대한 부담이 너무 과도하게 부풀려져 있음을 알 수 있다.

첫째, 노인부양의 전제는 노인은 부양을 받는 집단이고 젊은이들은 부양을 책임지는 집단이라는 가정에 기반을 둔 것이다. 그러면 과연 이 전제가 맞을까? 노인 중 상당수는 경제활동에 참여하고 있다는 점을 고려했을 때 노인을 부양받는 집단으로 단순화시키는 것은 문제가 있다.

둘째, 노인부양에 대한 논의를 보면 통상적으로 화폐가치로 보상받는 경제활동에 한정된 논의임을 알 수 있다. 65세 미만 인구는 경제활동인구이며 이들이 사회적으로 부양을 책임지는 집단이라는 인식은, 경제적인 화폐가치로 쉽게 환산하기 어려운 다른 활동의 존재를 무시하는 결과를 낳는다. 노인들 중 상당수는 가사노동이나 자원봉사 등을 통해 사회에 기여하고 있으면서도 경제적인 가치를 실질적으로 보상받지 못하고 있다. 이를 염두에 두지 않은 채 노인을 단순히 부양을 받아야만 하는 존재로 규정하는 것은 문제가 있다.

셋째, 두 번째 논의와 연결된 것으로, 과연 경제활동인구의 감소가 나쁘기만 한 것인가라는 질문을 던질 수 있다. 실제로 특정 코호트에 속하는 집단의 경우 사람 수가 적을수록 경쟁이 덜 치열해진다. 그런 점에서, 특정 코호트의 사회경제적 삶의 질이 향상될 수 있다는 가능성이 간과되고 있다(Atchley and Barusch, 2004). 이는 일본에서 저출산이 지속되면서 청년실업문제가 감소하는 사례에서도 알 수 있다. 경제활동인구의 감소는 경쟁을 통해 인건비 절감을 추구하는 자본가 집단에게는 걱정되는 일이지만, 자유로운 임금노동자에게는 오히려 호조건이 될 수 있다. 적정한 소득의 보장, 한국 사회 내 경쟁시스템의 완

8 전체 조사대상자의 32.9%는 노인이 사회적으로 부담이 된다는 주장에 동의하였다. 이 조사에서 20대에서는 24.9%, 60대는 42.9%가 동의를 해서 대조를 보인다(최유석, 2014).

| 더 알아보기 |

고령화와 사회복지재정의 위기

현재 복지시스템이 유지되면 향후 복지재정이 국가적으로 과도하게 부담될 것이라고 걱정하는 사람들도 있다. 노인돌봄은 재정이 크게 소요되지 않는다는 점에서, 공적 연금과 의료비 부담이 가장 관건이 될 것이다. 2014년에 발표한 정부의 중장기 사회보장 재정추계(노령, 유족, 근로무능력, 보건, 가족, 적극적 노동시장, 실업, 주거, 기타 사회정책)에 의하면 GDP 대비 복지지출은 2014년 9.8%(노인인구비 12.7%)에서 2060년 29%(노인인구비 40%)로 늘어날 것으로 전망되었다(참여연대 사회복지위원회 2014년 2월 논평). 통계청의 OECD 국제 통계 수치를 보면, 2016년 현재 OECD 평균 사회복지지출 수준은 22.5%이다. 즉, 우리나라가 40년 뒤에 도달할 사회복지지출 비중 29%는 OECD 현재 평균에 비해 조금 높은 수준이라는 점에서 과도한 지출이라고 보기 어렵다. 특히 복지지출의 주요 요인이 노인 의료비와 연금지출인데, OECD의 2015년 노인인구 평균 비율이 21% 수준이라는 점을 고려한다면 우리나라의 2060년 GDP 대비 복지지출 29%는 OECD 평균 수준에 많이 미치지 못할 것임을 쉽게 알 수 있다.

화, 사회안전망으로 기능하는 복지제도의 구축으로 이어져 보다 질 높은 삶을 살 기회가 될 수 있기 때문이다. 저출산과 고령화 추세는 사회 전반적으로 아동·노인돌봄의 중요성과 가치를 재인식하는 계기가 될 수 있다. 또한 이러한 인식이 사회적 약자를 배려하고 포용하는 사회시스템 구축과 문화 확산으로 이어진다면, 사회적 강자 위주의 한국 사회가 복지선진국으로 진입하는 길을 활짝 열어젖히는 기회의 창이 될 수 있다.

토론쟁점

다음 글을 읽고 토론해보자.

> 노인을 포함한 많은 국민은 60대를 노인이라고 인식하지 않고 있다. 이전에 비해 노인의 건강상태가 양호해지고 평균수명이 연장되었기 때문이다. 이에 노인의 연령기준을 65세에서 70세로 상향 조정하자는 의견이 대두되고 있다.

토론거리

1 본인이 생각하는 노인의 연령기준은 몇 세이며, 그 근거는 무엇인지 이야기해보자.

2 노인의 연령기준을 상향 조정했을 때 나타날 수 있는 문제점은 무엇인지 토론해보자.

Chapter

02

사회노년학의 노화이론

여러 연구의 학문적 검증을 거쳐서 만들어지는 이론은 사회현상을 심층적이고 과학적으로 이해하고 분석하는 데 중요한 '지식체계'를 제공한다. 그러나 이론이 현상을 완벽하게 설명하지 못하거나 모순점이 있기도 하고, 여러 이론이 서로 대립하기도 하므로 때로는 비판적으로 이해할 필요가 있다.

노인이 겪는 노화는 개인 단위의 신체적·심리적 변화도 있지만 많은 경우 사회적으로 구성된다. 노화이론은 노인이 실제적으로 경험하는 생리적, 심리적, 사회적 노화의 측면에서 노인의 다각적인 변화를 이해할 수 있게 한다. 즉, 노화이론은 노인의 노화 현상을 체계적으로 이해하고 분석하는 중요한 수단이다.

사회노년학은 노인의 '사회적 노화'를 중점적으로 연구하는 학문으로, 개인으로서의 노인이 사회구성원들과 어떤 관계를 맺고 어떠한 역할, 활동 등을 하면서 노화를 경험하는지를 연구한다. 사회노년학은 초기에는 노인의 개인적인 측면에 초점을 맞추었는데, 점차 거시적인 인식을 바탕으로 개인으로서 노인과 사회구조의 관계로 연구범위를 확대하고 있다. 사회노년학은 서구에서 연구가 먼저 이뤄졌고, 우리나라 사회복지학계는 서구의 영향을 받았다. 예를 들면, 노인의 적극적인 건강관리와 사회활동을 강조하는 '활동적 노화이론' active ageing theory의 영향을 받아 한국 사회복지학계도 소극적인 노인이 아닌 적극적인 활동을 하는 노인을 바람직한 모습으로 인식하고 있다. 이와 함께 경제발전을 강조하는 오랜 역사적 과정과 성장 담론의 영향으로 노인인구 증가가 경제발전에 저해가 된다며 고령화를 지나치게 부정적으로 인식하는 '고령화위기론'이 한국 사회에 팽배하다.

이 장에서는 서구의 사회노년학이론을 세 가지 발전 과정 중심으로 살펴보고 최근 한국 사회에서 급격하게 확산되고 있는 고령화위기론과 신고령화이론을 비판적으로 살펴본다.

1. 초기 사회노년학이론과 대안이론의 등장

1) 초기 사회노년학이론

초기의 사회노년학이론들은 주로 노인 개인이 노화에 어떻게 적응하는가에 관심을 가졌다. 특히 역할이론과 활동이론은 노인의 역할 감소와 상실과 같은 변화하는 여건에서 개인들이 어떻게 대처하는지를 주로 연구했다. 이 두 이론은 노인이 되면 가족과 지역사회에서 수행하던 기존의 역할이 바뀌거나 없어지는데, 이때 개인은 어떻게 변화에 대응하고 행동하는지, 그리고 어떤 식으로 행동해야 하는지에 대해 연구했다.

(1) 역할이론

역할이론 Role theory은 노인이 노화에 어떻게 적응하는지 설명하는 과정에서 나온 이론이다. 대부분의 사람들은 성장하면서 사회적으로 부여된 여러 역할을 수행하면서 살아간다. 자녀, 학생, 부모, 회사원 등 정해진 여러 역할을 반복적으로 수행한다. 사회적 역할은 개인이 자신을 사회적인 존재로 인식하게 만들며, 정체성과 자아개념 형성에 중요한 토대로 작용한다(Hooyman and Kiyak, 2011). 일반적으로 사회적 역할은 사람의 나이와 연관지어서 생각하는 경우가 많은데, 다양한 사회적 역할에 적합한지 여부를 고려할 때에도 나이는 중요한 고려 대상이 된다. 사회에는 '연령규범'age norms이라는 것이 있다. 연령규범은 사회적으로 정해진 규범으로, 나이에 따른 일정한 행동양식을 의미한다. 어린이, 청소년, 중장년, 노인이라는 기준은 연령에 따라 정해진 것이며 각 대상별로 사회적으로 허용되거나 제한되는 일정한 행동규범이 있다. 사람들은 '사회화'의 과정을 통해 이 연령규범을 내면화시키고 행동하는 경향이 있다. 우리가 '어린이', '노인'이라고 하면 각각의 행동양식을 떠올리면서 일정한 행동을 할 것으로 기대하는 이유가 바로 여기에 있다. 이러한 연령규범은 사회구조적으로 어느 정도 정해져 있고, 노인 당사자들 또한 연령규범에 영향을 받아서 행동하게 된다. 일반 사람들도 노인들이 나이에 어울리는 일정한 행동을 할 것으로 기대한다.

그러나 연령규범은 항상 고정된 것은 아니며 사회적으로 변화·조정된다. 과거에는 노인을 '정적'이고 '수동적'인 사람으로 규정하는 경향이 많았다. 하지만 최근에는 평균수명의 연장으로 건강한 노인들이 증가하고 사회인식이 바뀌면서 노인을 자신의 삶을 스스로 만들어가는 '적극적'이고 '활동적'인 대상으로 인식하는 경향이 늘고 있다. 이처럼 변화하는 연령규범은 노인 당사자들에게도 영향을 준다.

변화하는 연령규범에 따라 노인들은 사회적으로 부여받은 새 역할에 적응하거나 또는 기존에 수행하던 역할의 상실을 경험하게 된다(Hooyman and Kiyak, 2011). 이런 과정을 통해서 노인들은 사회에 통합되어간다. 가령 여성의 경제활동참여가 늘어나고 가족 내 돌봄의 필요성이 커지면서 노인이 손자나 손녀를 돌보는 역할을 담당하는 경우가 많아지고 있다. 과거에 여성들은 경제활동보다는 육아와 돌봄을 포함한 각종 가사를 수행하는 것이 일반적이었다. 이후 여성들의 경제활동참여가 늘면서 가사업무를 대신할 자원이 필요해졌고, 노인 부모가 이 역할을 수행하는 경우가 과거보다 많아진 것이다. 이렇듯 경제·사회적 환경과 요구의 변화에 따라 노인은 육아와 돌봄이라는 새로운 역할을 사회적으로 부여받고 수행하게 되었다.

| 더 알아보기 |

노인의 역할 변화를 조명한 역할이론

노인들은 필연적으로 남편이나 아내가 먼저 삶을 마감하면서 배우자와 헤어져야 하는 경험을 한다.

노인은 역할의 변화나 상실을 지속적으로 경험하게 된다. 자녀가 어릴 적에는 '자녀 부양자' 역할을 위해 열심히 노력하지만 자녀가 결혼이나 직업 등으로 출가하면 자녀 부양 역할은 급격하게 줄어든다. 대신에 배우자가 질병이나 고령 등으로 장기간 요양이 필요하게 되면 '돌봄 제공자' 역할을 수행하게 된다. 가사수발과 신체수발을 통해서 배우자를 돌보는 역할을 하는 것이다. 그러나 일반적으로 남성노인이 여성노인보다 평균수명이 짧기 때문에 먼저 사망하게 되고, 그러면 배우자를 위한 돌봄 제공자 역할은 사라지게 된다.

그러나 일반적으로 노인이 되면 역할을 상실하는 경우가 많아지면서 '역할 없는 역할'roleless role이라는 새로운 변화에 적응해야 한다. 역할이론은 기존에 수행하던 역할을 점차적으로 상실하는 생애단계로 인식하는 경우가 많다(김정석, 2007).

또한 노인들은 필연적으로 남편이나 아내가 먼저 삶을 마감하면서 배우자와 헤어져야 하는 경험을 한다. 상실감과 외로움으로 인해 자아정체성과 자아존중감이 침해되는 등 부정적인 영향을 받는다. 그리고 노인이 되면서 역할이 단절되거나 불분명해지는 경험을 하기도 한다(김정석, 2007). 이를테면 노인이 되기 이전에 배웠던 것들이 더 이상 필요하지 않게 되거나, 자녀가 장성하면서 부모로서의 양육 역할이 축소되는 경험을 하게 된다. 이 같은 상황은 노인이 수행해야 할 역할의 변화를 초래한다.

(2) 활동이론

활동이론Activity theory은 사회학의 상징적 상호작용론 분야에 이론적인 뿌리를 두고 있다(유성호 외, 2015: 79). 상징적 상호작용론은 개인이 그들의 행위에 대한 다른 사람들의 반응을 해석함으로써 자아개념을 형성한다고 보는 이론이다. 활동이론은 노인이 되면서 은퇴, 질병, 역할상실 같은 변화에 개인이 어떻게 적응하는지를 설명한다는 측면에서 역할이론과 비슷하다. 그러나 역할이론이 노인의 역할이 변하면서 발생하는 각종 어려움에 집중하는 것과 달리, 활동이론은 노인이 상실하는 역할을 대체할 새로운 역할을 능동적으로 찾는다는 점에 주목한다. 또한 노인이 적극적으로 활동을 하면 만족감이나 긍정적인 자아인식, 적응력이 더 높아진다고 강조한다(김정석, 2007; Hooyman and Kiyak, 2011). 활동이론가들은 노인들이 노화로 인한 여러 변화에 대응해서 대체 가능한 새롭고 생산적인 역할을 찾아서 적극적으로 활동할수록 노후에 잘 적응하고 생활만족도가 높다고 주장한다.

활동이론은 활동과 생활만족도 간의 관계를 다음과 같이 단계별로 설명한다(Lemon et al., 1972; 김정석, 2007 재인용). 첫째, 노인이 역할을 상실하면 활동이 줄어든다. 둘째, 노인이 활동에 참여하면 다른 사람이나 사회로부터 더 많은 역할지지를 얻어낼 수 있다. 셋째, 역할지지를 많이 받을수록 더 긍정적인 자아개념을 형성하게 된다. 넷째, 자아개념이 긍정적일수록 생활만족도가 높아진다.

따라서 활동이론은 노인이 여가활동, 운동, 여행, 학습, 종교활동 등과 같은 다양한 사회활동에 참여하라고 독려한다. 특히 노인이 중년 시기처럼 사회·경제적 활동을 왕성히 하면서 새로운 역할을 담당할 수 있도록 하기 위해서는 다양한 사회프로그램이 필요하다고 강조한다(Hooyman and Kiyak, 2011). 구조기능주의적인 관점에서는 노인을 사회체계의 하나로 매우 수동적인 존재로 인식하는 경향이 있지만, 상징적 상호작용론에 기반을 둔 활동이론에서 노인은 다른 사람의 반응을 고려하면서 자신의 행동을 조정하는 과정에 적극적으로 참여하는 주체가 된다(유성호 외, 2015).

그러나 활동이론의 다음과 같은 한계를 분명히 이해할 필요가 있다. 첫째, 활동이론은 개인의 고유한 특징personality, 건강, 경제적 여건 등이 활동과 생활의 만족도에 중요한 영향을 미친다는 점을 충분히 고려하지 못한다(Hooyman and Kiyak, 2011). 노인이 적극적으로 활동하는 것도 삶의 만족도에 중요한 요

| 더 알아보기 |

활동이론의 예시

노인이 되면 경제활동에서 완전히 물러나고, 자녀가 독립해서 출가하면 '빈둥지 시기'를 겪으면서 고독감이나 우울감이 높아지기도 한다. 때로는 삶의 목적이나 방향, 헌신하던 대상이 사라지면서 힘들어한다. 그러나 노인이 우연히 지역에 있는 복지관에 가면서 춤, 운동, 레크레이션, 컴퓨터 배우기 등의 다양한 취미 활동을 하면서 생활의 활기를 찾게 된다. 과거에는 생활이 너무 바빠서 배우지 못한 것도 새롭게 배우고, 복지관에서 사귄 친구들과 함께 지역에 있는 아이들을 위한 봉사활동도 열심히 하면서 삶의 활력이 생기고 만족도도 높아진다.

은퇴 후 생긴 여유시간을 얼마든지 즐겁게 보낼 수 있다.

인이지만, 사람에 따라서는 개인의 성격, 건강, 경제 여건 등이 더 중요한 변수로 작용할 수 있다. 즉, 모든 노인이 높은 수준의 사회활동을 희망한다고 가정하는 오류를 범할 수 있다. 모든 노인이 사회활동을 원하는 것은 아니며 사회활동을 한다고 해서 생활만족도가 반드시 높지는 않다(김정석, 2007). 예를 들어 일부 노인은 조용히 노후를 보내고 싶어한다. 중년까지 육아와 직업으로 정신없이 바쁘게 보냈던 과거의 삶이 너무 숨가쁘다고 느꼈기 때문이다.

둘째, 활동이론은 노화를 하나의 사회문제로 여기고 이 문제를 해결하기 위해서 노인이 적극적으로 활동하고 사회적 지위나 역할, 활동 등을 중년의 상태로 유지해야 한다고 생각하는 경향이 있다(Hooyman and Kiyak, 2011). 그러나 이는 노인이 사회적으로 처한 여건상 현실적이지 않은 경우가 많다. 특히 계층이나 계급, 불평등과 같은 구조적인 여건을 충분히 고려하지 못한 측면이 있다. 불평등한 사회구조에서 빈곤한 노인은 계속 발생하는데, 빈곤노인이 사회적으로 다양한 역할을 찾는 것은 개인의 노력만으로 해결하기 어렵고 사회구조적인 여건 자체를 근본적으로 바꿔야만 가능하기 때문이다.

(3) 분리이론

분리이론Disengagement theory은 커밍Cumming과 헨리Henry가 『노화Growing Old』(1961)에서 노화는 노인이 경험하는 '사회시스템'의 특징과 분리해서는 이해할 수 없다고 주장하면서 나온 이론이다(Hooyman and Kiyak, 2005). 분리이론은 이전의 역할이론이나 활동이론과 달리 사회적인 측면을 더 고려했고, 학문적으로는 구조기능주의적 시각에 뿌리를 두고 있다는 점에서 차이가 있다(유성호 외, 2015; Passuth and Bengtson, 1988). 분리이론에 따르면, 모든 사회는 전체적으로 보면 노인들이 가지고 있던 권한을 질서정연한 방식으로 젊은 세대들에게 이전하는 과정을 거치고, 노인의 사망으로 인한 사회적인 혼란에 대비한다.

분리이론은 노인이 사회로부터 분리되거나 사회에의 참여가 줄어드는 것이 사회가 안정적으로 운영되는 데 필요한 하나의 정상적인 과정이라고 보는 경향이 있다. 분리이론가들은 노인이 노화에 잘 적응하려면 중년 때처럼 개인이 적극적으로 활동해야 한다는 주장에 반대한다. 분리이론은 노화 시기를 중년의 연장선상이 아닌 '분리'된 시기로 보고, 분리가 노인에게도 오히려 도움이 된다고 강조한다. 사회로부터의 일정한 분리는 노인의 활동수준을 감소시키면서 다소 소극적인 역할을 수행하게 만든다. 덜 빈번한 사회교류를 하게 되고 내면적인 생활에 관심을 두는 것은 일정 부분 사회 전체적으로 불가피하고, 노인은 이러한 과정에 자연스럽게 적응해가는 것으로 봤다.

즉, 노인은 이전에 수행했던 부모나 돌봄자로서의 역할이 줄어들고 은퇴로 인한 역할 축소의 과정을 겪으면서 새로운 여건에 자연스럽게 적응하고 자존감을 유지하게 된다는 것이다. 분리이론은 이 같은 과정이 사회 전체적으로뿐만 아니라 개인에게도 자연스럽고 긍정적이라고 보았다. 이처럼 분리이론은 사회시스템과 개인 수준의 변화를 하나의 거대이론으로 설명하고자 한다.

그러나 분리이론의 주장은 실증적인 연구결과로 입증되지 않아 지지를 받지 못하고 있다(Hooyman and Kiyak, 2011). 예를 들면, 분리이론은 사회참여와 활동의 감소가 노인에게 도움이 된다고 주장했지만, 연구결과는 이와 반대로 나타났다. 노인이 더 많이 사회에 참여하고 활동할수록, 또한 이를 유지할수록 성공적이고 적극적인 노후를 보내는 것으로 드러났다.

노인의 사회참여나 역할이 감소하는 것이 사회시스템적으로 당연하거나

| 더 알아보기 |

분리이론의 예시: 사회로부터 분리되어 편안한 노인

P노인은 중년까지 매일 출근하면서 일을 해야만 했다. 하지만 은퇴 후 노인이 되어서는 평소에 하지 못했던 독서나 산책을 하면서 여유롭게 보내는 시간이 즐겁다고 느낀다. 노년기 이전에는 사회적으로 주어진 역할과 책임에 매달려서 살아야 했지만 이제는 사회에서 어느 정도 분리되어 개인적으로 하고 싶은 일을 하면서 한가롭게 여러 변화에 적응할 수 있어 긍정적이라고 생각하고 있다.

분리이론은 노인의 역할이 축소되는 것을 자연스럽고 정상적인 과정이라고 본다.

불가피한 것이 아니라는 비판도 제기되고 있다. 일부 나라에서는 노인이 더 존경받고 명망이 있으며 권한을 지니기도 한다. 노인의 사회적 역할 축소가 보편적인 경우에도 오히려 갈수록 많은 노인이 경제활동을 하고 건강하게 사회참여를 하고 있다. 동시에 노인의 사회적 역할을 축소하는 것이 사회 전체적으로 자연스럽고 바람직하다는 주장도 비판을 받고 있다. 왜냐하면 노인의 은퇴를 강조하는 사회는 노인이 오랜 기간 갈고 닦아온 기술과 노하우를 빨리 잃게 만들어서 사회 전체적으로 유용한 자산을 상실하고 노인의 의존성을 더욱 높이는 부정적 결과를 초래하기 때문이다.

(4) 노인초월이론

노인초월이론Gerotranscendence theory은 노인이 되면 세상의 물질적인 것들에 대한 관심이 줄고 내면의 자아와 초월적인 것에 대한 관심이 커진다고 주장한다. 초월적인 것에 대한 관심이 커지면서 노인은 의미 있는 관계나 활동을 중심으로 주의를 기울이는 경향이 있다는 것이다. 상대적으로 물질주의에 기반한 자기중심적인 모습은 줄어들고 자기수용성이 높아지며 자아의 통합을 도모한다고 본다.

노인초월이론에서 노인은 활동이나 물질주의, 합리성, 형식적인 사회관계, 신체에 대한 과도한 관심 등과는 거리가 멀어지는 대신에 내면세계에 대한 관심이 높아지면서 지혜와 영성 등을 추구하고자 한다(Hooyman and Kiyak, 2011: 318). 혼자 있는 시간이나 고독을 좋아하게 되고 명상과 사색을 추구하게 된다. 이로 인해 노인은 이전 세대와의 친밀감이 높아지고 역사나 과거 시기와의 연관성을 느끼며, 나아가서 삶과 죽음도 초연하게 받아들이게 된다는 것이다. 노인초월이론은 노인의 적극적인 사회참여나 활동을 강조하는 활동이론이나 뒤에 언급할 신노년이론과는 확실히 다른 특징을 보여준다. 특히 이 이론은 노인복지실천에 영향을 끼쳐 인생 회고, 회상치료기법과 같은 프로그램이 발전하는 데 기여했다. 노인의 삶에 영성이나 의미, 내면세계가 중요함을 일깨워 준 것이다.

그러나 이 이론은 노인의 현실을 보편적으로 반영하기 어렵다는 한계가 있다. 서구뿐만 아니라 경제적으로 발전한 아시아의 많은 나라에서도 일부 노인들은 자본주의의 영향으로 소비추구 성향이 강하고, 외모나 미용에 대한 관심도 적지 않다. 초월적인 주제와는 거리가 먼 경제성장과 생산적 노후 등의 담론에 노인이 동의하는 경우도 많다. 일부 노인은 경제활동을 지속해서 부를 더욱 축적하려는 욕구와 집착도 강하다. 이 같은 사회문화적 분위기는 노인초월이론에서 주장하는 노인의 탈물질주의적 모습과는 거리가 있다. 여러 나라에 살고 있는 노인의 특성과 역사·문화적인 상황 등을 다양성의 측면에서 충분히 고려하지 못했다는 지적이 제기되는 이유이다.

| 더 알아보기 |

노인초월이론의 예시: 내면에 관심을 갖게 된 노인

K노인은 시간이 많아지면서 지나온 자신의 삶을 자주 회상하곤 한다. 과거에는 큰 집과 비싼 차를 사기 위해서 많은 돈을 버는 것이 삶의 목적이었다. 그런데 지금은 그런 눈에 보이는 것들이 갈수록 의미가 없어지고, 번잡한 생활이 아닌 조용하고 차분한 환경에서 사는 것이 갈수록 좋아진다. '과연 앞으로 나는 어떤 사람으로 인식될까?'라고 생각하면서 삶을 의미 있게 마무리하는 방법을 숙고해본다. 이따금 종교기관에 가서 신에게 회개하고 내면의 은밀한 사항을 기도로 말하는 시간이 행복하다고 느낀다.

(5) 연속성이론

연속성이론Continuity theory은 사람이 크게 변하지 않고 원래 했던 행동양식대로 생활을 유지하려는 일관된 유형의 행동을 보인다는 주장이다. 노인이 되면서 역할의 상실을 경험하면 이를 대체할 비슷한 유형의 다른 역할을 수행하려고 하고, 변화하는 환경에 대응해서 적응하는 다른 방법을 찾아 이를 유지하려고 한다는 것이다. 즉, 노인이 된다고 해서 행동방식이 급격하게 변하지 않는다고 본다. 노인이 되어도 그 사람이 청년, 중장년을 거치면서 갖게 된 기본적인 성격은 비슷하게 지속되고, 행동양식도 크게 바뀌지는 않는다는 것이 연속성이론의 골자이다.

이 이론은 사회심리학적인 접근으로 노인의 연속성을 설명하는데, 노인은 변화적응 전략으로 '내적 연속성'과 '외적 연속성'을 통해 안정성을 유지하려고 한다고 주장한다(Matcha, 1997; 김정석, 2007: 671 재인용). 내적 연속성은 사람의 내면에 관한 것으로, 노인의 성격이나 행동이 크게 변하지 않는 이유는 개인이 과거의 기억에 기반해서 여러 가지 판단과 행동을 하므로 과거와 비슷한 일관적인 특징을 유지하는 경향성이 있기 때문이다. 노인을 둘러싼 여러 변화에 대응해서 내적 연속성을 유지하려는 압박은 자신과 세상에 대한 안정적인 관점을 가지려는 기본적인 욕구에서 비롯된다. 외적 연속성은 기존에 살던 곳과 같은 친숙한 환경에 살면서 익숙한 사람들과 관계를 맺고 상호작용하는 것을 의미한다.

물론 노인이 큰 사고를 당하거나 중병에 걸리는 등 예외적인 여건에 놓이면 성격이 크게 위축되거나 고통에 괴로워하고 자신감을 잃으면서 적극적인 성격의 사람도 소극적이고 우울한 성격으로 변할 수 있다. 그러나 이 같은 예외적인 경우가 아니면 노인이 된다고 해서 그 사람이 살아오면서 보여주었던 성격과 행동양식 등이 크게 바뀌지는 않는다는 것이다. 따라서 노인의 삶의 만족도는 현재의 삶의 방식과 행동이 과거 성년기 동안의 경험과 얼마나 '일관'되느냐에 따라 결정된다고 일부 연구자들은 주장한다(Atchley, 1989).

연속성이론은 노인이 된다고 해서 그 사람이 크게 변하지 않는다고 주장할 뿐만 아니라 노인이 되면 성년 때 가지고 있던 중요한 성격적인 특징이 더욱 두드러지고, 중요하게 여기던 가치에 대해 집착하게 된다고 주장한다. 따라서 원래 소극적이고 비사교적이었던 사람이 노인이 된다고 해서 적극적이고 사교적인 성격으로 바뀌기는 쉽지 않다고 본다. 이처럼 연속성이론은 노인의 삶을 생애사적인 접근을 통해 '연속적으로' 바라보면서 노화와 행동의 변화를 이해할 수 있게 하는 유용한 이론이다.

그러나 연속성이론은 스스로 인정하고 있듯이 정상적인 노화normal aging를 겪는 노인에게만 적용되고 사고나 장애, 질병 등 예기치 못한 병리적인 노화pathological aging를 겪고 있는 노인에게는 적용하기 어렵다(김정석, 2007). 연속성이론은 사회심리학적인 접근으로 개인 단위의 노화와 그 변화에 중점을 두기 때문에 개인에게 크게 영향을 미치는 정치, 경제, 사회 등 구조적인 요인을 고려하지 않는 한계가 있다. 따라서 노인문제에 대한 사회적인 책임이나 개입, 국가의 역할 등을 소홀히 여길 수 있다.

| 더 알아보기 |

연속성이론의 예시: 은퇴 전과 비슷한 역할을 수행하는 노인

A노인은 원래 학생을 가르쳤으며, 부지런하고 사교적인 사람이다. 노년이 되어서도 여러 단체에서 다양한 활동을 하는 매우 적극적이고 외향적인 성격이다. 그는 자신의 원래 직업인 교사와 유사한 활동을 하고 있다. 노인 자원봉사활동으로 어린이집에 가서 아이들에게 동화를 읽어주면서 즐거운 시간을 보내고 있다.

2) 대안이론

1960년대부터 위에서 설명한 기존의 이론들과 달리 노화에 관한 실질적인 '사실'을 설명하거나 개인적인 측면에서 노화의 의미를 고찰하려는 시도가 나타나면서 몇 가지 대안적인 이론이 등장했다. 이와 함께 거시적인 사회구조의 관점에서 노년기를 설명하려는 이론이 여럿 나타났다. 이들 이론은 구조기능주의, 갈등론, 상징적 상호작용론, 교환이론의 네 가지 사회학이론에 그 뿌리를 두고 있다. 가령 연령계층화이론은 구조기능주의적인 시각에 토대를 두고 있어 사회의 유기적인 변화를 강조하는 반면, 정치경제학적 관점은 갈등이론에 토대를 두어 노인의 불평등한 현실을 조명한다.

(1) 연령계층화이론

연령계층화이론Age stratification theory은 라일리Riley와 동료들이 1970년대 이후부터 지금까지 발전시킨 이론으로, 개인적인 차원에서의 노인 적응에 초점을 둔 활동이론과 분리이론에 대항해 등장했다(김정석, 2007). 연령계층화이론은 일정한 연령에 속하는 집단, 즉 코호트에 따라 노화의 양상과 층위가 다르다고 보았다(Lynott and Lynott, 1996; 김정석, 2007 재인용). 청년과 중년, 노인세대가 각각 경험하는 인생의 단계와 역사적인 시기는 차이가 있다. 사람들이 어떻게 행동하고 생각하는지는 그 사람이 어떤 연령집단에 속하는지에 따라서 다른데, 그 이유는 집단별로 경험한 삶의 과정과 역사적 사건이 서로 다르기 때문이다. 비슷한 연령집단에 속한 사람들은 역사적 사건과 변화를 함께 겪었으므로 세상을 바라보는 관점도 유사할 수 있다.

개별 연령집단들은 각각의 고유한 역사적인 경험을 공유하고 있기 때문에 노화의 과정도 각각 다르게 경험한다. 연령집단 자체가 연령의 계층화에 집단적으로 영향을 미친다. 그러나 노인 연령집단이 실제로 수행할 수 있는 역할이 일반적으로 사회가 노인에게 기대하는 역할과 맞아 떨어지지 않으면 해당 연령집단은 기존의 연령계층화 양상과는 다른 변화를 시도하기도 한다. 즉, 이전 세대와는 다른 방식으로 행위하게 된다. 대표적으로 베이비부머세대는 이전의 노인세대에 비해 교육수준이 높고 사회적으로 안정된 위치에서 활동하면서 전문적인 지식이나 기술을 가지고 있는 경우가 많다. 이들은 이전의 노인세대와 다른 방식으로 노화에 대응한다. 이들은 노인이 되어도 사회적 역할을 축소하거나 소극적으로 지내지 않고 관계망을 유지하면서 사회에 적극적으로 참여하려는 의식이 상대적으로 강한 집단이라는 특징을 가지고 있다.

이처럼 특정 연령집단이 노인의 계층별 분화에 영향을 끼치고 있지만 사회 자체가 이 같은 변화의 요구에 부응하지 못하는 경우도 발생한다. 이를 '구조 지체'structural lag라고 부르는데 사회변화가 인구집단이나 개인의 생활에서 나타나는 변화를 따라가지 못하고 뒤처져 있는 현상을 일컫는다(김정석, 2007).

가령 과거보다는 훨씬 젊은 생각과 욕구를 가지고 있는 신세대 노인들은 노인복지관이나 자원봉사활동 기관에 자신들의 전문성을 활용할 수 있는 다양한 프로그램이나 자원봉사활동 기회를 제공할 것을 요청하지만 이들의 요구를 담을 수 있는 준비가 되지 못한 경우가 여기에 해당된다. 신세대 노인들이 생활에 불편을 느끼는 이유는 그들의 기호나 수준에 적합한 사회여건이 형성되지 못했기 때문이다.

따라서 최근에는 '연령통합적인 사회'age integrated society에 대한 논의가 많아지고 있다. 이는 구조 지체가 발생하는 사회에서 적합한 정책과 프로그램을 실행해서 지체를 보완하고자 하는 것이다. 특히 연령이 나뉜 사회에서는 연령에 따라 역할이 분리·구분되어 사회구성원들이 구분되고 갈등을 일으킨다. 하지만 연령이 통합된 사회에서는 각 역할에 대한 연령별 장애가 제거되고 연령에 관계없이 사람들에게 다양한 분야에서 활동할 기회가 제공되도록 노력한다(김정

| 더 알아보기 |

연령집단에 따라 노화를 다르게 경험한다는 연령계층화이론

6·25전쟁과 보릿고개의 극심한 빈곤을 경험한 노인세대는 다른 연령대의 사람들에 비해서 근검절약을 생활의 철칙으로 여기고 북한에 대한 보수적인 관점을 견지하는 경우가 많다. 삶의 기반을 송두리째 흔들고 서로를 죽여야 했던 끔찍한 전쟁과 기본적인 의식주도 걱정해야 하는 혹독한 빈곤의 시절을 경험했기 때문이다. 반면에 젊은 세대는 산업화와 민주화가 이뤄진 이후에 살아왔기 때문에 상대적으로 빈곤에 대해 크게 걱정하지 않고 북한에 대해서 열린 자세를 가진다.

전쟁으로 인한 빈곤을 겪은 세대와 경제성장기의 혜택을 누리며 자란 세대는 세상을 바라보는 관점이 다를 수밖에 없다. 서로를 이해하려는 노력이 필요하지 않을까?

석, 2007: 680).

그러나 이 이론은 소수 지배계층에 속하는 엘리트집단이 행사하는 권력을 충분히 고려하지 못한 한계가 있다. 왜냐하면 기득권 세력인 이들이 변화를 통제하거나 반대하면 사회는 새로운 요구에 대응하지 못하면서 지체될 수 있기 때문이다(김정석, 2007).

(2) 사회교환이론

사회교환이론Social exchange theory은 개인이 서로 자원을 주고받는 사회적 교환에 지속적으로 참여하고 있다고 보는 이론이다. 여기에서 자원은 물질·경제적인 것뿐만 아니라 정서적, 사회적, 비물질적 자원을 포함하는 포괄적인 개념이다. 대등한 가치가 있는 자원을 주고받아야 한다는 호혜성 원칙은 교환을 지속적으로 이루어지게 하는 데 영향을 미친다(김정석, 2007). 그러나 현실에서는 서로 동등한 가치의 자원을 가지고 교환에 참여하는 것이 쉽지 않다.

사회교환이론은 왜 노인이 되면 사회적 상호작용과 활동이 줄어드는지를 '자원의 감소'를 통해 설명한다. 도드Dowd는 경제적 비용 손익cost-benefit 모델을 활용해서 노인이 사회적으로 고립되거나 관계망 위축을 경험하는 것은 노인과 다른 사람들 간에 불평등한 교환이 발생하기 때문이라고 주장했다(Dowd, 1980; Hooyman and Kiyak, 2011 재인용). 노인이 되면 역할이나 기술 등이 바뀌면서 소득, 교육수준, 능력, 건강 등의 여러 자원이 감소하게 된다. 따라서 노인은 젊은 사람을 비롯한 다른 사람과의 관계에서 자원을 충분히 제공할 수 없는 불평등한 상태에 놓이게 된다. 이 같은 불균형한 자원의 상태가 지속되었을 때, 노인들은 젊은 사람들과의 상호작용과 관계를 줄이고 사회참여 또한 줄이게 된다는 것이다(김정석, 2007).

사회교환이론은 개인 간 관계만이 아니라 다른 연령층이나 세대 간 자원교환의 양상과 구조 등도 설명하려 한다. 노동시장에서의 은퇴와 낮은 위치에 처하면서 발생하는 자원의 감소는 자본주의 사회에서 노인을 다른 세대나 집단에 비해 교환 열위의 위치에 있게 만들고, 노인들은 다른 연령층과의 관계망을 축소함으로써 교환관계에서의 불균형에 대응한다는 것이다.

그러나 이러한 사회교환이론에 반대하는 입장은 많은 노인이 관계의 상호

| 더 알아보기 |

불균형한 사회교환이론의 예시

젊은층에게는 손쉬운 인터넷 뱅킹도 디지털 기기에 익숙하지 않은 노인에게는 어려운 일일 수 있다.

대부분의 노인은 요즘 젊은 사람들을 만나면 괜히 위축감을 느끼곤 한다. 젊은이들은 핸드폰을 가지고 인터넷 뱅킹도 하고 쇼핑도 하고 모든 일을 하는데, 노인은 전화하거나 문자를 보내는 것 이외의 다른 기능은 어렵기만 하다. 이웃 청년에게 몇 번 물어봐서 인터넷 뱅킹도 했는데 아직도 잘 이해가 되지 않는다. 일방적으로 도움을 받는 것이 미안해서 이웃 청년에게 다시 묻기가 꺼려진다. 노인은 그냥 은행에 가서 직접 돈을 송금을 하지만 왠지 시대에 뒤처지는 것 같다. 젊은 사람들에게 별로 도와줄 일도 없어서 차라리 나와 비슷한 처지의 동년배 노인 친구를 만나면 위축감도 없어지고 편하다.

성을 유지하고 적극적으로 활동하려고 노력한다고 주장한다. 또한 설령 노인들이 다른 개인들에 비해서 물질적인 자원을 적게 가지고 있을지라도 존중, 인정, 사랑, 지혜, 시간과 같은 비물질적인 자원을 가지고 있고 이를 사회에 제공하면서 기여하고 있다는 점을 고려해야 한다고 강조한다. 실제로 노인들은 자원봉사나 손자녀에 대한 돌봄 역할수행과 같은 여러 방법을 통해서 세대 간에 도움을 제공하는 등 사회교환이론과는 다른 모습을 보여주기도 한다.

(3) 정치경제이론

정치경제이론Political economy perspective은 노화가 사회의 정치·경제적 맥락에서 발생한다고 보고, 자본주의 사회의 구조적인 측면을 중심으로 노화를 분석한다. 개인 중심으로 노화를 분석하는 활동이론과 분리이론과 달리 노인이 처한 사회계급class이 노인의 사회적 위치를 결정짓는 중요한 요인이라고 간주한다(Hooyman and Kiyak, 2011). 노인들마다 노후를 서로 다르고 불평등하게 경험하는 것은 사회계급에 따라서 노인이 정치·경제적 권력에 접근할 수 있는 자원이 다르기 때문이다. 특히 이 이론은 기존의 기득권 계급은 자신들의 위치를 영속화함으로써 계급 간 불평등을 유지하고 자신들의 이익을 지키려 한다고 주장한다(김정석, 2007). 정치경제이론은 사회계급뿐만 아니라 성, 성적 지향성, 인종 등 다양한 사회경제적·정치적 제한 요인이 노인의 노화 경험에 영향을 미친다고 본다.

이처럼 정치경제이론은 노인이 경험하는 대부분의 불평등은 노인 당사자 개인이 아닌 사회구조적으로 만들어지는 것이라고 주장한다. 따라서 노동시장에서 열악한 위치를 차지하는 비정규직이나 여성이 노인이 되면 경제적으로 더욱 어려워진다는 것이다.

정치경제이론은 구조적인 요인들이 정부 정책에 의해 제도화되고 심화되는 것이 더 큰 문제라고 주장한다. 정부 정책이 오히려 노인에게 선택의 기회를 제한하고, 차별과 불평등을 지속시킨다고 지적한다. 따라서 노인 개개인의 책임과 역할, 활동을 강조하는 이론들은 사회구조적인 요인들로 인해 발생하는 문제들의 근본적인 원인을 보지 못하게 하고, 그 책임을 노인 개개인이 감당하는 것을 당연시한다고 비판한다.

정치경제이론은 노인의 불평등에 대해 상당한 연구를 진행하면서 노인을 사회에서 배제하고 소외시키는 현실에 문제 제기를 하고 그 부당함을 밝혀내고 있다. 나아가 여성주의적인 관점을 가진 정치경제이론가들은 제도적으로 어떻게 여성을 차별하고 배제하는지 그 메커니즘을 밝혀내고, 이 같은 차별이 누적되어 발생하는 여성노인의 어려움과 불평등의 문제를 학문적으로 규명하고 있다.

최근 미국에서는 노인들에게 지역사회활동 참여civic engagement를 장려하는 사회적 분위기가 형성되었다. 노인들은 지역사회의 이슈, 예를 들면 돌봄 업무 수행과 같은 여러 활동에 참여해서 지역사회에 기여하도록 요구받고 있다(Hooyman and Kiyak, 2011). 여기에는 노인의 적극적인 사회참여를 강조하는 성공적 노화 담론[1]이 자리하고 있다. 성공적 노화 담론은 노인을 주체적인 존

1 성공적 노화를 설명하는 대표적인 이론으로 '성공적 노화모델'이 있는데, 이 책 3장 3절에서 좀 더 자세히 다루고 있으니 참고하기 바란다.

정치경제학 관점의 예시

정치경제이론가들은 퇴직제도가 노인을 노동시장에서 주변화하고 배제함으로써 자본주의의 노동시장 안정을 도모하고 생산성의 극대화를 통한 자본의 축적을 더욱 지원하는 결과를 낳는다고 지적한다(Hooyman and Kiyak, 2005). 특히 제도적으로 연금과 같은 소득보장 시스템이 부실하고 형평성이 미비하면 노인의 빈곤 완화가 제한적으로 이루어질 뿐만 아니라 노인의 불평등한 현실도 지속된다. 따라서 정치경제이론가들은 노인이 개인적으로 어떻게 노화에 적응하느냐는 것은 문제의 본질이 아니라고 본다.

정치경제이론은 노인이 경험하는 많은 어려움은 노인 당사자 개인이 만든다기보다는 사회구조적으로 만들어지는 것이라고 주장한다.

재로 인식하도록 이끈 긍정적 측면도 있지만, 동시에 활동에 참여하지 않는 노인들을 깎아내리는 사회적인 분위기도 형성하고 있다(Hooyman and Kiyak, 2011). 정치경제이론가들은 노인의 시민참여가 장려되는 이유에 대해 인구구조의 변화와 신사회위험 등으로 사회서비스에 대한 수요가 사회적으로 늘어나고 있으나 정작 미국 연방정부는 의료와 사회적 돌봄과 같은 서비스의 예산을 줄이고 있기 때문이라고 지적한다. 즉, 증가하는 사회서비스 수요에 공적인 인프라와 예산을 늘려서 대응하는 것이 아니라 민간의 유휴인력을 통해서 메우려 한다는 것이다. 이 같은 움직임은 노인이 사회에 보답해서 뭔가를 돌려줘야 한다는 사실상의 의무를 부여하는 것이라고 지적한다.

(4) 생애과정이론

생애과정이론Life course theory은 인생의 변화란 평생의 과정을 통해서 이뤄지는 다이나믹한 과정으로 보고, 변화는 생물학적, 사회적, 심리적 발달, 역사, 지역과 같은 다양한 변수에 의해 영향을 받는다고 주장한다(Hendricks, 2012). 생애과정관점에서는 특히 연령집단을 중요하게 생각한다(Hendricks, 2012). 동일한 연령집단에 속하는 사람들은 공유하는 정서와 문화 등 여러 측면에서 다른 연령집단과 구별되는 특징을 보인다. 예를 들어 경제적 빈곤, 전쟁과 같은 사회적 위기를 겪은 노인세대는 근검절약을 생활화하며 미래의 불행한 사건이 일어날 가능성에 대비하는 경향이 있다. 반면에 경제적 풍요기에 태어나서 소비주의를 경험하고 인터넷을 기반으로 한 전자기기의 활용에 익숙한 신세대는 경험하는 생애과정의 내용이 노인세대와 차이가 있다. 이들 연령집단은 노화로 인한 변화에 대응하는 양식도 다르다.

생애과정이론의 네 가지 핵심원칙은 (1) 역사적인 시간과 장소(사회적인 맥락과 코호트효과), (2) 생활의 시기timing in lives, (3) 연결된 삶(세대 간의 전달과 경험의 공유), (4) 선택을 하게 만드는 사람의 행위성human agency이다(Hooyman and Kiyak, 2011: 325). 생애과정이론에 따르면 사람의 발전은 지속적, 점진적으로 이뤄지는 것이 아니라 다면적, 상호적, 유동적, 비선형적인 과정과 다양한 관계를 통해서 이뤄진다고 본다(Hendricks, 2012). 역할과 기능의 측면에서 도움이 되는 것과 잃는 것이 함께 발생하고, 특정한 사회적 맥락 안에서 구조적인 장점과 단점이 함께 나타난다. 노인마다 인생의 변화가 상당히 다양한 것처럼 사람들의 발전과 변화의 양상은 매우 다채롭다고 본다.

| 더 알아보기 |

생애과정이론의 예시

딸이나 며느리와 같은 여성들은 가족 내 병든 노인을 돌보는 역할을 수행하는 경우가 많다. 그런데 노인의 평균수명이 늘어나면서 돌봄을 수행해야 하는 기간이 길어지거나 돌봄의 강도가 높아지면서, 여성은 경제활동에도 제약을 받고 건강이 나빠지기도 한다. 사회구조적으로 성인 여성들의 돌봄 역할을 당연시하는 풍토가 있는 것이 사실이다. 하지만 무급으로 돌봄 역할을 수행하는 여성들은 남성들에 비해서 임금뿐만 아니라 연금과 복리 후생 혜택도 덜 받게 되고, 이는 나중에 노인이 되어 생활수준의 남녀격차를 발생하게 하는 요인이 된다.

특히, 생애과정이론은 성, 인종, 사회계급 등으로 계층화된 사회구조가 어떻게 사람들의 생애과정을 큰 틀에서 일정한 양상으로 규정하며, 또 어떻게 노후에 불평등을 야기하는지에 대해 비판적인 관점으로 연구한다(Hooyman and Kiyak, 2011).

2. 최근 개발된 사회노년학이론

1) 사회현상학이론

사회현상학이론Social phenomenology theory은 기존의 연구들이 사회적인 사실fact을 발견하고 설명하려는 것에 중점을 두는 것과는 달리, 사회생활에서 일상적으로 나타나는 현상들을 이해하고 해석하는 데 중점을 두는 이론이다(Hooyman and Kiyak, 2011). 노화를 예로 들면, 노화와 관련된 사실을 발견하고 설명하기보다는 노화가 어떻게 묘사되는지, 특정한 방식으로 노화를 묘사하는 것은 어떤 집단의 이익에 기여하는지 등을 연구한다. 그리고 사회적인 구조와 여건의 영향을 받는 노화가 개인별로 각각 어떤 과정을 거치면서 진행되는지 그 의미에 대해 연구한다.

또한 사회현상학이론은 여러 현상을 해석하는 과정에서 겉으로 드러나지는 않지만 당연하다고 가정하는 것들에 대해 분석한다. 예를 들면, 정책입안자들이 정책을 제안하면 어떤 가정을 깔고 그런 정책을 디자인했는지를 점검한다. 노인을 위한 정책을 제시할 때, 정책입안자들이 가정하고 있는 사항들을 해석하면 노인의 다양한 유형과 불평등 정도를 고려하고 정책을 디자인했는지 여부 등을 분석할 수 있다. 따라서 이 이론은 설문조사를 통해 보편적으로 적용될 수 있는 사실을 연구하는 양적 연구보다는 각각의 맥락에서 현상의 의미를 이해하고 해석하는 질적 연구에 주로 적용된다. 실증주의적 입장이 아닌 해석주의적인 입장과 맥락을 같이하기 때문이다.

| 더 알아보기 |

사회에서 노인은 어떤 존재로 비칠까?

사회현상학이론은 '이 사회에서 노인들은 어떤 존재로 비치고 있을까'에 대해 연구한다. 다른 세대들은 언론, 영화, 책 등에서 묘사하는 노인의 모습을 통해 노인에 대해 어떤 사회적인 이미지를 갖게 된다. 그런 시각은 실제로 일상적으로 만나는 노인에 대한 선입견을 형성하기도 한다. 현재 젊은 세대들의 노인에 대한 이미지는 이 같은 영상매체와 인쇄매체 등의 시각에 일정 부분 영향을 받았으며, 또 그것에 기반해 노인을 판단한다.

2) 사회구성주의이론

사회구성주의이론Social constructionism은 비교적 최근에 등장한 이론으로 상호작용론, 현상학, 민속방법론, 해석학적 접근 등 미시 사회과학이론의 오랜 전통 선상에 있다. 사회구성주의이론에 따르면, 연구자를 포함해서 사람은 어느 누구도 어떤 객체나 사실에 대해 직접적 또는 객관적으로 파악할 수 없다고 본다(김정석, 2007). 사람들은 사회의 구성원으로 사회·역사·문화적 여건에서 결코 자유로울 수 없고, 그 영향 아래에서 어떤 대상에 특정한 의미를 부여하고 관련된 관념을 만들어내기 때문이다.

이처럼 사회적으로 만들어진 의미와 관념은 구조화되어서 '사회적인 실체'가 되고, 사람들의 사고와 일상생활에 영향을 끼치게 된다. 요컨대 이 이론에서는 어떤 사회문제가 객관적으로 존재하는 사실이라기보다는, 관련된 개념과 사고가 사회적으로 형성되거나 혹은 사람들이 이를 구성해가는 것으로 보고 있다(Giddens, 2011). 따라서 사회구성주의이론에서는 특정한 사회문제가 어떤 과정을 거쳐서 사람들에게 중요한 의미가 있는 문제로 인식되는지와, 이것이 사람들의 사고와 생활에 미치는 영향을 중요하게 여긴다(김정석, 2007; Giddens, 2011). 이 이론은 미시적인 내용에 대한 심층적인 분석을 추구하므로 양적 연구보다는 질적 연구를 통해서 소수 사례에 대한 깊이 있는 이해와 해석을 시도한다.

| 더 알아보기 |

사회문화적 여건이 사고에 영향을 미친다는 사회구성주의이론

노인들은 일반적으로 의존적인 존재이고 성에 대해 별로 관심이 없다고 생각하는 경향이 있다. 그런 생각은 특정 개인이 만드는 것이 아니라 사회적으로 만들어졌다. 사회구성주의 관점의 연구자들은 왜, 어떤 과정을 거쳐서 사람들이 노인에 대해 그런 인식을 갖게 되었는지를 연구한다. 이들은 노인이 실제로 의존적이거나 성에 무관심한 존재라기보다는 사람들이 노인에 대해 가지고 있는 선입견의 결과일 수 있다고 주장한다.

3) 여성주의이론

여성주의이론Feminist theory은 여성의 사회적인 위치와 경험 등이 남성과 다르다는 점에 주목한다. 많은 경우 여성의 지위는 남성과 다를 뿐만 아니라 더 열악한 위치를 차지하는 등 불평등이 존재한다. 이 이론은 여성이 남성에 의해 종속되고 사회구조적으로 억압이나 차별을 받고 있다는 사실에 주목한다(Ritzer, 2004). 여성주의이론가들은 현재의 노화와 관련된 이론들은 젠더적인 측면을 충분히 다루지 못하고 있으므로 여성노인들의 노화 경험을 논의와 연구의 중심에 두어야 한다고 주장한다(Hooyman and Kiyak, 2011). 즉, 여성이라는 젠더를 나이나 지역과 같이 하나의 변수로만 보는 것이 아니라 노인을 이해하는 데 있어 핵심적인 사항으로 고려해야 한다는 것이다(Hooyman and

Kiyak, 2005). 왜냐하면 노인의 다수가 여성일 뿐만 아니라, 여성과 남성이라는 젠더는 결코 중립적이지 않고 사회적인 과정을 통해서 실제로는 다른 경험을 하고 있기 때문이다.

여성주의의 입장은 자유주의적, 급진적, 해석적, 사회주의적, 후기구조주의적 여성주의 등으로 다양하고 연구 주제 또한 광범위하지만, 노년학에서는 사회주의적 여성주의가 가장 두드러진다(김정석, 2007). 사회주의적 여성주의는 여성이 전 생애주기 기간 동안 남성에 비해 동등한 권력을 갖지 못하고 있기 때문에 노인이 되어서도 필요한 여러 자원을 충분히 확보하지 못한다고 지적한다.

여성주의이론은 노화를 개인의 측면보다는 경제와 사회라는 구조적인 측면에서 주로 바라본다. 그리고 여성이 남성에 비해 더 열위에 처한 현실과 이로 인해 남녀가 어떻게 다른 경험을 하는지에 주목한다. 가령, 여성노인이 남성노인에 비해서 재산이 적거나 저축을 하지 못하는 경우가 많은데, 그 원인에 대해서 전통적인 연구에서는 여성 개인 차원의 재산 형성과 저축 행위 등에 대한 분석으로 연구의 프레임을 짰다면, 여성주의이론은 여성이 남성에 비해서 어떤 경제·사회적인 대우를 받았는지 그 구조적인 측면에 관심을 가진다. 이런 과정을 통해서 많은 연구들은 남성들이 상대적으로 특권적인 대우를 받는 데 비해 여성들이 열위에 놓여 있음을 보여준다. 특히 젠더에 기반한 불평등을 사회적으로 당연한 것으로 여기는 경우가 많은데, 가족 중 돌봄의 주부양자 역할을 여성이 수행하는 경우가 해당된다(Hooyman and Kiyak, 2011). 여성은 가정에서 아동이나 장애인, 노인들을 돌보는 역할을 수행하느라 경제적, 사회적, 문화적 활동 등 여러 측면에서 자신을 발전시키고 사회적으로 좋은 위치에서 활동할 수 있는 기회를 상대적으로 박탈당한다. 특히 여성주의 노년학자들은 돌봄을 개인적인 차원에서의 부담이나 스트레스로만 규정하지 않고 여성이 주로 돌봄을 수행하는 현실과, 공공정책이 돌봄에 대한 보상을 제대로 하지 못하는 사실을 지적한다. 즉, 여성의 돌봄 노력에 대해 사회적으로 보상하지 않거나 인정하지 않는 현실을 근본적으로 개선해야 한다고 강조한다.

| 더 알아보기 |

여성주의이론의 최근 연구성과

여성주의이론의 성과는 여성노인이 사회구조적으로 여러 측면에서 사회적인 여건과 대우에서 열위에 있다는 것을 인식하게 만들었다. 특히, 여성 독거노인의 경우 경제적, 사회적, 문화적 여러 측면에서 매우 어려운 상황에 처해 있다는 것을 알 수 있다.

이와 함께, 여성주의이론은 그동안 여성에게 '당연시되었던' 여러 가정 내에서의 일과 역할이 실제로 당연한 것이 아니라 남성 중심의 구조에서 '사회적으로' 만들어진 것이라는 것을 분명히 인식하게 기여했다. 최근에 우리나라의 '미투(me too) 운동'을 통해 여성주의이론에 대한 관심이 고조되고 있지만 아직까지 여성노인에 대한 가족과 사회 내 차별과 배제, 성적인 이슈 등은 본격적으로 제기되지 못한 상태이다. 앞으로 여성주의 관점에서 조명되어야 할 노인분야의 이슈는 여전히 많다.

여성주의이론은 여성이 남성에 비해서 어떤 경제·사회적인 대우를 받았는지 구조적인 측면에 관심을 가진다.

4) 역량(인간실현력)이론

센Sen이 주장한 역량(인간실현력)human capability이론은 노인을 위한 여러 정책이 경제적인 가치 중심으로 이뤄지는 것을 반대하고 인간으로서 역량을 강화해서 삶의 자유를 실현하는 것이 중요하다고 주장한다(Sen, 1980). 즉, 경제적 성장을 중심으로 사회의 발전을 개념화하지 말아야 하며, 경제성장은 사회발전의 수단에 불과하고 그 자체가 사회발전의 궁극적인 목적이 아니라고 강조한다(최혜지, 2013:138). 이 이론은 사회발전을 인간의 기본적인 물질적 욕구를 충족시키는 것으로 설명하려는 기초욕구이론이나, 효용의 극대화로 사회발전을 설명하려는 신자유주의이론과 대립된다. 즉, 수입과 소비를 강조하며 사람의 욕구를 더 많이 충족하는 것을 사회의 발달로 간주하는 시각을 비판한다(최혜지, 2009: 105-6 재인용). 센(2005)은 주로 경제성장을 중심으로 사회발전을 설명하려는 것은 사회발전의 주체인 인간을 배제한, 목적과 수단을 전도시킨 시각이라고 말한다.

대신에 센은 세 가지 주목할 만한 주장을 한다. 첫째, 사회발달의 궁극적인 목적은 개인이 원하는 대로 행동하고 희망하는 상태로 존재할 수 있는 기회선택의 자유를 확대해서, 개인이 가치 있다고 생각하는 삶을 성취하는 것이라고 주장한다(최혜지, 2013: 138 재인용). 즉, 인간실현력이 지향하는 바는 개인이 원하는 것을 수행하고, 되고자 하는 존재가 되는 가치 있는 기회를 갖는 것이다.

둘째, 개인이 성취할 기능을 선택하는 자유의 폭과 기능성취의 역량은 인간실현력에 의해 결정된다고 주장한다(최혜지, 2009: 106). 인간실현력이란 다양한 삶의 방식 중 하나의 삶의 방식을 선택할 수 있는 존재의 역량을 말한다(박성복, 1999; 최혜지, 2013: 138 재인용). 이 역량을 확대함으로써 삶의 방식을 선택할 수 있는 궁극적 자유를 확대하고, 희망하는 삶을 영위하는 데 기본이 되는 사회적 조건의 권리를 확대할 수 있다고 강조한다.

셋째, 인간실현력을 결정하는 것은 재화와 용역을 비롯해서 개인의 삶을 구성하는 요소인 기능이라고 주장한다(최혜지, 2009: 106). 개인이 선택해서 실현할 수 있는 기능소(개인의 생존을 가능하게 하는 다양한 영역의 요소들)가 다양할수록 가치 있다고 판단한 삶의 방식을 선택하고 실현할 수 있는 존재적 역량이 증가한다는 것이다.

센은 역량을 "사람들이 가치 있는 삶을 추구할 수 있도록 하는 실질적 자유"로 정의하고, 삶의 질에 대한 규범적인 평가는 소비나 소득보다는 사람들이 무엇을 할 수 있고 어떤 상태에 있는지를 중심으로 이뤄져야 한다고 주장한다(김혜경 외, 2011: 29-30 재인용). 즉, 역량은 사람들이 가치 있게 생각하는 삶을 누릴 수 있는 자유라는 것이다(Robeyns, 2003: 61-62).

센(2005)은 정부의 정책이 인간실현력의 관점에서 사람들이 선택한 삶을 살 수 있는 자유를 확대하고 장애물을 제거하는 것에 그 궁극적인 목적을 둬야 한다고 강조한다. 누스바움은 공공정책이 사람의 역량을 신장시키려면 적극적인 지원을 통해 물질적, 제도적 환경을 만들어줘야 한다고 주장한다. 이 같은

| 더 알아보기 |

역량(인간실현력)이론에 근거한 정책 평가

노인의 빈곤과 일자리 감소가 심각한 사회문제로 부각되면서 노인의 소득보장과 사회참여를 지원하기 위한 제도인 노인일자리사업 예산이 계속 늘어나고 있다. 최혜지(2013)는 센의 인간실현력 관점을 기반으로 노인일자리사업의 효과성은 노인의 복지 증진이라는 궁극적인 목적에 기초해서 평가가 이뤄져야 한다고 주장했다. 그리고 실제 평가 결과, 노인일자리사업은 신체적, 심리적, 정신적 성취기능에 정적으로 유의미한 영향을 미치고, 개인소득을 매개로 심리적, 정신적, 사회적, 경제적 성취기능에 간접적으로 유의미한 영향을 미치는 것으로 분석되었다고 밝혔다.

이처럼 노인을 위한 여러 복지정책의 목표와 평가는 단순히 경제적인 측면이 아닌 인간실현력의 관점에서 다각적인 측면을 고려해 실행될 필요가 있다.

토대 위에서 사람들이 각자의 다양한 방식으로 삶을 설계하고 선택할 수 있어야 한다는 것이다(Nuusbaum, 2000).

이 관점은 노인과 관련된 다양한 정책과 평가가 어떤 방향으로 나아가야 하는가를 시사한다. 노인을 위한 많은 정책이 시행되고 있지만 경제적인 관점을 중심으로 이뤄지고 있지는 않은지, 과연 '가치 있는 삶을 추구할 수 있도록 하는 실질적인 자유'로서의 노인의 역량을 강화하기 위한 사회적, 정책적 노력과 평가가 이뤄지고 있는지 진지한 검토가 필요할 것이다. 궁극적으로 노인 자신이 원하는 것들을 자유롭게 선택하고 이를 실현하는 데 필요한 개인적, 사회적 측면의 역량이 강화될 수 있도록 정책적으로 노력해야 할 것이다.

3. 한국의 '고령화위기론'과 '신노년이론'

지금까지 살펴본 서구의 노인이론은 한국 사회와 학계에도 커다란 영향을 끼쳤다. 그러나 한국 사회에는 노화와 노인인구 증가를 심각한 사회문제로

만 바라보는 부정적인 입장의 '고령화위기론'이 강력한 담론으로 자리를 잡고 있다. 동시에 노인을 수동적인 존재가 아닌 적극적인 존재로 각인시키는 활동적 노화, 성공적 노화, 생산적 노화와 같은 '신노년이론'이 크게 자리하고 있다. 이 절에서는 이 같은 고령화위기론과 신노년이론의 주요 내용과 한계점을 살펴본다.

1) 고령화위기론

고령화위기론은 한국의 고령화 속도가 세계에서 가장 빠르다고 지적하면서, 노인인구의 급증으로 생산가능인구[2]는 줄어드는 반면에 노인을 부양하는 사회적 부담은 커진다는 사실에 주목한다(김정석 · 조현연, 2017). 특히, 노인인구가 증가하고 경제에 활력을 줄 수 있는 젊고 능력 있는 인력이 감소하면 경제의 안정적인 성장에 저해가 된다고 지적한다. 반면에 노인을 위한 연금과 의료, 장기요양 같은 복지 예산이 증가하면서 사회적인 부담은 계속 커진다고 강조한다.

노인인구의 급격한 증가는 국가의 복지재정에 대한 부담을 증가시킨다. 그리고 이용자가 증가하면 복지제도를 유지하기 위해서 보험료와 세금을 올리게 된다(박경숙, 2003: 38; 김정석 · 조현연, 2017 재인용). 우리나라도 노인인구의 의료비와 장기요양 이용 증가로 비용이 늘어나면서 보험료를 계속 인상하고 있다. 보험료와 세금의 증가는 사업주의 노동임금비용을 높이고 가계의 소비를 위축시키는 결과를 초래한다. 이 같은 상황의 지속은 기업의 수익성과 경쟁력을 약화시켜 저성장과 구조적인 실업문제를 발생시킨다. 경제가 저성장 구조에 직면하면 국가 입장에서는 세수와 보험료 수입이 감소하는 악순환을 낳을 수 있다는 것이다. 고령화위기론을 구체적으로 설명하면 〈그림 2-1〉과 같다. 이 같은 고령화위기론은 신자유주의자에 의해 강력하게 제기되는 담론으

2 경제활동이 가능한 인구를 의미하며 15세 이상부터 64세 이하가 여기에 해당된다. 특히 25세 이상부터 49세 이하는 핵심생산가능인구로 분류한다.

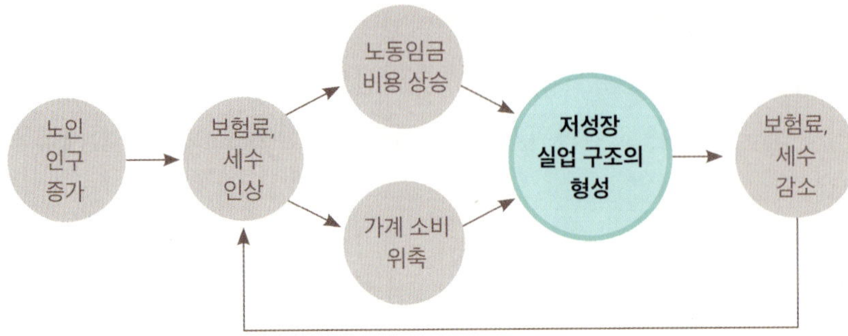

그림 2-1 고령화위기론의 흐름도

로, 이들은 고령화로 인한 사회보장 관련 예산의 급격한 증가를 재정 위기의 근본적인 원인으로 보고, 복지제도의 축소와 개편을 주장한다(김정석 · 조현연, 2017). 특히 경제성장을 중시하는 한국에서 고령화위기론은 보편적으로 확산되어 있다.

그러나 인류의 긴 역사에서 근대화 이후에 이뤄진 평균수명 연장이 인간에게 진정 재앙인지에 대한 성찰은 별로 없다. 과거보다 더 오래 살면서 삶의 유한성에서 어느 정도 벗어나 자신들이 원하는 삶을 살 수 있다는 측면에서 평균수명의 연장은 분명히 축복일 것이다. 그러나 고령화위기론은 노인을 사회적으로 부담스러운 존재로 낙인찍거나 세대 간 갈등을 심화시키는 문제거리로 바라본다. 이러한 고령화위기론은 노인을 위한 복지제도와 예산을 축소시키자는 주장의 근거가 되고 있다.

고령화위기론에 비판적인 학자들은 노인인구의 증가로 사회 · 경제적 부담이 늘어나는 것이 불가피하지만 그 내용이 실제보다 과장되어 있다고 주장한다. 노인인구가 늘어나고 있지만 교육과 건강수준의 향상과 같은 사회경제적인 변화도 동시에 이뤄지면서 사회적인 부담은 고령화위기론자들이 주장하는 것만큼 심각하지 않다는 것이다(계봉오, 2015). 예를 들면, 갈수록 교육을 받은 노인들이 늘고 스스로 적극적으로 건강을 관리하면서 살아갈 수 있기 때문에 국민건강보험과 같은 제도에 대한 의존성이 상대적으로 크지 않을 수 있다는 것이다. 즉, 노인들의 교육수준과 인식의 변화로 사회복지비용 증가와 같은 부정적인 효과를 상당 부분 상쇄할 수 있고, 사회적으로도 감당할 수 있다고 주장한다(계봉오, 2015).

2) 신노년이론

활동적 노화, 성공적 노화, 생산적 노화를 주장하는 '신노년이론'도 한국 사회의 지배적인 이론으로 자리 잡고 있다(최희경, 2010: 44-48). 이 이론은 노인이 노화를 경험하면서 겪게 되는 상실과 저하에 초점을 맞추고 노인을 의존적인 존재로 간주하는 관점에 정면으로 도전한다. 신노년이론은 노년기에 건강을 적극적으로 관리하고 자원봉사와 여가, 취미 같은 사회참여활동을 통해 사회적 관계망이 축소되는 것을 막고 노년의 삶의 질 향상에 나서야 한다고 강조한다. 신노년이론이 주장하는 핵심 개념을 구체적으로 살펴보면 다음과 같다.

첫째, 활동적 노화는 앞에서 살펴본 활동이론에 기반한 개념으로, 노인이 되어도 여러 사회활동을 하면서 바쁘게 사는 것을 미덕으로 보는 관점과 연결된다. 활동적 노화는 노인이 되면서 발생하는 역할 없는 역할과 활동의 축소에 대응해서 새로운 역할을 찾아 지속적으로 활동하는 것이 노년기를 잘 보낼 수 있는 핵심이라고 본다. 즉, 노인들이 중년기에 수행했던 활동과 역할을 지속적으로 수행해야 한다는 것이다. 활동적 노화는 신체적인 활동과 참여를 통해서 노인을 소외시키고 노인에 무관심한 사회에 대응해야 한다고 주장한다.

둘째, 성공적 노화는 로우Rowe와 칸Kahn이 주창한 이론으로(Rowe and Kahn, 1998), 성공한 노화의 세 가지 요소로 질병과 장애 위험 낮추기, 높은 신체적·정신적 기능 유지, 삶에 대한 적극적인 참여를 들고 있다(최희경, 2010: 45). 성공적 노화이론은 '성공'이라는 가치적이고 규범적인 개념을 사용해서 노인에게 바람직한 노후의 행동양식과 삶의 방식을 제시한다는 특징이 있다. 특히 활동적 노화이론과 마찬가지로 노인 개개인이 삶에서 적극적인 역할을 수행하고 참여할 것을 주장한다.

마지막으로 생산적 노화는 노인이 개인적인 차원에서 열심히 활동하고 역

활동적 노화 담론은 노인 개인의 신체적인 활동과 참여를 통해서 노인을 소외시키는 사회에 대응해야 한다고 주장한다.

할을 하는 것에서 한걸음 더 나아가 노인이 재화나 서비스를 생산하는 데 기여할 것을 강조한다(김정석·조현연, 2017). 미국의 노년학자 로버트 버틀러Robert Butler는 노인이 사회적으로 비효율적인 존재라는 편견을 연령주의ageism라고 지적하고, 노인이 경제적으로 도움이 되는 역할을 해야 한다고 주장한다. 즉, 노인이 재화나 서비스를 생산할 수 있는 잠재적인 능력을 개발하거나 실질적으로 생산하도록 기여해야 한다는 것이다. 버틀러는 노인의 활동이 생산적인 활동인지 여부는 그 행동이 자신이나 사회에 경제적으로 가치 있는 기여를 하는지에 따라서 판단될 수 있다고 밝혔다(Butler, 1980).

우리나라의 학계와 노인복지정책에도 신노년이론에 기반한 담론들이 크게 늘어났는데, 이는 1997년의 외환위기를 겪으면서 노인의 적극적인 사회참여와 역할을 강조했기 때문이다(최희경, 2010). 특히 신노년이론은 사회적인 요구에 부응하면서 적극적으로 사회에 참여하고 경제적인 활동을 계속하는 노인을 미화한다. 아울러 독립적이고 생산적인 역할을 담당하는 노인을 긍정적인 상으로 제시한다.

이 같은 신노년이론은 노인을 의존적이고 부정적인 존재로 바라보는 시각에서 어느 정도 탈피하는 데 도움을 주었다. 그와 더불어 노인들이 주체적으로 자신의 삶을 영위하고 적극적으로 사회참여에 나서게 되면서 사회통합을 유도하는 긍정적인 측면도 있었다(정경희 외, 2006). 그러나 신노년이론은 노인의 다양한 현실과 여건을 감안할 때 다음과 같은 한계도 존재한다. 생산적인 활동을 통해서 기여하기 어려운 노인들, 예를 들면 거동이 불편한 노인이나 치매노인, 성공적인 노후를 보내지 못한 노인을 사회적으로 실패한 노인으로 주변화할 수 있다. 이러한 관점은 노인집단 내부에서 특정집단을 체계적으로 배제하거나 소외시킬 수 있다는 한계가 있다. 특히 노인의 절반이 상대적 빈곤상태로 사실상 사회적으로 강요된 노동을 통해서 생활을 영위할 수밖에 없고, 세계 최고의 노인자살률을 보이는 상황에서 삶의 근간이 흔들리는 노인들에게 활동적 노화, 성공적 노화, 생산적 노화를 강조하는 것이 과연 바람직한지 근본적으로 고민하지 않을 수 없다.

토론쟁점

한국 사회에는 고령화의 부정적인 측면을 강조하는 '고령화위기론'의 담론이 매우 크게 자리하고 있다. 과연 '고령화위기론'은 노인과 사회에 어떤 영향을 끼칠 것인지 다음 글을 읽고 토론해보자.

> '고령화위기론'은 노인인구와 평균수명의 증가로 노인복지비용이 증가하면 경제성장에 저해가 된다는 점을 우려한다. 기업에 투자해야 할 돈이 노인의 의료 및 복지비용으로 사용되면 경제의 활력이 떨어지고 생산성이 떨어지게 된다는 주장이 '고령화위기론'의 요지이다.

토론거리

1. 고령화위기론이 기본적으로 가정하거나 지향하고 있는 가치는 어떤 것이 있을까? 고령화위기론은 주로 누구의 입장에 서서 주장하는 것일까?
2. 고령사회로 진입하면서 나타나는 사회변화의 부정적인 측면이 크게 부각되고 있다. 노인인구의 증가와 평균수명의 연장이 노인 개인과 사회에 미칠 긍정적인 측면으로는 어떤 것이 있을까?
3. 고령화위기론이 확산되고 일반 시민들이 이를 지지하게 되면 향후 노인을 바라보는 사회적인 시각은 어떻게 형성될까? 혹시 낙인론을 심화시키는 것은 아닐지 인권관점에 입각해서 논의해보자.
4. 신노년이론은 노인 개인과 사회의 측면에서 여러 변화를 이끌 수 있다. 그런데 이 이론에서 말하는 성공적인 노화를 수행하기 어려운 노인들은 없을까? 그러한 노인들은 노후를 어떻게 보내는 것이 바람직할까?

제 2 부

노년기의 변화와 사회적 위험

제2부에서는 노년기의 신체적, 심리적, 사회적 변화와 노년기 사회위험이라는 두 가지 주제에 대해 알아보고자 한다. 그 이유는 다음과 같다.

첫째, 노년기의 신체적, 심리적, 사회적 변화에 대한 객관적 사실과 정보는 노인에 대한 잘못된 고정관념을 교정하고, 노인을 배려해야 하는 이유를 인식하게 해준다. 예를 들면 노년기에는 기억력이 감퇴하지만 새로운 내용을 학습할 수 있다. 다만 학습 속도가 느려지는 특성이 있으므로 노인에게 교육할 필요가 있음을 알게 된다.

둘째, 노년기에 신체적, 심리적, 사회적 변화가 일어난다는 것은 노인 개개인에게 새로운 적응을 요하는 것이므로, 환경과 정책 면에서 원활한 적응을 돕는 적극적인 개입이 필요함을 깨닫게 한다. 예를 들면 노인들은 혈액 순환이 둔화되면서 저체온증이나 고체온증에 더욱 취약할 수 있으므로 냉난방비 지원과 같은 에너지 정책이 필요하며, 시청각 능력의 저하와 이로 인한 심리적 변화에 잘 적응할 수 있도록 주거환경적인 개입이 사회적으로 수립될 필요가 있음을 알 수 있다.

셋째, 노년기 사회위험에 대한 이해는 인권관점에서 제시한 노인의 기본적 권리가 보장되지 못하는 문제가 과연 어떤 것이며, 이러한 문제해결을 위해 어떻게 사회적 개입을 해야 하는가에 대한 단초를 제공해준다. 예를 들면, 노인학대의 대부분이 시설이 아닌 가정에서 일어나고 가해자가 자녀나 배우자라는 사실을 통해, 가족 단위의 개입과 상담교육이 노인학대 예방에서 매우 중요함을 깨달을 수 있다.

이에 3장과 4장에서는 노년기의 신체적, 심리적, 사회적 변화를 발달관점에서 조망함으로써 노년기 발달을 전인적인 발달의 관점, 전체적이고 통합적인 관점에서 접근하였다. 또한 노년기의 신체적, 심리적, 사회적 변화가 상호 연관되어 있으며 노년기 변화는 노인과 사회환경 간 상호작용의 결과물이라고 인식하도록 했다. 이어 노인과 사회환경에 대한 정책적 개입과 실천활동 수행에 필요한 기초지식을 기술하였다.

5장과 6장에서는 노인들이 경험하는 주요한 사회위험에 대해 살펴보았다. 사회위험은 자연재난과 대조되는 개념으로 산업화와 도시화의 결과로 나타난 사회문제를 일컫는다. 농경사회에서는 존재하지 않았으나 근대적 고용관계가 형성되면서 등장한 퇴직, 실업, 산업재해 등이 대표적인 사회위험에 속한다(최영준, 2011: 34). 전통적인 사회위험(또는 구사회위험)에는 「베버리지 보고서」에 등장하는 산업화 이후의 결핍(궁핍·빈곤), 질병, 무지, 불결, 나태가 포함되며, 탈산업화 이후 생겨난 사회경제적 변화의 산물로 등장한 위험은 신사회위험으로 지칭한다.

이 책에서는 노년기의 사회위험을 전통적 사회위험과 신사회위험으로 구분하여 각각 5장과 6장에서 다루었다. 5장에서는 전통적 사회위험에 속하는 노년기 빈곤, 주거, 건강, 노동의 개념과 실태를 살펴보았고, 6장에서는 신사회위험인 노년기 돌봄, 우울장애, 치매, 자살, 노인학대, 연령주의에 대해 알아보았다.

Chapter

03

노년기 신체적 · 심리적 변화

3장은 노년기 신체적 · 심리적 변화를 발달관점에서 소개하고 있다. 신체적으로 쇠약해지는 노년기의 변화를 다루고, 감각기능의 쇠퇴 등을 포함한 심리적 변화에 대해서도 소개한다. 특히 심리적 변화에서는 자아에 대한 인식이 성별에 따라 다를 수 있다는 점, 그리고 지혜와 창의성과 같은 긍정적인 측면은 노년기에 어떻게 변화하는지를 포괄하여 기술하고 있다. 1절에서는 노년기 신체적 변화의 정의와 관련 이론을 기술하고, 신체적 변화의 특성인 신체 구성성분 및 체중의 변화, 피부 및 모발의 변화, 신체기관 및 기능의 변화, 성, 수면에 대해 살펴본다. 2절에서는 노년기 심리적 변화의 정의와 신노년이론 중 성공적 노화에 대해 비판적으로 고찰한다. 그리고 심리적 변화의 특성으로서 감각기능, 지능, 기억력과 학습능력, 노년기 성격 및 자아에 대한 인식, 지혜, 창의성에 대해 다룬다. 3절에서는 노년기 신체적, 심리적 변화가 제공하는 사회복지학적 함의에 대해 논의한다.

1. 노년기 신체적 변화의 정의와 관련 이론

노년기 신체적 변화는 생물학적 노화biological aging 또는 노쇠senescence[1]를 의미한다. 이는 신체와 조직체계가 시간에 따라 쇠약해지는 정상적인 과정으로 정의된다(Hooyman et al., 2015). 노년기의 신체적인 변화는 유전적 요인, 식사 및 영양, 신체 및 사회활동, 환경 등에 영향을 받으며, 궁극적으로 신체기능에 부정적인 영향을 미치지만 반드시 질병이나 사망으로 연결되지는 않는다(Hooyman et al., 2015).

노화에 의한 변화는 다음의 네 가지 조건을 충족해야 한다(김재룡, 2015). 첫째, 신체구조와 기능이 나빠져야 한다. 둘째, 변화는 점진적으로 진행되어야 한다. 셋째, 변화는 조절이나 개입이 가능한 환경 요인이 아닌 내적인 요인에 의해 발생해야 한다. 넷째, 모든 개인에서 보편적으로 나타나야 한다. 이 절에서는 생물학적 노화이론으로 마모이론, 프로그램이론, 돌연변이 축적이론, 교차연결이론, 자유기이론, 신경내분비 조절이론, 면역이론을 소개하고자 한다.

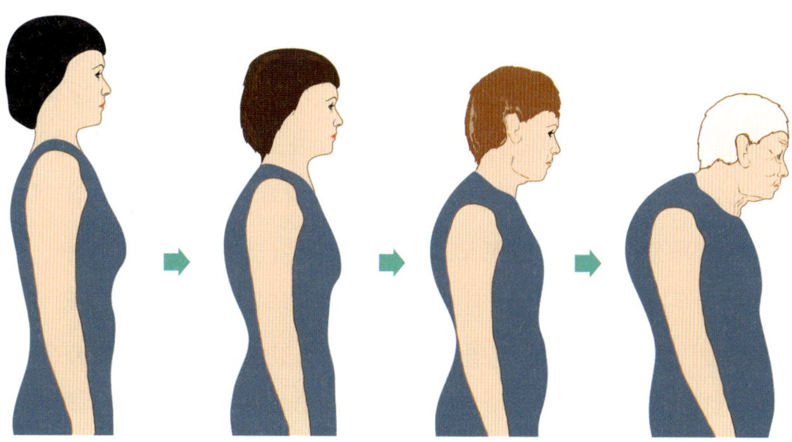

노년기 신체적 변화는 신체와 조직체계가 시간에 따라 쇠약해지는 정상적인 과정이다. 노인은 허리와 척추 근육이 퇴화하면서 허리가 구부정해질 수 있다.

1 노쇠는 노화보다 하위의 개념으로 "생애 후반기에 신체구조 및 기능이 악화되면서 사망률이 증가되는 현상"으로 정의할 수 있다(김재룡, 2015).

1) 마모이론

마모이론wear and tear theory of aging은 노화 생물학자들이 제안한 것으로, 기계를 오래 쓰면 낡고 닳는 것처럼 신체의 주요 세포와 조직도 나이가 들면 신체 부위가 손상되고 신체기능이 노화한다고 보는 이론이다. 우리 몸의 세포는 계속 마모되지만 손상된 부분(대표적으로 골격조직, 심장근육조직, 신경체계)을 고치지 못하기 때문에 신체적인 노화가 발생한다는 것이다(Hooyman et al., 2015). 이 이론은 타당성 여부에 대해 일부 논란이 있는데(박명화 외, 2015), 예를 들어 사람은 운동을 통해 근육을 자주 사용하면 근력이 좋아지며, 반대로 자주 사용하지 않는 근육은 근력이 나빠진다. 따라서 인간의 몸은 기계와 달리 오래 사용할 경우 무조건 마모된다고 할 수는 없다.

2) 프로그램이론

프로그램이론programmed theory of aging은 진화에 유리하도록 인간이 제한된 수명을 갖게끔 설계되었다고 보고, 노화를 인간의 적응adaptation 과정으로 설명한다(Goldsmith, 2016). 1882년 독일의 생물학자 아우구스트 바이스만August Weismann은 노화와 노쇠가 전체 인구집단에서 노인집단을 제거하는 역할을 하므로, 젊은 세대와 제한된 자원을 두고 경쟁하지 않아도 된다고 제안하였다(김재룡, 2015). 다시 말해 한 종의 집단에서는 젊은 세대와 노인세대가 자원 경쟁을 하지 않도록 특정하게 노화된 프로그램이 발현된다는 것이다. 이 이론은 '생체시계' 개념을 이용하여 사망을 설명한다. 즉, 인간의 내부에는 수명을 결정짓는 유전부호가 있고 체세포의 분열횟수도 정해져 있어서, 횟수를 다 채운 후 분열이 종료되면 사망에 이른다고 간주한다(박명화 외, 2015). 그러나 초기의 노화이론인 이 프로그램이론은 여러 연구결과에 의해 타당하지 않은 이론으로 판명되었다(김재룡, 2015; Goldsmith, 2016). 예를 들면, 제한된 한 종의 집단이 같은 프로그램에 의해 노화가 진행된다면 우리에 살거나 야생에 살거나 간에 동물의 수명이 비슷하게 나타나야 하지만, 실제로는 우리에 살고 있는 동물의 수명이 더 길다는 점에서 이 이론은 비판을 받았다.

3) 돌연변이 축적이론

돌연변이 축적이론mutation accumulation theory of aging은 1946년 영국의 생물학자 피터 메더워Peter Medawar가 제안한 이론으로, 진화이론의 관점을 발전시킨 것이다. 돌연변이의 진화로 노화를 설명한 이 이론은 인간의 생애 후반기에 나타나는 치명적인 돌연변이들이 제거되지 않고 축적됨으로써 그 결과 노화가 발생한다고 설명한다(김재룡, 2015). 이를테면 어떤 치명적인 돌연변이가 젊은 나이에 발현된다면, 후손을 생산하기 전 사망하므로 다음 후손에게 전달되지 않는다. 이와는 대조적으로 치명적인 돌연변이가 노년에 나타난다면 이미 번식을 통해 후손에게 전달되었으므로 돌연변이가 집단적으로 남게 되며, 노화를 이런 축적물의 결과로 설명하는 것이다.

4) 교차연결이론

교차연결이론cross linkage theory은 노화가 유전적인 프로그램에 의해 발생하는 것이 아니라 체내 세포들이 교차연결되면서 세포에 화학적·물리적 기능 변화를 일으키는 것이라고 설명한다(김수영 외, 2017: 77). 체내 조직과 기관 사이사이를 메우고 지지하는 결합조직(예: 피부, 뼈, 근육, 혈관 등)이 노화되면 결합조직의 내외부 구조에서 콜라겐[2]의 교차연결 현상이 늘면서 화학적으로 단단해진다(박명화 외, 2015: 46). 즉, 조직의 탄력성, 유연성이 떨어지고 세포의 투과성, 심근수축력이 감소한다. 이로 인해 피부의 주름 증가 및 건조, 관절의 경직성 증가, 동맥 경화 등이 나타나는데, 이들 모두 교차연결 현상의 대표적인 사례이다(김수영 외, 2017; 박명화 외, 2015).

2 콜라겐은 결합조직의 주성분으로 단백질로 구성되어 있다. 뼈와 피부에 주로 분포한다.

5) 자유기이론

자유기이론은 1956년 미국의 데넘 하먼Denham Harman이 제안한 것으로 산화스트레스모델oxidative stress model이라고도 부른다. 이 이론은 노화를 자유기free radical(또는 산화기)로 인해 생긴 손상의 결과로 설명한다(Viña, 2019). 따라서 자유기의 생성을 억제하는 항산화물질인 비타민 A, C, E를 섭취하면 노화의 속도를 지연시키거나 예방할 수 있다는 점에서 주목을 받았다. 이 이론은 암, 심혈관계 질환, 알츠하이머, 백내장 등의 질환 또한 자유기의 축적에 의해 일어난다고 설명한다(Hooyman et al., 2015: 62). 그러나 자유기는 체내 분자를 손상시키기도 하지만 세포 기능을 조정하는 신호체로도 활동한다. 많은 경우 자유기로 인한 손상은 비의도적인 체중감소, 걷는 속도의 저하, 상대적으로 낮은 악력, 일어서 있기가 어려움 등과 같은 허약 증세와 관련이 있으며, 이를 노화라고 설명하기에는 부족하다는 비판을 받고 있다(Viña, 2019).

6) 신경내분비 조절이론

신경내분비 조절이론neuro endocrine control theory은 노화를 신경호르몬이 조절하는 프로그램의 한 부분으로 설명한다(박명화 외, 2015). 일반적으로 내부와 외부에서 발생하는 스트레스를 조절할 때는 신경계와 내분비계의 상호조절 체제에 의존하게 되는데, 이 체제가 효율적으로 작동하지 못하면 다수 기관과 조직의 기능이 감퇴함으로써 노화가 진행된다. 대표적인 호르몬으로는 코르티솔cortisol[3]이 있는데, 코르티솔이 과다 분비되면 시상하부의 조절이 파괴된다. 이로 인해 호르몬 분비를 조절하는 뇌하수체가 제대로 기능하지 못하면 호르몬이 불균형 상태에 이르게 되고, 신체 조절기능도 파괴된다(박명화 외, 2015).

3 코르티솔은 긴장, 공포 등 각종 스트레스에 대항하여 몸에 에너지를 생산해내는 호르몬이다.

7) 면역이론

면역이론은 신체의 면역체계에 기능 변화가 생겨 노화가 진행된다고 보는 이론으로(박명화 외, 2015), 대표적으로 면역반응이론과 자가면역이론이 있다.

면역체계는 생애 초기에 중요한 보호기능을 수행하는데, 신체가 정상적으로 작동할 수 없도록 공격하거나 방해하는 병원균과 전염병, 감염매체에 대한 저항력은 연령이 증가할수록 점점 감소하게 된다(Hooyman et al., 2015). 이를 면역반응이론이라고 한다.

자가면역이론은 정상적인 세포를 스스로 파괴하는 자가면역 항체가 나이가 들어감에 따라 더 많이 형성된다고 설명한다. 중년기 당뇨질환은 자가면역 반응의 결과라는 주장을 제기하는 연구자도 있다(김동기 · 김은미, 2010). 심혈관계질환, 알츠하이머, 암, 당뇨, 염증성 질환은 이러한 면역체계의 변화와 관련이 있다(김동기 · 김은미, 2010; Hooyman et al., 2015).

8) 노년기 신체적 변화 이론의 한계

생물학적 노화이론 중 그 어떤 것도 노화를 완전하게 설명하지는 못한다. 다만 이들 이론은 세포의 마모, 유전자, 진화, 세포의 내부적 교차연결, 산화물질, 신경내분비, 면역체계 등 다양한 접근방식으로 신체적 노화를 이해할 수 있음을 알려준다. 성장호르몬이나 칼로리 섭취 제한을 통해 노화의 속도를 저하시키거나 역전시킬 수 있다는 연구가 보고되고 있지만 과학적으로 확정된 근거는 존재하지 않는다. 또한 생물학적 요인 이외에 다른 외부적 요인(영양, 생활양식)도 인간수명에 영향을 미칠 수 있다는 점에서 노화에 대한 포괄적 설명은 아직 도전 과제로 남아 있다.

| 더 알아보기 |

텔로미어와 노화

텔로미어(telomere)는 진핵세포의 염색체 말단에 존재하는 구조를 뜻하며, 세포분열과 밀접한 관련이 있다. 세포가 분열하면 텔로미어의 길이가 짧아지는데, 텔로미어의 길이가 일정 수준으로 줄어들면 더 이상 체세포 분열이 발생하지 않는다. 노년학자들이 텔로미어에 관심을 갖는 것은 텔로미어의 길이가 수명에 영향을 미치기 때문이다. 즉, 노화를 결정짓는 것이 특정 유전자가 아닌 인체의 생화학 반응에 관여하는 짧은 DNA 형태인 텔로미어라는 주장이 설득력을 갖게 되었기 때문이다(박명화 외, 2015). 생쥐를 대상으로 한 실험에서 텔로미어가 줄어들면 노화가 촉진되고 수명이 줄어들었고, 반대로 텔로미어의 길이를 일정하게 유지시키면 노화가 억제되고 수명이 회복되었다. 그뿐만 아니라 짧은 텔로미어는 간경화증, 죽상경화증과 같은 노인성 질환의 유병률과 젊은 성인의 사망률에 영향을 미치는 것으로 밝혀졌다(김재룡, 2015).

2. 노년기 신체적 변화의 특성

정상적인 신체적 노화는 대부분의 사람들이 나이가 들어가면서 경험하는 보편적인 현상이지만, 모든 사람이 동일한 변화를 경험하는 것은 아니다. 일부 질병으로 인한 부정적인 신체 기능의 변화와 달리, 정상적인 신체적 노화는 점진적으로 이루어지며, 신체 내적인 원인으로 인해 발생한다. 노년기 정상적인 신체적 변화 현상으로는 다음과 같은 것들이 있다.

1) 신체 구성성분 및 체중 변화

우리의 신체는 4가지 주요 화학 성분인 수분, 단백질, 무기질, 지방으로 구성되어 있다. 단백질은 근육, 무기질은 뼈의 주 성분을 이룬다. 나이가 들면서 수분은 감소하고 지방은 크게 증가하는 특성을 보인다(Hooyman et al., 2015). 예를 들어 신체활동을 거의 하지 않는 20대 남성의 경우 지방이 약 17%를 차지하지만, 60대가 되면 29%로 늘어난다. 신체활동을 거의 하지 않는 여성의 경우 지방 비중이 20대에는 24%에서 60대에는 38%까지 증가하게 된다(Schulz et al., 2006: 143).

또한 중년기까지 체중이 증가하는 경향이 있지만, 75세를 기점으로 하여 칼로리 섭취가 줄어들면서 체중은 줄어들게 된다(Hooyman et al., 2015).

2) 피부와 모발 변화

노년기에 발생하는 피부 변화로는 멜라닌 세포의 감소와 자외선의 영향으로 생겨나는 얼룩반점(소위 검버섯)과 주름의 증가를 들 수 있다(Hooyman et al., 2015). 이때 자외선 차단은 피부노화 예방에 도움이 되지만, 비타민 D 결핍문제를 피하기 위해서는 적절하게 햇빛을 받아야 한다는 점 역시 주의해야 한다.

피부의 세포재생 속도가 떨어지고 연결조직이 얇아지면서 피부 탄력이 감소하고, 줄어든 피하지방은 얼굴을 수척하게 만든다(Hooyman et al., 2015). 나이가 들수록 피하지방량이 줄어들고 갑상선호르몬 등 대사와 관련된 호르몬의 변화로 체온 조절기능이 약화되어 노년기에는 추위와 더위에 더욱 민감하게 된다(최현림, 2015: 129). 노화로 인해 대부분의 사람들은 머리카락이 빠지는 탈모현상을 경험하게 되고, 색소생산 능력이 감소하면서 모발 색깔이 흰색 또는 회색으로 변화하게 된다.

3) 신체기관과 기능의 변화

(1) 근골격계 체계

25세 이후부터는 세포 감소로 인해 신장이 줄어들기 시작한다. 70~80대는 평균 약 7.5센티미터의 신장이 줄어들며, 힘 역시 감소하여 80세의 최대 힘

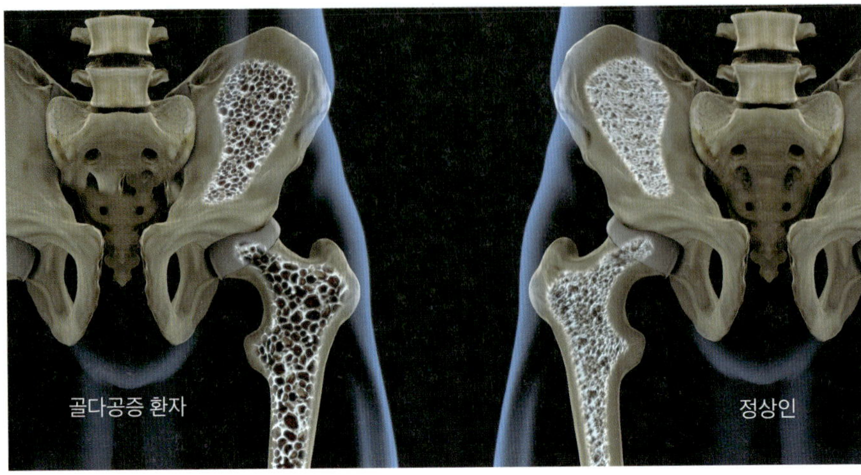

그림 3-1 골다공증 환자(왼쪽)와 정상인(오른쪽)의 골밀도 비교

은 25세의 약 절반으로 떨어진다(Hooyman et al., 2015). 노인의 몸이 전반적으로 구부정하게 보이는 이유는 골밀도가 손상되고 몸통, 팔, 다리의 힘이 줄어들면서 척추가 휘어지며 척추 마디마디 사이에 들어 있는 물렁뼈가 압축되기 때문이다. 뼈 속의 칼슘이 고갈되는 골 상실(〈그림 3-1〉 참조) 또한 노년기에 나타나는 자연스러운 현상으로 이는 골절상, 골다공증으로 이어질 수 있다(Hooyman et al., 2015). 이 질병은 여성 호르몬이 감소하는 폐경기 이후 여성에게 더욱 심각하게 발생한다. 두 개 이상의 뼈가 연결되어 있는 곳을 관절이라 하는데, 이를 잘 움직일 수 있도록 하는 것이 연골이다. 여기에 염증이 생기는 골관절 질환인 관절염 역시 노화로 인해 증가하게 된다.

또한 노년기에는 뼈 손실, 근력 감소, 인대의 탄력성 감소로 인해 어깨너비가 줄어들게 되는데, 이로 인해 상체의 이동력이 줄어들고 행동반경이 감소하게 된다(Hooyman et al., 2015: 65). 그 결과, 머리를 돌려서 뒤에 있는 물체를 보기 힘들어지고 아침에 자고 일어나서도 뻣뻣함을 느끼게 된다.

(2) 심혈관체계

노화로 인해 심장과 혈관에는 지방이 축적되고 조직의 탄력성이 떨어지게 된다(Hooyman et al., 2015). 노화로 인해 혈압이 어느 정도 증가하는 것은 정상적인 현상이다. 하지만 혈압이 극도로 높아진다면 이는 이상 현상이다. 심장

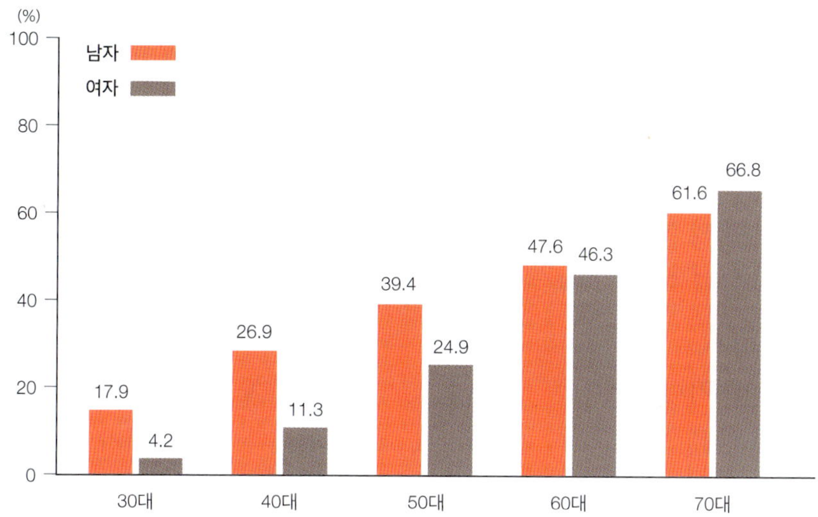

그림 3-2 연령에 따른 남녀 고혈압 유병률

출처: KOSIS(질병관리본부, 2017)

이 노화되면 심장박동을 통해 혈액이 방출되는 양을 감소시킴으로써 혈액 순환을 더디게 만든다. 또한 노화로 인해 혈관이 두껍고 딱딱해짐에 따라 혈액 순환을 방해하는 동맥경화가 생겨날 수 있다. 동맥경화는 조직의 영양과 산소 공급을 방해하고, 이는 다시 세포 기능과 장기기능의 저하로 이어진다. 즉, 노년기 동맥경화는 심장에 적정한 혈액 공급을 제한함으로써 심장마비를 일으킬 수 있을 뿐 아니라 뇌졸중(중풍)이 발생할 가능성을 증가시킨다(Hooyman et al., 2015).

(3) 비뇨기체계

신장은 우리 몸의 노폐물을 걸러내는 기능을 수행하는데, 질병과 관련 없이 노화로 인해 기능이 쇠퇴한다(Hooyman et al., 2015). 신장기능의 쇠퇴는 포도당glucose을 흡수하는 능력을 저하시킨다. 이로 인해 탈수 증세가 늘어나고 신체 내 염분의 양을 조절하는 기능이 약화된다. 이는 의약품의 약효가 저하되는 내성 문제로 이어질 수 있다.

방광기능은 젊었을 때의 절반 정도로 감소될 수 있다(Hooyman et al., 2015). 2017년 전국의 65세 이상 노인을 대상으로 한 조사에서는 2.5%가 요실금을 겪었다고 보고하였다(정경희 외, 2017). 요실금은 파킨슨병, 치매, 전립선 문제, 빈혈, 당뇨, 암 등에 기인해서 발생할 수 있으며, 의학적 치료나 운동 등으로 개선되거나 완치될 수 있다. 요실금이 심해지면 기저귀를 착용해야 하며, 거동이 불편한 노인이 요실금 문제가 있으면 돌봄의 어려움이 가중된다. 방광 조절능력의 저하는 밤에 소변을 보는 야뇨증으로 이어질 수 있으며, 이는 노인이 야간에 숙면을 이루는 데 방해요인이 된다.

(4) 소화기체계

노년기에는 소화기능이 전반적으로 쇠퇴하게 된다. 치아가 빠져 음식을 씹어 삼키는 저작기능이 저하되고, 위장 내 소화를 도와주는 효소의 양이 감소하며, 위의 근육약화로 연동운동[4] 또한 약화된다. 식도의 변화로 음식이 위장에 도달할 때까지 더 오랜 시간이 걸리며 이로 인해 충분한 식사가 이루어지기도 전에 포만감을 느끼게 된다(Hooyman et al., 2015). 위장 내 소화액 분비도 감소하는데, 이는 위나 대장의 과도한 부풀림으로 이어져 위암이나 대장암 위험을 증가시키기도 한다. 소장은 음식물의 영양분을 흡수하는 기능을 하는데, 노년기에는 효소의 감소로 포도당과 같은 단당simple sugars[5]의 체내 흡수가 늦어져 영양분 공급의 효율성이 저하된다. 또한 대장기능의 저하는 변비와 변실금의 위험을 증가시킨다.

(5) 내분비(호르몬)체계 및 면역체계

노년기 내분비체계의 대표적인 변화로 폐경과 인슐린 분비의 변화를 들 수 있다. 주로 40~50대 여성이 경험하는 폐경은 에스트로겐estrogen과 프로게스테론progesterone을 감소시키는데, 이는 폐경기 신드롬인 안면홍조, 발한, 빈맥,[6] 우울증, 기억력장애, 수면장애 등으로 이어질 수 있다(Hooyman et al., 2015). 에스트로겐이 감소하면 질 내 수분이 부족해져 성교 시 통증이나 감염으로 인한 가려움증을 유발할 수 있다(Hooyman et al., 2015). 그러나 폐경기 이후 이런

4 연동운동은 위를 통해 음식을 이동시키는 운동을 일컫는다.
5 단당은 탄수화물의 가장 기본적인 단위로서 포도당, 과당, 갈락토스가 이에 해당된다.
6 빈맥은 심장이 비정상적으로 빨리 뛰는 현상을 말한다.

증상은 사라진다. 남성의 폐경은 여성과 달리 점진적으로 서서히 이루어지는데, 남성호르몬인 테스토스테론testosterone은 연간 1%씩 감소한다고 알려져 있다(Hooyman et al., 2015). 한편 체내 혈당을 효과적으로 조절하는 인슐린의 분비가 감소하면서 노년기 당뇨 위험을 증가시킨다.

나이가 들면서 면역력이 약화된다는 것이 과거의 일반적인 상식이었다. 면역력의 저하로 전립선암, 피부암, 심장혈관계질환에 걸릴 위험이 커지고, 80세 전후 노인 사망의 주요한 원인이 감염에 의한 것이라는 점도 이러한 주장을 뒷받침하는 강력한 근거가 되었다. 그러나 100세 노인의 면역력이 젊은이들에 비해 우월하다는 연구결과는 우리의 상식과 상충한다. 또한 지방, 단백질, 탄수화물, 물, 무기질, 비타민을 골고루 섭취하되 칼로리가 낮은 음식들로 소식을 하면 우리 몸의 면역반응체계를 보호할 수 있어 장수의 비결이 된다는 점에서 노화가 반드시 면역체계의 약화를 가져온다는 가정은 도전을 받고 있다(Hooyman et al., 2015).

(6) 신경체계

두뇌는 수십억 개의 뉴런(신경세포)으로 구성되어 있는데, 노화로 인해 뉴런의 수 또한 감소하게 된다(Hooyman et al., 2015). 뉴런의 적정한 감소 자체가 두뇌기능의 심각한 저하로 이어지지는 않지만, 뉴런의 손실은 지각기능과 동작기능을 저하시킨다. 즉, 정보를 의식적으로 처리하고 평가하는 지각 과정의 속도가 느려지고, 투입된 정보를 처리할 때 근육운동으로 전환하는 동작기능이 떨어지면서 반응이 느려지게 된다.

예를 들어 운전 중인 노인은 신호등이 빨간색으로 바뀌면 브레이크를 밟아야 한다는 지각 과정이 늦어지며, 실제로 발을 가속페달에서 브레이크로 옮기는 동작 또한 느려지는 등 전반적인 반응시간이 길어지게 된다. 개인적인 차원에서는 안전운전을 통해 노화에 적응하고, 환경적 개입으로는 신호체계의 변화(신호전환 소요시간의 연장), 고령친화적인 운전문화 형성 등이 이루어질 필요가 있다. 노년기에 조심성이 증가하는 이유는 이런 신체적 변화에 대한 적응기제로 이해할 수 있다.

(7) 운동감각 저하

운동감각은 물리적 공간 내에서 우리의 위치를 파악하도록 해준다(Hooyman et al., 2015). 운동감각을 지배하는 중추신경계의 노화, 근력 및 시력의 약화로 인해 노인들은 운동감각이 떨어져서 물리적 공간 내 자신의 위치를 파악하는 데에 어려움을 겪고 낙상[fall] 위험이 증가하게 된다.[7]

(8) 호흡기능 감퇴

호흡기능은 호흡, 신경, 근육체계의 상호작용으로 이루어지는데, 30세 이후부터 급속하게 감퇴하는 대표적인 기능이다. 70세 노인의 최대 산소 흡입량은 25세 성인 남성의 절반 수준밖에 되지 않는다(Hooyman et al., 2015). 이로 인해 노인은 계단을 조금 오르기만 해도 금방 숨이 차게 된다. 또한 흡입한 공기를 폐를 통해 교환하여 외부로 방출하는 폐활량도 감소하는데, 이는 폐에 남아 있는 잔기량의 증가로 이어지면서 기관지, 폐렴과 같은 호흡기 관련 질환이 발생할 가능성을 높인다(Hooyman et al., 2015).

(9) 기초대사량 감소

기초대사량은 인간이 활동을 하지 않는 휴식상태에서 생명 보존을 위해 필요한 호흡기능, 심장박동, 일정한 체온 유지 등에 필요한 기초 신진대사에 사용되는 에너지를 일컫는다. 노인은 나이가 많아짐에 따라 에너지 필요량이 감소하는데, 19~29세 여성은 1일 평균 에너지 필요추정량이 2,100kcal이지만 65~74세는 1,600kcal로 하락한다(한국영양학회, 2015). 기초대사량의 감소로 인한 활동량 저하는 근육량의 저하로도 이어져, 살이 찌기 쉬운 체질을 만든다. 우리가 흔히 나잇살이 찐다고 표현하는데, 이는 기초대사량 감소에 의한 것으로 이해하면 된다.

7 낙상은 교통사고에 이어 노인의 사망원인 2위를 차지한다. 엉덩이뼈나 고관절이 부러지는 경우 노인이 누워 움직일 수 없게 되어 근육이 소실된다. 이로 인해 병원에 입원하거나 요양시설에 입소하게 되는 경우가 많아 조심해야 한다.

4) 성

노년기 성sexuality은 그 중요성에 비해 공개적인 논의가 거의 이루어지지 않는 주제 중 하나이다. 노년기에 성욕을 느끼는 개인을 이상한 사람으로 여기거나 희화화하며, 특히 노년기 여성을 무성적인 존재 또는 성적 매력이 없는 존재로 그리는 등의 편견이 팽배하다(이동옥, 2010). 이는 노년기에는 생리적 변화로 인해 성기능이 쇠퇴한다는 믿음에 근거한 것이다(Hooyman et al., 2015). 또한 이러한 편견은 성을 성교intercourse 중심으로만 이해하거나 단순히 생식능력의 문제와 등치하는 오해에서도 비롯된다.

노년기 성적 경험은 노화로 인해 급격하게 변화하지 않으며, 성적 활동은 포옹, 입맞춤, 스킨십, 자위, 애정, 관계성, 친밀성, 다양한 쾌락의 추구 등을 포함하는 포괄적인 개념으로 정의되어야 한다(이동옥, 2010; Hooyman et al., 2015). 배우자가 없는 무배우 노인의 이성교제 욕구는 높으며(장진경, 2004) 노년기 성경험의 부족은 기본적으로 상대가 없기 때문일 가능성이 크다(손덕순·박영란, 2014). 성적인 활동을 나눌 사람이 있는 한 노년기 성적 활동 빈도에는 커다란 변화가 없으며, 노년기 성적 활동이 서로를 배려하고 친밀감을 확인하는 나눔이 되면 높은 수준의 만족감과 기쁨을 느끼게 된다(김연순, 2005; Hooyman et al., 2015). 성은 신체적 측면에만 한정되지 않는 사회문화적, 심리적 측면의 개념이다. 다만 논의의 편의상 노년기 신체적 변화 중 하나로 기술하였음을 일러둔다.

(1) 노년기 성생활 실태

전국 16개 노인복지관 이용 노인을 대상으로 한 국내 조사에 의하면(손덕순·박영란, 2014) 노인들의 성관계 횟수는 남성은 한 달에 1~2번이라는 응답이 38.4%로 가장 많은 반면 여성은 하지 않았다는 응답이 42.3%를 차지하여 대조를 이루었다. 실제 노인의 성별 차이가 존재할 수 있지만, 여성노인들이 솔직하게 응답하지 못했을 수도 있다. 동 조사에서 성생활 방해요소는 노화라는 응답이 가장 많았다. 이를 통해 성생활을 성교에 한정하여 인식하거나 노화는 성관계의 방해요인이라는 연령차별적인 인식을 노인들조차 내면화하고 있음을 알 수 있다.

(2) 성별에 따른 차이

한국의 여성노인은 성생활에 수동적인 자세를 보인다고 인식되어왔고, 여성노인의 성 욕구는 종종 무시되었다. 이에 대해 여성주의자들은 기존 노년기 성에 대한 논의에서 남성 중심적 담론이 지배적이었다고 비판한다. 기존 선행연구를 보면, 남성노인의 발기부전과 성 욕구에 대해서는 사회문제로 주목하였던 반면, 여성노인의 성 욕구에 대해서는 관심이 저조하였다(이동옥, 2010).

여성노인의 성에 대한 질적 연구를 수행한 김연순(2005)에 의하면, 대부분의 60~70대 여성노인은 신혼 첫날밤의 경험을 '겁탈당했다'라고 표현했으며, 그만큼 생애기간의 성생활이 남성 위주로 이루어져 즐거움을 느끼지 못하였음을 알 수 있다. 이는 박효정·신선화·유은주(2016)의 연구에 참여했던 여성노인들이 성생활을 강간에 비유한 결과와도 유사하다.

김연순(2005)은 사회경제적, 역사적 맥락이 여성노인의 성생활과 인식에 영향을 미치고 있음을 지적하고 있다. 즉, 당시 연구에 참여한 여성노인들이 대부분 일제강점기에 태어나 한국전쟁과 한국 사회의 정치사상적 격변기를 경험하고, 성차별적인 유교 이념의 강력한 영향력 아래 자신이 배우자를 스스로 선택하지 못하였던 시대적 배경 등이 여성노인이 성생활에서 수동적으로 대처하며 살아오게 만들었다는 것이다. 한국전쟁 이후 급격히 진전된 산업화 사회에서 현세대 여성노인들은 살아남기 위한 생존, 자녀교육, 가사노동 등에 몰두하게 되었고, 남성 위주의 성관계는 여성에게 즐거움을 주지 못하였기에 성욕을 억제하거나 성에 대해서는 무관심하게 대처하게 되었다는 것이다.

그러나 한국 사회가 전반적으로 성에 대해 개방적으로 변화함에 따라 노인들 또한 성의식과 태도에 있어서 상당한 다양성을 보이고 있다(이금룡, 2006). 현세대 노인들도 친밀하고 평등한 부부관계, 사랑하는 사람과의 자유로운 성생활을 갈망하고 있는 것으로 나타나 미래세대의 노인들은 또 다른 양상을 보일 것으로 예상된다(김연순, 2005; 박효정 외, 2016; 조임현, 2011).

| 더 알아보기 |

남성노인의 성

남성의 발기부전은 반드시 노화로 인한 것은 아니며, 흡연, 음주, 질병에 의해 유발될 수 있고 의학적인 치료 역시 가능하다. 또한 한국 남성노인들은 성생활을 통해 '아직은 건재하게 살아 있음'과 '남자'로서의 정체성을 유지하려는 모습을 보인다(조임현, 2011).

5) 수면

노년기에는 수면문제를 경험할 가능성이 크다. 수면문제는 노인에게 흔히 발견되며, 연령이 높을수록 숙면을 하지 못하는 것으로 나타났다. 2008년 전국 65세 이상 노인을 대상으로 한 조사에서 지난 일주일간 취침 전 수면제를 복용한 비율은 5.4%였으며, 7일 중 하루도 숙면하지 못했다는 비율은 60~64세의 경우 8.9%였으나 85세 이상에서는 14.5%로 높게 나타났다(박명화 외, 2008: 341-342). 즉, 노년기에는 전반적으로 수면시간이 감소하고, 젊었을 때보다 빨리 잠들지 못하고, 자꾸 잠에서 깨면서 숙면을 하지 못하게 된다. 야간 수면을 제대로 하지 못하면 낮 수면이 증가하는데, 이는 수면 리듬의 악순환을 일으킬 수 있다. 의사가 처방하는 수면제만으로는 수면문제 해결이 어려울 수 있으며, 운동, 주간에 햇빛 보기, 카페인 섭취 감소, 암막커튼 설치, 조용한 침실환경 조성하기 등의 환경개선을 통해 숙면을 꾀하도록 할 필요가 있다.

3. 노년기 심리적 변화의 특성과 관련 이론

심리적 측면의 노화는 감각, 지각, 정신기능, 적응능력, 성격 등이 연령증가에 따라 변화함을 의미한다(Hooyman and Kiyak, 2005: 4). 주된 내용으로는 시·청각과 같은 감각기능과 인지기능, 지능, 기억력과 학습능력, 성격, 자아인식, 지혜, 창의성 등의 변화가 있다. 이 절에서는 심리적 변화와 관련된 이론으로 성공적 노화에 초점을 맞춘 이론에 대해 더 알아보고자 한다.

1) 감각기능

(1) 시각

시력은 대부분 40대부터 나빠지기 시작하는데, 연령증가로 인한 시력의 감퇴는 일상생활의 불편함을 야기할 뿐만 아니라 낙상과 골절의 위험을 증가시킨다. 우리나라 65세 이상 노인을 조사한 결과 시각장애를 가진 비율은 65~69세 남성이 23.6%, 65~69세 여성이 35.7%이며, 85세 이상 남성은 44.1%, 85세 이상 여성은 54.2%로 나타나(박명화 외, 2008: 381) 연령이 증가함에 따라 시력이 급격히 쇠퇴함을 보여준다. 노화로 인해 빛에 대한 동공의 민감성이 저하되므로, 노인은 젊은 사람들에 비해 세 배 이상 밝은 조명을 필요로 하게 된다. 또한 구석[edges]과 대조를 식별해내는 능력이 줄어들게 되므로 노인을 위해 색깔이나 조명을 활용하여 계단, 벽, 문턱, 경사로 등을 시각적으로 명료하게 표시할 필요가 있다.

나이가 들수록 근거리에 있는 물체에 초점을 맞추는 능력이 저하되면서 노안현상이 발생하게 된다. 노안현상은 수정체의 탄력성이 떨어져 원거리에 있는 사물은 잘 볼 수 있지만, 근거리에 있는 사물은 흐리게 보이는 것이다. 이로 인해 운전이나 계단 오르내리기 등에서 불편함을 느끼게 되고 사고 위험이 증가할 수 있으므로 조심해야 한다. 깊이나 거리에 대한 지각 역시 75세 이후 급격하게 쇠퇴하고, 시야가 좁아지기 때문에 운전 중 다가오는 다른 차량을 잘 보지 못할 가능성이 커지게 된다(Hooyman et al., 2015). 최근에는 다초점렌즈 안경, 차량의 전면과 후면을 볼 수 있는 보조장치, 시각자료를 음성으로 전환하는 기술의 진보 등 노년기 시력의 손상을 보완할 수 있는 방법이 다양해지고 있다.

노년기에 주로 발생하는 안과질환으로는 백내장과 녹내장이 있다. 백내장

그림 3-3 백내장, 녹내장 환자의 시야

은 나이가 들거나 염증 또는 외상으로 인해 안경알처럼 투명한 수정체가 뿌옇게 안개가 낀 것처럼 되어 시각이 흐려지는 현상으로 간단한 수술로 치료가 가능하다. 노년기에는 눈에서 받아들인 시각정보를 뇌로 전달하는 데 중요한 역할을 하는 시신경 및 신경섬유층이 손상되어 시야가 점점 좁아지는 질환인 녹내장도 많이 발생한다. 녹내장은 서서히 진행되기 때문에 특별한 증상을 느끼지 못하다가 말기에 이를 수 있으며, 증세가 심하거나 급성인 경우에는 실명을 방지하기 위해 외과수술이나 레이저 치료를 받아야 한다. 65세 이상 노인 중 백내장을 앓고 있는 비율은 7.1%, 녹내장 질병을 가진 비율은 2.4%에 달하는 것으로 나타났다(정경희 외, 2017). 백내장보다 흔히 발생하는 황반변성 질환은 중심시력이 감소하는 시야장애로, 완치는 어렵지만 치료를 통해 증상을 완화시킬 수 있다(Hooyman et al., 2015).

(2) 청각

노인들 중 노인성 난청을 경험하는 비율은 매우 높다. 크기가 작은 소리를 잘 듣지 못하고 고음에 대한 감지능력도 약하다(Hooyman et al., 2015). 젊었을 때 소음이 많은 장소에서 일하였거나 이어폰을 끼고 음악을 크게 들었을 경우 청력손실이 보다 클 수 있다. 청각장애나 언어장애를 경험하는 노인의 비율도 높다. 따라서 노인성 난청이나 청각·언어장애를 가지고 있는 노인과 대화를 할 경우, 한쪽 귀 중 어떤 쪽을 잘 들을 수 있는지 확인하여 그쪽 방향으로 이야기를 하고, 입을 가리지 말고 명료하게 천천히 말을 하는 것이 효과적인 의사소통 방법이다.

보청기를 착용하면 청력손실을 보완할 수 있다. 안경 착용은 일반화되어 있지만, 보청기는 비용이 비싸고 보청기를 끼면 장애인이 되었다고 생각하는 사회적인 낙인효과가 있다(Hooyman et al., 2015). 우리나라 85세 이상 노인 중 청각장애가 있는 비율은 남성 42.2%, 여성 55.8%이지만 보청기를 착용한 비율은 동일 연령대 남성이 10.8%, 여성은 5.0%로 나타나 보청기 착용비율이 매우 낮음을 알 수 있다. 이와 대조적으로 85세 이상 중 시각장애가 있는 85세 남성과 여성 비율은 각각 44.1%, 54.2%이고 이들이 시력보조기를 착용하는 비율은 각각 63.0%, 48.6%로 나타나 시력보조기에 비해 보청기 착용비율이 현저히 떨어짐을 알 수 있다(박명화 외, 2008: 387-388).

(3) 미각 및 후각

노년기에는 미각이 약화된다고 알려져 있지만, 개인 간 차이가 매우 크다(Hooyman et al., 2015). 그뿐만 아니라 한 개인이 느끼는 맛의 종류(짠맛, 단맛 등)에 따라서도 미각기능의 약화가 다르게 나타난다. 예를 들면 어떤 노인은 단맛은 잘 느끼면서도 간을 맞출 때 국이 싱겁다면서 간장이나 된장을 더 넣는 경우가 있다. 후각은 노화에 따라 약화된다(Hooyman et al., 2015). 후각이 약화되면서 식욕이 저하될 뿐만 아니라, 가스 누출과 같은 냄새를 잘 맡지 못함으로써 위험에 처할 수 있다.

(4) 촉각

노년기에는 피부와 신경종말[8]의 변화로 인해 촉각이 감퇴한다(Hooyman et al., 2015). 이는 화상의 위험을 높일 수 있는데, 노인들이 뜨거움에 빨리 반응하지 못하기 때문이다. 노인들은 동절기 핫팩을 장시간 사용하거나 뜨거운 바닥에 오랜 기간 누워 있는 경우 저온화상을 입을 위험이 있으므로 주의해야 한다.

8 신경종말은 온몸에 분포되어 있는 신경섬유의 맨 끝부분을 일컫는다.

2) 지능

지능은 새로운 것을 학습하고 환경에 적응할 수 있는 인지능력을 뜻한다(김동기·김은미, 2010: 159). 일반적으로 연령이 증가함에 따라 지능이 쇠퇴한다고 생각하지만 이는 몇 가지 점에서 비판적으로 바라볼 필요가 있다.

첫째, 이 주장을 뒷받침하는 근거를 의심해봐야 한다. 이러한 주장의 근거는 청년, 중장년, 노인의 지능검사 결과를 횡단적으로 비교한 연구인데, 예를 들어 국내의 16~69세 1,228명의 지능을 비교한 조혜선·황순택(2017)의 연구에서도 고연령집단의 지능이 낮게 나타났다. 그러나 횡단연구의 한계로 인해 이런 결과가 연령효과에 따른 것이라고 단정하기 어렵다. 특정 연령집단의 코호트효과로 인한 차이일 가능성이 있기 때문이다.

둘째, 지능검사방식이 적정한지 살펴볼 필요가 있다. 대부분 지능검사는 제한된 시간 내에 수행되는데 이는 앞서 살펴본 것처럼 지각속도와 동작기능이 느려진 노인에게는 불리한 조건에서 시행된다(김동기·김은미, 2010). 노인의 지능 자체가 쇠퇴하지 않았지만 문제를 읽고 답을 찾고 정답을 체크하는 속도가 더디기 때문에 지능검사의 결과가 더 나쁠 수 있다. 그뿐만 아니라 노인들은 당뇨병과 같은 만성질환으로 인해 심리근육운동기능이 저하되어 지능검사에서 충분한 실력 발휘를 하지 못하였을 수 있다(여러분이 감기약을 먹고 시험을 치렀을 때 망쳤던 경험을 떠올려보기 바란다).

셋째, 이 주장은 지능의 두 가지 유형에 따라 다른 결과가 도출된다는 것을 간과하고 있다. 추상적이고 수리적인 능력, 지각속도, 공간능력같이 태생적으로 타고난 능력인 유동성 지능, 교육과 경험에 의해 향상되는 어휘능력, 상식, 문제해결능력과 같은 결정성 지능은 시간의 흐름에 따라 다른 양상을 보인다(송현옥 외, 2008; Hooyman et al., 2015). 즉, 유동성 지능은 연령의 증가에 따라 쇠락하는 양상을 보이지만, 결정성 지능은 연령의 증가에도 큰 변화가 없으며 초고령에 이르러서야 하락한다(조혜선·황순택, 2017; Hooyman et al., 2015).

이처럼 지능은 다양한 요인에 영향을 받는다. 유전적인 영향 이외에도 교육수준, 생활경험, 직업, 코호트효과, 지능검사 당시의 신체적·정신적 건강상태 등에 영향을 받는다. 따라서 단순히 지능의 차이를 노화로 인한 것이라고 확정하는 것은 오류일 가능성이 크다(송현옥 외, 2008).

3) 기억력과 학습능력

학습은 기억을 통해 이루어지기 때문에 이 둘의 관계는 매우 긴밀하다. 기억은 한 번 저장되었던 정보를 다시 회상하는 것을 일컫는다(Hooyman et al., 2015: 103). 기억은 감각기억, 단기기억, 장기기억으로 구분된다(〈그림 3-4〉 참조).

감각기억은 우리의 감각기능을 통해 장기간 저장된 정보를 다시 상기하는 첫 번째 단계이다. 예를 들어 김치 냄새를 맡고 오래전 뵈었던 할머니가 생각난다면 이는 감각기억에 해당한다. 다음으로 단기기억은 정보를 처리하는 임시단계로, 복잡한 인지적 과제를 수행하는 데 필요한 정보를 조작하고 단기적으로 저장하는 기억이다(박민, 2008: 926). 처음 만나는 사람의 전화번호를 듣고 이를 잠시 기억하여 전화를 건다면 단기기억에 해당한다. 새로운 정보나 기술을 습득할 때에는 감각기억에서 단기기억으로 처리되고 조직화되었던 것이 장기기억에 저장되는데, 앞서 예로 든 처음 만나는 사람의 이름과 전화번호를 몇 번씩 암기하여 며칠 뒤에도 기억하게 된다면 장기기억에 저장되는 것이다. 장기기억에 저장된 정보가 필요 시 인출되기 위해서는 적극적인 과정이 반드

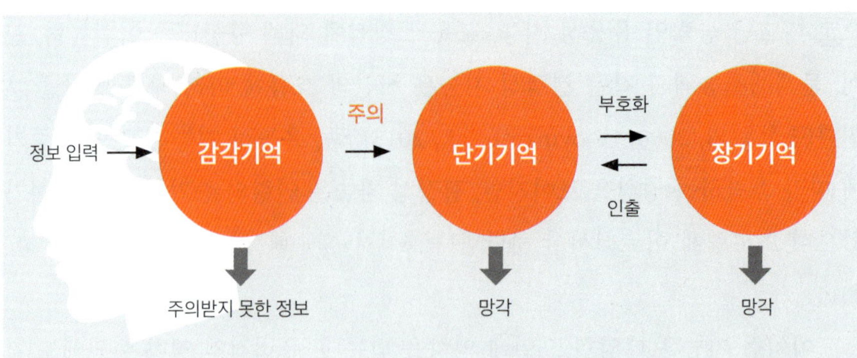

그림 3-4 기억 정보처리 과정

시 필요하다. 예를 들어 모르는 한자를 장기기억으로 저장하기 위해서는 여러 번 읽고 쓰는 반복적인 과정이 요구된다.

기억의 저장능력은 노화로 인해 감소되지는 않는다. 다만 단기기억 용량이 감소하고, 새로운 정보를 부호화하거나 다시 인출하는 과정에서 문제가 발생하거나 기억하려는 정보에 집중하려는 주의 자원이 부족해지고, 인지처리 과정 또는 지각속도가 저하되고, 불필요한 정보에 대한 억제 실패 등으로 인해 기억력이 전반적으로 감퇴한다. 하지만 이는 영역별로 차이가 있다(박민, 2008). 더불어 노년기 기억력은 이전 시기에 비해 개인차가 더 많아지게 된다. 노인은 낯선 사람의 이름을 기억해내는 실험에서 젊은이에 비해 회상능력이 더 떨어지는 것으로 나타났으며, 미래에 어떤 일을 해야 할지를 기억하는 미래전망 기억도 젊은이에 비해 떨어지므로 메모 습관 등을 통해 시간을 관리할 필요성이 있다(Meyers and DeWall, 2016: 106).

학습능력은 장기기억에 저장된 정보를 인출할 수 있는 능력이 떨어질 때 저하된다. 노화로 인한 기억력의 손실은 장기기억보다는 단기기억에서 더 많이 발생한다. 국내 16~69세의 기억기능을 비교한 연구에서도 저연령집단에 비해 고연령집단의 기억기능이 떨어지는 것으로 나타났다. 이는 교육수준, 성별을 통제한 이후에도 동일하게 나타나 기억력 손실이 연령효과일 가능성이 큰 것으로 분석되었다(김홍근·김용숙, 2015).

또한 개념, 사실, 단어와 관련된 의미semantic 기억력은 노화의 영향을 가장 덜 받으며, 어떤 행동이나 기술을 수행하는 방법을 기억하는 절차procedural 기억력은 초고령에도 비교적 잘 유지된다(Hooyman et al., 2015: 104). 예를 들면 치매증상을 보이는 노인도 김치를 담그는 방법이나 아이를 어르는 방법 등을 생생히 기억할 수 있다는 점은 절차 기억력이 초고령의 나이에도 거의 손상되지 않음을 보여준다. 노화로 인해 친숙했던 이름이나 사물을 기억해낼 때 즉시 기억이 안 나고 입안에만 맴도는 현상(설단현상)은 자연스러운 것이며, 장기기억에 저장된 정보와 관련된 단서를 제공해주면 보다 쉽게 정보를 기억해낼 수 있게 된다(Hooyman et al., 2015: 105).

| 더 알아보기 |

회상과 재인

회상은 빈칸 채우기 검사에서와 같이 학습한 정보를 인출(기억을 재생)해야만 하는 기억의 측정방법으로, 이 기능 역시 노화로 인해 감퇴된다. 반면, 재인(recognition)은 학습한 내용을 확인만 하면 되는 기억측정방법으로, 노인을 포함한 성인을 대상으로 한 사전에 암기한 단어를 재인해보는 실험에서는 연령별 차이가 크게 나타나지 않았다(Meyers and DeWall, 2016).

만약 주관식 시험문제에서 '기억을 재생하는 데 실패하여 흔히 말로 안 나오고 혀에서 맴도는 기억'이 무엇인지 쓰라고 했다면, 이는 회상능력을 검증하는 것이다(정답은 설단현상). 재인을 확인하는 방법은 OX 퀴즈로, '설단현상은 기억을 재생하는 데 실패하여 흔히 말로 안 나오고 혀에서 맴도는 기억이다'라는 문장이 맞는지 틀린지를 물어봄으로써 가능하다.

4) 노년기 성격 및 자아에 대한 인식

성격은 "개인이 환경에 반응하고 상호작용하는 데 영향을 미치는, 선천적이며 학습된 행동, 사고, 정서의 독특한 양식pattern"을 뜻한다(Hooyman and Kiyak, 2005: 176). 성격을 둘러싼 연속성이론과 자아인식에 대해 살펴보면 다음과 같다.

(1) 연속성이론과 관련 연구

성격은 30세 이후에는 비교적 변화가 없는 것으로 알려져 있다(Hooyman et al., 2015). 애칠리의 연속성이론에서 설명하는 것처럼 개인은 노년기에 일어나는 변화에 적응해가면서 지난 세월 형성해온 자아정체감을 유지해나가게 된다. 역할의 획득을 통해 자아정체감을 형성하게 되기 때문에 역할의 상실이 일어나는 노년기에 자아정체감의 위기를 경험할 수 있다고 보지만, 연속성이론에서는 노년기 개인이 주체적으로 환경에 적응해나가며 노년기 자아가 그 이전의 자아와 다르지 않다고 본다(김은정, 2008). 국내 연구자들은 단순히 자아가 유지된다는 의미가 아니라 상황의 변화에 따라 계속 발달해나가는 방향성을 보인다는 점에 주목하였다(김은정, 2008; 박경숙, 2004). 자신이 살아온 인생을 이야기하게 함으로써(생애구술) 노인의 자아에 대한 인식은 잘 드러날 수 있으며, 노년기 자아정체감은 개인의 생애 차이뿐만 아니라 성별, 연령별, 계층별, 코호트별로 이질적이며 사회구조적, 역사적 맥락에 영향을 받는다.

(2) 성별 차이에 따른 노년기 성격 및 자아에 대한 인식

자아에 대한 인식은 성별에 따라 다르게 나타난다. 문화인류학자인 정진웅(2011)은 노년기에는 은퇴와 사회적 관계망의 축소, 젊은층과의 문화적 단절과 같이 불연속성을 많이 경험하게 됨에 따라 이전에 본인이 가지고 있었던 자아정체감을 유지하기 어려워진다고 지적한다. 특히 정진웅은 노점상이나 청소부 등 외부에서 일을 하는 직업을 가졌던 남성노인이 종묘공원에서 음주가무를 통해 자신의 정체성을 유지하려 한다고 해석하는데, 이를 통해서 남성노인들은 이전 직업인으로서의 정체감을 유지하는 전략을 주로 사용한다는 것을

| 더 알아보기 |

노인은 스스로를 어떻게 인식하고 있을까?

일반적으로 노인은 별 볼일 없거나 신분이 낮은 사람, 심지어는 무성적인 존재로 간주되기도 한다(정진웅, 2011). 노인집단에 속한 개인이 가지는 개별성과 고유성은 고려하지 않은 채 전부 똑같은 존재로 여기는 것이 사회의 주류적인 시각이다. 우리나라의 젊은 세대가 갖고 있는 노인에 대한 이미지나 태도를 보면 다른 국가에 비해 더 부정적인 것으로 알려져 있다(한정란, 2000).

그렇다면 노인은 자신을 어떻게 인식하고 있을까? 노인이 본인을 어떻게 인식하는지에 대한 연구는 많지 않다. 서울과 춘천 지역의 45세 이상 연령층을 분석한 결과, 시간이 지날수록 본인의 노화에 대해 부정적으로 인식하는 경향이 늘어나는 것으로 나타났는데, 이는 노인에 대한 부정적인 이미지를 스스로 내면화한 결과로 볼 수 있다(이미진, 2012).

노인이 긍정적인 이미지를 내면화할 수 있는 방법은 무엇일까?

알 수 있다. 남성노인들이 서로를 호칭할 때 퇴직 이전에 직업인으로서 최고 정점에 있었던 지위(예: 교장, 사장 등)로 호칭하는 행위 역시 이런 심리를 반영한 것이다. 이에 반해 전통적으로 여성은 출산과 자녀교육, 가사노동을 담당해야 한다는 성차별적 유교문화에서 자랐으며 역사적으로 경제활동을 통해 자아실현을 경험하기 어려운 여건에서 살아왔다. 그 결과 현세대 여성노인들은 본인의 정체감을 어머니나 전업주부로서 자리매김하는 경향이 강하지만(김연순, 2005; 김은정, 2008)[9] 미래에는 여성노인들의 교육수준이 급격히 향상됨에 따라 다른 경향을 보일 가능성이 높다.

5) 지혜

노년기 지혜[10]를 설명하는 이론 중 대표적인 이론으로는 에릭슨의 인간발달이론을 소개할 수 있다(〈그림 3-5〉 참조). 이 이론에서는 전 생애를 영아기에서 노년기까지의 8단계로 구분하고 각 단계별 사회심리적 위기를 만족스럽게

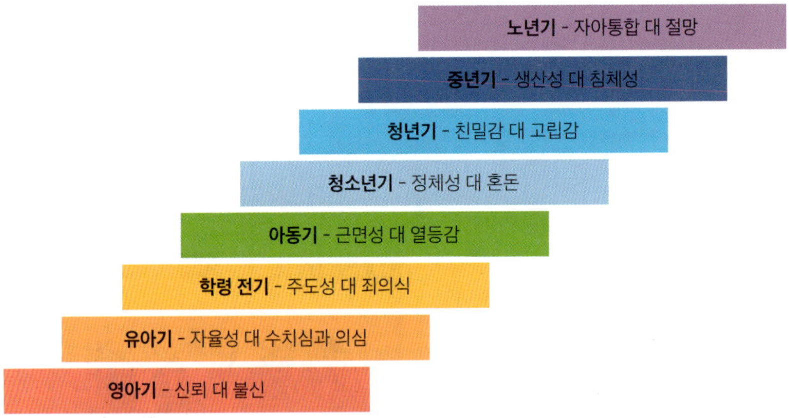

그림 3-5 에릭슨의 인간발달이론

9 어머니로서의 정체감 대신 일에 대한 정체감을 갖고 있는 여성노인 또한 존재한다(김은정, 2008).

10 김찬호(2009: 295)는 전통사회 지역공동체에서 노인은 일정한 권위를 지니고 있었고, 지역사회가 축적해 온 자료와 스토리, 이론을 줄줄이 꿰고 있는 일종의 '마을 도서관'과 같은 존재라고 기술하였다. 세상을 보는 눈, 삶을 경영하는 지혜, 타인과 관계를 맺는 능력, 사물을 다스리는 방법 등 모든 면에서 노인이 젊은이보다 지혜로웠다는 것이다.

해결하면 긍정적인 성격 요소가 발달하고, 반대로 그렇지 못할 경우 부정적인 성격 요소가 나타나는 것으로 설명한다(이인정 · 최해경, 2007; Jewell, 2014). 특히 노년기는 65세 이후로 '자아통합 대 절망'이라는 사회심리적 위기를 겪는 시기로 규정되는데, 이 위기를 잘 극복하면 지혜를 얻게 된다. 지혜로운 사람은 역경과 스트레스, 임박한 죽음, 장애와 같은 부정적인 생애사건에 대해 공포를 덜 느끼고 안녕한 상태를 유지할 수 있다(Ardelt and Oh, 2016).

동양 문화권에서는 지혜를 보다 전체적holistic이고 통합적인 개념으로 접근하는 반면, 서구 문화권에서는 지혜를 미시적으로 분석하여 지혜의 하위 영역이 무엇인지에 대해 접근하는 방법을 취한다(Ardelt and Oh, 2016). 동양 문화권의 지혜에 대한 견해는 공자의 견해가 대표적이다. 공자는 40세를 불혹不惑(사물의 당연한 도리에 의혹하지 않음), 50세를 지천명知天命(하늘의 뜻을 알게 됨), 60세를 이순耳順(듣는 대로 이해하게 됨), 70세를 종심소욕불유구從心所欲不踰矩(하고 싶은 대로 해도 법도에 어긋나지 않음)로 표현하였고, 늙어감은 인생의 진리를 추구하고 삶과 사회에서 지혜를 구현하며 인격과 자아가 성숙해지는 과정이 되도록 노력해야 한다고 주장하였다(김문준, 2011). 이러한 관점에서 노년기는 진리에 가까이 다가감으로써 즐거움을 누리는 시기로 이해된다. 현대 한국 사회에서는 노인이 갖추어야 할 지혜로 공감적 정서, 자기성찰, 인생극복 경험 등을 강조하는 것으로 나타났다(성기월 외, 2010).

지혜에 대한 정의는 다양하지만 지혜가 인지적, 성찰적reflective, 자애로운benevolent 요소를 포함하고 있고 이들이 상호 연관되어 있다는 데 많은 학자들이 동의하고 있다(Ardelt and Oh, 2016). 레빈슨Levenson과 같은 노년학자들은 지혜로운 사람이 되기 위해서는 다른 사람에게 조언을 하거나 지지를 해줄 수 있는 삶에 대한 통찰력life insight을 지녔거나 모범을 보이는knowing or doing것에 그치지 않아야 한다고 보았다. 즉, 지혜는 지식이나 행동으로 판단하기보다는, 자아중심성self-centeredness을 버리고 자아통합과 자기초월self-transcendenc[11]을 할 수 있는 특성이 있는지를 통해 파악할 수 있다고 보았다.

인간은 나이가 들수록 지혜로워지는가? 이 질문은 지혜를 무엇으로 정의

11 자기초월에 관해서는 2장의 노년초월이론을 참고하기 바란다.

하는가, 어떻게 측정했는가에 따라 달라지기는 하지만, 대부분의 국외 연구에서는 나이가 많아진다고 자동적으로 지혜로워지지는 않는 것으로 나타났다(Ardelt and Oh, 2016). 우리나라의 경우 지혜에 대한 연구는 많지 않지만 대학생과 노인을 비교한 연구에서는 대학생에 비해 노인이 더 지혜로운 것으로 나타났다. 다만, 노인집단만을 분석하였을 때는 연령과 지혜가 통계적으로 관련이 없는 것으로 나타났다(박소연·정영숙, 2011). 지혜는 대인관계, 세대관계를 통해 쌓아갈 수 있기 때문에 노인의 고립이나 노인세대와 다른 세대 간 단절은 사회 전체적으로 지혜를 키워나가는 데 방해요소가 된다(Ardelt and Oh, 2016).

6) 창의성

일반적으로 나이가 들면 창의성이 떨어진다고 생각한다. 창의성의 개념에 '새로움'이 포함되어야 한다는 것은 분명하지만, 창의성이 무엇인지에 대해서는 여러 가지 견해가 분분하다. 창의성을 문제해결능력으로 보기도 하고, 성격특성 또는 창의적인 사고과정으로 정의하기도 한다. 이렇게 다양한 창의성에 대한 정의를 가장 잘 분류한 것이 바로 로즈Rhodes의 4P이다(〈그림 3-6〉 참조). 4P는 각각 창의적인 산출물을 만드는 과정process, 창의적인 산출물product, 창의적인 사람의 특성person, 창의적인 환경press을 의미한다(김정희, 2008: 135). 창의성과

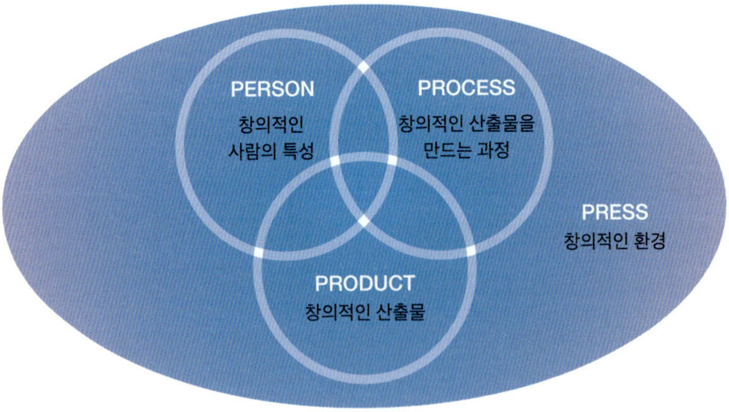

그림 3-6 로즈의 4P

연령의 관계를 다룬 연구들을 살펴보면 다음과 같다.

(1) 창의성과 연령에 대한 초기 연구

창의성과 연령에 대한 최초의 연구에서는 연령이 증가함에 따라 창의성이 감소한다고 보고하였다. 1950년대 리먼Lehman은 1774년 이후에 출생한 저명인사를 대상으로 한 연구에서 이들이 창의적인 성취를 이룬 연령대가 30~39세인 것으로 보고하였고(Lehman, 1953), 1980년대에 재키시Jaquish와 리플Ripple은 유창성, 융통성, 독창성을 연령집단(10~84세)별로 비교하였는데 40~60대가 이 세 영역 모두에서 최고 점수를 받은 반면 61~84세 집단은 40~60대에 비해 현저하게 낮은 점수를 받았다(Jaquish and Ripple, 1980; 김정희, 2008 재인용).

(2) 초기 연구에 대한 비판: 데니스의 연구

데니스Dennis는 리먼(1953)의 연구가 노년에 이르기 전 일찍 사망한 학자들이 포함되어 있어 이들이 오래 살았더라면 연구결과가 달라졌을 것이라고 비판하였다. 그는 노년기에도 창의적인 업적을 이룰 수 있으며 분야별로 창의적인 업적을 이룬 나이가 다름을 보여주었다(Dennis, 1966; 김정희, 2008 재인용). 데니스는 79세 이상까지 살았던 총 738명의 과학자, 인문학자, 예술가가 어느 연령에 창의적인 업적을 이루었는지를 조사했는데 그 결과 과학자와 예술가는 40대가 가장 많은 반면 인문학자는 60대가 가장 많았다. 과학은 유동성 지능을, 인문학은 결정성 지능을 주로 활용하기에 과학자는 주로 젊은 나이에, 인문학자는 보다 나이가 들어서 창의적인 업적을 쌓는다는 차이가 나타났다고 볼 수 있다.

(3) 생애발달단계에 따른 견해: 레스너와 힐먼의 연구

창의성은 생애발달단계에 따라 각기 다른 특성으로 발현한다고 보는 견해도 있다. 예를 들면 레스너Lesner와 힐먼Hillman은 다음과 같이 3단계로 창의성 발현시기를 구분하였다. 첫 번째 단계(0~11세)는 창의적인 내적 심화단계로 기본적인 기술을 습득하고 본인의 독창적인 인성을 발달시키는 단계이며, 두 번째 단계(12~60세)인 창의적인 외적 심화단계에서는 자신에 대한 관심을 가지는 자기중심적 성향에서 점차 벗어나 사회적 인식으로 관심을 옮겨가게 된다. 마지막 단계(61세 이상)는 창의적인 자기평가단계로 죽음을 앞두고 본인의 삶을 평가하는 단계라고 보았다(Lesner and Hillman, 1983; 김정희, 2008: 138-139 재인용).

(4) 창의적 과정에 따른 유형 구분: 갤런슨의 연구

창의성은 창의적 과정에 따라 유형을 구분할 수도 있다. 갤런슨Galenson은 창의적인 과정에 따라 개념적 혁신자와 실험가로 유형을 구분하였는데, 개념적 혁신자 유형은 청년기에, 실험가 유형은 노년기에 창의적인 업적을 성취한다고 보았다(Galenson, 2006; 김정희, 2008: 137-138 재인용). 갤런슨은 개념적 혁신가로 피카소를, 실험가로 세잔을 대표 사례로 삼아 이를 설명하였다. 예를 들면 피카소는 26세에 〈아비뇽의 처녀들〉을 통해 큐비즘의 시대를 개척했다. 반면, 세잔은 지속적인 실험과 도전을 통해 67세로 사망할 때까지 〈생 빅투아르산〉과 〈목욕하는 사람들〉을 완성하였다는 점에서 피카소와는 대조를 이룬다. 개념적 혁신가의 또 다른 예로는 모차르트를, 실험가로는 베토벤을 들 수 있다.

그림 3-7 <생 빅투아르산>(폴 세잔, 1904)

그림 3-8 <목욕하는 사람들>(폴 세잔, 1906)

갤런슨이 노년기에 창의적인 업적을 성취하는 '실험가'로 구분한 화가 세잔은 그의 말년 20년 동안 계속해서 생 빅투아르산을 그렸다.

7) 성공적 노화이론

성공적 노화이론은 노년기 은퇴와 사회로부터의 분리가 노인 개인이나 사회에 이롭다고 주장하는 분리이론을 비판하면서 등장하였다. 성공적 노화를 설명하는 대표적인 이론으로는 로우와 칸(1997)의 성공적 노화모델과 선택적 보상 적정화SOC: Selective Optimization with Compensation 모델이 있다.

로우와 칸은 성공적 노화모델을 통해 정상적인 노화는 개인의 노력과 환경의 적절한 통제를 통해 극복, 지연시키는 것이 가능하다고 보고 있으며(정경

| 더 알아보기 |

선택적 보상 적정화모델의 예시

'선택'은 개인의 삶의 목표, 생활영역, 작업, 활동을 선정하는 것으로, 노화로 인한 상실 때문에 어떤 작업이나 목표를 제한하거나 포기함을 의미한다. 예를 들면 노화로 인해 거동이 불편해진 노인이 매일 노인복지관에 가지 않고 일주일에 2번으로 횟수를 줄이거나(제한) 아예 노인복지관에 가지 않는 것으로(포기) 생활양식을 바꿀 수 있다. 그러나 선택은 새로운 활동을 하거나 삶의 목표를 수정, 변형까지 포괄하는 적극적인 행위일 수 있다. 앞에서 예로 든 노인이 노인복지관 대신 집 근처에 있는 경로당을 선택할 수 있는 것이다.

'보상'은 고령으로 인해 얻게 된 상실을 보완하기 위한 수단으로서 이전 기능을 유지하거나 적정 수준을 유지하기 위한 목적으로 수행된다. 폴란드에서 태어난 미국인 피아니스트 아르투르 루빈스타인(Arthur Rubinstein, 1887~1982)이 나이가 들어서도 명연주를 했던 비법을 사례로 들어 선택과 보상을 설명할 수 있다. 루빈스타인은 나이가 들며 연주할 곡의 수를 줄여나갔는데 이것은 선택에 해당한다. 그리고 연주 속도 조절, 즉 처음에는 아주 천천히 치다가 속도를 바꾸어 빨리 치는 등 보상적 수단을 활용한다. '적정화'는 선택된 소수의 연주곡을 더 자주 연습하는 전략에 비유되며, 이는 듣는 이로 하여금 루빈스타인이 피아노를 매우 빨리 잘 연주한다는 인상을 받게 한다. 적정화는 목표달성을 위해서 동원되는 수단으로서 손실을 최소화하고 획득을 극대화하는 전략으로 정의된다.

피아니스트 루빈스타인은 선택과 보상, 적정화를 활용하여 노년에도 명연주를 펼쳤다.

출처: Baltes and Carstensen(1999)

희 외, 2006), 성공적 노화의 세 가지 요소로 ① 질병이나 질병과 관련된 장애 위험을 낮추기, ② 정신적, 신체적 기능을 높은 수준으로 유지하기, ③ 경제활동이나 자원봉사와 같이 삶에 대해 적극적으로 참여[engagement]하기를 들고 있다(Rowe and Cosco, 2016).

선택적 보상 적정화모델은 개인이 노화 과정에 어떻게 성공적으로 적응하고 그것을 활용함으로써 노화로 인한 손실을 최소화하는지를 설명하기 위해 개발된 모델로, 성공적 노화를 선택[selection], 보상[compensation], 적정화[optimization]의 세 가지 개념으로 설명한다. 발테스[Baltes]와 카스텐슨[Carstensen]은 선택적 보상 적정화 모델로 노화로 인한 결과를 설명할 때 개인뿐만 아니라 부부, 친구, 가족, 집단 등과 같은 중·거시적 단위의 특성까지 포함시킬 수 있다고 하였다(Baltes and Carstensen, 1999).

이렇듯 성공적 노화이론은 노인이 사회로부터 분리되기보다, 사회활동을 적극적으로 지속할 필요성이 있음을 강조하고 있다. 특히 개인이 노년기에 여가, 자원봉사, 사회활동을 할 수 있는 기회를 제공하고 관련 인프라를 형성할 필요가 있다는 주장을 이론적으로 뒷받침함으로써 노인복지발전에 원동력을 제공하는 이론자원으로서의 역할을 수행하고 있다.

8) 성공적 노화이론에 대한 평가

로우와 칸의 성공적 노화모델은 '성공'에 이르지 못한 노인에게 소외감과 주변화된 느낌을 줄 수 있을 뿐 아니라 장애노인과 같은 특정집단은 성공적 노화라는 목표 자체를 달성할 수 없다는 점에서 비판을 받고 있다(정경희 외, 2006; Rowe and Cosco, 2016). 또한 노화에 따른 상실을 막고 지연하는 것에 중점을 두고 있기에 상실이 지니는 양면성 등 복합적 의미에 대해 덜 관심을 갖게 만들고, 노인이 지각하는 노화의 주관적 의미를 간과한다는 비판을 받는다. 또한 사회학자들은 이 이론이 성공적 노화를 개개인의 책임으로 돌리고 있다고 지적한다. 노화에 따른 부정적 결과는 사실 개인이 아닌 사회구조적 요인에 의해 발생하는데, 이를 간과한다는 것이다(정경희 외, 2006).

선택적 보상 적정화모델 역시 노화에 대한 사회구조적 접근이 아닌 개인적 접근에 치중했다는 점에서 비판을 받아왔다. 그러나 선택적 보상 적정화모델은 중·거시적 단위의 특성까지 포괄하여 적용된다면 보다 폭넓게 적용될 잠재력이 있는 이론으로 거듭날 수 있다. 선택적 보상 적정화모델은 ① 노화에 따른 상실과 쇠퇴에 대한 적응전략을 제시한 점, ② 보상은 상실을 보완하기 위한 수단이지만 선택과 적정화는 새로운 목표의 설정과 그에 따른 자원 동원의 적극적인 행위가 수반됨으로써 노인이 적극적인 삶의 주체라는 관점을 견

| 더 알아보기 |

생애회고기법과 선택적 보상 적정화모델

생애회고는 에릭슨의 인간발달이론에서 설명하는 노년기 자아통합에 도움을 줄 수 있는데, 비렌 등은 개인 자서전활동보다는 집단 자서전활동이 보다 긍정적인 결과를 가져올 수 있음을 소개하였다(Birren and Deutschman, 1991; Baltes and Carstensen, 1999 재인용). 선택적 보상 적정화모델은 집단활동을 통해 과거에 간과되었거나 무시되었던 생애사에 대해 주목할 수 있게 해주고(선택), 불쾌한 기억에 대한 조언을 제공할 수 있으며(보상), 개인의 생애에 대한 새로운 의미와 시각을 불어넣음(적정화)으로써 자신을 인정하고 받아들이는 효과를 낳을 수 있다고 보았다.

국내에서도 노인 집단프로그램으로 자서전 쓰기와 같은 생애회고기법을 활용하고 있는데,이러한 프로그램이 노년기의 자아통합에 도움을 주는 것으로 나타났다. 프로그램에 참가한 대부분의 노인들은 지난 인생을 함께 돌아보며 "나도 그랬어!"라는 동감과 위안을 얻을 수 있었고, "그렇게 어려운 때도 다 이겨왔어!"라고 느끼며 자신에 대한 긍지를 느낄 수 있었다고 한다. 또한 출생에서부터 지금까지 자신의 삶을 스스로 정리할 수 있는 기회가 되었으며, 앞으로 남은 인생을 어떻게 보내면 바람직할 것인가를 계획할 수 있는 기회가 되었고, 오랫동안 복지관에 다니면서도 서로에 대해 잘 알지 못했는데 짧은 시간에 집중적으로 알게 되어 친밀감이 높아져서 좋았다는 반응을 보인다(이가옥·이현송, 2004).

자서전 쓰기와 같은 생애회고기법을 집단으로 실시하면 노년기 자아통합에 도움이 된다.

지하고 있다는 점, ③ 노년기에는 상실뿐만 아니라 획득 역시 일어남을 설명함으로써 노년기 발달에 대한 균형감각을 보여주고 있다는 점에서 긍정적으로 평가할 수 있다.

4. 노년기 신체적·심리적 변화의 시사점

1) 노년기에 대한 과학적 이해와 발달관점의 중요성

노년기를 과학적으로 이해하게 되면 노인에 대한 잘못된 고정관념을 교정하고 노인에게 적합한 실천과 개입을 행할 수 있다. 예를 들면 노년기의 노인들은 기억력이 감퇴하지만, 새로운 것을 학습할 수 없는 것은 아니다. 따라서 노년기에는 다만 학습 속도가 느려진다는 특성을 고려하여 교육을 행할 필요가 있음을 알게 된다.

이어 노년기를 발달의 과정으로 바라봄으로써 노년기의 긍정적 측면과 부정적 측면을 균형 있게 바라볼 수 있다. 예를 들면 노년기 지혜로운 삶에 대한 강조는 노년의 부정적 이미지를 상쇄하고 바람직한 노년상 정립에 도움을 준다. 노년기 지혜에 대한 이해는 뒤에서 다룰 노인에 대한 부정적인 고정관념, 편견, 차별, 혐오를 줄여나갈 뿐 아니라 노년기 삶의 만족을 증진시키기 위한 중요한 이론적 자원으로 활용할 수 있다.

2) 신체활동과 사회활동의 중요성 인식

노년기 신체적·심리적 변화에 적응하기 위해서는 운동, 신체활동, 사회활동을 지속적으로 하는 것이 도움이 된다는 것은 잘 알려진 사실이다. 따라서 젊었을 때부터 지속적으로 운동, 요가, 스트레칭 등을 하는 것이 좋다. 하지만 노인들의 경우 개인적으로 혼자서 운동을 하기 힘들기 때문에 사회복지사는 중장년, 노인들이 집단적으로 운동을 같이 할 수 있는 기회, 공간, 프로그램 등을 기획해야 한다. 또한 노년기에도 지속적인 운동을 통해 근력을 강화할 수 있음을 널리 알려야 한다. 이를 모르고 많은 노인들이 운동을 포기하는 경우가 많으므로 노년기에 근력을 강화함으로써 초고령까지 건강하게 살 수 있음을 안내하는 것이 중요하다. 한편 노년기 노인들의 심리적 능력을 향상시키는 노력도 필요한데, 가장 적절한 방법으로 인지재훈련을 들 수 있다. 인지재훈련 프로그램의 예로는 글짓기나 기억력 게임, 수공예 활동 등이 있다. 인지재훈련은 노인들의 추리능력의 쇠퇴를 역전시킬 수도 있으며 수단적 일상생활수행능력[12] 또한 향상시킬 수 있다. 이처럼 에어로빅과 같은 운동이나 여럿이 하는 게임과 같은 두뇌활동은 인지기능 향상에 도움을 주는 것으로 알려져 있다.

3) 환경과 정책의 개입 필요성

노인의 건강과 안전을 보장하기 위해서는 노인을 둘러싼 환경과 관련 정책에 대한 미시적·거시적 개입이 필요하다. 특히 기후변화와 재해재난 대비와 관련한 대책을 세울 때는 노인을 고려한 세심한 주의가 필요하다. 몇 가지 사례를 들면, 호흡기능은 미세먼지와 오존 등의 대기오염에 영향을 받으므로 노인들이 이로 인해 부정적인 영향을 받지 않도록 환경·보건정책의 거시적인 개입이 필요하다. 노인이 이용하는 기관이나 시설에서는 적절한 실내 환기를 통해 쾌적하고 청정한 실내 환경에서 생활할 수 있도록 노인을 배려해야 한다. 대기오염 시 실외활동을 자제하고 마스크 착용을 생활화하는 예방교육을 더 철저히 시행하고, 노인을 대상으로 한 교육과 홍보 및 맞춤형 대책 수립 등 미시적 개입이 필요하다.

홍수, 가뭄, 태풍 등의 자연재해나 화재 등의 인재로 인해 대피를 하거나

12 수단적 일상생활수행능력에 관해서는 6장 177쪽을 참고하기 바란다.

집단대피생활을 해야 하는 경우에도 노인의 신체적 취약성을 고려하여 개입하여야 한다. 예를 들면 노인들이 빨리 대피할 수 없다는 점을 감안할 때 홍수에 대한 경보나 주의보 발령 시 노인들이 언제 대피를 해야 하는지 분명하게 명시적으로 공지하여야 하며, 집단대피 시 저체온증이나 고체온증에 걸리지 않도록 대피장소의 냉난방에 보다 각별히 신경을 써야 할 것이다.

4) 의료적 모델 및 기술 진보: 유용성과 비판적 성찰

노년기 신체적 변화는 부정적이지만 이를 의학의 발달이나 기술의 진보로 해결할 수 있다는 인식이 점차 늘어나고 있다. 예를 들면 노년기 시력 저하에 대해 교정 안경을 쓸 수 있다면 이 문제는 중요하지 않다고 치부한다(Atchley and Barusch, 2004). 시력 저하가 심리적 상실감, 사회적 변화에 미치는 영향 등 다른 측면에 대한 고려는 거의 부재하며, 경제적 비용에 대해서도 간과하는 경향이 있다. 또한 노인들이 안경과 보청기 착용에 대해서 각각 다른 입장을 보인다는 점에서 보조기구 사용을 노인들이 어떻게 인식하고 있으며, 어떤 고정관념이나 편견을 가지고 있는지에 대해 이해할 필요가 있다.

기술의 진보에 의해 신체적, 심리적 노화를 보완하고자 하는 전략은 그 유용성이 인정되지만, 여러 가지 비판적으로 성찰할 부분도 있다. 예를 들면 노인의 안전을 보장하기 위해 위치추적 기술을 적용할 수 있는데, 이는 인권 관점에서 보면 노인의 사생활을 침해하는 것이 될 수 있으므로 주의가 요구된다.

이렇듯 기술의 활용은 노인으로 하여금 기능 유지, 자립심 향상, 활동참여를 촉진할 수 있으나 본인이 가지고 있는 능력과 기술을 덜 사용하게 되면서 퇴보(용불용설)를 경험할 수도 있다(Schulz et al., 2015). 아직까지 이에 대한 과학적인 검증은 매우 부족함에도 상업적인 이유로 기술 사용의 결과를 단순 미화하는 경향이 있다.

스마트홈smart home [13]처럼 노인의 저하된 신체적 기능과 감각기능을 보완해주는 기술은 노인에게 혜택과 편리함을 보장해주는 측면이 있지만, 이에 대한 과도한 환상은 금물이다. 스마트홈 등에 대한 관심의 고조는 주거의 최저기준에 미달하는 공간에서 살고 있는 다수의 노인에 대한 무관심으로 이어질 우려가 있기 때문이다(Cutler, 2006).

한편, 노화로 인한 쇠퇴와 쇠약의 공포로 인해 반노화상품과 관련 서비스 시장이 급속도로 팽창하고 있는데, 이에 대해서도 비판적으로 살필 필요가 있다. 반노화상품이나 관련 서비스 중에는 검증받지 않은 제조 과정을 거치거나 유해성분을 포함하고 있어, 건강을 위협하거나 사기성을 띤 경우도 있기 때문이다. 따라서 이에 대한 정확한 정보제공, 교육, 홍보가 필요할 뿐만 아니라 노인 대상 사기 등을 예방하고 보호하기 위한 관련 정책의 수립, 집행, 모니터링이 필수적으로 이루어져야 한다.

5) 노년기 정서와 심리상태 변화의 중요성 인식

노년기에는 신체적 변화나 감각기능의 저하뿐만 아니라 이로 인한 정서·심리상태의 변화도 나타나므로 이에 주목하여야 한다. 예를 들면 신체적인 변화로 인해 노년기에 운전이 어려워질 수 있는데, 이때 노인은 스스로 독립성, 통제력, 힘을 상실했다고 느낄 수 있다. 또한 시청각 능력이 저하된 노인은 의사소통에 불편함을 겪으면서 자신감을 잃고 사람과의 만남을 피하게 될 수도 있다. 그러므로 신체적 변화와 감각기능의 저하에 대해 노인 스스로 지각하는 주관적 의미까지도 섬세하게 살필 필요가 있다(Hooyman et al., 2015).

13 스마트홈은 집 안에 있는 가전제품과 보안 시스템, 조명 등을 서로 연결해 원격으로 제어하도록 만든 시스템을 말한다. 예를 들어 사람이 외출하면 자동으로 이를 인식하여 가스밸브를 잠그고, "나 잘 거야"라고 말하면 소등과 현관문을 점검하는 등의 기술이 있다.

토론쟁점

다음 글을 읽고 토론해보자.

> 신체적, 심리적 노화를 경험해볼 수 있는 생애체험관에 가면 80세 여성노인이 겪는 노화를 실제로 체험할 수 있다. 생애체험관에서 노화를 경험해본 청소년 중 극소수는 노인이 되어서 이런 변화를 겪을 바에는 차라리 일찍 죽어버리고 싶다는 의견을 표출하는 경우가 있다(서혜경 · 이윤희, 2007).

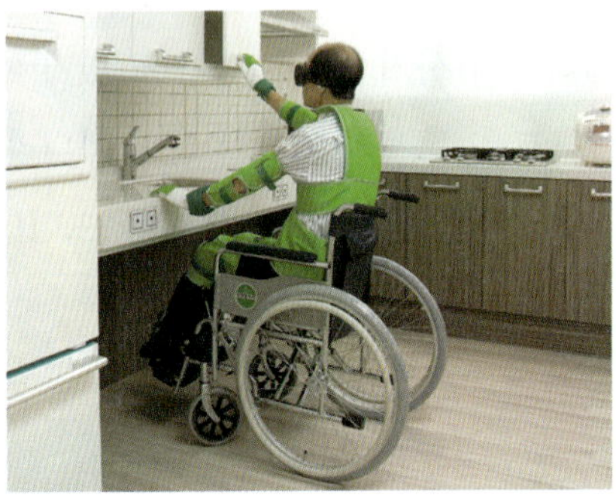

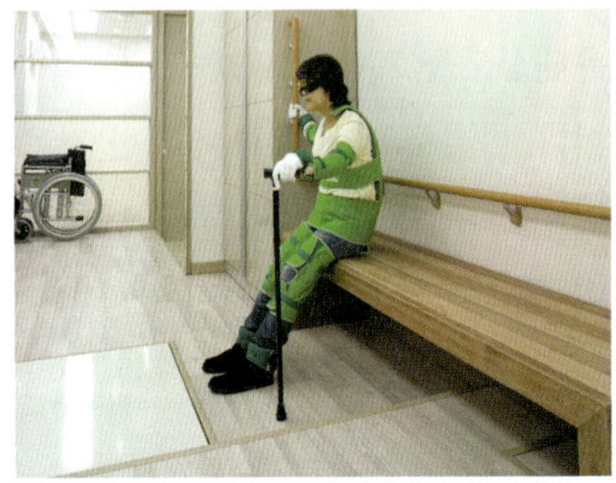

ⓒ 노인생애체험센터

토론거리

1 여러분이 생애체험 경험에 대해 부정적인 의견을 토로하는 청소년을 교육해야 하는 사회복지사라면 어떻게 대응하겠는가?

2 생애체험관에 가는 방법 이외에 노화에 대해 배울 수 있는 다양한 방법에 대해 이야기해 보자.

Chapter

04

노년기 사회적 변화

이 장에서는 발달관점에서 노년기의 사회적 변화, 그중에서도 특히 사회적 관계가 어떻게 변화하는지를 중점적으로 들려준다. 1절에서는 노년기 사회적 변화의 정의를 살펴보았으며, 더불어 사회적 변화에서 가장 핵심이 되는 사회적 관계를 전통적인 가족관계와 친구, 이웃 등과의 비공식적 관계망을 중심으로 살펴보았다. 노년기 사회적 관계망은 노인의 신체적, 심리적 발달을 촉진하고, 노인에게 필요한 경제적, 심리적, 도구적 자원을 제공하는 기능을 수행한다는 점에서 매우 중요하다. 또한 노인이 누구와 사는가를 보여주는 가구형태는 노인의 빈곤과 밀접하게 연결되어 있을 뿐 아니라 정책적, 실천적 개입에서도 차별적인 접근이 필요함을 시사한다. 2절에서는 노년기 사회적 관계망의 가장 기본이 되는 배우자, 자녀관계를 비롯해 평균수명의 연장에 따라 주요한 관계로 확장되고 있는 손자녀관계, 형제자매관계, 부모관계, 친구·이웃관계 등 다양한 노년기 사회적 관계망의 특성과 현황을 보여준다. 마지막 3절에서는 이러한 노년기 사회적 관계의 변화가 무엇을 시사하는지 살펴보았다.

1. 노년기 사회적 변화와 사회적 관계

1) 노년기 사회적 변화의 정의

노년기 사회적 변화는 개인의 가족, 친구 등을 포함한 사회적 관계에서의 변화와 사회적으로 수행하는 역할의 변화를 포괄한다. 역할의 변화는 2장 1절에서 '역할이론'으로 자세히 다루었으므로, 여기에서는 사회적 관계에서의 변화만 설명하고 넘어가기로 한다. 사회적 관계social relationship란 타인과 지속적으로 상호작용을 맺는 것을 의미하는데, 사회적 관계에는 ① 사회적 관계를 맺는 성원들과의 관계망social network, ② 이들과 주고받는 여러 가지 유형의 도움, ③ 여가와 휴식, 즐거움을 위한 동반자 역할companionship, ④ 갈등, 싸움과 같은 부정적인 상호작용이 모두 포함된다(Krause, 2006).

노년기 사회적 관계는 노인의 신체적, 정신적 건강상태, 인지기능에 영향을 미칠 뿐만 아니라 우울, 심리적 안녕감, 삶의 질에 지대한 영향을 미친다(Hooyman et al., 2015). 또한 부정적인 생애사건이나 스트레스가 발생할 때, 사회적 관계를 맺고 있는 성원들은 노인에게 심리적인 지지와 자원을 제공함으로써 부정적인 영향을 감소시키는 기능을 한다. 하지만 노인이 맺고 있는 사회적 관계가 노인에게 반드시 긍정적인 영향을 미치는 것은 아니다(Hooyman et al., 2015; Suitor, Gilligan and Pillemer, 2016). 노인의 사회적 관계 역시 갈등과 긴장의 원천이 될 수 있기 때문이다. 노인학대의 주된 학대행위자가 배우자와 자녀라는 사실은 이를 단적으로 보여준다(보건복지부·중앙노인보호전문기관, 2017). 이렇게 노인이 맺고 있는 사회적 관계는 노인 정서에 긍정적인 영향을 미칠 수 있지만 부정적인 스트레스의 원천이 되기도 하며, 긍정적·부정적 정서가 공존하는 양가감정을 느끼는 관계일 수도 있다.

그리고 노년기의 사회적 관계는 불연속성과 연속성이 공존한다. 다시 말해 노년기에는 사회적 관계가 변화하는 측면이 있지만, 그렇지 않은 측면도 있다는 의미이다. 예를 들어 노년기에는 배우자 사별, 손자녀 출생으로 인해 역할의 변화를 경험하기도 하지만, 자녀와의 관계는 지속되는 연속성이 존재한다. 노년기의 사회적 관계에 대한 논의는 통상 사회적 관계망social network에 대한 고찰에서 시작된다. 사회적 관계망은 노인의 배우자, 자녀, 손자녀, 부모, 형제자매 등과 같은 가족관계와 친구, 이웃, 지인 등을 포함한 비공식적 관계망과 사회제도나 조직(예: 방문요양서비스를 제공하는 센터, 사회복지사, 요양보호사) 등을 포함하는 공식적 관계망으로 나눌 수 있다. 사회복지제도의 발달과 비공식적 관계망의 축소에 따라 공식적 관계망의 역할이 더욱 증대될 것으로 기대하지만, 이 장에서는 노년기 비공식적 관계망에 한정하여 기술하고자 한다.

미국의 대표적인 노인복지 교과서에서는 이성부부에 기초한 핵가족의 전통적 가족 개념에서 탈피하여 동성부부 노인 등과 같은 다양한 가족관계를 인정하면서 이에 대해 많은 지면을 할애하면서 소개하고 있다(예를 들면 Hooyman et al., 2015). 그러나 국내에는 이에 대한 조사연구가 거의 부재하다. 따라서 이 장에서는 전통적인 가족관계에 국한하여 서술하였다.

| 더 알아보기 |

가족의 개념

여러분은 가족을 어떻게 정의하고 싶은가?

전통적 가족 개념은 미국의 인류학자 머독(Murdock, 1949)의 정의를 따른다. 이 정의에 의하면, 가족이란 성관계가 허용된 최소한의 성인남녀와 그들에게서 출생하였거나 입양된 자녀로 구성되며, 공동의 주거, 경제협력과 생식을 특징으로 한다. 한편, 혈연 중심, 이성애부부 중심에서 벗어나 현대적 개념으로 접근한 하트만(Hartman)과 레어드(Laird)의 정의도 있다. 이들은 2인 이상의 사람이 그들을 가족으로 정의하는 친밀한 환경을 조성하고, 그 환경에서 같은 공간을 공유하고, 가족에 대한 헌신(commitment)이 있고, 가족이 수행하는 여러 가지 역할과 기능을 분담할 때 가족이 형성된다고 보았다(Hartman and Laird, 1983). 이들의 정의를 따르면 가족의 전통적 개념에서는 인정받지 못하였던 동성애자 가족, 한부모 가족 등 다양한 형태의 가족을 인정하게 된다.

2) 노년기 사회적 관계의 중요성과 변화

노년기에는 배우자와 친구의 사별, 은퇴, 건강의 악화 등으로 인해 일반적으로 관계를 맺는 관계망의 성원 수가 줄어들며, 관계망의 구성이나 구성원이 수행하는 역할에도 변화가 나타난다(Hooyman et al., 2015). 예를 들면 젊은 사람과의 만남 빈도가 감소하거나, 유아기 손자녀에게 돌봄을 제공했던 조부모가 건강악화로 성인이 된 손자녀의 돌봄을 받게 되기도 한다. 단순히 관계망의 양적인 크기만 중요한 것이 아니라, 관계망 성원과 노인이 서로 어떻게 상호작용하는지와 관계의 질적인 측면이 어떠한지가 더 중요할 수 있다(정경희·강은나, 2016).

(1) 사회적 관계망

〈표 4-1〉에서 보듯이 통계청의 2023년 사회적 관계망 조사를 보면 65세 이상 노인의 사회적 관계가 청장년에 비해 약함을 알 수 있다. 동 조사에서는 몸이 아파 집안일을 부탁할 경우, 갑자기 많은 돈을 빌릴 일이 생길 경우, 낙심하거나 우울해서 이야기 상대가 필요한 경우가 닥쳤을 때 각각 도움을 받을 사

표 4-1 2023년 전국 13세 이상의 사회적 관계망

(단위: %)

구분	몸이 아파 집안일을 부탁할 경우[1]	갑자기 많은 돈을 빌릴 일이 생길 경우	낙심하거나 우울해서 이야기 상대가 필요한 경우
계	74.0	50.1	79.86
13 ~ 18세	-	51.4	83.7
19 ~ 29세	79.6	60.1	85.6
30 ~ 39세	77.6	60.8	82.8
40 ~ 49세	75.1	58.3	82.0
50 ~ 59세	71.4	49.3	79.8
60세 이상	70.3	37.9	73.1
65세 이상	71.4	36.2	71.7

주: 1) 19세 이상 대상 설문임.
출처: 통계청(2023a)

람이 있는지 여부를 질문하였다. 도움받을 사람이 있다는 응답률이 가장 높은 연령층은 세 경우 모두 19~29세였으며, 65세 이상 연령층의 응답률이 상대적으로 낮게 나타났다. 특히 낙심하거나 우울할 때 이야기할 상대가 있느냐는 질문에 19~29세는 약 85.6%가 도움받을 사람이 있다고 응답한 반면, 65세 이상의 응답률은 약 71.7%에 그쳐 대조를 이루었다.

우리나라 노인의 사회적 관계망을 보면 전체 인구집단 추이와 유사하게 사회적 관계망의 크기가 전반적으로 축소되는 경향이 있음을 알 수 있다(〈표 4-2〉 참조). 대부분의 노인이 생존 자녀가 있지만 평균 자녀수는 줄어들고 있다. 2023년 기준으로 노인의 평균 자녀수는 2.7명, 손자녀수는 4.4명이었다. 부모가 생존한 노인 비율은 조사연도마다 차이가 있는데 2020년에는 5.1%가,

표 4-2 노인의 사회적 관계망 유무 및 크기

구분		생존 자녀	동거 자녀	별거 자녀	생존 손자녀	동거 손자녀	별거 손자녀	생존 부모	생존 배우자 부모	생존 형제·자매	친척[1]	친한 친구·이웃
관계 유무 (%)	2004년	97.6	39.7	98.0	96.2	26.4	98.6	4.9	6.0	77.3	87.1	87.5
	2008년	98.2	29.0	96.5	95.4	12.3	94.8	3.9	4.4	80.2	56.2	72.6
	2011년	99.1	-	-	95.4	-	-	5.0	7.4	82.2	54.4	75.2
	2014년	97.7	-	-	90.8	-	-	5.5	5.0	82.8	53.1	62.7
	2017년	97.1	-	-	91.3	-	-	6.6		84.7	46.2	57.1
	2020년	96.8	-	-	88.3	-	-	5.1		79.8	81.7	93.6
	2023년	94.0	-	-	85.5	-	-	3.8		77.7	-	89.4
크기 (명)	2004년	4.2	0.4	-	7.8	0.5	-	-	-	2.2	2.3	2.3
	2008년	4.0	0.3	3.7	6.8	0.2	6.6	-	-	2.8	2.3	3.8
	2011년	3.8	-	-	6.3	-	-	-	-	3.2	1.3	2.6
	2014년	3.4	-	-	5.5	-	-	-	-	2.7	1.1	1.6
	2017년	3.1	-	-	4.9	-	-	-	-	3.4	0.8	1.4
	2020년	3.0	-	-	4.1	-	-	-	-	2.9	2.1	3.0
	2023년	2.7	-	-	4.4	-	-	-	-	2.8	-	3.7

주: 1) 친척에 대한 질문은 2004년에는 친척의 존재 유무를, 2008년부터는 친한 친척의 존재 유무를 질문함.
출처: 정경희 외(2005), 박명화 외(2008), 정경희 외(2011; 2014; 2017), 이윤경 외(2020), 강은나 외(2023)

표 4-3 우리나라 노인의 사회적 관계망

사회적 관계망의 규모도 작고, 만남의 빈도나 친밀도 모두 낮은 고립형	11.6%
가족과 의례적인 관계를 맺는 유형	17.7%
가족과 친밀한 관계를 유지하는 유형	23.6%
관계망이 크고 관계망의 성원과 자주 만나거나 친밀한 관계를 유지하는 유형	18.8%
자녀나 친구 위주의 관계망을 가지고 있고 이들과 긍정적인 관계를 형성하고 있는 제한적 다층친밀형 유형	28.4%

출처: 정경희·강은나(2016)

2023년에는 3.8%가 본인의 부모 또는 배우자의 부모가 생존해 있다고 보고하였다(강은나 외, 2023; 이윤경 외, 2020). 다만 친한 친구·이웃이 있다는 응답도 감소추세를 보이다가 2020년에는 급증하는 추세를 보이고 있다. 친구·이웃의 수도 2004년 평균 2.3명에서 2020년 3.0명, 2023년에는 3.7명으로 증가하였다. 한편 가족관계의 질을 연령층으로 구분해서 살펴보면, 고연령일수록 가족관계의 질이 떨어지는 것으로 나타나(박종서·이지혜, 2014), 다른 성인연령층에 비해 노인의 가족관계가 약함을 알 수 있다.

이런 연구들을 보면 노인들은 고립되어 있다고 인식하기 쉬우나, 가족과 친밀한 관계를 유지하거나 가족 이외의 다양한 사회적 관계망을 가진 노인도 다수 발견된다. 노년을 고립이나 고독과 등치시키는 것 또한 고정관념이라고 할 수 있다. 2014년 전국노인실태조사를 활용하여 우리나라 노인의 사회적 관계망을 크기, 접촉빈도, 친밀도를 중심으로 분석한 결과(정경희·강은나, 2016)는 〈표 4-3〉과 같다.

고연령일수록 고립형이 많아지는 경향이 있지만 제한적 다층친밀형도 증가하는 추세를 보여, 연령이 높을수록 반드시 사회적 관계가 고립되는 것은 아님을 알 수 있다. 또한 노인의 사회적 관계망은 연령별로 다를 뿐만 아니라 성별로도 차이를 보인다(정경희·강은나, 2016; Hooyman et al., 2015; Suitor et al., 2016).

(2) 가족관계

노년기 사회적 관계망에서 핵심적인 관계는 가족관계이다. 노인에게 제공하는 경제적 지원, 도구적·정서적 지원, 돌봄 제공은 주로 가족에 의해 이루어지기 때문이다. 경제적 지원은 현금이나 현물 지원을, 도구적 지원은 교통편의나 청소 등의 가사지원을, 정서적 지원은 정서적 지지나 위로 등을 제공함을 뜻한다. 가족과의 교류는 다른 가족구성원으로부터 노인으로 일방적으로 흐르는 것이 아니라, 일반적으로 쌍방이 자원을 상호 교환support exchange하는 형태를 취하게 된다. 경제적인 측면을 제외하면, 거의 모든 영역에서 노인과 가족의 관계는 상호 교환적인 형태를 보인다.

노인의 평균 기대수명이 늘어나면서 가족관계의 중요성은 더욱 주목을 받고 있다. 기본적으로 노인이 배우자, 자녀, 손자녀, 형제자매, 그리고 그들의 부모와 함께 살아가는 기간이 늘고 있기 때문이다(Suitor et al., 2016). 현대사회에서는 저출산 및 자녀수 감소, 성인자녀의 늦은 혼인 시기, 미혼·이혼 및 재

| 더 알아보기 |

세대 간 연대 vs. 세대갈등

일반적으로 현대화가 진행될수록 가족이 해체되고 가족관계가 약해진다고 알려져 있다. 세대 간 연대이론(intergenerational solidarity)은 이런 현상이 가족관계를 잘못 인식한 데서 비롯한다고 비판하며 등장하였다. 세대 간 연대이론은 노년기 개인과 가족 간에는 애정과 신뢰를 기반으로 하여 친밀한 관계가 유지된다고 본다. 이 이론에서는 세대 간의 긍정적이고 지지적인 역할에 주목하면서 서로 다른 세대 사이에도 정서적 유대감이 형성되어 있음을 강조한다. 흥미로운 점은 세대 간 위치에 따라 세대 간 연대에 대한 인식이 다른데, 부모세대가 후세대보다 보다 많은 투자를 하였기에 세대 간 관계를 보다 긍정적으로 인식하고 있었다(Bengtson, 1996).

세대 간 관계를 가족단위에서 살펴볼 수 있지만 보다 거시적인 측면에서도 조망해 볼 수 있다. 유럽 학자들의 지적처럼 사회적 계층, 계급, 국가별로 세대 간 연대는 다른 양상을 보일 수 있다(Giarrusso et al., 2005). 국내 연구결과를 살펴보면 정치적인 이념 성향이나 투표, 정부평가에 있어서는 세대 간 견해 차이가 큰 반면, 의료보장, 실업보장에 대한 태도에서는 세대 간 차이가 거의 없었다(성경륭, 2015). 전반적으로 세대갈등이 낮은 수준이지만 노인복지정책에 대해서는 세대 간 입장 차이를 보였다. 즉, 60대의 경우 63.2%가 노인이 연금의 혜택을 받을 자격이 있다고 보았지만 20대에서는 54.8%가 이를 지지하는 입장인 것으로 나타났다(최유석, 2014).

혼의 증가, 한부모가구의 증가, 여성의 경제활동참가율 증가 등 여러 가지 사회인구학적 변화가 발생한다. 이러한 사회인구학적 변화는 노년기 가족관계의 복잡함과 다양함을 가중시키고, 기존에 일반적이라고 생각했던 노인의 가족관계에 변화를 가져왔다(Hooyman et al., 2015). 가족관계의 변화에 대해서는 관계망별로 보다 상세히 후술하겠다.

3) 노인의 가구형태

노인의 사회적 관계에서 배우자와 자녀는 중요한 부분을 차지하므로, 일반적으로 노인의 가구형태는 노인독거가구, 노인부부가구, 자녀동거가구, 기타 가구로 구분한다. 가구형태는 노인의 경제적, 정서적인 측면에 영향을 미칠 뿐만 아니라 가족과의 관계, 친구·이웃과의 관계 등에도 영향을 미친다. 또한 노인의 가구형태별로 경제적, 사회적, 정서적, 도구적 자원의 분포가 이질적이며, 이에 따라 결핍되는 욕구 또한 다르다(김주연, 2017). 예를 들면 자녀와의 동거는 경제적 자원을 공유할 수 있어 노인빈곤 문제를 감소시킨다. 그뿐만 아니

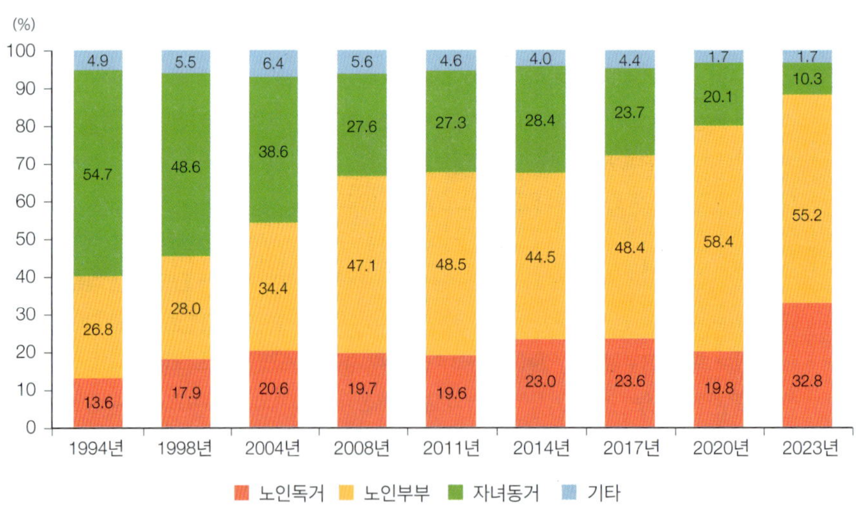

그림 4-1 노인(65세 이상)의 가구형태 변화

출처: 이가옥 외(1994), 정경희 외(2017), 이윤경 외(2020), 강은나 외(2023)

라 자녀와 동거하는 노인은 별거하는 노인에 비해 신체적 또는 도구적 지원을 더 많이 받을 수 있다(정진경 · 김고은, 2012). 물론 자녀와의 동거가 노인에게 긍정적인 영향만 끼치는 것은 아니다. 정서적으로 부정적인 영향을 끼칠 수도 있다. 김주연(2017)의 연구에 의하면 노인부부가구에 비해 노인부부와 자녀가 동거하는 가구에서 노인의 정서적 만족도가 낮게 나타났는데, 이는 자녀동거가 노인에게 스트레스를 줄 수 있음을 보여준다.

예로부터 노인이 자녀와 동거하는 것을 이상적인 규범으로 여겨왔기에 1990년 이전에는 노인이 자녀와 동거하는 가구형태가 보편적이었다. 1990년대에는 배우자 사망이나 건강악화로 인해 노인이 자녀와 동거하는 경향을 보였던 것이, 2000년대 이후에는 기혼자녀의 분가 이후 노인부부만이 같이 살다가 배우자 사망 이후 혼자 사는 경향이 주류로 자리 잡았다(이윤경, 2014). 그 결과 노인부부가구가 가장 보편적인 가구형태로 자리 잡아(〈그림 4-1〉 참조) 2023년 노인의 가구형태 중 가장 빈번한 형태는 노인부부가구(55.2%)이며 다음으로 노인독거가구(32.8%), 자녀동거가구(10.3%), 기타가구(1.7%)의 순서로 나타났다(강은나 외, 2023). 노인독거가구는 2020년 19.8%에서 2023년 32.8%로 급격하게 늘어나는 추세를 보였다.

성인이 된 자녀와의 동거 여부는 최근 25년간 극적으로 바뀌고 있다. 자녀와 함께 사는 노인의 비율이 1994년에 54.7%에서 2023년에는 10.3%로 44.4%p가 감소했다(이가옥 외, 1994; 강은나 외, 2023). 더욱 주목되는 것은 자녀와 동거하는 노인 가운데 40.8%만이 결혼한 자녀와 함께 사는 전통적인 가구의 형태이고, 나머지는 결혼을 아직 하지 않은 자녀와 동거하고 있었다. 한편 노인부부가구의 비율은 지난 1994년에 26.8%에서 2023년에 55.2%로 크게 증가했고, 노인독거의 비율도 동기간 13.6%에서 32.8%로 크게 증가하였다(이가옥 외, 1994; 강은나 외, 2023).

노인의 가구형태는 지역별, 성별, 배우자 유무, 연령별로 차이를 보인다. 예를 들어 지역별 차이를 보면, 농촌지역에서는 노인독거가구와 노인부부가구의 비율이 도시지역에 비해 높게 나타나는데, 이러한 차이는 1990년대 이전에 젊은 층이 농촌을 떠나 도시로 이주하였기 때문이다(이윤경, 2014).

성별로 비교해보면, 남성노인은 압도적으로 노인부부가구가 많은 반면 여성노인은 남성노인에 비해 노인독거가구, 자녀동거가구의 비중이 높다(이윤경, 2014). 성별의 차이는 성별 평균수명과 결혼율의 차이에 기인하는 것으로 보인다. 주목할 점은 혼자 사는 여성노인이 늘면서 여성노인독거가구의 비중이 빠르게 증가하는 추세를 보인다는 점이다.

2. 노년기 사회적 관계망별 특성 및 현황

1) 배우자

성인자녀들이 기혼 후 노인과 동거하지 않는 경향이 늘어나고 평균수명의 연장으로 노년기가 연장되면서 노인부부만 생활하는 기간이 길어지고 있다. 자녀 분가 이후 배우자가 사망하기까지 보내는 기간이 1979년 이전에는 16.07년에 달하였으나 2000년대 초반에는 22.02년으로 약 6년이 더 연장되었다(김유경, 2014). 은퇴 이후 집에서 같이 보내는 시간이 늘어남에 따라 노년기 부부관계는 더욱 중요해진다. 일반적으로 배우자의 존재는 경제적 자원을 증가시키며, 정서적·도구적 지원을 제공하는 역할을 수행한다. 그뿐만 아니라 결혼은 노년기 삶의 질, 주관적 안녕감, 건강상태에도 긍정적인 영향을 미치는 것으로 알려져 있으며(손정연·한경혜, 2012) 건강악화로 인해 돌봄이 필요할 때 배우자가 우선적으로 돌봄책임을 맡게 되는 것이 점차 보편화되어가고 있다(한경혜·손정연, 2009). 결혼은 일반적으로 고독감, 사회적 고립, 건강상태, 경제적 상태에 긍정적인 영향을 미치는데, 예를 들면 사별이나 이혼·별거 등의 결혼해체는 노인의 우울감을 증가시킨다(이민아, 2010; Suitor et al., 2016).

(1) 유배우율

〈표 4-4〉를 보면, 노인 중 배우자가 있는 노인의 비율(유배우율)은 2023년 기준으로 60.0%로, 2004년 54.8%에 비해 약 5%p 증가하였다. 그러나 유배

표 4-4 노인의 성별·연령별 유배우율

(단위: %)

연도	전체	남성	여성	65~69세	70~74세	75세 이상
2004년	54.8	88.4	33.9	70.2	58.4	34.3
2008년	64.5	90.4	47.1	69.9	69.8	43.9
2011년	67.4	90.6	49.9	81.1	73.1	52.9
2014년	61.4	86.4	43.6	76.5	66.4	46.6
2017년	63.4	85.3	47.2	74.9	69.2	51.2
2020년	67.1	86.5	52.5	78.7	73.9	54.8
2023년	60.0	77.7	46.1	69.7	67.6	47.8

출처: 정경희 외(2005), 박명화 외(2008), 정경희 외(2011; 2014; 2017), 이윤경 외(2020), 강은나 외(2023)

우율의 성별 격차는 매우 크다. 남성은 약 78%가 넘게 배우자가 있는 반면 여성은 절반을 약간 하회하는 46.1%에 그친다. 남녀 유배우율의 차이는 남성의 평균수명이 여성에 비해 짧다는 점, 결혼 시 남성은 대체로 연하의 여성과 결혼하는 관습, 사별이나 이혼 시 남성의 재혼율이 높다는 점에 기인한다. 한편 연령이 높을수록 유배우율은 급격히 감소하여 65~69세는 69.7%인 데 반해, 75세 이상의 유배우율은 47.8%에 그치고 있다. 미국 사회를 보면 노년기 동거를 하고 있는 노인은 약 4%인 것으로 조사되었다(Suitor et al., 2016). 노인들은 결혼보다는 단순히 동반자의 존재companionship를 원한다는 점을 고려한다면 국내에서도 이런 추세는 증가할 것으로 예상되고 있다. 젊은 사람들과 비교하였을 때, 노인들의 동거는 안정적이고 장기적인 관계를 유지하는 것으로 알려져 있다(Brown et al., 2012; Suitor et al., 2016 재인용).

(2) 배우자 사별

배우자 사별은 생애에 경험하는 사건 중 가장 스트레스를 유발하는 요인으로 알려져 있으며, 평균 기대수명이 증가하였지만 남녀 수명 차이로 인해 여성은 배우자 사별 이후 약 5년간을 홀로 지내야 한다. 배우자 사별이 노인에게 미치는 영향은 성별에 따라 다르다. 현세대 남성노인은 주로 아내에게 의존하여 자녀와 관계를 맺어왔기에, 중개자로서의 역할을 수행했던 아내와 사별한 경우 자녀나 손자녀와의 관계가 소원해지기 쉽다(장수지, 2013). 또한 남성노인 대부분이 배우자가 있다는 점은 배우자와 사별한 남성노인을 소수집단의 지위로 바꾸어놓는다. 그리고 은퇴 이후 줄어든 사회적 관계망은 남성노인을 더 취약한 상태로 남겨놓는다. 그뿐만 아니라 여성의 가사노동에 의존하는 남성이 대부분이기 때문에 사별한 남성노인은 일상생활에 여러 가지 불편함을 겪게 된다. 남성노인의 우울감을 비교한 결과, 사별한 남성노인은 배우자가 있는 남성노인보다 더 우울한 것으로 나타났다(이민아, 2010).

이에 반해 여성노인은 절반 이상이 배우자를 사별한 무배우 상태이므로 배우자가 없는 상태가 보다 보편적인 상태로 인식된다(이민아, 2010). 남성노인에 비해 여성노인은 사회적 관계망의 구성이 보다 다양하고 자녀와의 관계 역시 생애기간 동안 직접 교류하였기에 배우자 사별로 인한 부정적인 영향이 그리 크지 않다. 여성에게 배우자 사별은 오히려 긍정적인 효과를 가져올 수 있다는 주장도 있다. 즉, 배우자 사별은 여성노인에게 배우자 돌봄이나 가사노동으로부터의 해방이나 불행한 결혼의 종료를 의미할 수 있고, 사별 후 적응과정을 거치면서 개인적인 성장을 할 수도 있다는 것이다(장수지, 2013).

성인 이후 생애를 홀로 살아왔고 다양한 사회적 관계망을 가지고 있다면 독거상태 그 자체가 노인에게 부정적인 영향을 미치지는 않는다. 다만 혼인상태를 유지하였던 사람이 사별을 경험하게 되면 이로 인해 신체적, 정신적 건강

| 더 알아보기 |

남성노인과 여성노인의 사회적 관계망

일반적으로 남성노인은 여성노인보다 사회적 관계에서 더 취약한 특성을 보인다. 여성들은 학부모 모임과 같은 자녀들과의 관계에서 비롯된 관계망, 경제활동 이력과 무관하고 지리적으로 근접한 지역사회의 친구·이웃관계를 생애기간 동안 형성해왔다. 이에 비해 남성들은 주로 공식적인 경제활동을 중심으로 관계망을 구성해왔고, 은퇴 이후에는 지리적 거리 등으로 인해 이러한 연계망과의 만남 빈도가 줄고 관계가 소원해지면서 사회적 관계망의 크기가 보다 작아질 수 있다(Hooyman et al., 2015). 여성의 생애에서는 결혼과 가족이 중요한 데 반해, 남성의 생애에서는 경제활동이 큰 비중을 차지한다는 박경숙(2004)의 지적 역시 이런 맥락에서 이해할 수 있다.

에 여러 가지 부정적인 영향을 받을 수 있다(손정연 · 한경혜, 2012; Hooyman et al., 2015). 결혼상태와 노인의 건강상태를 분석한 연구를 보면, 지속적으로 배우자가 없었던 미혼노인은 유배우 상태를 지속적으로 유지하고 있는 노인과 건강상태에서 차이가 없는 것으로 나타났다(손정연 · 한경혜, 2012). 한편 사별 초기에는 부정적인 감정이 증가할 수 있지만 사별기간[1]이 길어짐에 따라 건강상태에 미치는 부정적 영향은 사라질 수 있다(손정연 · 한경혜, 2012).

(3) 이혼

서구 사회와 유사하게 한국 사회에서도 미혼 또는 비혼never married, 이혼이 증가하고 있고 졸혼卒婚이라는 새로운 개념도 등장하였다. 이혼이 젊은이들만의 전유물은 아니며, 황혼이혼 역시 가파른 증가추세를 보여주고 있다.

한국 사회는 외환위기 이후 이혼율이 가파르게 상승하였으나, 2000년대 이후를 보면 이혼건수가 완만하게 줄어드는 추세를 보인다. 노인은 이와는 대조적으로 이혼율이 급상승하는 추세를 보인다.

물론 전체 노인 중 이혼한 노인의 비율은 매우 낮다. 2008년 전국 노인을 대상으로 한 조사에서 이혼하거나 별거 중이라는 노인은 전체 중 2.7%를 차지하였다(정진경 · 김고은, 2012). 그러나 노인 이혼건수는 빠르게 증가하고 있으며, 증가속도는 남성보다 여성이 빠르다. 다만 2022년에는 2021년에 비해 이혼건수가 남녀 모두 감소한 것으로 나타났다. 장기간의 추세를 보면 노인 이혼건수의 절대적인 수치에서는 남성노인이 여성노인을 상회하지만, 증가추세에서는 여성노인 이혼건수가 남성에 비해 훨씬 가파르게 늘어남을 알 수 있다(〈그림 4-2〉 참조). 남성노인은 2000년에 이혼건수가 1,321건에서 2022년에는 10,220건으로 7.74배 증가하였으나, 여성노인은 2000년대 423건이었던 이혼건수가 2022년에는 5,937건으로 14.04배 늘어났다. 이는 동기간 남성노인과 여성노인의 수적인 증가를 훨씬 상회하는 증가율이다.

이혼의 증가는 1997년 외환위기 이후 계속되고 있는 양극화와 경제불평

1 1979년 이전에는 남편은 76.14세에, 부인 본인은 78.10세에 사망하여 사별기간이 1.96년이었던 반면, 2000년 이후에는 남편은 85.92세, 부인 본인은 90.62세에 사망하여 사별기간이 4.7년으로 연장되었다(김유경, 2014).

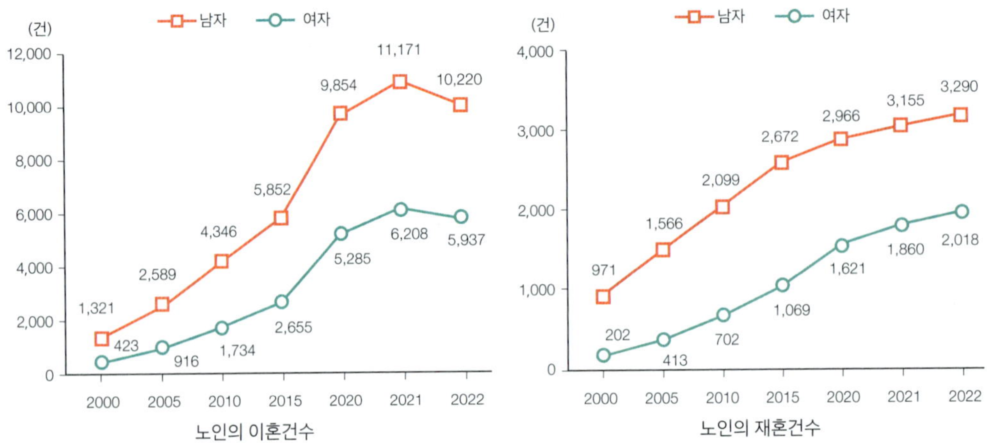

그림 4-2 2000년대 이후 한국 노인의 이혼 및 재혼 건수의 변화

출처: 통계청(2023b)

등, 개인주의적 가치관의 확산 등에 기인하는 것으로 볼 수 있다(이성용, 2012). 노년기 이혼은 전반적으로 가족관계의 약화로 이어질 가능성이 크며(Suitor et al., 2016), 우리나라에서는 노년기 이혼에 대해 여전히 부정적으로 바라본다. 여성노인을 질적 방법으로 연구한 김소진(2009)은 여성노인들은 남성 위주의 결혼생활을 탈피하기 위해 이혼을 하였지만 이혼 후에는 지역사회 내 편견과 억압으로 적응에 어려움을 겪는다고 하였다. 다음 진술은 이를 단적으로 보여준다.

| 더 알아보기 |

졸혼과 황혼이혼

졸혼은 나이든 부부가 이혼하지 않으면서도 각자 자신의 삶을 즐기며 자유롭게 사는 생활방식을 뜻하며(다음백과), 황혼이혼은 20년 이상 장기간 결혼한 부부가 이혼함을 일컫는다(이현심, 2015: 89). 졸혼은 일본에서 처음 만들어진 신조어로, 국내에서는 70세의 남성 배우 백일섭이 졸혼을 하였다고 밝히면서 사회적으로 주목을 받았다. 한 국내 결혼업체의 미혼남녀를 대상으로 한 조사에서 60% 이상이 졸혼에 대해 찬성하는 것으로 나타났지만(김병수, 2017), 경제적 여유가 없거나 건강하지 못하여 돌봄이 필요한 경우, 그리고 심리적으로 배우자에게 의존적인 경우에는 졸혼을 하지 못하는 것으로 나타났다(이승숙 · 정문주, 2017).

> "우리는 시골이라 동네행사가 많아요. 정월 보름날 같은 때는 풍악놀이를 하니까 동네에서 장사하는 사람들이 돈을 걷는데 (생략) 이장이 우리 집에는 안 와요. 일부러 갖다 주기도 뭐 해서 그냥 있는데 (생략) 이혼한 년 돈에는 뭐 똥이 묻었나."(김소진, 2009: 1098)

노인의 우울감을 성별로 비교한 이민아(2010)의 연구에서는 혼인상태가 개인의 심리적 상태에 미치는 영향에는 남녀 간 차이가 있다고 보고하였다. 동 연구에서 여성노인의 우울감은 혼인상태와 연관되어 있지 않았으나, 남성노인은 기혼에 비해 이혼한 경우 우울감이 더 높아 남성노인이 이혼에 심리적으로 더 취약한 것으로 나타났다(이민아, 2010). 남성노인은 이혼 후 가정생활을 혼자 꾸려나가는 데에 어려움이 있을 수 있으며, 배우자가 정서적 지지의 주요한 원천이라는 점에서 심리적으로 보다 취약할 수 있다. 그러나 김소진(2009)의 연구에서 보듯이 이혼한 여성이 경험하는 적응상의 어려움을 고려한다면, 이혼이 남성노인과 여성노인 중 어떤 집단에 더 부정적인 영향을 미치는지에 대해서는 향후 연구가 더 필요한 것으로 보인다.

한편 노인의 절대 다수는 결혼과 이혼에 대해 전통적인 가치관을 고수하고 있다. 예를 들면 통계청(2022)의 사회조사에서 60세 이상은 71.6%가 결혼을 해야 한다고 응답했으며, 이혼을 하면 안 된다는 응답도 46.2%로 높게 나타났다. 이에 반해 13~19세의 경우에는 결혼과 이혼에 대한 태도에서 29.1%만이 결혼이 필수라고 인식하였으며, 이혼에 반대하는 응답 역시 14.7%로 나타나 세대 간 차이를 보여주고 있다.

| 더 알아보기 |

노인 이혼건수에서 남성이 절대적으로 높은 이유?

남성노인은 대체로 연하의 여성과 결혼을 한다. 예를 들어 67세 남성, 58세의 여성이 부부였다가 이혼한 경우 65세 이상 남성노인의 이혼건수는 1건이 되지만 여성노인의 이혼건수는 0건이 된다. 이런 이유로 노인의 이혼건수를 성별로 비교하면 남성이 여성보다 많아지게 된다. 여성노인의 이혼건수가 많아지는 것은 현세대 노인부부가 이전 세대에 비해 나이 차이가 줄어든 점과 고령의 여성들이 이혼하는 점 등에 영향을 받은 결과로 볼 수 있다.

(4) 재혼

노년기에 홀로 된 노인은 외로움을 해소하고, 정서적 욕구를 충족하기 위해 재혼을 하게 된다. 결혼과 이혼, 재혼에 대한 사회규범이 변화하고는 있지만 노년기 재혼은 전통과 관습, 개인의 결정에 대한 가족의 과도한 개입 등에 영향을 받게 된다.

먼저 성별에 따라 재혼의 양상이 다르다. 여성노인들은 남성노인들보다 재혼율이 낮고, 남성노인들은 대체로 자신보다 젊은 여성과 재혼하는 경향이 있으며, 여성노인은 60대에 재혼을 하는 경우가 많으나 남성노인의 재혼은 연령에 제한을 받지 않는 것으로 나타났다(배진희, 2004).

노인의 재혼건수는 이혼과 마찬가지로 증가세를 보여준다. 이혼건수와 유사하게 노인의 재혼건수는 남성노인이 여성노인을 앞지르지만, 재혼건수의 증가세는 여성노인이 남성노인보다 빠르다. 재혼 통계를 보면, 이혼 후 재혼이 사별 후 재혼보다 많다. 2018년 남성노인의 재혼건수 2,759건 중 이혼 후 재혼이 2,315건이며, 여성노인은 전체 재혼건수 1,347건 중 이혼 후 재혼은 1,134건으로, 이혼 후 재혼이 남녀 모두에게서 압도적으로 많다(통계청, 2019a).

노년기 재혼은 가족관계를 보다 복잡하게 만든다. 부부 간의 관계뿐만 아니라 자녀와 재혼한 배우자의 갈등으로 스트레스를 받을 수 있으며, 형제자매, 친척, 친구·이웃이 재혼을 부정적인 시선으로 바라볼 경우 사회적 관계가 전반적으로 약화될 수 있다(임준희·박경란, 1997). 기존 연구들에서 성인자녀들은 아버지나 어머니가 재혼할 경우 사망 이후 재산분할의 문제, 새아버지나 새어머니의 돌봄문제, 돌아가신 부모님에 대한 감정, 의붓 부모와의 관계에 대한 우려 등으로 인해 노부모의 재혼에 대해 반대하며, 재혼할 상대가 경제력이 있는지가 가족 내에서 중요 쟁점으로 부상하기도 한다(김선영, 2009; 서병숙·김혜경, 1997).

한국 사회에서 노인들은 다른 연령층에 비해 재혼에 대해 가장 보수적인 입장을 가지고 있다. 예를 들면 2022년 통계청 사회조사에서 재혼을 하지 말아야 한다는 응답이 13~19세는 8.8%인 데 비해 60세 이상은 21.8%로 두 배 이상 높았다. 노인들은 재혼에 대해서 이혼보다 너그러운 입장을 가지고 있는 것으로 나타났다. 전통적으로 사별한 여성의 재혼을 제도적으로 금지해왔기에 2000년도 초반 연구에서는 여성의 재혼에 대해서 부정적으로 보는 인식이 보다 보편적이었으며, 남성노인이 여성노인보다 재혼에 대해 더 포용적인 태도를 보이는 경향이 있다(배진희, 2004: 214).

노인들의 재혼동기를 보면, 외로움 해소나 배우자로부터 돌봄을 받기 위해서 또는 자녀로부터 독립하기 위해서인 경우가 많다(최영아·이정덕, 2000). 재산분배나 유산문제로 자녀들이 재혼에 반대를 하는 경우가 있지만, 일반적으로 노인의 경제상태가 양호해야 재혼이 가능하며, 자녀들이 재혼에 대해 찬성하는 태도를 보일수록 노인들이 재혼할 확률은 상승한다(배진희, 2004). 또한 재혼을 통해 노인들은 외로움을 덜 타게 되고, 생활만족도가 증진되는 것으로 나타났다(배진희, 2002). 1990년대에 수행된 조기동(1993)의 연구에 의하면, 재혼한 노인이 1년 이내 헤어질 확률이 30%라는 사실은 재혼생활이 반드시 만족스럽지만은 않으며, 생활상의 여러 가지 스트레스를 갖게 될 수 있음을 보여준다.

한편 노년기에 재혼을 하지 않는 주요한 이유는 재혼에 대한 사회적 인식이 부정적인 점, 재산문제나 자녀에 대한 배려 때문이다. 이러한 이유로 재혼보다는 혼인신고를 하지 않고 동거를 하거나 새로운 주거형태를 모색하기도 한다. 스웨덴 등에서 유행하는 별거동침LAT: Living Apart Together, 즉 남녀가 각자 자기 집에서 살면서 친밀한 관계를 유지해가는 새로운 가족형태가 한국 사회에서도 적용될 가능성이 있다(김선영, 2009: 170). 혼인신고를 하지 않고 재혼관계를 유지하는 경우도 발견된다. 국내 소규모 조사에서 재혼한 50세 이상 14명 중 4명은 혼인신고를 하지 않은 채 살고 있는 것으로 나타났다(최영아·이정덕, 2000). 배진희(2004)의 연구에서도 재혼한 노인 중 법률적으로 재혼한 노인은 28.7%에 그치는 것으로 나타나 재혼노인의 대부분은 사실혼관계임을 알 수 있다.

(5) 부부관계 및 결혼만족도

노년기 부부관계는 대체로 양호한 것으로 알려져 있다. 결혼만족도에 대한 기존 연구결과는 U자형 관계를, 즉 신혼초기에 높았던 결혼만족도가 중년기에 감소하였다가 노년기에는 다시 높아지는 추이를 보였다. 그러나 최근 국내외 연구결과는 이와는 다르다. 국내외 종단연구결과를 보면 결혼만족도는 노년기에 감소하는 것으로 조사되었다(주수산나 · 전혜정 · 채혜원, 2013). 횡단연구에서 연령은 결혼만족도를 저해하는 요인인 것으로 나타나 다른 연령층과 비교할 때 노년기의 결혼만족도가 가장 낮게 나타났다(박종서 · 이지혜, 2014). 노인만을 대상으로 한 연구에서도 저연령일수록 결혼만족도가 높았다(권오균 · 허준수, 2010).

결혼이 일반적으로 남성에게 유리하다고 알려져 있는 것처럼, 부부관계 만족도 역시 남성노인이 여성노인보다 높게 나타났다. 통계청(2021)의 부부관계 만족도 조사 결과를 보면 65세 이상 남성 중 68.8%가 배우자와의 관계에 만족하는 반면, 여성노인 중 배우자와의 관계에 만족하는 비율은 52.5%로 약 16%p 낮게 나타난다.

2023년 전국노인실태조사 결과를 보면(이윤경 외, 2020), 배우자와의 갈등을 경험한 비율은 12.1%로 소수인 것으로 나타났다. 갈등의 원인으로 가장 많은 응답률을 보인 것은 성격 및 사고방식(51.8%), 그 다음으로 배우자 생활방식(26.8%)의 응답율이 높았다. 그 다음으로 (본인) 배우자 돌봄(7.1%), 경제적 문제(6.7%) 등이 뒤를 이었다.

노인이 돌봄을 필요로 하게 되면, 배우자가 우선적으로 돌봄의 책임을 지게 된다. 이는 유배우 노인 중 청소 · 빨래 · 시장보기(67.7%), 외출 동행(49.5%), 식사 준비(63.9%), 목욕 등 신체기능 유지(31.9%)에 대한 도움을 주로 제공하는 자로 배우자라고 응답한 비율이 가장 많다는 사실에서도 확인된다(강은나 외, 2023). 배우자는 정서적인 지지와 도움을 제공할 뿐만 아니라, 가사나 교통편의 제공 등 다양한 도구적 지원을 제공한다. 건강이 악화된 배우자에게 돌봄을 제공하는 경우 돌봄으로 인한 부담, 스트레스로 결혼만족도는 낮아질 수 있으며(Suitor et al., 2016), 정서적 · 도구적 교환이 상호 호혜적으로 이루어지면 결혼만족도 수준은 높아지게 된다.

노년기 은퇴는 부부관계에 있어서 새로운 긴장관계를 일으킬 수 있다. 특히 우리나라 남성노인들은 젊었을 때 일 중심 사회에서 살아오면서 가사나 양육에 소홀하였던 경향이 있는 반면 여성노인들은 생애기간 동안 주부로서 가정 내에서 중심적인 역할을 수행해왔다. 남성노인의 은퇴로 노인부부가 24시

| 더 알아보기 |

부부관계만족도와 결혼만족도

부부관계만족도와 결혼만족도는 유사한 개념이지만 차이가 있다. 부부관계만족도는 개인이 부부관계에 대해 느끼는 주관적 선호인 반면, 결혼만족도는 부부관계를 포함하여 자녀, 친족, 조건적 상황 등을 포괄한 결혼생활의 모든 측면에 대한 주관적 인식을 뜻한다(이여봉, 2010).

부부관계만족도보다 결혼만족도가 더 넓은 개념이다.

간 같은 공간에 있으면서 생겨나는 불편함, 남성노인이 밖에 나가 돈을 벌어오는 역할을 제대로 하지 못하고 집에만 있으면서 생겨나는 여성노인의 불만, 그리고 의사소통능력이 부족해서 일어나는 부부싸움과 같은 긴장과 갈등이 생길 수 있다.

2) 자녀관계

한국 노인에게 있어 자녀관계는 매우 중요한 요인이다. 우리나라 성공적 노화의 개념에 대해 연구한 김미혜·신경림(2005)에서 보듯이, 자녀와의 관계는 노인 개인의 성공적 노화에서 핵심적인 요인 중 하나이다. 반면 국외 연구를 보면, 서구 노인들은 성공적 노화를 구성하는 요인 중 하나로 대인관계 또는 가족관계를 뽑으며, 성공적 노화에 대해 논할 때 자녀관계만 강조하지는 않는다(안정신 외, 2011).

노인과 자녀관계에서 주의할 점은 한 가족 내에서 노인 개인과 자녀의 관계는 개별 자녀별로 이질적일 수 있다는 점이다(Suitor et al., 2016). 예를 들어, 맏아들과의 관계는 좋지 않지만 차남과의 관계는 우호적일 수 있다. 비유하자면, 열 손가락을 깨물었을 때 실은 더 아픈 손가락이 있기 마련이다. 우리나라의 전통적인 부양가치관은 장남이 노부모를 책임져야 한다는 의식이 강하기 때문에 돌봄책임이나 재산분배 등에 있어서 노인이 장남과 차남, 딸에 대해 어떻게 차별적으로 인식하거나 대우하고 있는지, 역으로 자녀들이 노부모의 재산분배 등에 대해서 어떻게 인식하고 있는지에 대해서 여러 연구가 진행되었다. 부모가 장남에게 대부분의 재산을 분배하였지만 장남이 노부모를 돌보지 않아 차남이나 딸들이 돌봄책임을 떠맡게 될 경우, 이에 대한 불만과 긴장, 스트레스가 상당한 것으로 나타났다(남궁명희, 2009). 또한 자녀의 성별, 출생순위에 따라 노인과의 만남이나 접촉, 노인에게 지원하는 도움이나 지지의 정도가 달랐다. 예를 들면 노인과 접촉이 가장 많은 비동거자녀는 장녀(배우자)가 43.4%, 장남(배우자)이 42.7%로 나타나 출생순위가 중요함을 잘 보여준다(이윤경 외, 2020).

(1) 자녀와의 동거

노인의 자녀동거는 노인의 필요에 의해서뿐만 아니라 자녀의 필요에 의해서 이루어지는 경우도 제법 많다. 전국노인실태조사 결과를 보면, 기혼 자녀와 동거하는 노인에게 동거 이유를 물어보면(강은나 외, 2023) 자녀와 동거가 당연하다고 응답한 비율이 가장 많았고(35.3%), 그 다음으로 노인 단독가구는 외로워서(17.0%), 본인/배우자 돌봄(16.7%), 경제적 능력 부족(14.5%)의 순으로 많았다. 한편 자녀에게 가사, 손자녀 양육 도움(9.7%), 자녀의 경제적 능력 부족(4.2%)은 소수를 차지하여 자녀의 필요에 의해서 노인과의 동거가 이루어지는 경우는 적음을 알 수 있다. 자녀의 필요보다는 노인의 필요에 의해 자녀와 동거하는 경우가 더 많음을 알 수 있다.

한편 노인이 자녀와 따로 살고 싶다는 응답 비율은 빠르게 증가하는 추세를 보인다. 통계청(2019b, 2023a)의 사회조사 결과를 보면 자녀와 따로 살고 싶다고 응답한 비율은 78.8%로, 2009년 62.9%보다 크게 증가하였다.

한편 자녀와의 동거가 필요하다고 인식하는 노인 중 1/3에 가까운 비율이 장남과의 동거를 선호하는 것으로 나타났다(이윤경 외, 2020). 이는 노부모부양에 대한 전통적인 가치관이 점차 해체되고 있지만 아직도 굳건하게 전통적 가치관을 선호하는 노인도 존재하는 양극화 현상을 보여준다. 그러나 장남과 동거를 희망한다는 응답률은 하락하는 경향을 보여 2017년 45.7%에서 2020년에는 32.1%로 떨어졌다.

자녀들은 노인과의 동거를 불편해한다는 인식이 있지만, 노인들 중 상당수도 자녀와의 동거를 부담스럽게 생각하고 있다. 2023년 통계청(2023a) 사회조사 결과를 보면 자녀와 같이 살고 있지 않은 60세 이상 노인의 비중은 68.4%였다. 이들에게 자녀와 별거하는 이유를 질의하였더니, 따로 사는 것이 편하다는 응답이 37.1%로 가장 많았고 그다음으로 독립생활 가능(29.6%), 자녀에게 부담이 될까봐(19.6%), 자녀의 직장·학업 때문에(13.0%) 등의 순서로 응답률이 높았다.

앞에서 살펴본 바와 같이 노인이 성인자녀와 동거하는 경우는 이제 더 이상 보편적이지 않다. 그렇지만 절반 이상의 자녀는 노인의 근거리에 거주하면서 친밀감을 유지하고 있다. 자녀와 동거하는 노인의 비율은 급격히 감소하였지만 자동차로 1시간 이내 거주하는 자녀의 숫자는 약 60%로 이는 1998년부터 2020년까지 비교적 안정적으로 유지되고 있다(이윤경, 2014; 이윤경 외, 2020; 정경희 외, 2014; 정경희 외, 2017).

(2) 자녀와의 만남·연락

노인과 같이 살고 있지 않은 자녀는 노인과 얼마나 자주 만나고 있을까? 2023년 전국노인실태조사를 보면 노인의 약 2/3는 1개월에 1번 이상 자녀와 왕래를 하는 것으로 나타나 대다수의 노인들은 자녀와 긴밀한 관계를 유지하고 있음을 알 수 있다(강은나 외, 2023). 자녀와의 연락빈도 역시 상당히 빈번하여 주 4회 이상은 13.3%, 주 2-3회 25.8%, 주 1회가 25.8%로 60% 이상이 주 1회 이상 연락을 하는 것으로 나타났다(강은나 외, 2023).

(3) 자녀와의 자원교환

노인과 자녀는 자원을 서로 교환하는 양상을 보이며, 자원의 유형별로 교환 양상은 다소 이질적이다. 먼저 한국 사회에서 자녀는 노인에게 경제적 지원을 제공하는 주요한 역할을 수행한다. 2023년 노인실태조사 결과, 노인과 동거하지 않는 자녀로부터 정기적/비정기적으로 현금을 받는 비율은 68.2%, 현물을 받는 비율은 68.3%에 달해 대부분의 노인이 자녀로부터 경제적 지원을 받고 있음을 알 수 있다(강은나 외, 2023). 노인 역시 자녀에게 경제적 지원을 제공해주고 있으나 이 수치는 상대적으로 낮게 나타났다. 노인이 자녀에게 정기적/비정기적으로 현금을 제공하는 비율은 26.9%, 현물을 제공하는 비율은 36.3%에 달하였다. 경제적 지원에 있어 노인과 자녀의 불균형적인 교환은 기본적으로 노인의 경제적 상태가 열악한 데서 기인한다.

돌봄과 정서적·도구적 지원은 노인과 자녀 간에 어떻게 교환되고 있을까? 먼저 노인과 동거하는 자녀와의 지원관계를 보면 정서적 지원과 도구적 지원은 비교적 상호 간 균형을 이루는 데 반해, 돌봄은 노인이 자녀로부터 이들 영역의 도움을 받는다는 응답비율이 노인이 자녀에게 이들 영역의 도움을 제공한다는 비율보다 압도적으로 많았다(강은나 외, 2023). 노인과 동거하지 않는 자녀 사이의 정서적 지원에 있어서는 상호 교환 비율이 엇비슷하였지만, 도구적 지원과 돌봄의 경우에는 비동거자녀로부터 수혜받는다는 응답이 자녀에게 도움을 제공한다는 응답보다 많게 나타났다(강은나 외, 2023). 정리하면, 정서적 지원은 노인과 자녀 간에 균형 있게 교환되고 있지만, 돌봄과 도구적 지원은 노인이 자녀로부터 도움을 받는 비율이 높음을 알 수 있다.

노부모와 성인자녀 간의 교환은 주로 노부모와 자녀의 욕구[needs], 정서적 친밀감, 성별, 과거 세대 간 교환의 역사 등에 따라 결정되는 것으로 알려져 있다(정진경·김고은, 2012; Suitor et al., 2016). 국내 노인과 자녀의 세대 간 교환을 종단적으로 분석한 결과, 2003년에 비해 2007년에는 별거하면서 친밀한 관계를 형성하는 유형과 두 세대 간의 관계가 소원한 유형은 증가한 반면, 부모가 자녀에게 도움을 주는 제공형은 감소한 것으로 나타났다(유희정, 2011).

(4) 노인과 자녀의 관계의 질

노인이 자녀와 좋은 관계를 위해 필요한 것은 무엇이라고 인식하고 있을까? 2008년 전국노인실태조사 결과를 보면 빈번한 접촉이라는 응답이 44.1%로 가장 많았고, 놀랍게도 비슷한 가치관이라는 응답은 0.5%에 불과하였다. 국외 연구에서 노부모와 성인자녀의 관계의 질에 강력하게 영향을 미치는 요인은 가치관의 유사성인 것으로 알려진 것과는 대조를 이룬다(Suitor et al.,

2016).

노인과 자녀 사이의 갈등은 없을까? 지난 1년간 자녀와 갈등을 경험했다는 비율은 3.1%로 나타나 비교적 소수의 노인만이 자녀와 갈등을 경험했음을 보여준다(강은나 외, 2023). 동 연구에서 갈등의 원인으로는 자녀의 경제적 도움 요구(28.2%), 수발문제(17.1%), 자녀 장래문제(16.3%), 노인의 생활비 보조(16.1%) 등의 순서로 높게 나타났다.

노인과 성인자녀의 관계의 질은 성별, 연령, 혼인상태, 자원의 상호 교환 등에 영향을 받는 것으로 나타났다. 먼저 성인자녀들은 어머니와의 관계가 아버지와의 관계보다 끈끈하며 부자관계보다는 모녀관계가 강한 것으로 나타난다(Suitor et al., 2016). 이러한 차이는 자녀돌봄을 주로 어머니가 책임지기에 어머니와 자녀의 정서적 유대관계가 보다 돈독하고, 성별에 따른 사회화의 차이로 여성들이 일반적으로 감정표현을 더 잘하기 때문에 모녀 간의 관계가 보다 친밀한 것으로 설명되고 있다.

자녀의 연령이 높을수록 부모와의 긴장관계나 양가감정은 줄어드는 것으로 나타난다. 자녀와 부모의 갈등은 직접적인 대면으로 인해 발생할 수 있는데, 노인의 연령이 증가하면서 분가한 자녀와의 대면만남은 줄어들기 때문이다. 만약 노부모가 손자녀를 양육한다면 자녀와의 만남이 좀 더 빈번하겠지만, 그렇지 않은 경우 대면만남의 기회는 감소된다.

혼인상태 역시 노인과 자녀의 관계의 질에 영향을 미친다. 부모가 배우자와 사별하였을 때 자녀와의 관계는 보다 돈독해진다(손정연·한경혜, 2012). 반면 부모의 이혼은 자녀와의 관계를 악화시키는 요인으로 작동한다(Suitor et al., 2016). 한편 자녀의 혼인상태의 변화가 부모에게 미치는 영향은 연구마다 일관되지 않아, 단정적인 결론을 내리기 어렵다(Suitor et al., 2016).

마지막으로 부모와 자녀 간의 상호 교환이 균형적으로 이루어질 때 정서적으로 더 긍정적인 관계가 형성된다(정진경·김고은, 2012; Suitor et al., 2016). 이는 노년기에도 노인은 자녀에게 도움을 제공함으로써 부모역할을 여전히 수행하고 있다고 느낄 수 있고, 자녀로부터 일방적으로 수혜를 받지 않으므로 자율성이 덜 손상되기 때문이다. 그리고 자녀에게 부담을 주고 싶지 않은 인식도 관계에 영향을 미친다고 볼 수 있다(정진경·김고은, 2012).

3) 손자녀관계

노년기가 이전에 비해 길어지면서 노인과 손자녀의 관계는 손자녀가 성인이 되었을 때까지 유지된다. 심지어는 손자녀가 결혼하여 아이를 출산하면 손자녀의 자녀와의 관계, 즉 4세대의 관계가 형성되기도 한다. 국외 연구에 의하면 일반적으로 조부모와 손자녀의 관계는 친밀하고 긍정적인 것으로 알려져 있으나(Hooyman et al., 2016), 때로는 양가감정을 느끼거나 무관심한 경우도 있다(Suitor et al., 2016).

(1) 손자녀와의 동거

노인과 손자녀가 같이 사는 경우는 얼마나 될까? 이에 대한 직접적인 통계는 거의 없다. 다만 노인가구를 노인독거가구, 노인부부가구, 노인자녀동거가구, 기타가구로 분류하면 기타가구는 조사연도마다 차이가 있지만 대체로 5% 수준으로 나타나는데, 기타가구의 대부분은 손자녀와 동거하는 가구인 것으로 알려져 있다(김주연, 2017).

성인자녀 없이 노인과 손자녀가 사는 조손가구는 급격하게 증가하는 추세를 보인다. 통계청의 2005년 조사에서 조손가구는 0.36%를 차지하였으나 2010년 조사에서는 거의 두 배로 늘어나 전체 가구에서 0.7%를 차지하는 것으로 나타났다(윤혜미·장혜진, 2012: 260). 또한 조손가구의 절반이 넘는 53.2%는 손자녀 친부모의 이혼과 재혼에 의해서, 14.3%는 손자녀 친부모의 경제적인 이유(실직, 파산, 취업) 등으로 조손가구의 형태를 이루게 된 것으로 나타나고 있다.

조손가구는 일시적인 현상이라기보다는 장기간 지속되는 현상이다. 경상북도 조손가구의 2003년과 2011년 자료를 비교 분석한 결과, 조모와 손자녀의 연령이 높아졌고 양육기간 또한 길어지는 추세를 보였다. 이는 조손가구가 일시적인 현상이라기보다는 장기적으로 존재함을 시사하는 것이다. 동 조사에서 조사대상자의 약 3분의 2는 배우자를 사별한 조모가 단독으로 손자녀를 양육하는 것으로 나타났다(경북여성정책개발연구원, 2011; 윤혜미·장혜진, 2012 재인용). 조손가구는 경제적으로 열악하여 사적 이전소득이나 정부의 공적 이전

소득[2]에 매우 의존적인 특성을 보인다(김주연, 2017; 윤혜미 · 장혜진, 2012).

(2) 손자녀와의 만남 · 연락

국내 조사 결과를 보면 자녀와의 만남과 비교할 때, 손자녀와는 덜 만나고 연락 빈도도 상대적으로 덜 빈번하였다. 2023년 노인실태조사에 의하면(강은나 외, 2023) 손자녀와 월 1회 이상 만나는 노인의 비율은 40%에 그친 반면(일주일에 1번 이상 6.5%), 월 1회 미만이 57.5%로 가장 많았다. 이와 대조적으로 미국 노인 중 손자녀와 살고 있지 않은 경우 약 80%는 한 달에 1번 이상 손자녀를 만나며, 약 절반은 손자녀와 일주일에 1번 이상 만날 정도로 만남이 빈번하였다(Hooyman et al., 2016). 노인이 손자녀와 자주 만난다고 해서 둘의 관계가 무조건 좋으리라고 기대할 수는 없지만, 대체로 친밀감 형성에 긍정적일 수 있다(임미혜 · 이승연, 2014). 따라서 노인이 손자녀와 빈번하게 만나지 않는다는 통계 수치를 통해서 한국 노인과 손자녀와의 거리는 평균적으로 소원할 것이라고 추정해볼 수 있다.

한국 노인은 손자녀와 자주 만나지 않을 뿐 아니라 전화 등을 통한 연락 역시 빈번하지 않은 것으로 나타났다. 노인과 손자녀 간 연락이 없다고 응답한 비율은 노인의 10.1%를 차지하였으며, 월 1회 미만이라는 응답(43.1%)이 가장 많았다(강은나 외, 2023).

(3) 손자녀관계의 질

조부모와 손자녀의 관계가 좋으면, 조부모와 손자녀의 심리적 발달 모두에 긍정적인 효과가 나타나게 된다. 특히 조부모와 손자녀가 긍정적인 관계를 가질수록, 손자녀가 노인이나 노화에 대해 긍정적인 태도를 갖게 된다(임미혜 · 이승연, 2014). 조부모와 동거하는 손자녀는 조부모로부터 여러 가지 경제적, 정서적 지원을 받게 되며(이용환 · 양승규 · 이영세, 2001), 조부모와 동거하지 않는 손자녀에 비해 조부모와의 관계가 더 친밀하다(이영숙 · 박경란, 2000).

2 이전소득이란 재화나 용역의 급부와는 관련 없이 얻게 되는 소득을 의미한다. 예를 들어 국민기초생활보장 제도의 생계급여는 공적인 기관이 지급하는 공적 이전소득에 해당하며, 노인 부모에게 자녀가 드리는 용돈은 사적 이전소득에 해당한다.

조부모는 손자녀의 성장과 발달을 지켜보면서 보람과 기쁨을 느끼는 경우가 많다.

노인과 손자녀의 관계는 노인과 성인자녀의 관계에 크게 영향을 받는다. 특히 자녀의 어머니가 자녀와 조부모와의 만남 또는 관계를 매개하거나 촉진하며, 사위나 며느리가 조부모-손자녀관계에서 중요한 역할을 수행하는 것으로 알려져 있다(임미혜 · 이승연, 2014; Suitor et al., 2016). 한편 핵가족화의 진전으로 조부모와 같이 살 기회가 줄어들고, 청소년기에 입시준비에 몰두하느라 조부모와 관계를 형성할 시간과 기회가 부족하다는 점 역시 조부모와 손자녀의 관계에 부정적인 영향을 미칠 수 있다(임미혜 · 이승연, 2014).

세대 간 관계는 조부모가 부계인지 모계인지, 손자녀가 남성인지 여성인지에 따라 다를 수 있다. 이는 전통적인 남아선호사상과 부계중심사회의 영향, 성별에 따른 사회화 과정의 차이 등이 조부모와 손자녀의 관계에 영향을 미칠 수 있기 때문이다. 서울 · 경기지역의 청년기 대학생과 친조부모, 외조부모의 관계를 분석한 결과(임미혜 · 이승연, 2014), 여성들이 시댁보다 친정과 더 친밀한 관계를 유지함에 따라 손자녀들 역시 외조부모와 가치관이 유사해지고 특히 손녀들이 외조부모와 친밀한 관계를 형성하고 있는 것으로 나타났다. 그러나 여전히 친조부모의 남아선호사상으로 인해 손자와 친조부모의 끈끈함 또한 유지되고 있음을 알 수 있었다.

성인자녀의 이혼 또는 국제 이주로 인한 손자녀와의 관계 단절 또는 상실은 조부모의 심리적 안녕감에 부정적인 영향을 미칠 가능성이 크다(Suitor et al., 2016). 부모의 이혼이나 죽음으로 인한 위기상황에서는 조부모가 그 충격을 완화하거나 지지를 제공함으로써 손자녀와의 관계는 오히려 친밀해질 수 있다는 연구도 있다(이정화 · 한경혜, 2008). 임미혜 · 이승연(2014)의 연구에서 손자들은 부모가 이혼이나 재혼, 사별상태일 때 조부모와의 관계가 보다 좋은 것으로 나타나, 이런 주장을 뒷받침해준다.

(4) 손자녀 돌봄

노인들이 손자녀에게 제공하는 대표적인 지원은 손자녀 돌봄이다. 65세 이상 노인 중 지난 1년간 10세 미만 손자녀를 돌본 적이 있다는 응답은 5.2%에 달하였고 평균 돌봄 손자녀수는 2.6명에 달하였다(강은나 외, 2023).

그렇다면 손자녀 돌봄은 노인에게 어떤 영향을 미칠까? 손자녀를 돌보는 노인에게는 돌봄으로 인한 스트레스, 우울감, 사회적 관계의 축소가 생길 수 있으며, 손자녀와 동거하며 돌봄을 제공하는 노인이 그렇지 않은 노인에 비해 더 우울하다는 연구결과가 있다(최혜지, 2008). 손자녀 부모(즉, 조부모의 자녀)가 부재하거나 부모역할을 수행할 수 없을 때 조부모가 손자녀 돌봄을 떠맡는 경우 부정적인 경험이 될 수 있다.

한편 역량이론의 관점에서 본다면 손자녀 돌봄은 조부모의 자발적인 선택의 결과로, 개인의 역량을 실현해가는 긍정적 경험이 될 수 있다(최혜지, 2009). 손자녀 돌봄지원에 대한 연구를 리뷰한 결과, 조부모가 자발적으로 손자녀를 돌보는 경우도 있어(김은정, 2015) 역량이론의 관점을 뒷받침해준다. 손자녀의 성장과 발달을 통해 조부모가 삶의 의미, 만족감, 보람, 기쁨을 느끼는 경우도 상당하였으며, 양육에 따른 긍정적 경험이 양육 부담이라는 부정적 경험보다 상대적으로 크거나(최혜지, 2009) 손자녀를 돌보는 조부모의 삶의 질이 손자녀를 돌보지 않는 조부모에 비해 높게 나타나기도 하였다(오소이 · 전혜정, 2014).

조부모들은 손자녀를 돌보면서, 이전의 부모역할을 수행했을 때보다 더 좋은 돌봄 제공자가 되고자 하는 경향이 있다(Hooyman et al., 2016). 또한 전적으로 돌봄을 책임지는 경우가 아니라면 부모에 비해 조부모가 돌봄의 책임에서 더 자유로우며, 중장년기 부모들이 경험하는 여러 가지 역할(경제활동과 돌봄 역할)의 충돌과 갈등이 부재하다는 점에서 돌봄으로 인한 긍정적인 정서를 보다 잘 인식하는 것으로 보인다(윤혜미 · 장혜진, 2012). 손자녀 돌봄으로 건강이 악화되었다는 주장이 제기된 적이 있었지만, 최근 국외 연구결과를 보면 조부모의 건강이 악화되는 경우는 손자녀 돌봄 이전에 이미 조부모의 건강상태가 좋지 못하였기 때문이라고 밝혀졌다(Hughes et al., 2007; Suitor et al., 2016 재인용).

그러나 손자녀 돌봄을 전적으로 책임지는지 아닌지에 따라서 노인에게 미치는 영향 또한 다를 수 있다. 손자녀를 전적으로 돌보는 경우, 가사노동 및 돌봄노동의 과중함으로 인해 신체적 부담감을 느낄 뿐만 아니라, 돌봄에 대한 책임감, 생애주기상 예상되지 못한 부모역할의 수행 등으로 인해 스트레스가 존재할 수 있다(윤혜미 · 장혜진, 2012). 그뿐만 아니라 자식의 이혼이나 사업 실패 등으로 노부모가 손자녀 돌봄을 비자발적으로 책임지게 될 경우 사회관계가 위축되는 양상을 보인다. 즉, 외부에서 이를 알게 될 것이 두려워 사회적 관계를 축소하거나 외부의 도움을 거절하는 경향이 있으며, 컴퓨터나 인터넷, 스마트폰 등을 통해 아동의 교육정보가 유통되는 정보화 사회에서 조부모들은 손자녀 교육이나 학습지원 부분에서 무능력과 소외감을 경험하게 될 가능성이 크다(윤혜미 · 장혜진, 2012).

노인이 손자녀에게 돌봄이나 지원을 제공하는 유형만 존재하는 것은 아니다. 노인의 평균수명이 길어지면서 역으로 성인손자녀가 노인의 돌봄을 책임지거나 경제적 지원을 하는 경우도 있다(김주연, 2017). 노인이 자녀 및 성인손자녀와 같이 사는 경우 1년에 자녀로부터 159.8만 원, 손자녀로부터는 262만 원 정도를 지원받는 것으로 나타나(김주연, 2017) 손자녀에서 노인으로 자원이 흐름을 보여준다.

4) 형제자매관계

(1) 형제자매관계의 특성

형제자매는 부모나 자녀와는 달리 유사한 연령대, 동일한 세대의 혈연집단으로서 의무관계보다는 자발적 관계를 맺는 친구와 유사하게 비교적 평등한 관계를 맺고, 정서적으로 친밀한 관계를 유지할 수 있다(윤희 · 한경혜, 1994). 특히 혈연관계의 특성으로 인해 생애 전반에 걸쳐서 관계가 끊어지지 않고 지속되는 특성을 보이며, 같은 부모 밑에서 자라났기 때문에 동일한 가족정체감, 가족역사를 공유한다는 점에서 친구 · 이웃과 같은 비혈연집단과는 이질적인 특성을 보인다(윤희 · 한경혜, 1994).

형제자매관계는 주로 아동기나 성인 초기에 중요하다고 알려져 있다. 1990년대 이후 노년기가 길어지면서 형제자매관계의 중요성이 새롭게 부각되었는데, 생애 전반에 걸쳐 형제자매는 친밀감, 갈등, 그리고 양가감정의 원천이 되어왔다(Suitor et al., 2016). 부모와의 관계에서 형제자매는 '영원한 경쟁자'의 지위를 가진다는 점에서 긴장과 갈등의 관계를 유지할 수 있지만, 노년기 배우자 사별이나 본인의 건강 악화 시 정서적 지지를 제공함으로써 노인에게 긍정적인 영향을 미칠 수 있다(Hooyman et al., 2016). 국외 연구를 보면 본인의 건강이 나빠진 경우에도 건강한 형제자매가 건강하지 않은 형제자매를 일방적으로 돌보는 것이 아니라, 상호 간 자원을 교환하는 호혜적인 관계를 유지하는 것으로 나타났다(Suitor et al., 2016). 그러나 부모의 건강이 나빠져서 누가 돌봄을 책임져야 하는지를 둘러싸고 긴장과 갈등, 스트레스가 발생할 수 있다(Suitor et al., 2016).

(2) 형제자매와의 만남 및 자원교환

형제자매(친척까지 포함)와의 만남은 월 1회 미만이라는 응답이 56.8%로 가장 많았고, 만나지 않는다는 응답이 21.9%로 나타났다(강은나 외, 2023). 이는 아마도 형제자매와의 만남이 가족대소사와 명절, 생일 등 1년에 1, 2회로 제한적으로 이루어지고 비교적 원거리에 거주하는 경우가 많기 때문으로 추측된다(윤희 · 한경혜, 1994).

돌봄이나 경제적 지원, 정서적 지지나 도구적 지지를 서로 교환한다는 응답 역시 자녀관계에 비해 현저히 낮게 나타난다. 2005년 전국노인실태조사에서 노인에게 돌봄이나 경제적 지원, 정서적 지지, 도구적 지지를 주로 제공하는 사람이 형제자매라는 응답은 약 1% 내외에 그쳤으며, 노인이 이들 영역의 도움을 형제자매에게 제공한다는 응답 역시 1%에 미달하거나 1% 초반대인 것으로 나타났다.

(3) 형제자매와의 관계의 질

노년기 형제자매[3]와의 관계의 질은 생애 초반의 관계의 질에 크게 영향을 받는 것으로 알려져 있으며, 일반적으로 형제관계보다는 자매관계가 보다 우호적이다(Suitor et al., 2016). 또한 젊었을 때에는 결혼과 출산 등으로 형제자매와의 관계가 소홀하지만 노년기에는 애정이 돈독해지는 것으로 나타난다(윤희 · 한경혜, 1994). 미혼 혹은 무자녀인 경우 형제자매와의 관계가 보다 돈독하며, 미혼이나 사별상태의 여성, 무자녀 여성이 자매관계에 보다 적극적이며 가족의 부양책임이 있는 자매를 돕는 것으로 나타났다. 성인기 형제자매는 정서적 지지뿐만 아니라 도구적 지지 역시 제공하며, 이러한 교환은 일상적으로 일어나는 것으로 알려져 있다. 형제자매와의 자원 제공이 상호 호혜적으로 이루어지고, 접촉이나 왕래가 빈번할수록 노인에게 정서심리적으로 긍정적인 영향을 미치는 것으로 나타났다(김은정 · 이신영, 2012).

5) 부모관계

노인의 부모관계에 대해서는 거의 연구가 이루어지지 않았다. 국외 연구에서도 이에 대한 언급은 거의 없다. 2023년 전국노인실태조사를 보면 65세 이상 노인 중 3.8%는 부모가 생존하는 것으로 보고하였다(〈표 4-2〉 참조). 2014

3 2023년 조사에서 한국 전체 노인 중 생존 형제자매가 있다는 응답은 77.7%, 평균 형제자매 수는 2.8명에 달하였다(〈표 4-2〉 참조). 그러나 자녀관계와 비교하면, 노인과 형제자매의 만남 빈도는 훨씬 덜 빈번한 것으로 나타나고 있다.

년 전국노인실태조사에서 노인의 부모들은 초고령임에도 불구하고 노인의 아버지가 건강하다는 응답은 약 절반에 달하였으며, 노인의 어머니가 건강하다는 응답은 약 3분의 1에 달하였다. 노인은 부모에게 도움을 제공하는 반면 도움을 받는 경우는 매우 드물었다(정경희 외, 2014). 2023년 전국노인실태조사를 보면, 대부분 노인들은 그들의 부모에게 경제적 지원을 제공하는데, 48.9%는 현금을 제공하고 49.8%는 현물을 제공하는 것으로 나타났다(강은나 외, 2023). 이에 반해 노인은 그들의 부모에게서 경제적 도움을 받는 경우가 드물었는데, 노인 중 16.9%만이 현금을 받으며, 18.0%는 현물을 받은 것으로 나타났다(강은나 외, 2023). 노인과 그들의 부모 간에는 돌봄과 정서적 지원, 도구적 지원의 경우 교환하는 양 자체가 적었으며 일반적으로 노인이 노부모에게 돌봄, 정서적 지원, 도구적 지원을 제공한다는 응답이 더 많았다.

6) 친구 · 이웃관계

노년기 친구 · 이웃관계는 가족관계와 달리 자발적인 선택에 의해 만들어진 관계로, 노년기 친구와 이웃은 중복되는 경우가 많아 보통 이 둘을 구분하지 않는다(이신영 · 김은정, 2008: 139). 배우자나 자녀와의 관계는 40~50년 유지되고, 형제자매와의 관계는 70~80년 유지되는, 장기간 지속되는 관계인 반면, 친구 · 이웃관계는 이보다 결속력이 약하고 유지기간 또한 상대적으로 짧을 수 있다. 물론 초등학교 친구와 생애기간 내내 친구로 지내는 경우 80~90년 지속되는 관계도 존재한다.

우리나라 노인을 대상으로 한 조사를 보면 전체 노인 중 89.4%는 친한 친구 · 이웃이 있으며, 평균 3.7명인 것으로 나타났다(강은나 외, 2023). 만남 빈도를 보면 14.4%가 주 4회 이상 만나고, 1주일에 2, 3회 만난다는 응답 역시 1/4을 넘어 비교적 친구, 이웃과 자주 접촉함을 알 수 있다. 연락빈도 역시 주 2-3회가 28.9%, 주 1회가 23.8%로 나타나 상당히 빈번하게 연락하고 있음을 알 수 있다. 그러나 약 10%의 노인이 친한 친구나 이웃이 없다고 응답했는데, 이는 노년기에 친구나 이웃과의 관계가 단절된 노인도 존재함을 보여준다.

혼자 살거나 가족이 자주 방문할 수 없는 노인에게 친구, 이웃관계는 보다 중요한 역할을 수행하게 된다(손정연 · 한경혜, 2012; 이신영 · 김은정, 2008; Hooyman et al., 2016). 노인의 친구 · 이웃은 주로 근거리에 거주하기 때문에 노인에게 일상적인 도움을 제공할 수 있는 주요한 지지원이며, 정서적 지원에서 매우 중요한 역할을 수행한다. 특히 대부분 독거노인은 수동적으로 친구 · 이웃으로부터 정서적 지지를 받기만 하는 것이 아니라, 역으로 제공하기도 한다(이신영 · 김은정, 2008). 즉, 독거노인과 친구 · 이웃은 정서적 지원을 상호 교환한다. 정서적 지지 이외의 영역에서 친구 · 이웃의 역할은 상대적으로 미미하지만 독거노인의 증가, 자녀와 동거하지 않는 노인의 증가추세를 고려한다면 향후 친구 · 이웃의 역할은 보다 증대될 수 있다(이신영 · 김은정, 2008).

배우자가 사별하거나 은퇴한 이후에는 친구 · 이웃의 역할이 더 두드러진다(손정연 · 한경혜, 2012; Hooyman et al., 2016). 친구 · 이웃관계는 노인의 삶에 긍정적인 영향을 미친다. 따라서 친구나 이웃과 자주 연락하고 만날수록, 정서적 지지를 상호 교환하는 독거노인일수록 우울감이 낮았다(이신영 · 김은정, 2008). 그러나 친구와 이웃은 가족이 수행하는 역할을 대체하지는 못하며, 원하지 않은 조언 등으로 인해 부정적인 상호작용이 발생하기도 한다(Hooyman et al., 2016).

국외 연구에서 친구관계에서 여성노인은 남성노인과 비교할 때 더욱 끈끈한 관계를 유지하는 것으로 나타났지만(Hooyman et al., 2015), 국내에서는 이에 대한 연구가 거의 이루어지지 않았다.

흥미로운 점은 여성은 경제활동과 같은 공식적인 활동, 경제상태, 신체적 · 심리적 노화 영역의 대부분에서 남성에 비해 열악한 상태에 처해 있지만, 여성노인은 배우자가 없는 경우가 많음에도 자녀, 손자녀, 형제자매, 친구 · 이웃관계에서 남성노인에 비해 더 친밀한 관계를 유지함으로써 사회적 관계에서 강한 측면을 보인다.

3. 노년기 사회적 변화의 시사점

1) 노년기 공식적 관계망의 중요성 대두

우리나라 노인의 사회적 관계망, 정확히 말하면 비공식적 관계망은 축소되는 경향이 있다. 2004년에 비해 2017년은 자녀, 손자녀, 형제자매, 친구·이웃의 수가 감소하였다. 노인의 유배우율을 제외한다면 노인의 사회적 관계망의 크기는 줄어드는 추세이다.[4] 이는 노인에게 배우자의 역할이 상대적으로 더 중요해졌고, 공식적 관계망이 비공식적 관계망을 대체·보완해서 더욱 핵심적인 역할을 수행해야 함을 시사한다. 혼자서 살아가는 독거노인뿐만 아니라 노인부부, 자녀동거, 손자녀동거 등 가구형태별로 다양한 서비스를 제공함으로써 비공식적 관계망을 보완해야 한다.

2) 노년기 사회적 관계망의 다양성 추구

노인들의 사회적 관계망 축소는 과거처럼 배우자나 자녀에게만 의존하지 않도록 사회적 관계망을 다양하게 가질 필요가 있음을 시사한다. 즉, 배우자 사별, 자녀의 이주 등으로 인한 만남의 어려움을 보완하기 위해 형제자매, 친구·이웃과 친밀하고 원활한 관계를 유지할 수 있도록 지원할 필요가 있다. 이와 더불어 사회복지사가 지역사회에 개입하여 노인이 이웃과 원활한 관계를 유지하고 상호 호혜적인 교류를 할 수 있도록 촉진하는 역할을 수행해야 한다. 또한 아동과 노인의 교류를 증진하기 위하여 세대 간 프로그램을 운영함으로써 아동들의 노화에 대한 이해를 높이고 노인의 삶의 질을 향상시키는 방안을 모

4 다만 2023년에는 2017년에 비해 친구·이웃의 수가 증가하는 경향을 보였는데, 이런 경향이 지속될 것인지는 좀 더 긴 기간에 걸친 경향연구(trend study)가 필요하다.

색하는 것 역시 중요하다.

3) 노인의 자원(역량) 증대를 위한 개입

노인이 사회적 관계망의 성원과 상호 호혜적으로 자원을 교환할 수 있을 때, 이 둘의 관계는 장기간 지속될 수 있고 양자 모두에게 긍정적인 영향을 미칠 수 있다. 물론 자원의 교환관계는 관계에 참여하는 개인의 특성에 영향을 받지만, 노인의 자원(역량)을 증대시킴으로써 자원의 교환이 보다 호혜적으로 원활히 이루어질 수 있다. 예를 들어 노인과 자녀의 관계는 경제적 자원을 상호 교환할 수 있을 때 갈등이 줄어들고 친밀한 관계가 유지될 수 있는 기초가 마련된다. 노인이 요리 기술을 습득할 수 있게 돕거나(도구적 자원) 의사소통능력이 떨어지는 노인의 능력을 증진함으로써(정서적 자원) 노인의 삶의 질을 향상시킬 수 있고, 자원교환을 촉진할 수 있다. 노인복지실천현장에서는 노인의 자원을 증대시킬 수 있는 프로그램을 실시할 필요가 있고, 보다 거시적인 맥락에서 보면 노인의 경제적 자원을 증대시킬 수 있는 소득보장프로그램, 노인의

| 더 알아보기 |

사회복지사의 지역사회 개입 및 세대 간 프로그램 소개

치매를 앓고 있는 주간보호시설을 이용하는 독거노인이 시설에 입소하지 않고 본인의 집에서 계속 거주할 수 있도록 사회복지사는 지역사회에 개입할 수 있다. ○○지역에서 화기관리를 잘 하지 못하는 치매노인이 혼자 살고 있었는데, 이 노인의 가족은 시설입소에는 반대하였다. △△종합사회복지관에서 지역사회에 개입하여 아파트의 주민들이 저녁 시간에 순번을 정해서 노인을 돌봐주고, 주말에는 가족들이 노인을 돌보는 상호협력 시스템을 구축함으로써 지역사회에서 노인이 계속 안전하게 거주하는 데 성공하였다고 한다.

××지역에서는 성당에 인접한 유치원과 노인요양시설이 같은 법인에 의해 운영되고 있다. 두 기관이 MOU를 맺고 매달 유치원 어린이들이 노인요양시설을 방문하여 노래나 춤 등을 발표하는데, 시설에서 생활하시는 노인분들의 반응이 무척 긍정적이다.

자원 확대를 지원하는 정책적 제도 수립이 필요함을 알 수 있다.

4) 전통적인 가치관에서 민주적인 가치관으로의 전환

노년기 사회적 관계를 보면, 전통적인 가치관이 노년기 사회적 관계에 부정적인 영향을 미치고 있음을 알 수 있다. 예를 들면 이혼에 대한 전통적인 부정적 고정관념은 이혼한 여성노인을 억압하는 심리적 기제로 작용하며, 자녀와의 동거를 이상적으로 생각하는 규범은 세대갈등의 원천이 될 수 있다. 남성노인세대의 일 중심 가치관은 결국 은퇴 이후 취약한 사회적 관계망을 갖게 되는 결과로 이어진다. 젊은 시절 배우자, 자녀, 친구·이웃과 친밀한 관계를 맺지 못하였던 다수의 남성노인은 노년기 일을 그만두고 난 이후에는 사회적으로 고립될 수 있음을 보여준다.

노인복지를 실천함에 있어 노인의 사고, 가치관을 있는 그대로 수용해야 하지만, 이는 잘못된 사고나 가치관까지 받아들이는 것을 의미하지는 않는다. 모든 개개인을 존엄하게 대우해야 하는 인권관점을 견지하면서 상호 평등하고 민주적인 관계를 맺을 수 있으려면 노인과 자녀세대 모두를 대상으로 한 캠페인, 교육홍보 등을 통한 인식의 전환이 절실하다. 일부 노인이 단지 부모라는 이유로, 나이가 많다는 이유로 자녀에게 일방적으로 자신의 결정을 강요하는 것도 문제이지만, 노부모를 방치하는 이기주의나 노인을 혐오하는 태도로 노인의 인권이나 존엄성, 의사를 무시하는 일부 성인자녀세대 또한 인식을 교정해야 한다.

모든 세대를 위한 사회, 모든 사람의 인권이 보장될 수 있는 사회, 탈권위적이고 민주적인 사회, 성평등이 보장되는 사회, 일 중심에서 일·가정 양립이 가능한 사회로 나아가기 위해서는 국가 전체의 시스템과 문화를 혁신적으로 개혁해야 하며, 그러할 때 노년기의 사회적 관계 또한 긍정적으로 변화할 수 있을 것이다.

토론쟁점

다음 글을 읽고 토론해보자.

> 노인의 인권증진을 위해서는 전통적인 '효' 정신을 되살릴 필요가 있다는 주장이 대두되고 있다. 예를 들면 아동세대가 노인세대를 잘 이해하지 못하므로 아동에게 효 사상을 고취함으로써 노인에 대한 긍정적인 인식을 길러주자는 취지이다.

토론거리

1 효 사상의 고취를 통해 노인에 대한 태도가 긍정적으로 변화할 수 있다고 생각하는가? 그 이유는 무엇인지에 대해 토론해보자.

2 노인에 대한 태도를 긍정적으로 바꾸기 위해서는 어떻게 하는 것이 좋을지 이야기해 보자.

Chapter

05

노년기의 전통적 위험

사회적 위험은 다양한 원인에 의해 인간이 겪을 수 있는 고통 상황을 말한다. 자본주의 사회에서 사람은 노동을 하고 임금을 받는데, 질병에 걸리거나 재해사고를 당하거나, 일자리를 잃거나 노년기에 이르면 일을 할 수 없게 되고 소득이 중단되는 상황이 발생한다. 자본주의 사회에서 소득의 중단은 빈곤 위험으로 이어져 생계를 유지하기 어렵게 만든다. 사회적 위험은 산업화 이후 대규모로 발생하면서 개별적으로 대처하기 어려운 사회문제가 되었고, 이를 해결하는 것은 근대국가의 중요한 과제였다. 사회적 위험이 발생했을 때 이에 대응할 수 있는 사회복지제도를 확충하는 것은 국가의 당연한 역할이다. 국가가 사회적 위험에 대비할 수 있는 복지제도를 얼마나 갖추고 있는지는 복지국가를 평가하는 중요한 척도가 된다. 인간의 생애주기에서 특히 노년기는 많은 사회적 위험이 중첩되어 나타난다. 노령은 일자리에서의 배제와 빈곤 상황을 유발하며, 만성질환도 노년기의 특성이다. 이 장에서는 노인에게 닥칠 수 있는 전통적 사회적 위험으로 빈곤, 주거, 건강, 노동의 문제를 다룬다.

1. 빈곤

1) 노인빈곤의 개념

(1) 인구구조 변화와 노년부양비

한국의 노인인구는 빠르게 늘어나고 있다. 2018년 우리나라 전체 인구는 5,163만 5천 명으로 2031년까지 계속 증가하다가 감소할 것으로 예측되는 반면, 65세 이상 인구는 2018년 738만 명으로 2050년 1,881만 명까지 지속적으로 증가할 예정이다(통계청, 2018). 2018년 이미 65세 이상 노인이 전체 인구의 14.3%에 달하면서 고령사회에 접어들었고, 2025년에는 초고령사회가 되었다(1장의 〈표 1-1〉 참조). 초고령사회는 전체 인구 중 노인인구가 20%를 차지하여 인구 5명당 1명이 노인인구가 되는 사회를 말한다. 인구구조를 보여주는 인구 피라미드 모형은 고령화로 인해 2060년에는 60대 이상이 두툼한 형태로 변화하고 있다(〈그림 5-1〉 참조).

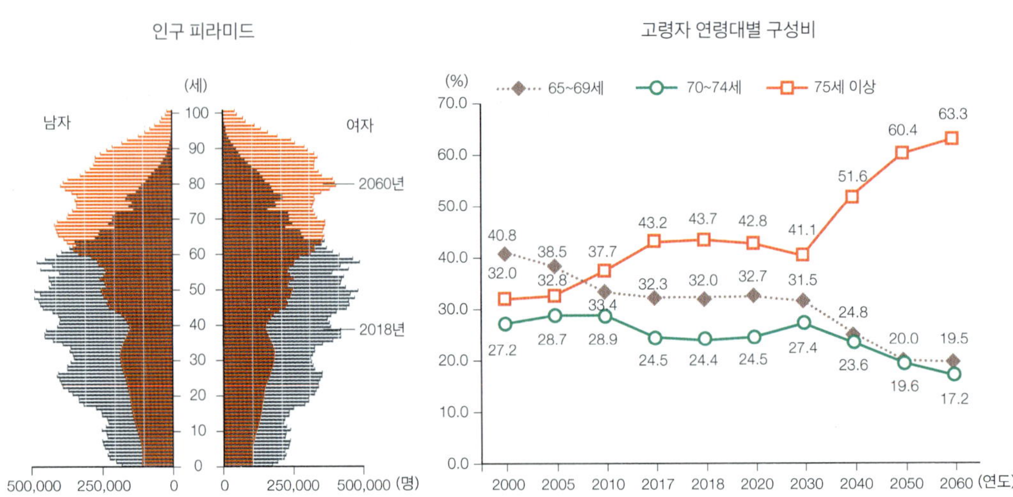

그림 5-1 인구 피라미드와 고령자 연령대별 구성비

출처: 통계청(2018)

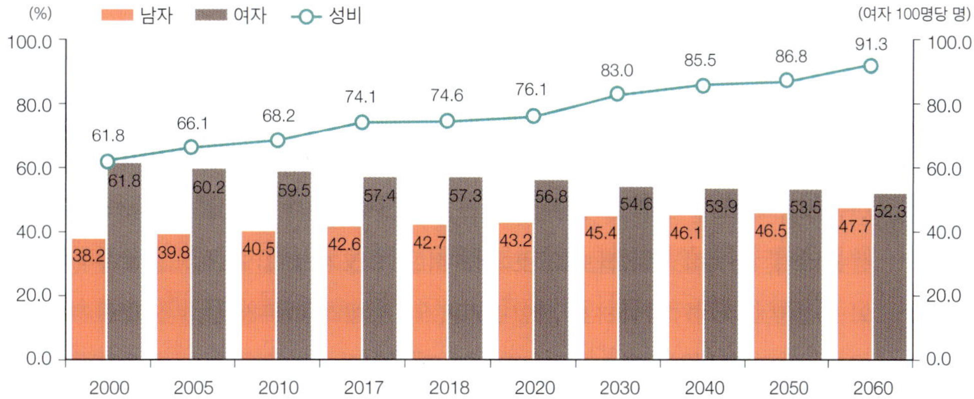

그림 5-2 성별 노인인구 구성비

출처: 통계청(2018)

인구고령화는 노년부양비에 영향을 끼친다. 노년부양비는 고령인구 부양을 위해 사회가 분담해야 하는 부담 수준으로, 생산가능인구(15~64세) 100명에 대한 고령인구(65세 이상)의 비율로 계산한다. 한국은 고령화 속도가 빠른 만큼 노년부양비도 급속히 증가할 것으로 예상된다. 2020년 한국의 노년부양비는 21.7%였는데, 2060년에는 90.3%로 추정된다(1장의 〈표 1-2〉 참조). 이는 2060년에는 생산가능인구 100명이 생산한 사회적 부의 대부분을 노인인구 부양에 써야 한다는 것을 의미한다. 물론 이러한 수치는 생산가능인구와 노인인구 수를 단순히 비교한 전망일 뿐이며, 출생률과 사회적 부의 산출 방법 등에 따라 수치는 달라질 수 있다. 하지만 노년부양비가 높아진다는 사실은 변함이 없고, 앞으로 다가올 미래를 어떻게 대비하는가가 중요하다.

(2) 노인빈곤의 개념

빈곤은 절대 빈곤과 상대 빈곤으로 구분한다. 절대 빈곤은 최소한의 인간다운 생활을 유지하기 어려운 최저생계비의 미달 상태를 의미하며, 상대 빈곤은 한 국가 내 사회구성원의 생활수준과 비교하여 일정 수준 이하의 상태를 말한다.

절대 빈곤과 상대 빈곤은 수치로 계산할 수 있다. 이 중 상대 빈곤율은 상대적 빈곤선을 설정하여 빈곤율을 계산한다. 상대적 빈곤선은 전체 인구의 중위소득을 기준으로 하며, 중위소득의 40~60%에 미치지 못하는 소득으로 정의한다. 이때 중위소득이란 전체 인구의 소득을 0원부터 순서대로 나열했을 때 중간에 위치한 사람의 소득을 의미한다. OECD에서 국제비교를 할 때 가장 많이 활용하는 상대적 빈곤선 기준은 중위소득의 50%이다. 특정계층에 대한 빈곤율을 계산할 때에도 상대적 빈곤선은 전체 인구 기준 중위소득의 50%를 사용하며, 상대적 빈곤선보다 소득이 적은 특정계층 인구와 특정계층 총인구의 비율로 계산한다. 따라서 노인빈곤율은 '상대적 빈곤선보다 소득이 적은 노인인구'를 '총노인인구'로 나눈 비율을 의미한다.

생계유지를 위한 최소한의 수준은 나라별로 측정해서 발표하는데 우리나라는 2014년까지 최저생계비 개념을 활용하여 절대빈곤층의 규모를 산출하고 매년 공표하였다. 하지만 2014년 「국민기초생활보장법」을 맞춤형 체계로 개정하면서 빈곤가구를 결정하는 기준이 기준 중위소득으로 변경되었다. 기준 중위소득은 통계청이 공표하는 통계자료의 가구 경상소득(근로소득, 사업소득, 재산소득, 이전소득을 합한 소득)의 중간값에 최근 가구소득 평균증가율, 가구 규모에 따른 소득수준 차이 등을 반영하여 가구 규모별로 산정한다(〈표 5-1〉 참조).

표 5-1 기준 중위소득

(단위: 원, 월)

구분	2018	2019	2020	2021	2022	2023	2024	2025
1인	1,672,105	1,707,008	1,757,194	1,827,831	1,944,812	2,077,892	2,228,445	2,392,013
2인	2,847,097	2,906,528	2,991,980	3,088,079	3,260,085	3,456,155	3,682,609	3,932,658
3인	3,683,150	3,760,032	3,870,577	3,983,950	4,194,701	4,434,816	4,714,657	5,025,353
4인	4,519,202	4,613,536	4,749,174	4,876,290	5,121,080	5,400,964	5,729,913	6,097,773
5인	5,355,254	5,467,040	5,627,771	5,757,373	6,024,515	6,330,688	6,695,735	7,108,192
6인	6,191,307	6,320,544	6,506,368	6,628,603	6,907,004	7,227,981	7,618,369	8,064,805

출처: 통계청 e-나라지표(2025.4.27. 기준)

2) 노인빈곤의 실태와 과제

(1) 노인빈곤의 현황

우리나라는 65세 이상 노인 2명 중 1명이 빈곤하다. 한국의 노인빈곤율은 2006년 국제비교를 시작한 시점부터 높은 수치로 주목을 받았는데,[1] 2013년 49.6%로 OECD 국가 중 가장 높게 나타났다가 2014년 기초연금 시행 이후 조금씩 낮아지고 있다. 그렇지만 〈그림 5-3〉에서 볼 수 있듯이 OECD 국가의 전체 평균에 비하면 여전히 4배 정도 높은 수준을 유지하고 있다. 한편 OECD 평균 노인빈곤율은 66세 이상 노인을 대상으로 산출하는데, 2013년 12.1%, 2014년 13.8%, 2016년 13.5%로 매년 조금씩 상승하고 있다. 한국은 2022년 기준으로 66세 이상 노인의 상대적 빈곤율은 39.7%로, 스웨덴(9.4%)의 약 4배, 미국(23.1%)의 약 2배 수준이다(〈표 5-2〉 참조). 초고령사회인 일본(20.3%, 2021년 기준)에 비해서도 2배가 높은 것은 노인인구의 비중 때문이 아니라 공적 노후소득보장제도가 부족한 현실에서 기인한다.

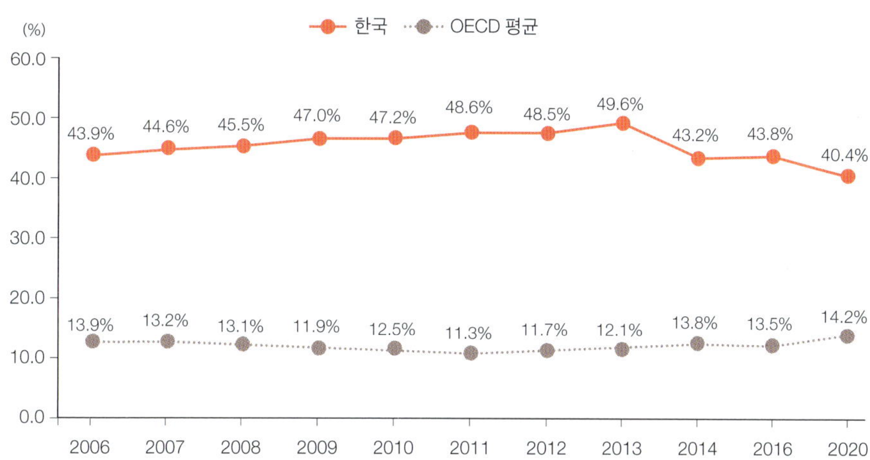

그림 5-3 노인빈곤율 추이

주: 중위소득 50% 기준, OECD 평균(OECD 가입 34개국 중 연도별 자료가 제공된 국가의 평균)
출처: OECD Statistics(2018), Pension at a Glance 2023

1 2006년 가계동향조사자료에는 1인 가구가 포함되어 있으며, 독거노인(노인 1인가구)의 비중이 반영되어 빈곤율이 더 높게 나타난 것으로 보인다.

표 5-2 OECD 주요국의 노인빈곤율*

(단위: %)

	2015	2016	2017	2018	2019	2020	2021	2022
네덜란드	3.5	4.4	4.8	5.0	5.6	6.0	8.1	4.5
덴마크	3.1	3.0	3.0	3.6	4.3	-	-	-
프랑스	-	-	-	-	-	5.2	5.8	6.1
노르웨이	4.4	4.4	4.3	4.3	4.3	4.4	3.8	4.1
핀란드	5.2	5.0	6.3	7.2	7.4	6.9	6.3	5.5
그리스	7.7	7.9	7.2	7.5	7.1	9.3	10.1	10.0
벨기에	-	-	-	8.5	10.5	8.6	9.8	7.7
폴란드	8.8	9.6	11.2	12.8	13.4	13.2	11.5	12.8
스페인	5.9	9.4	10.2	10.2	11.6	11.3	13.3	13.1
독일	9.6	9.6	10.2	9.1	11.0	14.1	-	-
이탈리아	10.3	10.3	9.7	11.3	10.7	10.3	11.7	12.0
캐나다	11.0	10.9	12.3	12.3	12.6	12.1	14.8	11.6
스웨덴	11.1	10.6	11.3	10.6	11.1	9.4	11.1	9.4
영국	13.8	14.2	15.3	14.9	15.5	13.1	14.5	14.9
칠레	16.3	-	17.6	-	-	16.1	-	16.2
튀르키예	17.0	-	12.2	11.1	13.7	8.6	9.4	11.9
미국	20.9	22.9	23.1	23.0	23.0	21.6	22.8	23.1
한국	44.3	45.0	44.0	43.4	43.2	40.5	39.3	39.7

* 처분가능소득 기준, 66세 이상 노인인구의 상대적 빈곤율
출처: OECD, Inclusion and equality(통계청, 국가지표)
자료: OECD, Income distribution database(2024.12.)

(2) 노인빈곤의 향후 과제

한국은 높은 노인빈곤율로 인해 노년기 빈곤문제의 해결이 사회복지정책의 핵심으로 자리 잡았고, 빈곤문제에 촘촘하게 대비할 수 있도록 공공부조부터 기초연금, 국민연금, 그리고 사적연금까지 제도적으로 구비한 상황이다. 그렇지만 다양한 제도들이 각기 필요에 의해 도입됨으로써 제도 간 정합성이 맞지 않아 「국민기초생활 보장법」과 기초연금, 국민연금의 관계가 중복과 사각지대를 발생시키는 구조로 형성되어 있다. 이러한 내용은 8장 노인소득보장정책에서 좀 더 자세히 다룰 것이다. 향후 고령화가 급속히 진행되면서 노인빈곤

율은 쉽게 떨어지지 않을 것으로 예상된다. 더욱이 인구구조의 변화로 생산가능인구의 부양 능력을 향상시키는 것도 중요하므로 정부는 장기적인 안목을 가지고 대안을 모색해야 하는 부담을 가지고 있다.

2. 주거

1) 주거와 주거복지의 의미

주거는 먹고 자는 것과 같은 생명유지에 필요한 기본 활동과 심리적 재충전을 위한 휴식이 이루어지는 공간이다. 개인적인 생활이 보호되는 사적인 장소이며 가족 간의 교류가 이루어지는 사회적 장소이기도 하다. 안전하고 안락한 주거는 인간다운 삶을 위해 반드시 필요한 조건이다.

주거는 모든 인간의 삶에서 중요하지만, 특히 노인에게 주거는 신체적, 심리적, 사회적 측면에서 의미가 크다. 노인은 학교나 직장과 같이 규칙적인 외부 활동이 상대적으로 줄어들고 신체적, 정신적 기능이 약화되어 이동이 제한되므로 집에 머무는 시간이 길어진다. 집을 기반으로 한 근린생활권에서 친구와 이웃, 친인척 등과의 각종 정서적, 사회적 활동이 이루어지므로 주거는 노후생활의 중요한 토대이다(박순미 외, 2017). 특히 노인의 상당수는 시설이나 병원에 입소하지 않고 최대한 자기가 살던 집과 지역사회에서 노후를 보내기를 희망한다. 이를 실현하기 위해서 많은 선진국에서 정책적으로 에이징 인 플레이스Aging in Place[2]와 커뮤니티케어Community care를 적극 지향하고 있다. 이러한 점을 고려할 때 주거의 중요성은 매우 크다.

주거환경이 노인에게 적합하게 조성되면 노인의 신체적 건강이나 기능의 악화를 예방하고, 정서적인 안녕과 사람들과의 사회적인 관계를 유지할 수 있

2 에이징 인 플레이스는 12장 332쪽을 참조하기 바란다.

| 더 알아보기 |

노후주택 개선의 필요성

시골집이나 연립, 단독주택 등 오래된 주택에서 거주하는 노인들은 혹서기와 혹한기에 특히 취약하다. 통풍이 안 되어 여름철에는 너무 덥거나, 겨울철에는 단열재가 제대로 설치되어 있지 않아 춥기 때문이다. 또한 부엌과 방이 평면으로 연결되어 있지 않은 경우에는 생활하기에도 불편하다. 아울러 미끄럼 방지 등의 바닥재가 갖춰져 있지 않아서 낙상의 가능성도 있다.

낙상을 방지하기 위한 오톨도톨한 바닥재를 설치한다면 노인의 안전에 도움을 줄 수 있다.

는 공간으로 역할하게 된다. 따라서 주거는 단순한 물리적인 공간을 넘어 집과 지역사회에서 건강한 생활을 영위하고 외로움을 느끼거나 고립되지 않고 살아가는 데 중요한 토대이자 보호체계가 되어야 한다(박순미 외, 2017).

주거복지는 주거를 인간 삶의 기본적인 필수조건으로 보고, 인간답게 살 수 있고 사회적 관계가 잘 이뤄질 수 있는 환경을 조성하는 것으로 규정할 수 있다. 그러나 우리나라의 주거복지는 매우 취약하다. 국토교통부가 중심이 되어서 공공임대주택의 공급량을 늘리는 정책이 주로 이뤄졌으나, 노인을 위한 주거복지는 소홀하게 다루어 노인의 실제 주거환경은 대단히 열악하다는 평가를 받고 있다(박순미 외, 2017). 1981년 「노인복지법」 제정으로 노인의 주거복지가 제도적으로 마련되었지만 발전은 지지부진하였다. 극빈층을 위한 양로시설은 그 수가 제한적이어서 저소득층 노인의 기본적인 주거 욕구도 충족시키지 못하는 수준이다. 2008년에 노인장기요양보험이 도입되면서 노인요양공동생활가정(5~9인 거주)과 요양원 같은 중증 상태의 노인을 케어할 수 있는 요양시설은 급격하게 늘어났지만, 자립생활이 가능한 노인과 일부 도움이 필요한 노인을 위한 주거복지정책은 아직도 매우 부족한 실정이다(박순미 외, 2017).

2) 노인의 주거실태

2017년 노인실태조사 결과에 따르면, 노인들이 거주하는 주택은 약 절반이 단독주택(48.8%)이고, 아파트(35.1%), 연립 다세대주택(14.6%)의 순으로 나타났다(정경희 외, 2017). 노인들이 단독주택에 거주하는 비율은 갈수록 줄어들고 있지만 동부(도시)의 경우에는 단독주택과 아파트의 비율이 39.2%와 41.0%로 비슷하고, 읍면부(농산어촌)는 노인의 69.8%가 단독주택에 거주하고 있어서 여전히 단독주택 거주 비율이 높은 편이다.

국토교통부(2018)의 발표에 따르면, 노인가구는 대부분 자가 소유(75.3%)였다. 30년 이상 소요된 노후주택에 거주하는 노인가구의 비중은 36.6%로 일반가구(18.4%)에 비해 훨씬 높았다. 이런 상황 때문에 노인가구의 26.4%가 가장 필요한 정책지원으로 '주택개량·개보수 관련 현물 및 자금 대출지원'을 꼽았다. 가장 필요한 주택개조 부분은 '미끄럼 방지 등 안전한 바닥재'(37.6%), '주택 내 응급 비상벨'(31.1%), '욕실 안전손잡이'(29.3%) 순으로 응답했다. 응답자의 33.5%는 주택개조의 필요성은 있지만 경제적인 부담으로 주택개조를 하지 않았다고 했다.

주거의 편리성 측면에서 대부분의 노인(93.9%)은 현 주거형태가 노인친화적인 설비를 갖추지 못했다고 생각하는 것으로 나타났다. 노인의 84.0%는 주거가 생활하기에 불편하지는 않지만 노인을 배려한 시설이 없다고 응답했고, 9.9%는 생활하기에 불편한 구조라고 밝혔다(정경희 외, 2017). 연령대가 올라갈수록 생활하기에 불편한 구조라고 응답한 노인의 비율이 높아졌는데, 65~69세가 7.5%인데 85세 이상은 15.5%로 두 배나 높았다. 따라서 고령일수록 일상생활수행능력[3]의 어려움이 높아지면서 친고령화적인 주거설비가 더욱 필요하다고 생각하고 있었다. 또한 가구소득이 낮을수록 생활하기 불편하다는 노인의 비율이 증가했다(정경희 외, 2017). 전체 오분위 분배율 중에서 가장 소득이 낮은 제1오분위 노인의 18.0%가 생활하기 불편한 주거구조라고 응답한 반면에 가장 소득이 높은 제5오분위 노인의 5.8%만이 불편하다고 응답

3 일상생활수행능력에 관해서는 6장 177쪽을 참고하기 바란다.

해서 주거 편리성에서도 소득에 따른 불평등이 존재하는 것으로 나타났다.

3) 주거보장의 향후 과제

지금까지 노인의 주거실태를 전반적으로 살펴보았다. 노인들은 노후화된 주택에서 거주하는 비율이 높은 상태로 미끄럼 방지와 같은 시설을 갖춘 안전한 환경에서 생활하지 못하는 경우가 적지 않은 것으로 나타났다. 지금까지 우리나라는 노인을 위한 주거보장정책을 체계적으로 실시하지 못하면서 노인의 독립적이고 안전한 주거생활을 보장하지 못한 측면이 많다. 노인이 최대한 자신이 살던 집에서 안전하게 생활할 수 있는 실질적인 여건과, 노인친화적인 환경을 갖춘 주거의 확충이 매우 시급한 상황이다. 노인복지 측면에서 주거보장이 나아가야 할 방향에 대해서는 12장 주거보장정책에서 자세히 다루었다.

3. 건강

1) 건강과 노인

건강은 노인이 독립적이고 행복한 생활을 영위하기 위한 필수사항으로, 평균수명이 늘어나면서 건강에 대한 관심도 높아지고 있다. 우리가 일반적으로 건강을 이야기할 때 신체적 건강을 의미하는 경우가 많지만 갈수록 복잡해지는 현대사회에서 건강의 영역은 정신적, 사회적 영역으로 계속 확대되었다. 실제로 세계보건기구[WHO: World Health Organization]는 건강을 "단순히 허약성이나 질병이 없는 상태가 아니라 신체적, 정신적, 사회적으로 완전한 안녕상태[well-being]"라고 정의하고 있다. 따라서 다각적인 측면에서 건강의 의미를 규정할 수 있다. 실제로 건강의 영역은 매우 넓고 건강에 영향을 끼치는 변수도 너무 많아서 건강을 어느 특정 영역으로 제한하기 어려운 게 사실이다. 건강은 사람이 원래부터 가지고 있는 생물학적, 유전적 요인뿐만 아니라 일상생활 습관요인인 흡연, 음주, 식습관, 그리고 스트레스, 운동과 그들이 가지고 있는 사회적인 활동 내용과 양상 등도 영향을 끼친다. 아울러 사람이 일상적으로 이용하는 다양한 보건의료와 복지 서비스나 프로그램의 내용이나 수준 등도 건강과 관련이 있다.

노인은 노화 과정을 겪으며 신체적 구조와 기능의 변화를 경험할 뿐만 아니라 사회적 노화를 경험하게 된다. 이를 통해 사람들과의 교류 내용과 성격도 변화한다. 그와 함께 정신적·사회적 건강에서도 다양한 변화를 경험하게 된다. 노인은 적절하게 변화에 적응하면서 신체적, 정신적, 사회적 측면의 건강을 잘 관리하는 것이 중요하다. 대부분의 노인은 한 개 이상의 만성질환을 가지고 있으므로 만성질환을 어떻게 잘 관리하느냐는 건강의 핵심요인 중 하나이다. 후기 고령노인이 될수록 각종 질병에 걸리기 쉽고, 특히 암과 같은 중증질병으로 어려움을 겪는 경우가 많다. 그러므로 노인이 건강한 삶을 영위하려면 질병에 대한 사전 예방과 관리가 중요하다.

2) 노인의 건강실태와 과제

우리나라 국민의 '기대수명'은 2017년 기준 82.7세이고(통계청, 2019a), 오는 2030년에는 여성 90.82세, 남성 84.07세로 세계 최고 수준에 이를 것으로 예상된다(Kontis et al., 2017). 영국 임페리얼컬리지Imperial college의 콘티스Kontis 교수팀이 세계보건기구의 재정 지원을 받아서 세계 35개 국가를 대상으로 2030년 기대수명에 대한 연구를 진행했는데, 그 결과 한국은 전체 국가 중 1위를 차지했다. 가장 고령화가 많이 진행된 일본보다도 앞섰는데, 특히 우리나라 여성의 평균수명이 인류역사상 최초로 90세를 돌파할 것으로 전망됐다(〈표 5-3〉 참조). 사람의 평균수명이 길어지는 것은 삶의 시간적인 제약이 점차 줄어든다는 측면에서는 긍정적이다.

한편 노인이 얼마나 건강하게 삶을 살아가고 있느냐에 대한 관심이 높아지고 있는데, 이런 맥락에서 제시된 개념이 '건강수명'이다. 건강수명이란 질

표 5-3 세계 주요국가의 2030년 예상 기대수명

순위	여자	남자
1	한국(90.82)	한국(84.07)
2	프랑스(88.55)	오스트리아(84.00)
3	일본(88.41)	스위스(83.95)
4	스페인(88.07)	캐나다(83.89)
5	스위스(87.70)	네덜란드(83.69)
6	오스트리아(87.57)	뉴질랜드(83.59)
7	포르투갈(87.52)	스페인(83.47)
8	슬로베니아(87.42)	아일랜드(83.22)
9	이탈리아(87.28)	노르웨이(83.16)
10	캐나다(87.05)	이탈리아(82.82)

출처: Kontis et al.(2017)

병이나 장애 없이 자립적으로 살 수 있는 수명으로, 기대수명에서 질병이나 장애로 활동에 제약을 받는 기간을 제외한 수명을 일컫는다(한소현·이성국, 2012; 오유미, 2017). 우리나라의 건강수명은 73.2세(WHO, 2016)로 기대수명과 약 9년의 격차가 있다. 기대수명이 길어져도 건강이 나쁘고 스스로의 힘으로 생활하지 못한다면 그 의미는 퇴색할 것이다. 반대로 건강수명이 늘어나 최대한 건강하고 자립적인 삶을 살다가 생을 마감한다면 바람직할 것이다. 즉, 기대수명이 길면서 이와 동시에 기대수명과 건강수명의 격차가 짧을수록 노인의 삶의 질은 개선될 것이다(오유미, 2017).

노인의 건강수명을 실질적으로 늘리려면 만성질환을 잘 관리하는 것이 중요하다. 대부분의 노인이 앓고 있는 만성질환은 건강과 삶의 질에 직접적으로 영향을 미치기 때문이다. 그러므로 만성질환을 조기에 예방하고, 설령 이미 걸렸다고 해도 합병증으로 진행되는 속도를 늦추는 것이 중요하다. 이를 위해서는 식습관을 철저하게 관리하고 규칙적인 운동을 하며 바람직한 생활방식을 유지하여야 하며, 적절한 보건의료 서비스를 이용하여야 한다.

2023년 노인실태조사에 따르면, 노인의 86.1%가 1개 이상의 만성질환

을 가지고 있는 것으로 나타났다(강은나 외, 2024). 만성질환이 1개인 노인은 22.1%, 2개는 28.0%, 3개 이상은 35.9%였다(〈표 5-4〉 참조).

통계청(2024)의 사망원인통계결과에 따르면, 2023년 기준 전체 사망원인 중 악성신생물(암), 심장질환, 뇌혈관질환, 알츠하이머병, 당뇨병, 고혈압성 질환 등의 대부분이 만성질환(비감염성질환)이었다.

표 5-4 노인 보유 만성질환(의사진단 기준) 개수

(단위: %, 명, 개)

특성	없음	1개	2개	3개 이상	계(명)	평균(개)[2]
전체[1]	13.9	22.1	28.0	35.9	100.0(10,078)	2.2
지역						
동부	14.2	23.0	28.1	34.7	100.0(7,450)	2.1
읍·면부	13.2	19.6	27.7	39.5	100.0(2,628)	2.3
성						
남자	15.4	25.7	28.9	30.0	100.0(4,429)	2.0
여자	12.8	19.3	27.3	40.6	100.0(5,649)	2.3
연령						
65~69세	21.4	25.8	28.8	23.9	100.0(3,473)	1.7
70~74세	12.8	22.6	29.4	35.2	100.0(2,377)	2.2
75~79세	9.5	19.5	27.1	43.9	100.0(1,743)	2.5
80~84세	7.2	18.6	28.2	46.0	100.0(1,407)	2.6
85~89세	8.0	18.5	24.6	48.9	100.0(825)	2.7
90세 이상	7.7	17.1	19.6	55.6	100.0(253)	3.0
배우자 유무						
배우자 있음	15.6	24.2	29.7	30.6	100.0(6,047)	2.0
배우자 없음	11.4	19.0	25.5	44.0	100.0(4,031)	2.4
가구형태						
노인독거	11.3	19.0	25.0	44.7	100.0(3,306)	2.4
노인부부	15.3	23.7	29.7	31.2	100.1(5,562)	2.0
자녀동거	14.4	21.9	27.8	35.9	100.0(1,035)	2.2
기타	14.8	31.2	31.3	22.7	100.0(174)	1.8

특성	없음	1개	2개	3개 이상	계(명)	평균(개)[2)]
교육수준						
무학	5.7	15.2	24.0	55.1	100.0(1,240)	2.9
초등학교	9.2	20.2	26.2	44.4	100.0(2,846)	2.5
중학교	12.3	20.1	29.9	37.7	100.0(2,139)	2.2
고등학교	19.8	26.8	30.4	23.0	100.0(3,145)	1.7
전문대학 이상	26.0	27.8	25.8	20.4	100.0(707)	1.6
현취업상태						
취업중	18.9	26.0	28.5	26.5	100.0(3,931)	1.8
미취업	10.7	19.7	27.7	42.0	100.0(6,147)	2.4
연가구소득						
제1오분위	11.0	18.7	25.4	44.9	100.0(2,014)	2.5
제2오분위	9.1	19.6	28.1	43.3	100.0(2,014)	2.5
제3오분위	13.0	23.8	26.3	36.9	100.0(2,014)	2.2
제4오분위	16.5	23.4	30.0	30.1	100.0(2,020)	1.9
제5오분위	19.9	25.2	30.3	24.6	100.0(2,017)	1.8
중위소득 대비						
50%미만	10.2	19.4	27.2	43.2	100.0(3,776)	2.5
50%이상~100%미만	12.3	22.6	28.9	36.2	100.0(2,801)	2.2
100%이상~150%미만	18.3	24.5	26.1	31.1	100.0(1,673)	1.9
150%이상	20.1	25.0	29.9	25.1	100.0(1,828)	1.8
기능상태						
제한 있음	4.5	14.1	21.9	59.5	100.0(1,873)	3.1
제한 없음	16.0	24.0	29.4	30.6	100.0(8,205)	1.9
2020년도	16.0	29.2	27.1	27.8	100.0(10,097)	1.9

주: 1) 전체응답자를 대상으로 한 분석결과임.
2) 전체응답자(만성질환이 없는 응답자 포함)를 대상으로 한 분석결과임.
출처: 강은나 외(2024)

우리나라는 만성질환에 의한 사망과 질병 부담이 높은 나라로, 특히 4대 만성질환인 암, 심뇌혈관질환(심장질환과 뇌혈관질환), 당뇨병, 만성호흡기 질환이 전체 사망의 상당부분을 차지하고 있고 지속적인 증가추세를 보이고 있다

(〈그림 5-4〉 참조). 그러나 아직까지 우리나라는 주요 만성질환의 원인이 되는 흡연, 음주, 신체활동, 식습관 등 건강생활습관에 대한 관리가 안 되는 편이다.

표 5-5 사망원인과 연도별 순위 추이

(단위: 인구 10만 명당 명)

순위	사망원인	사망률	'22년 순위 대 비
1	악성신생물(암)	166.7	-
2	심장 질환	64.8	-
3	폐렴	57.5	⬆(+1)
4	뇌혈관 질환	47.3	⬆(+1)
5	고의적 자해(자살)	27.3	⬆(+1)
6	알츠하이머병	21.7	⬆(+1)
7	당뇨병	21.6	⬆(+1)
8	고혈압성 질환	15.6	⬆(+1)
9	패혈증	15.3	⬆(+2)
10	코로나19	14.6	⬇(-7)

출처: 통계청(2024)

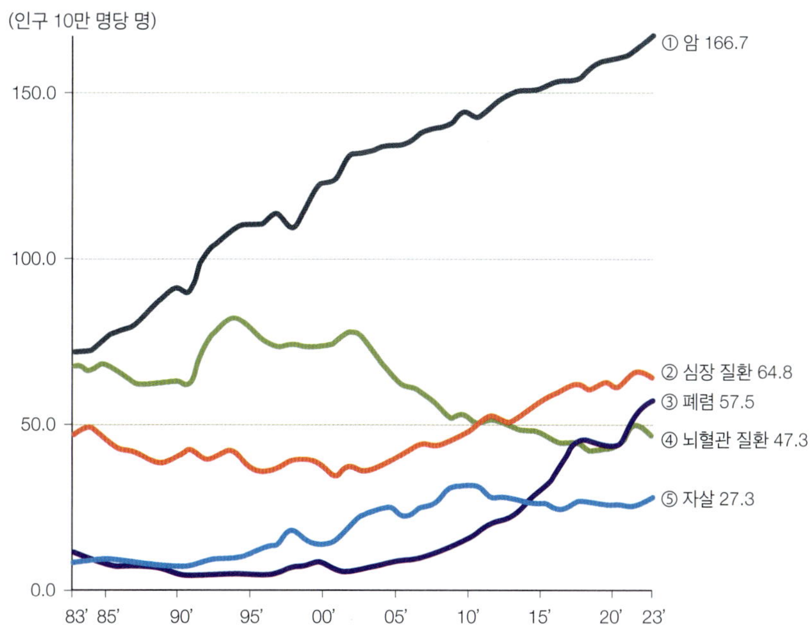

그림 5-4 사망원인과 연도별 순위 추이

출처: 통계청(2024)

특히 고혈압, 고콜레스테롤혈증, 당뇨병, 비만 환자는 적극적인 관리와 노력을 하면 심근경색이나 뇌졸중 같은 중증 질환을 효과적으로 예방할 수 있는데도 생활습관을 관리하는 비율이 높지 않다(질병관리본부, 2018).

노인이 집과 지역사회에서 거주하려면 식사를 잘하고 충분한 영양섭취를 하는 것도 건강한 노후의 중요한 토대이다. 왜냐하면 노인은 영양의 결핍이 발생하면 단기간에 건강이나 기능상태의 악화를 경험할 수 있기 때문이다. 그러나 노인의 영양관리는 전반적으로 취약한 것으로 나타났는데, 이는 한국 사회에서 노인빈곤율이 매우 높은 상황과 연결되어 있는 것으로 보인다. 2023년 노인실태조사에 참여한 노인의 25.4%는 영양관리 주의가 필요했고, 노인의 9.6%는 영양관리 개선이 필요했다. 특히 90세 이상 노인의 경우에도 37.8%가 주의가 필요하다는 결과가 나왔다(강은나 외, 2023).

한편 보건의료 서비스를 잘 이용하는 것도 노인건강을 위해서 필요하다. 노인실태조사 결과에 따르면, 전체 노인의 68.8%가 지난 1개월 동안 병원, 의원, 보건소, 한의원, 치과 등 의료기관을 이용한 경험이 있고, 평균 방문횟수는 1.5회로 나타났다. 그간 의원과 보건소, 치매안심센터와 같은 보건의료기관이 지속적으로 확충되어서 서비스 접근성이 향상됐다.

지금까지 노인의 건강실태를 살펴보았다. 우리나라 노인의 기대수명은 2030년에 세계 최고수준으로 늘어날 것으로 예상되지만 건강수명과는 여전히 9년가량의 격차가 있다. 노인의 건강수명을 실질적으로 연장하기 위해서 만성질환을 체계적으로 관리하는 것이 중요하다. 그러나 노인들은 여전히 각종 질

| 더 알아보기 |

운동에도 코디가 필요해? 보건소의 '운동처방사'

L노인은 보건소에 가면 각종 건강검진을 값싸게 이용할 수 있어서 만족감이 높다. 특히 대부분의 보건소에는 노인의 체력을 진단하고 개인별로 맞춤형 운동을 처방을 해주는 '운동 처방사' 프로그램 등이 있다. '운동 처방사'는 노인이 지속적이고 효율적으로 건강생활을 하도록 운동을 하기 전후 체지방, 골격 근량 등을 측정해서 진행 상황을 모니터링해준다.

환에 노출되어 있고 의료비에 대한 부담이 있다. 지역사회에서 이용할 수 있는 보건의료 인프라가 확대되고 있지만 적절한 의료 서비스를 이용하지 못하는 노인들도 적지 않다. 관련 정책과 개선방안에 대해서는 10장 노인건강보장정책에서 자세히 다루었다.

4. 노동

1) 노인노동의 실태

노동은 생계를 유지하는 데 필요한 재원을 마련하고, 개인이 사회적 존재로서 자신의 정체성을 완성해가는 수단이다. 따라서 노동할 기회를 갖지 못한다는 것은 생계를 유지할 방법은 물론 사회와 안정적으로 연결될 수 있는 통로를 상실한다는 것을 뜻한다.

이러한 노동의 중요성을 방증하듯 경제활동 참여에 대한 노인의 욕구가 높다. 최근 조사에 의하면 65세 이상 노인의 41.9%는 일하기를 희망했다. 일하기를 희망하는 정도는 성별에 따라 차이를 보여, 남성 노인은 약 52%, 여성 노인은 44%가 경제활동에 참여하기를 원했다. 노인은 다양한 이유로 일하기를 희망했으며, 경제적 이유가 가장 주요한 것으로 나타났다. 생계비나 용돈 마련과 같은 경제적 이유로 일하기를 희망한다는 노인은 73%로 다수를 차지했으며 그 외에 건강 유지, 사회적 관계의 유지 등도 주요 이유로 제시된다(〈표 5-6〉 참조).

실제로 한국 노인의 경제활동참여율은 비교적 높다. 2024년 기준으로 65세 이상 노인의 47.2%가 경제활동에 참여하고 있으며, 사업체에 고용된 노인의 비율 또한 46.3%로 매우 높다. 노인의 경제활동참여율과 고용률은 지속적으로 증가해 왔으며, OECD 회원국 가운데 가장 높은 수준을 유지하고 있다(〈그림 5-5〉 참조).

표 5-6 일을 하고 싶은 이유

(단위: %)

	생계비를 마련하기 위해서	용돈이 필요해서	건강유지를 위해서	사람들과 사귈 수 있으므로	능력을 발휘하기 위해서	시간을 보내기 위해서	사회적으로 기여하기 위해서	기타
전체	64.2	9.2	13.4	4.2	3.9	4.4	0.7	0.1
남성	66.8	6.0	14.0	3.0	5.2	4.3	0.8	0.0
여성	61.0	13.1	12.7	5.6	2.3	4.6	0.5	0.1

출처: 강은나 외(2024)

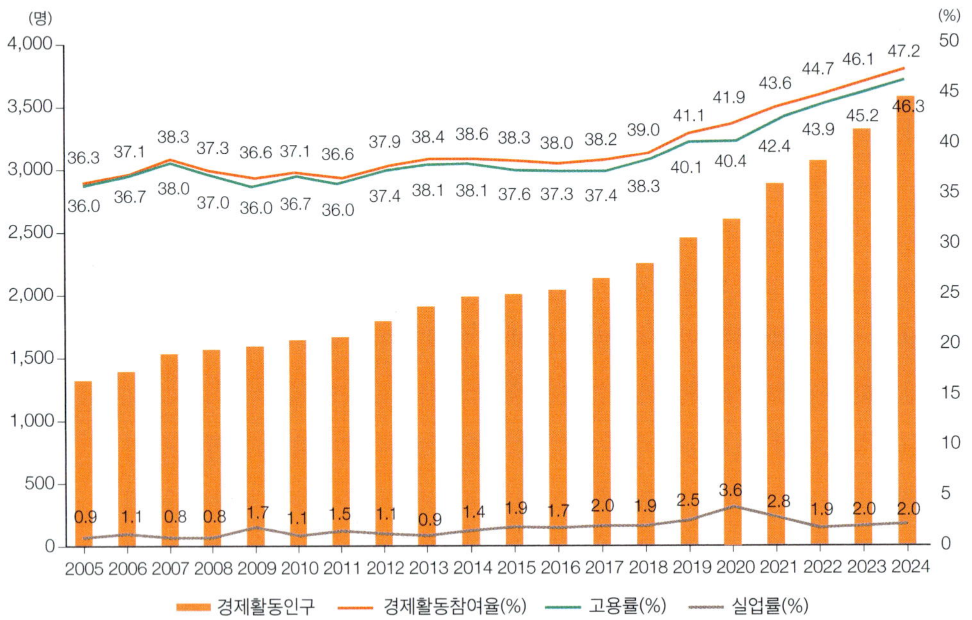

그림 5-5 65세~79세의 경제활동참여율, 고용률, 실업률

출처: 통계청(2024)

65세 이상 노인의 연령대별 경제활동참여율은 2023년 기준으로 65세에서 69세는 40.6%, 70세에서 74세는 31.1%, 75세에서 79세는 29.6%, 80세에서 84세는 23.8%, 85세에서 89세는 19.4%, 90세 이상은 13.4%이다. 연령대가 높아질수록 경제활동참여율이 감소하지만 90세 이상의 고령 노인도 열 명 중 한 명은 경제활동에 참여한다는 점은 주목할 필요가 있다. 특히 고령 노인의 경제활동참여율은 2014년 6.3%, 2017년 6.6%에서 2023년 약 13%로

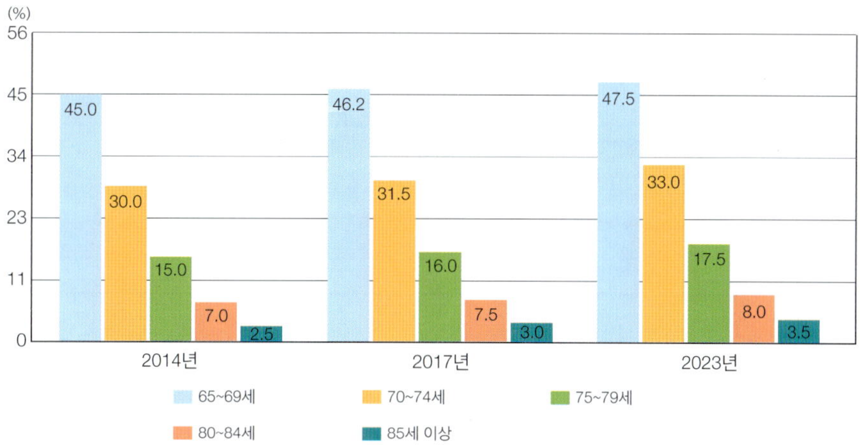

그림 5-6 노인 연령별 경제활동참여율

출처: 통계청(2014; 2017; 2023)

크게 증가했다. 이는 평균수명이 증가하고 노인의 건강 상태가 개선된 결과이다(〈그림 5-6〉 참조).

그런데 노인의 일자리의 질은 취약하다. 노인이 일하는 직종의 분포를 살펴보면, 2024년 기준으로 34%의 노인이 단순 노무, 21%의 노인이 농림어업, 18%의 노인이 서비스업에 종사한다. 이들 직종은 전문성이나 숙련된 기술을 필요로 하지 않는 단순한 일자리로 상대적으로 임금이나 고용의 안정성이 높지 않다. 반면 전문성이나 숙련된 기술을 필요로 하는 관리자와 전문가, 기능직 종사자는 각각 6%와 16%에 불과하다(통계청, 2024). 전문가와 사무종사자인 고령자의 비율은 같은 직종에 있는 15세 이상의 전체 취업자의 비율보다 낮은 반면, 단순노무종사자와 농림어업숙련종사자의 고령자 비율은 전체 취업자의 비율보다 상대적으로 높다.

임금은 개인의 노동에 대한 사회적 인정의 수준과 경제적 안정의 정도를 보여주는 지표이다. 임금을 받는 근로자 전체의 월평균 소득이 2023년 363만 원일 때, 65세 이상 남성의 월평균 소득은 269만 원, 65세 이상 여성의 월평균 소득은 123만 원으로 연령대 별 격차 및 성별 격차가 크다. 이와 같은 노인의 임금수준은 상대적으로 불안정한 노인의 경제적 상태와 낮은 사회적 인정수준을 말해주며, 특히 여성노인의 취약성을 보여준다(〈그림 5-7〉 참조).

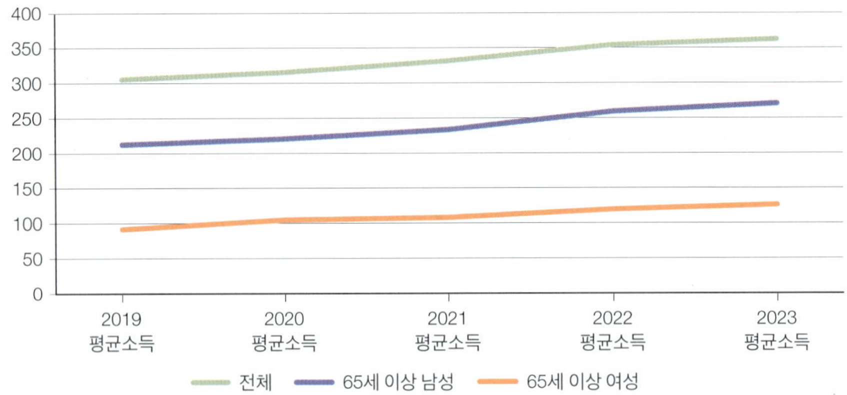

그림 5-7 65세 이상 취업자의 성별 연령대별 소득*

* 근로자수 5인 이상 사업체 임금근로자의 전체 월평균 급여를 100으로 하였을 때 60세 이상 취업자의 성별 월평균 급여수준

노년기에 일하는 사람의 비율이 우리나라에서 유독 높게 나타난 것은 노인빈곤율과 관련이 깊다. 한국은 OECD 회원국 중 가장 높은 노인빈곤율을 보인다. 비노인의 빈곤율이 약 10%인 데 반해 노인의 빈곤율은 40%로 약 4배에 이른다. 미국이나 일본은 노인 빈곤율이 비노인 빈곤율의 약 2배에 미치지 못하고 프랑스, 네덜란드, 그리스, 헝가리 등은 노인빈곤율이 비노인빈곤율보다 오히려 낮다는 점에서 한국과 차이를 보인다. 유독 한국 노인이 다른 연령 집단이나 다른 나라의 노인에 비해 빈곤에 노출될 위험이 크다(〈그림 5-8〉 참조).

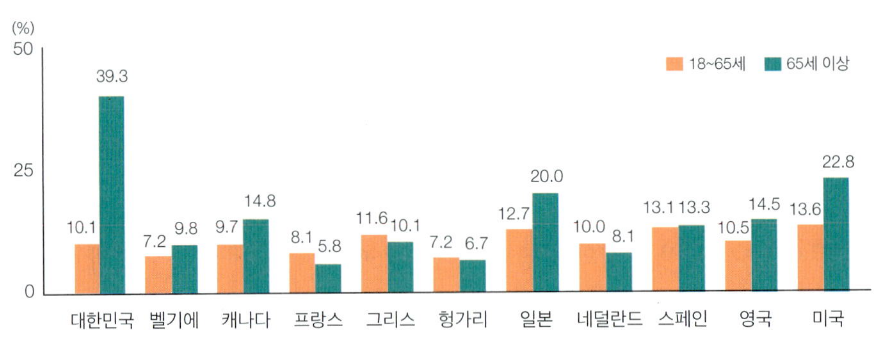

그림 5-8 주요국의 노인 빈곤율과 비노인 빈곤율

출처: 통계청(2024)

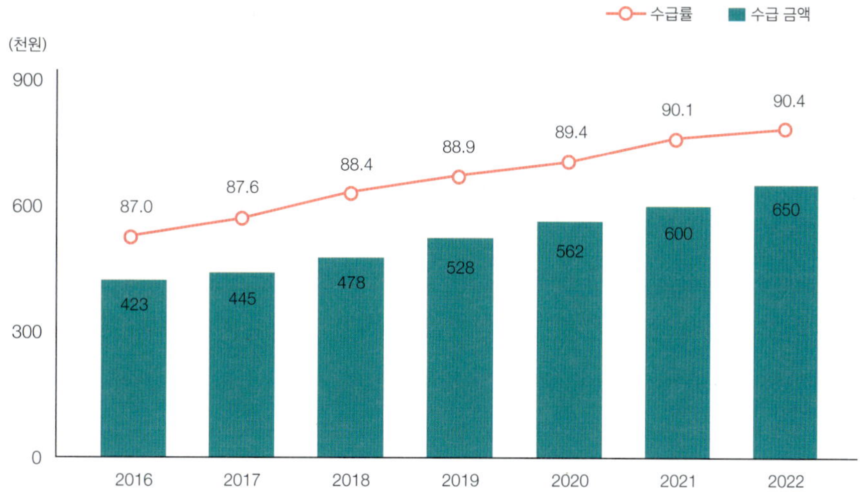

그림 5-9 65세 이상 노인 공적연금 수급율 및 1인당 공적연금 수급

출처: 통계청(2024)

노인 일인가구의 적정한 생활비는 132만 원, 노인부부가구는 214만 원으로 나타난 조사 결과에 의하면 한국 노인은 국민연금이나 기초연금만으로 생활에 필요한 경제적 자원을 충당하기 어렵다(문현경 외, 2023). 2022년 기준으로 65세 이상 노인의 90.4%가 국민연금 또는 기초연금을 받았으나 노인 1인이 받은 월평균 공적연금 액수는 65만 원에 불과하다. 따라서 한국 노인에게 일할 기회, 노동조건은 생계와 직접적으로 연결되는 절대적인 문제이다.

| 더 알아보기 |

노인일자리사업의 중요성

78세 K노인은 ○○구에서 노인일자리사업에 참여하고 있다. 어르신이 하는 일은 재활용 분리수거 등 단순 업무이지만 일자리사업의 참여만족도는 높다. 노인공익활동사업의 경우, 한 달에 30시간가량을 일하고 27만 원의 수당을 받는 것이 전부이지만 기초연금 이외에 수입이 없는 어르신에게는 큰 도움이 된다. 어르신은 한 달에 27만 원씩 통장에 넣는 자식도 별로 많지 않은 현실에서 어느 효자보다 낫다고 생각한다.

2) 노인노동의 과제

노인을 포함한 50세 이상 중고령 노동자는 노동 불안정성이 매우 높다. 노동시장에 참여하는 50세 이상의 중고령자 중 상용직 노동자는 약 33%에 불과하며, 67%는 임시직이나 일용직 등의 불안정한 고용상태에 있다. 중고령 노동자의 약 46%는 소득이 중위임금의 3분의 2 미만인 저임금으로 소득의 불안정성 또한 높다. 실제로 중고령 노동자의 약 50% 이상은 자신의 고용상태를 매우 불안정하다고 인식하고 있다(최혜지, 2018).

상대적으로 높은 경제활동참여율에도 불구하고 55세 이상 고령자는 숙련도가 낮은 단순한 직종을 중심으로 경제활동에 참여하고 있으며, 임금수준도 전체 노동자와 비교해 상대적으로 낮아 노동을 통해 기대할 수 있는 경제적 안정과 사회적 인정 또한 취약하다.

65세 이상 노인의 41.9%는 일하기를 희망했다. 전체 노인의 31.9%는 지금 하는 일을 계속하기를 원했으며, 9.1%는 현재 일하지 않으나 앞으로 일할 수 있기를 희망했다(강은나 외, 2023). 따라서 일할 의사와 능력이 모두 있는 노인을 대상으로 적극적인 일자리 지원이 이루어질 필요가 있다.

이와 같은 노인의 욕구에 근거해 2004년 시작된 노인일자리사업은 노인에게 일자리를 제공하여 소득 보충과 사회참여의 기회를 제공한다. 노인일자리사업에 참여하는 노인의 수는 노인일자리사업이 시행된 이후 지속적으로 증가해 2025년에는 약 110만 개의 일자리가 공급될 예정이다.

그러나 노인일자리사업을 통해 일할 기회를 얻은 노인은 전체 노인의 10%에 불과하고 노인일자리사업이 제공하는 일자리의 질 또한 높지 않다는 것이 문제이다. 노인일자리사업에서 제공하는 일자리의 약 80%는 한 달에 30시간 정도 노동으로 최대 29만 원을 받는 단순노동의 성격을 벗어나지 못하고 있다. 더욱이 일자리 수의 부족으로 대부분의 일자리가 기초연금을 받는 소득 하위 70%의 노인에게 제공되고, 일자리에 참여할 수 있는 기간 또한 1년을 넘지 못하는 한계가 있다.

노인노동문제를 개선하기 위해서는 다양한 차원의 노력이 필요하다. 우선 노인일자리를 양적으로 증가시킬 필요가 있다. 노인일자리사업을 통해 지속적으로 일자리의 수를 늘려왔지만 일하고 싶은 노인에 비해 일자리의 수는 여전히 크게 부족하다.

노인일자리의 질적 개선 또한 수반되어야 한다. 노년기에 진입하기 이전부터 은퇴 후에도 자신의 경험과 전문성을 살린 좋은 일자리로 전직할 수 있도록 지원하여 노인이 안정적인 일자리를 확보할 수 있도록 해야 한다.

지금까지 노인노동의 현황에 대해 간략히 살펴보았으며, 권리로서의 노동과 우리나라의 노동정책에 대해서는 9장에서 자세히 설명하고자 한다.

토론쟁점

다음 글을 읽고 토론해보자.

> 일본 노인의 빈곤문제를 다룬 후지타 다카노리의 책 제목인 『과로노인』(2017)은 생계를 위해 죽기 직전까지 일해야 하는 일본의 빈곤노인을 묘사한 용어이다. 우리나라 노인의 현실 또한 크게 다르지 않다. 노인노동정책을 통해 노인에게 노동의 기회를 제공해야 한다는 주장은 '일해야만 하는 노인'이라는 슬픈 역설을 보여준다.

토론거리

1 과로노인과 같은 문제에도 불구하고 노인에게 일할 기회를 제공하기 위한 노인노동정책은 확대되어야 하는가?

2 과로노인의 역설을 최소화하기 위해 우리 사회가 함께 고려해야 할 문제는 무엇이 있을까?

Chapter

06

노년기의 신사회위험

저출산 고령사회로의 진입, 여성의 경제활동참여 증가, 노동시장의 이중구조화, 가족의 구조와 기능의 변화 등과 같은 후기산업사회의 구조적인 변화로 인해 한국 사회는 구사회적 위험과는 질적으로 다른 신사회위험에 직면해 있다. 먼저, 노인이 더 이상 가족에 의해 돌봄을 기대할 수 없게 되면서 사회적 돌봄의 중요성이 커지고 있다. 이와 함께 노인은 우울장애, 치매, 자살과 같은 사회적 위험에 노출되어 있다. 유독 높은 노인자살률은 심각한 사회문제이지만 이에 대한 적극적인 대응은 잘 이루어지지 않고 있다. 한편 일부 노인들은 가족구성원 등으로부터 신체적, 정서적 학대 등을 경험하고 있는데, 특히 최근 발생하고 있는 새로운 노인학대 유형인 자기방임은 독거노인의 증가와 함께 심각한 사회문제로 부상하고 있다. 노인이라는 이유로 사회에서 다양한 형태의 연령주의 차별을 겪는 경우도 적지 않다.

이 장에서는 노인이 겪고 있는 다양한 형태의 신사회위험에 대해 학습한다. 구체적으로는 돌봄, 우울장애, 치매, 자살, 노인학대, 연령주의에 대해 다룬다.

1. 돌봄

1) 돌봄의 개념과 특징

노인인구가 급격하게 증가하면서 노인성질환이나 고령으로 신체적, 정신적 기능이 저하되어 장기간 돌봄이 필요한 노인이 늘고 있다. 과거보다 사람의 평균수명이 길어지면서 노인을 돌봐야 하는 기간도 같이 길어지고 있다. 선진국뿐만 아니라 개발도상국도 장기요양이 필요한 노인인구의 증가에 따른 대응 방안을 마련하기 위해 고민하고 있다. 앞에서 언급한 대로 기대수명과 건강수명의 격차가 길어지면 노인이 자립적으로 생활을 하기 어렵기 때문에 타인에 의한 돌봄이 더 필요하게 된다.

전통적으로 우리나라는 노인에 대한 일상생활의 돌봄을 가족의 영역에서 수행하는 것을 당연히 여기면서 살아왔다. 특히 가족 내의 며느리나 딸과 같은 여성이 노인을 돌보는 것이 가족의 기본적인 역할이었고, 전통적인 유교주의와 효孝 이념에 기초해서 자식의 부모 돌봄은 도덕적인 의무라고 생각했다. 그러나 1990년대 후반에 외환위기를 겪으면서 가족 위기, 저출산 위기 등 각종 위기 담론이 등장했고(김혜경 외, 2011) 특히 노인돌봄의 주체를 가족만으로 한정하는 것은 현실에 맞지 않다는 주장이 강하게 제기되었다. 이와 함께 여성의 경제활동참여와 사회의식 변화를 고려해야 한다는 목소리도 높아졌다. 맞벌이를 하는 여성이 크게 늘어나고 이혼이나 관계 단절과 같은 가족 해체가 과거보다 빈번하게 발생하면서, 노인이 가족에게 버림받거나 적절한 돌봄을 받지 못하고 방임되는 일도 자주 발생하고 있다.

이 같은 문제를 극복하기 위해 정부는 2000년대 중반부터 노인돌봄을 위한 바우처제도와 노인장기요양보험제도를 도입하면서 돌봄을 공적인 영역에서 담당하기로 했다. 국가가 요양보호사와 같은 돌봄 전문인력을 적극 양성하고 서비스를 제공하면서 돌봄의 책임을 가족과 사회가 분담하는 '돌봄의 사회화' socialization of care를 실현한 것이다.

돌봄은 다양하게 정의될 수 있는데, 이 책에서는 주로 질병이나 장애, 고령 등으로 인해 신체적, 사회적 또는 정신적 기능이 저하된 노인이 일상생활을 영위할 수 있도록 제공하는 보건의료health와 사회적 돌봄social care 등을 포괄하는 다양한 서비스를 제공하는 것으로 정의한다. 이는 협의의 돌봄으로, 주로 요양보호사나 가족, 친척, 이웃 등의 돌봄 제공자가 노인이 일상생활을 하는 데 필요한 신체수발과 가사수발 등을 제공하는 것을 의미한다. 돌봄은 돌봄을 제공하는 사람과 제공받는 사람 간의 직접적인 대면을 통해서 이뤄지는 것이 일반적이다. 물론 최근에 선진국에서는 돌봄의 영역에도 스마트폰이나 태블릿 PC 등 정보통신기술을 활용하기도 한다. 하지만 대부분의 경우에는 노인의 집이나 돌봄과 관련된 기관에서 이동, 목욕, 운동과 같은 다양한 신체적인 활동을 지원하거나 빨래, 청소 등 여러 집안일을 도와준다. 고령이 되거나 질병의 중증도가 심해지면 타인에 대한 의존성이 커지므로 돌봄이 과연 얼마나 적절하게 제공되느냐가 노인의 삶의 수준과 질에 직접적으로 영향을 미친다고 해도 과언이 아니다(전용호, 2017).

돌봄은 휴먼서비스로서 일반적인 다른 일과 구별되는 세 가지 특징이 있다(Rummery and Fine, 2012: 323-4). 첫째, 돌봄에는 상대방에 대한 느낌이나 감정과 같은 성향이 연관되어 있다. 돌봄이 필요한 사람에 대한 개인적인 관심을 갖거나 안녕을 걱정하기도 한다. 둘째, 돌봄에는 일과 신체적인 활동과 같이 사람을 실제적으로 챙기는 노동이 결합되어 있다. 즉, 돌봄은 시간이 소요되고 많은 경우 체력적으로 힘든 노동이다. 셋째, 돌봄은 다른 일과 달리 사회적인 관계라는 특징이 있다. 돌봄의 관계는 친밀하고 가족 같지만 견뎌내야 하는 부분이 있으며 때로는 직업적, 전문적 역량을 발휘해야 하고, 시간의 제한이 있기도 하다. 돌봄의 관계는 복잡하고, 그 사이에는 권력과 의존이라는 어려운 관계가 연관되기도 한다.

이와 함께 돌봄은 공식 영역과 비공식 영역으로 구분된다. 주로 돌봄의 제공 주체를 기준으로 구분하는데, 공식 돌봄은 돌봄 제공자가 공공이나 민간과의 계약적 관계를 맺거나 돌봄을 받는 대상자가 직접 계약을 체결해서 유급으로 돌봄을 제공하는 것을 의미한다(OECD, 2005). 정부가 제도화하여 공적자원을 투입하고 요양보호사와 같은 돌봄 전문인력이 서비스를 제공하는 노인장기요양보험이나 등급 외자 노인을 위한 돌봄서비스가 여기에 해당한다. 이때 요양보호사나 간호사 같은 인력을 공식 돌봄 제공자라고 부를 수 있다. 비공식 영역은 전통적으로 돌봄 업무를 수행해왔던 가족, 친척, 이웃 등이 돌봄을 제공하는 것이다. 주로 기존의 인간관계에 기반해서 무료로 제공된다. 이와 달리 공식 영역에서 돌봄을 제공받으면 그에 상응하는 비용을 유료로 지불하는 것이 일반적이다. 비용 관련해서는 제도를 통해서 만들어진 재정이나 서비스 이용자가 일부 부담하는 방식을 취하고 있다.

2) 노인돌봄의 실태와 과제

돌봄은 노인의 일상생활에서 독립적인 생활 가능 여부와 정도의 측면에서 기능상태와 밀접하게 연결되어 있다. 일반적으로 노인의 기능상태는 일상생활수행능력ADL: Activities of Daily Living(이하 ADL)과 수단적 일상생활수행능력IADL: Instrumental Activities of Daily Living(이하 IADL)으로 나뉜다(이윤경, 2018). ADL은 우리가 일상을 살아가기 위해서 반드시 필요한 활동으로 옷 입기, 세수, 양치질, 머리 감기, 음식 먹기, 목욕, 누웠다 일어나 방 밖으로 나가기, 화장실 출입과 대소변 조절하기 등이 여기에 속한다. IADL은 ADL보다 더 복잡한 활동으로, 노인이 집과 지역사회에서 활동하기 위해서 필요한 몸단장(빗질, 면도, 손·발톱 깎기), 집안일(청소, 설거지, 침구 정리), 식사 준비, 빨래, 금전관리, 근거리 외출하기, 물건 구매, 전화하기, 교통수단 이용하기 등이 해당된다. 노인들이 ADL과 IADL을 수행할 수 없으면 스스로 생활을 하기 어렵고, 공식/비공식 돌봄자의 돌봄을 받아 생활할 수밖에 없다. 일반적으로 복합적인 활동을 하는 IADL의 수행이 먼저 제한되고 나서 그 이후에 필수수행능력인 ADL의 수행에 장애가 발생한다(이윤경, 2018).

노인실태조사 결과에 따르면, 노인의 74.7%는 ADL과 IADL의 모든 영역에서 활동 제한이 발생하지 않았다(정경희 외, 2017). 그러나 노인 중 16.6%는 IADL에서 제한이 발생했고, ADL과 IADL 모두에서 제한이 발생한 노인은 8.7%로 조사됐다. 특히 85세 이상의 여성노인일수록 ADL의 제한을 겪고 있었다.

ADL에 장애가 발생하고 있다는 것은 타인의 돌봄이 상당히 필요하다는 것을 의미한다. 노인장기요양보험의 서비스는 ADL 장애와 다른 사람의 도움이 필요한 정도를 이용조건으로 중요하게 고려한다. 노인장기요양보험의 사정도구에서도 ADL은 중요한 항목으로 포함되어 있다.

그렇다면 돌봄이 필요한 노인들은 제대로 돌봄을 받고 있는가? 노인실태조사 결과에 따르면, 돌봄이 필요한 노인의 47.2%는 돌봄을 받고 있는 것으로 나타났다. 여기에서 돌봄을 제공하는 사람은 앞에서 살펴본 공식과 비공식 영역을 모두 포함한다. 공식 영역은 주로 공적인 돌봄제도에 기반해서 제공되는 서비스로, 노인장기요양보험과 등급 외자를 위한 노인돌봄서비스 등이 해당된다. 노인장기요양보험서비스를 이용하고 있다고 응답한 노인은 30.7%, 노인돌봄서비스는 4.7%, 개인 간병인과 가사도우미는 11%로 나타났다(〈표 6-1〉 참조). 그러나 노인돌봄의 대부분은 비공식 영역에서 담당하는 것으로 나타났다. 특히 가족이 돌봄의 역할을 수행하고 있다는 응답이 전체의 81.4%로 나타났고, 동거 가족 49.6%, 비동거 가족 46.5%로 나타났다. 노인장기요양보험의 도입과 같은 돌봄의 사회화가 적극적으로 이뤄졌지만 여전히 가족이 돌봄에서 절대적인 역할을 수행하고 있는 것이다. 이와 함께 친척, 이웃, 친구, 지인 등을 통해 돌봄을 받고 있다는 비율은 20%로 나타났다(〈표 6-1〉 참조). 정부가 커뮤니티케어를 통해서 지역사회에 있는 이웃들이 돌봄의 역할을 수행하도록 유도하겠다고 밝혔다.

그럼 누가 비공식 영역에서 노인을 돌보는 행위를 하고 있을까? 〈표 6-2〉에 제시된 대로 모든 돌봄행위에서 배우자의 비율이 가장 높았다. 이는 자녀동거가구가 지속적으로 감소하는 반면에 노인부부가구가 계속 증가하고 있는 현실을 반영한 것으로, 동거 가족인 노인 배우자가 노인돌봄의 역할을 수행하는 비율이 가장 높다는 것을 의미한다. 즉, '노노老老케어'는 비공식 가족돌봄의 가장 주류 형태인 셈이다. 배우자 다음으로는 딸이 주요한 역할을 수행하고 있고, 장남의 배우자인 큰며느리의 역할은 딸보다 비중이 적은 것으로 나타났다. 과거 우리나라는 유교사상에 기반해서 큰며느리가 돌봄의 역할을 수행하는 것을 당연한 것으로 여겨왔지만 이 같은 돌봄문화는 빠르게 감소하고 있고 서구처럼 친자녀인 딸이 돌봄 역할을 수행하는 비중이 증가하고 있음을 알 수 있다.

표 6-1 노인의 돌봄 수급 여부 및 돌봄 제공자(중복응답)

(단위: %)

특성	돌봄 수급률[1]	돌봄 제공자[2)3)]								
		가족원			친척, 이웃, 친구, 지인	개인 간병인, 가사도우미	장기요양보험 서비스	노인돌봄 서비스	그 외 공적 돌봄서비스	(명)
		소계	동거	비동거						
전체	47.2	81.4	49.6	46.5	20.0	11.0	30.7	4.7	4.5	(885)
지역										
동부	45.3	83.4	50.7	48.0	19.2	11.0	28.2	4.7	5.4	(630)
읍·면부	52.8	76.4	46.8	42.7	22.0	10.8	36.9	4.9	2.2	(255)
성										
남자	38.2	87.6	67.6	35.0	13.9	9.0	20.0	4.9	3.4	(291)
여자	53.4	78.4	40.7	52.1	23.0	11.9	36.0	4.6	5.0	(593)
연령										
65~69세	25.4	76.1	58.4	26.2	16.6	5.2	19.2	3.3	2.6	(66)
70~74세	36.2	84.5	7.9	31.0	16.4	8.5	17.3	2.9	3.3	(108)
75~79세	43.5	84.3	58.6	41.3	17.0	6.9	18.0	3.1	1.8	(140)
80~84세	48.9	83.9	45.6	53.5	22.5	11.8	31.9	6.7	3.8	(209)
85~89세	66.7	75.88	39.9	48.5	22.1	10.9	39.8	4.0	7.7	(257)
90세 이상	58.2	86.6	41.8	63.2	20.0	20.8	44.0	7.5	3.9	(105)
배우자 유무										
배우자 있음	38.9	95.2	86.5	36.4	10.0	8.3	19.7	3.1	1.2	(345)
배우자 없음	54.7	72.6	26.0	53.0	26.4	12.6	37.7	5.8	6.6	(540)
가구형태										
노인독거	53.3	63.1	0.0	63.1	28.3	14.4	40.1	7.3	9.1	(390)
노인부부	38.1	94.6	85.3	39.3	10.2	8.7	20.5	3.5	1.3	(306)
자녀동거	57.0	97.8	93.7	24.2	16.4	8.2	28.9	1.6	0.0	(175)
기타	45.6	100.0	96.7	21.7	49.4	0.0	13.6	0.0	0.0	(14)

주: 1) 전체 응답자(대리 응답자 포함) 1만 299명 중 1개 이상의 ADL/IADL에서 부분 도움 또는 완전 도움이 필요한 2,608명을 대상으로 함.
2) ADL/IADL 중 1개 이상 부분 도움 또는 완전 도움이 필요한 2,608명 가운데 수발을 받고 있는 1,863명을 대상으로 함.
3) 동거 또는 비동거 가족원으로부터 수발을 받고 있는 경우임.
출처: 강은나 외(2023)

표 6-2 노인에게 청소, 빨래, 시장보기 등의 비공식 돌봄 제공자 비율

(단위: %)

특성	도움 받지 않음	배우자	장남	장남 배우자	차남 이하	차남 이하 배우자	딸	딸 배우자	친인척	비혈연 동거인	친구 및 이웃	사회복지 관련 종사자	기타	계(명)
전체	11.7	29.3	6.7	10.1	2.5	0.8	18.4	0.0	1.7	0.2	3.5	15.3	0.0	100.0(764)
지역														
동부	9.8	29.3	7.3	10.9	1.9	0.8	19.7	0.0	2.1	0.3	3.5	14.5	0.0	100.0(544)
읍·면부	16.3	29.1	5.2	8.0	4.0	0.7	15.1	0.0	0.7	0.0	3.6	17.2	0.0	100.0(219)
성														
남자	13.5	56.5	0.4	5.8	0.5	0.2	10.0	0.0	1.6	0.5	2.0	9.1	0.0	100.0(271)
여자	10.6	14.3	10.2	12.4	3.6	1.1	23.0	0.0	1.7	0.0	4.4	18.7	0.0	100.0(493)
연령														
65~69세	26.8	52.6	0.0	0.0	3.2	0.0	4.8	0.0	5.4	0.0	3.2	4.0	0.0	100.0(57)
70~74세	13.7	58.6	3.7	0.0	0.5	0.0	12.7	0.0	1.2	0.9	2.8	5.8	0.0	100.0(99)
75~79세	17.5	42.0	3.2	2.6	1.9	0.4	23.9	0.0	1.6	0.0	0.4	6.6	0.0	100.0(120)
80~84세	7.7	25.8	9.2	10.3	1.8	0.3	25.5	0.0	0.7	0.2	4.2	14.3	0.0	100.0(183)
85~89세	11.3	13.6	10.2	11.6	4.2	1.0	16.4	0.0	1.9	0.0	6.0	23.8	0.0	100.0(211)
90세 이상	1.3	9.6	5.8	32.4	2.5	2.8	16.0	0.0	1.6	0.0	1.7	26.2	0.0	100.0(94)
배우자 유무														
배우자 있음	13.8	67.7	1.3	1.1	0.5	0.2	7.2	0.0	0.4	0.0	0.1	7.6	0.0	100.0(330)
배우자 없음	10.0	0.0	10.8	16.9	4.0	1.2	26.8	0.0	2.7	0.3	6.1	21.1	0.0	100.0(434)

출처: 강은나 외(2023)

지금까지 살펴본 것처럼 가족과의 관계가 단절되거나 소원해진 노인은 적절한 돌봄을 받지 못해 돌봄의 사각지대에 노출될 가능성이 크다. 이를 보완해서 국가가 제도적으로 돌봄서비스를 확대해서 제공하고 있지만 저소득층, 독거노인, 중증의 노인 등 자격조건이 엄격해서 예방적인 복지서비스를 이용하기가 쉽지 않다. 이를 개선하기 위해 보편적이고 충분한 양과 질 좋은 돌봄을 제공하는 노인돌봄서비스 시스템을 제도적으로 갖추는 것이 시급하다. 노인돌봄정책의 제도적인 문제점과 개선방안은 11장에서 자세히 살펴보겠다.

이웃이 돌봄을 수행하는 커뮤니티케어(지역사회통합돌봄)

커뮤니티케어는 의사와 간호사와 같은 공식적인 돌봄서비스 제공자뿐만 아니라 지역사회의 이웃과 같은 비공식돌봄자도 돌봄이 필요한 노인에 대해 관심을 가지고 노인과 함께 시간을 보내거나 일상생활을 지원한다. 도시화로 인한 지역주민에 대한 무관심과 인간소외에 대응해, 관심과 우애를 바탕으로 인간적인 관계와 돌봄을 수행하는 것을 지향한다.

지역주민의 지지를 받는 성공적인 커뮤니티케어 사례로는 한국의료복지사회적협동조합(의료사협)이 있다. 의료사협은 의사, 간호사, 사회복지사 외 전문가와 이웃들이 함께 지역주민에게 질 좋은 의료서비스를 제공하고 서로 돌보는 지역공동체이다. 안산, 안성, 인천, 전주, 대구 등 전국에 분포한 의료사협은 지역주민들이 조합원이 되어 원하는 의료서비스와 사회복지서비스를 제공하고자 노력하는 성공사례로 유명하다(김재엽, 2017). 기존의 병원은 매우 짧은 시간에 형식적인 진료를 하고, 수익을 위해 과잉진료도 하지만 의료사협은 충분한 시간을 들여 진료를 하고 지역주민이 서로 인간적인 돌봄을 위해 힘쓴다.

© 안성의료복지사회적협동조합

2. 우울장애

노년기 우울장애를 이해하기 위해서는 먼저 우울장애 개념과 특징, 실태, 개입전략 등을 살펴볼 필요가 있다. 우울장애는 의욕 저하와 우울감을 주요 증상으로 하여 다양한 신체적, 인지적, 정서적 증상을 일으켜 일상 기능 저하를 가져오는 질환이다. 다른 연령층과 달리 노년기에는 건강 또는 인간관계 등에서 상실로 인한 우울장애가 발생하는 것이 특징적이다. 우리나라 노년층 20% 정도가 이러한 우울장애 증상을 보이는 것으로 조사되고 있다. 우울장애 개입 방법으로는 생물학적 치료, 심리치료, 가족치료 등이 활용된다.

1) 우울장애 개념과 특징

일반적으로 사람은 나이가 들면 우울해진다고 알려져 있다. 하지만 노인의 대부분은 건강, 역할, 친구, 가족관계에서 발생하는 힘든 도전이나 변화에도 불구하고 잘 적응하며 정신적으로 건강하다(Hersen et al., 2013). 다만 소수의 노인이 우울장애Depressive Disorder로 진단받으며, 우울증상Depressive symptom은 그보다 좀 더 많은 노인이 경험한다(Nordhus et al., 1998). 과거에는 나이가 들어감에 따라 우울증상이 증가한다는 가설이 학술적으로 검증되었다. 하지만 최근에는 반대로 우울증상이 낮아진다는 종단연구결과도 등장했다(Lee et al., 2020).

우울장애는 슬프고 공허하거나 과민한 기분이 있고, 개인의 기능 수행에 영향을 주는 신체적, 인지적, 정서적 변화가 동반되는 질환을 말한다(APA, 2013/2016). 이러한 우울장애는 개인적 의지로 없앨 수 없으며 지속적으로 증상을 겪는다는 특징이 있다(서울대학교병원 의학정보, 2024). 우울증상은 일반적으로 자신의 삶에 대한 흥미와 관심이 상실되는 특성을 보인다.

우울장애의 유형으로는 주요 우울장애, 지속성 우울장애, 물질/약물치료로 유발된 우울장애, 다른 의학적 상태로 인한 우울장애, 파괴적 기분조절부전장애, 월경 전 불쾌감장애 등이 있다. 이들 질환은 증상이 발생하는 기간, 시점, 추정되는 원인에 따라 분류한 것이다(APA, 2013/2016). 우울장애를 대표하는 전형적인 질환인 주요 우울장애 진단기준을 보면 〈표 6-3〉과 같다. 주요 우울장애 진단기준에서 (5) 정신운동 지연, (8) 사고력과 집중력 감소 증상은 우울의 징후인데도 치매나 다른 질병의 증상으로 오인되기 쉬워 조기개입을 놓칠 수 있다. 우울장애는 노인 질병과 사망에도 영향을 미치므로(Durand and

표 6-3 주요 우울장애 진단기준

A. 특징적 증상

다음의 증상 가운데 5가지 이상이 2주 연속으로 지속되며 이전의 기능상태와 비교할 때 변화를 보이는 경우이다. 증상 가운데 적어도 하나는 1항에 제시된 우울 기분이거나 2항에 제시된 흥미나 즐거움의 상실이어야 한다.

(1) 하루 중 대부분 그리고 거의 매일 지속되는 우울 기분에 대해 주관적으로 보고(예: 슬픔, 공허함 또는 절망감)하거나 객관적으로 관찰됨(예: 눈물 흘림)
(2) 거의 매일, 하루 중 대부분, 거의 또는 모든 일상활동에 대해 흥미나 즐거움이 뚜렷하게 저하됨.
(3) 체중 조절을 하고 있지 않은 상태에서 의미 있는 체중의 감소(예: 1개월 동안 5% 이상의 체중 변화)나 체중의 증가, 거의 매일 나타나는 식욕의 감소나 증가가 있음
(4) 거의 매일 나타나는 불면이나 과다수면
(5) 거의 매일 나타나는 정신운동 초조나 지연(객관적으로 관찰 가능함, 단지 주관적인 좌불안석 혹은 처지는 느낌뿐만이 아님)
(6) 거의 매일 나타나는 피로나 활력의 상실
(7) 거의 매일 무가치감 또는 과도하거나 부적절한 죄책감(망상적일 수도 있는)을 느낌(단순히 병이 있다는 데 대한 자책이나 죄책감이 아님)
(8) 거의 매일 나타나는 사고력이나 집중력의 감소, 또는 우유부단함(주관적인 호소나 객관적인 관찰 가능함)
(9) 반복적인 죽음에 대한 생각(단지 죽음에 대한 두려움이 아님), 구체적인 계획 없이 반복되는 자살사고, 또는 자살시도나 자살수행에 대한 구체적인 계획

출처: APA(2015)

Barlow, 2016/2018), 조기에 발견해서 개입하는 것이 중요하다.

브루스Bruce는 아픈 배우자를 간병하거나 사별한 경우, 병에 걸려 독립성을 잃는 경우 노년층 우울을 유발시키는 강력한 위험요인이 된다고 보았다(Bruce, 2002; Durand and Barlow, 2016/2018 재인용). 노년기 우울장애 원인은 생리심리사회모델Bio-psycho-social Model[1]을 활용하여 유전, 생화학, 환경 등 다차원적인 요인으로 설명이 가능하다.

블레이저[Blazer]는 노년기 우울장애 원인을 다음과 같이 제시하였다(Blazer, 2007).

- 유전(가족 내 유전적 발현)
- 화학전달체의 불균형(노르에피네프린 및 세로토닌 등의 신경전달물질 감소)
- 질병에 의한 신체기관의 분열(예: 췌장암이 심각한 우울증 발현)
- 내분비기능의 조절 이상(코르티솔 분비 증가)
- 수면각성주기의 장애(수면위생문제)
- 배우자 애도 및 멜랑콜리아
- 통합 대 절망(인간발달과업)
- 인지적 왜곡
- 스트레스를 주는 생애사건(친구 사망 등)
- 사회적 만성 스트레스(치매 남편을 돌보는 여성노인)
- 문화적 변화(노인차별)

2) 우울장애 실태와 개입전략

(1) 우울장애 실태

노인 우울증 유병률은 보건복지부와 보건사회연구원에서 실시하는 노인실태조사(2020, 2023)를 통해 추정할 수 있다(이윤경 외, 2020; 강은나 외, 2023). 우울증 유병률은 의사 진단을 받았으며, 최소 3개월 이상 지속적으로 앓고 있는 노인의 비율을 나타낸다. 2020년 노인실태조사에서 우울증 유병률은 1.5%였으며, 남성이 0.8%, 여성이 2.1%로 조사되었다. 2023년 노인실태조사에서는 우울증 유병률이 1.5%(남성0.9%, 여성2.0%)로 조사되었다. 의사에게 우울증으로 진단받는 노인의 비율은 2020년과 2023년의 조사에서 유사

1 미국의 정신과 의사 조지 엥겔(George Engel)이 공식화한 모델로, 신체적, 정신적, 사회적 요인이 서로 상호작용하면서 건강과 질병에 영향을 미친다고 본다.

표 6-4 단축형 노인우울척도

문항	응답지	
① 현재의 생활에 대체적으로 만족하십니까?	예	아니오
② 요즈음 들어 활동량이나 의욕이 많이 떨어지셨습니까?	예	아니오
③ 자신이 헛되이 살고 있다고 느끼십니까?	예	아니오
④ 생활이 지루하게 느껴질 때가 많습니까?	예	아니오
⑤ 평소에 기분은 상쾌한 편이십니까?	예	아니오
⑥ 자신에게 불길한 일이 닥칠 것 같아 불안하십니까?	예	아니오
⑦ 대체로 마음이 즐거운 편이십니까?	예	아니오
⑧ 절망적이라는 느낌이 자주 드십니까?	예	아니오
⑨ 바깥에 나가기가 싫고 집에만 있고 싶습니까?	예	아니오
⑩ 비슷한 나이의 다른 노인들보다 기억력이 더 나쁘다고 느끼십니까?	예	아니오
⑪ 현재 살아 있다는 것이 즐겁게 생각되십니까?	예	아니오
⑫ 지금의 내 자신이 아무 쓸모없는 사람이라고 느끼십니까?	예	아니오
⑬ 기력이 좋으신 편이십니까?	예	아니오
⑭ 지금 자신의 처지가 아무런 희망도 없다고 느끼십니까?	예	아니오
⑮ 자신이 다른 사람들의 처지보다 더 못하다고 느끼십니까?	예	아니오

출처: 조맹제 외(1999)

했다.

노인실태조사는 우울증상을 단축형 노인우울척도SGDS: Short Form of Geriatric Depression Scale를 활용해서 측정하고 있다. 이 척도는 0~15점 범위이며, 8~15점 사이를 우울증상이 있다고 판정한다. 총 15문항을 질문하며 내용은 〈표 6-4〉와 같다(조맹제 외, 1999). 지난 일주일 동안을 기준으로 하여 자신의 상태를 잘 나타내면 '예', 잘 나타내지 않으면 '아니오'로 표기한다.

2023년 노인실태조사에서는 전체 노인의 11.3%가 우울증상이 있는 것으로 조사되었다(〈표 6-5〉 참조). 동(지역)에 거주하는 경우, 여성인 경우, 연령이 높을수록, 배우자가 없을 때, 독거가구일 때 우울증상 비율이 전체 발생비율보다 높게 나타났다. 학력이 낮을수록, 미취업상태인 경우, 소득이 낮고 기능상태에 제한이 있는 경우에도 마찬가지로 전체 발생비율보다 높은 우울증상 비율

표 6-5 한국 노인(65세 이상)의 일반특성별 우울증상

(n=10,078; 단위: %)

전체	지역		성		연령대						결혼 상태		거주형태			
	동	읍면	남자	여자	65~69	70~74	75~79	80~84	85~89	90 이상	배우자 유	배우자 무	독거	부부	자녀	기타
11.3	11.8	9.7	9.7	12.5	6.7	9.7	12.1	15.9	20.8	30.4	8.0	16.3	16.1	7.8	15.0	7.8

출처: 강은나 외(2023)

을 보였다(강은나 외, 2023).

(2) 우울장애 대처전략

노인 우울장애 치료방법으로는 생물학적 치료(약물치료 및 전기충격요법: ECT), 심리치료, 가족치료 등이 있다. 약물치료로는 항우울제인 삼환제tricyclics, 모노아민 산화효소 억제제, 세로토닌 증진제 등을 처방한다. 임상연구결과를 보면 효과와 함께 인지장애와 같은 부작용도 보고되고 있다. 전기충격요법은 약물 투여가 불가능한 극심한 우울증 환자에 한정하여 마지막 수단으로 사용한다. 심리치료로는 인지행동적 치료, 대인관계치료, 정신역동적 치료, 회고적 심리치료 등이 활용되고 있다(Hersen et al., 2013). 가족치료는 노인 한 사람만을 대상으로 하기보다 가족과 함께 협력해서 우울증에 개입하는 방식이다(Blazer, 2007).

사회복지현장에서 우울장애 대처전략은 생물학적 치료와 심리치료를 복합해서 사용하는 경우가 일반적이다. 한국에서 노인 우울증 환자를 대상으로 하는 대표적인 사회복지프로그램으로는 독거노인친구만들기 사업이 있다. 독거노인친구만들기 사업은 2020년부터 노인맞춤돌봄서비스의 특화서비스로 명칭이 변경되었다. 특화서비스는 독거 여부에 관계 없이 사회관계 단절, 우울증 등으로 집중적인 서비스가 필요한 노인을 대상으로 한다. 고립, 우울, 자살생각 등이 높은 노인을 대상으로 맞춤형 사례관리, 집단활동, 우울증 진단 및 투약 지원 등을 한다. 대상 유형은 은둔형(가족, 이웃 등과 관계가 단절되어 있으면서, 민·관의 복지지원 및 사회안전망과 연결되지 않은 65세 이상의 자)과 우울형(정신건강 문제로 인해 일상생활 수행의 어려움을 겪거나, 가족·이

웃 등과의 관계 축소 등으로 자살, 고독사 위험이 높은 65세 이상의 자)으로 구분된다. 은둔형 집단 대상 서비스는 단절된 사회적 관계 회복과 생존에 필요한 기본 욕구 충족을 성과목표로 한다. 우울형 집단 대상의 경우는 정신건강에 대한 인식 개선과 관리 능력 향상을 통한 우울증 및 자살위험 경감과 사회관계 향상을 목적으로 운영한다(보건복지부, 2024).

3. 치매

지능, 기억, 지남력, 학습능력이 급격하게 떨어지는 치매는 일반적 노화normal aging라기보다는 일부 노인에게서 발생하는 질병이다. 그럼에도 치매는 노인이 가장 두려워하는 질병이다. 노인 본인이 병세를 인지할 수 없고 주변에 피해를 줄 수 있다는 생각 때문이다. 이 책은 치매에 대한 이해를 위해서 치매 개념, 유형과 원인, 실태 및 치료방법에 대해 다룬다. 참고로 치매를 학습하기 전에 희귀성 치매에 걸린 여교수의 변화 과정을 담아낸 영화 〈스틸 앨리스Still Alice〉(2014)를 볼 것을 추천한다.

1) 치매 개념과 유형

(1) 치매 개념

치매는 현대 노인에게는 세기의 질병이라 할 만큼 심각하며, 노인이 가장 두려워하는 질병이다(최해경, 2020). 과거에는 치매를 노망, 망령으로 부르면서 노년기에 당연히 겪는 노화 현상으로 보았다. 하지만 현재는 분명한 뇌질환으로 기질성 장애[2]로 인식된다. 치매는 정신기능 상실로 개인의 생애주기를 통

2 신체 장기나 조직에 이상이 생겨 나타나는 장애를 뜻한다.

해 정상적으로 발달된 정신적 능력이 저하될 때를 일컫는다(Blazer, 2007). 특히 인지기능(기억력, 언어능력, 시공간파악능력, 판단력 및 추상적 사고력) 장애와 망상, 환각, 성격변화, 배회 등과 같은 정신행동증상을 보인다. 즉, 치매는 정상적으로 생활해오던 사람이 노년기에 다양한 원인에 의해 뇌기능이 손상되면서 과거에 비해 기억력과 인지기능이 저하되어 일상생활에 상당한 지장이 초래된 상태를 의미한다(서울대병원, 2024). 일본에서는 치매가 수치심을 유발하는 단어라고 보고, 2004년부터 치매 대신 인지증認知症이란 용어를 사용하고 있다(이병문, 2018).

미국정신의학회APA: American Psychiatric Association의 정신질환 진단 및 통계 편람(DSM-5)에서는 복합주의력, 실행기능, 학습 및 기억, 언어능력, 지각-운동기능/사회적 인지 중 한 가지 이상의 인지 영역이 심각하게 손상된 경우를 치매에 해당된다고 본다(최해경, 2020). 이는 치매가 어떤 하나의 질병명이 아니며 기억, 언어, 판단력 등 여러 영역의 인지기능이 떨어져서 나타나는 증상들의 묶음으로 접근해야 함을 의미한다(노인성치매임상연구센터, 2024). 정상적인 노인의 기억력 저하와 치매노인의 기억력 저하는 〈표 6-6〉과 같이 구분된다.

치매가 의심되는 노인을 일차적으로 선별하는 척도로 간이정신상태검사MMSE: Mini-Mental State Examination, 한국판 임상치매평가척도Clinical Dementia Rating, 한국판 전반적 퇴화척도Global Deterioration Scale, 하세가와 치매척도HDS: Hasegawa Dementia Scale 등이 있다(구본대 외, 2011). 중앙치매센터(2023)는 치매 자가진단 체크리스트를 활용해서 기억력과 연관된 어려움의 경험 정도(예: 최근 일어난 일, 며칠 전 나눈 대화 내용, 며칠 전에 한 약속, 친한 사람 이름, 물건이나 장소의 이름 등을 기억하기 어려움)

표 6-6 기억력 저하 구분: 정상노인 및 치매노인

정상노인의 기억력 저하	치매노인의 기억력 저하
뇌의 자연적인 노화 현상이 원인이다.	뇌의 질병이나 손상이 원인이다.
경험한 것의 일부를 잊어버린다.	경험한 것의 전체를 잊어버린다.
잊어버리는 것이 많아져도 진행되지 않는다.	기억장애가 점차 심해지며 판단력도 저하된다.
잊어버린 사실을 스스로 안다.	잊어버린 사실 자체를 모른다.
일상생활에 지장이 없다.	일상생활에 지장을 받는다.

출처: 노인성치매임상연구센터(2024)

로 개인이 쉽게 치매 증상을 점검할 수 있게 하고 있다. 우리나라에서 표준화되어 가장 널리 사용되는 치매 선별용 한국어판 간이정신상태검사Korean version of MMSE for Dementia Screening: MMSE-DS 척도는 〈표 6-7〉을 참조하기 바란다.

표 6-7 치매 선별용 한국어판 간이정신상태검사(MMSE-DS)

1. 올해는 몇 년도입니까?	0	1
2. 지금은 무슨 계절입니까?	0	1
3. 오늘은 며칠입니까?	0	1
4. 오늘은 무슨 요일입니까?	0	1
5. 지금은 몇 월입니까?	0	1
6. 우리가 있는 이곳은 무슨 도/특별시/광역시입니까?	0	1
7. 여기는 무슨 시/군입니까?	0	1
8. 여기는 무슨 구/동/읍/면입니까?	0	1
9. 우리는 지금 이 건물의 몇 층에 있습니까?	0	1
10. 이 장소의 이름이 무엇입니까?	0	1
11. 제가 세 가지 물건의 이름을 말씀드리겠습니다. 끝까지 다 들으신 다음에 세 가지 물건의 이름을 모두 말씀해 보십시오. 그리고 몇 분 후에는 그 세 가지 물건의 이름들을 다시 물어볼 것이니 들으신 물건의 이름을 잘 기억하고 계십시오. 나무 자동차 모자 이제 000님께서 방금 들으신 3가지 물건 이름을 모두 말씀해 보세요.		
나무	0	1
자동차	0	1
모자	0	1
12. 100에서 7을 빼면 얼마가 됩니까?	0	1
거기에서 7을 빼면 얼마가 됩니까?	0	1
거기에서 7을 빼면 얼마가 됩니까?	0	1
거기에서 7을 빼면 얼마가 됩니까?	0	1
거기에서 7을 빼면 얼마가 됩니까?	0	1
13. 조금 전에 제가 기억하라고 말씀드렸던 세 가지 물건의 이름이 무엇인지 말씀하여 주십시오.		
나무	0	1
자동차	0	1
모자	0	1
14. (실제 시계를 보여주며) 이것을 무엇이라고 합니까?	0	1
(실제 연필을 보여주며) 이것을 무엇이라고 합니까?	0	1
15. 제가 하는 말을 끝까지 듣고 따라해 보십시오. 한 번만 말씀드릴 것이니 잘 듣고 따라 하십시오. 간장공장공장장	0	1
16. 지금부터 제가 말씀드리는 대로 해 보십시오. 한 번만 말씀드릴 것이니 잘 들으시고 그대로 해 보십시오. 제가 종이를 한 장 드릴 것입니다. 그러면 그 종이를 오른손으로 받아, 반으로 접은 다음, 무릎 위에 올려놓으십시오.		
오른손으로 받는다.	0	1
반으로 접는다.	0	1
무릎 위에 놓는다.	0	1

17. (겹친 오각형 그림을 가리키며) 여기에 오각형이 겹쳐져 있는 그림이 있습니다. 이 그림을 아래 빈 곳에 그대로 그려보십시오. 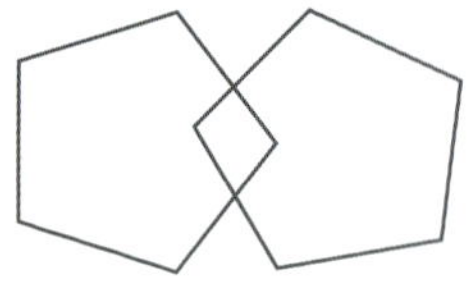	0	1
18. 옷은 왜 빨아서 입습니까? 19. "티끌 모아 태산"은 무슨 뜻 입니까?	0 0	1 1
총 점		/30

<판정>
확정적 정상(24점 이상), 치매의심(20~23점), 확정적 치매(19점 이하)
* 무학, 문맹의 경우 : 시행점수+4점(시간지남력(1), 주의집중력(2), 언어기능(1))
출처: 한국치매예방센터(2018)

(2) 유형(원인) 및 증상

치매의 유형은 일반적으로 발생원인에 따라 구분한다. 치매를 유발하는 원인 질환은 현재까지 80~90가지 알려져 있지만(〈표 6-8〉 참조) 그중에서도 '알츠하이머병으로 인한 치매', '혈관성 치매', '루이체병으로 인한 치매'가 3대 유형으로 보고되고 있다(질병관리본부, 2024). 알츠하이머병은 독일 정신과 의

표 6-8 치매 원인 질환

유형	질환
퇴행성뇌질환	알츠하이머병, 픽병, 루이체병, 파킨슨병, 진행성핵상마비 등
뇌혈관질환	뇌경색, 뇌출혈 등
결핍성질환	베르니케뇌증, 비타민 B12 결핍증 등
대사성질환	저산소증, 갑상선기능저하증, 간성뇌병증, 요독증, 윌슨병 등
중독성질환	알코올중독, 일산화탄소중독, 약물중독, 중금속중독 등
감염성질환	신경매독, 크로이츠펠트야코프병, 후천성면역결핍증 등
수두증	정상압수두증 등
뇌종양	뇌수막종 등
뇌상	뇌좌상 등

출처: 김기웅 외(2017)

표 6-9 치매 3대 유형별 증상

구분	증상	예시
알츠하이머병으로 인한 치매	• 기억, 방향, 판단, 추론능력의 손상 • 실어증, 운동능력 손상, 계획, 조직화, 순서화에 어려움을 겪음	• 중요한 사건을 잊어버린다. • 물건을 잃어버린다. • 초조, 혼란, 우울, 공격적인 모습을 보인다.
혈관성 치매	• 정보처리 속도 저하	• 복잡한 의사결정을 처리하는 데 오랜 시간이 걸린다.
루이체병으로 인한 치매	• 민첩함, 주의집중의 손상 • 생생한 환각, 운동기능 손상	• 환시, 환청 증상이 나타난다. • 경직, 느린 행동, 몸의 떨림과 같은 파킨슨병 증상이 나타난다.

출처: Durand and Barlow(2024), 노인성치매임상연구센터(2024)를 바탕으로 재구성

사 알로이스 알츠하이머Alois Alzheimer의 이름을 딴 질병으로 대뇌피질이 장애를 일으키는 노인성 치매이다. 혈관성 치매는 뇌에 있는 혈관이 막히거나 손상을 받아 산소와 영양분을 뇌세포로 운반하지 못해 나타나는 장애로, 뇌졸중에 걸린 이후 발생한다. 루이체는 비정상적으로 응집된 단백질 덩어리로, 루이체병은 뇌세포를 손상시키는 단백질이 미세하게 축적되면서 발생한다(Durand and Barlow, 2016/2018). 각 유형의 증상은 〈표 6-9〉와 같다.

또한 치매 단계는 초기, 중기, 말기로 구분된다. 초기 치매는 최경도 및 경도 치매로서 최근 기억력 감퇴, 생활에 대한 무관심, 무기력 등이 주요 증상이다. 최경도와 경도의 초기 치매는 노인이 일상생활을 스스로 독립적으로 하는 데 있어 큰 무리가 발생하지는 않으며 증상은 다음과 같다.

- 오래전에 경험했던 일은 잘 기억하나, 조금 전에 했던 일 또는 생각을 자주 잊어버린다.
- 음식을 조리하다가 불 끄는 것을 잊어버리는 경우가 빈번해진다.
- 돈이나 열쇠 등 중요한 물건을 보관한 장소를 잊어버린다.
- 물건을 사러 갔다가 어떤 물건을 사야 할지 잊어버려 되돌아오는 경우가 있다.
- 미리 적어두지 않으면 중요한 약속을 잊어버린다.
- 평소 잘 알던 사람의 이름이 생각나지 않는다.
- 조금 전에 했던 말을 반복하거나 물었던 것을 되묻는다.

- 일반적인 대화에서 정확한 낱말을 구사하지 못하고 '그것', '저것'이라고 표현하거나 우물쭈물한다.
- 관심과 의욕이 없고 매사에 귀찮아한다.
- '누가 돈을 훔쳐갔다', '부인이나 남편이 바람을 피운다'는 등 남을 의심한다.
- 과거에 비해 성격이 변한 것 같다.

치매 중기에는 기억력 등의 인지기능 능력이 떨어져서 일상생활에서 혼자 생활하는 데 지장이 생기며, 과거부터 사용해온 기기를 작동하기 어려워하거나 시간 및 공간, 지남력 감퇴 등이 나타난다. 치매 중기의 증상은 다음과 같다.

- 돈 계산이 서툴러진다.
- 전화, TV 등 가전제품을 조작하지 못한다.
- 음식 장만이나 집안 청소를 포함한 가사 혹은 화장실이나 수도꼭지 사용 등을 서투르게 하거나 하지 않으려고 한다.
- 외출 시 다른 사람의 도움이 필요하다.
- 오늘이 며칠인지, 지금이 몇 시인지, 어느 계절인지, 자신이 어디에 있는지 등을 파악하지 못한다.
- 평소 잘 알고 지내던 사람을 혼동하기 시작하지만 대개 가족은 알아본다.
- 적당한 낱말을 구사하는 능력이 더욱 떨어져 어색한 낱말을 둘러대거나 정확하게 말하지 못한다.
- 다른 사람들이 말하는 것을 이해하지 못하여 엉뚱한 대답을 하거나 그저 "예"라는 말로 대신하기도 하고 대답을 못하고 머뭇거리거나 화를 내기도 한다.
- 신문이나 잡지를 읽기는 하지만 내용을 전혀 파악하지 못하거나 읽지 못한다.
- 익숙한 장소임에도 불구하고 길을 잃어버리는 경우가 발생한다.
- 집안을 계속 배회하거나 반복적인 행동을 거듭한다.

치매 말기는 다양한 문제행동으로 인해서 더 이상 가정에서 혼자 사는 것이 불가능하다(김기웅 외, 2017). 증상은 다음과 같다.

- 식사, 옷 입기, 세수하기, 대소변 가리기 등에 대해 완전히 다른 사람의 도움을 필요로 한다.
- 대부분의 기억이 상실된다.
- 집안 식구들도 알아보지 못한다.
- 자신의 이름, 고향, 나이도 기억하지 못한다.
- 혼자서 웅얼거릴 뿐 무슨 말을 하는지 그 내용을 전혀 파악할 수 없다.
- 한 가지 단어만 계속 반복한다.
- 발음이 불분명해진다.
- 종국에는 말을 하지 않는다.
- 얼굴 표정이 사라지고 보행장애가 심해지며 근육이 더욱 굳어지는 등 파킨슨병 양상이 더욱 심해진다. 간질증상이 동반될 수도 있다.
- 결국은 모든 기능을 잃게 되면서 누워서 지내게 된다.

(3) 치매 행동심리증상

치매노인이 보이는 문제가 되는 행동을 국제정신의학회 IPA: International Psychogeriatrics Association는 행동심리증상 BPSD: Behavioral and Psychological Symptom of Dementia이라는 용어로 통일하여 표현하고 있다. 주로 지각, 사고내용, 정동(겉으로 드러난 감정) 혹은 행동증상으로 치매노인을 돌보는 가족에게 부양부담이나 스트레스를 유발한다(김경숙, 최은숙, 박성애, 2007).

심리증상으로는 망상 delusion, 환각 hallucination, 편집증 paranoia, 우울증 depression, 불안 anxiety, 반복 reduplication, 착오 misidentification 등을 보인다. 행동증상으로는 공격성 aggression, 배회 wandering, 수면장애 sleep disturbance, 부적절한 식사행동 inappropriate eating behavior, 부적절한 성행동 inappropriate sexual behavior 등이 대표적이다(한일우, 2007). 〈표 6-10〉은 가족돌봄 제공자가 치매의 행동심리증상을 이해할 수 있도록 증상별 상황 및 사례를 기술한 것이다(송준아 외, 2015).

표 6-10 치매노인 행동심리증상별 상황 및 사례

행동심리증상	상황	사례
공격성	옷 입기	가족이 옷을 갈아입자고 하며 옷을 벗기려 할 때 공격성을 보인다
	목욕	가족이 몸을 씻기려 할 때 공격성을 보인다
	식사	식사에 독이 들어 있다고 하여 식사를 거부하며 억지로 먹이려 할 때 공격성을 보인다
초조행동	반복행동	거실에서 계속 왔다갔다하고, 짐을 쌌다 풀었다 하며, 침을 뱉는다
	반복언어	가족에게 누구냐고 계속해서 물어본다
무감동	-	가족이 계속 부르면서 활동에 참여하길 권유해도 아무런 반응을 보이지 않는다
망상	피해망상	가족이 자신을 괴롭힌다고 한다
	도둑망상	가족이 자신의 목걸이를 훔쳐갔다고 한다
환각	환시	검은 옷을 입은 사람이 와서 들여다본다고 한다
	환청	주위에 아무도 없는데도 누군가와 대화를 하듯 중얼거린다
배회	집에 가자고 고집을 부리는 상황	집에 가자며 계속해서 조른다
	집안에서의 배회	계속적으로 집안을 서성거린다
부적절한 배설행동	배변 사실을 인지하지 못하는 상황	옷에 대변을 본 것을 인지하지 못한다
	화장실이 아닌 곳에 배설하는 상황	화장실을 찾지 못해 서성이다가 거실에서 소변을 보려고 한다
부적절한 식사행동	시도 때도 없이 밥을 달라고 하는 상황	방금 식사를 했음에도 계속적으로 밥을 달라고 요구한다
	한 가지 음식만 먹는 상황	식사 시 한 가지 음식만 지속적으로 먹는다

출처: 송준아 · 박재원 · 천홍진 · 박명화(2015)

2) 치매 실태(발생률, 인식도)와 개입전략

(1) 치매노인 실태

중앙치매센터에서는 2023년 우리나라 65세 이상 노인 중 치매 유병률은 10.41%(98만 명), 60세 이상 노인 치매 유병률은 7.40%(101만 명)로 추정된다고 발표했다. 성별로는 남성이 39.28%, 여성이 60.72%였다. 연령대별로는 60~64세 2.55%, 65~69세 4.52%, 70~74세 8.52%, 75~79세 19.24%,

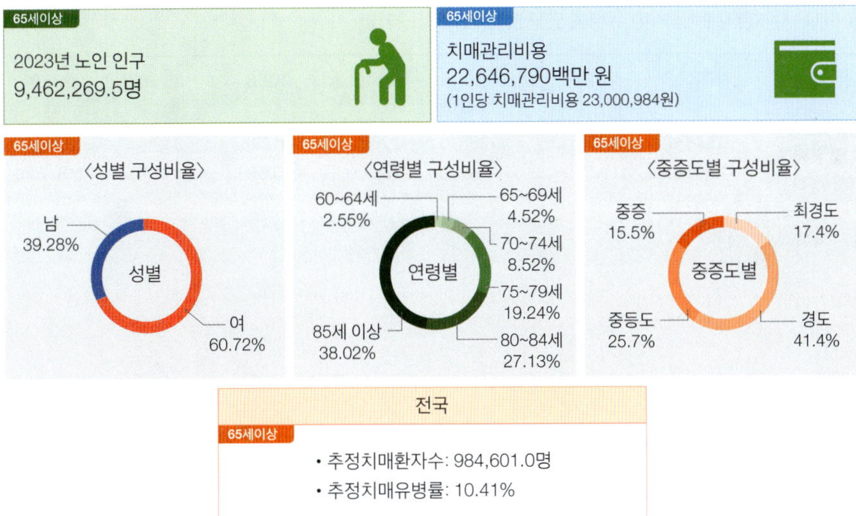

그림 6-1 2023년 노인인구 및 치매관리비용 통계

출처: 중앙치매센터(2024)

80~84세 27.13%, 85세 이상 38.02% 등의 비율을 차지했다. 중증도별로는 최경도 17.4%, 경도 41.4%, 중등도 25.7%, 중증 15.5%이었다. 2023년 65세 이상 치매관리비용은 226조 4679억 원이며, 1인당 치매관리비용은 2천3백만 원이었다(〈그림 6-1〉 참조).

향후 예측되는 치매 유병률은 2030년 136만 명(10.56%), 2050년 302만 명(16.09%)이었다(중앙치매센터, 2018). 최근에는 〈표 6-11〉에 보이듯이 2030년 142만 명, 2040년 226만 명, 2050년 315만 명, 2060년 340만 명, 2070년 334만 명을 넘을 것으로 예측하고 있다(이지수 외, 2023). 또한 치매유형별 분포는 알츠하이머형 치매가 74.4%으로 가장 높은 비율을 차지했고, 8.7%가 혈관성 치매, 그리고 16.8% 기타 치매로 분석되었다.

특히 치매위험인자 분석결과, 고령(60~64세에 비해 치매위험이 75~79세는 5.8배, 80~84세는 17.5배, 85세 이상은 35.2배), 여성(1.9배), 무학(4.2배), 문맹(읽기 불능 5.9배, 쓰기 불능 10.1배)이거나 빈곤(4.7배), 배우자 부재(사별 2.7배, 이혼/별거/미혼 4.1배), 우울(4.6배)을 겪는 경우, 머리와 뇌가 손상을 입은 경우(2.4배) 치매위험이 높았다. 운동량이 중강도 이상인 노인은 그렇지 않은 노인들에 비해 치매위험이 0.3배 낮은 것으로 분석되었다(중앙치매센터, 2018).

표 6-11 치매환자수 및 치매 유병률 연도별 추계(2023-2070)

연도	2023	2024	2030	2040	2050	2060	2070
치매환자수 및 유병률 (65세 이상)	98.4만 (10.4%)	105만 (10.5%)	142만 (10.9%)	226만 (13.1%)	315만 (16.6%)	340만 (18.2%)	334만 (18.9%)

출처: 이지수 외(2023)

(2) 치매인식 및 태도

치매인식은 치매에 대한 올바른 지식을 갖추고 있는지를 기준으로 평가한다. 치매인식도 문항은 치매의 원인, 역학, 제도 등에 대해 '예/아니오'로 응답하도록 구성되어 있으며, 점수가 높을수록 치매에 대한 인지수준이 높다고 본다(조명제 외, 2008). 치매에 대한 올바른 인식과 지식수준을 평가하기 위한 척도로는 서울대학교병원의 조명제 외(2008)가 개발한 치매인식도 조사가 일반적으로 사용되고 있다. 중앙치매센터에서 실시한 조사(전국 60세 이상 5,056명)에서 한국 노인 치매인식도는 15점 만점에 평균 9.9점(표준편차 1.9)이었으며, 100점으로 환산할 경우는 65.9점 수준이었다(김기웅 외, 2017). 치매인식도 조사항목은 〈표 6-12〉와 같다.

다음으로 치매태도는 개인이 주관적으로 인식하는 치매나 치매환자에 대한 정서적 태도 혹은 행위와 관련된다(김근홍 외, 2015). 치매질환, 치매노인을 인식하는 개인의 생각이나 의견은 인지정서적 태도를 형성하고, 이 태도는 기피 혹은 접근 의향을 반영한 행동으로 이어진다(이지은·장윤정, 2016). 앞서 살펴본 치매인식도가 치매에 대해 올바른 지식을 갖춘 정도를 의미한다면, 치매태도는 치매와 치매환자에 대해 가지는 긍정 혹은 부정적인 개인의 정서적 경향성에 초점을 둔다. 김고은(2010)은 치매노인태도를 수용, 거부, 거리감, 친근감 등의 하위차원으로 구분하였다. 질문지 양극단에 상반되는 형용사를 배치하고 본인의 태도가 어디에 가까운지 청소년, 일반성인, 노인 등을 대상으로 답하게 하는 형식으로 측정한다(이지은·장윤정, 2016). 문항의 예시로는 '일상생활에서 치매노인과 더 접할 수 있는 기회가 있어도 상관없다', '치매노인도 주변 사람과 잘 어울려 지낼 수 있는 능력이 있다', '가족이 치매에 걸리면 체면

표 6-12 치매인식도 조사항목

문항내용	정답	정답률	영역
1. 나이가 들면 누구나 치매에 걸린다.	아니오	56.8%	원인
2. 치매는 뇌의 병이다.	예	85.3%	원인
3. 남자보다 여자가 치매에 잘 걸린다.	예	64.9%	역학 및 제도
4. 뇌졸중(중풍) 때문에 치매가 생길 수 있다.	예	65.9%	원인
5. 술을 많이 마시면 치매에 걸리기 쉽다.	예	69.4%	원인
6. 노인은 100명 중 한 명 꼴로 치매에 걸릴 수 있다.	아니오	28.8%	역학 및 제도
7. 부모가 치매환자면 자식도 치매에 걸리게 된다.	아니오	43.0%	원인
8. 옛날 일을 잘 기억하면 치매가 아니다.	아니오	43.7%	증상 및 진단
9. 치매에 걸리면 성격이 변할 수 있다.	예	91.9%	증상 및 진단
10. 치매에 우울증이 동반된다.	예	85.3%	증상 및 진단
11. 치매는 혈액검사로 진단한다.	아니오	65.7%	증상 및 진단
12. 치매는 치료가 불가능하다.	아니오	46.2%	치료 및 예방
13. 일찍 치료를 시작하면 치매 진행을 늦출 수 있다.	예	93.0%	치료 및 예방
14. 규칙적인 운동이 치매 예방에 도움이 된다.	예	94.0%	치료 및 예방
15. 치매환자는 모두 장애인으로 등록할 수 있다.	아니오	54.2%	치료 및 예방

출처: 조명제 외(2008)

이나 주위 사람의 시선이 신경 쓰인다' 등이 있다(장윤정 · 이지은, 2014).

또 다른 치매태도 평가도구로는 멜리사Melissa 등이 2010년 개발한 치매태도척도DAS: Dementia Attitudes Scale가 있는데, 인지적 측면을 평가하는 10문항과 정서 및 행동을 평가하는 10문항으로 구성되어 있다. 이수영 외(2021)는 중앙치매센터의 치매 인식도 평가도구 마련 및 조사연구 과제를 통해서 치매태도척도(DAS)의 신뢰도 및 요인분석을 통해서 2개 차원의 13개 한국형 척도를 개발하였다. 치매노인을 도와주기 위해 다가가는 행동적 측면인 '인지/이해' 요인(7문항)과 치매와 치매환자에 대한 두려움 및 사회적 수용 태도로 나타나는 정서적 측면인 '수용/융화' 요인(6문항)으로 구성되어 있다. 우리나라 성인(19세 이상) 1,200명을 대상으로 설문조사를 하였다. 인지/이해 차원은 '치매 환자도 존중받을 권리가 있다' 항목의 평균이 가장 높았으며, '주변에 치매 환자가 있다면 치매 지원 서비스를 받을 수 있도록 도와줄 것이다', '치매 환자가 기쁨과 슬픔을 느낀다', '나는 치매 환자가 도움을 요청하면 최선을 다해 도와 줄 것이다', '치매가 있다는 것은 부끄러운 일이다', '치매 환자를 돌보는 것은 보람 있는 일이다', '나는 치매에 대해 잘 알고 있다' 순이었다. 수용/융화 차원은 '치매가 있어도 충분히 행복하게 살 수 있다', '나는 치매 환자와 가까이 하고 싶지 않다', '치매 환자의 문제행동도 충분히 조절이 가능하다', '나는 치매 환자와 연관되고 싶지 않다', '나는 치매 환자가 두렵다', '치매 환자의 가족은 절망스러울 것이다' 순이었다. 치매 태도를 100점으로 환산했을 때 평균이 59.3점이었다. 인지/이해 차원은 평균 70.8점으로 수용/융화 차원의 평균 45.9점보다 높았다. 치매에 대해 인지하고 이해하지만, 수용과 융화로 이어지지 못하는 치매태도 실태를 보여준다.

(3) 치매 대응전략

치매는 완치 가능한 원인으로 발생한 가역성 치매와 반가역성 치매, 비가역성 치매로 구분된다. 치매는 90%가 비가역성 치매로 예방이 무엇보다도 중요하다고 할 수 있다. 예방방법으로 신체적 건강 유지(꾸준한 운동), 취미생활, 두뇌활동, 친구들과 지속적인 관계 유지, 스트레스 관리, 체중 관리(정상체중 유지), 추운 날씨 외출 삼가기, 변비 치료, 음주/담배/카페인 삼가기, 보청기 및 안경 착용 등이 있다(질병관리본부, 2024). 치매 종류별로 간략한 주요 위험요인과 치료예방법은 〈표 6-13〉과 같다.

일반적으로 치매에 대한 개입은 약물치료와 비약물치료로 구분된다. 약물치료는 인지기능 치료와 정신행동증상 치료로 나뉜다. 주로 알츠하이머병 환자에 사용하는 대표적인 인지기능개선제cognitive enhancer로는 아세틸콜린분해효소억제제AChEI: Acetylcholinesterase inhibitor와 NMDA수용체길항제NMDA receptor antagonist가 있다. 정신행동증상 치료 약물은 환자가 공격적 행동이나 의심을 하는 편집증적 행동을 보일 때, 초조해하며 안절부절 못하거나 무기력과 우울을 보이는 정동 장애[3]가 있을 때 처방한다. 약물은 증상별로 다르게 사용하며, 종류로는 항경련

3 기분조절이 어렵고 비정상적인 기분이 장시간 지속되는 장애로, 기분을 조절하는 뇌의 부위에 이상이 생겨

표 6-13 치매 종류별 위험요인과 치료예방

구분	종류	주요 위험원인	치료 및 예방
비가역성 치매	퇴행성 뇌질환에 의한 치매: 알츠하이머병, 전측두엽 치매, 루이체병 치매 등	고령, 가족력, 저학력, 우울증, 성별(여성), 흡연, 두부 손상력 등	• 초기에 진단을 받으면 인지기능 개선제를 통하여 질병의 진행 지연 가능 • 중기 이후는 정신행동증상에 따라 대처하는 대증적 치료 병행
반가역성 치매	뇌혈관성 치매	고혈압, 심장병, 당뇨병, 동맥경화, 고지혈증, 흡연 등	• 위험요인을 관리하면 예방 가능 • 인지기능개선제, 항혈소판제제, 항응고제 등의 치료제 사용
가역성 치매	대사성 치매, 뇌종양에 의한 치매, 영양결핍에 의한 치매 등	갑상선기능저하증, 경막하출혈, 정상압뇌수종, 양성뇌종양, 비타민 B12 결핍 등	• 원인 문제를 해결하면 치료 가능

출처: 김기웅 외(2017)

약물(초조, 공격성), 항우울약물(우울, 불안, 초조, 수면장애), 항정신병약물(망상, 환각, 초조, 공격성), 항불안약물(수면장애, 불안, 공격성) 등이 있다(노인성치매임상연구센터, 2024).

비약물치료는 노인 치매 증상을 완화하고 삶의 질을 높이기 위한 방법 중 약물 치료를 제외한 모든 방법으로 치매노인 본인과 가족을 위한 치료까지 포괄한다. 비약물치료 종류는 운동치료(관절과 근육을 가장 효율적이고 안전한 방법으로 움직이도록 치료), 현실인식훈련(체계적인 정보를 제공하여 현재 자신과 주변 환경에 대한 기본적인 사실을 다시 인식하게 하는 훈련), 인지훈련치료(기억력, 집중력, 시공간능력, 실행능력, 판단력 등 인지기능 향상 훈련), 회상치료(치매 노인이 간직하고 있는 오랜 기억을 매개로 뇌를 자극하여 환자 기억력과 기분을 개선하는 치료), 인지자극치료(인지 및 사회 기능의 일반적인 향상을 위한 광범위한 활동), 음악치료(음악적 관계를 통해 심신의 건강을 회복, 수정, 개선하는 치료기법) 등이 활용되고 있다(중앙치매센터, 2024).

발생한다. 우울증과 조울증이 대표적인 정동 장애이다(서울아산병원, 2019).

| 더 알아보기 |

치매로 인한 간병 살인

○○지역의 한 아파트에서 80대 어머니와 60대 아들이 숨진 채 발견됐다. 치매 어머니를 돌보던 아들이 생활고에 시달리다가 극단적 선택을 한 것이다. △△지역에서는 10년간 지극 정성으로 치매에 걸린 아내를 간병하던 80대 남편이 아내 살해 혐의로 붙잡혔다. 남편 본인도 자살시도를 한 흔적이 있었으며, 발견된 유서에는 "그동안 너무 힘들었다. 자식들에게 미안하다"라고 적혀 있었다. 스스로를 보살피기도 힘겨운 노인이 배우자를 돌보면서 생활이 어려워지자 범행을 저지른 것이었다.

이처럼 배우자나 부모의 치매 간병을 하던 가족구성원이 목숨을 끊는 사건이 잇따르고 있다. 전문가들은 노인의 인권과 삶의 질을 위해 치매노인 돌봄의 책임을 지역사회와 정부가 나눠야 한다고 강조한다.

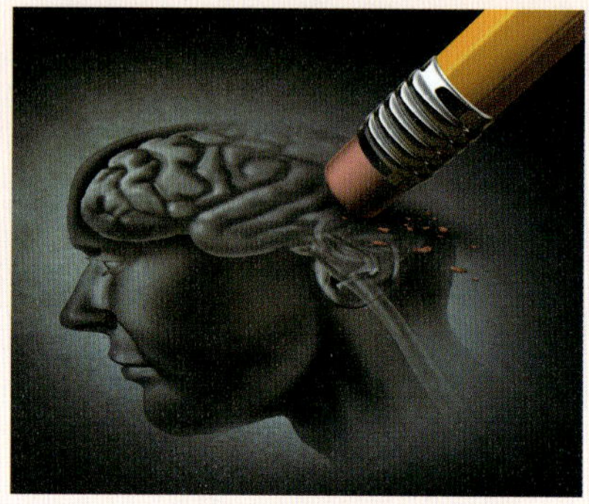

노인이 가장 두려워하는 질병인 치매는 본인뿐 아니라 간병하는 가족구성원의 일상생활에 상당한 지장을 초래한다. 따라서 치매노인 돌봄의 책임에 대한 사회적 논의가 필요하다.

4. 자살

1) 노인자살 및 자살 생각의 실태

자살은 스스로 삶을 중단하는 극단적인 선택으로, 죽고 싶다는 소극적 바람에서부터 자살에 대한 생각, 구체적인 계획과 시도, 그리고 실제 자살로 이어지기까지에 이르는 일련의 과정이다. 자살률은 한 사회가 어느 정도 살 만한 곳인지를 나타내는 삶의 질 지표 중 하나라는 점에서 주목할 필요가 있다.

2023년 사망원인통계에 의하면 한국 전체 인구의 연령표준화 자살률은 인구 10만 명당 24.8명으로, OECD 평균인 10.7명의 2배 이상이며, OECD 회원국 가운데 가장 높다. 한국은 노인자살률 또한 2019년 기준으로 OECD 회원국 중 가장 높다. 두 번째로 높은 노인자살률을 보이는 슬로베니아와도 적지 않은 격차가 있다.

한국의 65세 이상 노인자살률은 2010년 10만 명당 약 82명으로 가장 높은 수치를 보인 후 꾸준히 감소해 2022년 39명으로 낮아졌다. 그러나 한국의 노인은 비노인에 비해 자살로 생을 마감하는 비율이 여전히 높고, 연령이 높아짐에 따라 자살로 인한 사망률은 증가한다.

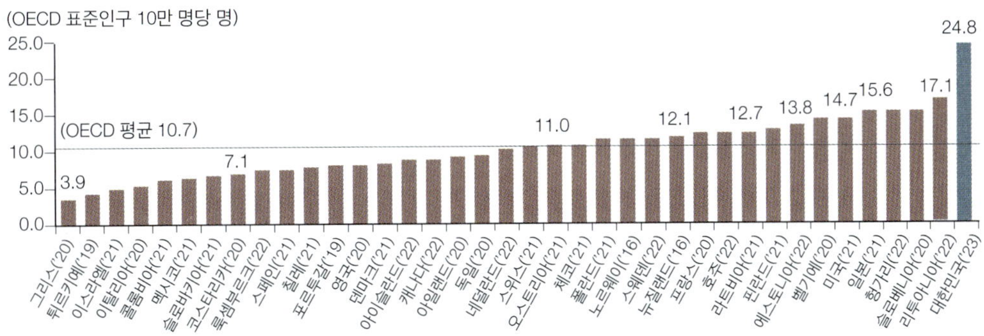

그림 6-2 2023년 OECD 회원국의 연령표준화 자살률

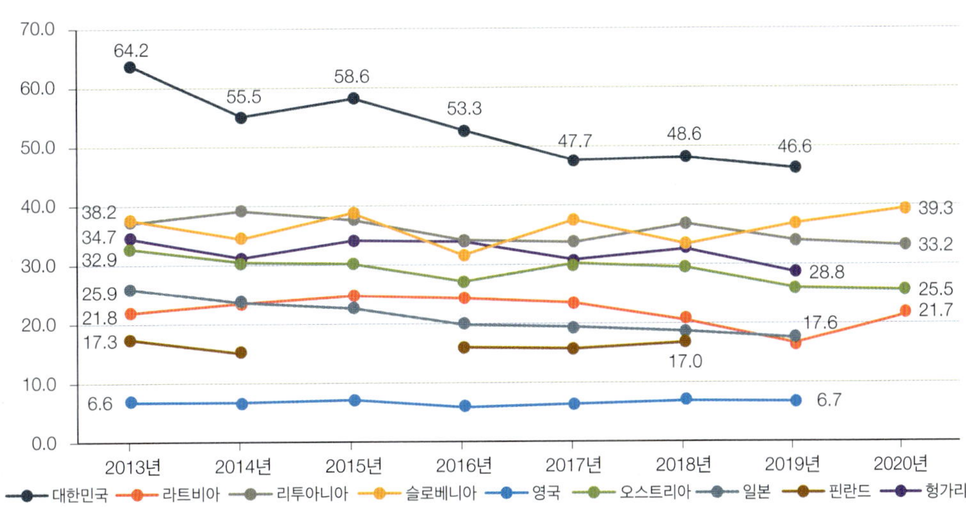

그림 6-3 주요국의 65세 이상 노인 자살률 추이

표 6-14 한국의 65세 이상 노인자살률

(단위: 10만 명당 명)

	60세-69세	70세-79세	80세 이상
전체	30.7	39.0	59.4
남성	46.6	63.9	115.8
여성	15.3	18.0	29.6

출처: 통계청(2024)

2023년 60대의 자살률은 30.7명, 70대는 39명, 80대 이상은 59.4명으로 연령의 증가는 자살에 대한 취약성을 높인다. 성별에 따라서도 자살률은 주목할만한 차이를 보인다. 60대 남성의 자살률은 여성보다 3배, 70대는 3.5배, 80대는 3.9배 높았다(〈표 6-14〉 참조).

2023년 노인실태조사에 의하면 1.0%의 노인은 지난 1년간 자살을 생각해본 적이 있었다(강은나 외, 2024). 2017년 노인인권실태조사에서는 1,000명의 65세 이상 노인 중 26%가 자살을 생각해 본 적이 있는 것으로 확인되었다(원영희 외, 2017). 농산어촌보다 도시에 사는 노인일수록, 남성 노인보다 여성 노인인 경우, 배우자가 없는 경우, 질병이 있는 경우, 그리고 교육 수준과 경제적 수준이 낮을수록 자살에 대해 생각하는 경향이 높았다(강은나 외, 2024).

2) 자살의 원인 및 관련 요인

스스로 생을 마감하는 비극적 선택을 하는 원인은 단순하지 않다. 노인자살의 원인은 자살의 취약성 요인과 자살 촉발 사건으로 나누어 생각해 볼 수 있다. 노인자살을 야기하는 취약성 요인은 개인적 특성과 가족 등의 환경적 특성으로 나뉜다.

먼저 노인자살과 관련된 개인의 주요 특성은 경제적 어려움과 건강 등이다. 한국의 높은 노인빈곤율은 높은 자살률과 깊이 관련되어 있다. 한국의 경제성장률과 노인 자살률 추이를 제시한 〈그림 6-4〉에서 확인되는 바와 같이 한국의 노인자살률은 1998년 외환위기 이후에 1차 급등기, 2008년 금융위기 이

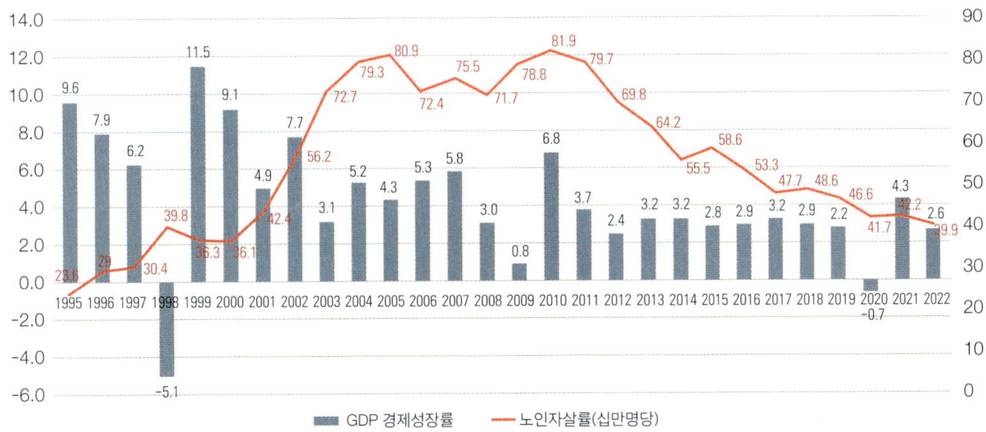

그림 6-4 연도별 노인자살률과 GDP 경제성장률

출처: 서울신문(2015)

후에 2차 급등기를 맞는다. 경제적 위기가 발생한 이후 노인자살이 증가하는 패턴이 반복되는 것은 노인자살이 경제적 어려움 즉 빈곤과 밀접하게 연관되어 있음을 시사한다.

신체적, 정신적 건강은 노인이 자살을 고려하게 하는 또 다른 원인이다. 노인실태조사에 의하면 자살을 생각해 본 노인 중 47.8%는 신체적 어려움 때문에, 5.9%는 정신적 어려움 때문에 자살을 생각한 것으로 나타났다(강은나 외, 2024). 신체적·정신적 고통이나 다른 사람의 도움에 의존해야 하는 상황은 노인이 삶보다 죽음을 선택하는 원인으로 작동한다.

경제적 어려움, 건강 이외에도 노인의 자살에 영향을 미치는 요인은 매우 다양하다. 노인의 연령, 우울감, 외래 진료횟수가 높을수록, 그리고 혼자 살거나 가족 또는 자녀와의 관계에 대한 만족도가 낮을수록 자살에 대한 생각은 높게 나타나며, 자살에 대한 생각이 자살의 구체적 계획 단계로 이행될 가능성 역시 마찬가지이다. 자살 계획을 실제로 실행할 가능성은 연령과 우울감이 높을수록, 그리고 혼자 살거나 가족관계에 대한 만족도가 낮을수록 증가한다는 점은 동일하다(도문학·허만세, 2015).

노인자살률은 지역에 따라서도 차이를 보인다. 한국생명존중희망재단의 자살통계에 의하면 2023년 65세 이상 노인의 지역별 자살률은 충남(59.8), 강원(55.7)이 상대적으로 높고, 서울(35.4), 대구(36.7)가 비교적 낮은 것으로 확인된다(한국생명존중희망재단, 2025 내려받음). 이러한 노인자살률의 지역별 편차는 노인복지서비스를 비롯한 노인복지의 정책적 환경과 관련되어 있으며 이는 자살이 개인적인 사건이자 동시에 사회적 현상임을 의미한다.

자살을 촉발하는 사건은 주로 대인관계에 관한 것들이다. 배우자나 자식 등 주요한 의미를 갖는 사람과의 관계가 끊기는 관계 단절과 가족을 비롯한 타인과의 갈등이 대표적이다(김효창·손영미, 2006). 자살을 생각해 본 노인의 23%는 외로움 때문에, 2.5%는 가족과의 갈등 때문에 자살을 고려했다는 조사 결과는 대인관계에서의 어려움 또한 자살이라는 극단적 선택을 촉발하는 주요 원인임을 강조한다(강은나 외, 2024).

앞서 설명한 바와 같이 노인자살과 관련된 요인들은 독립적이기보다 서로 밀접하게 연관되어 있으며, 특히 노인의 경제적 어려움, 신체적 질병, 노인에게 관심을 갖고 심리적, 도구적으로 지원해 줄 사람의 존재 여부와 크게 관련되어 있다. 따라서 노인자살 예방은 노인을 지지하고 관심을 기울이는 사회적 지지체계를 견고히 하는 것과 함께 노인의 경제적 여건과 신체적 건강 등 노인의 전반적인 삶의 질을 높이는 정책적 노력이 전제되어야 한다.

| 더 알아보기 |

심리적 부검

심리적 부검(psychological autopsy)이란 정신과 전문가들이 자살자의 가족을 비롯한 지인을 심층적으로 인터뷰하고 고인의 유서나 일기 등 개인적 기록과 병원 진료 기록 등을 분석해 자살의 이유를 과학적으로 규명하는 작업을 일컫는다. 자살로 인한 사망의 원인을 정확히 알 수 없을 때 심리적 부검을 통해 다양한 정보를 종합하여 사망의 구체적 원인과 심리 정황을 분석하면 자살이 실제로 사고사나 타살이 아닌 자살이었는지를 밝힐 수 있다. 그뿐만 아니라 심리적 부검이 적절하게 이뤄지면 향후 유가족의 죄책감이나 심리적 부담감을 경감시키는 상담 자료로도 활용될 수 있으며, 유가족 지원 사업과 자살예방정책을 위한 기초 자료로 활용되기도 한다(김정윤, 2018).

5. 노인학대

이 절에서는 노인학대의 개념과 노인학대의 실태 및 개입전략에 대해서 살펴본다. 노인학대 예방에서 중추적인 역할을 수행하는 노인보호전문기관의 역할에 대해서도 함께 다루었다.

1) 노인학대의 개념

노인학대elder abuse는 아동학대와 아내학대의 개념이 소개된 이후 등장한 사회문제이다. 국외에서는 학대abuse를 방임neglect과 구분해 명명하기도 하고, 방임, 착취exploitation와 다른 개념으로 사용하기도 한다. 이후 학대, 방임, 착취를 포괄하는 상위 개념으로 부당한 처우maltreatment or mistreatment라는 개념이 등장하여 국내외적으로 사용이 되고 있다.[4] 우리 사회는 노인학대를 부당한 처우와 동일한 개념으로 사용하고 있으며, 노인이 스스로를 방임하는 자기방임까지를 아우르는 것으로 정의하고 있다.

통상 국제적으로 통용되는 노인학대의 정의는 세계보건기구의 정의로서 "노인과 신뢰관계에 있는 사람이 노인에게 위해harm나 스트레스를 발생시키는 일회성의 행위 또는 반복적인 행위, 적절한 행위의 결핍"을 뜻한다(Lachs and Pillemer, 2004). 학문적으로 많이 인용되는 미국과학학술원the US National Academy of Sciences의 노인학대에 대한 정의 역시 세계보건기구의 정의와 비슷하다. 미국과학학술원에서는 노인학대를 ① 보호자(수발자) 또는 노인과 신뢰관계에 있는 사람이 취약한 노인에게 위해 또는 심각한 위해를 발생시킬 수 있는 의도적인

4 학대는 노인에게 위해나 스트레스를 가하는 행위인 반면, 방임은 노인의 의료나 의식주와 같은 기본적인 욕구를 충족해주어야 할 의무가 있는 사람이 이를 행하지 않는 행위의 결핍을 뜻한다. 또한 착취는 경제적으로 노인을 이용한다는 점에서 학대, 방임과는 또 다른 측면이 있다. 이 세 개념을 모두 아우르는 의미에서 부당한 처우라는 개념이 사용된다.

행위, ② 보호자(수발자)가 노인의 기본적인 욕구를 충족시키지 못하거나 위해로부터 노인을 보호하지 못한 행위로 정의하였다(Lachs and Pillemer, 2004).

우리나라에서 공식적으로 사용되는 노인학대의 정의는 「노인복지법」에 근거한다. 「노인복지법」에서는 노인학대를 "노인에 대하여 신체적·정신적·정서적·성적 폭력 및 경제적 착취 또는 가혹행위를 하거나 유기 또는 방임을 하는 것"(제1조의 2)으로 정의하고 있다. 세계보건기구나 미국과학학술원과의 차이는 노인과 학대행위자의 관계에 대한 기술이 빠져 있는 점, 학대행위가 무엇이라고 정의내리지 않고 단순히 학대행위를 나열한 점을 들 수 있다.[5] 우리나라의 「노인복지법」은 노인학대를 행하는 행위자에 대한 명확한 기준이 없는 등 제한점이 있지만 이 책에서는 우리나라 노인학대 예방대책의 대상자 기준에 부합하는 노인보호전문기관의 노인학대 정의를 따른다. 우리나라에서 노인학대를 공적으로 대응하는 전담기관은 노인보호전문기관인데, 이곳의 노인학대 유형별 정의는 〈표 6-15〉와 같다. 노인학대의 유형별 발생현황을 보면 정서

표 6-15 노인보호전문기관의 노인학대 유형별 정의

유형	정의
정서적 학대	비난, 모욕, 위협 등의 언어 및 비언어적 행위를 통하여 노인에게 정서적으로 고통을 유발시키는 행위
신체적 학대	물리적인 힘 또는 도구를 이용하여 노인에게 신체적 혹은 정신적 손상, 고통, 장애 등을 유발시키는 행위
방임	부양의무자로서 책임이나 의무를 거부, 불이행 혹은 포기하여 노인의 의식주 및 의료를 적절하게 제공하지 않는 행위(필요한 생활비, 병원비 및 치료, 의식주를 제공하지 않는 행위)
경제적 학대	노인의 의사에 반하여 노인으로부터 재산 또는 권리를 빼앗는 행위로서 노인 재산에 관한 법률 권리 위반, 경제적 권리와 관련된 의사결정에서의 통제 등을 하는 행위
자기방임	노인 스스로가 의식주 제공 및 의료 처치 등 최소한의 자기보호 관련 행위를 하지 않아 심신이 위험한 상황이나 사망에 이르게 하는 행위
성적 학대	성적 수치심 유발 행위 및 성폭력(성희롱, 성추행, 강간) 등 노인의 의사에 반하여 강제적으로 행하는 모든 성적 행위
유기	보호자 또는 부양의무자가 의존적 상태의 노인을 버리는 행위

출처: 보건복지부·중앙노인보호전문기관(2017)

5 이는 노인에게 신체적, 정신적으로 부정적인 결과가 있었는지를 기준으로 접근한 것으로, 노인학대를 범죄화하여 강력하게 대응하고자 함이다. 다만 실제 노인학대 예방에 대한 예산과 제도적 지원은 이를 뒷받침해 주지 못하고 있고, 모든 노인학대가 범죄가 아니라는 점에서 범죄 차원의 접근은 한계가 있다.

표 6-16 2023년 노인학대 유형별 현황(중복 응답)

(단위: %)

신체적 학대	정서적 학대	방임	경제적 학대	자기방임	성적 학대	유기	계
4,541건 (42.7)	3,531건 (42.6)	758건 (7.1)	352건 (3.3)	165건 (1.6)	265건 (2.5)	26건 (0.2)	10,638건 (100.0)

출처: 보건복지부·중앙노인보호전문기관(2024)

적 학대, 신체적 학대, 방임 등의 순서로 빈번하게 판정되고 있음을 알 수 있다(〈표 6-16〉 참조).

2) 노인학대의 실태와 개입전략

노인학대는 발생장소에 따라 생활시설학대, 이용시설학대, 병원학대, 공공장소학대, 가정 내 학대로 구분한다. 일반적으로 생활시설학대, 이용시설학대, 병원학대를 시설 내 학대로 통칭한다.

놀랍게도 대부분의 학대는 시설이 아닌 가정 내에서 발생한다.[6] 노인보호전문기관에 접수된 사례를 분석하면 전체 학대 사례의 약 80~90%는 가정 내에서 발생한 것으로 나타난다. 다음으로 빈번한 것은 생활시설학대이다.[7] 그러나 모든 학대 사례가 신고되지는 않으며 학대발생률에 비례하여 신고가 이루어지는 것도 아니다. 가정 내 거주하는 노인과 시설에 거주하는 노인의 수적인 차이를 고려한다면 생활시설 내 학대가 더 빈번하게 신고됨을 알 수 있다. 2008년 「노인장기요양보험법」이 시행되면서 노인의료복지시설의 수가 급격히 확대되었고, 이후 생활시설학대의 신고가 매우 많아졌다.

6 노인학대 사례는 여러 가지 다양한 유형이 많지만, 오래된 가족력이 기원인 경우가 많고 상황 역시 복잡다단하다(이미진, 2018). 가정 내 학대는 아동기에 학대를 받고 자라난 자녀가 노부모를 학대하는 역학대도 포함된다. 이외에도 남성노인들이 젊었을 때 가정 내 도리를 안하고 살았던 경우(외도, 가족부양 소홀, 가정폭력 등) 노년기에 가족으로부터 방임을 받는 사례 등이 포함된다.

7 2023년 노인학대 발생 현황을 보면(보건복지부 · 중앙노인보호전문기관, 2024) 가정 내 학대건수가 6,079건(86.5%)으로 가장 많았고, 생활시설학대 571건(8.1%), 병원 115건(1.6%), 이용시설 108건(1.5%), 기타 88건(1.3%)의 순서로 학대 발생건수가 많았다.

가정 내 학대에 비해 시설 내 학대에 대한 조사는 수적으로 적고, 연구결과마다 차이가 커서 일반적인 결론을 내리기가 쉽지 않다. 시설 내 학대는 시설에 입소해 있는 노인을 대상으로 한 조사가 용이하지 않아 시설종사자를 대상으로 타인이 행하는 학대를 목격한 것과 본인이 행한 학대를 보고한 결과를 활용할 수 있다.

시설 내 학대에 대한 조사로는 충남의 무료노인(전문)요양시설의 종사자의 학대 목격률을 조사한 유성호·강선아(2008)의 연구가 있는데, 1년간 노인학대 목격률이 26.5%에 달하는 것으로 나타났다. 목격률이 높은 순서대로 나열하면 정서적 학대, 자기방임, 신체적 학대, 방임 등의 순이었다. 요양병원 내 학대 목격률을 조사한 권금주·이서영·박태정(2016)의 연구에서는 신체적 학대와 정서적 학대의 목격률이 각각 39.5%로 나타났고, 그다음으로 성적 학대가 22.1%인 것으로 나타났다. 노인요양시설에 근무하는 요양보호사가 경험한 학대 목격률은 학대행위에 따라 차이가 있어서 약 2%에서 약 40%에 달한다(임정미 외, 2020). 가장 흔한 학대유형은 방임으로 보고된다.

지역사회에 살고 있는 노인들 중 학대피해를 경험한 비중은 얼마나 될까? 조사마다 차이가 있지만 전국 노인을 대표할 수 있는 자료들을 분석한 결과를 보면, 연도별로 차이가 있지만 전반적으로 학대피해경험율은 감소하는 추세를 보인다. 2020년 전국노인실태조사(이윤경 외, 2020)의 연구결과를 보면, 전국 노인의 7.3%가 학대피해 경험이 있다고 보고하였는데, 2023년 전국노인실태조사에서 이 수치는 5.9%로 나타났다. 전국 조사의 경우 자기방임을 제외한 노인학대의 실태만을 조사하였기에 자기방임을 행하는 노인에 대한 통계는 포함되어 있지 않다. 자기방임에 대해서는 특정지역에 한정하여 조사가 진행되었는데, 부산지역 독거노인을 대상으로 한 조사에서는 독거노인의 22%가 자기방임행위를 하는 것으로 나타났다(이민홍·박미은, 2014). 또한 서울지역 독거노인 중 돌봄서비스를 이용하는 사람을 대상으로 한 조사에서는 53.1%가 자기방임행위를 하는 것으로 나타났다(남석인 외, 2016). 자기방임은 전두엽에 이상이 발생하여 스스로 계획하고 일의 순서를 정하여 목표를 달성하기 위한 행동을 수행하지 못하게 되거나(실행능력의 저하) 시각장애 등 감각기능의 문제, 노인이 사람을 신뢰하지 못하는 문제나 도움을 줄 수 있는 사회적 관계망의 부족 등 다양한 요인에 의해 발생한다(이미진 · 김혜련 · 장고운, 2018). 따라서 개입 역시 다방면에 걸쳐 이루어질 필요가 있다.

노인보호전문기관은 2004년 「노인복지법」이 개정됨에 따라 노인학대를 전담하기 위해 설치된 기관이다. 노인보호전문기관이 수행해야 하는 업무는 다음의 아홉 가지로 구분된다.

① 노인인권보호 관련 정책 제안
② 노인인권보호를 위한 연구 및 프로그램의 개발
③ 노인학대 예방의 홍보, 교육자료의 제작 및 보급
④ 노인보호전문사업 관련 실적 취합, 관리 및 대외자료 제공
⑤ 지역노인보호전문기관의 관리 및 업무지원
⑥ 지역노인보호전문기관 상담원의 심화교육
⑦ 관련 기관 협력체계의 구축 및 교류
⑧ 노인학대 분쟁사례 조정을 위한 중앙노인학대사례판정위원회 운영
⑨ 그 밖에 노인의 보호를 위하여 대통령령으로 정하는 사항

우리나라에서는 노인학대 신고의무제를 운영하고 있는데, 이는 신고의무자 직종을 법으로 정하여 신고를 의무화하는 것을 의미한다.

현재 노인학대를 총괄하고 지원 · 조정하는 업무를 수행하는 기관으로는 보건복지부 산하 중앙노인보호전문기관(서울 소재)이 있고, 지역별로 설치된 38개 지역노인보호전문기관에서 노인학대 신고접수 및 상담, 서비스 제공 및 사후관리, 노인학대 예방교육 · 홍보업무를 수행하고 있다(2024년 기준). 중앙노인보호전문기관이 전체적인 업무를 총괄하고, 지역노인보호전문기관은 지역에 소재한 129콜센터, 경찰, 119소방서, 의료기관, 법률기관, 읍면동사무소, 노인복지시설, 지역사회복지관, 기타 관련단체 등과 유기적으로 연계 · 협력하여 노인학대 예방업무를 수행하고 있는데, 이는 노인학대 사례를 해결하기 위해서는 의료, 사법, 복지 등 다학제 간 접근과 협력이 필요하기 때문이다.

6. 연령주의

1) 연령주의 개념

연령주의는 'ageism'을 번역한 용어로 연령차별 또는 노인차별로 번역된다. 연령주의는 나이를 이유로 대상에게 부정적인 태도나 행동을 취하는 것을 의미하는데(Butler, 1980), 나이로 인한 부당한 대우는 노인들이 경험하는 경우가 많아 노인차별로 등치되어 사용된다. 연령주의는 성차별sexism, 인종차별racism 다음으로 등장한 개념이며, 성차별, 인종차별과 달리 모든 사람이 나이가 들면서 차별의 대상자가 될 수 있다는 점에서 차이를 보인다.

연령주의는 노인에 대한 고정관념stereotype, 편견prejudice, 차별discrimination을 포괄하는 개념으로 이해된다(김미혜·김수진·류주연, 2017). 먼저 고정관념이란 어떤 특정집단에 대한 단순하고 지나치게 일반화된 생각들로, 노인에 대한 고정관념이란 곧 노인을 특정한 유형으로 단순하게 표현하는 것을 지칭한다(Cook and Kunkel, 2006; 이미진, 2012 재인용). 예를 들면 '노인은 쇠약하고 빈곤하다'라는 묘사는 부정적인 고정관념인 반면, '노인은 지혜롭고 자애롭다'는 긍정적인 고정관념에 속한다. 노인에 대한 고정관념은 집단의 평균적인 속성을 개인에게 부여하여 그가 속한 집단과 동일시함으로써, 노인 개인의 특성을 무시하고 노인집단 내 다양성을 무시하게 된다는 문제점이 있다.

또 다른 예를 들어보자. 우리나라의 노인빈곤율이 높으므로 '모든' 노인이 빈곤하다고 인식한다면 이는 고정관념에 해당된다. 더욱 문제가 되는 것은 일반적으로 알려진 노인에 대한 고정관념이 실제 맞지 않거나 잘못된 경우가 많다는 점이다. 노인을 독선적이고 남의 말을 듣지 않는 꼰대와 동일시하지만, 독단적이고 권위주의적인 태도는, 일부 대학생들의 신입생 군기잡기 같은 사례에서도 알 수 있듯이, 어느 연령집단에서나 나타날 수 있다(최훈, 2017). 꼰대문화는 한국 사회 전반의 문제이며, 따라서 특정 연령집단을 꼰대로 등치하는 것은 위험한 발상이다.

편견은 어떤 개인이나 집단에 대해 가지는 정서나 느낌으로서 성별, 연령, 성적 정체성, 정치적 지향, 종교, 언어 등의 이유로 개인이나 집단에 대해 가지는 비우호적인 태도를 뜻한다(위키피디아 사전). 노인을 노인충(노인과 벌레의 합성어), 틀딱(틀니를 딱딱거린다), 딱딱충, 노슬아치(노인과 벼슬아치의 합성어) 등과 같이 명명하는 행위를 포함한 노인을 극도로 싫어하는 현상인 노인혐오(김준아, 2017)는 노인에 대한 편견을 단적으로 보여준다.

차별은 “특정 대상에 대한 부정적 태도를 기반으로 한 부정적인 행동”을 의미하며(Nelson, 2002), 일상적 차별discriminatory practices과 제도적 차별institutional practices and policies로 구분할 수 있다. 예를 들면 일상적 차별은 노인과 상호작용을 하지 않으려는 행위를 의미하며, 제도적 차별은 노인이 누려야 할 권리를 제한·박탈하는 것으로, 기업에서 연령을 이유로 취업을 제한하는 관행이 이에 해당된다. 노인차별은 연령주의의 행동적 요소를 뜻하는 것으로 제한적으로 사용되기도 한다. 그러나 연령주의와 노인차별은 상호 교환적으로 사용되며, 일반적으로 노인차별이라고 할 때에는 노인을 부당하게 대우하는 행동적 측면뿐만 아니라 노인에 대한 고정관념이나 편견을 아우르는 용어로 사용되기도 한다.

2) 연령주의의 실태와 개선방안

연령주의는 노인의 건강과 삶의 질에 부정적인 영향을 미치는 것으로 알려져왔다. 노인에 대한 부정적인 고정관념을 경험한 경우, 대부분의 노인은 기억력이 감퇴되거나 글쓰기 능력이 저하되거나 걸음걸이 속도가 느려졌다(Levy, 2003). 노인차별 피해경험은 심리적 안녕감을 낮추며(원영희, 2005), 자아에 대한 이미지를 부정적으로 인식하게 함으로써 자아존중감을 낮추는 것으로 나타났다(안준희·김승용, 2009). 또한 노인차별 피해경험은 자아통합감에 부정적인 영향을 미침으로써 삶의 질을 저해하는 것으로 나타났다(신학진, 2010).

연령주의 문화는 암묵적으로 만연해 있으며 언어, 문학, 유머, 노래, 매스미디어 등을 통해 생산된다. 또한 노인에 대한 편견과 선입견이 공유되는 체계로 기능하면서 노인에 대한 부정적 담론을 형성한다(이지영, 2009). 이러한 연령주의 문화는 노인에 대한 차별적 관행과 제도적 차별의 근거로 작용한다. 제도적 차별은 특정 연령에 해당되는 노인에게 행해지기 때문에, 노인들이 수용적이거나 비판적인 태도를 보여 반응이 비교적 단순하지만, 일상적인 차별에 대한 노인들의 반응은 보다 복잡하고 다양할 수 있다(이지영, 2009). 타인과의 관계 속에서 경험하는 일상적인 차별로 인해 노인들은 상대적으로 치욕감을 느끼거나 고통으로 인한 어려움을 토로한다(이지영, 2009).

우리나라 노인들이 경험한 차별실태를 보면 2023년 전국노인실태조사(강은나 외, 2023)에서 상업시설 이용시 차별을 경험했다는 응답이 14.0%로 가장 많았다. 그 다음으로 대중교통 이용(12.6%), 의료시설 이용(8.2%) 등의 순서로 차별경험 응답률이 높았다(〈표 6-17〉 참조). 국외조사와 비교할 때 국내 노인들이 차별을 경험했다는 응답 비율은 상당히 낮은 편이다. 예를 들면 EU(유럽연합) 국가에서 가장 낮은 응답률을 보인 터키는 17%, 가장 높은 국가는 프랑스로 68%에 달하였다(정순둘, 2015). 국가별 비교는 측정 항목의 차이 등으로 인해 단순 비교는 할 수 없지만 아마도 이지영(2009)의 지적처럼 우리나라 노인들이 일반적으로 차별을 받았다고 인식하지 않아, 실제 차별을 받았음에도 인정하지 않거나 인지하지 못하고 있기 때문일 수 있다. 또는 이상림(2009)의 지적처럼 노인에 대한 부정적인 이미지를 스스로 내면화함으로써 본인이 경험하는 노인차별을 인식하지 못하였거나 가족 내에서 경험한 개인사로 치부해버렸기 때문일 수 있다. 흥미로운 점은 2011년 한국종합사회조사 자료에서 세대별로 연령주의를 비교한 결과 노년층, 중년층, 청년층 순으로 연령주의 점수가 높게 나타났다는 점이다(김미혜 외, 2017). 다시 말해서 노인에 대한 부정적인 인식과 태도, 행동이 노인층에서 가장 높게 나타났다는 것으로, 이는 노인들 스스로 연령주의를 내면화한 결과일 수 있다.

표 6-17 노인의 차별경험 상황(2023년 노인실태조사 결과)

(단위: %)

대중교통수단 이용	상업시설 이용	공공기관 이용	의료시설 이용	직장	가정
12.6	14.0	4.5	8.2	5.3	8.6

출처: 강은나 외(2023)

노인의 차별경험에 대한 질적 연구에서는 노인 기피, 일상생활에서의 무시, 일자리에서의 차별, 자녀로부터의 무시와 소외, 소통의 부재가 발견되었다(김주현, 2015). 노인들은 차별경험에 대해 무반응, 체념과 같은 소극적 대응을 하는 경우가 일반적이었으나 일부는 젊은 세대를 이해하고 교류를 하기 위해 노력하고 있다고 강조한 점은 주목할 만하다(김주현, 2015). 또 다른 질적 연구에서 노인들은 자녀의 무관심이나 방치를 노인차별로 인식할 뿐만 아니라, 노인은 스스로 아무것도 할 수 없다고 인식하거나 어린이와 같이 대응하면서 과잉보호를 행하는 것 역시 노인차별로 바라보고 있었다(이순희 · 정승은, 2010).

한편 국가 또한 노인차별의 가해자가 될 수 있다. 공공기관이나 민간기관에서 제공하는 정보, 홍보물 등이 정보화에 능한 젊은 세대가 접근하기 용이하게 설계될 경우 상대적으로 정보화가 덜 이루어진 노인세대는 일상생활에서 불편함을 겪고 사회참여에서 배제되는 결과를 낳을 수 있다(이상림, 2009). 예를 들어, 은행원이 없는 은행창구가 늘어나면서 노인세대는 은행 이용에도 불편함을 겪게 되는 것처럼, 중앙정부 및 지방정부에서 각종 서비스 신청 등을 인터넷으로만 접수받을 경우 많은 노인의 참여를 가로막는 장벽을 또 하나 늘리는 셈이 된다.

토론쟁점

노인학대 행위자는 주로 배우자나 자녀이고, 대부분 재학대가 발생한다. 학대행위자가 실형을 살고 감옥에서 나온 이후, 다시 학대피해노인과 동거하면서 재학대가 발생하는 과정을 묘사하는 아래 진술을 읽고 토론해보자.

> 아들이 나를 때렸는데 감옥에 보낸다고 해서 학대상황이 소멸되는 게 아니고, 길어봤자 뭐 예를 들어서 극단적으로 얘기를 해서 7년형이잖아요. 지금 7년 뒤에는 나오거든요. 2008년도에 성학대로 아들을 감옥에 보낸 사례가 있는데 지금 나왔어요. 6년형 받고 갔는데. 그러면 아들이잖아요. 나오면 그럼 어디 가야 돼요. 다시 엄마랑 살아야 되는 거거든요? 그러니까 이게 물리적으로 절대 안 보고 사는 건 불가능하기 때문에 저는 재학대의 위험은 어느 정도 가지고 갈 수밖에 없다라고 생각, 되게 많이 해요. 이게 가족인 이상 정말 뭐 이 학대행위자를 이민을 보내버리거나 아니면 어르신을 이민을 보내버려야, 사망하지 않거나 한다면 물론 뭐 서로 안 보게 하면 되지. 근데 그게 안 되더라고요.
>
> 출처: 이미진(2018)

토론거리

1. 재학대가 발생하는 이유는 무엇인지 토론해보자.
2. 재학대 방지를 위해서는 어떤 개입이 필요한지에 대해 이야기해보자.

제3부

노인복지정책

노년에도 존엄한 삶을 유지할 수 있도록 노인의 생활을 다양한 차원에서 지원하고 살피는 일은 노인이 사회적 존재로서 갖는 권리에 기초한다. 국제사회는 노인이 사회의 구성원으로서 갖는 권리를 선언하고, 국가와 사회가 노인의 사회적 권리를 보장하기 위해 노력을 다하도록 촉구해왔다.

노인의 사회적 권리를 보장하기 위해 국가는 노인복지정책을 만들고 실행한다. 노인복지정책은 노인이 존엄한 삶을 유지할 수 있도록 보장하고, 동시에 노인의 문제를 해결하려는 제도적 노력이다. 따라서 노인복지정책은 노인이 갖는 사회적 권리를 어떻게 규정하고, 사회가 함께 해결해야 할 노인의 문제를 무엇으로 보는가와 밀접하게 관련되어 있다.

우리나라는 건강하고 활기찬 노후를 노인복지정책의 주요 목적으로 두고 이를 실현하기 위한 다양한 노인복지정책을 운영해왔다. 노년기에도 경제적으로 안정적인 삶을 누릴 수 있도록 노후소득보장제도를 강화해왔으며, 질병으로부터 노인을 보호하기 위해 건강보장제도를 실행하고 있다. 혼자 힘으로는 일상생활을 유지할 수 없는 노인을 위한 노인돌봄제도와 경제활동과 사회활동에 참여하기 희망하는 노인을 위해 노동과 사회참여활동을 지원하는 제도 또한 운영하고 있다.

그러나 이와 같은 정책적 노력에도 불구하고 우리나라 노인의 삶의 질은 다른 나라 노인과 비교해 상대적으로 열악하다. 전 세계 96개 국가 노인의 삶의 질을 비교한 조사에서 우리나라 노인의 총체적 삶의 질은 60위, 경제적 삶의 질은 82위에 머물렀다(Helpage International, 2015). OECD 국가 중 높은 순위를 보이는 노인빈곤율과 노인자살률 또한 우리나라 노인의 취약한 삶의 단면을 드러낸다.

우리나라 노인이 빈곤하고 불행한 삶에서 벗어나지 못하는 이유 중 하나는 노인의 권리를 보장하고 행복한 삶을 만들기 위한 제도적 장치, 즉 노인복지정책의 한계와도 연관되어 있다. 따라서 노인의 건강하고 활기찬 삶을 구현하기 위해서는 각각의 노인복지정책이 무엇을 목적으로 어떻게 설계되었는가를 살펴보고 이들 정책이 지닌 문제점을 분석하는 것이 필요하다.

이와 같은 배경에서 제3부에서는 우리나라 노인복지정책에 대해 살펴보고자 한다. 먼저 7장에서는 노인의 사회적 권리에는 어떤 것들이 있으며, 사회적 권리의 근거가 무엇인지 소개한다. 더불어 노인의 사회적 권리를 보장하기 위한 우리나라 노인복지정책의 구조와 전달체계 등을 살펴본다. 이어 노인의 사회적 권리를 보장하기 위한 개별 정책으로, 노인소득보장정책(8장), 노인노동정책(9장), 노인건강보장정책(10장), 노인돌봄정책(11장), 노인주거보장정책(12장), 그리고 마지막으로 노인의 사회참여정책(13장)을 상세히 다루었다. 각 장마다 개별 정책이 보장하고자 하는 노인의 권리는 무엇이며, 정책의 세부 내용이 함의하는 바와 더불어 정책의 문제점과 개선방안에 대해 살펴볼 것이다.

Chapter

07

노인복지정책 및 전달체계

노인의 사회적 권리를 보장하는 것과 노인의 문제를 해결하는 것은 동전의 앞뒷면과 같은 관계이다. 따라서 누군가는 노인복지정책이란 노인의 사회적 권리를 보장하는 것을 목적으로 한다고, 또 누군가는 노인이 고통받는 문제를 해결하는 것을 목적으로 한다고 서로 다르게 이해할 수 있다. 그런 점에서 노인복지정책이 어떤 주제와 영역을 중심으로 만들어지는가는 노인이 사회의 구성원으로서 어떤 권리를 갖는다고 생각하는가, 그리고 국가가 무엇을 노인문제로 인식하는가에 의해 영향을 받는다.

이 장은 먼저 국제사회의 권고와 선언, 국내 관련 계획과 법령을 통해 노인이 갖는 사회적 권리가 무엇인지 살펴보았다. 이어서, 국제사회가 주목하는 노인의 사회적 권리를 보장하기 위해 한국이 운영하고 있는 주요 노인복지정책의 내용을 설명하였다. 마지막으로 노인복지정책을 노인의 일상의 삶으로 전달하는 전달체계에 대해 살펴보았다.

1. 노인의 사회적 권리에 대한 국제 동향

한 사회의 구성원으로서 노인이 갖는 권리가 무엇인가는 노인의 사회적 권리를 주제로 한 선언이나 원칙에 잘 드러나 있다. 이러한 국제사회의 선언이나 원칙이 사회적 구속력을 갖는 것은 아니지만, 각국이 지향해야 할 노인복지의 방향성과 전략을 제공한다는 점에서 의미를 갖는다. 우리나라를 비롯한 세계 각국은 노인과 관련된 정책을 수립할 때 노인의 사회적 권리에 관한 국제적 선언이나 원칙을 따르고자 노력한다.

1) UN의 노인권리선언

1948년 UN에 의해 공포된 〈노인권리선언〉Declaration of Old Age Rights은 노인의 사회적 권리에 대한 최초의 국제적 선언이었다는 점에서 역사적 의미가 있다. 〈노인권리선언〉은 신체적·정신적 건강에 대한 보살핌을 받을 권리, 의식주의 기본 생존권에 대한 권리, 일할 권리, 여가의 권리, 안심하고 안전한 생활을 보장받을 권리, 존경받을 권리 등을 노인의 권리로 제시했다(Argentian, 1948; 원영희 외 재인용).

2) 비엔나 국제고령화행동계획

〈비엔나 국제고령화행동계획〉Vienna International Plan of Action on Ageing은 1982년 오스트리아 비엔나에서 열린 제1차 세계고령화회의The World Assembly on Ageing[1]에서 채택되었다. 정부와 시민사회의 고령화 대응 능력을 높이고, 노인이 잠재적 능력 개

1 UN이 고령화 시대를 대비하자는 취지로 개최한 국제회의로, 1982년 최초로 비엔나에서 열렸다.

발과 더불어 도움이 필요한 하는 존재임을 인식시키는 것을 목적으로 한다.

〈비엔나 국제고령화행동계획〉은 노인과 노년기 삶에 관련된 7개 분야와 총 62개 세부 권고사항으로 구성되어 있다(보건복지부, 2000). 각 분야의 권고사항은 직간접적으로 노인의 사회적 권리와 연결되어 있다.

| 더 알아보기 |

비엔나 국제고령화행동계획에서 권고하는 사항들

〈비엔나 국제고령화행동계획〉의 노인 및 노년기 삶에 관한 7개 분야와 각 분야의 대표적인 권고사항을 살펴보면 다음과 같다.

1. 건강과 영양(17개 권고)
   권고 2. 보건의료는 노인이 가족과 지역사회 내에서 독립적인 생활을 영위할 수 있도록 방향 설정
2. 노인소비자 보호(1개 권고)
   권고 18. 노인의 취약성을 감안한 안전기준 준수, 경고문과 안전한 사용법 표기, 보청기 등 자립지원 기기의 용이한 이용 보장, 노인의 빈약한 자원을 부당하게 이용하려는 마케팅 금지
3. 주택과 환경(6개 권고)
   권고 22. 노인의 신체적 특성을 고려한 수송수단을 제공하여 이동과 통신을 촉진할 수 있는 생활환경 설계
4. 가족(5개 권고)
   권고 25. 가족의 욕구에 부합하는 지원 · 보호 제공, 세대 간 가족구성원의 유대감 유지를 장려하는 사회정책 추진
5. 사회복지(6개 권고)
   권고 30. 사회복지서비스는 지역사회 내에서 노인이 활동적이고 유익한 역할을 할 수 있도록 여건 증진
6. 소득보장과 고용(8개 권고)
   권고 38. 산업 · 농업재해와 직업병을 예방하는 조치, 노인 노동자의 특성을 고려한 근로조건과 근로환경 구축
7. 교육(8개 권고)
   권고 44. 지식, 문화, 정신적 가치의 전달자와 교육자로서 노인의 역할을 부각시키는 프로그램 개발

3) 노인을 위한 UN원칙

UN은 1991년 총회에서 〈노인을 위한 UN원칙〉United Nations Principles for Older Persons을 채택했다. 이 원칙은 고령화사회에 대응하기 위해 각 국가의 정부가 고려해야 할 5개 항으로 독립, 참여, 돌봄, 자아실현, 존엄을 규정했다. 이와 같은 노인의 삶을 현실화하기 위해 정부가 보장해야 할, 그리고 노인이 보장받아야 할 기본 권리를 18개의 원칙으로 제안했다(원영희 외, 2017).

| 더 알아보기 |

노인을 위한 UN원칙

1. 독립 Independence

1-1 소득, 가족과 지역사회의 지원 및 자조를 통하여 적절한 식량, 물, 주거, 의복 및 건강보호에 접근할 수 있어야 한다.

1-2 일을 할 수 있는 기회를 제공받거나, 다른 소득을 얻을 수 있는 기회에 접근할 수 있어야 한다.

1-3 직장에서 언제 어떻게 그만둘 것인지에 대한 결정에 참여할 수 있어야 한다.

1-4 적절한 교육과 훈련 프로그램에 접근할 수 있어야 한다.

1-5 개인의 선호와 변화하는 능력에 맞추어 안전하고 적응할 수 있는 환경에서 살 수 있어야 한다.

1-6 가능한 한 오랫동안 가정에서 살 수 있어야 한다.

2. 참여 Participation

2-1 사회에 통합되어야 하며, 그들의 복지에 직접 영향을 미치는 정책의 형성과 이행에 적극적으로 참여하고, 그들의 지식과 기술을 젊은 세대와 함께 공유하여야 한다.

2-2 지역사회 봉사를 위한 기회를 찾고 개발하여야 하며, 그들의 흥미와 능력에 알맞은 자원봉사자로서 봉사할 수 있어야 한다.

2-3 노인들을 위한 사회운동과 단체를 형성할 수 있어야 한다.

3. 돌봄 Care

3-1 각 사회의 문화적 가치체계에 따라 가족과 지역사회의 보살핌과 보호를 받아야 한다.

3-2 신체적, 정신적, 정서적 안녕의 최적 수준을 유지하거나 되찾도록 도와주고 질병을 예방하거나 그 시작을 지연시키는 건강보호에 접근할 수 있어야 한다.

3-3 그들의 자율과 보호를 고양시키는 사회적 · 법률적인 서비스에 접근할 수 있어야 한다.

3-4 인간적이고 안전한 환경에서 보호, 재활, 사회적 · 정신적 격려를 제공하는 적정 수준의 시설보호를 이용할 수 있어야 한다.

3-5 그들이 보호시설이나 치료시설에서 거주할 때도 그들의 존엄, 신념, 욕구와 사생활을 존중받으며, 자신들의 건강보호와 삶의 질을 결정하는 권리도 존중받는 것을 포함하는 인간의 권리와 기본적인 자유를 향유할 수 있어야 한다.

4. 자아실현 Self-fulfillment

4-1 자신들의 잠재력을 완전히 발전시키기 위한 기회를 추구하여야 한다.

4-2 사회의 교육적, 문화적, 정신적 그리고 여가에 관한 자원에 접근할 수 있어야 한다.

5. 존엄 Dignity

5-1 존엄과 안전 속에서 살 수 있어야 하며, 착취와 육체적 · 정신적 학대로부터 자유로워야 한다.

5-2 나이, 성별, 인종이나 민족적인 배경, 장애나 여타 지위에 상관없이 공정하게 대우받아야 하며 그들의 경제적 기여와 관계없이 평가되어야 한다.

4) 마드리드 국제고령화행동계획

〈마드리드 국제고령화행동계획〉MIPAA: Madrid International Plan of Action on Ageing은 2002년 스페인 마드리드에서 열린 제2차 세계고령화회의에서 채택되었다. 시민으로서 완전한 권리를 기반으로, 노년기에 사회활동에 참여하고 안전과 존엄을 유지할 수 있도록 모든 사회가 노력해야 한다고 정하고 있다. 이와 같은 목적을 달성하기 위해 각 정부와 사회가 따라야 할 행동을 위한 권고사항으로 ① 노인과 발전, ② 노년까지 건강과 안녕 증진, ③ 능력을 부여하고 지원하는 환경 확보라는 세 가지 주요 방향을 설정하고 그 아래 18개 분야의 과제를 제시하면서 분야별로 다양한 행동지침을 권고하고 있다(정경희 외, 2012). 아울러 이 행동계획은 인구의 고령화가 경제 · 사회적인 부담이 아니라 미래 발전의 토대가 됨을 강조하며 각 국가의 적극적인 자세를 요청하고 있다.

마드리드 국제고령화행동계획

인구고령화가 전 지구적으로 확대됨에 따라 UN 회원국이 인구고령화에 대응하기 위한 전략을 수립하고 공유하려는 목적으로 마련되었다. <마드리드 국제고령화행동계획>은 인구의 고령화 현상과 노인문제가 노인을 대상으로 하는 복지서비스의 강화만으로 해결되기 어려우며, 각 정부가 국가발전의 틀을 구성할 때 인구고령화 현상을 반영하여야만 고령사회에서 지속적인 발전이 가능함을 강조한다. <마드리드 국제고령화행동계획>은 서문(15항), 행동을 위한 권고(98항), 이행과 후속조치(19항) 등 3개의 장 132항으로 구성되어 있다.

2002년 스페인 마드리드에서 열린 제2차 세계고령화대회에서 MIPAA가 채택되었다.

5) 노인인권실태에 대한 UN인권최고대표 보고서

〈노인인권실태에 대한 UN인권최고대표 보고서〉Report of the UN High Commissioner for Human Rights는 2012년 발간된 전 세계 노인의 인권실태를 다룬 보고서이다. 개별 국가는 물론 국제적 차원에서 노인 인권보호를 위한 협력적 노력을 촉구하고 있다. 특히 이 보고서는 연령차별, 법 앞에서의 동등한 인정, 장기요양, 폭력과 학대, 노년기 생산적 자원, 일, 음식, 주택으로의 접근, 사회적 보호와 사회보장에 대한 권리, 건강권과 존엄한 죽음, 고령과 장애, 투옥 중인 노인과 사법정의를 세부 항목으로 삼아 노인의 인권을 고찰하고 있다. 이와 같은 세부 항목 중 노인의 사회적 권리와 좀 더 직접적으로 관계된 것은 장기요양, 일, 음식, 주택으로의 접근, 사회적 보호와 사회보장, 건강권 등으로 축소될 수 있다(원영희 외, 2017).

2. 노인의 사회권 보장에 관한 국내 동향

국내에서도 노인의 사회적 권리를 보장하기 위한 정부와 관련 기구의 노력이 다각적으로 이루어졌다.

1) 사회적 권리 보장과 관련된 계획

(1) 국가인권정책기본계획

정부는 국가인권위원회의 권고를 받아들여 2007년부터 5년을 주기로 〈국가인권정책기본계획〉을 수립하고 있다. 2023년 수립된 〈제4차 국가인권정책기본계획〉은 정책과제의 하나로 사회적 약자 및 소수자의 인권 보호 강화를 선정했다. 그리고 사회적 약자인 노인의 인권 보호를 위해 노인 학대 예방 강화 등 폭력과 학대로부터 노인 인권 보호, 장기요양기관내 CCTV 설치 의무화 추진 등 노인복지시설 내 노인 인권 보호, 노인 건강권 보장, 사회활동 참여 강화, 노인 소득 보장 대책 마련, 노인 빈곤 해소 및 사회안전망 강화, 노인 돌봄을 위한 사회적 필수서비스 강화, 농지연금 활성화 등을 기본 과제로 제시했다(법무부, 2024). 이는 노인에게 돌봄, 건강, 소득, 사회참여를 보장받을 권리가 있고 폭력으로부터 보호받을 권리가 있음을 의미한다.

(2) 저출산고령사회기본계획

정부는 〈저출산고령사회기본계획〉을 통해 노인의 삶의 질을 강화하기 위한 세부전략을 마련해왔다. 제4차 기본계획은 건강하고 능동적인 고령사회 구축을 추진전략으로 제시하고, 소득공백 없는 노후생활보장체계, 예방적 보건의료서비스 확충, 지역사회 계속 거주를 위한 통합적 돌봄, 고령친화적 주거환경 조성, 존엄한 삶의 마무리 지원 등을 세부과제로 상정했다(저출산고령사회위원회, 2023).

(3) 서울특별시 인권정책기본계획

서울특별시는 2013년부터 시민 인권을 강화하기 위한 기본계획을 수립해 왔다. 제3차 기본계획은 노인 여가문화 지원 확대, 노인 일자리 보장, 노인 학대 예방 및 구제를 주요 정책 과제의 하나로 선정하고 여가권, 노동권, 안전권을 중심으로 노인의 권리 증진을 추구하고 있다.

2) 사회적 권리 보장에 관한 법

국가와 사회가 보장해야 할 노인의 사회적 권리에 대한 규정은 관련된 법을 통해 확인할 수 있다.

(1) 노인복지법

「노인복지법」은 노인의 심신 건강과 생활안정에 필요한 조치를 강구하여 보건복지를 증진하고자 하는 목적으로 제정되었다. 동법은 안정된 생활을 보장받을 권리, 노동과 사회참여의 기회를 보장받아야 할 권리, 생업지원에 대한 권리, 건강진단 등 건강한 삶을 보장받을 권리, 학대피해로부터 안정을 보장받을 권리가 노인에게 있음을 명시하고 있다(법제처, 2019).

(2) 고용상 연령차별금지 및 고령자고용촉진에 관한 법률

「고용상 연령차별금지 및 고령자고용촉진에 관한 법률」(약칭 「고령자고용법」)은 합리적인 이유 없이 연령을 이유로 하는 고용차별을 금지하고, 고령자가 그 능력에 맞는 직업을 가질 수 있도록 지원하고 촉진함으로써, 고령자의 고용안정과 국민경제의 발전에 이바지하는 것을 목적으로 한다(법제처, 2019). 고령자의 고용기회를 확대하고 고용을 촉진하기 위해 직업능력 개발훈련을 제공하고, 고령자 취업알선 기능 등을 강화하는 것을 국가와 사회의 책무로 정하고 있다.

(3) 노인장기요양보험법

「노인장기요양보험법」은 고령이나 노인성 질병으로 일상생활을 독립적으로 수행하기 어려운 노인에게 신체활동과 가사활동을 지원하여 가족의 부담을 덜고 노인을 포함한 국민의 삶의 질을 향상하려는 목적으로 제정되었다(법제처, 2019). 이 법은 국가는 노인 등 일상생활을 혼자서 수행하기 어려운 모든 국민이 장기요양급여, 신체활동지원서비스 등을 제공받을 수 있도록 노력해야 한다고 정함으로써 도움이 필요한 노인은 요양서비스를 통해 적절한 돌봄을 받을 권리가 있음을 시사한다.

(4) 의료 · 요양 등 지역 돌봄의 통합지원에 관한 법률

의료 · 요양 등 지역 돌봄의 통합지원에 관한 법률은 2024년 제정되어, 2026년부터 시행된다. 노쇠, 장애, 질병 등으로 일상생활에 어려움을 겪는 사람이 살아온 곳에서 건강한 생활을 유지하도록 의료와 요양 등 돌봄 서비스를 통합적으로 제공하는 것을 목적으로 한다.

(5) 노인 일자리 및 사회활동 지원에 관한 법률

「노인 일자리 및 사회활동 지원에 관한 법」은 2023년 제정되어 2024년부터 시행되고 있다. 노인이 일자리와 사회활동을 통하여 활동적이고 생산적인 노후생활을 영위할 수 있도록 지원하여 노인의 건강과 복지 증진에 이바지함을 목적으로 한다(법제처, 2024). 이 법에 따라 국가와 지방자치단체는 구인 및 구직에 관한 정보 제공, 직무수행에 필요한 역량 강화 등을 통해 노인이 일할 기회를 갖도록 지원해야 한다.

(6) 장애인 · 고령자 등 주거약자 지원에 관한 법률

「장애인 · 고령자 등 주거약자 지원에 관한 법률」(약칭 「주거약자법」)은 장애인 · 고령자 등 주거약자의 안전하고 편리한 주거생활을 지원하기 위하여 필요한 사항을 정함으로써 주거약자의 주거안정과 주거수준 향상에 이바지함을 목적으로 한다(법제처, 2019). 목적에서 드러나는 바와 같이 주거약자로서 고령자는 안전하고 편리한 주거생활을 지원받을 권리를 갖는다.

3. 사회권과 노인복지정책

1) 노인복지정책의 이해

(1) 개념 및 목적

노인복지정책은 노인의 복지 증진을 목적으로 하는 사회적 정책으로 노인과 관련된 사회적 문제의 해결과 사회적 권리의 보장을 주요 골자로 한다. 이때 '노인과 관련된'이란 표현은 두 가지 의미를 갖는다. 먼저 정책의 주요 대상이 노인 또는 노인의 가족이라는 의미이다. 예컨대 노인장기요양제도와 같이 정책의 세부 추진 사업이 노인과 그 가족을 대상으로 하는 경우 노인복지정책에 해당한다. 둘째, 노년기 삶의 질 개선이 정책의 목적인 경우 노인복지정책으로 분류된다. 국민연금은 현재 제도의 적용을 받고 있는 대상자가 60세 이하의 비노인이지만 한 사람이 노년기에 진입했을 때 생활이 가능한 생계비를 보장하는 것을 목적으로 하므로 노인복지정책에 해당한다.

노인복지정책은 노인이 인간으로 존엄함을 유지하고 질적인 삶을 영위하도록 보장하는 것을 궁극적 목적으로 한다. 사회권은 개인이 질적으로 일정한 수준 이상인 삶을 살아가고, 인간의 존엄함을 유지하는 것을 가능하게 하는 사회적 제도이다. 따라서 노인복지정책의 목적은 곧 노인의 사회권을 보장하는 것으로 구체화될 수 있다.

(2) 노인복지정책의 구성요소

다른 사회정책들과 동일하게 노인복지정책 또한 내용상 누구에게, 왜, 무엇을, 어떤 절차와 방법으로 전달할 것인가로 이루어져 있다. 길버트[Gilbert]와 테럴[Terrell]은 이들 사회정책의 구성요소를 할당, 급여, 전달체계, 재정의 네 가지 차원으로 제시한 바 있다(Gilbert and Terrell, 2002).

길버트와 테럴에 의하면 할당은 누구에게 혜택을 부여할 것인가의 문제로, 이는 정책대상을 의미한다. 노인복지정책의 대상은 노인이며, 정책에 따라 노인을 포함한 가족으로 대상자가 확대되는 경우도 있다. 정책대상자, 즉 어떤 조건을 지닌 개인이 정책의 혜택을 받아야 하는가를 정하는 준거는 타고난 욕구, 사회적 기여에 대한 보상 등이 있다. 할당과 관련된 결정에서 주요한 쟁점은 일반적으로 소득과 자산규모가 상대적으로 낮은 소수로 제한할 것인가 또는 경제적 수준에 관계없이 모든 노인에게 제공할 것인가이다. 소수 노인으로 제한하는 선별주의를 선택하는 경우 욕구가 높은 노인에게 재원을 집중할 수 있는 장점이 있는 반면 경제적 수준을 파악해 대상자를 결정하는 데 많은 행정비용이 필요하고, 노인에게 낙인감을 부여한다는 한계가 있다. 노인 모두에게 급여를 제공하는 보편주의는 행정비용이 상대적으로 낮고 낙인감은 제거할 수 있으나 욕구가 높은 노인에게 재원이 집중될 수 없다는 한계를 갖는다.

급여는 무엇을 줄 것인가에 해당한다. 급여는 유형에 따라 현금급여와 현물급여로 분류된다. 현금급여는 표현 그대로 돈을 주는 것을 의미한다. 현물급여는 현금급여 이외의 급여를 의미하며, 사회서비스, 기회, 권력 등이 여기에 해당된다. 예를 들어 노인에게 틀니를 저렴한 가격에 만들어주는 정책은 서비스를 급여로 제공하는 현물급여의 예이다. 사회서비스는 직접 제공 방식과 바우처 방식이 있다. 직접 제공은 국가가 서비스를 제공하는 기관에 서비스 비용을 지원하고 기관이 노인에게 서비스를 전달하는 방식이다. 바우처 방식은 국가가 노인에게 바우처를 지급하고, 노인은 자신이 선택한 기관에서 이용한 서비스 비용을 바우처로 기관에 지불하는 형식이다.

전달체계는 어떤 행정적 절차를 통해서 대상자에게 급여를 전달할 것인가에 관한 내용으로, 중앙정부가 주도적으로 급여를 전달하는 중앙집권적 전달체계와 지방정부가 서비스 제공을 주도하는 지방분권적 전달체계가 있다. 한국의 노인복지 전달체계는 공공과 민간, 영리와 비영리가 다양하게 혼합되어 있다.

재정은 정책을 수행하는 데 필요한 재원을 어떻게 확보할 것인가를 의미한다. 재원은 그 출처에 따라 공적 재원과 사적 재원으로 나뉜다. 공적 재원의 대표적인 예는 조세나 사회보험료이다. 건강서비스나 노인장기요양서비스를 이용한 후 본인이 납부하는 본인일부부담금은 사적 재원으로 분류된다.

2) 주요 노인복지정책

노인복지정책은 노인이 갖는 사회적 권리를 보장하여 삶의 질을 강화하려는 제도적 도구이다. 따라서 어떤 노인복지정책을 어떤 방식으로 설계했는가는 노인의 사회적 권리에 대한 그 사회의 시각을 드러낸다. 앞에서 살펴본 바와 같이 우리나라의 노인의 권리에 관한 계획과 관련법은 노인이 안전한 생활을 보장받을 권리, 일할 권리와 사회참여의 권리, 건강할 권리, 돌봄을 받을 권리 등을 노인이 지닌 사회적 권리로 인정하고 있음을 보여준다(〈표 7-1〉 참조). 각각의 권리에 관한 노인복지정책을 살펴보면 다음과 같다.

표 7-1 노인의 사회적 권리와 노인복지정책

권리	노인복지정책 영역	세부정책
안전한 생활을 보장받을 권리	소득보장	국민연금 기초연금 퇴직연금 기초생활보장제도
일할 권리와 사회참여의 권리	노동 및 여가보장	노인일자리사업 여가지원사업
건강할 권리	건강보장	건강보험 의료급여 지역사회통합건강증진사업
돌봄을 받을 권리	돌봄보장	노인맞춤돌봄서비스 노인장기요양보험

(1) 노인소득보장정책

노인소득보장정책은 노인빈곤을 예방하고 해결하기 위해 정부가 수립하고 운영하는 사업과 제도를 말한다. 노년기는 평생 동안 일해왔던 주된 일자리로부터 벗어나 은퇴할 것으로 기대되는 시기이다. 은퇴는 일로부터 벗어난다는 일차적 의미뿐만 아니라 일을 통해 얻을 수 있었던 소득이 중단된다는 것을 의미한다. 따라서 노년기는 소득이 감소하고 빈곤에 노출될 가능성이 높기 때문에 노인소득보장정책은 은퇴로 인해 소득이 중단되거나 감소되는 노년기에도 생계유지에 필요한 소득을 확보하도록 지원하는 것을 목적으로 한다.

우리나라는 노후소득보장을 위한 세부정책 및 사업으로 국민연금, 기초연금, 퇴직연금, 기초생활보장제도를 운영하고 있다. 국민연금은 노후소득보장의 핵심 제도이지만 낮은 급여액으로 인해 제 기능을 다하지 못하는 한계를 보인다. 소득대체율을 높여 노후소득보장을 강화해야 한다는 주장과 국민연금 재정 악화를 이유로 반대하는 주장이 맞서고 있다.

(2) 노인노동정책

노인은 신체적, 정신적 기능이 저하되어 직업을 유지하기 어렵기 때문에, 일반적으로 노년기에는 노동시장으로부터 벗어나 은퇴할 것으로 기대되어왔다. 그러나 현세대 및 미래세대 노인은 신체적, 정신적으로 좋은 건강상태를 오래도록 유지하고, 은퇴 후에도 사회경제적 활동에 대한 욕구가 높을 것으로 예측된다. 그러나 신체적, 정신적으로 건강함에도 불구하고 노년기까지 직업을 유지하거나, 은퇴 후 재취업하기란 쉽지 않다. 은퇴로 인해 여유로운 시간은 늘어났지만 정작 할 일이 없어 무료한 시간을 보내는 노인이 다수이다.

이와 같은 현실은 은퇴 후에도 의미 있는 사회적, 경제적 활동에 참여할 수 있는 기회와 여건을 제공하기 위해 사회적으로 노력해야 할 필요성을 강조한다. 노인노동정책은 이와 같은 사회적 요구에 부응하기 위해 노인이 가능한 한 오래도록 노동시장에 머물러 있고 은퇴 후에도 새로운 일자리를 찾을 수 있도록 직업훈련을 제공하고, 취업을 알선하는 등 재취업을 지원한다.

(3) 노인건강보장정책

노년기의 특성상 노인은 신체적, 정신적 질병을 갖게 될 가능성이 비노인에 비해 상대적으로 높다. 이때 질병은 신체적 질병은 물론 정신적 질병을 포함한다. 노화는 신체뿐만 아니라 심리적, 인지적 차원에서도 진행된다. 따라서 노인은 정신적 기능이 약화되며, 우울과 불안 등 정신적 질병에도 취약하다.

질병은 개인의 생명과 삶의 질을 위협하기 때문에 적극적인 예방과 치료를 필요로 한다. 노인을 질병의 고통으로부터 보호하기 위해 질병의 예방과 치료를 위한 의료서비스는 물론 건강관리서비스 또한 제공되어야 한다. 건강보험을 비롯한 건강보장정책은 건강을 유지하고 질병에 대한 예방과 치료가 적절히 이루어지도록 지원함으로써 노인에게 질 높은 삶을 보장하고자 한다. 대표적인 노인건강정책으로는 건강보험제도, 의료급여제도, 노인건강지원사업이 있다.

(4) 노인돌봄정책

한국 사회는 최근 노인이 혼자 거주하는 1인가구와 노인부부로 이루어진 1세대 가구가 증가하는 반면 자녀와 함께 사는 노인가구는 감소하는 추세를 보인다. 노년기는 부모, 형제와 자매, 친구 모두 사망할 가능성이 높아 친족과 지인 또한 감소한다. 이와 같은 노인가구구조의 변화와 노년기 사회관계망의 변화는 노인을 지지하고 지원하는 사회적 관계가 축소됨을 의미한다.

반면에 노년기는 신체적인 기능이 약화되고 정신적 및 인지적 능력 또한 저하되기 때문에 식사, 위생관리 등 일상적인 생활조차 혼자 힘으로 유지하기 쉽지 않다. 따라서 노인은 기본 생활에 필요한 신체적, 정신적 활동을 위해 다른 사람으로부터 도움을 받아야 한다. 하지만 축소된 사회적 관계로 인해 일상생활을 유지하는 데 필요한 도움을 받기 쉽지 않다. 식사를 준비하고, 신변관리를 하는 등 일상적인 활동을 하는 데 도움이 필요함에도 불구하고 도움을 받지 못하는 경우 노인의 삶의 질 또한 위협받게 된다.

이에 따라 가족이나 친지 이외에 계약 관계에 기초해 노인에게 도움을 제공하는 노인돌봄정책이 확대되었다. 노인돌봄정책은 가족에게 전적으로 의존해온 노인돌봄을 사회적 재원과 전문인력을 이용해 제공하는 공적 제도이며, 노인장기요양보험제도, 노인맞춤돌봄서비스, 지역사회통합돌봄이 대표적이다.

(5) 노인사회참여정책

직장을 중심으로 만들어진 동료들과의 관계는 은퇴 후 단절되기 쉽고, 부모, 형제와 자매, 친구들과의 관계는 이들의 사망으로 와해된다. 더불어 자녀와 동거하는 노인가구의 비율이 감소하면서 자녀와의 관계 또한 제한되어, 노년기에는 일생 동안 유지해온 사회적 관계가 전반적으로 축소된다.

사회적으로 건강한 관계를 유지하고 사회와 연결되어 있는 것은 노인의 삶에 긍정적인 영향을 미친다. 특히 다른 연령대의 사람들과 활발한 상호작용을 유지하고 사회와 통합되어 있다고 느낄 때 노인의 삶의 질은 유의미하게 증가한다(최혜지 외, 2015). 또한, 노인의 사회참여는 다양한 노인의 경험과 전문성을 사회에 제공하고, 노인의 자존감과 삶의 가치를 높인다는 점에서 의의를 갖는다.

4. 노인복지서비스 전달체계

1) 노인복지서비스 전달체계의 이해

(1) 개념 및 중요성

사회복지서비스 전달체계란 어떤 조직과 인력, 수단을 통해 사회복지서비스를 클라이언트에게 전달할 것인가에 관한 총괄적 체계이다. 따라서 노인복지서비스 전달체계는 노인 또는 노인의 가족에게 사회복지서비스를 전달하는 조직, 인력, 수단 등을 포괄하는 총괄적 체계로 정의할 수 있다.

노인복지서비스 전달체계는 서비스 제공을 통해서 노인복지정책이 현실화되는 과정이다. 현금급여의 경우, 정부가 급여를 받을 자격이 있는 노인에게 주로 통장으로 현금을 입금하는 방식을 취하고 있기 때문에 전달체계가 갖는 의미가 상대적으로 높지 않다. 하지만 돌봄서비스, 의료서비스 등 현물급여의 경우, 누가 서비스를 어떤 방식으로 생산하고 어떤 절차를 거쳐 노인에게 제공하는가는 서비스에 대한 만족도와 체감도를 결정하는 주요한 요인이다.

(2) 노인복지서비스 전달체계의 지향점

노인복지서비스의 종류와 유형, 제공 조직이 다양해짐에 따라 서비스 이용자의 욕구를 만족시키고 질 높은 서비스를 제공하기 위해 전달체계의 공공성, 통합성, 적합성이 강조되어왔다.

공공성

공공성은 특정한 개인이나 집단만이 아닌 일반 사회구성원 전체와 두루 관련된 성질을 의미한다. 전달체계의 공공성은 서비스를 생산하고 제공할 때 공공조직의 역할과 책임이 어느 정도인가와 관련되어 있다.

공공성은 형식적 차원과 내용적 차원으로 구분할 수 있다. 형식적 차원에서 공공성은 행위 주체, 대상자 범위, 방법적 절차, 이익형태, 소유구조, 정보접근성 등에 의해 결정된다(임의영, 2003). 예를 들어 일의 주체가 중앙정부나 지방정부와 같은 공공조직인 경우, 그 일로 인해 영향을 받게 되는 수혜자가 다수인 경우, 일을 수행하는 방법과 절차가 공식적인 경우, 추구하는 이익의 형태가 공적인 경우, 일에 의해 생산된 결과물을 공공이 소유하는 공공재인 경우, 일과 관련된 정보가 공개적으로 열려 있는 경우를 말한다. 내용적 차원에서의 공공성은 서비스의 내용과 서비스 제공 방식이 투명하고 민주적이며, 사회적 연대와 통합을 지향하는가를 의미한다.

형식적 차원의 공공성과 내용적 차원의 공공성은 밀접하게 관련되어 있다. 일상생활에 도움이 필요한 노인이나 장애인에게 지방정부의 사회서비스 담당 공무원이 조세를 기반으로 한 재정을 이용해 돌봄서비스를 제공하는 영국의 사례는 전달체계의 공공성이 높다고 할 수 있다.

통합성

통합성은 부분과 부분이 서로 잘 연결되어진 속성을 의미한다. 서비스의 통합성은 여러 가지 서비스가 서로 잘 연결되어 있어 적은 노력으로 다양한 서비스에 접근할 수 있는 특성을 말한다. 서비스의 통합성은 기능적 통합과 물리적 통합으로 구분할 수 있다. 기능적 통합은 서로 다른 조직과 절차를 통해 제공되는 다양한 서비스를 연계하고 조정함으로써 대상자가 여러 가지 서비스에 효율적으로 접근할 수 있게 한다. 물리적 통합은 다양한 서비스를 한 장소에서 제공받을 수 있는 상태를 의미한다(김미원 외, 2005; 강혜규 외, 2016 재인용).

호주의 센터링크Centrelink는 통합성이 높은 공공서비스 전달체계의 대표적 사례로, 고용, 보건, 복지, 교육에 관련된 연방정부의 10개 부처와 25개 정부기관이 140개의 서비스를 통합적으로 제공하는 체계로 구성되어 있다. 도움이 필요한 사람은 센터링크를 통해 실업수당부터 학자금 지원에 이르기까지 다양한 서비스를 연결받을 수 있다(변금선 외, 2018).

적합성(맞춤형)

적합성은 제공되는 서비스가 이를 필요로 하는 사람의 욕구에 어느 정도 부합하는가와 관련된 속성이다. 적합성을 높이기 위해서는 상태와 조건이 다른 각 사례마다 그에 가장 적합한 방법을 적용해야 한다. 따라서 서비스를 맞춤형으로 제공한다는 것은 개인마다 필요한 서비스와 선호하는 서비스 전달방식이 모두 다르다는 점을 고려하여, 최대한 개인의 욕구에 맞는 서비스를 선호하는 방법으로 전달하는 것을 의미한다(김미원 외, 2005; 강혜규 외, 2016 재인용).

경기도 무한돌봄센터는 적합성이 높은 서비스를 제공하는 대표적 기관이다. 돌봄이 필요한 사례가 발굴되면 시 또는 군이 사례관리 전문가를 배정하고, 배정된 사례관리자는 대상자를 만나 욕구조사를 실시한다. 확인된 욕구별로 적절한 서비스를 찾아 대상자에게 연계하는 방식으로 서비스가 전달되기 때문에, 대상자의 욕구에 근거한 맞춤형 서비스가 가능하다(변금선 외, 2018).

2) 한국 노인복지서비스 전달체계 구조

전통적인 사회적 위험 이외에 돌봄 등 새로운 사회적 위험이 부각됨에 따라 사회복지급여가 현금 중심에서 서비스 등 현물 중심으로 확대되고 있다. 동일한 맥락에서 노인의 사회적 권리를 보장하기 위한 사회복지급여 또한 사회서비스 방식이 증가하고 있다.

서비스의 형태로 전달되는 노인복지급여는 서비스가 생산, 제공되는 방식과 구조에 의해 질이 결정된다. 따라서 전달체계는 제공된 급여에 대한 만족도는 물론 노인복지서비스가 문제를 어느 정도 효과적으로 해결했는가와 직접적으로 관련되어 있다.

모든 노인복지서비스가 동일한 전달체계를 통해 노인에게 제공되는 것은 아니다. 서비스의 성격, 재원이 마련되는 방식 등 여러 요인에 따라 각각의 노인복지서비스는 다양한 전달체계 구조를 갖는다. 노인과 노인 가족을 대상으로 한 대표적인 노인복지서비스를 대상으로 전달체계를 살펴보면 〈그림 7-1〉과 같다.

기초연금, 장애인연금, 장애수당 등 현금으로 지원되는 노인복지급여는 보건복지부가 주관한다. 이들 급여에 대한 신청은 노인이 지역 읍면동 주민센터에서 할 수 있고, 신청자가 급여를 지원받을 수 있는 수혜조건을 충족했는가는 시군구 통합조사팀에서 진행한다. 기초연금에 대한 수혜 여부는 시군구 사업과에서, 장애인연금과 장애수당은 시군구 통합조사팀에서 결정한다.

노인을 위한 건강보장서비스는 중앙의 국민건강보험공단, 광역단위의 지역본부, 지자체의 각 지사가 행정 및 지원업무를 담당한다. 질병치료를 위한 서비스는 병(의)원, 질병의 예방과 건강관리서비스는 보건소 등에서 주로 제공한다. 농어업인의 경우 건강보험료지원은 농림축산식품부 및 해양수산부, 건강검진비지원은 보건복지부 소관이다. 둘 다 현금급여임에도 건강보험과 관련된 급여라는 특성상 신청접수, 조사, 결정과 지급 모두 건강보험관리공단에 의해 이루어진다. 치매노인의 관리 및 치매예방을 위한 서비스는 중앙치매센터, 광역단위의 광역치매센터, 그리고 시군구별 치매상담센터가 담당한다.

지역사회통합건강증진서비스는 건강과 관련되어 있기 때문에 전달체계상 보건(지)소가 주요한 역할을 한다. 서비스에 대한 신청, 서비스 제공에 대한 결정, 서비스의 제공 모두 보건(지)소에 의해 이루어지며, 서비스를 이용할 수 있는 수혜자격을 지녔는가와 관련된 조사는 시군구 통합조사팀에서 담당한다.

노인장기요양보험의 운영은 국민건강보험공단이 담당한다. 노인에게 요양서비스를 제공하는 기관은 시설요양의 경우 노인요양시설과 노인요양공동생활가정이며 재가요양의 경우 노인재가요양기관에서 담당한다. 노인맞춤돌봄서비스는 읍면동 주민센터에서 신청과 접수가 이루어진다. 서비스의 제공은 지자체가 지정한 수행기관에서 담당한다.

독거노인 중증장애인 응급알림서비스는 읍면동 주민센터에서 서비스 신청, 조사, 결정, 제공까지 모든 업무를 담당한다. 학대로부터 노인을 보호하는 노인보호서비스는 중앙노인보호전문기관과 지역별 지역노인보호전문기관에서 제공한다.

노인일자리사업은 보건복지부 산하 한국노인인력개발원이 전담한다. 노

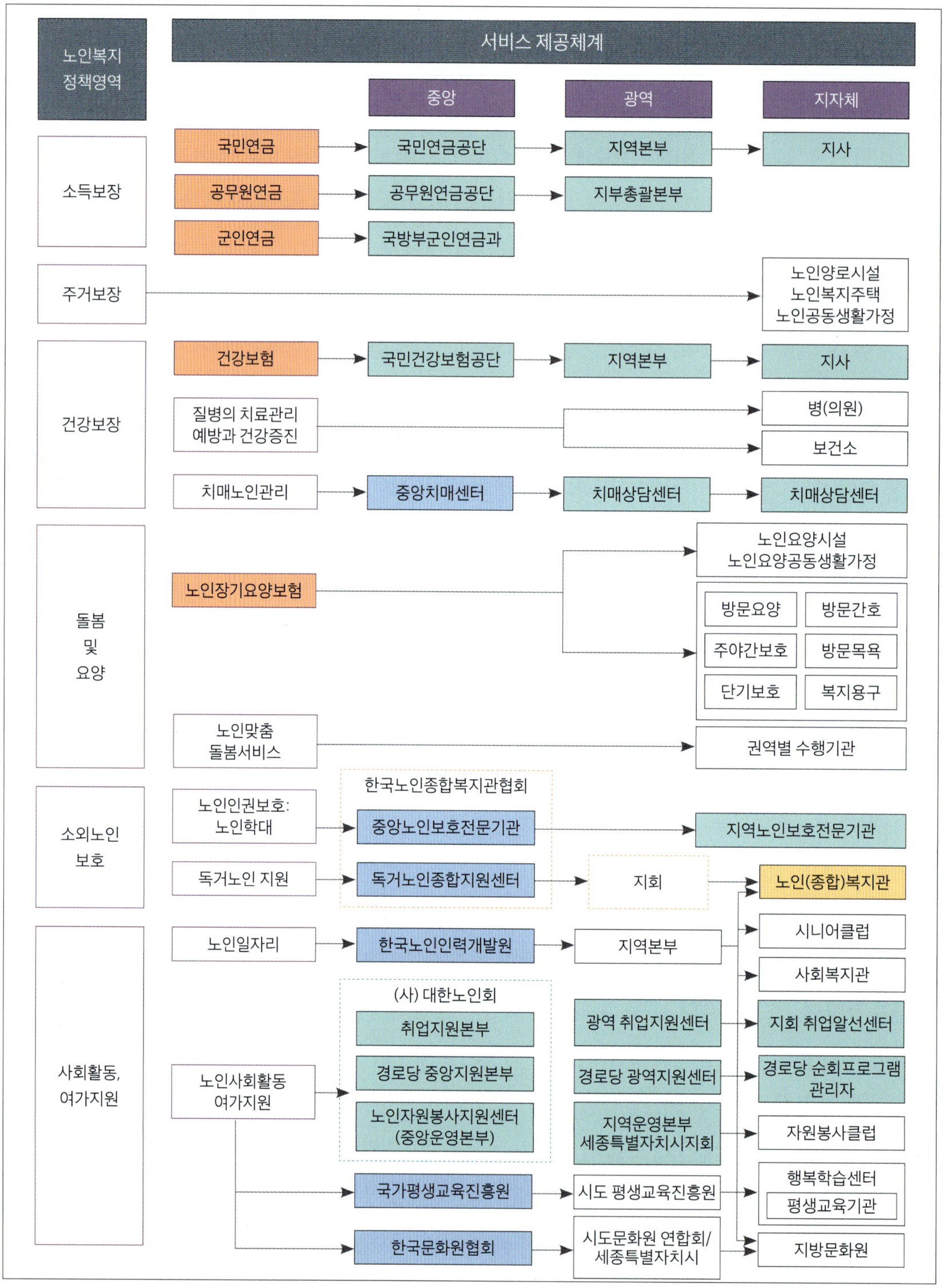

그림 7-1 노인복지정책 영역별 서비스 제공체계

출처: 정경희 외(2016)를 바탕으로 재작성

인일자리 및 사회활동지원서비스는 시군구 사업과에 신청하고 수혜자격요건에 대한 조사와 제공 여부에 대한 결정은 시군구 사업과가 진행한다. 일자리 및 사회활동지원서비스를 노인에게 제공하는 일은 노인복지관, 대한노인회의 노인취업센터, 시니어클럽 등 시군구로부터 노인일자리사업을 위탁받은 기관이 담당한다.

3) 노인복지예산

인구고령화에 따른 노인복지의 확대는 노인복지예산을 통해서도 확인할 수 있다. 2025년의 경우 우리나라 노인복지예산은 보건복지부 총 지출의 약 22%, 사회복지분야 예산의 약 26%를 차지한다. 노인복지예산은 노인인구의 증가에 따라 매년 꾸준히 증가해왔다. 2025년은 전년대비 7.4% 증가했는데, 2024년의 전년대비 증가율이 약 12%인 것과 비교하면 상대적으로 낮은 증가율이라 할 수 있다(김형용, 2024).

노인복지예산 중 가장 큰 비율을 차지하는 것은 기초연금이다. 2025년 우리나라 기초연금예산은 약 21조 9천억 원으로 노인복지 총 예산의 79.5%를 차지한다. 2024년 대비 8.2% 증가한 것으로 노인인구가 증가함에 따라 기초연금 예산은 2030년 약 40조까지 증가할 전망이다(최혜지, 2018).

2012년 치매관리법 제정, 문재인 정부의 치매국가책임제, 그리고 윤석열 정부의 지역사회 기반 맞춤형 치매돌봄서비스 강화 등 주요 국정 과제로 주목되었음에도 불구하고 2025년 치매관리체계구축예산은 1782억 원으로 2024년과 비교해 7.2%가 감소했다(김형용, 2024).

노인일자리 및 사회활동지원 예산은 약 2조 2천억 원으로 2024년 대비 약 7% 증가했다. 노인일자리는 2024년보다 6만 8천개가 늘어난 109만 8천개이다. 공익활동형은 3만 8천 개가 추가되어 615억 원이 증액되었고, 사회서비스형은 1만 5천 명이 추가되어 609억 원이 증액되었다.

앞서 설명한 바와 같이 노인복지 예산의 약 80%는 기초연금이 차지하고 그 외에 노인요양, 노인돌봄, 노인일자리, 노인보호 등의 노인복지서비스 예산은 노인복지예산의 약 20%에 불과하다. 이와 같은 노인복지예산의 구조는 노인복지가 노인소득보장에 집중되어 있으며, 노인복지예산의 증가는 기초연금 대상자 수와 기초연금액이 증가한 데 기인한 것임을 의미한다. 더불어 돌봄, 노동 등 노인의 다양한 욕구에 기초한 노인복지서비스예산은 사실상 제한적임을 의미하며, 노인복지서비스가 불충분함을 시사한다.

토론쟁점

다음은 한 지역매체의 기사이다. 노인복지서비스 전달체계의 지향점이 기사 내용의 서비스에서 어느 정도 충족되고 있는지 토론해보자. 특히 맞춤형은 마치 유행어처럼 서비스 앞에 늘 함께 다닌다. 마치 모든 서비스가 맞춤형 서비스인 것 같은 착각마저 든다. 해당 서비스는 맞춤형 서비스로 볼 수 있는지, 맞춤형 서비스는 어떤 조건을 충족해야 하는지 토론해보자.

맞춤형 복지서비스로 '행복 ○○' 조기 건설

○○군에서는 관내 65세 이상 노인을 대상으로 대중교통 소외지역 어르신들에게 봉사 차량과 온천이용 편의를 제공하고, 독거노인 공동거주의 집 어르신을 대상으로 다양한 프로그램을 운영하며 행복잠자리 사업을 지속적으로 추진할 계획이다.

토론거리

1 맞춤형 서비스는 노인복지 전달체계의 어떤 지향점과 관련되어 있는가?

2 맞춤형 서비스는 어떤 조건을 충족하는 서비스인가?

3 노인을 위한 모든 서비스는 맞춤형이어야 하는가?

4 맞춤형 서비스의 단점은 없는 것일까?

Chapter

08

노인소득보장정책

현대사회에서 노인소득보장정책은 국가의 중요한 과제이고, '노령'은 사회적 위험 중에서도 가장 극적인 변화를 요구하는 위치에 있다. 인간의 생애주기에서 자연스럽게 맞이했던 노화가 장수와 결합하면서, 지금까지 국가가 대처해 왔던 방식을 재점검하고 다양한 방법을 모색해야만 길어진 노년기를 존엄을 지키며 보낼 수 있게 되었다. 노인소득보장은 노년기의 삶을 책임질 수 있는 기본적인 방법을 모색하는 것이다. 노년기에는 일자리에서의 은퇴 이후 여생을 존엄하게 보낼 수 있는 다양한 생계유지방법(소득원)을 확보하는 게 중요하다. 은퇴는 소득활동의 중단을 의미하고, 이는 곧 빈곤의 위험으로 이어질 수 있기 때문이다. 현대 복지국가는 빠르게 늘고 있는 노인인구의 중단된 소득을 보전할 수 있는 여러 방법을 제도화하는 노력을 기울이고 있다.

노년기 소득보장의 방법은 다양하지만, 복지국가가 대처해왔던 방법은 공적연금으로 대표되는 공적 소득 이전이다. 우리나라의 경우 공적 소득 이전의 역사가 서구에 비해 짧아 높은 노인빈곤율의 원인이 되고 있다. 이 장에서는 우리나라의 노인소득보장정책 중에서도 특히 국민연금의 운영원리와 시사점에 대해 깊이 있게 다루고자 한다. 그리고 기초연금, 국민기초생활보장제도, 기타 연금에 대해서도 살펴볼 것이다. 마지막으로 한국 노인소득보장정책의 문제점과 개선방안을 점검한다.

1. 노인소득보장의 이해

일반적으로 소득은 노동을 통해 발생한다. 하지만 노년기에는 소득활동을 유지하기 어렵기 때문에 고용보다 소득 이전을 통해 생활비의 대부분을 충당한다. 하지만 현실에서 한국 노인의 삶은 녹록치 않다. 2022년 기준 한국의 노인빈곤율은 39.7%[1]로 5년 전에 비해 3%로 하락한 수치지만, OECD 가입국 중 여전히 1위를 차지하고 있다(5장의 〈표 5-2〉 참조). 이는 한국에서 60세 이후 은퇴한 사람이 소득 중단 이후 빈곤을 겪을 위험이 크다는 것을 보여준다. 노후에 빈곤 위험이 높아지는 이유는 공적 소득지원체계의 미비로 볼 수 있지만, 그동안 공적연금과 기초연금으로 보완해왔기 때문에 좀 더 면밀하게 살펴볼 필요가 있다.

1) 권리로서의 노인소득보장

생존에 필요한 최소한의 경제적 자원을 확보하는 것은 사회적으로 보장되어야 하는 기본적 권리이다. 특히 소득이 감소하는 노년기에는 사회제도를 통한 경제적 지원이 중요하기 때문에 노인의 소득보장은 우리나라의 「노인복지법」과 국제기구의 선언을 통해 권리로서 자리 잡고 있다.

우리나라는 「노인복지법」 제2조 제1항에 "노인은 후손의 양육과 국가 및 사회의 발전에 기여하여 온 자로서 존경받으며 건전하고 안정된 생활을 보장

1 2022년 66세 이상 은퇴연령층의 상대적 빈곤율(통계청, 2024:35)

받는다"고 규정함으로써 노년기에 안정적으로 생활할 권리가 노인에게 있음을 분명히 드러내고 있다.

국제사회 또한 소득보장을 노인의 권리로 강조한다. 먼저 UN은 〈노인권리선언〉에서 "빈곤자의 경우, 직접적으로 혹은 빈곤자를 위해 만들어진 여러 기관이나 재단을 통하여 보호하는 것은 국가의 의무이다"라고 언급함으로써 노인은 수입 부족에 대한 보호와 지원을 받을 권리가 있음을 명시하고 있다(원영희 외, 2017). 아울러 "노인은 소득, 가족과 지역사회의 지원 및 자조를 통하여 적절한 식량, 물, 주거, 의복 및 건강보호에 접근할 수 있어야 한다"고 하여 노인의 소득보장에 대한 의무가 국가와 사회에 부여되어 있음을 분명히 했다(원영희 외, 2017).

〈비엔나 국제고령화행동계획〉은 "정부들은 모든 노인들에게 적절한 수준의 최저소득을 보장하는 적절한 조치를 취하여야 하며"라고 권고하면서 급여의 종류와 수준, 소득보장의 성평등성 등에 대해서도 구체적으로 제언하고 있다(보건복지부, 2000).

또한, 〈마드리드 국제고령화행동계획〉은 "노인들의 빈곤 감소", "사회적, 경제적으로 취약한 계층에 특별한 주의를 기울이며 모든 노인들에게 충분한 최저소득을 제공"하는 것을 국가가 추진해야 할 행동으로 구체화하며, 노인빈곤을 해소하고 노인에게 적정한 소득을 보장하기 위한 사회적 제도를 마련할 것을 촉구했다(원영희 외, 2017).

이상에서 살펴본 바와 같이, 노후소득보장에 대한 국내 및 국제기준은 최저소득에 대한 보장이 특별한 조건 없이 모든 노인에게 보편적으로 이루어져야 하는 권리임을 재확인할 수 있다. 또한 최저소득에 대한 권리를 보장하는데 있어서 성별 등 노인집단 내부의 차이에 민감할 것을 요구한다.

2) 사회적 부양을 통한 노인소득보장

노령이 누구나 겪는 사회적 위험[2]이 되고 이를 제도적으로 보완해야 하는 과제로 인식하게 된 것은 산업화 이후의 일이다. 산업화 이전의 노인 소득보장은 비슷한 직종에 있는 사람들끼리 공제회 형식으로 일정 부분 임금을 모았다가 어려운 가족을 도와주는 방식으로 운영되었다. 산업화 이후에는 공장노동자가 인구의 대다수를 차지하게 되면서 대규모 은퇴가 발생했고, 전체 노동자를 대상으로 사회적 위험에 대응할 수 있게 국가가 책임을 지고 전면에 나서게 되었다.

자본주의체제에서 인간의 생애주기는 아동, 청소년기에 교육을 받고 직업세계로 진입하여, 20년 이상(최대 40년) 생산력을 발휘한 이후 은퇴를 맞이하는 경로가 일반적이었다. 그런데 전 세계적으로 노인의 기대여명은 계속 늘고, 은퇴 이후 살아야 하는 기간이 길어지고 있다. 공식적으로 노인이 되는 연령인 65세 이후 누구나 최소 20년 이상 유지할 경제적 기반과 생활방식을 고민해야 한다.

건강한 개인은 청년기에 일을 시작하면서 소득의 일부를 모았다가 노년기에 활용해 왔다. 소득을 모으는 방법으로는 저축이나 예금, 보험이 대표적이다. 하지만 저축으로 모은 목돈은 자녀를 독립시킨다거나, 은퇴 이후 창업 등의 새로운 일을 시작하거나 한다면 금방 소진될 수 있다. 자녀부양이 끝나면 노인은 부양의 대상이 된다. 그렇지만 가족 내에서의 부양은 한계가 있다. 일하지 않는 노년기에 쓸 돈을 개인의 노력 여하에 따라 충분히 준비할 수 있다고 하더라도, 길어진 노년기 내내 안정적으로 소비활동을 유지하기 위한 비용을 모두 마련하기란 현실적으로 매우 어렵다.

또한 노인이 소득 마련을 위해 노동시장에 머무르는 시간을 늘려 은퇴연령과 관계없이 계속 일할 수도 있겠지만, 기술의 발전은 노동력의 빠른 대처를 요구하고 있다. 변화에 맞춰 필요한 역량을 즉각 갖추는 것은 누구에게나 쉽지 않은 일이다. 더욱이 대규모 은퇴 상황과 역행하는 저고용 시대가 지속되면서 인력의 숙련도 여부와는 상관없이 일자리 자체가 부족한 상황이다.

이렇게 노인은 소득중단이라는 공통의 사회적 위험에 처하게 되었다. 길어진 노년기의 소득 마련이 개인이 감당할 수 있는 범위를 넘어서고 있으므로, 현대사회에서는 공동으로 노후에 대처하여야 이 부담을 줄일 수 있다. 사회구

2 노령, 사망, 질병, 장애, 실업 등은 누구나 겪을 수 있는 사회문제라는 측면에서 사회적 위험의 성격을 띤다.

성원이 공동으로 노후의 소득을 준비하는 것이 곧 사회적 부양이며, 사회적 부양은 사회구성원 간 소득재분배의 개념을 포함한다. 이는 경제활동기의 국민들로 하여금 의무적으로 연금에 가입하게 하고, 모아진 자원을 국가가 잘 운영해서 소득중단에 처한 노인에게 분배하는 방법으로 이루어진다.

하지만 사회적 부양의 개념으로 노후소득보장 방법을 모색하면 국가가 얼마만큼 노인의 생활비를 책임져야 하는가의 문제가 남는다. 한국의 고령화 속도는 매우 빨라서 2018년 고령사회(노인인구 비율 14%)에 접어들었는데 불과 7년 후인 2024년 12월에는 이미 초고령사회(노인인구 비율 20%)가 되었다. 생산가능인구(15~64세) 100명 대비 노인인구(65세 이상) 수를 나타내는 노년부양비는 2025년 기준 29.3%로, 35년 후인 2060년에는 90.3%로 크게 늘어날 전망이다(1장의 〈표 1-2〉 참조). 한국과 같이 빠른 속도의 고령화와 부양인구의 급격한 감소가 동시에 진행되는 나라에서는 노인의 안정적 소득보장 방법을 강구하는 것이 큰 과제이다. 서구 유럽의 복지국가들조차 변화하는 사회구조 속에서 노년기 소득보장 방안이 다양한 도전을 받고 있다.

3) 소득 이전의 유형

사회적 부양은 사회구성원들이 벌어들인 소득을 국가가 이전(전달)하는 방식으로 이루어진다.

소득 이전의 유형은 소득을 누가 전달하느냐에 따라 사적 이전과 공적 이전으로 나뉘는데, 사회적 부양은 행위 주체가 국가이므로 공적 이전의 형태를 띤다(〈그림 8-1〉 참조). 자본주의체제에서 사적인 가족부양 기능은 점차 공적 부문으로 이전되고 있다. 가족부양의식이 변화하면서 자녀가 노부모를 책임져야 한다는 의무감도 약화되고, 노인도 스스로 노년기를 준비하겠다는 의견이 많아졌다. 따라서 자녀에게 노년기를 의지하기보다는 공적 연금제도를 통해 노년기를 대비하는 사람들이 늘고 있다. 20년 이상 연금에 가입했던 노인의 은퇴가 본격화하는 것이다. 기대수명의 증가와 노동시장 구조의 변화는 기존의 대응 방식을 바꾸는 중요한 요인이다.

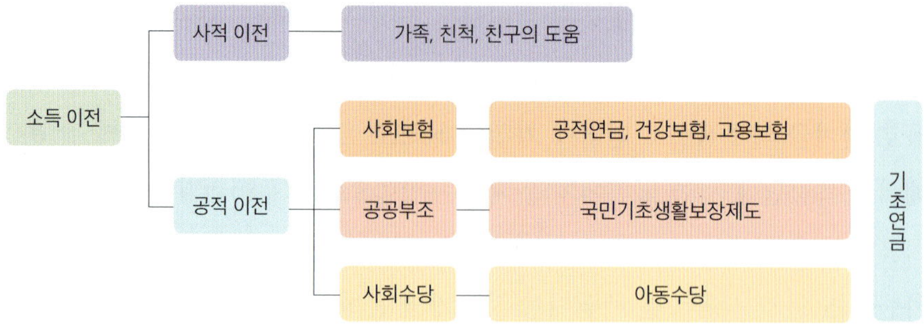

그림 8-1 소득 이전의 유형[3]

(1) 사적 이전

사적 이전은 가족과 친구에 의한 현금의 전달을 의미한다. 과거 노인의 소득보장은 주로 사적 이전을 통해 이루어졌다. 부모가 자녀를 키우고 성장한 자녀는 다시 부모를 부양하는 방식이 일반적이었다. 가족 간 이전은 조건 없는 증여의 의미가 강하며, 산업화 이전 시기의 보편적인 가족부양 방법이었다. 하지만 2024년 고령자통계에 따르면 우리나라 노인의 68.7%는 본인이나 배우자가 생활비를 마련하며, 자녀나 친척에 의한 사적 이전은 빠른 폭으로 줄어들고 있다. 대신 노인의 소득에서 정부 및 사회단체가 차지하는 비중이 높아지고 있다(〈그림 8-2〉 참조).

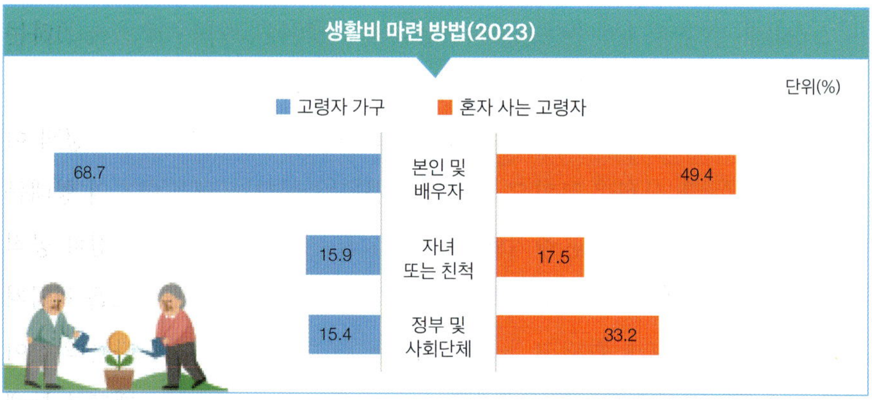

그림 8-2 생활비 마련 방법

출처: 통계청(2024), 2024 고령자 통계

3 우리나라 기초연금은 노인 인구의 70%를 대상으로 한다는 점에서 사회수당에 가깝지만 전체 노인을 포괄하는 형태는 아니며, 조세로 재정을 충당하므로 공공부조 형태로 볼 수도 있다.

(2) 공적 이전

공적 이전은 정부에 의한 현금 전달을 의미하며, 사회보험과 공공부조, 사회수당이 공적 이전에 해당한다(〈그림 8-1〉 참조).

먼저 사회보험은 질병, 장애, 실업, 노령, 사망 등의 사회적 위험이 발생했을 때 필요한 비용을 분담하고자 위험별로 일정 금액의 보험료를 정기적으로 모으는 것이다. 사회보험은 전 국민이 의무로 가입해야 하며, 소득이 있는 개인은 소득의 일부를 보험료로 낸다. 매달 원천징수된 보험료는 계좌에 기록되고, 정부는 이를 관리·운용하여 분배한다. 공적연금, 건강보험, 고용보험, 산업재해보상보험, 장기요양보험이 사회보험이다. 이 가운데 공적연금은 사회구성원들 사이에 이루어지는 소득 이전이며, '사회임금'으로 명명하기도 한다. 임금소득이 있으면 공적연금 가입자가 되는데, 가입 시기에 노동시장에서의 지위에 따라 국민연금과 특수직역연금(공무원연금, 군인연금, 사학연금)으로 세분화된다. 시장에서 노동을 통해 벌어들이는 임금(시장임금)과 달리, 국민연금은 국가가 관리하고 약속한 금액을 지급하는 임금이다.

공공부조는 생활유지능력이 없거나 생활이 어려운 국민의 최저생활을 보장하고 자립을 지원하는 제도로, 재원은 조세로 충당한다. 대표적으로 국민기초생활보장제도가 있다.

사회수당은 아동, 장애인, 노인, 가족 등 특정 인구계층을 대상으로 조건 없이 지급하는 급여이다. 인구학적 조건만 충족되면 국가가 재원을 조달해서 생계를 지원하므로, 보편적 권리로서 보장받는 사회보험이나 조세로 재정을 부담하는 공공부조와는 차이가 있다. 재원조달방식은 조세, 사회보험 등 개별 국가의 여건에 따라 다를 수 있다. 우리나라에는 2019년에 아동수당이 도입되었다. 「아동복지법」에서는 아동을 18세 미만인 사람으로 규정하고 있으므로, 7세 미만에게 주는 아동수당은 엄밀히 말하면 아동수당 범주에 가깝다고 할 수 있다. 이러한 맥락에서 기초연금도 만 65세 이상 노인 중 소득 하위 70%에게만 지급되기 때문에 준노인수당[4]이다. 우리나라의 기초연금은 2007년 기초노령연

4 우리나라에는 1996년부터 만 65세 이상의 노인 중 신청자에 한해 교통비를 현금 지급하던 노인 교통비 지급제도가 있었는데, 일종의 노인수당이었다. 이 제도는 2007년 「기초노령연금법」이 제정되면서(2008년 시행) 이에 통합되었고, 2014년 기초연금으로 명칭이 바뀌었다.

금으로 시작되었는데, 공공부조 수급자와 국민연금 수급자가 기초연금의 대상자가 될 수 있으므로 기초연금은 공공부조와 공적연금의 경계에 위치한다.

위에서 살펴본 공적 이전 소득 중 국민연금, 기초연금, 국민기초생활보장제도는 우리나라의 대표적인 노인소득보장정책이다. 이에 대해서는 다음 절에서 상세히 다룬다.

2. 노인소득보장방법

우리나라에서 노인의 노후소득보장방법으로는 사적연금과 공적연금, 기초연금, 국민기초생활보장제도 등이 있다(〈그림 8-3〉 참조). 사적연금은 개인이 선택해서 가입하는 것으로, 개인연금이 여기에 해당된다. 정부가 제도로써 운영

3층	개인연금/주택·농지연금 등				257만 명[1](가입)
2층	퇴직금/퇴직연금(DB, DC)	개인형 IRP			812만 명[2](가입)
1층	국민연금			특수직역연금 (공무원연금, 군인연금, 사학연금)	2,145만 명(가입) 461만 명(수급)[3]
	기초연금				502.7만 명(수급)[4]
0층	국민기초생활보장				163만 명(수급)
대상	근로자	자영자	기타	공무원 등	가입 및 수급자

그림 8-3 우리나라의 노후소득보장체계

주: 1) 2015년 기준
2) 2016년 기준
3) 노령(373만 명)·유족(71만 명)·장애(7만 명)·일시금(9만 명)(2018년 6월 기준)
4) 2018년 6월 기준
출처: 보건복지부(2018a)

표 8-1 연금 종류별 수급자수(2020~2022년)

연도	수급자[1] (천명)	기초 (장애인)	국민	직역	퇴직	개인	주택	농지
2022년	8,182	6,168	4,353	530	16	381	78	11
2021년	7,768	5,932	3,969	495	9	325	71	11
2020년	7,335	5,599	3,626	461	5	274	65	10

주: 1) 수급자수 전체는 중복 수급이 포함되어 있음
출처: 통계청, 2024:37

하는 공적연금으로는 국민연금과 특수직역연금이 있다. 공적연금을 비롯해 기초연금, 개인연금 등 연금을 1개 이상 수급한 65세 이상 인구는 818만 2천 명으로, 65세 이상 인구 대비 90.4%는 연금을 받고 있다(〈표 8-1〉 참조).

이 절에서는 공적연금 중에서 핵심을 이루는 국민연금과 함께 기초연금, 국민기초생활보장제도를 중심으로 살펴본 후 기타 연금과 사적연금에 대해서도 살펴본다.

1) 국민연금

국민연금은 노년기 소득중단의 위험을 생애에 걸쳐 분산하면서 공동으로 대처할 수 있는 방법이다. 청년기에 국민연금에 가입하면 노인이 되어 노령연금을 받는다. 연금은 노동시장에 참여한 시기에 낸 보험료를 노년기에 전달받는 장기적 재분배에 해당한다. 노령연금을 사회보험 방식으로 운영하는 이유는 이론적으로 비용 대비 위험분산 효과가 크기 때문이다. 개인의 노후 시기에 필요한 총 생계비를 완벽하게 예측하는 것은 어려운 일이다. 장기간 지속적인 노후소득이 보장될 수 있는 방법은 사회구성원의 연대에 의한 공식적 소득 이전 방법을 통해 가능하다.

국민연금제도는 1988년에 10인 이상 사업장의 노동자를 대상으로 도입되었고, 1992년 5인 이상 사업장으로 확대 시행되다가 1999년 도시지역 자영업자를 포함하면서 전국민 연금이 되었다. 이제 38년차인 국민연금은 다른 나

표 8-2 2022년 연금 가입기간별 수급 현황(65세 이상)

구분	국민연금수급자				직역연금수급자			
	수급자 (천명)	구성비 (%)	수급자 (천명)	구성비 (%)	수급자 (천명)	구성비 (%)	수급자 (천명)	구성비 (%)
전체	4,353	100.0	674	413	530	100.0	2,655	2,523
10년 미만[1)]	1,061	24.4	483	199	1	0.1	1,977	411
10~20년	2,147	49.3	651	412	4	0.8	1,811	1,362
20~30년	567	13.0	1,186	960	172	32.5	2,178	2,056
30년 이상	6	0.1	1,575	1,246	265	50.0	3,304	3,173
기타[2)]	572	13.1	595	264	88	16.5	1,676	1,552

주: 1) 장애(해)연금, 연계연금, 특례연금 수급자 등
2) 가입기간 정보가 없는 유족연금 등은 기타로 작성
출처: 통계청(2024)

라에 비해 짧은 역사를 가지고 있다. 노령연금을 수급하는 최대 가입기간이 40년일 때, 현재 수급자는 10~20년 가입 기간을 채운 사람이 가장 많다. 국민연금보다 먼저 시작된 특수직역연금은 30년 이상 가입한 수급자의 비중이 50%로 국민연금수급자와는 가입 기간에서 차이가 난다. 이는 공무원, 교직원 등의 일자리가 장기근속이 가능하기 때문에 나타나는 현상이다. 국민연금은 노령연금을 받는 노인보다는 국민연금에 가입하여 보험료를 내는 사람이 많다(〈표 8-2〉 참조).

(1) 가입과 수급

국민연금은 장기간에 이루어지는 소득보장방법이다. 법적으로 만 18세 이상 60세 미만인 사람이 소득 활동을 하면 의무적으로 사회보험에 가입되며, 65세부터 연금을 받는다. 즉, 가입기간과 수급기간의 시기가 일치하지 않는다. 국민연금은 최소 10년을 가입하면 노령연금을 수급할 자격이 되고, 기준 가입기간은 40년이다. 다른 나라와 마찬가지로 연금제도가 처음 만들어질 때 최대 경제활동 기간을 준거로 가입 기간을 40년으로 잡았고, 가입 기간은 소득대체율에 영향을 미친다. 2013년 연금개혁 이후 가입자가 매달 소득의 9%를 연금보험료로 40년 동안 납부하면 노인이 되었을 때 생애 평균소득의 40%를 매달

표 8-3 국민연금 종류별 가입자수(2024년 9월 말)

(단위: 명)

사업장가입자	지역가입자	임의가입자	임의계속가입자	계
14,730,970	6,315,398	322,679	487,878	21,856,925

출처: 국민연금공단(2024)

연금으로 지급받도록 법률로 규정되어 있다.[5]

국민연금은 가입자의 일자리에 따라 사업장가입자와 지역가입자로 구분하는데, 사업장가입자는 고용주와 노동자가 보험료를 4.5%씩 분담하고 지역가입자는 9%의 보험료를 모두 납부한다. 2024년 9월 말 현재 사업장가입자는 약 1,473만 명이며 지역가입자는 약 632만 명으로, 전체 약 2,186만 명의 경제활동인구가 국민연금에 가입한 상태이다. 이 중 33만 명은 임의가입자인데, 다달이 소득이 발생하지 않는 비경제활동인구도 자신의 노후에 대비하기 위해 연금에 가입할 수 있도록 하였다. 나머지 49만 명은 60세 이상으로 연금 수급연령이 되었지만 65세까지 가입을 연장하는 임의계속가입자이다(〈표 8-3〉 참조).

| 더 알아보기 |

소득대체율

소득대체율은 은퇴 전 생애 평균 근로소득에서 연금으로 얼마만큼을 보전해주는지 비율로 나타낸 것이다. 국민연금은 제도가 시작된 시점에 3%의 보험료를 부과하고 40년 가입하면 정부가 70%의 소득대체율을 보장하는 것으로 약속했으나, 인구구조의 변화와 당시 고령화에 접어들기 시작한 해외 사례를 통해 급격한 재정부담이 예상되어 적정소득대체율을 축소시키는 연금개혁이 진행되었다. 1998년과 2007년 연금개혁 후 소득대체율은 70%에서 40%까지 조정되었다. 그리고 2008년부터 2028년까지 매년 0.5%씩 감소하고 있다. 소득대체율은 가입 기간에 영향을 받아 장기간 가입할수록 더 많은 연금을 받을 수 있다. 그렇지만 가입 기간은 노동시장의 상황에 좌우된다. 2018년 국민연금재정추계에 따르면 현재 연금 수급자의 평균 소득대체율은 27%이며, 2060년 예측된 소득대체율은 23%에 불과할 것으로 예상된다(국민연금제도발전위원회 내부자료, 2018).

5 2025년 3월 20일 「국민연금법 일부개정법률안」이 국회에서 통과되어 18년 만에 보험료율과 소득대체율의 개혁이 이루어졌다. 보험료율은 2026년부터 0.5%p씩 인상하여 2033년에 13%까지 인상되며, 소득대체율은 2026년부터 43%를 유지하도록 하였다.

연금의 수급은 60세부터 시작되지만 국민연금제도개혁을 통해 65세로 늦춰지고 있다. 고령화로 인해 노령연금 최초 지급시점은 65세로 연장되었지만 수급자가 사망할 때까지 매월 지급받을 수 있으며, 연금 수급자가 사망했을 경우에는 유족연금의 형태로 지급될 수 있다. 연금가입자가 가입 기간 중 불의의 사고나 질병으로 장애를 입은 경우 노령연금은 장애연금으로 전환되어 지급된다. 법정 연금 수급연령이 되기 전에 연금을 받는 시기를 앞당기면 조기노령연금이 되며, 연금가입기간이 짧아도 연금 수급을 보장한 특례노령연금이 있다. 그밖에 연금을 받지 못하거나 더 이상 가입할 수 없을 경우 반환일시금, 사망일시금 등의 형식으로 받을 수 있다.

(2) 재정운용방법

국민연금은 매달 현금으로 수급자에게 전달되기 때문에 정부가 얼마나 잘 모으고 관리하는지가 중요하다. 이는 국민연금 가입자라면 누구나 관심을 가지고 지켜봐야 하는 일이다. 국민연금의 재정운용방법은 충당할 금액을 계산해서 모두 모아놓는지의 여부에 따라 크게 적립방식funded-scheme과 부과방식Pay-as-you-go으로 구분한다.

적립방식은 예금(적금)과 유사한 구조이다. 가입자가 가입기간 동안 낸 보험료를 계좌에 적립한 후 노인이 되었을 때 남은 기대수명을 계산해서 매달 받을 연금이 결정된다. 개인연금의 경우 대부분 적립방식으로 운영된다. 민간보험회사는 개인에게 노후에 매달 지급될 금액을 약속하고 추정된 기대여명을 바탕으로 얼마 동안(몇 세까지) 지급해야 하는지 계약한 후, 적립된 총액에서 차감하면서 약속된 기간까지 보험금을 나누어 지급한다.

부과방식은 매해 노인인구수와 필요한(약속한) 연금을 계산하여 충당해야 할 비용을 연금가입자에게 보험료로 부과하여 노령연금을 지급하는 방법이다. 우리나라 건강보험제도 또한 부과방식으로 운영된다. 즉, 각 회계연도별로 필요한 보건의료비용을 건강보험료로 부과하고 국민들이 매달 내는 보험료로 의료비용을 처리한다.

정리하자면 적립방식은 돈을 미리 다 준비하고 위험에 대비하겠다는 의미이고, 부과방식은 필요한 금액을 계산해서 맞춰가겠다는 것이다. 한 개인의 입장이라면 평균기대여명을 계산해서 노후 대비 금액을 결정하고 목표 금액을 적립할 수 있다. 그렇지만 노인 개인이 아니라 한 국가의 노인인구 전체가 소득을 보장받아야 하는데 노인인구는 점차 늘어나고 지출해야 할 연금급여의 규모가 커지면 완벽한 준비는 불가능하다.

대다수 국가에서는 노인인구수와 개개인에게 약속된 급여에 대한 데이터를 가지고 한 해 지출될 노령연금 비용을 예상하고 거기에 맞추어 연금보험료를 부과하는 방법(부과방식)으로 공적연금제도를 운용하고 있다. 물론 연금제도를 도입한 초기에는 보험급여 지출액보다는 보험료 납부액이 많았기 때문에 적립방식으로 운영될 수 있었다. 그렇지만 독일의 경우 제2차 세계대전으로 적립된 기금이 사라진 후 부과방식으로 전환되었다. 또한 선진국 중에서는 노르웨이, 스웨덴, 캐나다 등을 제외하고 적립기금을 쌓아서 공적연금을 운영하는 국가는 없다.[6]

현실에서 공적연금이 관리·운영되는 원리는 적립방식과 부과방식 둘 중 하나로 결정되지 않는다. 연금보험료를 걷고 지급하는 운영방법은 연금재정을 쌓아놓을지 여부와 관계없이 똑같다. 현재 국민연금은 개인의 계좌에 연금보험료를 차곡차곡 저축하는 형태, 즉 노인이 개인통장에 적립한 돈을 차감하여 지급받는 것이 아니다. 국민연금공단은 통장이 아니라 개인 기록을 관리한다. 보험료는 근로소득의 9%가 부과되기 때문에 개인의 소득에 따라 달라질 수 있으며, 국민은 보험료 납부 기록을 가지고 있다. 정부는 연금보험료를 걷어서 그해에 필요한 연금급여를 충당하고, 나머지 금액은 기금으로 운용한다. 모아진 공적재원을 금융시장에서 주식, 채권, 대체투자방법 등을 통해 운용하고, 수익을 낸 전체 기금이 적립된다.

국민연금기금운용본부는 연금으로 지급하고 남은 기금을 주식과 채권 등에 투자해왔다. 2024년 10월 말 기준으로 적립된 국민연금기금은 1,170조가

6 노르웨이는 석유기금으로 공적연금을 보충할 수 있는 나라이고, 캐나다도 특정 지역의 연금기금이 일부 쌓여서 운영되고 있다. 미국의 캘리포니아주 공무원연금도 기금으로 운영되고 있지만, 공무원연금기금과 국민연금기금은 다르다. 한때 OECD와 같은 국제기구에서 공적연금의 재정부담을 우려하여 적립방식을 권고하기도 하였으나, 공적연금을 적립방식으로 모두 모아놓아야 한다고 재정목표를 삼는 국가는 없으며, 국가재정운영에서 연금을 모두 모아놓는다는 것도 불가능하다.

| 더 알아보기 |

수정적립(부과)방식

한국의 국민연금은 재정운용방식을 수정적립방식, 혹은 수정부과방식이라고 표현해왔다. 그렇다면 왜 국민연금은 수정적립(부과)방식이라고 하며 기금은 어떻게 계속 쌓이는가? 이 표현은 오해를 불러일으킬 수 있다. 적립이라는 목표를 가지면 연금으로 지출해야 할 금액을 먼저 계산해야 한다. 하지만 국민연금은 얼마까지 쌓아야겠다는 목표를 가지고 운영해오지 않았다.

국민연금이 수정적립(부과)방식이라면 전체 노인인구에게 지급해야 할 연금액을 모두 계산해야 한다. 총 노인인구 대비 연금 수급자 수가 매년 보고되고, 이들에게 지급되는 연금액도 예측할 수 있으므로 어느 정도의 규모로 기금을 적립해야 하는지 계산할 수 있다. 문제는 노인인구는 급속히 늘어나기 때문에 현재 쌓아놓은 기금으로는 계속 부족해질 수밖에 없다는 것이다. 기금 규모를 확대하는 것은 보험료를 납부하는 경제활동인구수도 중요한 영향을 끼치지만, 직접적으로는 보험료를 인상하는 것과 밀접한 관계가 있다. 보험료를 어느 시점에 얼마나 올려야 하는지, 그리고 보험료 인상을 국민이 수용할 수 있을지 여부는 사회적 합의가 필요한 지점이다. 이러한 논쟁이 연금개혁에서 중요한 쟁점이 되고 있다.

넘는다. 실제로 이천만 명이 넘는 경제활동인구가 매달 내는 연금보험료는 매년 약 60조 이상 모이고, 그중 연금으로 지급되는 돈은 약 40조 이상이다.[7] 남은 보험료는 적립기금으로 쌓일 수밖에 없다. 1988년 국민연금제도가 시행된 이후 지금까지 적립된 기금 중 약 30%는 운용수익금이다.[8] 공적연금의 재원은 연금으로 지출되기 위해 걷은 보험료와 이를 운용한 투자 수익으로 이루어진다.

(3) 기금 고갈과 세대 간 연대

한국의 국민연금은 제도의 역할인 노후소득보장에 대한 기대보다는 적립기금의 규모가 주요 관심의 대상이었다. 정부는 5년마다 인구학적 요소, 경제

7 2025년 2월 국민연금 지출이 월 4조 원을 돌파했다. 자세한 내용은 관련 기사 참조. https://www.mk.co.kr/news/economy/11342796

8 물론 향후 보험료 수입보다 연금으로 지급되는 지출이 더 늘어나게 되면 적립기금은 줄어들 것이다.

사회구조의 변화를 반영한 수치들을 조합하여 국민연금기금이 얼마나 쌓이고 향후 기금이 어느 시점에 소진될 것인지를 계산한다. 국민연금재정추계[9]는 기금고갈의 불안감을 키우는 예측이 아니라 앞으로 적정 수준의 노후소득을 보장하기 위한 수단을 모색하고 조정해야 하는지를 예상하는 지표이다. 그렇지만 노후에 돌려받는다는 개념을 가지고 연금에 가입하고 정부의 약속이 30년이 지나 실현되고 있기 때문에 얼마나 안정적으로 노후의 소득을 보장받는지는 여전히 불확실하다. 특히 재정계산을 통해 발표되는 연금기금의 소진 시점은 적금을 넣어놓고 돌려받지 못할 수 있다는 부정적 인식을 강력히 심어놓았다. 또한 재정추계 때마다 국민연금의 재정운용방식에 대한 사회구성원의 합의가 명확하지 않아 연금적립금을 얼마나 쌓고 보험료를 언제 올려야 할지가 제일 먼저 논의되면서, 노후소득보장체계로서 국민연금은 여전히 불신의 대상이 되고 있다.

공적연금은 장기간 가입하면서 한 개인의 은퇴 이후 사망 시점에서 끝나는 게 아니라 세대를 이어 계속된다. 따라서 연금제도의 운영에서 중요한 것은 정부가 일정 소득을 보장해주겠다고 약속한 금액을 준비하는 것이다. 하지만 이 준비방법에 대한 이견이 좁혀지지 않고 있다.

국민연금의 가입자가 현재의 연금계산식(9% 보험료 납부, 40%의 소득대체율)에 따라 자신이 모아놓은 돈으로 노후에 보장받을 수 있는 기간은 약 10년 안팎으로 예상된다. 즉, 개인의 생애에서 40년간 공적연금의 명목으로 보험료를 납부한 후, 노령연금으로 10년을 받으면 그 이후의 기간은 개인이 모아놓은 돈이 아닌 정부가 걷은 보험료로 개인의 노후비용이 충당되는 것이다. 이러한 구조를 생각하면 공적연금은 세대 간 연대라는 사회적 부양원리에 기반해서 운영되어야 하는 숙명을 가지고 있다. 노인부양은 한 사회가 책임져야 할 사회문제가 되었기 때문에 세대 간 이전은 필연적이다.

9 정부는 5년마다 재정계산을 통해 적립기금의 현황을 보고한다. 재정계산은 인구구조를 포함하여 적립기금에 영향을 미칠 수 있는 다양한 변수들을 포함하여 예측하는 수치이다. 2018년 4차 재정계산을 통해 연금보험료 수입과 연금급여 지출의 역전이 일어나는 수지적자 발생 시점이 2042년, 기금 소진은 2052년부터 시작되는 것으로 발표하였다. 2023년 5차 재정계산에서는 이 수치가 1-2년 정도만 변동된 것으로 발표되었다.

| 더 알아보기 |

국민연금개혁의 역사: 재정 안정과 제도 안정의 논쟁

그동안 국민연금을 한국 사회 인구구조에 맞춰 개정하는 과정을 거치면서 가장 논란이 되었던 것은 재정운용방식이었다. 구체적으로 연금재정을 중시하여 적립기금을 쌓아놓자는 '재정안정론'과 공적연금의 목표인 적정노후소득보장을 위한 '보장성 강화론'의 두 가지 입장이 대립한 역사였다. 최근의 2023년 5차 재정계산위원회에서도 이 대립은 극명하게 나타났다.(남찬섭 외, 2023) 적립기금의 목표 규모를 정하고 거기에 맞춰 보험료를 올리면서 더 많이 적립해야 한다는 재정안정론자들의 주장은 일면 타당한 측면이 있다. 인구구조는 빠르게 변화하고 있으며, 노동시장의 여건도 안정적이지 않다. 국민의 입장에서 미리 위험에 대비하자는 것은 좋지만, 문제는 어느 규모까지 적립기금을 쌓아야 하고, 그 규모가 타당한지에 대한 사회적 합의를 도출하는 것이 쉽지 않다는 점이다. 연금기금이 소진되는 것은 당연한 결과인데, 지금까지는 소진되는 시점에 지출되어야 할 연금액의 2배에서 8배까지를 쌓아놓아야 한다는 주장이 지배적이었다. 기금고갈 시점에 2배의 연금급여를 적립한다는 것은 현금화의 문제가 생길 수도 있다. 기금은 저축되어 있는 게 아니기 때문이다.

재정목표로 대한 결론을 내지 못하고 20년의 논쟁을 이어오는 동안 연금제도가 작동하는 사회구조는 급격히 변하고 있다. 이때의 목표는 얼마를 쌓아야 하는가가 아니라 모아진 공적 재원을 어떻게 운용하면 장기적으로 안정되게 유지할 수 있는가여야 한다. 공적연금을 관리하는 방법은 다양하다. 지금까지 금융시장의 위기가 올 때마다 수익률은 (+)와 (-)를 왔다갔다하며 적립기금의 규모에 영향을 미쳤다. 적립기금의 수익을 높이려면 위험자산에 투자를 하면 되지만, 이는 곧 손실이 커질 위험을 감수해야 한다는 것을 의미한다. 적정 규모의 적립기금을 유지하는 것은 안정적인 노후소득을 국가가 관리하고 있다는 점에서 중요하다. 그렇지만 얼마나 쌓아놓을 것인가로 논쟁의 초점이 맞춰져서는 안 된다. 최대로 안정된 규모로 쌓는다는 것은 불가능하며, 많이 쌓아놓은 기금은 투자를 통해 순환되기 때문에 연금급여를 지급할 때 문제가 생길 수 있다.

재정계산은 적립된 기금이 없어지는 시점을 예측해서 국민들이 공포심을 갖고 제도를 불신하게 만들어서는 안 된다. 더 많은 돈을 쌓도록 정부가 위험하게 투자하는 것을 부추기는 것도 대안이 되기 어렵다. 지난 37년 동안 국민연금은 계속 성장했고, 경제활동인구의 70%는 공적연금제도에 묶여 있다. 연금보험료를 내는 국민은 누구나 내 연금이 잘 관리되고 있는지 수시로 확인하고, 연금이 잘 투자되는지 관심을 가져야 한다. 한편 연금보험료를 내기 어려운 사람들은 정부가 최소한의 노후생활 유지를 위해 개인이 준비할 수 있도록 제도적 보완책을 마련하고 있는지 확인하고 요구할 수 있어야 한다. 이것이 성장기에 있는 국민연금제도를 만나는 국민이 해야 할 일이다.

(4) 국민연금과 특수직역연금과의 관계[10]

공적연금은 사회적 위험에 대비하기 위한 제도이므로 초기에는 유사한 직종 내에서 연금이 운영되었다. 독일은 직역별 공제조합으로 시작했고, 현재도 몇 개의 직종별로 나누어 운영된다. 우리나라도 전체 국민이 공적연금제도에 들어온 것은 1988년이지만, 특수직역연금은 이보다 먼저 시작되었다. 1961년 공무원연금, 1963년 군인연금, 그리고 1977년 사립학교교원연금(사학연금)제도가 도입되었다. 공무원연금은 국가와 공무원이 고용주와 노동자의 입장으로 반반씩 보험료를 내는데, 공무원은 재직 기간 동안 국민연금보다 부담하는 보험료가 많다.

이들 특수직역연금은 재직 시의 낮은 임금을 연금으로 보상한다는 차원에서 도입되었기 때문에 제도가 시작될 때 연금보험료가 높게 책정되었다. 2015년 「공무원연금법」이 개정되면서 보험료는 기준소득의 7%에서 9%로 상향 조정되었고, 정부 부담금과 합하면 18%의 보험료를 납부한다. 고용안정성으로 인해 공무원은 장기간 보험료 납부가 이루어지므로 연금급여가 클 수밖에 없다. 같은 연금수급자라 하더라도 공무원연금과 국민연금은 보험료부터 가입 기간까지 전제 조건의 차이로 인해 연금수급액도 차이가 나타난다. 실제로 똑같은 기간을 가입했을 때 급여 차이가 거의 2배 가까이 되기 때문에 연금수급자들 사이에 불만이 생기고 특히 형평성에 대한 문제가 제기되고 있다.

국민연금과 공무원연금의 통합을 요구하는 목소리도 많아지고 있다. 그렇지만 공무원연금은 국민연금과 같이 단순한 노후의 소득보장방법이라고 하기 어렵다. 제도 안에 공무원이라는 직종의 특성을 포함하여 퇴직금이 함께 계산되며, 재직 기간 동안 부정한 행위가 발생했을 때 연금이 삭감되는 등 다른 운용구조를 가지고 있어 통합은 간단하지 않다. 2015년 공무원연금 개혁 이후에 입직한 공무원들은 연금급여가 낮아졌다. 사회구조의 변화는 사회적 부양의 조건을 바꾸고 있다. 즉, 인구구조의 역진성은 사회구성원 전체의 부양부담을 높인다. 인간다운 삶을 살기 위한 적정 수준의 소득은 개인의 노력과 사회구성원의 합의를 통해 형성된다. 따라서 향후에도 공무원연금과 국민연금의 통합

10 〈그림 8-3〉에 제시된 우리나라 노후소득보장체계를 참조하기 바란다.

논의는 계속될 것이다.

2) 기초연금

기초연금은 국민들이 노후에도 최소한의 기본적인 생활을 유지할 수 있도록 국가가 주는 연금을 말한다. 대부분의 선진국에서는 조금씩 차이는 있지만 기초연금제도를 실시하고 있다. 재정부담방식은 보험방식과 조세방식으로 나뉘는데, 나라마다 노인소득보장의 목표 수준과 역사적 맥락에 따라 다르게 운영한다. 예를 들어 일본은 기초연금을 보험방식으로 운영하고, 캐나다와 호주에서는 조세방식으로 운영한다. 우리나라에서도 노인에게 안정적인 소득기반을 제공함으로써 생활안정을 지원하고 복지를 증진하기 위한 목적으로 기초연금제도를 운영하고 있으며, 그 재원을 조세로 충당하고 있다.

(1) 특징과 운영원리

한국의 기초연금은 65세 이상의 노인 중 소득 하위 70%를 대상으로 하는데, 소득을 기준으로 빈곤노인에게 지급하기 때문에 공공부조로 분류하기도 한다.

기초연금의 전신인 기초노령연금은 국민연금과의 관계를 염두에 두고 2007년에 도입되었다. 2007년은 국민연금의 높은 소득대체율을 낮추는 개혁이 진행되던 시기였다. 국민연금에 가입하지 않아도 최소한의 노후 소득을 보장하면서 낮아진 소득대체율을 조세로 보완할 수 있도록 기초노령연금이 도입된 것이다. 한국은 인구고령화의 진행 속도도 빠르지만, 높은 노인빈곤율은 심각한 사회문제이다. 가족구조의 변화로 사적 이전은 점점 어려워지고 공적연금의 역사가 짧아 공적 이전도 취약한 상황에서 노인빈곤은 쉽게 해결되지 않는 난제가 되었다.[11]

11 당시 기초노령연금이 국민연금의 소득대체율 축소에 맞춰 병행되었다는 증거는 기초노령연금의 기준이 국민연금의 가입자 평균소득과 같은 것에서 발견할 수 있다. 점진적으로 국민연금 소득대체율이 축소되는 비율만큼 기초노령연금으로 보완하는 방법으로 조정하기로 한 것이다.

기초노령연금은 당시 국민연금가입자 전체 평균소득의 5%(노인 1인당 8만 9천 원)를 지급하는 것으로 시작하고 점진적으로 상향 조정하기로 했다. 노인 1인당 10만 원이 안 되는 돈은 물가상승률을 반영하여 매년 조금씩 올라가긴 하지만 노인빈곤율을 해소하기에는 부족하다는 문제가 꾸준히 제기되었다. 2012년 18대 대선을 앞두고 기초노령연금이 핵심 공약으로 부상했는데, 주요 투표층인 노인을 위해 기초연금을 확대하자는 인식에는 후보자들의 이견이 없었다. 2014년 기초노령연금은 기초연금으로 전면 개정되었다. 2025년 현재 기초연금액은 342,510원이다.

(2) 운영 현황과 국민연금의 관계

기초연금은 공공부조와 국민연금 중간에 위치하기 때문에 적용 대상은 노인 소득 하위 70%까지이지만, 급여의 기준은 국민연금과 관계가 있다. 65세 이상 노인은 소득인정액이 228만 원 이하인 경우(부부 합산 364만 원, 2025년 기준) 기초연금을 받을 수 있다. 기초연금액은 국민연금 기준 급여와 소비자물가변동률을 반영하여 상향조정되고 있다. 기초연금은 2014년 435만 명에서 2024년 약 701만 명으로 늘고, 관련 예산도 6.9조 원에서 24.4조 원으로 약 3.5배 증가할 것으로 예상되었다(보건복지부 보도자료, 2024.1.1.).

대상자 기준의 경우, 기초연금의 이전 형태인 기초노령연금이 도입될 당시 소득 하위 70%로 결정된 대상이 기초연금으로 바뀐 이후에도 그대로 유지되고 있다. 기초연금은 2014년 정권교체 시기에 노인빈곤문제를 해결하기 위해서 급여를 2배로 빠르게 올렸으며, 이름도 기초노령연금에서 기초연금으로 바뀌었다.[12] 그럼에도 한국의 노인빈곤율은 여전히 OECD 국가 중 1위를 차지하고 있다(5장의 〈표 5-2〉 참조).

현재 국민연금 수급자들은 30년 미만의 가입자들이기 때문에 국민연금 수급액이 크지 않다. 평균 40~60만 원을 받는 수급자가 가장 많이 분포하는데, 국민연금과 기초연금을 연계한 감액이 이루어지고 있어 수급액이 노인에

12 당시 기초연금이 대선 공약으로 등장했을 때 각 대선 후보들은 여야 할 것 없이 20만 원으로 연금급여를 올리겠다고 약속했고, 정권이 교체되고 기초연금 2배 인상은 곧바로 실행되었다.

표 8-4 국민연금 및 기초연금 연도별 급여 수준

(단위: 명)

연도	국민연금 노령연금 평균 급여액		노령연금 수급자 중 20년 이상 가입자 비율	노령연금 평균 급여액 상승률 (전년도 대비)	기초연금 기준연금액
	특례·분할 연금 제외	20년 이상 가입자			
2018	509,909 원	911,369 원	9.0%	1.9%	250,000
2019	527,075 원	921,763 원	10.9%	3.4%	(소득 하위 20% 이하) 300,000 (20~70%) 253,750
2020	541,033 원	930,890 원	13.1%	2.6%	(소득 하위 40% 이하) 300,000 (40~70%) 245,760
2021	556,502 원	944,639 원	15.4%	2.9%	300,000
2022	586,112 원	981,140 원	17.9%	5.3%	323,180

출처: 국민연금재정계산위원회보고서, 2024

게 필요한 생활비에 미치지 못한다. 또한 장기간 국민연금을 가입한 사람들에게도 불리하게 작용하는데, 기초연금액을 더 올리게 되면 국민연금을 20년 납부한 사람이 받는 노령연금과 기초연금액이 같아지는 역전현상이 나타날 수 있기 때문이다. 2022년 현재 국민연금과 기초연금 동시 수급자 수는 65세 이상 노인 중 291만 명이며 동시수급률은 31.5%이다.

국민연금제도가 성숙하면서 기초연금이 노인을 위한 수당으로 제한될 것인지, 국민연금의 보완제도가 될 것인지 여전히 논쟁 중이며, 사회적 합의가 진행되어야 하는 과제를 안고 있다.

3) 국민기초생활보장제도

(1) 특징과 운영원리

국민기초생활보장제도는 대표적인 빈곤정책이다. 노인 중 빈곤층에 해당하는 사람이 많으므로 노인의 노후소득보장방법으로 국민기초생활보장제도는 중요하다. 이 제도는 사회에서 정한 적정 수준의 소득(기준 중위소득) 이하인 빈곤층이 급여를 신청하면 소득인정액과 부양의무자 기준을 충족하는지 조사하

여 급여대상을 선정한다. 소득인정액은 개별 가구의 소득평가액과 재산의 소득환산액을 합산한 금액으로 정부가 매년 공시하는 기준 중위소득 이하인 경우 수급자격을 얻는다. 부양의무자 기준은 1촌 이내의 직계혈족(부모, 자식) 가구의 소득과 재산 수준을 고려해서 부양의무자가 없거나 부양의무자가 있어도 소득수준이 낮고 부득이하게 부양이 어려운 경우 급여 대상이 될 수 있다. 보건복지부는 부양의무자 기준의 단계적 폐지를 추진해 왔지만, 공식적으로 의료급여는 여전히 부양의무자의 소득과 재산을 확인하고 있다.

2015년 7월 국민기초생활보장제도는 맞춤형 급여체계로 법을 개정하면서 급여별로 소득인정액 기준이 달라졌다. 즉, 생계, 의료, 주거, 교육급여의 선정 기준소득이 달라서 기존의 통합급여보다 대상이 조금 확대되었다. 각 급여별 기준은 기준 중위소득의 32%(생계), 40%(의료), 48%(주거), 50%(교육)로 생계급여는 받지 않지만 교육급여를 받거나 주거급여만 받는 가구가 늘어난 것이다. 개별 가구의 소득인정액에 따라 급여 내용과 급여액이 차등화되어 지급된다.

(2) 운영 현황

2023년 국민기초생활보장급여 수급자 수는 약 246만 명인데, 이 중 노인 인구가 약 101만 명으로 가장 높은 비율(41.3%)을 차지한다(〈그림 8-4〉 참조).

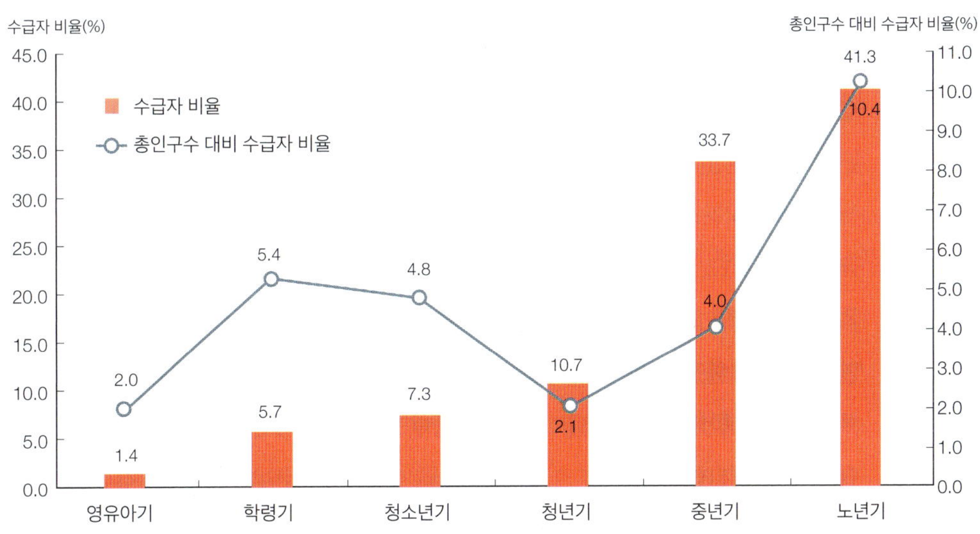

그림 8-4 생애주기별 국민기초생활보장 일반수급자 분포

출처: 보건복지부(2024)

표 8-5 국민기초생활보장급여 수급가구수

(단위: 가구)

구분	2010	2011	2012	2013	2014	2015	2016	2017	2018
합계	878,799	850,689	821,879	810,544	814,184	1,014,177	1,035,435	1,032,996	1,165,175
노인세대	243,708	237,213	236,617	235,601	236,548	262,124	261,680	263,475	337,788
%	27.7	27.9	28.8	29.1	29.1	25.8	25.3	25.5	29.0

출처: 통계청(각 해당연도)

맞춤형 급여체계로 바뀌면서 수급자가 늘어났지만 실제로 노인은 가장 빈곤한 계층으로 주로 생계급여와 의료급여의 대상이 된다. 공적연금이 1차적 안전망으로서 기능을 갖춰나가는 상황에서도 빈곤노인은 여전히 줄지 않고 있다. 빈곤노인의 성별 비중을 보면 여성이 약 2배 많다.

4) 기타 연금과 사적연금

보건복지부는 노인소득보장체계 안에 공공부조, 기초연금, 국민연금과 특수직역연금 외에도 퇴직연금, 주택연금, 농지연금 등을 제시하고 개별적으로 개인연금까지도 포함하여 다층노후소득보장체계를 명시하고 있다. 퇴직연금의 경우 2005년부터 퇴직금을 퇴직연금화하는 법적 정비가 이루어졌지만, 퇴직연금의 근로자 가입률은 2015년 48.2%였다가 2021년에는 684만 명으로 전체 가입대상 근로자 1,196만 명 중 53.3%로 정체되어 있다(국민연금재정계산위원회 보고서, 2023). 55세가 되어 퇴직연금을 수급할 때 연금으로 선택한 비율은 2018년 기준 2.1%에 불과하다(금융감독원, 2019). 대다수는 은퇴 시점에 목돈으로 활용하고자 일시금으로 수령하고 있다. 무엇보다도 의무적으로 퇴직연금에 가입하도록 해도 가입 여부는 고용상태에 따라 결정되고, 지속적인 일자리를 보장받기 어려운 현실에서는 안정적인 노후소득보장의 대안이 되기 어렵다고 판단된다.

주택연금이나 농지연금의 경우 자신이 보유한 부동산이나 농지를 현금화하여 노후에 생활자금으로 활용하게 된다. 그렇지만 노인이 가지고 있는 유일한 자산인 주택이나 농지를 담보로 사망 시까지 연금으로 처분하고 가는 방법은 한국 사회에서는 아직 익숙하지 않다.[13] 실제로 2024년 10월 기준으로 주택연금 누적 가입건수는 약 13만 명을 넘긴 상태이다(한국주택금융공사 홈페이지). 상대적으로 개인연금은 가입자는 2022년 기준 약 450만 명 정도이지만(통계청, 2024) 연금유지율은 절반으로 떨어져서 안정적인 노후소득보장방법으로 기능하기 어렵다. 또한 향후 노인이 될 사람들에게 적용되는 대안의 성격이 강해 현재 노인빈곤율을 감소시키는 데 영향을 미친다고 보기 어렵다.

3. 노인소득보장제도의 문제점과 개선방안

1) 노인소득보장제도의 문제점

공적 이전의 측면에서 보면 한국의 공적연금제도는 다른 나라에 비해 늦게 시작되었다. 전체 국민이 공적인 소득 이전 체계에 포함되어 노령이라는 사회적 위험에 대비할 수 있게 된다면 가장 이상적일 것이다. 그러나 인구고령화의 속도가 빠르고 보호해야 하는 노인인구가 급격히 늘어나고 있어 대부분의 현대 복지국가에서도 노후소득보장은 큰 고민이 되고 있다. 유럽의 복지국가들은 이미 1980년대 후반부터 연금지출의 재정부담과 인구고령화의 압박을 느끼고 공적연금제도를 여러 번 수정해왔다.[14] 한국도 1998년 국민연금재정계산제도가 법으로 규정되면서 공적연금제도 개선 논의가 5년마다 이루어지고 있다. 그 결과 정부의 재정부담을 줄이기 위해 소득대체율을 낮추고, 정

13 농림축산식품부는 농지연금 가입자 중 3분의 1이 자녀의 반대로 계약을 해지했다고 밝혔다. 농림부는 유산이 줄어들 것을 우려한 자녀가 연금계약 해지를 설득했을 것으로 추측했다. 한편 자녀에게 상속해주기 위해 해지했다는 응답이 뒤를 이었다(시니어신문, 2018).

14 세계 선진국 공적연금 개혁 사례는 국민연금연구원 홈페이지의 연구보고서를 참조할 수 있다. 연구보고서는 지속적으로 업데이트 되고 있다.

권이 교체되면서 기초노령연금을 기초연금으로 전환하는 등 제도 개선이 이루어졌지만, 국민들은 이러한 공적연금 논의에 피로감을 느끼는 것도 사실이다.[15] OECD에서는 매년 국가별 연금 실태를 소개하면서 국가가 적정 수준의 노후생활을 보장해야 할 책임이 있고 그 방식은 나라마다 다를 수 있다고 설명한다(OECD, 2018).

(1) 소득공백기의 확대

노동 기간에는 소득의 직접적인 분배(1차적 배분)가 이루어지지만, 노년기에는 노동을 통해 소득을 유지하기에 한계가 있다. 물론 활동적 노화의 측면에서 은퇴의 시점을 늦추는 요구도 늘어나고 있고, 우리나라의 경우 퇴직 시점과 공적연금 수령 시기 사이에 공백기가 커서 다수의 노인이 은퇴 후 노동시장으로 재진입하고 있다. 노동시장에서의 은퇴 시점은 공식적으로 55~60세 사이지만 실질적인 퇴직은 50대 초반에 시작된다. 소득의 중단을 겪지 않고 생계를 유지하려면 은퇴 시점과 연금 수급연령이 일치해야 한다. 그렇지만 실제로 국가별 공적연금 수급 시점은 점차 늦춰지는 추세이다.

(2) 급여의 사각지대

정부는 다층 소득보장체계를 구축해서 촘촘한 노후소득보장이 이루어지도록 하고 있다. 그러나 각 층이 완벽하게 틈새를 메우기보다 사각지대가 여전히 큰 편이다. 예를 들면, 기초연금을 받는 사람은 노인의 소득 하위 70%로 제한해 놓은 상황이고, 국민연금 수급 노인은 70%까지 증가했지만 공적연금이 전체 노인을 다 포괄하지 못하고 있다.

퇴직연금의 사업장 가입률은 2022년 기준 전체 사업장의 26.8%로 여전히 늘지 않고 있다. 300인 이상 사업장의 경우 91.9%의 도입률을 보이지만, 5인 미만 사업장은 10.5%에 불과해 사업장의 규모에 따라 차이가 크다(통계청, 2023). 실질적으로 노후에 소득이 부족할 수 있는 불안정한 노동층은 퇴직연금

15 2024년에는 연금개혁 역사 상 처음으로 공론화위원회를 통해 연금개혁 방안에 대한 시민들의 숙고된 의사결정 과정을 가졌다.(자세한 내용은 「2024 공론화위원회 결과보고서」 참조)

이 제도화되어 있음에도 불구하고 소득보장을 받지 못한다. 노후를 대비해서 개인연금에 가입하는 것도 일정 소득 이상인 사람들만이 준비할 수 있어서 공적연금과 개인연금 간의 상호 보완적 기능은 제한적이다. 즉, 소득활동을 안정적으로 유지할 수 있는 사람은 추가적인 보완책을 더 마련할 수 있지만, 그렇지 못한 사람은 공적연금에서 적정 수준의 연금을 기대하기 어려운 양극화 현상이 발생한다. 향후에 기초연금은 급여 수준의 현실화 문제를 해결하고, 국민연금은 적정 수준의 급여를 보장할 수 있는 다양한 방안을 시도하는 개혁이 지속적으로 이루어질 것이다. 사적연금을 공적연금의 체계로 편입시키려는 노력도 계속되고 있다.

2) 노인소득보장제도의 개선방안

이 장에서는 공적연금을 중심으로 노후소득보장의 문제를 살펴봤지만 앞으로는 지속적인 일과 소득 창출에 대해 사회가 함께 고민해야 할 것이다. 한정된 일자리를 놓고 세대가 경쟁하는 구도가 아니라 적정 수준의 노동을 통해 사회적 안정과 건강을 유지하면서 노후를 설계해가는 것이 필요하다. 공적연금제도로 볼 때 부양구조의 역전을 막기 위해 부양할 인구 규모를 키우는 것은 단기간에 해결되기 어려운 문제이다. 더욱이 한국의 합계출산율은 2023년 0.723명으로 최저치를 기록했고 반등의 기미가 보이지 않는다.

노년기를 존엄하게 보내기 위해 소득보장방법을 모색하는 것은 한 사회가 지켜나가야 할 사회적 부양체계를 점검하고 사회구조의 변화에 맞춰 탄력적으로 대응해야 하는 복잡한 문제이다. 현재 시점에서 예상할 수 있는 미래에 대해 안심할 것이 아니라 인구구조 변화와 사회구성원들의 노인부양에 대한 인식 등을 복합적으로 고려해야 할 것이다.

토론쟁점

다음 글을 읽고 토론해보자.

인구고령화문제는 정년연장 논의로 이어지고 있다. 우리나라는 2017년 60세로 정년연장이 시행된 지 2년 5개월 만에 다시 65세 정년연장이 제기되었다. 노령인구의 소득중단과 빈곤문제를 정년연장을 통해 해결의 실마리를 찾을 수 있다는 판단도 있다. 생산인구의 감소와 베이비붐세대의 은퇴는 일자리의 공백의 우려를 야기하면서도 한편으로는 AI로 인한 산업구조의 변화도 동시에 진행되고 있다. 한편 노인소득보장의 측면에서는 정년과 연금 수급 시기가 일치하지 않는 현실적인 문제도 간과할 수 없다.

토론거리

1 정년연장은 필요한 것인가?

2 정년연장이 가져올 사회적 파장에는 어떤 것이 있을까?

3 정년연장이 노인빈곤문제를 해결할 수 있을까?

Chapter

09

노인노동정책

노년기는 평생을 몸담은 주된 일자리로부터 은퇴하는 시기이기도 하다. 대개 노인은 신체적, 정신적으로 반응이 느리고 취약하며 도움이 필요한 사람이라는 이미지로 그려진다. 이와 같은 사회적 시각과 기대는 노동할 권리를 가진 사람에서 노인을 쉽게 제외시킨다. 그러나 다른 사회구성원과 동등하게 노인도 노동에 대한 권리를 가지고 있다.

노동은 삶을 유지하는 데 필요한 소득뿐 아니라 타인과 교류하며 사회적 관계를 유지할 수 있는 기회를 제공한다. 따라서 노인이 노동할 권리를 보장받지 못한다는 것은 질적인 삶의 기초인 재정적 안정을 위협받는다는 것을 뜻하며, 이러한 상황은 노인으로 하여금 사회참여의 욕구를 제한하는 비非복지상태를 야기할 수 있다. 따라서 국제사회는 노인이 일할 수 있도록 보장하는 것을 국가와 사회의 의무이자 노인의 권리로 권고하고 있다. 이에 따라 우리나라도 노인에게 일할 기회를 제공하고 노동권을 보장하기 위한 다양한 제도적 노력을 기울여왔다.

이 장에서는 노인이 갖는 권리로서의 노동과, 노인노동이 노인 자신과 사회에서 어떠한 의미를 지니는지 살펴본다. 또한 노인의 노동실태를 알아보고,

노동할 권리를 보장하기 위한 정책에는 어떤 것들이 있는지 살펴본다.

1. 노동할 권리

1) 노인의 노동할 권리의 근거

노동할 권리는 연령과 관계없이 우리 사회의 구성원으로서 가지는 일반적 권리와, 상대적 약자인 노인의 특성을 고려한 노인노동자로서의 권리로 나누어볼 수 있다.

일반적인 노동할 권리에 대한 근거는 「대한민국헌법」(이하 「헌법」)에 명시되어 있다. 「헌법」 제32조 제1항에는 "모든 국민은 근로의 권리를 가진다. 국가는 사회적·경제적 방법으로 근로자의 고용의 증진과 적정임금의 보장에 노력하여야 하며, 법률이 정한 바에 의하여 최저임금제를 시행하여야 한다."며 노동이 국민의 권리임을 선언한다.

〈마드리드 국제고령화행동계획〉(이하 MIPAA)은 근로와 고령화되고 있는 노동력에 대한 대응을 18개 과제 중 하나로 도출하고, 일하기를 원하는 모든 노인에게 일할 기회를 보장하도록 권고하면서 14개의 세부행동을 함께 제시하고 있다.

UN은 이후 10년간 각국의 MIPAA 이행 정도를 점검한 후 새로운 과제를 도출했다. 노인노동과 관련해서는 "강제퇴직을 철폐하며 일할 수 있고 일하기를 원하는 노인은 계속 일할 수 있도록 촉진한다"고 제시했다. 또한 "노인의 권리를 보호하고 연령차별을 제거하는 국가적인 법안을 도입, 이행, 점검한다"고 강조하여, 제도적으로 노동과 관련된 노인차별을 시정해야 함을 명확히 했다. MIPAA(2012)는 노인을 능동적이고 자주적인 인간으로 이해하는 사고의 전환이 필요하다고 강조한다. MIPAA는 인간 존엄성에 근거해 노인이 노동능력을 유지하도록 근로환경을 수정하고 새로운 근로환경을 조성하며, 평생교육, 직장 안에서의 직업교육, 탄력적인 퇴직제도 등을 각 사회에 권고하고 있다(정경희 외, 2012).

국제노동기구[ILO]의 〈고령근로자에 대한 권고〉는 다음의 세 가지를 노인노동의 방향이자 이 권고의 목적으로 제시한다. "첫째, 고령화로 인해 고용과 직업에서 불리한 위치에 있는 모든 노동자에게 평등한 취업기회를 제공하고 동등한 처우를 보장해야 한다. 둘째, 노인노동자에게 적합하도록 작업환경을 개선해야 한다. 셋째, 직업으로부터 점진적으로 은퇴할 수 있도록 지원해야 한다." 이 권고는 노인이 고령으로 노동을 지속하는 데 어려움을 경험하면, 노동강도와 근로시간을 조정하는 등 근로조건을 변경하는 것을 의미한다. 또한 공학적인 지원을 통해 사고를 예방하고 노인노동자의 건강을 보호할 수 있도록 적절한 조치를 취하게 하고 있다(정경희 외, 2012).

MIPAA와 국제노동기구의 〈고령근로자에 대한 권고〉를 통해 확인할 수 있는 노인의 노동권리에 대한 국제기준의 공통점은 두 가지이다. 첫째, 고령자에 대한 사회적 시각의 변화를 전제로 한다는 점이다. 노인을 노동으로부터 분리된 존재로 조명하던 과거의 시각에서 벗어나 적절한 환경과 기회를 통해 잠재적 노동 역량을 실현해야 하는 독립적인 경제활동의 주체로 이해한다(이율경, 2016). 둘째, 노인은 모든 사람과 동등하게 노동에 대한 권리를 가지며, 노인이라는 특수성에 따라 비노인노동자와 다른 특별한 보호를 받아야 하는 권리를 동시에 갖고 있음을 시사한다. 차별받지 말아야 하는 권리와 특별 보호에 대한 권리는 상충하기보다 노동에 대한 실질적 평등을 보장하기 위해 서로 보완적으로 기능한다(이율경, 2016).

2) 노인의 노동할 권리의 원칙

노인의 노동할 권리에 대한 법적 근거와 국제기준에 의하면, 노인 노동권리의 보장은 크게 평등과 배려를 원칙으로 한다. 평등의 원칙은 노인이 노동권리를 보장받는 데 있어 어떤 이유에서도 차별이나 부당한 대우를 받지 않아야 함을 의미한다. 배려는 노인이 노동자로서 비노인과 차이가 있음을 인정하고,

이 차이로 인해 노동할 권리를 박탈당하지 않도록 해야 한다는 의미이다.

노인은 비노인보다 상대적으로 신체적, 정신적 기능이 약화될 가능성이 높다. 이는 비노인과 비교한 상대적인 평가일 뿐 노동이 불가능한 상태임을 뜻하는 것은 아니다. 따라서 비노인을 중심으로 설계되어 있는 노동시간, 작업환경 등 노동조건을 노인노동자의 신체적, 정신적 기능에 적합하도록 조정하고 수정해야 한다. 평등과 배려의 원칙에 따라 노인의 노동권리를 보장하기 위해 연령차별금지와 평등, 경제활동참여의 보장, 적합한 근로조건의 보장, 자발적 퇴직의 원칙과 정년과 퇴직에 대한 신중한 접근 등이 구체적으로 추구되어야 한다(이율경, 2016).

3) 노동할 권리의 유형

노동할 권리는 일할 자리, 즉 일할 기회에 대한 권리와 일하는 환경에 대한 권리, 이 두 가지 유형으로 나누어볼 수 있다(이율경, 2016).

(1) 일할 자리에 대한 권리

「헌법」에 의하면 일할 자리, 즉 노동기회의 보장에 대한 권리는 세 가지 의미를 갖는다. 첫째, 기득근로(노동)권에 대한 보장이다. 이는 사업체에 취업된 노동자가 사용자의 일방적 결정에 의해 근로관계를 파기당하지 않을 수 있는 권리를 일컫는다(김유성·이흥재, 1999; 이율경, 2016 재인용). 둘째, 기대근로(노동)권에 대한 보장이다. 국가와 사회는 고용증진을 억압하고 고용기회를 차별하는 법이나 정책이 일하려는 사람의 기회를 박탈하지 않도록 보호해야 한다(허영, 2013; 이율경, 2016 재인용). 셋째, 적극근로(노동)권의 보장이다. 이는 국가가 새로운 일자리를 만들고, 고용을 촉진하는 제도를 통해 일할 기회를 적극적으로 보장해야 하며, 이를 국가에 요구할 권리가 사회구성원에게 있다는 것을 의미한다(김철수, 2013; 이율경, 2016 재인용).

이와 같은 노동기회를 보장하기 위해서는 근로내용의 적정성이라는 실질요건이 충족되어야 한다. 근로내용의 적정성이란 노인의 노동능력, 적성, 기호에 적합한 일자리가 보장되는 경우에 실질적으로 일할 기회, 즉 노동기회가 보장된 것으로 볼 수 있다는 것이다.

(2) 일할 환경에 관한 권리

일할 기회를 획득했다 하더라도, 일할 환경이 보장되어야 실질적으로 일할 기회가 유지될 수 있다. 일할 환경의 보장이란 생계를 보장하고 노동자로서 존엄을 유지할 수 있는 적절한 환경을 제공받는 것을 말한다. 이러한 적절한 환경을 제공받기 위해서는 근로조건의 적정성이라는 요건이 충족되어야 한다(이율경, 2016). 근로조건의 적정성은 임금수준, 근로시간 등이 노인에게 적정하게 제공되어야 실질적으로 노동기회가 보장된 것임을 의미한다. 안전하고 건강한 작업환경, 수행한 일에 맞는 정당한 보수, 안정적이고 적절한 노동시간 등 합리적인 노동조건에 대한 보장이 포함된다. 일할 환경에 대한 보장은 근로조건의 적정성과 관련되어 있다(한인상, 2014).

노인에 대한 사회적 편견과 노년기에 일할 수 있는 기회가 제한됨에 따라 노인은 전문성, 과거 경험 등 자신의 노동 역량보다 낮은 수준의 일자리를 수용하기 쉽다. 같은 이유에서 낮은 임금을 지급하거나 노동시간이 안정적이지 못한 불안정한 일자리에 만족하는 경향이 있다. 이는 노인을 위한 일자리가 근로내용과 근로조건의 적정성이 낮아 노인이 실질적으로 노동기회를 보장받기 어렵다는 점을 시사한다(최혜지, 2018).

4) 노인에게 노동의 의미

(1) 사회적 의미

고령사회에서는 노인인구가 전체 인구에서 차지하는 비율이 높아지고, 생산가능인구의 구성비가 상대적으로 감소한다. 생산가능인구의 규모는 전체 사회의 생산력을 결정한다. 즉, 생산가능인구의 수가 많고 전체 인구에서 생산가능인구가 차지하는 비율이 높을수록 한 사회의 총생산력은 높을 것으로 기대된다.

고령사회에서는 생산가능인구의 생산성을 65세 이상의 노인이 보완할 필요가 있다. 생산가능인구의 감소에 따라 축소된 사회의 총생산력이 노인에 의해 보완되지 못한다면 사회의 총생산력은 약화될 수밖에 없다. 이와 같은 상황이 계속되면 한 사회의 지속 가능 여부는 불확실해진다. 그렇기에 노인인력의 개발과 활용은 노인이 가진 권리이자 고령사회의 지속가능성을 확보하기 위한 수단이라는 의미를 갖는다. 따라서 노인노동은 고령사회의 지속가능성을 보장하기 위한 필요조건이다.

(2) 개인적 의미

노동은 노인에게 실존적 차원에서 다음과 같은 중요한 의미를 갖는다. 첫째, 노동은 생계를 유지하는 주요 수단이다. 우리나라 노인의 소득원별 구성을 살펴보면 사업을 하거나 일을 해서 번 소득은 2008년 노인 총소득의 18%를 차지했으나 2023년 약 50%로 증가했다(〈그림 9-1〉 참조). 이는 노동이 노인의 생계를 유지하는 중요 수단임을 시사한다. 특히 노년기의 소득보장을 위한 공적인 제도가 상대적으로 취약한 우리나라에서 노인의 노동은 생존수단이라는 의미가 크다.

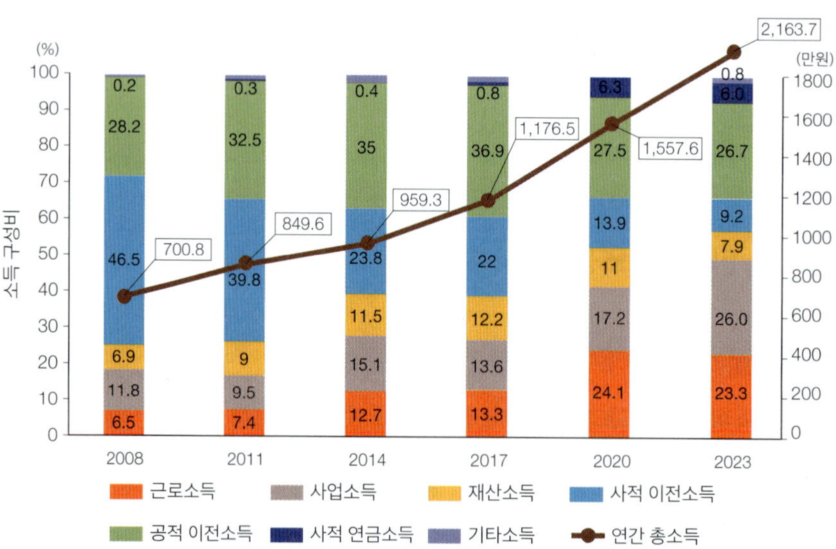

그림 9-1 노인 개인소득 원천별 구성(2008-2023)

출처: 정경희 외(2004, 2014, 2017), 박명화 외(2008), 이윤경 외(2020), 강은나 외(2023), 「노인실태조사」

둘째, 노동은 노인에게 자아실현의 도구가 된다. 자아실현은 인생의 모든 과정에서 이루어진다. 인생의 완성기에 있는 노인에게도 자아실현은 주요한 실존적 과제이다. 노동을 통해 노인은 사회적 역할을 부여받는다. 이렇게 주어진 역할을 수행해나갈 때 노인은 자기정체성을 확인하게 되며, 그에 적합한 삶을 희망하며 노력한다. 노인이 일하기를 희망하는 이유 중 하나가 자기계발인데(통계청, 2018), 이는 노인에게 노동이 자아실현의 도구로서 지니는 중요성을 시사한다.

셋째, 노동은 노인이 사회와 관계를 유지하고 연결될 수 있게 하는 매개체 역할을 한다. 노동이 행해지는 일터에서 노인은 다른 사람들과 교류하며 공식적·비공식적 관계를 맺는다. 노동을 통해 노인은 자신의 가치를 사회에 환원하고 사회의 일부로 편입됨으로써 사회와 연결된다. 특히 친지의 사망 등 사회적 관계가 약화되고 사회로부터 분리될 가능성이 높은 노년기 노인은 노동을 통해 지위와 역할을 부여받음으로써 사회구성원으로 소속감을 유지할 수 있다.

2. 노인노동정책

1) 노인노동의 실태와 노인노동정책의 구조

(1) 노인노동의 실태

2022년 기준 우리나라 65세 이상 노인의 경제활동참여율은 37.28%로 OECD 회원국 중 가장 높고, OECD 평균인 15.93%를 크게 웃돈다(OECD, 2022). (〈그림 9-2〉 참조). 65세 이상 노인의 고용률은 2023년 45.2%, 실업률은 2.0%로 어떤 지표를 기준으로 하든 우리나라 노인은 다른 나라의 노인보다 경제활동에 참여하는 정도가 높다.

그런데 노인의 일자리는 노동 안정성이 높지 않은 불안정 일자리가 주를

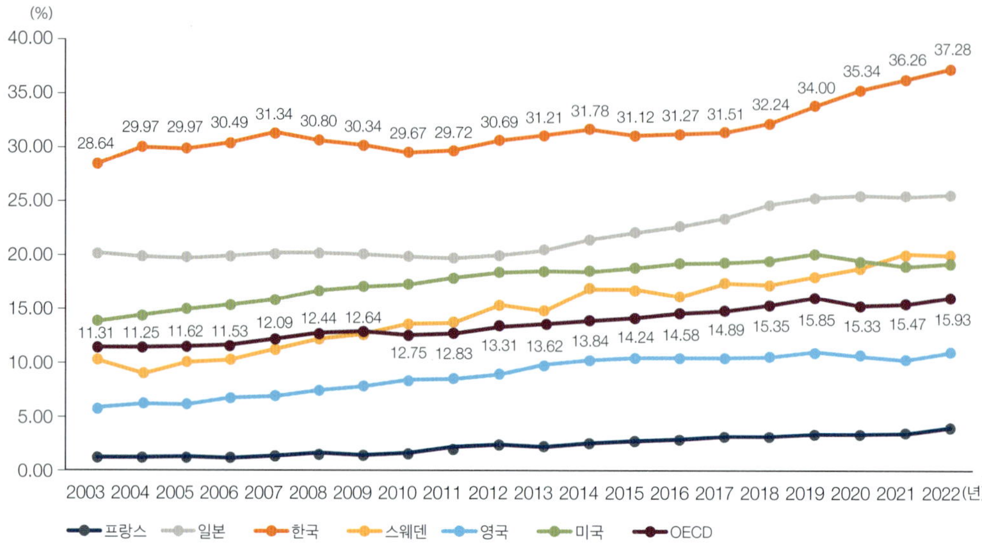

그림 9-2 주요국 노인의 경제활동참여율 (단위: %)

출처: 통계청(2018)

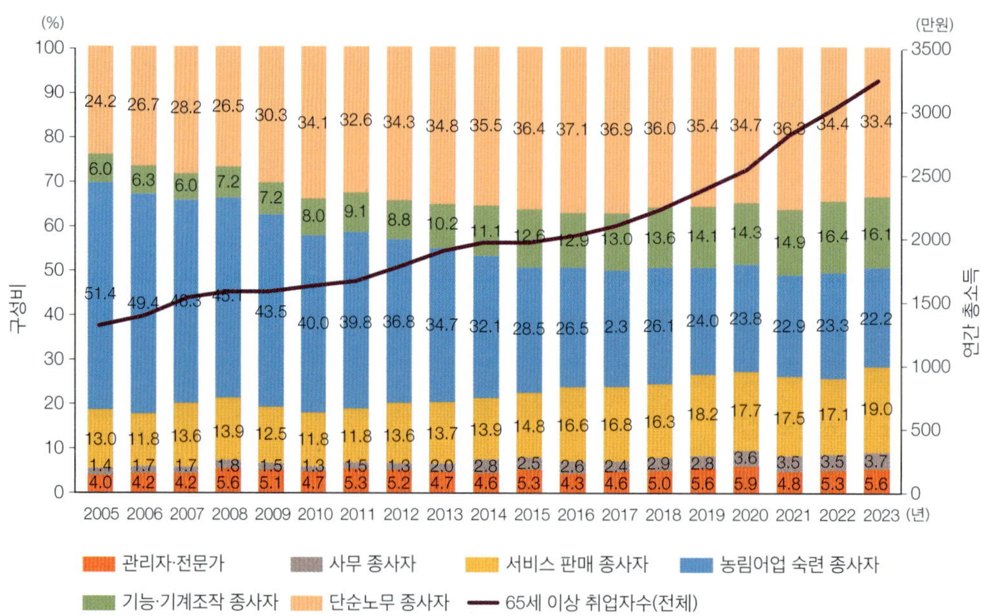

그림 9-3 노인의 직업별 분포 (단위: %)

출처: 통계청(각 해당년도) 경제활동인구조사 고령층부가조사

이룬다. 60세 이상 고령자의 68.7%는 임시직, 일용직 등의 비정규직 노동자이다(통계청, 2023). 직업별 분포는 단순노무종사, 농림어업종사자, 서비스 · 판매종사자의 순으로 높은 구성비를 보인다(〈그림 9-3〉 참조). 농림어업종사자는 지속적으로 감소하는 반면 서비스 · 판매종사자는 꾸준히 늘어난다. 전체 취업자 중에는 단순노무 종사자가 13%에 그치지만 노인은 33%가 단순노무 종사자할 정도로 노인의 직업은 단순노무에 집중되어 있다(통계청, 2024). 살펴본 바와 같이 우리나라 노인이 늦은 나이까지 적극적으로 노동에 참여하고 있으나, 고용 안정성 등 일자리의 질은 취약하다(최혜지 · 정은수, 2018).

(2) 노인노동정책의 종류

노인노동을 지원하기 위한 대표적인 정책과 사업으로 노인일자리 및 사회활동 지원사업(이하 노인일자리사업)과 노인취업알선사업이 있다. 노인의 소득창출과 함께 사회참여의 활성화를 정책목표로 하기 때문에 급여가 아닌 수당형식의 활동지원금을 제공하는 비시장적 일자리가 주를 이룬다.

3. 노인일자리 및 사회활동 지원사업

1) 사업의 개요

노인일자리 및 사회활동 지원사업은 「노인 일자리 및 사회활동 지원에 관한 법률」을 근거로 한다. 노인이 일자리와 사회활동을 통하여 활동적이고 생산적인 노후생활을 영위할 수 있도록 지원함으로써 노인의 건강과 복지를 증진하는 것을 목적으로 한다(한국노인인력개발원, 2024).

이 사업의 기능은 첫째, 노인의 노후소득보전이다. 우리나라는 노후소득보장을 위해 국민연금, 기초연금, 기초생활보장제도 등을 운영하고 있다. 노인일자리 및 사회활동 지원사업은 노후소득보장을 위한 핵심제도는 아니지만,

주로 노인에게 노동기회를 제공하여 근로소득을 통해 소득을 보완하는 기능을 한다.

둘째, 사회활동에 참여할 수 있는 활동기반을 형성한다. 노인일자리 및 사회활동 지원사업은 노인이 집을 벗어나 다른 노인들과 만나고 함께 일할 수 있는 일거리와 공간을 제공한다. 집 이외의 공간에서 정해진 시간에 특별히 해야 할 일이 없는 노인은 다른 사람을 만날 기회가 제한되기 쉽다. 이 사업은 노인이 정기적이고 지속적으로 상호작용할 대상과 기회를 제공하여 노인의 사회활동 참여를 촉진한다.

보건복지부는 이 사업과 관련된 세부정책을 개발하고, 예산을 편성하며, 운영을 지도감독한다. 한국노인인력개발원은 보건복지부 산하 기관으로, 이 사업에 대한 보건복지부 역할의 많은 부분을 실질적으로 담당한다. 사업의 운영은 지방자치단체와 수탁기관이 함께 수행한다(〈그림 9-4〉 참조).

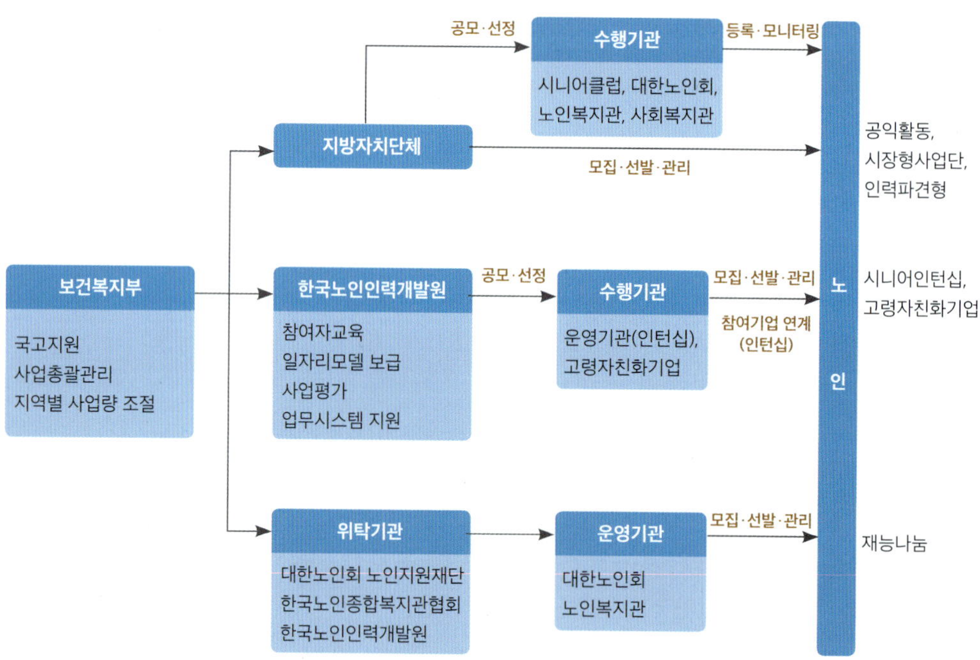

그림 9-4 노인일자리사업 추진체계

출처: 한국노인인력개발원(2019)

한국노인인력개발원

노인의 능력과 적성에 맞는 노인 일자리 및 사회활동 지원을 전문적·체계적으로 수행하기 위하여 설립된 보건복지부 산하 기관이다. 노인일자리 활성화를 통한 활기찬 고령사회 구현을 미션으로 노인일자리 및 사회활동 지원사업을 실행하는 전담 기관이다. 노인일자리사업의 지역밀착성을 높이기 위해 중앙본부 이외에 12개의 지역본부를 두고 있다.

시니어클럽

일자리 창출을 통해 노인들의 활기찬 노후정착에 기여하는 것을 목적으로 2001년 만들어진 노인일자리 지원기관이다. 시니어클럽은 지역사회에서 노인사회활동을 활성화하기 위해 노인의 경험과 지식을 활용할 수 있는 다양한 노인적합형 사회활동을 개발하고 노인이 일할 수 있는 환경을 조성한다. 지역사회복지관이나 노인일자리 및 사회활동 지원사업 경험이 있는 사회복지법인이나 비영리법인 및 단체가 기초지방자치단체에 시니어클럽 지정을 신청한 후 일정한 심의절차를 거처 시니어클럽으로 지정받게 된다. 시니어클럽의 주된 역할은 다음과 같다.

○ 지역노인일자리 전담기관으로서의 기능 및 역할 수행
○ 지역 특성에 적합한 시장형사업단 사업 수행
○ 지역사회 내의 노인인력 활용을 위한 교육 훈련 및 사후관리
○ 일하는 노인을 위한 지역 연대 및 기타 관련사업 수행

출처: 한국노인인력개발원, 한국시니어클럽협회

2) 사업의 유형

노인일자리 및 사회활동 지원사업은 공익활동형, 사회서비스형, 민간형사업으로 이루어져 있다. 공익활동형은 저소득의 경제적 취약계층이나 초고령으로 일하기 어려운 근로취약계층 노인의 소득보완을 목표로 한다. 사회서비스형은 전문적 역량이나 직업활동 경험이 높고 상대적으로 활동력이 있는 노인을 주요 대상으로 한다. 자아실현 및 사회기여의 기회를 제공하여 노인의 역량을 높이고, 노인의 경험과 전문성을 사회적으로 활용하고자 한다. 민간형은 전

문 역량과 직업활동 경험이 높은 노인에게 취업과 창업의 기회를 확대하는 것을 목표로 한다.

(1) 공익활동

공익활동사업은 노인의 자기만족과 성취감 향상, 지역사회 공익증진을 위한 봉사활동을 중심으로 한다. 65세 이상의 기초연금수급자가 우선 대상이고, 60세에서 64세의 차상위 계층 노인도 참여할 수 있다. 공익활동은 독거노인이

일자리 유형	정책 목표	정책 대상
공익활동형	취약노인의 노후소득 보완	• 경제적 취약계층(저소득) • 초고령 등 근로 취약계층
회사서비스형 (+선도모델)	자아·실현·사회기여 (역량 증진, 경험 활용)	• 역량·경험 多 인적 자본 • 사회참여 욕구 有 • 연소 고령층
민간형	자아실현 (취·창업의 디딤돌)	• 역량·경험 多 인적 자본 • 연소 고령층

그림 9-5 노인일자리사업 유형

출처: 한국노인인력개발원, 2024

거동이 불편하여 바깥에 나갈 수 없는 할아버지를 위해 할머니 두 분이 집에 방문하여 두런두런 이야기를 나누는 노노케어의 모습이다. © 완주군

나 거동이 불편한 노인의 말벗이 되고 도와주는 노노케어, 취약계층을 돕거나 학교급식을 지원하는 등의 활동을 하는 공공시설봉사, 노인의 경험과 기술을 다음 세대에 알려주는 경륜전수활동 등이 공익활동에 해당한다. 월 30시간 이상 활동하며 활동비로 월 29만 원을 받는다(한국노인인력개발원, 2024).

(2) 사회서비스형사업

사회서비스형은 사회서비스형과 사회서비스형 선도모델로 이루어져있다. 사회서비스형은 노인의 경력과 경험을 활용해 지역사회돌봄, 안전 관리 등 사회적 도움이 필요한 영역에 서비스를 제공하는 일자리 사업으로 세부유형에는 가정 및 세대간 서비스, 취약계층 전문서비스, 공공전문 서비스 등이 있다. 65세 이상이 우선 대상이나 일부 사업에 대해서는 60세 이상도 참여할 수 있으며, 월 60시간 근무하고 63만 원 정도의 기본급과 추가 수당이 지급된다(한국노인인력개발원, 2024).

사회서비스형 선도모델은 사회적 현안을 해결하는 신노년 세대 맞춤형 일자리이다. 이 사업은 사회적 가치를 제공할 수 있는 직종에 60세 이상의 노인을 고용할 의사가 있는 법인이나 단체를 지원한다. 지원받는 법인이나 단체는 노인의 근로시간, 근로기간, 급여 등에서 지원조건을 충족해야 하며 노인 고용비용 즉 노인 급여의 일부를 지원받게 된다. 사회서비스형 선도모델의 세부유형은 환경개선, 안전관리, 돌봄서비스, 교육서비스, 의료서비스, 공공전문서비스 등 ESG 분야에 집중되어 있다(한국노인인력개발원, 2024).

(3) 민간형사업

민간형사업은 시장형사업단, 취업알선형, 시니어인턴십, 고령자친화기업으로 나뉜다. 민간형사업은 60세 이상이 지원할 수 있으며, 참여자의 선발기준과 월 보수, 참여기간은 사업마다 다양하다.

시장형사업단은 소규모의 매장이나 전문직종의 사업단 운영을 통해 일자리를 창출하는 사업으로 식품 및 공산품 제조판매, 매장운영, 지역영농, 운송 등의 사업유형이 있다. 참여자의 인건비 일부 또는 사업비를 지원하며, 사업단은 사업소득으로 사업을 운영한다. 60세 이상으로 사업특성에 적합하면 기간

표 9-1 노인일자리사업 유형

유형		정의	예시
공공형		노인이 자기만족과 성취감 향상 및 지역사회 공익증진을 위해 자발적으로 참여하는 봉사활동	노노케어(취약노인 안부확인) 취약계층지원, 보육시설 봉사 등 공익증진을 위한 프로그램
사회서비스형		노인의 경력과 활동역량을 활용하여 사회적 도움이 필요한 영역(지역사회 돌봄, 안전 관련 등)에 서비스를 제공	가정 및 세대간 서비스, 취약계층전문 서비스, 공공전문 서비스(공공행정업무지원) 등
사회서비스형 선도모델		지역 사회가 보유한 자원과 기업 등의 외부자원을 활용하여 신규 노인일자리 아이템 개발, 창출	돌봄, 안전, 환경문제 등 지역사회가 당면한 현안을 해소하는 일자리 등
시장형	시장형사업단	노인에게 적합한 업종 중 소규모 매장 및 전문 직종 사업단 등을 공동으로 운영하여 노인일자리 창출	식품제조 및 판매, 매장운영(실버카페), 운송(실버택배) 등
	취업알선형	일정 교육을 수료하거나 관련 업무능력 있는 자를 수요처로 연계하여 근무기간에 대한 일정 임금을 지급받을 수 있는 일자리	시험감독 보조, 경비원 시설관리자, 가사도우미 등
	시니어인턴십	노인에게 기업 인턴 연계 후 인건비 지원 계속 고용 시 기업에 인건비 추가 지원	한식조리, 매장관리원, 영화관 보조원, 자동차 검사대행원 등
	고령자친화기업	노인의 경륜을 활용하여 경쟁력을 갖추고 양질의 노인일자리를 창출할 수 있는 기업의 설립 및 운영지원	공모심사에 따른 기업 모집

출처: 보건복지부, 2024

제한 없이 연중 참여가 가능하다.

취업알선형은 일정 교육을 수료하거나 관련된 업무능력이 있는 사람을 민간기업 등의 노인 인력 수요처에 연계하는 일자리이다. 60세 이상으로 사업특성에 적합하면 연 12개월 지속 참여가 가능하고 근무시간과 급여는 근로계약서에 정한 대로 따른다. 김치 제조 등의 식품가공, 경비나 주차관리, 주유 판매 등이 취업알선형에 참여하는 노인이 수행하는 대표적인 직무이다.

시니어인턴십은 노인에게 일할 기회를 제공함으로써 노인의 직업능력을 강화하고 기업에 노인의 인건비를 지원하여 계속고용을 유도하는 사업이다. 만 60세 이상으로 해당 교육을 이수한 노인, 만 60세 이상 노인을 고용할 의사가 있는 기업 및 비영리단체가 참여할 수 있다. 기업은 인턴으로 채용한 노인에게 약정한 월급여의 일부를 일정 기간동안 지원받고, 인턴 종료 후 노인과 계속고용을 체결하는 경우 채용 지원금을 지원 받을 수 있다.

고령자친화기업은 노인의 능력과 연륜을 활용해 경쟁력 있고 지속가능한 일자리를 창출할 기업을 지정하거나 설립 및 운영을 지원하는 사업이다. 인증형과 창업형으로 구분되며 인증형은 전년도 상시근로자의 일정 비율 이상이 고령자로 건물관리 등 고령자가 경쟁력을 가질 수 있는 직종에서 최소 30인 이상의 고령자를 고용한 기업을 새로 설립할 수 있는 법인이나 단체를 대상으로 한다. 세부사업 유형에 따라 1억에서 3억 원 이내의 비용을 지원받으며, 운영 단계에서는 경영, 교육, 홍보에 대한 컨설팅을 지원받을 수 있다(한국노인인력개발원, 2024).

| 더 알아보기 |

시장형사업단 사례 1: 사회서비스형 일자리

다문화 가정의 증가와 코로나19로 기초 학습능력 저하를 경험하는 '느린 학습 아동'이 늘어났다. 느린 학습은 아동의 일상적응 속도가 느려 학습뿐만 아니라 학교생활 및 교우 관계에 어려움을 겪게 됨으로써 사회문제가 되고 있다. 대구남구시니어클럽은 교육자로 은퇴한 참여자를 지역아동센터의 느린 학습 아동과 매칭해 1:1 맞춤 교육을 실시하기 위해 '온종일 돌봄시설 지원' 사업단을 추진했다. 사업단의 관건은 아동교육 전문인력을 선발해 요즘 아이들에게 익숙한 디지털 기기와 교구를 활용하는 교육자로 양성하는 것이었다. 이러한 과제를 해결하기 위해 공무원연금관리공단의 협조를 얻어 퇴직교사 중 사업 참여자를 선발했다. 온종일 돌봄시설을 이용하는 아동 중 일반 아동이 아닌 느린 학습 아동이 대상이었는데 이러한 아동의 흥미를 이끌려면 참여자들의 기존 경력만으로 부족했다.

더불어 참여자들의 디지털 기기 및 교구 활용력 향상을 배양하기 위해 참여자 선발 후 60시간에 걸쳐 느린 학습 아동 이해와 디지털 문해력 교육, 관찰력과 집중력 향상을 위한 메이커 과정을 교육하며 시니어 ICT 리터러시 튜터로 양성하였다. 이러한 과정은 KT대구경북광역본부, 지역아동센터 대구지원단, 지자체 등의 협조와 지원으로 추진되었다. 2022년 8명이던 시니어 ICT 리터러시 튜터는 2023년 15명으로 두배 가까이 증가했다. 기존의 공익활동 사업이 지역아동센터의 일손을 거드는 일에 집중되었다면 사회서비스형 일자리로서 온종일 돌봄시설 지원사업은 느린 학습 아동을 대상으로 맞춤형 교육을 시행함으로써 전문 퇴직인력을 활용해 사회문제를 해결하고 사회적 가치를 창출해 나간다는 점에서 혁신적이며 새로운 사업으로서의 모범을 창출했다.

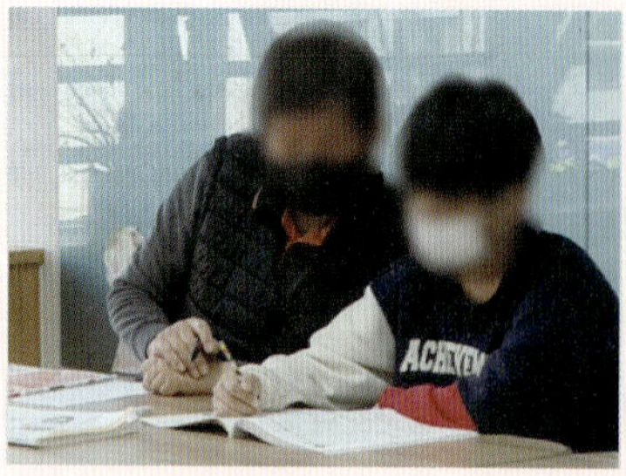

출처 : 한국노인인력개발원, 2024

시장형사업단 사례 2: 할매정성밥상

할매정성밥상은 군포시니어클럽의 시장형사업단이다. 2011년 3월 문을 연 이후로 지속적으로 성장하고 있는 식당이다. 개업 초기에는 수제비를 주 메뉴로 했으나 하루 매출이 1만 원을 넘기지 못해 6개월 만에 폐업 위기에 처했다. 이후 국밥집으로 바꾸었다가 현재의 자율형 백반집으로 재탄생해 성업 중이다. 노인의 신체적 여건과 생활 패턴을 고려해 11시부터 15시까지 짧은 시간 동안 운영하지만 점심식사를 하려는 사람들로 항상 붐비는 행복한 식당이다.

할매정성밥상을 운영하는 노인들은 많지는 않지만 급여를 받을 수 있으며, 무엇보다 규칙적으로 일을 할 수 있고, 함께 일하는 사람들이 있어 행복하다고 말한다. © 경기도노인일자리지원센터

4. 고령자 고용지원 사업

고령자의 일할 기회를 확대하는 사업은 주로 고용노동부에서 담당한다. 대표적으로 고령자가 오랫동안 일해온 주된 일자리에서 가능한 더 오래 일하도록 지원하는 계속고용장려금과 고령자의 재취업과 전직을 지원하는 사업이 있다.

1) 고령자 계속고용장려금

정년제도는 노동자가 일정한 연령에 이르면 사용자나 노동자의 의사와 관계없이 근로관계가 종료되는 제도를 말한다. 고용상 연령차별금지 및 고령자 고용촉진에 관한 법률은 근로자의 정년을 60세 이상으로 정하도록 의무화하고 있다. 계속고용장려금 제도는 정년에 도달한 노동자의 고용을 연장하여 정년 이후에도 주된 일자리에서 계속 일할 수 있도록 하는 것을 목적으로 한다(최혜지 외, 2021).

정년을 1년 이상 운영하고 계속고용제도를 도입한 사업주에게 정해진 기간동안 계속 고용한 근로자 1인당 일정 금액을 지원한다. 계속고용은 정년연장, 정년폐지, 재고용의 세가지 형태가 있다. 정년연장은 기업이 정한 정년을 기존보다 1년 이상 연장하는 경우에 해당하고, 정년폐지는 기업이 정한 퇴직연령을 아예 폐기하는 것이다. 재고용은 정년은 기존과 동일하게 유지하지만 정년에 이른 노동자와 계약관계를 끝내지 않고 고용관계를 계속 유지하거나, 또는 일단 퇴직한 후 6개월 이내에 다시 고용하여 1년 이상 고용관계를 유지하는 경우이다(고용노동부, 2024).

2) 재취업 및 전직 지원 사업

재취업 및 전직 지원 사업은 고령층이 주된 일자리에서 퇴직하기 전에 전직 등을 지원하는 다양한 사업이다. 퇴직 이전단계부터 고용서비스를 제공하여 고령 노동자가 노동시장에 오래 머물며 일할 수 있도록 지원하는 것을 목적으로 한다. 2020년부터 고용보험 피보험자수가 1000인 이상인 대기업은 정년퇴직 등의 이유로 인해 직장을 이동할 예정인 고령자에게 재취업지원서비스를 제공하도록 의무화하고 있다.

재취업지원서비스는 진로 및 생애경력설계, 취업알선, 재취업 또는 창업에 관한 교육훈련을 포함한다. 생애경력설계 서비스는 노동자의 경력과 적성 등을 진단하고 진로설계를 제공하는 서비스로 중장년일자리희망센터에서 제공한다. 고령자의 경력관리와 능력개발을 도와 정년에 도달한 근로자의 고용 연장을 지원하며, 불가피하게 주된 일자리에서 이탈하는 경우, 재취업하는 기간을 최소화하고 재취업 한 일자리에 잘 정착할 수 있도록 지원한다(최혜지 외, 2021).

3) 고령자인재은행

고령자인재은행은 고령 노동자의 경제활동 참여가 증가함에 따라 고령자의 고용을 촉진하고 일할 기회를 확대하는 것을 목적으로 한다. 고령자인재은행은 사회복지관, 여성발전센터, 여성인력개발센터, 노인복지관, 고용복지센터, 시니어클럽 등 국가로부터 위탁을 받은 비영리법인 또는 공익단체가 운영하는 공공의 무료직업소개사업이다.

주로 50세 이상 중고령자의 고용안정과 고령 인력의 수급을 활성화하고자 다음의 세 가지 사업을 위주로 한다. 우선 고령자에 대한 구인과 구직을 등록하고, 직업지도와 취업알선 서비스를 제공한다. 일하기를 희망하는 고령자에게 직업상담과 퇴직자에게 재취업 상담을 실행한다. 또한 구직등록자 중에서 취업능력을 높일 필요가 있는 사람에게는 일정 기간 취업의욕을 높이고 직무능력을 향상하려는 교육을 제공한다.

5. 노인노동정책의 문제점과 개선방안

1) 노인노동정책의 문제점

(1) 분절적 설계

노인노동정책의 주요 문제 중 하나는 주로 65세 이상의 노년기에 집중해 분절적으로 설계되었다는 점이다. 노동은 청년기 이후 지속되는 생의 과업이므로 노년기 이전의 노동경력과 분리하여 접근하는 것이 적절하지 않다. 그러나 현재의 노인노동정책은 65세를 기준으로 64세 이하는 고용노동부 주관 하에 장년고용정책의 적용을 받고 65세 이상은 보건복지부에서 운영하는 노인일자리사업을 중심으로 노동정책이 이루어진다. 노동정책이 이와 같이 분리됨에 따라 노동지원이 연속적으로 진행되지 못하고 분절되는 문제를 낳고 있다.

(2) 노인일자리사업의 양적·질적 제한

주로 65세 이상의 노인을 대상으로 하는 노인일자리사업 또한 다양한 한계를 갖는다. 먼저, 노인일자리사업의 정체성에 대한 문제를 들 수 있다. 노인일자리사업은 소득증가와 사회참여를 목적으로 제시하고 있는데, 이러한 목적의 이중성으로 인해 노인일자리사업을 노동으로 볼 것인지 혹은 자원봉사로 볼 것인지의 정체성 논란이 계속되고 있다.

다음으로, 노인일자리의 수가 충분하지 못하다는 문제가 있다. 노인일자리의 수는 2024년 1,098,000개까지 확대되었으나 일자리를 원하는 노인의 수에 비해서는 여전히 부족해 일할 의욕과 역량이 있는 노인을 모두 포괄하지 못한다. 노인일자리사업에 배분된 국가예산에 따라 각 지방자치단체에 일자리수가 할당되기 때문에 일자리수는 예산에 의해 제한된다. 일자리의 부족으로 일자리사업에 참여할 수 있는 기간이 제한되어 연속적으로 일자리사업에 참여하지 못하는 어려움이 있다.

더불어 노인일자리의 질적 한계에 대한 문제 또한 지속되고 있다. 노인일자리사업을 통해 제공되는 일자리는 안정적인 일자리를 공급하지 못하고, 보수 또한 낮다. 노인일자리의 약 80%를 차지하는 공익활동은 수당이 29만 원으로 낮은 수준이다. 민간형사업은 창출된 수익에 따라 노인의 보수가 결정되기 때문에 수익의 변동에 따라 보수도 변하므로 급여의 안정성이 낮을 수밖에 없다.

(3) 고령자 고용지원 사업의 실효성

계속고용장려금과 재취업 및 이직 지원사업은 사업 규모가 제한적이라서 정책 효과가 크지 않다는 한계가 있다. 계속고용장려금과 재취업 및 이직지원사업은 상대적으로 규모가 큰 사업장이나 정규직 노동자를 중심으로 적용되고 있어 소규모 사업장이나 파견근로 등 다양한 형태의 비정규직 노동자는 이들 정책으로부터 지원을 받기 어렵다는 한계가 있다.

2) 노인노동정책의 개선방안

이와 같은 한계를 해결하기 위해서는 어떠한 개선이 이루어져야 할까? 무엇보다 노인노동정책은 연령이나 생의 단계마다 분절되지 않고, 생애주기에 맞춘 연속적인 전 생애적 노동지원정책으로 전환되어야 한다. 이를 위해 보건복지부나 고용노동부 등으로 이원화되어 있는 노동정책이 효과적으로 연계되고 통합될 수 있도록 정책결정구조와 집행구조의 변화를 동반해야 한다.

노인일자리사업은 노인의 경험과 전문성을 활용할 수 있고, 생계지원이 가능한 수준의 임금을 보장할 수 있도록 양질의 일자리 개발이 우선되어야 한다. 더불어 일하기를 희망하는 노인이 노동의 기회를 보장받을 수 있도록 일자리의 수 또한 확대되어야 한다.

양적으로 증가하고 질적으로 강화되는 노인일자리사업을 감당할 수 있도록 일선 수행기관의 수를 늘려야 하며, 수행기관에 종사하는 인력의 처우 또한 개선하는 노력이 같이 이루어져야 한다.

토론쟁점

노인일자리사업에 참여하는 노인을 근로자로 인정해야 할까? 아니면 근로자로 인정하지 않는 것이 적절할까? 다음 글을 읽고 토론해보자.

> 정부의 '공공형 노인일자리 사업' 참여자가 근무 중 사고로 숨졌더라도 업무상 재해로 볼 수 없다는 법원 판단이 나왔다. ㄱ씨는 2021년 경기도의 한 복지관을 통해 공공형 노인일자리 사업인 '공익형 지역사회 환경개선봉사사업' 참여자로 선정됐다. 공공일자리에서 일하는 노인은 근로자가 아닌 사회봉사자로 봐야한다는 취지다. ㄱ씨는 2022년 경기도 양평군의 아파트 인근 도로 갓길에서 쓰레기를 줍던 중 도로를 지나던 차량의 사이드미러에 머리를 부딪쳤고, 병원으로 옮겨졌지만 숨졌다. 이후 유족은 ㄱ씨의 죽음이 업무상 재해에 해당한다며 유족 급여를 청구했지만, 근로복지공단은 "ㄱ씨는 복지관 소속 근로자가 아니기 때문에 산업재해로 볼 수 없다"며 거부했다(장현은, 2024).

토론거리

1 근로자의 정의와 근로자가 갖는 권리는 무엇인가?

2 노인일자리사업에 참여하는 노인을 근로자로 인정한다면 노인에게 어떤 이익이 있을까?

3 노인을 근로자로 인정하거나 또는 인정할 수 없는 이유가 있을까?

Chapter

10

노인건강보장정책

건강한 신체와 정신은 행복하고 활기찬 노년의 기본요소이다. 질병은 높은 사회적 비용을 발생시키기 때문에 신체적, 정신적 건강을 관리하고 유지하는 일은 개인뿐만 아니라 사회적으로도 주요한 과제이다. 시민의 건강한 삶을 보장하기 위해 국가는 사회적, 경제적 상황과 사회의 가치와 문화에 부합하는 건강보장정책을 마련하고 있다.

노인건강보장의 핵심 쟁점은 국민의 신체적, 정신적 건강보장을 목적으로 하는 건강보장제도가 얼마만큼 노인을 위해 노력을 하는가, 즉 모든 노인이 사회, 문화, 경제적 여건과 관계없이 질병을 예방하고 치료하여 건강한 삶을 유지하도록 보장하는가에 있다. 정부는 건강보험의 혜택을 지속적으로 확대해 건강보장제도가 노인의 건강유지에 실질적인 도움이 되도록 노력해왔다. 경제적인 어려움 때문에 필요한 의료서비스를 받지 못하는 일이 없도록 저소득 노인을 위한 의료지원 또한 다양화되었다. 그러나 이와 같은 사회적 노력에도 불구하고 적지 않은 문제가 여전히 개선되지 못한 채 남아 있다. 이 장에서는 노인이 가진 사회적 권리로서의 건강보장과, 노인의 건강한 삶을 보장하기 위한 정책에 대해 살펴본다.

1. 권리로서의 노인건강

1) 국내법 및 기본계획

모든 시민은 건강한 삶을 살 권리를 가지며 국가와 사회는 이를 보장해야 할 의무를 갖는다. 「대한민국헌법」(이하 「헌법」) 제34조 제1항은 "모든 국민은 인간다운 생활을 할 권리를 가진다"고 천명하고 있다. '인간다운 생활을 할 권리'에는 '질병의 고통을 받지 않을 권리'가 포함된다. 이는 건강권이 「헌법」이 정한 시민의 권리임을 의미한다.

「헌법」이 대한민국 국민의 건강에 대한 권리를 언급하고 있다면, 노인이 건강한 삶을 살 권리는 「노인복지법」, 「저출산 · 고령사회기본법」, 「치매관리법」 등에 명시되어 있다. 「노인복지법」 제1조에는 "이 법은 노인의 질환을 사전예방 또는 조기발견하고 질환상태에 따른 적절한 치료 · 요양으로 심신의 건강을 유지하고, 노후의 생활안정을 위하여 필요한 조치를 강구함으로써 노인의 보건복지증진에 기여함을 목적으로 한다"고 밝혀놓고 있는데, 이를 통해 심신의 건강을 유지하는 것은 노인의 권리인 동시에 국가와 사회의 의무임을 명확히 한다.

「저출산 · 고령사회기본법」은 저출산과 인구고령화에 대응하는 국가정책의 기본 방향을 정하고 있다. 이 법의 제12조 제1항에서는 "국가 및 지방자치단체는 성별 · 연령별 건강상의 특성과 주요 건강위험요인을 고려하여 국민의 건강증진을 위한 시책을 강구하여야 한다"고 밝히고 있으며, 제2항에는 "국가 및 지방자치단체는 노인을 위한 의료 · 요양 제도 등을 확립 · 발전시키고 필요한 시설과 인력을 확충하기 위하여 노력하여야 한다"고 정함으로써 건강한 삶에 대한 노인의 권리를 명시하고 있다.

「치매관리법」 제1조에는 "치매의 예방, 치매환자에 대한 보호와 지원 및 치매퇴치를 위한 연구 등에 관한 정책을 종합적으로 수립 · 시행함으로써 치매로 인한 개인적 고통과 피해 및 사회적 부담을 줄이고 국민건강증진에 이바지함을 목적으로 한다"고 이 법의 제정목적을 명시하고 있다. 이를 통해 치매관리를 국가의 의무로 규정하고 있으며, 개인과 가족이 치매의 고통으로부터 보호받을 권리가 있음을 밝히고 있다.

일반적으로 '인권의 보호와 증진을 위한 국가행동계획'으로 불리는 '국가인권정책기본계획'은 인권 관련 범국가적 종합계획이다(원영희 외, 2017). 한국은 제3기 〈인권의 보호와 증진을 위한 국가행동계획〉에서 노인의 경제적 안정과 건강권 보장을 고령화시대 인권 보장을 위한 정책 방향으로 제시하고 노인의 건강보호를 통한 인권보호대책을 촉구하고 있다(원영희 외, 2017). 이상과 같이 「헌법」을 비롯한 다양한 법령과 행동계획은 건강보장이 노인의 권리임을 명확히 한다.

| 더 알아보기 |

국가인권정책기본계획

국가인권정책기본계획National Human Rights Plan for Action(이하 NAP)는 인권 보장의 영역을 확대하고 인권 보장의 수준을 높이고자 수립하는 범국가적 계획이다. 한국을 포함한 전 세계 39개 국가에서 NAP를 수립하고 있다. 한국은 2007년부터 5년을 주기로 NAP를 수립해왔다. 2023년부터 2027년까지 대한민국 정부가 집중할 인권 관련 과제를 담은 제4차 인권정책기본계획이 발표되었다.

출처: 법무부(2023)

2) 국제규약

UN의 〈노인권리선언〉은 노인의 신체적·정신적 건강에 대한 보살핌을 받을 권리를 국가와 사회가 보장해야 할 노인의 다섯 가지 권리 중 하나로 제시했다. 〈노인권리선언〉에 의하면, 기관과 정부는 노인의 신체적 건강에 관한 케어와 보호에 지속적인 관심을 기울여야 한다. 이는 곧 노인이 신체적 건강을 관리하고 유지하기 위한 사회적이고 제도적인 노력을 국가에 요구할 권리가 있음을 의미한다.

〈비엔나 국제고령화행동계획〉은 노인 및 노년기 삶에 대한 7개 분야의 행동계획을 발표했다. 그 첫 번째가 '건강과 영양'으로, 이에 대한 17개의 권고사항을 다음과 같이 구체적으로 제시하고 있다. 먼저, 노인들의 경우 장애의 완화, 잔여기능의 재교육, 고통의 경감 등은 치료만큼 중요하고, 질병 중심에서 탈피하여 노인들의 신체적, 정신적, 사회적, 환경적인 요인들의 상호의존성을 고려하여 그들의 전체적인 안녕을 포함해야 한다는 권고사항이 들어 있다. 또한 고령화로 인한 장애와 질병을 감소시키기 위하여 예방적인 조치와 함께 초기 진단과 적절한 치료가 필요하며, 일상생활이 무능력하게 된 노인들에게 보건의료서비스를 제공하는 데 있어 각별한 주의를 기울여야 한다는 내용이 담겨 있다.

그와 함께 말기 환자에 대한 세심한 간호와 특별한 노력을 기울일 것, 지역사회복지와 보건의료서비스의 긴밀한 협조를 통한 비용 절감을 할 것, 일반인들에게 노인들을 돌보는 데 필요한 정보를 제공할 것, 노인의 삶을 보건 및 사회복지, 노인복지 담당자에게 일임하지 말 것, 보건의료 서비스 역할 수행에서의 노인 참여를 권장할 것, 보건의료 인프라와 전문인력을 구성할 것, 장애의 예방, 조기진단과 재활을 고양할 것, 단백질, 무기질, 비타민 등의 적절하고 충분한 영양을 섭취할 것 등을 권고하고 있다.

더불어, 지역에 남아 가능한 한 독립적인 생활을 영유할 수 있도록 양질의 재가보호서비스를 개발할 것, 잔존능력의 유지와 생활방식의 변화에 적응할 것, 방사능 물질이나 기타 오염물질에 각별한 주의를 기울일 것, 사고예방을 위한 조치들을 취할 것, 건강과 질병에 대한 지역연구와 최적의 프로그램 효과를 달성하기 위한 국제적인 교류와 조사협력을 확대할 것 등의 내용을 포함하고 있다(정경희 외, 2012).

2. 한국 노인의 건강실태

1) 건강 변화의 추이

평균기대여명은 특정 연령에 이른 사람이 평균적으로 몇 년을 더 생존할 수 있는가를 의미하는 지표로, 한 사회의 건강수준과 관련되어 있다. 우리나라 65세 노인의 평균기대여명은 2003년 17.1에서 2022년 20.7세로 매년 지속적으로 증가해, 노인의 건강상태가 개선되었을 가능성을 보여준다.

그해에 태어난 사람이 질병이 없이 건강하게 사는 평균 기간을 나타내는 평균건강수명 또한 2005년 69.9세에서 2020년 73.1세로 증가했다. 2020년의 평균수명은 83.5세임을 고려하면, 2020년 태어난 사람은 평균 73세 이후에 하나 이상의 질병을 갖게 되고, 질병을 지니고 10년을 더 생존하다 83세에 사망에 이르게 된다. 질병에 대한 예방과 건강 관리를 위한 사회적 노력을 확대해 질병 없이 오래 살 수 있는 환경을 만드는 것이 중요하다(〈그림 10-1〉 참조).

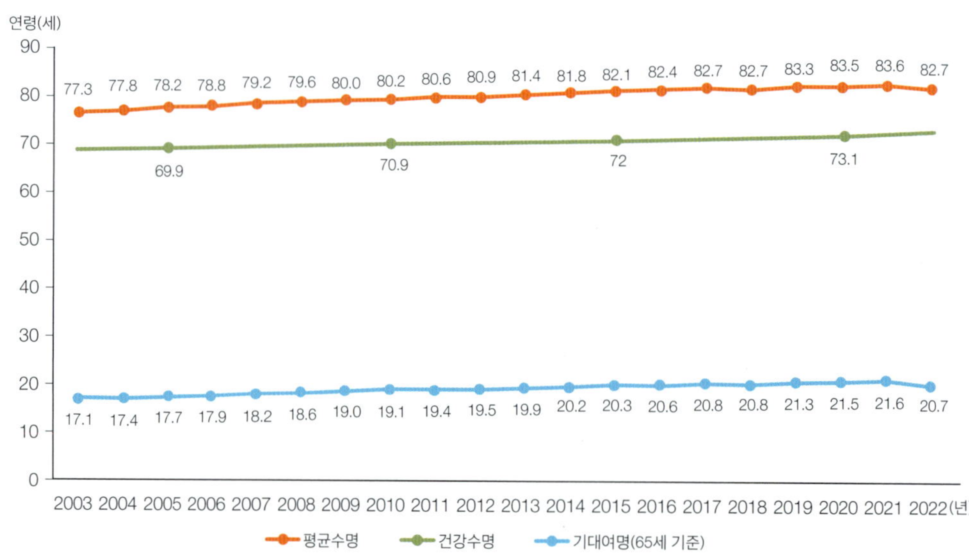

그림 10-1 평균수명, 평균기대여명, 평균건강수명 변화 추이

출처: 통계청(각 해당연도)

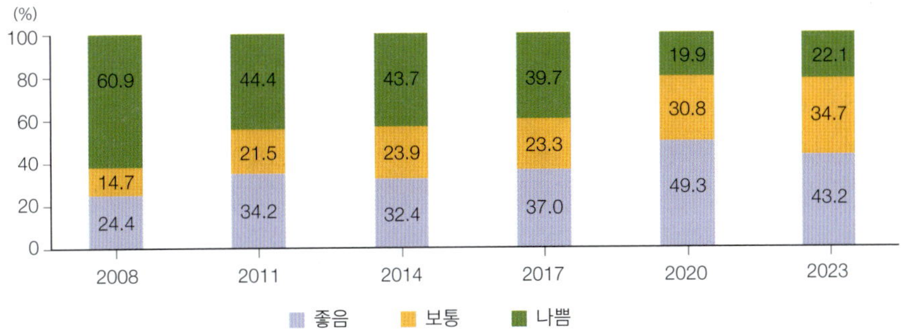

그림 10-2 한국 노인의 주관적 건강상태

출처: 강은나 외(2024)

자신의 건강상태에 대한 노인의 주관적인 평가는 긍정적이지 않다. 2023년 65세 이상 노인의 43%는 자신의 건강상태를 나쁘다고 생각하고 22%만이 좋다고 평가했다. 2008년에는 24%만이 자신의 건강상태를 나쁘다고 인식하고 61%는 좋다고 생각한 것과 큰 차이를 보인다(〈그림 10-2〉 참조). 전체 노인인구 중 80세 이상의 후기 노인이 차지하는 비율이 높아지는 노인인구 구조의 변화가 노인이 주관적으로 판단한 건강상태가 부정적으로 변화한 것과 무관하지 않다.

2) 노인의 질병과 건강증진 행위

우리나라 노인의 77%는 하나 이상의 만성질환을 가지고 있다. 만성질환은 오랜 기간 꾸준히 관리해야 해서 적지 않은 비용이 필요하고 노인의 삶의 질을 낮추기 때문에 사회적 관심이 요구된다. 만성질환을 앓고 있는 노인의 비율과 만성질환의 수는 연령이 높아질수록 증가한다. 75세 이상의 노인의 90% 이상이 만성질환을 하나 이상 앓고 있으며, 90세 이상의 노인은 평균 3개의 만성질환을 갖고 있다(〈그림 10-3〉 참조).

한국 노인 사이에서 유병률이 높은 만성질환은 고혈압, 골관절염, 당뇨병, 신경통 등이다(〈표 10-1〉 참조). 골관절염, 골다공증, 요통 및 좌골신경통을 앓는 노인의 비율은 꾸준히 낮아지는 반면 고혈압, 당뇨병, 고지혈증의 유병률은

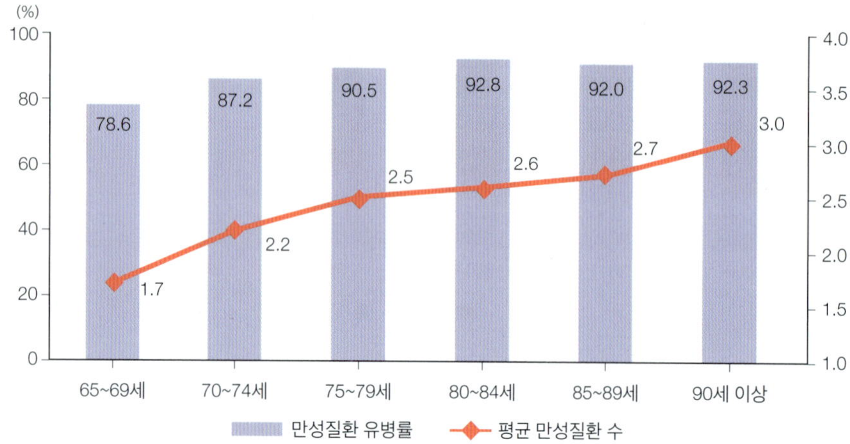

그림 10-3 한국 노인의 만성질환 유병률과 만성질환 수

출처: 강은나 외(2024)

표 10-1 노인 주요 질병별 유병률 변화 추이

(단위: %)

질병명	2014년	2017년	2023년
고혈압	56.7	59.0	59.5
골 관절염 등	33.4	33.2	16.2
당뇨병	22.6	23.2	27.7
요통, 좌골 신경통	21.1	23.1	10.0
골다공증	14.0	13.0	11.1
고지혈증	19.6	29.5	28.9
협심증	6.8	7.0	3.3

출처: 정경희 외(2017), 강은나 외(2024)

지속적으로 증가하고 있다. 심각한 통증이나 증상이 없는 고혈압, 당뇨병, 고지혈은 치료의 시기를 놓치기 쉽기 때문에 예방과 조기 발견이 중요하다.

한국 노인의 주요 사망원인은 암, 심장질환, 뇌혈관질환, 폐렴이며 특히 3대 질환인 암, 심장질환, 뇌혈관질환으로 사망하는 노인의 비율이 높다. 〈그림 10-4〉를 보면 60대와 70대는 암으로 인한 사망률이 높다. 80대 이상의 후기 노인은 암으로 인한 사망률은 60대나 70대 보다 낮아지는 반면 폐렴으로 인한 사망이 크게 증가하는 특징을 보인다(통계청, 2024).

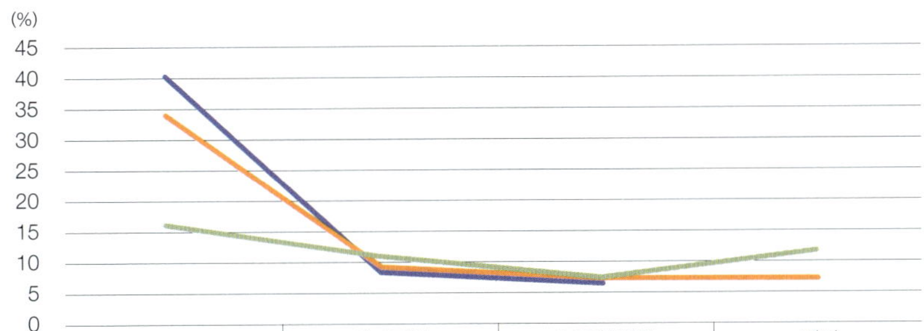

	암	심장질환	뇌혈관질환	폐렴
60-69	39.7	8.2	6.3	
70-79	33.8	8.7	7.3	7.2
80 이상	15.9	10.5	7.2	11.5

그림 10-4 한국 노인의 주요 사망원인

출처: 통계청(2024a)

평균수명 및 평균건강수명의 증가는 건강을 유지하려는 노인의 실천적 행위와 관련되어 있다. 건강을 위해 규칙적으로 운동하고 정기검진을 받는 노인이 지속적으로 증가하는 것은 개인적 차원이나 사회적 차원에서 바람직하다. 2023년 기준으로 65세 이상 노인의 77.7%는 정기적으로 건강검진을 받고, 53%는 규칙적으로 운동을 하는 것으로 나타났다. 음주를 하는 노인이 약 37%, 흡연 인구는 9%로 여전히 높은 비율의 노인이 건강에 부정적인 영향을 미치는 음주와 흡연을 지속하는 것은 개선할 필요가 있다(〈표 10-2〉 참조).

표 10-2 2023년 노인의 건강증진 행위

(단위: %)

연도	흡연		음주		규칙적 운동		정기건강검진	
	흡연	비흡연	음주	비음주	실천	비실천	실천	비실천
2023	9.4	91.6	37.3	62.7	52.8	47.2	77.7	22.3

출처: 강은나 외(2024)

3. 노인건강보장제도

1) 노인건강보장제도의 목적과 수단

노인건강사업이 기초하고 있는 이념은 건강한 노화이다. 세계보건기구는 건강한 노화를 "노인의 복지를 가능하게 하는 기능적 능력을 개발하고 보존하는 과정"이라고 정의한다(WHO, 2015). 이처럼 건강한 노화는 노년의 삶이 신체적으로 질병 없이, 정신적으로 안정적이고, 사회적으로 활발하게 유지 및 관리되는 상태를 지향한다. 건강한 노화는 노인건강을 바라보는 새로운 관점이며 동시에 노인건강정책의 목표이기도 하다(김남순, 2017).

세계보건기구는 건강한 노후를 보장하는 수단으로 기능적 능력과 환경과의 상호작용을 제안했다. 기능적 능력은 노인이 가치 있다고 생각하는 것을 할 수 있게 하는 신체적, 정신적 건강에 관한 역량을 의미한다. 환경은 노인을 둘러싼 모든 물리적, 사회적, 제도적 조건과 상황을 포괄한다. 예를 들면 노인이 중요하다고 생각하는 친구와의 만남을 지속하기 위해 몸을 움직여 이동하는 신체적 역량, 친구와 대화를 나누는 정신적 역량, 노인이 이동하기 편리한 교통체계라는 환경 모두를 촉진할 때 건강한 노후를 보장할 수 있다.

노인의 기능적 능력은 노화가 진행되면서 세 가지 유형의 궤적을 보인다. 가장 바람직한 궤적은 생의 말기까지 노인의 기능적 능력이 높은 수준을 유지하는 최상 궤적이다. 교란된 궤적은 질병, 사고 등의 특정 사건을 계기로 기능 감소가 이루어지나 이후 어떻게 대응하는가에 따라 기능을 다시 회복하거나 더 감소한다. 쇠퇴 궤적은 연령이 증가함에 따라 사망할 때까지 지속적으로 기능이 감소한다. 건강한 삶을 위해 노인 개인과 사회적으로 어떤 노력을 기울이는가에 따라 노인의 기능적 능력은 다른 궤적을 밟게 된다.

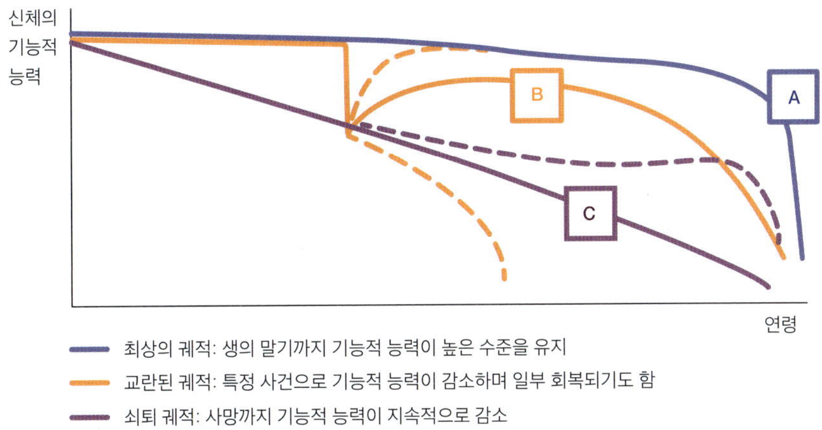

그림 10-5 노인건강 궤적 유형

출처: WHO(2015)

노인의 건강을 보장하는 핵심 제도는 국민건강보험과 의료급여이다. 이에 대해 자세히 살펴보면 다음과 같다.

2) 국민건강보험

국민건강보험제도는 예방, 진단, 치료, 재활, 출산, 사망 등 건강증진에 관한 서비스를 제공함으로써 국민보건을 향상하고 사회보장을 증진함을 목적으로 한다. 국민건강보험은 사회보험 방식으로 운영되기 때문에 가입조건을 만족하는 모든 사람은 강제 가입된다. 건강보험료는 소득과 자산 수준에 따라 차등하게 부담하고 건강서비스는 욕구에 따라 동일하게 받는다(〈표 10-3〉 참조).

표 10-3 강제 가입(사회보험)과 임의 가입(민간보험)의 차이

가입방법	임의 가입	강제 가입
보험료	위험의 정도, 급여 수준에 따른 부과	소득 수준에 따른 차등 부과
보험급여	보험료 부담 수준에 따른 차등 급여	재정 규모를 감안한 필요에 따른 균등 급여
보험료 징수	사적 계약에 의한 징수	법률에 의한 강제 징수

출처: 보건복지부(2024)

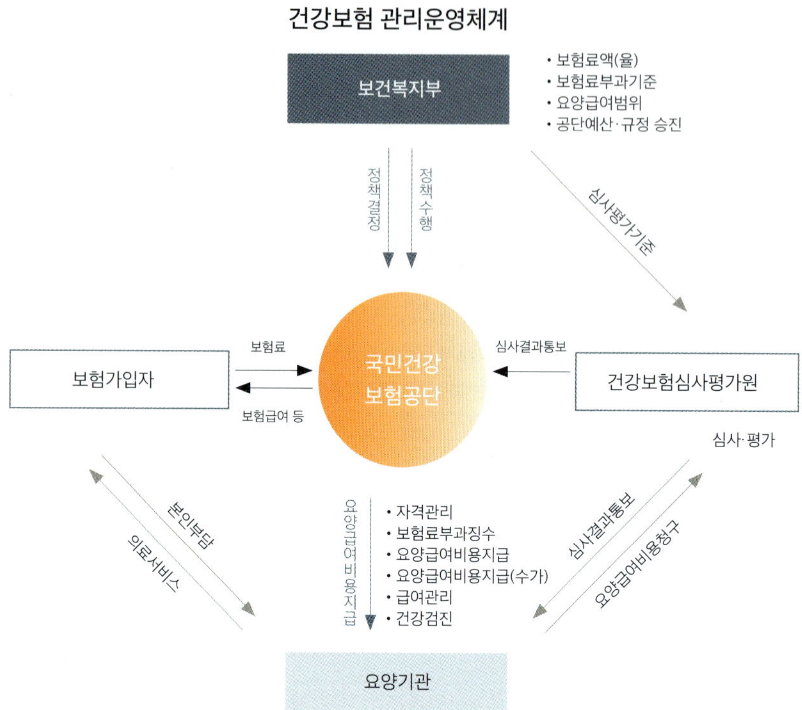

그림 10-6 건강보험 관련 주체별 역할

출처: 보건복지부(2024)

국민건강보험의 관리운영 주체는 보건복지부, 국민건강보험공단, 건강보험심사평가원 등이다. 보건복지부는 건강보험과 관련된 정책을 수립하고 업무를 총괄한다. 건강보험의 보험자인 국민건강보험공단은 가입자의 자격 관리, 보험료 부과 및 징수, 보험급여비용 지급 등을 담당한다. 건강보험심사평가원은 병·의원 등 요양기관이 요청한 비용을 심사하고, 이들 요양기관이 보험가입자에게 제공한 의료서비스가 적정했는가를 평가한다(〈그림 10-6〉 참조).

국민건강보험의 대상자는 의료급여의 적용대상자를 제외한 전국민이다. 건강보험의 가입자는 직장가입자와 지역가입자로 분류된다. 직장가입자는 2인 이상의 근로자를 두고 있는 모든 사업장의 근로자와 사용자, 공무원 및 교직원이다. 지역가입자는 농어촌 주민, 도시 자영업자처럼 사용자가 없는 사람들이며, 직장가입자와 그 피부양자[1]를 제외한 모든 국민이 해당된다(보건복지부, 2019).

사업장에 고용되어 사용자가 있는 노인은 직장가입자로 직장가입자인 배우자나 자녀의 피부양자 자격을 지닌 노인은 직장가입자의 피부양자로 건강보험의 적용을 받는다. 소득과 재산이 일정 수준[2] 이상인 노인, 농어촌 주민인 노인, 자영업자인 노인 등은 지역가입자로 분류된다(보건복지부, 2019).

국민건강보험을 운영하기 위한 재원은 보험가입자와 고용주가 낸 건강보험료, 보험가입자가 요양기관에서 진료받을 때 지불한 본인부담금, 그리고 국고와 건강증진기금 등의 정부지원금으로 마련된다. 직장가입자의 건강보험료는 보수월액[3]에 보험료율을 곱해 산정하며, 가입자와 고용주가 각각 50%씩 부담한다. 지역가입자의 건강보험료는 소득, 재산, 생활 수준을 고려하여 얻은 보험료 부과 점수에 점수당 금액[4]을 곱해서 산출한다(보건복지부, 2019).

3) 의료급여

의료급여는 생활유지 능력이 없거나 생활이 어려운 저소득 국민의 의료문제를 국가가 보장하는 공공부조제도로 건강보험과 함께 국민 의료보장의 중요한 수단이 되는 사회보장제도이다(보건복지부, 2024).

의료급여 대상자는 1종과 2종으로 나뉜다. 1종 수급권자는 「국민기초생활보장법」이 정한 수급권자, 이재민, 입양아동, 북한이탈주민, 노숙인 등 타 법에서 정하고 있는 대상자, 법령상 정한 조건을 갖춘 행려환자 등이다. 2종 수급권자는 국민기초생활보장대상자 중 1종 수급 대상이 아닌 가구, 타법에 의한 수급대상자 중 1종 수급대상이 아닌 가구의 가구원이다.

의료급여 운용을 위한 주요 재원은 세금이다. 그 외에 의료급여 대상자가

1 직장가입자에 의하여 주로 생계를 유지하는 자로서 「국민건강보험법」 시행규칙에서 정한 부양요건과 소득요건을 모두 충족하는 경우 직장가입자 신청에 의하여 피부양자가 될 수 있다.

2 2018년 7월부터 재산과표 5억 4천만 원을 초과하면서 연소득 1천만 원 초과자, 종합과세소득 연 3,400만 원 초과자는 피부양자에서 제외된다.

3 일정기간 동안 지급받은 보수를 기준으로 산정한 월별 보수를 의미한다. 이때 보수는 근로의 대가로 받은 봉급, 급료, 보수, 세비, 임금, 상여, 수당 등으로 그 밖에 이와 유사한 금품도 포함한다.

4 2018년 기준 183.3원이다.

의료서비스 이용 시에 의료기관에 지불하는 본인부담금이 있다. 본인부담금은 의료급여 1종 또는 2종인가에 따라, 이용하는 의료기관이 1차, 2차, 3차인가에 따라 차이가 있다. 의료급여의 본인부담금은 2025년부터 기존에 정해진 일정액을 지불하던 정액제 방식에서 사용한 의료비의 일정 비율을 지불하는 정률제 방식으로 변경된다(보건복지부, 2024).

의료급여대상자는 의료급여사례관리서비스를 받는다. 의료급여사례관리서비스는 수급자의 건강증진 및 적절한 의료서비스 이용을 위해 지자체에 배치된 의료급여관리사가 수급권자의 건강관리 향상을 위한 교육 및 상담, 의료급여제도 안내와 의료기관 이용 상담 등을 제공하는 제도이다(보건복지부, 2024). 의료급여 사례관리사의 복약 모니터링은 약 복용 설명을 기억하는 것이 상대적으로 어려울 수 있는 노인에게 도움이 되는 서비스이다. 약물 오남용을 예방하여 노인의 삶의 질을 향상하고, 불필요한 약품을 중복 수급하는 문제도 개선할 수 있다.

4. 노인건강보장사업

노인만을 위한 최초의 건강보장제도는 1983년 시행된 무료노인건강진단제도이다(정경희 외, 2016). 1995년부터 65세 이상의 노인이 의원급 의료기관에서 진료를 받고, 총 진료비가 일정 수준 이하인 경우에는 정액만 부담하는 노인외래정액제를 시행해 노인의 의료서비스 접근성을 높였다. 그 외에 노인의 건강증진을 목적으로 한 주목할 만한 제도는 없었다. 2000년 고령화사회에 진입하면서 노인건강에 대한 사회적 관심이 높아졌으나 주로 건강보험제도의 개선에 집중했다. 2013년부터는 지역사회통합건강증진사업을 도입해 지역사회를 중심으로 한 예방적 접근을 강조하고 있다.

건강보장사업은 질병예방을 위한 사업과 질병관리 및 치료를 위한 사업으로 구성된다. 질병예방사업은 3개의 건강검진사업과 3개의 건강증진 및 질병

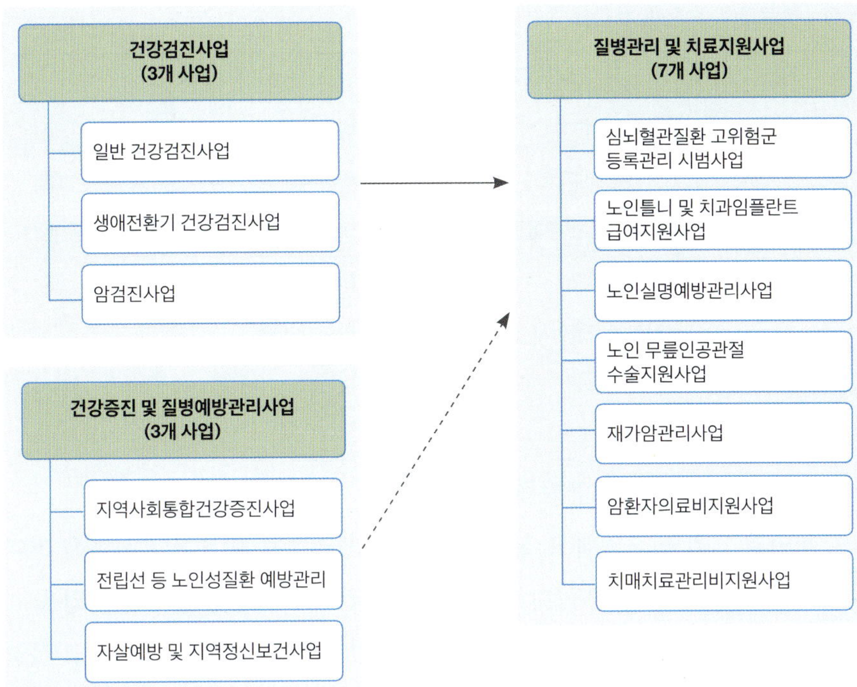

그림 10-7 노인건강보장사업의 구조

출처: 선우덕 외(2016)를 바탕으로 재작성

예방관리사업으로 나뉘며, 질병관리 및 치료지원사업은 7개의 사업으로 이루어져 있다(〈그림 10-7〉 참조). 이 가운데 노인을 위한 건강보장사업으로는 구체적으로 다음과 같은 것들이 있다.

1) 질병예방사업

(1) 건강검진사업

만 66세에 이른 노인을 대상으로 생애전환기 건강검진을 시행한다. 생애전환기 건강검진은 노년기의 신체적 건강 및 질병과 관련된 항목들로 구성된다. 1차 검진은 골밀도검사, 구강검진을 포함한 23개 항목에 걸쳐 이루어지고, 2차 검진은 고혈압, 당뇨병, 생활습관검사를 비롯해 우울증과 인지기능검사 등 정신건강검사가 진행된다.

표 10-4 의료급여 생애전환기 검진

구분	검진항목	실시시기
의료급여 생애전환기 검진	골밀도 검사	66세 여성
	인지기능장애	66세 이상 2년마다
	정신건강검사(우울증)	70세(해당 연령을 시작으로 10년 동안 1회)
	생활습관평가	70세
	노인신체기능검사	66, 70, 80세

출처: 보건복지부, 2025

(2) 건강증진 및 질병예방관리사업

노인의 건강을 증진하고 질병을 예방 및 관리하는 대표적인 사업은 지역사회통합건강증진사업이다. 지역사회 주민의 건강수준 향상을 위한 사업을 지자체가 주도적으로 발굴하여 추진함으로써 지역주민의 건강을 증진하고 사업의 체감률을 높이는 것을 목적으로 한다.

지자체가 지역특성 및 주민수요에 맞게 기획·추진하는 점에서 다른 건강증진 사업과 차이가 있다. 사업분야는 음주폐해예방(절주), 신체활동, 영양, 비만예방관리, 구강보건, 심뇌혈관질환예방관리, 한의약건강증진, 지역사회중심재활, 금연, 방문건강관리, 치매관리 등으로 다양하다(보건복지부, 2024). 연령이 증가할수록 고혈압, 당뇨병 등 꾸준한 관리를 필요로 하는 만성질환의 유병률이 높아지기 때문에 노인은 심뇌혈관질환 등과 같은 만성질환, 치매, 신체활동과 관련된 서비스의 주요 대상자이다.

치매관리사업은 치매를 조기발견하고 치료하여 치매의 중증화를 예방하고 지연하며, 치매노인을 돌보는 가족의 부담을 완화하는 것을 목적으로 한다. 치매관리사업은 치매노인사례관리사업과 치매검진사업으로 이루어져 있으며, 그중 치매검진사업은 치매검진을 희망하는 60세 이상의 노인에게 치매검진을 무료로 제공한다. 치매노인사례관리사업은 등록된 치매노인을 대상으로 치매치료관리비 지원, 노인의 치매상태에 따른 관리체계 수립, 치매노인과 보호자에 대한 상담, 재가치매노인 방문 및 관리 등의 서비스를 제공한다(보건복지부, 2024).

방문건강관리사업은 노인의 신체적, 인지적 기능을 유지하고 증진하여 건강한 노후생활을 보장하고자 하는 사업이다. 방문건강관리사업은 기본적으로 허약노인 판정평가를 실시하고, 우울예방, 낙상예방 등 노인의 신체적, 심리적 기능 향상을 위한 프로그램을 제공한다. 더불어 폭서(불볕더위), 혹한 등 계절별 건강관리교육, 가정의 안전환경을 조성하기 위한 교육 등 다양한 건강 관련 교육 프로그램을 제공한다.

규칙적인 운동은 신체적 기능을 유지하고 강화하는 주요 수단이다. 정부는 노인이 활기찬 노후생활을 유지할 수 있도록 노인의 신체적 기능에 적합한 운동프로그램을 개발하여 보급하고 건강교육을 실시하는 등 노인을 위한 신체활동관리사업을 펼치고 있다. 보건소, 경로당, 노인복지관 등에서도 65세 이상 노인을 대상으로 허약함과 만성질환을 예방하기 위한 운동교실 등의 프로그램을 제공한다. 국민건강보험공단은 노인운동을 지원하기 위해 건강백세운동교실을 운영하고 있다. 특히 경로당, 노인복지관 등 노인 이용시설에 전문 강사를 파견하여, 노인이 꾸준히 운동할 수 있도록 지원하고 있다.

2) 질병관리 및 치료지원사업

질병관리 및 치료지원사업은 심뇌혈관질환 고위험군 등록관리 시범사업, 노인틀니지원사업, 노인실명예방관리사업, 노인 무릎인공관절 수술지원사업, 재가암관리사업, 암환자의료비지원사업, 치매치료관리비지원사업으로 이루어져 있다. 이들 사업 중 노인틀니지원사업, 노인실명예방관리사업, 노인 무릎인공관절 수술지원사업, 치매치료관리비지원사업이 노인만을 대상으로 하거나 주로 노인이 대상이 되는 사업이다.

(1) 노인틀니 및 치과임플란트 급여지원사업

노인틀니 및 치과임플란트는 씹는 기능을 높여 영양상태를 증진한다는 점에서 노인건강과 밀접하게 연결되어 있다. 틀니와 임플란트 지원은 건강보험과 의료급여를 통해 지원된다. 건강보험 대상자 중 만 65세 이상의 노인은 완전 틀니나 부분 틀니 제작, 그리고 평생 2개까지 임플란트를 급여로 적용받을 수 있다. 총 비용의 30%는 본인이 부담해야 한다.

65세 이상 의료급여 수급권자는 완전 틀니나 부분 틀니를 제작하기 위한 비용이나 사후 유지관리 비용, 2개의 임플란트 비용을 지원받는다. 틀니는 총 비용의 5%에서 15%, 임플란트는 총 비용의 10%에서 20%의 본인부담금을 지불해야 한다(보건복지부, 2024).

(2) 노인실명예방관리사업

저소득층 노인에게 안검진을 실시해 안질환을 조기에 발견하고 치료하여 노인의 실명을 예방하고 시력을 유지하며, 노인과 가족의 의료비 부담을 경감하는 것을 목적으로 한다. 60세 이상의 고령자가 대상이지만 저소득 노인에게 우선 지원된다. 사업의 내용은 안검진 사업과 개안수술비 지원 사업으로 이루어져 있다. 안검진 사업은 시력검사, 안압검사, 굴절검사, 안저검사, 현미경 정밀 검사 등 다섯 종류의 검사를 무료로 제공한다. 개안수술비 지원 사업은 백내장, 망막질환, 녹내장 등 안질환자 중에 수술이 필요한 노인에게 개안수술비 등을 지원한다(보건복지부, 2024).

(3) 노인 무릎인공관절 수술지원사업

무릎관절증으로 지속적인 통증에 시달리나, 경제적 이유로 수술을 받지 못하는 노인들의 고통을 경감하여 삶의 질을 개선하고 의료비 부담을 경감하는 것을 목적으로 한다. 인공관절 치환술 질환자로 만 60세 이상의 국민기초생활보장법에 따른 수급자 또는 차상위계층의 저소득 노인을 대상으로 한다. 검사, 진료, 수술에 필요한 비용을 지원하며 한쪽 무릎 기준 120만 원 한도 내에서 실비를 지원한다(보건복지부, 2024).

(4) 치매치료관리비지원사업

치매치료관리비지원사업은 치매를 조기에 치료함으로써 효과적으로 치매 증상을 호전시키거나 중증화를 방지하여 궁극적으로 노후 삶의 질을 제고하는 것을 목적으로 한다. 만 60세 이상으로 치매진단을 받고 치매치료약을 복용하는 노인을 대상으로 한다. 약 구입비 등 치매치료를 위해 본인이 부담하는 금액

중 월 최대 3만 원 내에서 본인이 납부한 실비를 지원한다(보건복지부, 2024).

5. 노인건강보장정책의 문제점과 개선방안

1) 노인건강보장정책의 문제점

(1) 높은 의료비 부담

경제적으로 여유가 없는 저소득 노인은 건강보험을 통해 치료비가 지원되지 않는 비급여진료를 받아야 하는 경우, 비용에 대한 부담 때문에 대부분 치료를 포기한다. 국민기초생활수급자일 경우에도 비급여진료비와 본인일부부담금에 대한 지출 부담이 높다. 실제로 저소득 노인을 위한 무릎인공관절 수술지원사업의 대상자 중 50% 이상이 본인부담금 지불이 어려워 지원을 포기한 것으로 나타났다(정경희 외, 2016). 이처럼 의료비에 대한 높은 부담은 저소득 노인이 필요한 의료서비스를 받지 못하는 낮은 접근성 문제를 낳는다(정경희 외, 2016).

(2) 만성질환 관리의 저조

고혈압과 당뇨병은 외래진료 빈도가 비교적 높은 만성질환이다. 정부는 고혈압과 당뇨병질환자를 등록하여 만성질환을 관리하는 사업을 진행하고 있지만, 이미 고혈압 또는 당뇨병으로 진단받고 치료 중인 노인을 대상으로 한다. 따라서 만성질환을 예방하거나 조기에 발견하여 만성질환의 진행을 지연하는 데에는 효과적이지 못하다. 특히 만성질환은 노인의 의료비를 높이는 주요 원인 중 하나이기 때문에 만성질환을 적절하게 관리하지 못하는 것은 의료비의 증가라는 또 다른 문제를 야기한다(국회예산정책처, 2019).

(3) 예방적 접근의 한계

건강한 신체를 유지하고 질병을 예방하기 위해서는 적극적인 건강증진 행위를 하여야 한다. 그러나 현 건강보장체제에서 적절한 영양섭취, 규칙적 운동, 금주, 금연 등으로 대표되는 건강증진 행위에 대한 지원은 상대적으로 부족하다(정경희 외, 2016). 현재까지 질병예방을 위한 전략은 주로 질병의 조기발견을 위한 건강검진에 집중되어 있었으나, 향후에는 건강증진 행위를 강화하는 다양한 사업을 포함한 포괄적 질병예방 지원이 이루어져야 한다.

노인을 위한 생애주기별 건강검진사업은 질병의 예방이라는 차원에서 중요하지만 일회성 사업으로 끝나기 때문에 효과를 기대하기 어렵다. 치매, 우울 등 노년기와 밀접하게 관련되어 있는 질환의 발생 가능성은 노년기 내내 존재함에도 불구하고, 노년기에 진입한 66세에 단 1회 검진하기 때문에 질병의 조기 발견이 쉽지 않다. 또한 노인에 특화된 검진항목도 제한적이어서, 백내장 등 노인 사이에 유병률이 높은 질병조차 검진항목에서 제외되어 있다.

(4) 건강보험 재정건전성

건강보험제도가 당면한 주요 문제 중 하나는 노인인구의 증가와 노인의료비 증가로 인한 건강보험 재정건전성 악화이다. 국민 한 사람이 평생 사용하는 의료비인 생애의료비 중 50% 이상이 65세 이상의 노년기에 집중적으로 사용된다. 과도하거나 불필요한 의료비 지출을 막기 위해 노인이 쉽게 접하고 이해할 수 있는 의료정보 제공과 의료 이용에 대한 지원이 필요하다. 무엇보다 높은 의료비 지출이 발생하기 이전에 건강한 상태를 유지하는 기간을 연장할 수 있도록 건강관리와 질병예방에 대한 사회적 지원이 확대되어야 한다(국회예산정책처, 2019).

2) 노인건강보장정책의 개선방안

노인이 건강하게 생활하는 기간을 연장하기 위해 정부에서 시행하는 질병예방사업이 양적, 질적으로 확대될 필요가 있다. 우선, 노인의 생애주기 건강검진은 일회성 검진이 아닌 일정한 주기별로 지속적으로 이루어지는 정기적 검진으로 강화되어야 한다. 또한 노인이 신체적, 정신적 건강을 유지할 수 있도록 영양관리, 스트레스 및 정신건강 관리 등 질병예방사업이 다양화되어야 한다.

국민건강보험의 보장성을 강화해 노인의 의료 접근성을 높여야 한다. 건강보험 급여는 지속적으로 확대되어왔으나, 무릎인공관절치환술 등 고비용의 의료서비스는 건강보험 급여에서 제외되어 있고, 노인의 수요가 높은 틀니와 임플란트 등은 본인부담률이 높아 노인의 의료비 부담이 적지 않다. 노인의 경제적 어려움이 필요한 의료 서비스를 받지 못하는 장애물이 되지 않도록 국민건강보험의 보장성이 확대되어야 한다.

무엇보다 노인의 건강보장과 관련된 다양한 정책과 사업이 통합적으로 관리될 수 있어야 한다. 현재 보건복지부를 비롯한 중앙정부의 여러 부처 그리고 지방정부 등 다양한 주체가 노인건강과 관련된 사업을 추진해오고 있다. 이들 사업이 분절적이고 파편적으로 운영되는 문제를 개선하고 연계와 조정을 통해 사업의 효과성과 효율성을 높일 수 있도록 범정부 차원에서 노인의 건강보장에 관한 지원이 통합적으로 관리될 수 있는 구조와 체계를 마련해야 한다.

토론쟁점

노인 의료비의 증가와 이로 인한 사회적 부담의 증가는 노인의 건강권 보장에 따른 당연한 현상일까? 왜곡된 의료소비행위의 문제일까? 다음 글을 읽고 토론해보자.

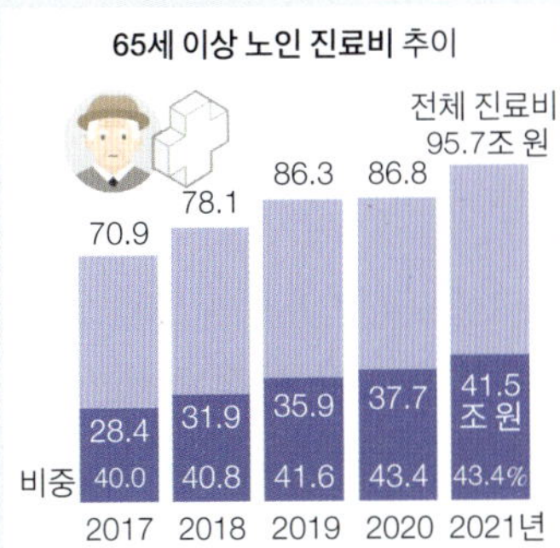

65세 이상 노인이 사용한 진료비가 전체 국민이 사용한 진료비에서 차지하는 비율은 2017년 28.4%에서 2021년 43.4%로 증가했다. 22년 65세 이상 노인의 1인당 진료비는 522만 9천 원으로 전년 대비 각각 25만 6천 원 증가했다(통계청, 2024b).

토론거리

1 노인의 의료비 지출이 높은 이유는 무엇인가?

2 노인이 필요 이상으로 병원을 방문하거나 약을 처방받는다는 객관적인 증거는 무엇인가?

3 노인의 건강한 삶을 사회적으로 보장해야 하는 이유는 무엇인가?

Chapter

11

노인돌봄정책

우리는 예로부터 노인을 돌보는 일을 가족이 감당해야 할 일로 여겨왔다. 하지만 인구고령화로 돌봄을 필요로 하는 노인인구는 증가하는 반면, 노인의 가구구조는 갈수록 단독가구와 부부가구의 비율이 증가하고 있다. 특히 전통적으로 노인을 돌보아온 여성 가족원의 경제활동참여율이 늘어나면서 가족 내에서도 노인을 돌볼 사람을 찾기란 쉽지 않게 되었다.

이와 같은 사회구조적 변화에 따라 돌봄은 사회가 책임지는 돌봄의 사회화가 확대되고 있다. 돌봄의 사회화는 혼자 힘으로 일상생활을 유지하기 어려운 노인을 돌보는 일이 더 이상 가족 내에서 해결해야 할 사적 문제가 아닌 국가와 사회가 함께 해결해야 할 공적 문제가 되었음을 의미한다. 이 장에서는 노인을 돌보는 행위와 정책이 지향해야 할 노인돌봄의 이념과 관련된 권리를 설명하고, 노인돌봄이 주요한 쟁점으로 떠오른 사회적 배경을 살펴본다. 그리고 노인돌봄정책을 노인장기요양보험과 노인맞춤돌봄서비스를 중심으로 설명한다.

1. 좋은 돌봄을 받을 권리

1) 돌봄에 관한 법과 규준

(1) 국내법

「노인복지법」은 제4조의 3의 고령친화도시, 제27조의 2의 홀로 사는 노인에 대한 지원을 정한 조문 등에서 국가와 지방자치단체는 노인에 대한 돌봄이 보장되는 지역사회를 구현하도록 노력해야 한다고 밝히고 있다. 비록 돌봄이라는 용어를 사용하고 있지는 않으나 「노인장기요양보험법」은 국가와 지방자치단체는 노인이 일상생활을 혼자서 수행할 수 있는 온전한 심신상태를 유지하는데 필요한 사업을 수행할 책무가 있다고 명시함으로써 독립적으로 일상생활을 영위하는데 필요한 돌봄을 받아야 함이 노인의 권리임을 시사한다.

보건복지부는 '시설 생활노인 인권보호지침'에서 개인적 욕구에 상응하는 질 높은 돌봄서비스를 요구하고 제공받을 권리가 노인에게 있으며, 어떠한 이유로도 권리를 침해받을 수 없다고 명시해 좋은 돌봄을 받을 권리가 노인에게 있음을 명확히 한다.

(2) 국가인권위원회

제4차 국가인권정책기본계획(2023-2027)은 모든 사람이 동등한 권리를 누리는 공정 사회를 위한 노인 분야 정책으로 노인 돌봄을 위한 사회적 필수서비스의 강화를 포함했다. 이를 위해 공립요양시설이 없는 시군구를 우선 지원하는 등 장기요양서비스의 사각지대 해소를 위해 노력하고 장기요양기관의 공공성을 강화할 것을 세부 과제로 제안한 바 있다. 이는 돌봄이 노인의 인간다운 삶을 위한 권리의 주요 항목임을 시사한다.

(3) 국제기준

UN은 〈노인을 위한 UN원칙〉에서 독립, 참여, 보호, 자아실현, 존엄을 5대원칙으로 제안했다. 보호의 원칙에서는 "노인들은 각 사회의 문화적 가치체계에 따라 가족과 지역사회의 보살핌과 보호를 받아야 한다", "인간적이고 안전한 환경에서 보호, 재활, 사회적·정신적 격려를 제공하는 적정 수준의 시설보호를 이용할 수 있어야 한다"고 명시하고 있다(원영희 외, 2017).

〈마드리드 국제고령화행동계획〉에는 노인에게 능력을 부여하고 지원하는 환경을 만들기 위해 모든 국가와 사회는 노인과 노인의 보호자에게 지속적이고 다양한 돌봄서비스를 제공해야 한다고 권고하고 있다. 특히 배우자나 부모를 돌보는 여성노인을 적절히 지원할 수 있어야 한다고 강조하고 있다(정경희, 2012).

2) 노인돌봄의 원칙과 좋은 돌봄

(1) 돌봄의 개념과 특징

좋은 돌봄이 무엇을 의미하는가는 돌봄의 개념과 특징을 이해하는 것에서 시작할 수 있다. 돌봄은 생존하고 생활하는 데 필요한 물질적, 심리적, 도구적 도움을 제공하는 행위이다. 달리Daly에 의하면 케어care, 즉 돌봄은 "의존성을 지닌 성인이나 아동의 신체적이고 정서적인 욕구를 규범적·경제적·사회적 틀 내에서 충족시키는 행위와 관계"를 일컫는다(Daly, 2001: 37).

돌봄의 개념은 다양한 영역을 포함한다. 생명을 유지하고 생활을 지속하기 위해서는 일정 정도의 물질적 자원이 필요하다. 그러므로 돌봄은 경제적 차원의 재정 지원을 포함한다. 생명을 유지할 수 있도록 식사를 준비하고 위생을 관리하며, 생활에 필요한 외부활동을 돕는 도구적 차원 또한 돌봄에 해당한다. 사회적 존재인 개인이 사회적 관계를 유지할 수 있도록 말벗이 되어주는 심리적 영역 역시 돌봄의 일부이다. 이와 같이 돌봄은 개인이 인간다운 생활을 유지하도록 지원하는 다양한 활동들로 구성되어 있다는 점에서 다차원성을 특징으로 한다.

생의 어떤 시기에서든 생활을 혼자 힘으로 유지할 수 없는 경우 돌봄은 누구에게나 필요하다. 모든 개인은 영유아기부터 아동기에 이르기까지 부모의 돌봄에 의존해 성장한다. 경제적, 도구적으로 독립이 가능한 성인기에도 개인의 기능상태에 따라 타인의 돌봄을 필요로 할 수 있다. 특히 신체적, 심리적으로 기능이 약해지는 노년기에는 독립적인 생활을 유지하기 위해 다른 사람으로부터 돌봄을 받아야 하는 필요성이 높아진다(Held, 2017). 이와 같이 돌봄은 생존과 생활을 위해 누구에게나 필요하다는 점에서 보편성을 띤다(Kittay, 1999; 김찬우·박연진, 2014 재인용).

돌봄의 또 다른 특징은 관계성이다. 돌봄은 경제적, 도구적, 심리적 지원을 제공하는 신체적이거나 인지적인 활동에 그치지 않는다. 돌봄은 제공하는 사람과 제공받는 사람 사이의 관계를 전제로 한다(최혜지, 2006). 돌봄에서의 관계는 부모와 자식처럼 애정에 근거한 것일 수도 있고, 노인과 요양보호사처럼 사회적인 계약에 근거한 것일 수도 있다. 그 근거가 무엇이든 돌봄은 관계에 기초해 이루어진다는 특징을 갖는다. 이처럼 돌봄은 돌봄을 주고받는 사람 사이의 감성적, 정서적 관계에 기초하기 때문에 다른 노동과 달리 기계로 대체할 수 없다(Held, 2006; 박기남, 2011 재인용).

(2) 좋은 돌봄의 개념과 원칙

그렇다면 무엇이 좋은 돌봄일까? 좋은 돌봄은 돌봄에 관여한 입장에 따라 다르게 개념화될 수 있다. 돌봄을 제공하는 입장에서 좋은 돌봄이란 이용자가 희망하는 바를 민감하게 이해하고 이에 대응하는 적절하고 전문적인 지원을 제공하는 것이다. 돌봄을 받는 이용자의 입장에서 좋은 돌봄은 높은 삶의 질을 유지할 수 있도록 지원을 받는 것이다. 마지막으로 돌봄을 제공하는 사람이나 받는 사람 모두에게 좋은 돌봄은 상대방을 신뢰하고, 존중하며, 서로 의지하는 성숙한 관계를 전제로 한다(Gibson et al., 2010).

이와 같이 정의되는 좋은 돌봄은 다음과 같은 원칙을 갖는다. 첫째, 좋은 돌봄은 제공되는 초기부터 후기까지 연속적이어야 한다. 노인의 신체적, 심리적, 인지적 조건은 완전히 호전되기는 어렵다. 때문에 일반적으로 돌봄을 받기 시작하면 일정 기간 동안 지속적으로 도움을 필요로 한다. 그리고 돌봄에 의존하게 되는 정도는 초기의 경미한 수준에서 점차 전적으로 의존하는 수준으로 심화된다. 좋은 돌봄은 돌봄을 필요로 하는 조건이나 정도의 변화에 맞게 중단

없이 연결되어 제공되어야 한다(석재은 외, 2015).

둘째, 좋은 돌봄은 통합성을 원칙으로 한다. 다른 사람의 도움을 필요로 하는 노인은 삶의 다양한 부분을 다른 사람에게 의지한다. 신체적, 정신적 기능이 약해진 노인은 식사를 하거나 화장실을 가는 신체적 활동과 외출을 하고 돈을 관리하는 일상적 활동, 그리고 건강의 관리 등 다양한 영역에서 도움을 필요로 한다. 따라서 좋은 돌봄이란 노인이 필요로 하는 다양한 도움을 빠짐없이 통합적으로 제공할 수 있어야 한다(석재은 외, 2015).

좋은 돌봄을 위한 세 번째 원칙은 모든 노인의 삶의 질을 높이기 위한 정책을 국가가 추진해야 한다는 국가책임의 원칙이다. 국가와 더불어 가족은 노인돌봄의 협력자로 노인돌봄에 관한 교육과 지지를 받을 수 있어야 한다.

(3) 돌봄의 연속성

돌봄의 연속성Care Continuum은 노인에게 필요한 돌봄을 제공하는 사회적 지원이 변화하는 노인의 돌봄 욕구에 적절히 대응하지 못한다는 문제의식으로부터 발전된 개념이다. 돌봄의 연속성은 다양한 실천·연구 분야로 확대되어 해당 분야에 적절한 형태로 변형되어 사용되어왔다. 그러나 일반적으로는 생의 단계나 시간, 돌봄의 수준, 물리적 공간 등 다양한 차원에서 공백이나 중단 없이 적절한 돌봄이 계속되는 상태로 정의된다.

즉, 노인돌봄의 연속성은 노인의 신체적, 정신적, 사회적 기능에 따라 지속적으로 변화하는 돌봄 욕구에 맞추어 다양한 돌봄서비스가 유기적이고 연속적으로 제공될 수 있어야 한다는 이념이다. 돌봄의 연속성은 노인돌봄정책이 어떤 상태를 지향해야 하는가에 대한 이상적 기준을 제공한다는 점에서 의의를 갖는다.

노인의 사회경제적 지위 및 기능상태 등에 따라 돌봄서비스가 다양하게 나뉘어지고, 각각 돌봄서비스가 전문화되는 현 상태에서 여러 돌봄서비스는 서로 연결되지 못하고 고립될 가능성이 높다.

이렇게 돌봄서비스가 단편화되면 다양한 서비스를 유기적으로 연결한 바람직한 돌봄을 구현하지 못할 가능성이 높다. 돌봄의 연속성은 노인돌봄정책이 노인돌봄서비스의 단편화 가능성을 인식하고 견제하며, 노인 당사자와 사회구성원 모두에게 최적인 돌봄서비스가 무엇인가를 구상하기 위해 필요한 이념적 기준을 제공한다(최혜지 외, 2015).

2. 노인돌봄의 사회화 배경

노인이나 아동을 돌보는 일은 전통적으로 가족의 책임이었다. 그러나 현대사회로 넘어오면서 노인이나 아동을 돌보는 일은 더 이상 가족에게만 의존할 수 없게 되었다. 이에 따라 노인이나 아동 등 돌봄이 필요한 개인에게 좋은 돌봄을 제공해야 하는 주체로서 국가와 사회의 역할이 강조되는 돌봄의 사회화가 확대되었다.

이처럼 노인돌봄이 사회 전체가 함께 고민해야 할 주요한 문제로 떠오르게 된 배경으로는 돌봄을 필요로 하는 노인인구의 증가와 더불어 돌봄을 제공할 수 있는 비공식적 체계의 감소를 들 수 있다. 이에 대해 좀 더 자세히 살펴보겠다.

1) 노인돌봄 욕구의 증가

먼저, 주변 사람의 도움 없이는 일상생활을 유지하기 힘든 취약 노인의 증가는 노인돌봄에 대한 사회의 요구를 높이는 원인 중 하나이다. 대표적 취약노인인 65세 이상 치매환자는 2020년 84만 명에서 2050년 271만 명으로 증가할 것으로 예상된다(〈그림 11-1〉 참조). 신체적, 정신적 기능이 제한되어 6개월 이상 장기간 가족이나 다른 사람의 도움을 받아야 하는 노인은 2024년 10월 기준 약 115만 명으로 전체 노인의 약 11.5%에 달한다.

일상생활 기능에 제한이 있는 노인이 일정한 비율을 차지하는 것 또한 노인돌봄의 필요성을 높인다. 2024년 노인의 약 10%는 옷입기, 세수나 양치질,

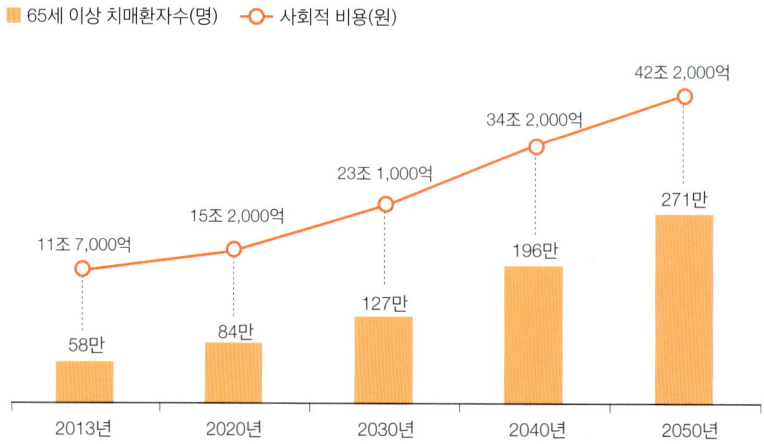

그림 11-1 치매의 사회적 비용

출처: 김상우 · 이채정(2014)

목욕 또는 샤워하기, 차려 놓은 음식 먹기, 대소변 조절하기 등 기본적인 일상생활조차 혼자 힘으로 수행하지 못했다. 특히 자녀와 함께 사는 노인 중에는 약 17%가 최소한의 일상을 유지하기 위해 다른 사람의 돌봄을 필요로 했다(강은나 외, 2024).

2) 가족 내 노인돌봄기능의 약화

세대가 단순화되고, 구성원이 축소되는 가족구조의 변화로 가족의 노인돌봄 기능 또한 약화되고 있다. 2000년 3인 이상으로 이루어진 가구는 전체 가구의 약 67%에 달했으나 2037년에는 30.8%에 불과할 것으로 추정되고 있다(〈그림 11-2〉 참조). 가족원은 노인을 도와줄 수 있는 자원이라는 점에서 가족원의 감소는 가족 내에서도 노인을 돌보아줄 자원이 축소되고 있음을 의미한다.

필요할 때 도와줄 동거인이 없는 노인 1인가구의 증가 또한 노인을 돌볼 비공식체계가 감소하고 있음을 잘 드러낸다. 혼자 사는 노인이 전체 노인인구에서 차지하는 비율은 2018년 34.1%에서 2023년 37.8%로 증가했으며(통계청, 2024), 2045년에는 393만 가구로 47.9%를 차지할 것으로 전망된다(〈그림

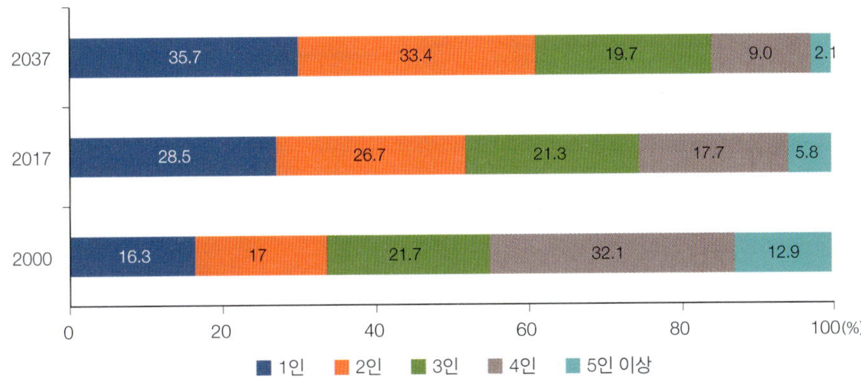

그림 11-2 가구원수별 가구 규모

출처: 통계청(2019a)

11-3〉).

그리고 전통적으로 가족 내에서 노인돌봄을 담당해온 여성의 경제활동참여와 성역할에 대한 가치관 변화로, 여성 가족원에게 노인돌봄을 의존하기 어렵게 되었다(최혜지, 2019). 2023년 15세에서 64세 여성의 54%가 사업체에 고용되어 있으며, 15세 이하의 자녀가 있는 여성은 57%가 경제활동에 참여하고 있다(OECD, 2021). 이와 같이 여성의 활동 영역이 가정을 벗어나 노동시장

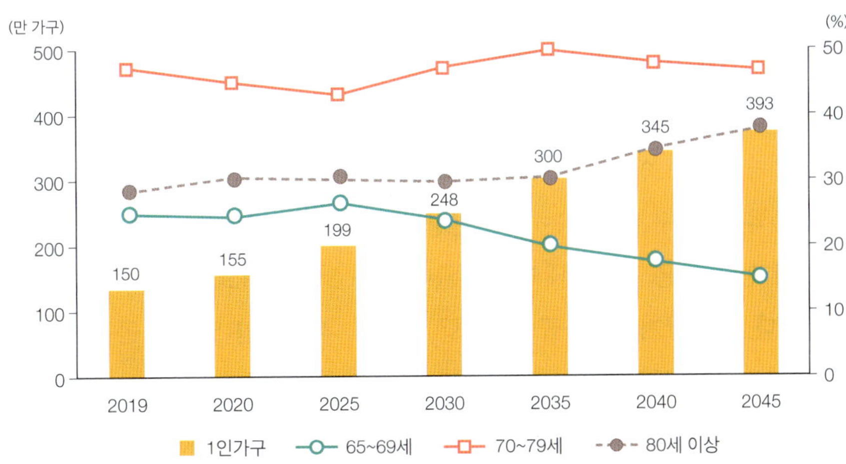

그림 11-3 고령자 1인가구 및 연령대별 비중

출처: 통계청(2019a)을 바탕으로 재작성

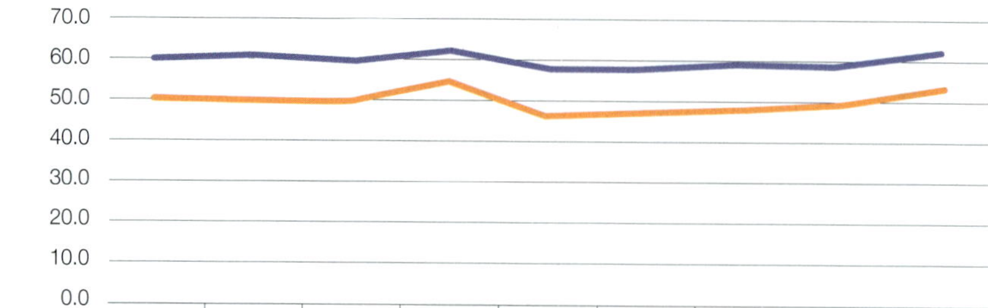

	고용률 (%) 2014.10	고용률 (%) 2016.10	고용률 (%) 2020.10	고용률 (%) 2024.10	고용률 (%) 2000	고용률 (%) 2010	고용률 (%) 2013	고용률 (%) 2020	고용률 (%) 2023
계	61.1	61.2	60.4	63.3	58.5	58.9	59.8	60.1	62.6
여자	50.5	50.9	51.1	55.6	47.0	47.9	48.9	50.7	54.1

그림 11-4 성별 고용률 추이

출처: 통계청(2024)

으로 이동하면서 가족의 노인돌봄 역량은 지속적으로 축소되고 있다(〈그림 11-4〉 참조).

3. 노인돌봄정책

1) 노인돌봄정책의 구조

한국의 현행 노인돌봄정책은 노인의 기능상태와 경제상태를 기준으로 〈그림 11-5〉와 같은 구조를 갖는다. 노인장기요양등급이 5등급 이내(기능제한 중등도 이상)인 노인은 경제상태와 관계없이 모두 노인장기요양서비스를 지원받을 수 있다. 노인장기요양등급이 5등급 외이며, 저소득인 노인은 돌봄이 필요한 경우 노인맞춤돌봄서비스를 지원받을 수 있다. 노인맞춤돌봄서비스를 받는 노인이 신체적, 인지적 기능이 약화되어 장기요양서비스를 이용하는 경우, 정해진 기간[1] 동안 자원연계 등 사후관리서비스를 지원받을 수 있다(보건복지부, 2024).

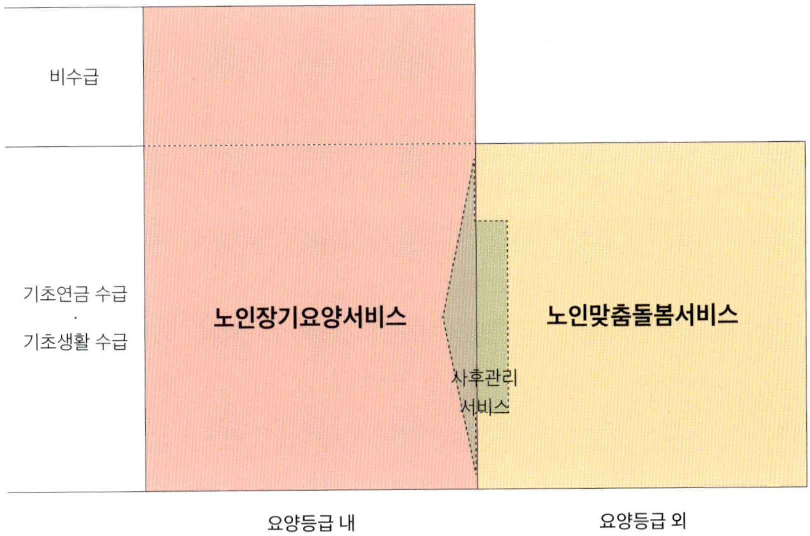

그림 11-5 노인의 기능과 경제상태에 따른 노인돌봄서비스 구조

2) 노인장기요양보험

(1) 정의 및 목적

노인장기요양보험은 노령 또는 노인성 질병 때문에 혼자 힘으로 일상생활을 유지하기 어려운 상태가 6개월 이상 지속되는 기능제한 중증도 이상인 노인에게 신체활동, 가사활동 등 요양서비스를 제공하는 제도이다(보건복지부, 2024). 한국은 사회보험 방식으로 노인장기요양서비스를 제공하는 노인장기요양보험을 2008년 도입하여 시행해오고 있다.

노인장기요양보험은 두 가지 목적을 갖는다. 먼저 노령 또는 노인성 질환으로 기능이 약화된 노인이나 노인성 질환자에게 독립적인 생활을 유지하는 데 필요한 돌봄을 제공하여 이들의 삶의 질을 유지하는 것이다. 둘째, 노령 또는 노인성 질환으로 도움을 필요로 하는 가족을 돌보기 위해 신체적, 심리적, 사회적으로 다양한 어려움을 경험하는 가족의 돌봄 부담을 완화하는 것을 목적으로 한다(보건복지부, 2024).

1 사후관리서비스 기간은 1년으로 정해져 있으나 필요하다고 인정되는 경우 연장 가능하다.

(2) 운영방식

앞서 언급했듯이 한국의 노인장기요양보험은 사회보험 방식으로 운영된다. 따라서 한국 노인장기요양보험의 주요 특징 또한 사회보험의 특징에서 비롯된다. 즉, 가입자격을 갖춘 모든 사람이 강제 가입되며, 보험료를 내야 한다. 가입자가 낸 노인장기요양보험료는 노인장기요양보험을 운영하는 데 필요한 재정을 마련하는 주요 출처가 된다.

대부분의 선진국에서는 노인장기요양보험을 운영하고 있는데, 한국과 같이 사회보험 방식을 택하고 있는 대표적인 나라로는 독일, 헝가리, 일본, 스위스, 네덜란드, 룩셈부르크 등이 있다. 국민에게 거둔 세금을 재정으로 하는 조세방식을 통해 노인장기요양보험을 운영하는 대표적인 국가는 호주, 오스트리아, 캐나다, 아일랜드, 뉴질랜드, 노르웨이, 폴란드, 스페인, 스웨덴, 영국 등이다(〈그림 11-6〉 참조).

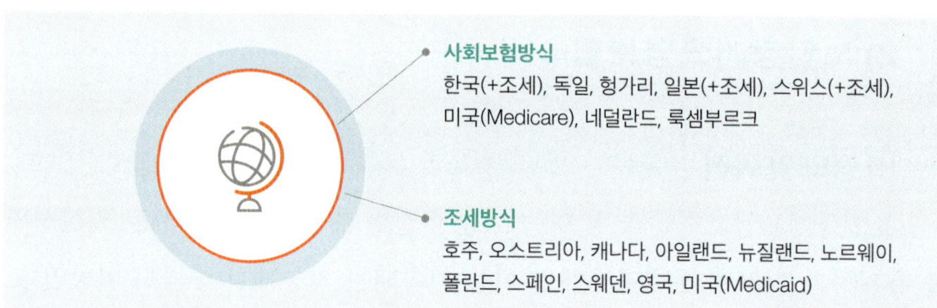

그림 11-6 각국의 노인장기요양제도 운영방식

출처: 국민건강보험공단(2019)

(3) 대상자

노인장기요양보험의 가입자, 수급대상자, 실제 서비스 수혜자는 동일하지 않다. 한국의 경우, 노인장기요양보험의 가입자는 건강보험 가입자와 동일하므로, 건강보험 가입자는 자동으로 노인장기요양보험의 가입자가 된다. 하지만 노인장기요양보험의 수급대상자는 65세 이상의 노인 또는 65세 미만의 나이임에도 치매·뇌혈관성 질환 등 노인성 질병을 가진 사람 중 6개월 이상 혼자서 일상생활을 수행하기 어렵다고 인정되는 사람이다(보건복지부, 2024). 그러나 실제 서비스를 받는 수혜자는 노인장기요양서비스를 신청한 사람 중 장기요양인정 절차에 따라 1등급에서 5등급까지의 요양등급을 인정받은 경우로 제한된다.

(4) 급여의 내용

노인장기요양보험을 통해 노인과 가족이 받을 수 있는 급여는 시설급여와 재가급여로 나뉜다. 시설급여는 노인이 요양시설[2]에 입소하여 생활에 필요한 돌봄서비스를 받는 것이다. 시설급여를 받을 수 있는 노인은 요양등급 1등급자와 2등급자, 그리고 3등급자 중 치매 등으로 시설급여가 인정된 자로 제한된다. 노인 요양시설에는 노인요양원과 노인요양공동생활가정이 있다. 노인요양공동생활가정은 5명 이상 9명 이하의 노인을 보호하며, 가정과 같은 요건을 갖춘 소규모 요양시설이다(보건복지부, 2024).

재가급여는 노인이 자신의 집에 거주하며 직접 집으로 방문한 돌봄인력으로부터 돌봄서비스를 받는 것을 말한다. 재가급여에는 방문요양, 방문간호, 방문목욕, 주야간보호, 단기보호, 복지용구대여 등이 있다. 방문요양은 요양보호사가 노인의 집을 방문해 신체지원, 가사지원 등 일상생활을 지원하는 서비스이다. 방문간호는 간호, 진료보조, 요양상담 등 간호사, 간호조무사, 치위생사가 노인의 가정을 방문하여 제공하는 급여이다. 방문목욕은 목욕시설을 갖춘 차량이 노인의 거주지역으로 이동하여 목욕 서비스를 제공하는 것이다. 주야간보호서비스는 노인을 하루 중 일정 시간 동안 센터에서 보호하며 목욕, 식사, 기본간호, 치매관리, 응급서비스 등을 제공한다. 단기보호서비스는 노인을 위한 일시적인 보호 프로그램으로, 가족이 여행을 가거나 중요한 일로 인해 노인을 돌보기 어려운 상황에서 노인을 일정 기간 동안 요양시설에 맡겨 돌봄을 받는 제도이다. 월 9일 이내로 이용할 수 있으며 센터는 신체활동지원, 심신기능 유지 · 강화를 위한 교육 및 훈련을 제공한다. 기타 재가급여로는 보행보조기, 휠체어 등 수급자의 일상생활지원에 필요한 용구를 대여하는 복지용구대여가 있다(〈그림 11-7〉 참조).

2 치매 · 중풍 등 노인성질환 등으로 심신에 상당한 장애가 발생하여 도움을 필요로 하는 사람을 입소시켜 급식, 요양과 그 밖에 일상생활에 필요한 편의를 제공하는 시설이다.

방문요양(방문당)
장기요양요원이 수급자의 가정 등을 방문하여 신체활동 및 가사활동 등을 지원하는 장기요양급여

인지활동형 방문요양(방문당)
1~5등급 치매수급자에게 인지자극활동 및 잔존기능 유지·향상을 위한 일상생활 함께하기 훈련을 제공하는 급여
(기존의 방문요양과는 달리 빨래, 식사 준비 등의 가사지원은 제공할 수 없으나, 잔존기능 유지·향상을 위해 수급자와 함께 옷개기, 요리하기 등은 가능함)

방문목욕(방문당)
장기요양요원이 목욕설비를 갖춘 차량을 이용하여, 수급자의 가정을 방문하여 목욕을 제공하는 급여

방문간호(방문당)
의사, 한의사 또는 치과의사의 지시에 따라 간호사, 간호조무사 또는 치위생사가 수급자의 가정 등을 방문하여 간호, 진료의 보조, 요양에 관한 상담 또는 구강위생 등을 제공하는 급여

주·야간보호(1일당)
수급자를 하루 중 일정한 시간 동안 장기요양기관에 보호하여 목욕, 식사, 기본간호, 치매관리, 응급서비스 등 심신기능의 유지·향상을 위한 교육, 훈련 등을 제공하는 급여

단기보호(1일당)
수급자를 월9일 이내 기간 동안 장기요양기관에 보호하여 신체활동 지원 및 심신기능의 유지·향상을 위한 교육, 훈련 등을 제공하는 장기요양급여

기타 재가급여(복지용구)
수급자의 일상생활 또는 신체활동 지원에 필요한 용구로서 보건복지부 장관이 정하여 고시하는 것을 제공하거나 대여하여 노인장기요양보험 대상자의 편의를 도모하고자 지원하는 장기요양급여
휠체어, 전동·수동침대, 목욕리프트, 욕창예방매트리스·방석, 이동욕조, 성인용보행기 등

그림 11-7 재가급여의 종류
출처: 국민건강보험공단(2025)

(5) 재원

노인장기요양보험을 운영하는 데 필요한 재원은 장기요양보험료, 중앙정부와 지방정부의 부담금, 본인일부부담금으로 마련된다. 장기요양보험료는 장기요양보험자가 내는 것으로 건강보험료에 장기요양보험료율[3]을 적용해 결정된 액수이다(보건복지부, 2024). 중앙정부는 매년 장기요양보험료 예상 수입액의 20%에 해당하는 금액을 지원한다. 또한 중앙정부와 지방정부는 의료급여

3 '장기요양보험료율'은 매년 재정상황 등을 고려하여 보건복지부장관 소속의 '장기요양위원회'의 심의를 거쳐 대통령령으로 정한다. 장기요양보험료율은 2020년 기준으로 10.25%이다. 예컨대 건강보험료가 월 10만 원인 노인장기요양보험가입자는 건강보험료의 10.25%인 10,250원을 장기요양보험료로 납부해야 한다.

수급권자의 급여비용, 의사소견서 발급비용, 방문간호지시서 발급비용을 전액 부담한다. 노인장기요양서비스를 이용하는 사람은 서비스 비용의 일부를 본인일부부담금으로 서비스를 제공한 기관에 직접 지불한다. 예를 들면 건강보험에 가입해 있는 가입자 또는 피부양자가 의료기관에서 진료를 받은 후 건강보험료와 별도로 병의원에 직접 일정 금액을 치료비로 지불하는 것과 같다. 본인일부부담금은 수급자가 이용한 장기요양서비스 총 비용의 일정 비율[4]에 해당한다.

(6) 이용절차 및 전달체계

노인장기요양서비스를 이용하려는 사람은 장기요양인정 절차를 따라야 한다. 이는 해당 지역의 건강보험공단사무소에 장기요양인정을 신청하는 것으로부터 시작된다. 신청이 접수되면 건강보험공단의 직원이 신청자의 집을 방문해서 인정조사를 시행한다. 등급판정위원회는 인정조사와 의사소견서 등에 근거해 신청자의 요양등급을 판정한다. 요양등급은 1등급에서 5등급까지의 등급 내자와 등급 외자로 구분된다. 등급 내자에 한해 장기요양서비스를 이용할 수 있는 수급자격이 주어진다(보건복지부, 2024).

수급자격자는 이용하고자 하는 요양급여를 제공하는 재가요양기관 또는 시설요양기관과 계약을 맺고 노인장기요양서비스를 이용할 수 있다. 어떤 유형의 급여를 얼마만큼 받을 것인가는 요양등급별 급여액의 상한선을 넘지 않는 선에서 건강보험공단에서 제공한 표준이용계획서와 기관의 조언을 참고해 결정한다.

중앙정부는 노인돌봄제도를 기획하고 재정을 마련하는 주요 역할을 맡는다. 지방자치단체는 장기요양기관의 개설을 허가 또는 지정하고, 지도감독을 맡는다. 지방자치단체는 또한 요양시설을 직접 만들어 운영하기도 한다. 중앙

4 본인일부부담금은 재가급여의 경우 당해 장기요양급여비용의 100분의 15, 시설급여는 당해 장기요양급여비용의 100분의 20이다. 의료급여 수급자는 본인일부부담금 전액을 면제받으며, 「의료급여법」의 수급권자(의료급여 수급자 제외)와 소득과 재산 등이 보건복지부장관이 정하여 고시하는 일정 금액 이하인 사람, 천재지변 등 보건복지부령으로 정하는 사유로 인하여 생계가 곤란한 사람 등은 본인일부부담금의 50%를 감면받는다.

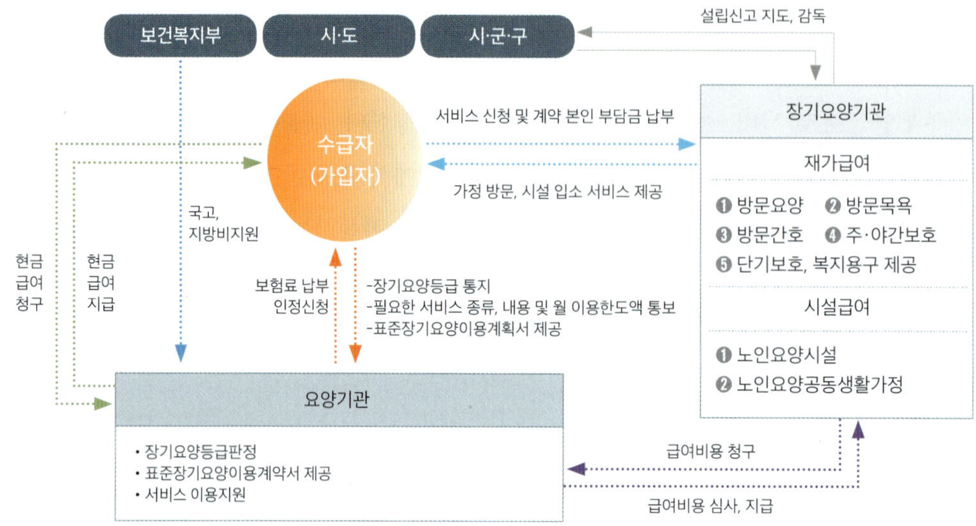

그림 11-8 노인장기요양보험의 관리운영 체계

출처: 보건복지부(2024)

및 지방정부, 비영리법인, 개인업자 모두 서비스 제공기관(요양시설)을 운영할 수 있다. 서비스 제공기관은 「노인장기요양보험법」이 정한 시설 및 인력기준에 따라 시설을 설치하고 요양시설 허가를 받아야 한다. 서비스 제공기관은 노인에게 서비스를 제공하고, 건강보험공단에 이에 상응하는 비용을 요청한다. 노인과 가족은 서비스를 신청하고, 급여의 종류를 선택하고, 서비스 제공기관과 계약을 체결하는 역할을 한다(〈그림 11-8〉 참조).

3) 노인맞춤돌봄서비스

노인맞춤돌봄서비스는 파편화되었던 노인돌봄서비스[5]를 통합 및 개편해 2020년부터 새롭게 추진되는 돌봄제도이다. 서비스의 다양화, 이용자 중심, 개인별 맞춤형 서비스 제공, 참여형 서비스 신설, 최신 ICT(정보통신기술)의 활용,

5 ①노인돌봄기본서비스, ②노인돌봄종합서비스, ③단기가사서비스, ④초기독거노인 자립지원 사업, ⑤독거노인 사회관계 활성화 사업, ⑥지역사회 자원연계 사업

권역별 서비스 제공을 통한 접근성 증진 등을 특징으로 한다(보건복지부, 2020).

(1) 목적 및 대상자

노인맞춤돌봄서비스는 수요자 중심의 통합적 노인돌봄서비스체계를 구축하여 예방적 돌봄을 강화하고 노인이 지역사회에서 건강하게 생활하도록 지원하는 것을 목적으로 한다. 이 서비스는 만 65세 이상의 기초생활수급자, 차상위계층, 또는 기초연금수급자 중 독거·조손가구 등 돌봄이 필요한 노인을 대상으로 한다.

(2) 재원

노인장기요양보험이 사회보험 방식으로 운영되는 것과 달리 노인맞춤돌봄서비스는 조세를 주요 재원으로 한다. 직접서비스는 주로 조세를 통해 제공되고, 민간후원연계서비스는 후원을 통해 자원을 마련한다(보건복지부, 2024).

(3) 급여의 내용

노인맞춤돌봄서비스는 직접서비스, 연계서비스, 특화서비스로 구성되어 있다. 노인의 돌봄 필요에 따라 서비스의 구체적인 내용과 양이 결정되며, 주요 서비스는 〈표 11-1〉과 같다. 직접서비스는 다시 안전지원, 사회참여, 생활교육, 일상생활 지원으로 세분된다. 안전지원은 방문, 전화, 또는 정보화 기술을 활용해 노인의 안전을 확인하거나 말벗이 되어주는 서비스이다. 사회참여서비스는 평생교육활동, 자조모임 등 사회적 관계를 증진하는 프로그램을 제공한다. 생활교육은 영양교육이나 보건 등 신체적 건강이나 우울예방 등의 정신건강 서비스를 제공한다. 일상생활지원은 외출에 동행하는 이동 및 활동지원, 식사준비와 가벼운 청소를 지원하는 가사지원서비스이다.

한편 연계서비스는 후원물품, 주거개선, 건강지원 등 다양한 민간자원을 연결하는 서비스이다. 특히 우울이나 고립의 정도가 심각하고, 복합적인 문제를 갖고 있는 노인에게는 맞춤형 사례관리나 집단활동 등의 특화서비스가 제공된다. 직접서비스는 주로 생활지원사가 제공하고, 연계서비스나 특화서비스는 사회복지사가 관리한다.

표 11-1 노인맞춤돌봄서비스의 구성

구분	대분류	중분류	소분류
직접 서비스 (방문·통원 등)	안전지원	▶ 방문 안전지원	• 안전·안부확인 • 정보제공(사회·재난안전, 보건·복지 정보제공) • 생활안전점검(안전관리점검, 위생관리점검) • 말벗(정서지원)
		▶ 전화 안전지원	• 안전·안부확인 • 정보제공(사회·재난안전, 보건·복지 저보제공) • 말벗(정서지원)
		▶ ICT 안전지원	• ICT 관리·교육 • ICT 안전·안부 확인
	사회참여	▶ 사회관계 향상 프로그램	• 여가활동 • 평생교육활동 • 문화활동
		▶ 자조모임	• 자조모임
	생활교육	▶ 신체건강 분야	• 영양교육 • 보건교육 • 건강교육
		▶ 정신건강 분야	• 우울예방 프로그램 • 인지활동 프로그램
	일상생활지원	▶ 이동·활동지원	• 외출동행
		▶ 가사지원	• 식사관리 • 청소관리
연계서비스(민간후원지원)		▶ 생활지원연계, 주거개선연계, 건강지원연계, 기타서비스	
특화서비스		▶ 개별 맞춤형 사례관리, 집단활동, 우울증 진단 및 투약 지원	

출처: 보건복지부(2024)

(4) 서비스 이용절차 및 전달체계

서비스의 신청접수는 읍·면·동 주민센터에서 진행된다. 시군구에서 노인맞춤돌봄사업 수행기관으로 선정 및 위탁된 기관에서 신청자에 대한 대상자 선정조사를 실시하고, 대상자로 선정된 노인에 대해 서비스 제공계획을 수립한다. 이어서 시군구에서 선정자 및 서비스 제공계획에 대한 심의를 진행해 이를 확정한다. 이후 노인복지관 등의 노인맞춤돌봄사업 수행기관은 서비스 제공계획에 따라 노인에게 서비스를 전달한다(보건복지부, 2024).

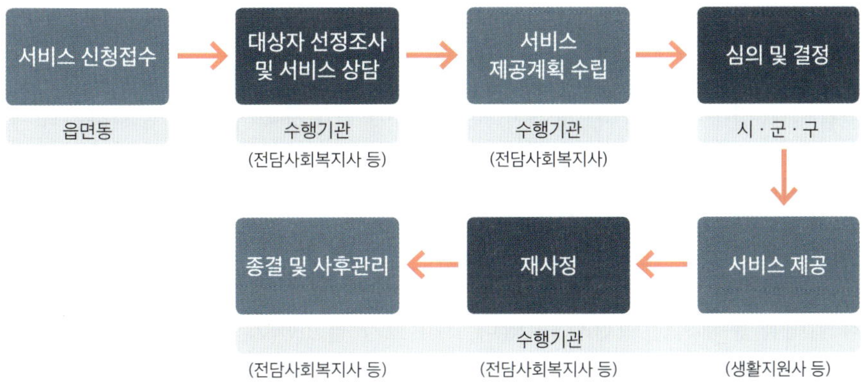

그림 11-9 노인맞춤돌봄서비스 제공 흐름도

출처: 보건복지부(2024)

4) 지역사회통합돌봄

(1) 개념과 목적

지역사회통합돌봄은 노인만을 위한 돌봄 제도는 아니지만 노인 또한 주요 대상 중 하나라는 점에서 살펴볼 필요가 있다. 영국에서 1990년에 지역사회돌봄법Community Care Act이 제정되면서 처음 시작되었다. 한국은 2019년부터 2022년까지 지역사회통합돌봄 시범사업이 진행되었으며, 2023년 이후에는 의료·돌봄 통합지원사업으로 축소한 시범사업이 진행 중이다. 지역사회통합돌봄은 주거, 보건의료, 요양, 돌봄 등 개인의 욕구에 맞는 서비스를 통합적으로 제공하는 지역주도형 사회서비스 정책이다. 통합적인 서비스의 제공을 통해 시민이 살던 곳에서 지역사회와 통합된 삶을 누리도록 보장하는 것을 목적으로 한다.

(2) 특징

지역사회통합돌봄의 특징은 지역성, 통합성, 민관협력 등을 들 수 있다. 첫째, 지역성은 두 가지 의미를 갖는다. 먼저 서비스의 수요와 공급이 지역을 기반으로 한다는 점이다. 어떤 서비스가 필요하고, 어떻게 서비스를 제공할 것인지가 모두 지역의 특성에 기초해 기획된다. 또한 개인이 살아온 지역에서 분리되지 않고 지역에서 계속 살도록 지원한다는 점에서 지역성이 강조된다. 통합성은 개인의 욕구에 따라 다양한 서비스를 복합적으로 제공하는 지역사회통합돌봄의 특성을 의미한다. 개인이 지역사회에 거주하며 일상을 유지하는데 필요한 보건의료, 주거, 돌봄 등의 서비스를 다양한 기관을 연결해 통합된 방식으로 제공한다. 따라서 지역사회통합돌봄은 의학, 보건, 복지, 주거 등의 다양한 전문분야가 결합한 다학제적 성격을 지닌다. 지역사회통합돌봄은 민간과 관의 협력을 통해서만 실현될 수 있다. 서비스가 필요한 개인이 서비스를 신청하거나 또는 발굴하고, 서비스 욕구를 파악하고, 관련된 다양한 서비스와 자원을 동원하여 제공하고, 사후관리에 이르기까지 모든 과정마다 지방정부와 민간의 협력적 관계와 실천을 필요로 한다.

4. 노인돌봄정책의 문제점과 개선방안

1) 노인돌봄정책의 문제점

(1) 서비스의 분절과 비연속성

돌봄의 연속성 원리가 강조하는 바와 같이 노인돌봄은 노인의 건강이나 기능의 변화에 따라 필요한 서비스가 중단없이 제공되어야 한다. 노인맞춤돌봄서비스, 노인장기요양서비스, 지역사회통합돌봄 등 노인이 이용할 수 있는 돌봄서비스는 마련되어 있으나 서비스 사이의 연결을 확보하는 체계나 구조가 없다. 이로 인해 소득이나 기능에 따라 노인이 실제로 이용할 수 있는 돌봄서비스가 특정 서비스로 제한되고 서비스 간 이동에 공백이 발생하는 문제가 있다.

(2) 서비스 공급의 높은 시장의존도

노인돌봄정책의 주요 문제 중 하나는 서비스 공급이 주로 민간에 의존해 이루어진다는 점이다. 노인맞춤돌봄서비스는 대상자 선정, 서비스 제공, 민간 자원연계 등 대부분의 서비스 제공 절차가 민간기관에 의해 이루어진다. 노인장기요양서비스는 서비스를 제공하는 시설 중 영리를 목적으로 개인사업자가 운영하는 시설의 비율이 높아, 노인요양서비스가 이윤추구의 대상이 되어 왔다. 이로 인해 노인장기요양서비스는 다수의 이익을 위해 공적인 재원으로 운영되는 공공서비스로서의 특성이 약화되었다.

(3) 서비스의 불충분

노인맞춤돌봄서비스는 매우 제한된 수의 노인만을 대상으로 한다. 노인의 수는 지속적으로 증가함에도 불구하고 여러 해 동안 매년 55만 명에게만 서비스를 제공한 결과, 전체 노인 중 맞춤돌봄서비스를 이용하는 노인의 비율은 매년 감소했다. 노인장기요양보험제도를 통해 받을 수 있는 급여 또한 요양서비스를 필요로 하는 노인의 욕구에 비해 부족하다. 이러한 급여 불충분 문제는 여전히 한계로 남아 있다. 요양등급 1등급의 최중증 노인이 방문요양서비스만을 이용하는 경우 1일 평균 4시간 정도 요양서비스를 받을 수 있는데, 24시간 다른 사람의 도움을 필요로 하는 노인의 상태를 고려한다면 서비스의 양이 충분하다고 보기 어렵기 때문이다.

(4) 서비스의 질 저하와 돌봄 노동자의 열악한 처우

돌봄서비스의 질이 높지 못하다는 점 또한 문제로 지적된다. 생활지원사나 요양보호사 등 돌봄노동자의 전문성은 양질의 돌봄서비스를 제공하기 위한 주요 조건이다. 그러나 돌봄노동자의 전문성은 일자리가 안정적으로 보장되고 적절한 임금을 받을 때 기대할 수 있다. 돌봄 노동자의 임금은 최저임금과 거의 다를 바 없는 열악한 수준이다. 생활지원사는 모두 비정규직 기간제 노동자이고, 요양보호사 또한 대부분 비정규직 기간제 노동자로 고용 상태 또한 불안정하다.

2) 노인돌봄정책의 개선방안

(1) 서비스의 공공성 확대 및 지도감독 강화

노인장기요양보험의 시장의존도를 낮추고 공공성을 강화하기 위해서는 중앙 또는 지방정부와 같은 공적 주체가 노인요양서비스 제공에 적극적으로 참여해야 한다. 예를 들면, 공공 노인요양시설을 확대하여 노인요양서비스 공급 측면에서 공적 주체의 영향력을 높여야 한다.

노인요양서비스의 질을 높이기 위해서 시설에서 제공하는 요양서비스는 물론 방문요양서비스에 대한 관리와 감독이 강화되어야 한다. 노인요양시설의 감독과 지도에 대한 책임과 권한을 지닌 지방자치단체는 서비스 제공기관이 양질의 노인요양서비스를 적절히 제공하는지 감독하고 지도하는 역할을 적극적으로 수행해야 한다.

(2) 급여의 다양화와 통합적 서비스 제공

노인맞춤돌봄서비스는 더 많은 노인이 이용할 수 있는 보편적 서비스로 확대되어야 한다. 더불어 노인에게 필요한 다양한 서비스가 통합적으로 제공될 수 있도록 노인요양서비스의 급여종류를 확대해야 한다. 이를 위해 남아 있는 기능을 유지하기 위한 재활서비스, 건강 유지의 기본인 영양관리서비스 등을 급여로 포함하는 방안을 고려해볼 수 있다.

무엇보다 노인돌봄서비스를 중단 없이 연속적이고 통합적으로 제공할 수 있는 체계가 마련되어야 한다. 노인의 기능상태나 생활 여건의 변화에 따라 필요한 서비스를 사정하고 통합해서 전달할 수 있는 조직과 전달체계가 구체화되어야 한다. 노인맞춤돌봄서비스의 도입으로 앞으로 연속적이고 통합적인 돌봄서비스의 제공이 가능해질 것으로 기대된다.

(3) 요양보호사의 처우 개선

양질의 노인돌봄서비스를 제공하기 위해서는 일자리의 불안정성과 낮은 임금으로 대표되는 돌봄노동자의 낮은 처우가 개선되어야 한다. 돌봄노동자의 열악한 처우는 우수한 역량을 지닌 인력이 돌봄을 직업으로 선택하는 것을 꺼

리게 만든다. 이로 인해 취업이 쉽지 않은 장년이나 노년의 여성이 주로 돌봄노동자로 종사하지만 열악한 처우로 인해 일을 중단하는 경향이 높다. 좋은 인력이 돌봄노동자가 되고 이직이나 중단 없이 전문성을 쌓을 수 있도록 노동 조건이 개선되어야 한다.

토론쟁점

다음 글을 읽고 토론해보자.

> 사회서비스원은 공공돌봄을 담당하는 기관으로, 각 시도가 설립할 수 있다는 내용의 근거법인 사회서비스원법이 2022년 3월부터 시행됐다. 하지만 지난 5월 서울시 사회서비스원이 시의회의 사회서비스원 설립 조례 폐지 의결에 따라 해산돼 논란이 인 바 있다.

토론거리

1 서비스의 공공성이란 무엇인가?

2 노인돌봄서비스는 공공성을 확보해야 하는가? 이유는 무엇인가?

Chapter

12

노인주거보장정책

주거는 노인이 안전하고 편리하게 일상생활을 살아갈 수 있는 실질적인 토대로서, 노인복지 측면에서도 매우 중요하다. 그러나 그간 우리나라에서 노인에게 적합한 주거를 구축해야 한다는 인식은 매우 낮은 수준이었다. 주로 국토교통부가 주도하는 저소득층을 위한 임대주택정책과 집수리를 위한 프로그램이 제한적으로 실시되었다. 이 같은 소극적인 주거정책은 노인인구가 급격히 증가하면서 노인의 기능 상태와 필요에 맞춘 다양한 주거형태를 구축해야 한다는 사회적 이슈에 제대로 대응하지 못하는 결과를 낳았다. 최근에 정부도 그 필요성을 인식하고 커뮤니티케어에 적합한 노인주택을 개발하겠다고 발표하는 등 관심을 표명하고 있지만, 아직까지 노인의 주거보장을 위한 체계적인 진단과 세부적인 개선방안이 제시되지 못한 초기 단계에 머물고 있다. 사회복지학계에서도 주거복지는 가장 연구가 이뤄지지 않은 영역 중의 하나다.

이 장에서는 먼저 노인의 권리로서 주거보장의 의미를 살펴보고, 주거보장의 원칙과 실제로 시행되고 있는 다양한 주거보장과 관련된 정책, 주거보장의 유형과 문제점, 새롭게 형성되는 주거형태에 대해서 살펴본다.

1. 노인주거보장의 의미와 권리로서 노인의 주거보장

노인주거보장은 주택보장과 주택에서의 안전한 삶의 보장을 포괄하는 개념이다. 노인주택보장은 정책적 노력을 통해 노인에게 노화로 인한 신체적, 심리적, 정신적, 사회적, 경제적 특성에 적합한 주택을 보장하는 것을 의미한다. 노인주거보장은 주로 주택정책을 통해 이루어진다. 주택에서의 안전한 삶에 대한 보장은 주택이라는 물리적 공간에서 안전하게 거주하며 일상적 생활을 영위하는 데 필요한 사회적 지원을 보장한다는 것을 의미한다. 따라서 노인주거보장이란 노인의 특성을 고려한 거주공간을 확보하고, 거주지에서 안전하고 독립적인 생활을 유지할 수 있도록 지원하는 일체의 사회적 노력을 의미한다.

1) 노인주거보장에 관한 국내법 및 국가 계획

(1) 헌법

「대한민국헌법」 제34조 제4항은 "국가는 노인과 청소년의 복지향상을 위한 정책을 실시할 의무를 진다"고 규정한다. 동법 제35조 제3항은 "주택개발정책 등을 통하여 모든 국민이 쾌적한 주거생활을 할 수 있도록 노력"해야 할 의무가 국가에 있음을 밝히고 있다. 이들 조항은 국가가 노인을 포함한 국민의 복지향상을 위해 국민에게 쾌적한 주거환경을 제공할 의무, 즉 주거보장의 의무가 있음을 의미한다.

(2) 노인복지법

「노인복지법」은 노인주거보장과 관련된 다양한 조항을 포함하고 있다. 제8조는 "국가 또는 지방자치단체는 노인의 주거에 적합한 기능 및 설비를 갖춘 주거용시설의 공급을 조장하여야 하며, 그 주거용시설의 공급자에 대하여 적절한 지원을 할 수 있다"고 정해 노인주거보장에 대한 국가와 지방자치단체의 역할을 명확히 한다.

노인복지시설을 열거한 동법 제32조는 제1항에 노인주거복지시설의 유형을 양로시설, 노인공동생활가정, 노인복지주택으로 제시하고 있다. 동법 제33조는 국가 또는 지방자치단체가 노인주거복지시설을 설치할 수 있으며, 그 외의 자가 노인주거복지시설을 설치하고자 하는 경우 지방자치단체장에게 신고하도록 정하고 있다. 개인의 주거공간과 달리 노인주거복지시설은 공공성이 강하기 때문에 국가 또는 지방자치단체장이 설치하거나, 민간이 설치하는 경우에는 신고를 의무화하고 있다.

(3) 장애인·고령자 등 주거약자 지원에 관한 법률

「장애인·고령자 등 주거약자 지원에 관한 법률」(약칭 「주거약자법」) 제3조는 65세 이상인 사람과 장애인 등 주거약자의 주거안정과 주거수준의 향상을 위하여 국가와 지방자치단체가 노력하여야 함을 강조한다. 특히 주거약자를 위한 쾌적하고 안전한 주거생활의 지원, 주거약자용 주택의 원활한 공급과 효율적인 관리, 주거생활에 필요한 정보 제공과 편의시설의 설치를 국가와 지방자치단체의 의무로 정하고 있다. 동법 제8조는 필요하다고 인정하는 경우 주거약자용 주택에는 강화된 최저주거기준을 설정할 수 있게 했다. 제9조는 주거약자용 주택의 안전기준 및 편의시설 설치기준을 국토교통부장관으로 하여금 설정·공고하라고 명시하고 있다.

(4) 주거기본법

「주거기본법」은 주거안정과 주거수준의 향상을 목적으로 2015년부터 시행되었다. 제2조에는 국민은 "물리적·사회적 위험으로부터 벗어나 쾌적하고 안정적인 주거환경에서 인간다운 주거생활을 할 권리를 갖는다"고 밝히고 있다. 제3조는 제2조의 주거권을 보장해야 할 주체가 국가 및 지방자치단체임을 명시하고 있다. 제3조는 주거정책의 9가지 기본원칙을 제시했는데 그중 제7항에 "장애인 · 고령자 등 주거약자가 안전하고 편리한 주거생활을 영위할 수 있도록 지원할 것"을 명기하고 있다. 동법 제16조는 이 원칙에 따라 국가와 지방자치단체는 주거약자에 대해 지원을 제공해야 하며, 이를 법률로 정하도록 했다.

그 외에 제3조에 정한 주거정책의 기본원칙으로는 국민의 주거비가 부담 가능한 수준으로 유지되도록 할 것, 저소득층 등 주거지원필요계층의 주거수준 향상, 임대주택 공급확대, 주택 안전관리, 주거환경 정비, 저출산·고령화 등 장기적인 사회경제적 변화에 선제적으로 대응할 것 등이 있다.

2) 노인주거보장에 대한 국제 규약

1948년 발표된 UN의 〈노인권리선언〉은 거주의 권리를 노인이 지닌 10가지 권리 중 하나로 공포했다. 거주의 권리는 모든 사람은 인간으로서의 안락함과 건강한 거주환경을 가질 최소한의 고유한 권리를 갖는다는 것을 의미한다.

1982년 발표된 〈비엔나 국제고령화행동계획〉은 고령화에 대한 국가와 시민사회의 대응력을 높이고 노인의 잠재 능력을 개발하며 의존의 필요성을 알리는 것을 목적으로 한다. 〈비엔나 국제고령화행동계획〉은 노인과 노년기 삶에 관하여 7개 분야를 선정하고 있는데 그 가운데 하나가 주택과 환경Housing and Environment이다.

주택과 환경은 여섯 가지 권고를 담고 있다. 첫 번째 권고는 노인의 주택은 물리적, 심리적, 사회적 중요성을 고려하며 단순한 쉼터 이상의 차원에서 검토되어야 한다는 것이다. 따라서 각 국가의 주택정책은 다음의 다섯 가지 목표를 추구하여야 한다. 먼저 오랫동안 노인이 자신의 집에서 계속 살 수 있도록 노인의 능력에 적합하게 주택과 적응환경을 복구, 개발해야 하며, 필요한 경우 개량을 위한 법령을 마련해야 한다. 둘째, 국가는 지역의 전통과 관습에 따라 노인의 지위와 자기만족 정도를 고려하여 다양한 형태의 주택을 계획하고 도입해야 한다. 예를 들면 자녀와 함께 거주하는 우리 사회의 전통과, 부모세대와 자녀세대가 독립적 생활을 원하는 변화된 가치관을 반영한 세대공존형 아파트가 있다. 이 아파트는 두 세대가 한 집에 거주하지만 서로 마주치는 공간을 최소화하여 독립적인 생활이 가능하도록 설계되어 있다. 셋째, 가능한 한 노인의 주택은 일반 사람들의 주택과 마주하는 좋은 위치에 자리하도록 주택정책을 조정하고, 넷째, 노인이 안전하게 이동할 수 있도록 교통위험으로부터 노인을 보호하는 특정한 조치들이 개발 및 적용되어야 하며, 다섯째, 이들 정책은 저소득 지원정책의 한 부분이어야 한다.

이어 두 번째 권고는 각국이 도시 재건축과 개발을 위한 계획과 법령을 만들 때 노인의 사회통합을 돕도록 노인문제들에 특별한 주의를 기울여야 한다는 것이다. 세 번째 권고는 각국의 정부가 노인을 비롯해 사회적 약자의 욕구를 고려한 주택정책을 채택해야 한다고 강조한다. 이를 위해서 주거환경이 노인과 취약계층의 신체적, 정신적 기능을 지원할 수 있도록 주택정책과 사업지침을 마련해야 한다. 네 번째 권고는 노인의 신체적 특성을 고려하여 이동과 통신에 제한을 받지 않는 생활환경을 설계하도록 주의를 기울여야 한다는 것이고, 다섯 번째 권고는 노인이 범죄의 피해자나 범죄의 대상이 될 것을 두려워해 집안에 고립되지 않도록 노인 대상 범죄에 대한 인식을 사회적으로 확대하라는 것이다. 마지막 여섯 번째 권고는 노인을 위한 주택정책과 프로그램에 노인이 직접 참여할 수 있어야 한다고 명시한다.

2. 노인주거보장의 기본원칙

1) 에이징 인 플레이스

에이징 인 플레이스Aging in Place는 말 그대로 살아온 지역에서 나이 들어가는 것을 의미한다. 즉, 거주 지역의 연속성을 강조하는 이념이다. 에이징 인 플레이스가 강조되는 이유 중 하나는 누구나 익숙한 환경에 속해 있을 때 심리적 안정감과 평안함을 느끼기 때문이다. 노인에게 가장 친숙한 공간은 오래 살아온 집, 마을, 그리고 지역사회이다. 따라서 살아온 지역을 벗어나 새로운 곳으로 이주하는 것은 노인에게 가족과의 사별 다음으로 높은 스트레스를 야기하는 생활 사건이라는 주장은 거주공간의 연속성이 노인의 심리적 안녕감에 중요하게 작용함을 시사한다.

대부분의 사람은 자신이 살아온 지역에 대해 많은 정보를 갖고 있다. 어느 가게에서 신선한 과일을 싼값에 살 수 있는지, 어느 장소에 마을 노인들이 모여서 대화를 나누는지와 같은 지역에 대한 풍부한 정보를 보유하고 있으면 욕구를 효율적으로 해결하는 데 도움이 된다. 이와 달리 살아온 지역을 벗어나 새로운 곳으로 이주한다는 것은 생활에 필요한 정보를 탐색하고 모으는 과정을 처음부터 다시 시작해야 한다는 것을 의미한다. 이는 특히 노인에게는 쉽지 않은 과제이다. 무엇보다 개인은 살아온 지역을 중심으로 사적이고 공적인 관계를 발전시킨다. 오랫동안 가깝게 지내온 이웃은 문제가 있을 때 경제적, 심리적, 도구적으로 도움을 주고받을 수 있는 든든한 지원체계이다. 즉, 노인에게 자신이 살아온 마을은 의지할 수 있는 사회적 지지체계가 형성된 관계와 자원의 창고와도 같다.

살펴본 바와 같이 일정 기간 동안 매일의 일상을 꾸려온 집, 마을, 지역사회는 단순한 공간 이상의 의미를 갖는다. 노인 역시 평생을 살아온 지역의 자신의 집에서 여생을 보내는 것이 가장 바람직하다. 에이징 인 플레이스는 이와 같은 신념을 담아낸 이념이다.

2) 배리어 프리

배리어 프리barrier free란 무장애설계라고도 하며 고령자나 장애인 등 사회적 약자들이 살아가기에 편안한 사회를 만들고자 물리적·제도적인 장벽과 장애물을 없애는 운동 또는 정책을 의미한다. 배리어 프리와 동일한 가치를 추구하는 것들로는 유니버설디자인, 무장애디자인, 무장애주택 등이 있다.

유니버설디자인은 이용하는 사람의 나이, 신체적 기능, 장애의 유무를 고려하여 물건, 가구, 주택, 공간 등을 편안하게 사용할 수 있도록 설계함으로써 이용자의 삶의 질을 높이자는 디자인 운동이다. 1985년 로널드 메이스Ronald L.

Mace에 의해 처음 제안된 유니버설디자인은 특히 노인, 장애인 등 신체적인 능력이 제한된 사람들의 삶의 질을 높이고자 한다. 유니버설디자인의 7가지 원칙은 다음과 같다.

① 평등 사용equitable use의 원칙: 디자인은 다양한 수준의 능력을 지닌 모든 사람에게 유용해야 한다.

② 유연 사용flexible use의 원칙: 디자인은 다양한 범주의 선호와 능력을 포용할 수 있어야 한다.

③ 단순하고 직관적인 사용의 원칙: 디자인은 사용자의 집중도, 지식, 경험, 언어적 능력과 관계없이 이해하기 쉬워야 한다.

④ 인지 가능한 정보의 원칙: 디자인은 사용자의 감각기능, 환경조건과 관계없이 정보를 효과적으로 전달할 수 있어야 한다.

⑤ 오류에 대한 인내의 원칙: 디자인은 우연 또는 의도하지 않은 행동으로 인한 부정적 결과와 위험을 최소화해야 한다.

⑥ 적은 신체적 노력의 원칙: 디자인은 피로를 최소화하면서 효율적이고 편리하게 사용되어야 한다.

⑦ 접근과 사용을 위한 규모와 공간의 원칙: 디자인은 사용자의 신체조건, 동작성, 이동성과 관계없이 접근과 사용이 용이한 규모와 공간을 제공하여야 한다.

무장애디자인은 신체적, 인지적 기능 등 개인의 능력과 관계없이 일정한 공간이나 장소에 접근하는 것에 어려움이 없어야 한다고 전제한다. 유니버설디자인이 노인이나 장애인을 포함해 모든 사용자의 편의를 위한 것인 반면 무장애디자인은 장애인, 고령자, 임산부, 영유아를 동반한 사람, 어린이 등 이동에 불편을 느끼는 사회약자들을 위한 디자인이라는 점에

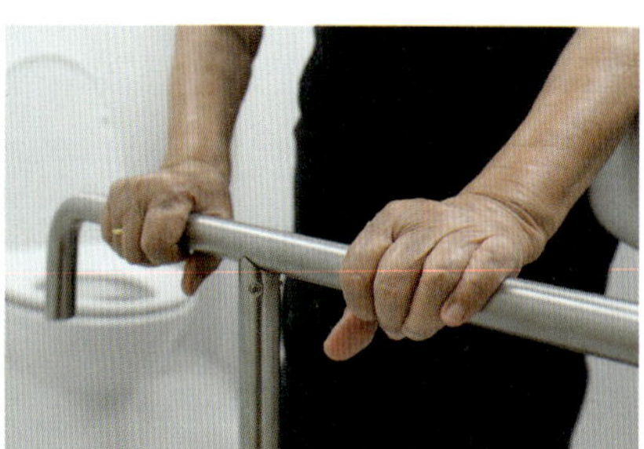

이동 시 안전을 위해 화장실에 손잡이를 설치하는 것도 일종의 배리어 프리라고 할 수 있다.

| 더 알아보기 |

모두가 편안한 도시를 만드는 무장애도시위원회

경남 진주시는 2012년 국내 최초로 '무장애도시'를 선포하였다. '무장애도시'는 어린이 · 노인 · 임산부 등 사회적 약자는 물론 모든 시민이 안전하고 편리하게 시내 시설을 이용하고 이동할 수 있는 생활환경을 지향한다. 이를 위해 건축물과 도로, 공원 등을 지을 때 계획 · 설계 단계에서부터 노력을 기울인다.

진주시 무장애도시위원회는 휠체어, 유모차의 접근이 용이하도록 출입구 단차를 제거하고 경사로와 자동문을 설치하는 등 여러 주거환경 개선사업을 실시해오고 있다. 한편 겨울철 눈비로 인한 노인 낙상사고 예방을 위해 관내 경로당 출입구에 미끄럼방지 테이프를 부착하고 시설안전점검을 실시했다.

또한 장애인가구에 전등을 편리하게 켜고 끌 수 있는 전등리모컨을 설치하고, 장애인전용 주차구역 준수하기 등 장애인 인식개선 캠페인 활동을 꾸준히 전개하고 있다.

© 진주시 무장애도시위원회

서 차이가 있다.

무장애주택은 노인이나 장애인의 이동에 불편을 주는 물리적 장애요소를 제거하고자 한다. 공동주택의 출입문에 경사로와 계단이 함께 설치되어 목발이나 전동휠체어가 필요한 사람들이 이동하는 데 어려움이 없도록 한 주택 등이 해당된다.

유니버설디자인과 무장애디자인에 담긴 기본 이념은 개인이 신체적 · 정신적으로 어느 정도의 기능을 유지하는가와 관계없이, 일상생활이 이루어지는 공간은 개인이 이동하고 원하는 행동을 하는 데 장애가 되지 않아야 한다는 것이다. 또 개인은 국가와 사회에 이와 같은 물리적 환경이 마련되도록 요구할 권리를 갖고 있음을 강조한다.

3. 노인주거보장정책

1) 노인주거복지시설 관련 정책

「노인복지법」 제32조에는 노인주거복지시설의 유형을 양로시설, 노인공동생활가정, 노인복지주택으로 규정하고 있다. 양로시설은 노인을 입소시켜 급식과 일상생활에 필요한 편의를 제공하는 집단 거주시설을 말한다. 노인공동생활가정은 비교적 적은 수의 노인이 가정과 같은 주거여건을 갖춘 일반주택에 함께 거주하는 시설이다. 노인공동생활가정에서도 양로시설과 마찬가지로 노인들에게 급식과 일상생활에 필요한 편의를 제공한다. 노인복지주택은 노인에게 주거시설을 임대하여 주거의 편의 · 생활지도 · 상담 · 안전관리를 제공하는 시설이다.

노인주거복지시설의 입소자격은 다음과 같다. 먼저, 양로시설과 노인공동생활가정의 경우 일상생활에 지장이 없으면서, 다음의 네 가지 중 한 가지에 해당해야 한다. ① 생계급여수급자 혹은 의료급여수급자로서 65세 이상인 사람, ② 부양의무자로부터 적절한 부양을 받지 못하는 65세 이상인 사람, ③ 실비보호대상자,[1] ④ (입소자로부터 입소비용을 전부 수납하여 운영하는 경우) 60세 이상인 사람이다. 한편 노인복지주택에 입소하려면 60세 이상이면서 단독취사 등 독립된 주거생활을 하는 데 지장이 없어야 한다.[2]

노인주거복지시설의 입소비용을 부담하는 주체는 다음과 같이 정리할 수 있다. 양로시설과 노인공동생활가정의 경우, 위의 ①과 ②에 해당하는 노인에게는 국가 및 지방자치단체가 전액을, ③의 경우에는 일부를 부담한다. ④의 경우에는 입소자 본인이 전액을 부담한다. 노인복지주택에 입소한 노인 또한 입

1 실비보호대상자란 65세 이상인 사람 중 1인당 월평균 소득액(본인 및 생계를 같이 하는 부양의무자의 월소득을 합한 금액을 가구원수로 나누어 얻은 금액)이 도시근로자가구 1인당 월평균 소득액 이하인 사람을 말한다.

2 입소자격이 있는 노인의 배우자, 또는 입소자격이 있는 노인의 부양을 책임지는 19세 미만의 자녀나 손자녀는 입소자격이 있는 노인과 함께 입소할 수 있다.

소자 본인이 비용의 전부를 부담해야 한다.

2) 고령자를 위한 주거정책의 흐름

초기의 주거보장정책은 주택공급을 중심으로 이루어졌다. 2000년대부터 주거정책은 〈주택종합계획〉을 수립하는 등 주택의 양적 확대에서 주거환경의 질적 강화로 변화되었다. 국토교통부가 2003년부터 2012년까지의 계획을 제시한 〈제1차 장기주택종합계획〉은 노인의 주거안정을 위해 주택관리인, 건강보호 전문가가 상주하는 노인공동생활주택에 대한 내용을 담고 있다. 또한 배리어 프리 개념을 도입하여 노인 거주시설 또는 노인용 주택을 무장애화하는 정책을 추진하고자 했다. 국토교통부(당시 건설교통부)는 2005년부터 시범사업을 통해 고령자전용 국민임대주택을 공급해왔다. 「주거약자법」 시행령에 의해 30년 이상 임대를 목적으로 하는 공공건설임대주택은 수도권 8%, 그 외 지역 5%를 장애인과 고령자에게 공급하도록 의무화되어 있다.

2010년 발표된 〈주택종합계획〉은 중점추진과제로 저출산고령화사회에 대비한 주거복지제도 강화를 선정했다. 저출산고령화에 대비한 고령자 주거안정대책으로 무장애설계가 적용된 고령자용 국민임대주택을 공급하고 「고령자 주거안정법」 제정[3]을 추진하기로 했다. 무장애설계를 적용한 주택은 단차를 제거하고, 화장실 등에 안전손잡이를 부착하며, 미끄럼 방지 타일을 설치한다. 「고령자 주거안정법」은 고령자 최저주거기준과 최소안전기준을 정립하고, 주거지원계획 수립과 고령자 주거실태조사 등에 대한 규정을 담고 있다.

〈제2차 장기주택종합계획〉은 2013년부터 2022년까지의 계획을 담고 있으며 주거복지 사각지대 해소의 일환으로 생애주기별 맞춤형 주거지원을 강화하는 내용을 포함하고 있다. 고령자 등을 위한 무장애주택 보급을 지속적으로 확대하고 장기적으로는 모든 주택에 유니버설디자인이 적용될 수 있도록 건설사 등에 인센티브를 부여하는 방안을 검토하고 있다. 무엇보다 재가복지서비

3 2012년 「장애인 · 고령자 등 주거약자 지원에 관한 법률」 제정으로 실현되었다.

스와 주택이 결합된 '서포티브 하우징'을 도입하여 노인과 같은 기능약자의 자립생활기반을 마련할 계획이다. 또한 노인 1인가구 등 생애주기별, 가구 특성을 고려하여 맞춤형 주거지원을 강화하고자 한다.

국토교통부는 고령자 가구의 비중이 지속적으로 확대됨에 따라 고령자 가구의 소득수준과 가구형태를 반영하여 고령자를 대상으로 하는 '고령친화주택 공급 확대 방안'을 밝힌 바 있다(국토교통부, 2017b). 이 방안에 의하면 고령친화적인 공공주택의 공급물량을 확대하고 해당 주택에는 고령자가 거주하기 편리하도록 면적과 시설기준을 보완하여 적용한다. 저소득층 독거노인에게 주거는 물론 복지서비스를 함께 제공하는 공공실버주택을 2018년부터 2022년까지 최대 5천 호를 공급할 계획이다.

| 더 알아보기 |

어르신들의 만족도가 높은 공공실버주택 사례

공공실버주택은 주거와 복지서비스를 함께 제공하는 공공임대주택이다. 저층에는 복지관을 설치하고, 상층부에는 고령자 맞춤형 주택을 건설하여 주거와 복지서비스를 함께 제공한다. 입주 대상자는 65세 이상 저소득 고령자이며, 국가유공자와 독거노인에게 우선 공급한다.

경기도 성남시 위례에 위치한 한 공공실버주택은 1~2층에 사회복지관이 설치되어 있다. 사회복지관에는 운동시설, 물리치료실, 소공연장, 문화강좌실, 카페, 상담실, 옥상 텃밭 등이 설치되어 있어 입주 어르신께 다양한 프로그램을 제공한다. 입주 어르신은 운동시설에서 탁구나 요가, 댄스를 배우고, 물리치료를 받을 수 있다. 일하기를 원한다면 상담실에서 고용상담도 받을 수 있고, 전문상담(법률, 의료)도 지원된다. 카페에서는 PC나 태블릿PC를 사용할 수 있으며 옥상 텃밭에서는 허브를 키우는 등 원예활동이 가능하다.

주택의 내부도 유니버설디자인을 적용하여 화장실에는 높낮이 조절이 가능한 세면대가 있고, 복도와 욕실에는 낙상을 방지하는 안전손잡이가 있다. 바닥은 미끄럽지 않은 마감재를 사용하여 안전한 생활을 도모했다. 한 어르신은 "복지관이 집과 연결되어 마치 집안에서 다른 분들과 여가생활을 할 수 있게 된 것 같아 이렇게 좋은 세상이 있나 싶을 정도로 행복하다"고 말했다. 또 다른 어르신은 "거동이 불편하여 식사 준비가 힘들었는데 공공실버복지관에서 맛있는 점심과 간식을 챙겨줘서 정말 고맙고, 물리치료실 안마의자가 온몸 구석구석을 시원하게 해 주어 살맛이 난다"고 하였다.

출처: 국토교통부(2017a)

그리고 고령자 주거의 질을 높이기 위한 사업 중 하나로 건강관리 등 노인에게 맞춤형 주거서비스를 제공하는 '시니어 뉴스테이[4] 단지 시범사업'을 추진할 계획이다. 시니어 뉴스테이 단지에는 사회복지사, 간호사 등도 상주하며 노인의 건강과 일상생활서비스를 지원한다.

살펴본 바와 같이 노인 또는 고령자에 대한 주거정책은 〈제1차 장기주택종합계획〉 이후 별도의 정책 주제로 언급되기 시작했다. 초기의 노인주거정책은 주로 노인가구의 주택공급과 노인의 기능상태를 고려한 주거공간의 설계에 집중되어 있다. 〈제2차 장기주택종합계획〉에서는 물리적 주거공간 개선에 머물지 않고 건강관리, 일상생활지원 등 노인이 필요로 하는 대인서비스를 결합한 주거와 복지의 통합적 서비스 제공을 목적으로 한다는 점이 차별적이다. 이와 같은 변화는 주거정책의 흐름이 거주할 공간을 제공하는 것에서 주거공간의 질을 높이는 방향으로 전환되고 있음을 반영한 것이다.

3) 독거노인 주거환경개선사업

독거노인 주거환경개선사업은 2006년부터 보건복지부가 시행하고 있는 주거정책이다. 시군구 단위로 사업단이 설치되었으며 주로 장판 교체, 도배, 조명기구 교체, 창문 보온, 수도 동파방지 등의 서비스를 제공하여 독거노인가구 등 취약노인가구의 주거환경을 개선하고자 했다(보건복지부·한국노인인력개발원, 2006). 노인단독세대가 증가하면서, 낡고 오래된 자가주택 거주로 인해 주택만족도가 낮은 노인가구의 특성을 고려해서 주거개선사업을 실시한 것이다.

각 시군구에서 노인 관련 기관과 단체를 중심으로 '노인주거개선사업단'을 구성하고 노인가구를 직접 방문하여 노인주거개선서비스를 제공했다. 구체적으로 사업단은 노인복지관, 사회복지관, 대한노인회 등 국가와 지자체에 등록된 비영리단체 및 기관에서 집수리 능력과 기술을 가지고 있는 노인으로 노

4 뉴스테이(New Stay)는 중산층의 주거안정을 위해 도입된 민간기업형임대주택으로, 공공임대와 달리 주택 규모에 규제가 없고 입주자격에도 제한이 없는 것이 특징이다.

보건복지부는 노인단독세대가 증가함에 따라 낡고 오래된 자가주택에 거주하는 노인의 불편함을 해소하고자 주거개선사업을 2006년부터 실시하고 있으며, 서비스는 각 시군구의 사업단이 제공한다. 사진은 나주시에서 실시한 '사랑 가득 주거환경개선사업'을 통해 노인의 주거환경을 개선하는 모습이다. © 나주시청

인주거개선사업단을 구성하고, 참여 노인에 대한 인건비와 부대 경비는 노인일자리사업의 예산으로 지원했다(보건복지부 · 한국노인인력개발원, 2006).

이 사업의 주요한 대상은 주거상황이 취약한 노인가구를 우선 지원대상으로 하되 지역 내에서 지원이 필요한 수요가 있을 경우에는 일반노인가구도 지원했다. 이 사업의 1순위는 65세 이상 독거노인이고, 2순위는 75세 이상 노인부부가구, 3순위가 65세 이상 노인부부가구였다. 이 사업을 통해서 지원한 내용은 형광등 교체, 창문 보온 등 비교적 간단한 조치로 주거개선이 가능한 부문, 수도보일러 수리, 도배와 장판 수리 등 비교적 전문적 기술을 필요로 하는 부문, 전기와 가스 등 전문적인 기술과 비용이 소요되는 부문으로 구성되어 있다.

4) 커뮤니티케어(지역사회통합돌봄)와 노인 주거인프라 확충 계획

정부는 2018년 돌봄이 필요한 노인인구의 급격한 증가에 따른 의료비용 증가와 불필요한 입원 등에 대처하고 노인이 집과 지역사회에서 거주할 수 있

도록 커뮤니티케어를 중요한 정책 어젠더로 제시했다. 커뮤니티케어의 핵심은 노인이 요양병원이나 요양원과 같은 시설에 입소하지 않고 최대한 집과 지역사회에서 거주할 수 있는 실질적인 여건을 조성하는 것이므로, 노인에게 적합한 주거환경을 만드는 것이 가장 중요한 정책과제 중 하나로 제기되었다.

정부는 지역사회에서 통합적인 돌봄을 실현하기 위해서 주거를 4대 핵심요소 중에서 첫 번째로 제시했고, 노인맞춤형 케어안심주택 도입, 집수리 사업, 커뮤니티케어형 도시재생 뉴딜사업을 핵심과제로 실시하겠다고 발표했다(보건복지부, 2018). 먼저, 돌봄이 필요한 노인에게 케어서비스를 연계하거나 직접 제공하는 케어안심주택을 대대적으로 확충하겠다고 밝혔다. 이를 위해 앞으로 신규로 공급될 예정인 노인공공임대주택은 케어안심주택으로 공급하겠다는 것이다. 케어안심주택의 도입은 아직 시작 단계로 일반적인 노인을 위한 다양한 모델을 개발해서 선도사업 지역과 도시재생 뉴딜사업 지역 등에서 테스트해본 이후에 확대하겠다는 것이 정부의 방침이다. 〈그림 12-1〉에서 제시된 것처럼 ADL(일상생활수행능력) 장애가 있는 노인들을 위해서 급식, 재가요양, 간호서비스, 이동지원, 생활지원, 보건복지서비스를 제공하는 케어안심주택과 독거노인주택 등을 제공해서 노인들이 일상생활의 어려움을 최소화하도록 지원

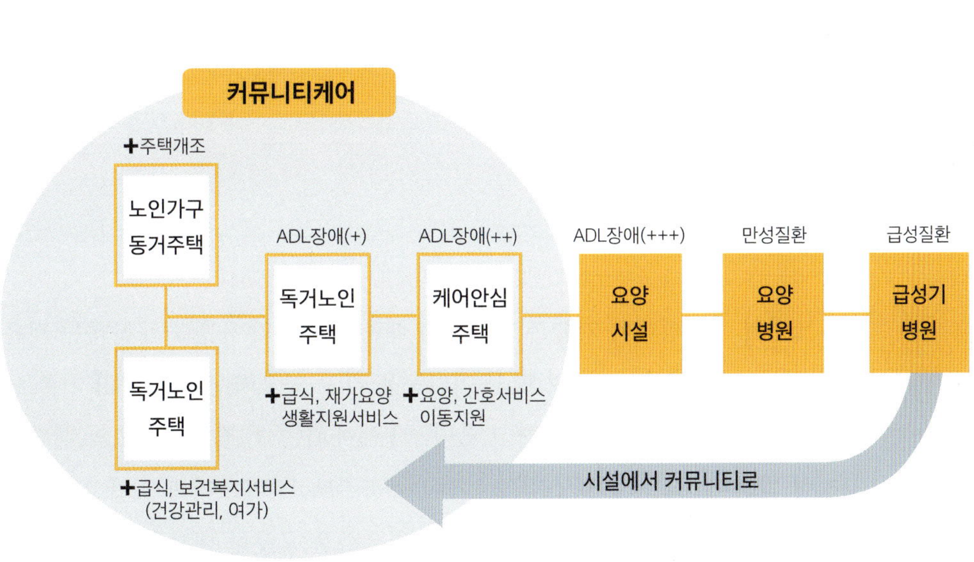

그림 12-1 커뮤니티케어 도입으로 새로 도입되는 주택 유형

출처: 보건복지부(2018)

할 방침이다. 기존에 이미 공급된 약 14만 호의 영구임대주택에도 노인이 다수 거주하므로, 인근에 돌봄서비스를 제공하는 기관들과의 적극적인 연계를 추진할 방침이다. 이처럼 커뮤니티케어에 적합한 다양한 주택을 개발해서 급성기 병원, 요양병원, 요양시설에 있는 노인들이 시설에서 퇴소한 후 지역사회에서 생활할 수 있는 여건을 조성하고자 한다.

둘째, 주택개조 사업이 활성화된다. 노인이 집안에서 낙상으로 부상을 당하지 않고 편리하고 안전하게 생활할 수 있도록 맞춤형 주택개보수 지원이 정책적으로 실행된다. 주택개보수는 계단, 현관의 문턱 제거, 욕실과 주방 개보수 등이 해당된다. 정부는 병원이나 시설에서 퇴소하고 최저주거기준을 충족하지 못하는 재가노인 약 24만 세대의 주택개조를 우선적으로 지원할 방침이다.

셋째, 커뮤니티케어를 특화한 도시재생 뉴딜사업도 새롭게 시도된다. 정부는 돌봄과 자치, 도시재생사업을 연계해서 의료와 요양, 복지, 주거 등의 서비스를 통합적으로 제공하는 모델을 개발해서 도시재생 뉴딜사업 지역 내에서 실시할 계획이다. 이를 위해 공공부문의 협력뿐만 아니라 보건의료와 복지 관련 기관, 사회적기업, 주민자치회 등 민간부문과의 협력도 강화할 방침이다.

4. 노인주거의 유형

노인의 주거형태와 기능은 다양하기 때문에 주거의 유형을 구분하는 것은 쉽지 않다. 서구에서도 마찬가지의 어려움을 겪고 있으며, 우리나라의 기존 연구도 단편적으로 유형을 구분하고 있다. 이 절에서는 최근 주거제도의 변경을 고려한 박순미 · 김유진 · 박소정(2017)이 공공주택, 서비스연계 노인전용주거, 재가서비스주거, 노인주거복지시설로 주거 유형을 구분한 내용을 중심으로 특징과 문제점을 살펴본다(〈표 12-1〉 참조).

표 12-1 국내 노인을 위한 주거의 유형별 특징과 문제점

주거유형	세부 주거유형	주요 특징	문제점
공공주택	고령자전용 국민임대주택	고령자전용 국민임대주택 시범사업을 2005~2007년 기간 동안 실시	기존 임대주택에 대한 낙인 이미지를 벗지 못함
	공공실버주택	거동이 불편한 독거노인 등에게 맞춤형 복지서비스를 제공하는 주거형태	복지서비스의 질 우려
	원룸형 안심공동주택	서울시가 SH와 협업으로 지역 내 소규모 주거 단지 형태	예산확보의 어려움
서비스 연계 노인 전용주거	노인의 집	3~7명의 소수 노인들이 소규모 공동주택을 마련하여 같은 주거공간을 공유하고 공동으로 생활	현재로선 유명무실한 주거제도로 변모
	공공형 노인복지주택	공공 및 민간 자원을 활용한 무료 노인복지주택	가장 최근 등장한 노인주거모델
	독거노인 공동거주제	농촌 고령 독거노인의 돌봄 대안으로 마을 내 공간 (예: 마을회관, 경로당, 빈집 등)을 활용	거동이 불편한 노인을 위한 편의시설 내지 유니버설디자인 부재
재가서비스 주거	주거급여	주거안정에 필요한 임차료, 수선유지비, 그 밖의 수급품을 지급하는 제도	주거급여수준이 낮음
	주거환경개선서비스	- 주택개량지원: 중앙정부, 지방정부, 민간 등 다양한 주체들에 의해 진행되는 주택개량지원과 민간부문의 주거환경개선 사업 등 - 주택개조비용 지원: 「장애인 · 고령자 등 주거약자 지원에 관한 법률」로 제정, 시행중	- 노인단독가구 상황에 맞추어 주거 이전이 용이하지 못함 - 개조비용 및 임차인이라는 조건으로 인해 개조를 마음대로 실행할 수 없는 실정
노인주거 복지시설	양로시설 노인공동생활가정 노인복지주택	- 「노인복지법」 제31조에 의한 노인주거복지시설 - 시설보호를 필요로 하는 노인들에게 가정을 대신하여 주거서비스를 제공하는 시설	- 서비스의 질 저하 - 폐쇄적이고 획일화된 서비스

출처: 박순미 · 김유진 · 박소정(2017)을 바탕으로 재작성

1) 공공주택

공공주택은 「공공주택특별법」에 근거해서 공공주택사업자가 공급하는 공공임대주택과 공공분양주택이다. 서민의 주거안정화와 주거복지향상을 위해서 실시하는 대표적인 사업이다. 그러나 공공주택은 공급량이 경제협력개발기구의 평균에도 미치지 못하는 낮은 수준으로 저소득층의 수요도 커버하지 못

하고 있다.

먼저 고령자전용 국민임대주택은 노인편의시설을 구비하고 무장애설계로 건설되어 있다. 서울시가 국내에서 처음으로 강남 세곡지구에 고령자 맞춤형 아파트 단지를 조성했고, 인근의 병원, 요양시설, 커뮤니티시설을 구비한 어르신 행복타운을 조성해서 원스톱 노인복지서비스를 제공한다. 그러나 임대주택이라는 낙인으로 선호도가 낮고 일부 지역에서만 제한적으로 공급되었다.

다음으로 공공실버주택은 〈제3차 저출산고령사회기본계획〉과 2015년 〈서민·중산층 주거안정 강화방안〉에 근거한 주택이다. 임대주택 내 1~2층은 복지시설, 3층 이상은 주거시설로 이뤄진 주거복지혼합동이다. 거동이 불편한 독거노인에게 적합한 복지서비스를 제공하는 주거형태로, 주거동에는 무장애시설이 있고 복지동에는 간호사, 사회복지사 등이 상주하면서 보건의료와 일상생활지원의 복지서비스를 지원하고 있다.

마지막으로 원룸형 안심공동주택은 서울시와 서울주택도시공사가 지하와 반지하에 거주하는 독거노인의 주거환경을 개선하기 위해서 제공하는 주택이다.

2) 서비스연계 노인전용주거

서비스연계 노인전용주거는 주로 저소득층 독거노인의 주거환경을 개선하는 동시에 지역사회에서 필요한 서비스를 연계 및 제공하는 주거형태이다.

'노인의 집'은 1995년 보건복지부 지침으로 시행된 제도로, 저소득층 독거노인 3~7명이 15~25평의 다세대·다가구주택에서 함께 생활하면서 외로움을 달래는 동시에 지역사회에서 제공하는 재가노인복지서비스를 이용할 수 있는 소규모 공동주택 사업이다. 그러나 노인의 집은 민간주택으로 높은 임대료나 전세금이 필요한데도 이후에 체계적인 관리가 이뤄지지 않고 지자체에서 예산지원이 이뤄지지 않아서 현재는 서울과 대구 등 일부 지역에서만 운영되고 있다.

다음으로 공공형 노인복지주택은 노인의 식사와 주거의 편의 등을 제공하기 위해서 설립된 노인복지주택이다. 그러나 민간사업자가 전액 재원을 조달해서 시설을 설치 및 운영하고 일반주택처럼 분양·임대하여 노인이 그 비용을 모두 지불해야 하므로 경제적 부담감을 느끼는 경우가 많았다. 최근에 일부 지자체에서 저소득 노인의 주거문제를 해결하기 위해 공공자금이나 민간자원을 활용해서 무료 노인복지주택을 제공하고 있다.

마지막으로 독거노인 공동거주제는 농촌에서 고령의 독거노인이 크게 늘어나면서 마을회관, 경로당, 빈집 등을 활용해서 독거노인들이 공동으로 생활하고 돌보는 주거형태이다. 독거노인들이 함께 생활하면서 정서적 안정을 얻고 위기 시 신속한 대응이 가능해지는 등 여러 장점이 있다. 이를테면 경로당을 활용해서 짧은 시간 동안 이용하고 밤에는 노인 본인의 집으로 귀가하기도 한다. 그러나 마을회관이나 경로당 등을 수리해서 사용하므로 고령친화시설이나 유니버설디자인이 부재하다는 문제가 있다.

3) 재가서비스주거

재가서비스주거는 노인이 자택에 살면서 주거를 유지하고 관리하는 데 필요한 현금과 서비스를 제공하는 형태이다. 먼저 주거급여란 「국민기초생활보장법」과 「주거급여법」에 기반해서 중위소득 45% 이하 가구의 소득, 주거형태, 주거비 부담수준 등을 종합적으로 고려해 주거안정에 필요한 임차료, 수선유지비, 그 외 수급품을 지급하는 제도이다. 주거급여의 혜택을 받는 가구는 2018년 기준 85.7만 가구로 가구당 월평균급여액은 12.8만 원에 불과하다(국회예산정책처, 2019). 다음으로 주거환경개선서비스는 주택개량지원과 주택개조비용 지원으로 구분할 수 있다. 주택개량지원은 중앙정부(국토부의 주거현물급여, 주거환경개선 주택자금 지원, 농어촌 주택개조 지원 등), 지자체, 민간에서 다양하게 이뤄지고 있다. 지자체에서도 지역의 재정 여건을 고려해서 예산지원이 이뤄지고 있다. 저소득층의 열악한 주거환경을 감안할 때 이 사업은 필요하지만 자비 부담금이 부담스럽거나 집주인이 아니라 임차인인 경우에 주거환경을 개선하지 못하고 노후화된 곳에서 계속 살 수밖에 없는 경우가 적지 않다. 다음으로 주택개조비용 지원은 국가 및 지방자치단체가 주거약자의 활동능력에 적합하도록 주택(임대용 주택 포함)을 개조하는 비용을 지원하는 정책이다.

4) 노인주거복지시설

노인주거복지시설에는 앞서 살펴본 것처럼 양로시설, 노인공동생활가정, 노인복지주택이 있다. 이들 시설은 보호를 필요로 하는 노인들에게 주거와 식사 등 일상에 필요한 서비스를 제공한다. 노인공동생활가정은 양로시설에 비해서 집과 같은 분위기를 갖추고 그 밖의 서비스를 제공한다. 양로시설과 노인공동생활가정은 저소득층이나 의료급여 수급자에게 주거 여건과 급식 등의 서비스를 제공한다. 그러나 우리나라는 높은 노인빈곤율에 비해 극히 일부의 저소득층 노인에게만 주거복지시설이 제공되어 주거권의 보장에 문제가 많다. 그리고 양로시설에는 돌봄이 필요한 노인도 적지 않지만 필요한 서비스가 제공되지 못하고 있으며, 특히 무료 양로시설은 인력의 부족으로 서비스 질이 낮다. 마지막으로 노인복지주택은 노인에게 주거시설을 임대해서 주거의 편의, 생활지도, 상담 및 안전관리 등의 일상생활에 필요한 주거를 제공하는 시설이다.

5. 새로운 형태의 노인주택

선진국에서는 기존의 노인을 위한 획일적인 유형의 주택에서 탈피해서 노인의 다양한 욕구를 충족시키면서도 지역주민과 함께 인간답게 살기 위한 다양한 시도가 이뤄지고 있다.

1) 노인이 함께 거주하는 코하우징

코하우징co-housing은 단순히 노인 개인의 돌봄 욕구 필요성에 대한 고민만을 하지 않고, 지역사회 주민과의 관계를 함께 고려한다는 점에서 차이가 있다. 코하우징은 기본적으로 주민들이 함께 사용하는 공간을 단지의 중심에 위치시키고 그 비율을 점차적으로 넓혀가면서 주민과 함께 활동하고 교류하면서 공동체 의식을 함양하고자 한다(김동배·유병선, 2016). 노인이 가지고 있는 능력과 장점 등의 자원을 지역에 사는 노인들과 공유하고 공동체에 도움이 되는 활동을 함께하면서 사회적 관계를 활성화시키고 공동체 의식을 배가하려는 것이 코하우징의 목적이다. 이는 기존의 에이징 인 플레이스가 집과 지역사회에서 살기만을 주장하여 사람들 간의 교류가 없을 때에는 사회적 고립과 외로움 등을 초래할 수 있다는 한계를 보완한 것이다. 지역사회 주민들과의 교류를 통해서 관계를 유지하는 에이징 인 커뮤니티aging in community와 그 맥락을 같이 하는 새로운 시도라고 볼 수 있다.

코하우징은 주택단지를 설계하고 계획하는 초기 단계부터 노인의 적극적인 참여와 의견 개진을 통해서 완성해간다는 특징이 있다. 노인을 위한 공동주택은 덴마크의 코펜하겐에서 처음 설립되었는데, 이것을 코하우징이라는 용어로 지칭하기 시작한 주택은 지난 2006년 조성된 미국 캘리포니아주 데이비스Davis시의 '글레이셔 서클'Glacier Circle이다. 이것이 확산되어서 여러 나라에서 지역주민과 함께 살기를 도모하는 코하우징을 적극적으로 시도하고 있다(김동배·유병선, 2016). 이들은 노인이 이동하기에 편리한 계단과 화장실 등을 유니버설 디자인으로 설계하고 제작하는 등 다양한 노력을 수행하고 있다.

2) 대학연계 노인은퇴주택

노인이 되어 늘어나는 여가시간을 의미 있고 건강하게 보내도록 하고자 대학과 연계해서 만든 노인은퇴주택retirement community이 활성화되고 있다(김동배·유병선, 2016). 노인은퇴주택은 노인의 배움에 대한 욕구가 높아지면서 평생교

플로리다대학과 연계한 은퇴자 커뮤니티 오크 해먹(Oak Hammock)은 집안일, 24시간 케어, 메디컬 체크, 평생교육 등을 제공한다(oakhammock.org). 입주민은 오크 해먹 캠퍼스에서 문학, 예술, 역사, 철학, 작문, 과학 등 다양한 분야의 수업을 들을 수 있다. 또한 플로리다대학의 의사와 간호사가 운영하는 진료소를 이용할 수 있다.

육의 역할을 수행할 수 있는 대학과 함께 주택의 설립을 연계하는 것이다. 즉, 대학을 기반으로 해서 다양한 노인은퇴주택이 설립되고 있는데, 대학들이 주택의 설립이나 운영에 참여하는 형태는 매우 다양하다. 일부 대학에서는 단순히 대학의 명칭이나 토지를 임대해주는 반면에 다른 대학에서는 주택의 개발과 운영 등에 깊숙이 관여하기도 한다(김동배·유병선, 2016). 또한 노인이 살기에 적합한 주택의 유형과 운영방식 등에 대해서 적극적으로 의견을 제시하기도 한다.

이들은 노인에게 질 높은 평생교육에 참여하도록 해서 노인의 높은 학습욕구를 충족시키고 적극적으로 여가를 보내도록 한다는 측면에서 긍정적이다. 대학과 함께하는 노인은퇴주택들은 노인에게 필요한 식사, 가사수발, 보건의료와 같은 여러 돌봄서비스에 더해 교육서비스도 제공해서 노인의 삶의 질을 제고하고자 노력하고 있다. 노인들을 위한 평생교육의 개념에서 직업 관련 교육 프로그램과 개인의 취미와 발전을 위한 프로그램 등을 실시하고 있다.

3) 다양한 지향성을 가진 노인주택

선진국의 노인들은 자신들이 지향하는 일정한 정체성을 공유하는 사람들끼리 함께 거주하는 주택을 만들고 있다. 비슷한 취미나 동일한 종교, 성적 취향을 가진 사람들이 그들만의 주택을 형성해서 동질성에 기반한 익숙함을 중심으로 생활을 영위한다.

예를 들어, 골프를 치는 것을 좋아하는 노인들은 자신들이 좋아하는 골프 코스를 갖춘 주택단지를 설립하고 이곳에서 함께 살면서 정기적으로 골프를 치면서 건강하게 여가를 보내려고 한다. 또한, 특정한 교파에 속한 종교단체의 노인들이 집단을 이뤄서 주택을 설립·운영하기도 한다. 가령, 미국 복음주의 루터교회는 노인주택을 교회 근처에 건축해서 지역사회에서의 전도와 봉사활동을 도모하고 있다(김동배·유병선, 2016).

6. 노인주거보장정책의 문제점과 개선방안

1) 노인주거보장정책의 문제점

노인을 위한 우리나라의 노인주거보장정책은 아직까지 국토교통부가 중심이 되어 저소득층에게 임대주택을 제공하던 공급방식을 크게 탈피하지 못하고 있다. 서구 선진국에서는 주거를 삶의 기본적인 인프라이자 권리로서 인식하고 적극적으로 주거지원정책을 펼치고 있지만 우리는 주거에 대한 공공지원과 복지적인 접근이 여전히 부족한 상태이다. 임대주택의 공급량도 저소득층 노인수에 비해 충분하지 않다. 따라서 소득이 적고 빈곤한 상태에 있는 노인은 월세나 전세금 마련에 상당한 부담을 느낄 수밖에 없다. 노인노숙자의 수도 적지 않지만, 이들을 위한 정책지원은 매우 제한적이다.

고령이나 질병으로 인한 기능상태의 변화에 따라 다양한 형태의 주거를 마련하는 것도 아직은 걸음마 단계이다. 앞에서 살펴본 대로 서비스연계 노인전용주거와 재가서비스주거 등의 정책들이 노인의 주거권을 충분히 보장하는 제도로 성숙하기까지는 가야 할 길이 멀다. 물론 정부가 지역사회통합돌봄정책을 발표하면서 돌봄이 필요한 노인에게 적합한 다양한 주거형태가 무엇인지에 대한 사회적인 논의가 이뤄지고 있지만, 아직까지 실질적인 제도화로 이어지지는 않고 있다. 최근에 국토교통부와 보건복지부 등이 협약을 맺고 교류를 하고 있다. 하지만 상당한 재원을 가지고 주거 인프라를 구축할 컨트롤타워 역할을 해야 할 국토교통부의 경우 아직까지 노인에게 적합한 다양한 주거의 방식과 세부 내용에 대한 인식이 미흡하다.

이와 함께 노인을 위한 돌봄이 이뤄지는 의료복지시설도 점검할 필요가 있다. 장기요양의 중증 노인을 위한 노인요양공동생활가정과 같은 소규모 요양시설은 도시의 상가에 위치해서 공간 규모가 좁고 주변 환경이 나쁜 경우가 있다. 더욱이 서비스를 제공할 인력이 적고 수가가 낮아서 적절한 돌봄을 받기 어려운 경우도 있다. 다른 노인과 함께 생활하면서 불편을 겪기도 한다. 외출이 제한되어 있어 사실상 갇힌 공간에서 생활하는 노인도 적지 않아 인권과 관련된 이슈도 많이 발생하고 있다.

2) 노인주거보장정책의 개선방안

노인을 위한 주거보장정책은 획기적인 변화가 시급하다. 정부는 주거를 국민의 권리로 간주하고 관련 예산을 확대하여야 하며, 노인의 욕구 변화에 발맞추는 다양한 유형의 주거를 적극적으로 보급해야 한다.

노인에게 제공하는 임대주택의 공급량을 늘리는 정책도 지속적으로 추진되어야 한다. 저소득층뿐만 아니라 중산층도 인간답게 생활할 수 있도록 공공지원을 받는 집에서 거주할 수 있어야 한다. 또한 획일적인 형태의 임대주택만이 아니라, 앞에서 학습한 것처럼 노인이 편리하게 생활할 수 있고 사회적 관계망을 유지하면서 사회참여를 촉진시키는 다양한 주거의 도입을 적극 시도해야 한다. 이를 위해 노인에게 적합한 주거콘텐츠 연구와 시범사업의 실시가 필요하다. 국토교통부는 보건복지부와 교육부, 민간업체 등과의 적극적인 협력을 통해 노인에게 적합한 다양한 유형의 주거를 마련하고 확산시켜야 한다.

또한 소규모 노인요양공동생활가정을 근본적으로 바꾸려는 시도가 요구된다. 노인요양공동생활가정의 설립요건을 강화해서 쾌적하고 안전한 생활을 할 수 있도록 공간의 규모를 확대해야 한다. 유해환경 지역에는 시설을 개설하지 못하도록 해야 할 뿐만 아니라 노인이 개별 자율성을 확보하면서도 다른 사람과 함께 즐겁게 생활하도록 하는 것도 중요하다. 예를 들면 가정과 비슷한 환경을 제공하는 일본의 유닛케어에서는 공동으로 사용하는 거실과 함께 노인들이 소그룹으로 나뉘어 개인 공간도 사용할 수 있다. 이렇게 자율적인 사생활을 보장하면서도 적절한 돌봄을 제공할 수 있는 주거공간을 마련해야 한다.

토론쟁점

주거는 노인의 안전하고 건강한 생활을 위한 가장 기본적인 토대이다. 그러나 우리나라의 노인을 위한 주거복지는 여러 측면에서 제한적으로 이루어졌다. 왜 우리나라의 주거정책은 잔여적으로 발전했으며, 앞으로 초고령사회에 대비해서 어떤 방향으로 개선되어야 할까? 다음 글을 읽고 토론해보자.

1982년 발표된 〈비엔나 국제고령화행동계획〉 중 '주택과 환경'

노인의 주택은 일반사람들과 교류가 가능한 곳에 위치하고, 교통사고 등의 위험을 당하지 않도록 안전한 이동이 보장되어야 한다. 주택과 환경정책은 사회적 약자인 노인의 욕구를 고려해 도입하고, 주거환경은 노인의 신체적, 정서적 기능을 지원하며 노인이 이동과 통신환경에 쉽게 접근하고 범죄나 사고로 인해 집에서 고립되지 않도록 각별히 신경 써야 한다. 나아가 노인은 주요 정책의 의사결정과정에 참여해야 한다.

토론거리

1. 노인을 위한 주거정책의 전반적인 특징은 무엇인가? 한국 주거정책의 고유한 특징은 어떤 역사적 과정을 통해서 형성되었을까?
2. 저소득층 노인의 건강을 위한 양로시설과 공동생활가정의 운영 실태는 어떠한지 인터넷 등에서 자료를 찾아보고 논의해보자.
3. 커뮤니티케어를 실현하기 위해서 주거정책과 주택은 어떤 역할과 기능을 수행하는 것이 바람직할까? 커뮤니티케어를 위해서는 어떤 유형의 주택이 필요할까?
4. 기존의 정형화된 주택을 벗어나 다양한 노인의 유형과 욕구를 고려한 대안적인 주택모델이 점차 활성화되고 있다. 코하우징 같은 주택이 가지고 있는 강점과 한계로는 어떤 것들이 있을까?

Chapter

13

노인사회참여정책

사회참여는 사람들과의 상호작용을 통해 관계를 형성하는 제반 활동을 포괄한다. 인류가 신체적 조건이 우월하지 않은 상태에서 생존할 수 있었던 기반은 서로 상호작용을 하였기 때문이며, 상호작용이 없는 삶은 '사회적으로' 죽음과도 같다. 사회참여권은 인간에게 마치 공기처럼 가장 필수적이고도 기본적인 권리라 할 수 있다. 이에 따라 사회참여정책 또한 사람 사이에 상호작용이 끊임없이 일어나도록 지원한다.

이 장에서는 노인이 지속적으로 사회와 교류할 수 있는 기본적 권리로서 사회참여권을 다룬다. 노인이 사회참여권을 누릴 수 있는 사회적 및 제도적인 환경을 조성하기 위해서는 우선 사회참여가 무엇인지에 대한 이해가 필요하다. 이 장에서는 권리로서 사회참여, 사회참여 개념, 사회참여를 설명하는 활동이론, 사회참여가 노인에게 미치는 영향, 한국 노인 사회참여활동 실태 등을 기술한다. 이어 정부 사회참여지원정책과 사회참여 전달체계를 탐색하고자 한다. 또한 노인 사회참여 전달체계 현황 및 문제점, 노인 사회참여를 활성화하기 위한 발전전략, 노인복지실천현장에서 노인사회참여권 실천 사례를 살펴본다.

1. 참여할 권리

1) 권리로서의 사회참여

우리나라 「노인복지법」과 「저출산 · 고령사회기본법」은 노인 사회참여권을 법적으로 보장하고 있다. 「노인복지법」 제23조 제1항은 "국가 또는 지방자치단체는 노인의 사회참여 확대를 위하여 노인의 지역봉사 활동기회를 넓히고 노인에게 적합한 직종의 개발과 그 보급을 위한 시책을 강구하며 근로능력 있는 노인에게 일할 기회를 우선적으로 제공하도록 노력하여야 한다"고 밝히면서 국가가 노인의 사회참여 기회를 넓히기 위해 노력해야 함을 강조하고 있다. 「저출산 · 고령사회기본법」 제14조에서도 국가 및 지방자치단체가 "노후의 여가와 문화활동을 장려하고 이를 위한 기반을 조성"(제1항)해야 하며 "자원봉사 등 노인의 사회활동 참여를 촉진하는 사회적 기반을 조성"(제2항)해야 함을 명시하고 있다.

〈노인을 위한 UN원칙〉에서도 참여는 독립, 보호, 자아실현, 존엄과 함께 다섯 가지 핵심 영역 중 하나이다. 이 원칙은 노인이 사회에 통합되어 정책입안과 이행과정, 자원봉사, 사회운동에 참여할 수 있어야 한다고 권리로서의 참여를 규정하고 있다. 건강한 사회는 모든 구성원이 자발적이고 적극적으로 지역사회에 참여할 수 있도록 다양한 방식과 기회를 제공한다(원영희 외, 2017). 그러므로 건강한 사회라면 엄연한 사회구성원인 노인의 사회참여권을 반드시 보장하여야 한다. 노인은 사회참여권을 누리면서 건강과 정서적 안정, 삶의 만족을 얻을 수 있다(Hooyman and Kiyak, 2017).

세계보건기구는 사회참여가 노인의 활동적 노화를 위한 필수요건이라는 측면에서, 활동적 노화를 위한 정책 방향을 다음의 세 가지로 설정하였다(WHO, 2002). 첫째, 전 생애에 걸쳐 교육 및 학습 기회를 제공하는 것이다. 기초 교육과 건강정보 이해능력^health literacy^과 같은 교육을 통해 노인이 스스로 또는 서로 돌볼 수 있도록 가르칠 수 있으며, 건강 및 지역사회 서비스를 효과적으로 선택하고 활용할 수 있도록 역량을 강화시켜준다. 또한 평생학습은 노인들에게 지속적으로 새로운 기술에 대한 정보를 제공해 능력을 발전시킬 수 있게 한다.

둘째, 개별 노인의 욕구, 선호, 능력에 따라서 적합한 경제활동, 공식 및 비공식적 일, 자원봉사 등에 적극적으로 참여하고 활동할 수 있도록 지원한다. 빈곤감소를 위한 사회정책적 노력의 계획, 실행, 평가 등에 노인을 참여시키며, 젊은 세대와 동일한 혜택을 노인에게도 제공해야 한다.

셋째, 개별 노인이 나이가 들어서도 지속적으로 가정의 삶과 지역사회에 참여할 수 있도록 지원하는 것이다. 이를 위해서는 편리하고 저렴한 대중교통, 리더십 향상, 모든 연령층이 즐길 수 있는 사회환경 및 노인에 대한 긍정적 이미지 구축, 여성의 사회참여를 막는 불평등 완화, 노년층을 대표하는 조직 지원 등이 필요하다.

2) 사회참여 개념과 설명이론[1]

우리나라에서 정경숙(1982)이 노인 사회참여를 학술적으로 처음 소개하였다. 노인들은 소외계층이 아닌 사회적 자원이며, 사회참여란 노인이 인생을 통해 축적해온 경험과 지혜를 사회공익을 위해 사용함을 의미한다고 설명하였다. 1990년대 초반에는 윤종주(1994)가 사회참여를 개인단위의 경제활동, 사회봉사, 지역사회활동, 그 외에 정치 및 종교활동과 같은 여러 형태의 사회활동이라고 정의하였다. 현재 국내에서는 사회참여의 정의를 여가, 종교활동, 교육 등을 포함시켜 다각적으로 보거나, 경제활동과 자원봉사라는 사회적 기여의 관점에서 보고 있다(이소정, 2013). 더 포괄적으로는 단체 및 기관 가입, 일자리 참여 등의 공식적 활동과 가족 및 친구관계, 사회적 모임, 종교활동, 자원봉사, 각종 모임 등의 비공식적 활동까지를 포함한다(권중돈 · 손의성, 2010). 한국보건사회연구원 전국노인실태조사에서는 노인의 사회참여를 경제활동, 자원봉사, 단체활동, 여가문화 참여 등으로 구분하고 있다(강은나 외, 2023).

1 김수영 · 이민홍 · 손태홍(2015)의 "노인 사회참여프로그램의 효과성 분석" 논문 일부 보완.

사회참여는 협의와 광의의 의미로 나누어 살펴볼 수 있다. 협의의 사회참여는 이웃, 지역사회, 국가의 공동이익을 추구하는 제반 활동과 경제적, 사회적, 정치적 측면에서 특정 목적을 달성하기 위해 공공기관에 영향을 미치는 조직적 활동을 의미한다. 예를 들어 초등학생의 등하굣길 안전지킴이 활동, 장애노인에게 돌봄이나 정보를 제공하는 것 등이 협의의 사회참여활동이다. 반면, 광의의 사회참여는 가족, 친구, 이웃, 직장 사람들과의 친목활동 및 취미, 스포츠, 문화생활 등 개인적 사회활동까지로 범위를 확장시킨다(박경하 외, 2012). 즉, 협의는 집단의 공동목적을 달성하는 사회적 활동만을 의미하는 반면, 광의에서는 집단의 목적뿐 아니라 개인의 목적을 달성하기 위한 활동까지도 포괄한다. 이렇게 볼 때 국내에서는 사회참여의 본질적 의미보다는 구체적으로 나타나는 활동을 통해 사회참여의 개념에 접근하고 있음을 알 수 있다.

국외에서 노인 사회참여[social participation]는 civic/social/community engagement, social integration 등의 용어와 상호 교환적으로 사용되는데, 어떤 용어를 사용하는가에 따라 개념상의 차이가 발생하여 논란이 자주 제기되었다(Levasseur et al., 2007). 이에 르바서[Levasseur]와 동료들은 1989년부터 2009년까지 수행된 사회참여 관련 학술연구들에 대한 체계적 분석을 통해서 사회참여로 통용되는 용어들을 포괄하는 공통 특성을 다음과 같이 제시했다(Levasseur et al., 2010).

1단계: 다른 사람과 연결을 준비하는 활동을 하는 것(Doing an activity in preparation for connecting with others)
2단계: 다른 사람과 함께 있는 것(Being with others or alone but with people around)
3단계: 다른 사람과 교류하는 것(Interacting with others or social contact without doing a specific activity with them)
4단계: 다른 사람과 동일한 목적을 위해 활동하는 것(Doing an activity with others or collaborating to reach the same goal)
5단계: 다른 사람들에게 도움을 제공하는 것(Helping others)
6단계: 사회에 공헌하는 것(Contributing to society)

이를 통해서 사회참여에 해당되는 활동으로 일, 자원봉사, 여가활동, 문화활동, 종교활동, 지역사회협회 활동, 교육 참여, 정치적 활동 등이 있음을 알 수 있다.

국내외 문헌에서 보편적으로 활용되는 사회참여에 대한 개념은 이처럼 다소 광의적으로 지역사회에서 다른 사람들과 상호작용하는 활동을 의미한다. 이러한 광의적 개념을 토대로 한다면, 사회참여란 일, 자원봉사, 친목활동, 취미 및 여가활동, 종교활동, 교육활동, 정치활동 등 공식적/비공식적 특성과 개별적/사회적(집단적) 특성을 모두 포함하게 된다. 다만 일자리는 9장 노인노동정책에서 집중적으로 다루었기 때문에 일을 제외한 사회참여활동으로 한정하여 살펴보고자 한다.

사회참여를 설명하는 대표적 이론은 활동이론이다. 활동이론은 이 책의 2장에서 자세하게 다루어졌기 때문에 여기서는 간략하게 설명하고자 한다. 사회참여의 이론적 기반이 되는 활동이론은 노년기 노인의 적극적인 활동이 삶의 만족도를 향상시키고 노년기에 더 잘 적응할 수 있도록 해준다. 사회적으로도 새로운 역할을 맡아 개인의 긍정적 자아개념을 유지시켜준다는 가설을 토대로 한다(Hooyman and Kiyak, 2017). 이 이론은 노년기에 접어든 개인은 은퇴, 만성질환, 무위(역할이 없음)와 같은 어려움에 직면하므로 활동, 지위, 관계를 유지할 수 있는 역할을 찾는 게 필요하다고 주장한다. 하지만 활동이론은 개별 노인의 성격, 건강 저하, 경제적 어려움이 생활만족에 미치는 영향을 고려하지 못했다는 비판을 받기도 한다(Bengtson et al., 2009).

활동이론 개념은 우선 노화를 문제로 보지 않으며, 활동에만 초점을 두기보다는 건강, 인지적 안녕, 사회적 지지 등을 강조한다(Hooyman and Kiyak, 2017). 이러한 맥락에서 세계보건기구가 2002년에 노인복지정책 틀로 제시한 활동적 노화active aging에는 인간이 노화과정에서 삶의 질을 높일 수 있도록 건강, 참여, 안전 등을 최적화할 수 있는 기회를 극대화하는 것이 포함되었다. 이는 기존의 활동이론 범위를 참여에서 건강과 안전 영역까지 확대한 것이다. 활동적 노화정책이란 노년기에 요구되는 충분한 보호, 안전, 돌봄 등을 제공함으로써 개인이 전 생애에 걸쳐 사회에 참여하도록 지원하는 것이다. 이때 활동적active이란 사회적, 경제적, 문화적, 정신적, 시민적 영역에서 참여를 지속하는 것

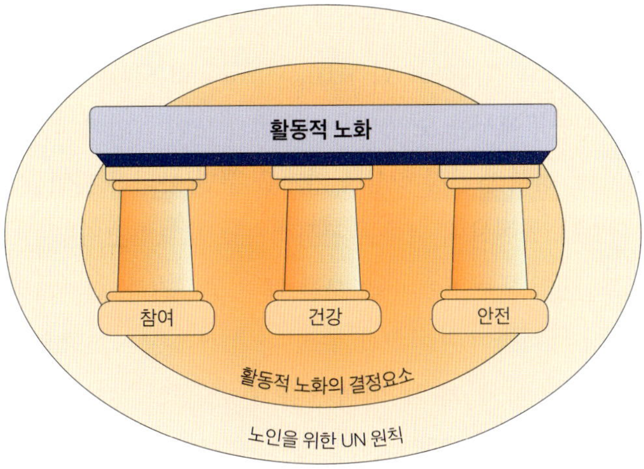

그림 13-1 세계보건기구의 활동적 노화정책 틀

출처: WHO(2002)

을 말한다. 즉 신체적으로 활달하거나 노동활동을 유지하는 것만을 의미하지는 않는다. 은퇴하거나 아프거나 장애가 있는 노인들도 그들의 가족, 친구, 동료, 지역사회, 국가와 교류하며 결과적으로 노인 기대수명 향상과 삶의 질을 높이도록 유도하는 것이다(WHO, 2002).

3) 사회참여 효과와 현황

노년기 사회참여는 생활만족도 및 삶의 질 향상, 우울증상 감소, 자아존중감 및 자아효능감 향상, 장애율 및 사망률 감소, 사회적 지지 향상 등을 가져오는 긍정적 효과가 있다(김수현, 2013; 이소정, 2013). 특히 김수영과 동료들(2014)은 노인사회참여지원사업(일자리, 자원봉사, 교육)의 결과분석을 통해, 노인사회참여사업에 2년간 지속적으로 참여한 162명 노인들의 생활만족도, 우울증상, 사회적 지지에서 긍정적인 변화가 있음을 종단적으로 검증하였다. 참여자들은 사업 참여 후에 건강행위, 일상생활, 사회적 관계, 대인관계 등에서 긍정적 변화를 보였다. 또한 경제적, 신체적, 정서적 차원에서 노후 준비도 또한 향상된 것으로 보고되었다.

국외 연구에서는 노년기 사회참여를 노인들이 살기 좋은 지역사회 구축의 가장 핵심적인 요소로 제시하고 있다(Hooyman and Kiyak, 2017). 특히 현재까지 수행된 선행연구에서는 노년기 사회참여가 노인 개인에게 사회적 네트워크 강화와 인지적, 정서적 건강 향상을 가져올 뿐만 아니라 지역사회에서 노년층이 사회자원으로 기여하게 된다고 공통적으로 보고하고 있다(Johnson and Mutchler, 2014). 이러한 근거에 따라 모든 해외 공공기관, 민간기관 및 교육기관에서는 노년기 사회참여를 지원할 수 있는 정책과 프로그램을 개발하고 제공하고 있다. 예를 들어, 지역사회에 도움을 줄 수 있는 자원봉사 증진 활동Ask a Friend Campaign, 학교에서 튜터와 멘토 역할Civic Ventures Experience Corps, 자연환경 보호 활동Environmental Alliance for Senior Involvement, 아동 옹호 및 멘토 활동Family Friends 등을 들 수 있다(Morrow-Howell et al., 2011).

이렇듯 사회참여에 관한 국내외 실증연구를 통해서 자원봉사, 교육, 취미 및 여가활동이 노인들의 심리사회적 건강에 긍정적 영향을 미치는 것으로 나타났다. 한편 전체 우리나라 인구의 15%를 차지하고 있는 베이비부머(1955~63년생)의 은퇴가 시작되고 있는 시점에서 노인세대별(베이비부머계층과 기존 노년계층) 사회참여의 효과성에 대한 연구도 동시에 다뤄져야 한다. 즉,

그림 13-2 서울시 '한지붕 세대공감' 사업 포스터

'한지붕 세대공감'은 서울시에서 추진하는 룸셰어링(room sharing) 프로그램이다. 각 구별로 희망자를 모집하며, 동대문구의 경우 월세를 공과금 포함 30만 원 이내에서 협의하여 결정한다. 필요에 따라 도배, 장판, 조명 교체 등 환경개선 봉사비용도 100만 원 이내에서 지원한다.

기존 노년계층과는 다른 베이비부머계층의 코호트 특성에 따른 사회참여나 그 효과성에 관한 연구는 향후 노인의 사회참여 활성화를 위한 대안 제시에 중요한 근거가 될 것이기 때문이다. 예를 들어 베이비부머계층은 생산성이 더욱 강조되는 사회적 기여형 사회참여를 기존 노년계층은 무위에서 벗어나기 위해 자기계발과 여가활동을 추구하는 경향을 보일 수 있다.

또한 세대별로 다른 사회참여 성향을 반영한 프로그램 제공은 성과에 있어서도 다르게 나타날 수 있다. 세대교류는 아동기부터 노년기에 이르기까지 모든 세대가 자신이 가지고 있는 자원의 상호 교환을 통해 삶의 질을 향상시키고 주위 사람과 사회에 기여하는 지역사회를 조성하는 제반 활동이다. 예를 들어 노인이 청소년의 멘토역할을 하는 일대일 활동을 통해서 삶의 기술life-skills, 건강한 삶healthy living, 문화, 역사 등을 배우는 영국 북부의 프로그램을 한국에서도 적용해볼 수 있다(Lyod, 2008). 국내에는 서울시의 어르신-대학생 주거 공유 프로그램인 '한지붕 세대공감'이 있다(서울주거포털, 2024). 대학가 주변이나 청년이 많이 거주하는 지역에 사는 노인이 남는 방을 학생에게 시세보다 저렴하게 빌려주는 사업이다.

세대교류의 사회적 파급효과로는 첫째, 3세대(유아·아동·청소년)가 한 사람으로서 타인을 존중하고 자신을 사랑하게 되는 인성을 함양할 수 있는 것, 둘째, 세대교류를 통해 부부관계나 부모자녀관계 등 가족관계 문제를 개선하여 가정의 사회적 기능을 강화시키는 것, 셋째, 사회적으로 노인에 대한 잘못된 편견 및 고정관념과 같은 노인차별을 감소시키면서 고령화로 인해 파생되는 사회적 고립 및 건강 저하를 예방하는 것 등이 있다(〈표 13-1〉 참조).

우리나라 노인 사회참여 현황은 2023년 보건사회연구원이 전국 977개 조사구에서 7,556가구 65세 이상 10,078명을 조사한 노인실태조사를 통해 확인할 수 있다(〈표 13-2〉 참조). 가장 높은 참여율을 보인 항목은 종교활동으로, 전체 83.1%를 차지했다. 다음으로 친목활동 54.2%, 교육 및 학습 활동 13.3%, 동호회 활동 6.6%, 자원봉사활동 2.5%, 정치사회단체 활동 1.3% 순으로 나타났다. 종교활동 참여 정도는 주 4회 이상 2.0%, 주 2~3회 7.9%, 주 1회 32.0%, 월 2~3회 8.7%, 월 1회 9.2%, 월 1회 미만 23.4%이었다.

표 13-1 세대교류 효과

표적체계	효과	
3세대	• 인성 향상 • 공동체 의식 경험 • 자아존중감 향상 • 다양한 인간관계 경험	• 사회적 지지 향상 • 자기이해 • 표현력 풍부 • 삶의 지혜, 가치, 전통문화 계승
2세대	• 노후 준비 간접적 학습 • 경험과 지혜 획득 • 문화유산, 전통, 역사에 대한 바른 이해	• 자녀 및 부모와 관계 증진 • 노화에 대한 올바른 이해
1세대	• 사회변화 감각 및 새로운 지식 획득 • 고독감 감소 • 삶의 질 향상 • 존재가치 증진 • 삶의 보람, 생활만족도, 주관적 행복도, 주관적 건강상태 향상	• 인간관계 증진 • 신체적 건강 증진 • 언어능력과 사고력 향상 • 뇌의 활성화
사회적 효과	• 인성교육 효과(도덕성, 사회성, 정서성) • 가족건강성 증진	• 고령사회문제 완화

출처: 이민홍(2017)

표 13-2 한국 노인 사회참여실태조사

(n=10,078; 단위 %)

구분		전체	지역		성		연령대					
			동부	읍면부	남자	여자	65~69	70~74	75~79	80~84	85~89	90 이상
교육 및 학습		13.3	12.5	15.7	10.8	15.3	15.7	13.0	13.4	11.9	8.1	8.5
자원봉사		2.5	2.4	2.8	2.2	2.7	2.1	2.4	1.8	2.9	3.4	0.0
사회 단체 활동	동호회	6.6	7.4	4.4	9.8	4.1	10.7	6.3	4.5	3.5	1.2	2.5
	친목단체	54.2	56.1	48.9	60.5	49.2	73.3	59.9	46.2	33.2	23.3	10.7
	정치사회단체	1.3	1.5	0.7	2.0	0.8	1.6	1.9	1.2	0.5	0.4	0.0
종교활동		83.1	84.3	79.6	80.2	84.6	87.8	84.9	83.6	76.7	73.8	66.1

출처: 강은나 외(2023)

교육 및 학습 활동 참여율의 경우 여성노인이 15.3%로 남성노인 10.8%보다 5% 정도 높게 나타났다. 연령대별로는 65~69세가 15.7%로 참여율이 가장 높았으며, 다음으로 75~79세의 참여율이 13.4%로 높았다. 연령이 높아질수록 참여율이 낮아지는 경향을 보였다. 끝으로 자원봉사 참여율은 전체 노인의 2.5%로 매우 저조했다. 그리고 동부 지역보다는 읍·면부 지역 노인이, 남성노인보다는 여성노인이 더 자원봉사활동을 하는 경향이 있었다. 그리고 연령이 높아질수록 자원봉사활동 참여 경험도 낮아지는 특성을 보였다.

사회단체활동 참여율은 동호회, 친목단체, 정치사회단체로 구분하여 조사했는데, 친목단체 참여율이 54.2%로 다른 단체활동보다 압도적으로 높았다. 친목단체 참여율은 동부 지역 거주 노인이 56.1%로 읍·면부 지역 거주 노인

| 더 알아보기 |

세대연대 정신을 느낄 수 있는 김복동 할머니의 장학금 "할머니가 걸어온 길, 기억하고 행동하겠습니다"

"나는 전쟁 때 공부를 하고 싶어도 공부를 할 수가 없었어. 공부가 하고 싶은 아이들에게 도움을 주고 싶어."

2011년 제1000차 수요집회에서 고 김복동 할머니(좌)와 길원옥 할머니(우)가 평화비를 안고 웃고 있다. © 전쟁과여성인권박물관

일본군 성노예제 피해자인 고(故) 김복동 할머니는 어린 나이에 일본군에 끌려가 학교교육을 제대로 받지 못했다. 그래서인지 할머니는 생전에 재일동포 학생들에 대한 사랑이 남달랐고, 스스로도 꿈을 키우며 미래를 설계하는 것을 좋아하였다. 할머니는 2018년 재일조선학교 학생을 위해 3천만 원을 기부하였고, 이 돈으로 학생 6명이 장학금을 지원받았다. 조선학교 학생들은 이듬해 고인의 추모집회에서 "할머니의 한을 풀어드리지 못하고 떠나보내게 되어 죄송하다. 앞으로 공부를 더 잘해서 할머니의 뜻을 이어나가겠다"라는 내용의 편지를 낭독했다.

한편 할머니가 세상을 떠나고 맞는 첫 생신이었던 2019년 4월 17일에는 할머니를 기리는 '김복동 장학금' 전달식이 주한일본대사관 앞에서 열렸다. 장학금은 여성·인권·평화·노동·통일 분야에서 활동하는 전국의 시민운동가 자녀 25명에게 200만 원씩 총 5천만 원이 전달되었다. '김복동 장학금'은 일본군 성노예제 피해를 알리고 인권·평화운동에 헌신한 김 할머니를 기억하기 위해, 할머니의 장례식에서 모인 조의금을 바탕으로 마련됐다. 장학금을 전달받은 한 학생은 "할머니가 평화와 인권을 위해 걸어온 길을 기억하고 행동하는 지성인이 되겠다"고 말했다.

보다 7.2% 높았다. 성별 참여율을 비교해 보면 남성노인은 60.5%인 반면, 여성노인은 49.2%로 10% 넘게 차이가 났다. 연령에 따른 추이는 여가문화활동과 마찬가지로 연령이 증가할수록 점차 참여율이 낮아졌다.

2. 노인사회참여지원정책 및 전달체계

1) 노인사회참여지원정책

노인사회참여지원정책은 사회참여 유형에 따라서 여가문화활동, 자원봉사활동, 평생교육활동 등으로 구분된다. 노인사회참여지원정책의 법적 토대는 「노인복지법」과 「저출산·고령사회기본법」, 「국민여가활성화기본법」, 「평생교육법」, 「자원봉사활동기본법」 등이 있다.

노인의 여가문화활동, 평생교육활동, 자원봉사활동을 제공하는 기관으로 「노인복지법」은 노인여가복지시설을 명시하고 있다. 「노인복지법」 제36조에는 노인여가복지시설로 노인복지관, 경로당, 노인교실을 규정하고 있다. 노인복지관은 "노인의 교양·취미생활 및 사회참여활동 등에 대한 각종 정보와 서비스를 제공하고, 건강증진 및 질병예방과 소득보장·재가복지, 그 밖에 노인의 복지증진에 필요한 서비스를 제공하는 시설"이며, 경로당은 "지역노인들이 자율적으로 친목도모·취미활동·공동작업장 운영 및 각종 정보교환과 기타 여가활동을 할 수 있도록 하는 장소를 제공함을 목적으로 하는 시설"이다. 노인교실은 "노인들에 대하여 사회활동 참여욕구를 충족시키기 위하여 건전한 취미생활·노인건강유지·소득보장 기타 일상생활과 관련한 학습프로그램을 제공함을 목적으로 하는 시설"로 규정하고 있다. 2023년 말 기준으로 전국에 68,792개소 경로당, 1,225개소 노인교실, 438개소 노인복지관이 있다(보건복지부, 2024a).

노인복지관 등 노인여가복지시설에서는 노인이 의미 있는 노후시간을 보낼 수 있도록 문화예능활동과 같은 다양한 취미여가지원사업 프로그램을 제공한다. 또한 노년기 연장과 급속한 사회변화 속에서 행복한 노후생활을 위해 다양한 지식 및 기술 학습과 자기계발을 할 수 있도록 인생주기별 교육욕구에 따른 평생교육 프로그램을 실시한다. 교양, 인문학, 외국어교육, 정보화교육, 노화와 노년기에 대한 이해, 노후생활방법, 예비노인 노후준비프로그램 등이 있다(보건복지부, 2024b). 직업능력 향상과 문화예술 관련 교육욕구가 큰 성인기와 달리 노년기에는 예체능, 컴퓨터, 통신, 외국어 등으로 관심이 변화된다.

노인의 자원봉사 활성화는 「노인복지법」 '노인 사회참여 지원'(제23조) 규정과 '지역봉사지도원 위촉 및 업무'(제24조) 규정과 연관이 있다. 「노인복지법」 제23조 제2항에는 "국가 또는 지방자치단체는 노인의 지역봉사활동 및 취업의 활성화를 기하기 위하여 노인지역봉사기관, 노인취업알선기관 등 노인복지관계기관에 대하여 필요한 지원을 할 수 있다"라고 규정돼 있다. 이에 따라 국가 및 지방자치단체는 보통 민간위탁을 통해서 노인복지관, 노인시니어클럽 등의 사회복지시설이 이러한 활동을 할 수 있도록 지원한다. 노인자원봉사 활동 사례로는 부산의 동구노인복지관 이용 노인들이 참여하는 프로그램을 참고할 수 있다(〈표 13-3〉 참조).

시니어클럽, 노인복지관, 노인복지센터, 대한노인회, 사회복지관, 지역자활센터, 노인보호전문기관, 지방문화원, 지역NGO, 지자체 전담기관 등에서

표 13-3 노인 자원봉사 특화프로그램 사례

프로그램 명	프로그램 내용
초록불 손인형극단	아동세대를 위한 교통안전 손인형극: 초록어린이집의 뒤죽박죽 하루
따땀봉사단	여가시간을 활용한 재능개발 및 뜨개질 물품 나눔을 통한 지역사회 재능기부활동 프로그램
찾아가는 놀이터	대학생자원봉사단체 연계, 여가활동키트 제작 및 노인여가지원 프로그램 제공
핸즈온 정성나눔	자원봉사단체 연계, 기부물품제작 사회공헌프로그램
Y-teen 효자손봉사단	재가노인 생신케이크 전달, 경로식당 프로그램 진행, 환경미화 등 지역사회 자원봉사활동 프로그램
지구를 위한, step up!	친환경태도 함양을 위한 환경보호실천 프로그램

출처: 부산동구노인복지관(2024)

표 13-4 사회활동 지원 사업내용(공공형: 봉사)

유형	활동 예시
노노케어	• 독거노인, 조-손 가정 노인, 거동불편 노인, 경증치매 노인 등 취약노인 가정을 방문하여 일상생활을 안정적으로 유지할 수 있도록 안부 확인, 말벗 및 생활 안전 점검 등 필요한 서비스를 제공하는 활동
취약계층지원	• 장애인, 다문화 가정, 한부모 가족 아동 등 취약계층을 대상으로 상담·교육 및 정서적 지원 등 필요한 서비스를 제공하는 활동
공공시설봉사	• 복지시설, 공공업무시설, 교육(보육)시설, 지역 내 주거환경 및 생태환경 정화 등 지역사회 내 필요한 공익 서비스를 제공하기 위해 필요한 각종 사항을 지원하는 활동
경륜전수활동	• 노인이 평소 가지고 있는 경험과 지식, 삶의 지혜를 동세대, 아동·청소년 세대 등 지역공동체 구성원들과 공유하는 활동

출처: 보건복지부(2024c)

는 노인이 활기차고 건강한 노후생활을 영위할 수 있도록 다양한 일자리 및 사회활동을 지원하는 사업을 제공하고 있다. 사업내용은 봉사(공공형)와 근로(사회서비스형, 시장형, 취업알선형, 시니어인턴쉽, 고령자 친화기업)로 구분할 수 있다. 노인일자리에 대해서는 이 책 9장에서 다루기 때문에 여기서는 공공형을 중심으로 살펴보겠다. 공공형은 공익활동으로, 노인이 자기만족과 성취감 향상 및 지역사회 공익증진을 위해 자발적으로 참여하는 봉사활동이다. 대상이 65세 이상 기초연금 수급자로, 지방자치단체 경상보조로 예산을 지원한다(보건복지부, 2024c). 공익활동 사업의 예로는 〈표 13-4〉에 언급된 활동 유형을 참고할 수 있다.

2) 노인사회참여지원사업 전달체계

노인사회참여지원사업의 행정체계는 보건복지부, 문화체육관광부 등의 중앙정부 부서와 지방정부(광역시도 및 시·군·구 지자체) 부서이다. 집행체계는 한국노인인력개발원과 같은 중앙정부의 산하기관과 노인복지관과 같은 공공 및 비영리 위탁기관으로 구성되어 있다.

노인사회참여지원사업 내용은 자원봉사, 취미, 여가, 문화, 교육 등으로 구

표 13-5 노인사회참여지원사업 전달체계: 자원봉사, 취미, 여가, 문화, 교육

사회참여 유형(욕구)	자원봉사, 취미, 여가, 문화, 교육			
행정체계	보건복지부 광역시도 지자체 시군구 지자체	문화체육관광부 광역시도 지자체 시군구 지자체	교육부 광역시도 지자체 시군구 지자체	기타 부처 및 지자체
주요사업	• 노인자원봉사활동 다양화 • 노인 자원봉사활동 전문화 및 기반 마련 • 자원봉사활동 정보망 연계 구축 • 노인복지시설 인프라 확충 • 노인 여가문화 프로그램 개발 및 보급	• 인문프로그램 • 여행교육 • 인구감소지역 문화 지원 • 문화누리카드	• 성인문해교육 • 디지털 활용 능력 • 고령층 특화형 평생학습	• 중앙행정기관 • 지방자치단체: 광역 및 기초
집행체계	• 노인복지관 • 경로당 • 노인대학 • 자원봉사센터 • 대한노인회 • 한국노인복지관협회 • 한국노인인력개발원	• 노인복지관 • 지방문화원	• 지자체 • 대학기관	• 노인 자원봉사, 취미 및 여가, 교육 관련 프로그램을 제공하는 민간 및 공공 기관

출처: 김수영 외(2014b) 내용 수정

분된다. 이러한 비경제적 사회참여활동을 위해 보건복지부, 문화체육관광부, 교육부가 지자체와 협력하여 행정체계로서 기능하고 있다. 사회참여 프로그램과 서비스는 노인복지관, 노인대학, 자원봉사센터 등을 통해 노인에게 전달된다(김수영 외, 2014b). 행정체계별 주요사업과 집행체계는 〈표 13-5〉와 같다. 여기서는 행정체계별 주요사업을 소개하면서 이의 전달체계를 간략히 소개한다.

(1) 보건복지부

보건복지부 주요사업으로는 노인자원봉사활동 다양화, 노인자원봉사활동 전문화 및 기반 마련, 자원봉사활동 정보망 연계 구축, 노인복지시설 인프라 확충, 노인 여가문화 프로그램 개발 및 보급 등이 있다. 노인자원봉사 활성화를 위한 구체적인 사업으로는 노인자원봉사클럽 운영 지원, 전문 노인자원봉사 프로

그램 지원, 노인자원봉사단 운영 매뉴얼 개선, 전국 노인자원봉사 대축제 개최, 노인자원봉사단체 간 협의회 운영, 노인자원봉사 홈페이지 운영 지원, 전문노인자원봉사 자문지원단 구성 및 운영 등이 있다. 이러한 사업은 대한노인회, 경로당, 노인복지관, 노인대학 등을 통해 집행됨으로써 전달체계를 구성하고 있다(보건복지부, 2024b).

(2) 문화체육관광부

문화체육관광부 주요사업으로는 사회문제 해결형 인문문화(노인복지관 인문프로그램 실시), 고령자 대상 여행교육 등 관광취약계층 맞춤형 여행 지원, 인구감소지역 등 문화취약에 맞는 소규모 공연·전시 콘텐츠 제공, 지역 민간 소극장, 전시장 활성화, 인구감소지역 찾아가는 문화예술·스포츠, 공공도서관 등록 기준 완화 등이 있다. 또한 통합문화이용권(문화누리카드)은 기초생활수급자 및 차상위계층 노인이 다양한 문화예술 프로그램을 관람하거나 국내여행, 체육활동을 할 때 사용가능한 일종의 문화바우처이다(문화체육관광부, 2024). 지방문화원 노인 문화 프로그램 개발 보급 사업은 60세 이상 노인에게 적극적인 사회활동 참여기회를 확대하고, 노인문화학교를 운영하는 것 등이 해당된다(문화체육관광부, 2023). 이러한 사업은 노인복지관 및 지방문화원의 집행체계를 통해 노인에게 제공된다.

(3) 교육부

교육부 주요사업으로는 성인문해교육 지원사업과 지역 평생교육 활성화 사업이 있으며, 집행체계로는 지자체와 대학기관 등이 있다. 성인문해교육은 기초생활능력과 직결되는 읽기, 쓰기, 셈하기에 해당하는 문해능력 교육으로 국민의 기본적인 삶 보장을 위해 지속적으로 사업을 확대해 왔다. 디지털대전환 시대를 맞이하면서 기초생활능력과 밀접한 디지털 활용 능력 역시 성인문해교육 대상에 포함하고 있다. 평생교육 활성화사업은 초고령사회에 대비한 고령층 특화형 평생학습 정책을 강화하고 있다. 고령층 특화형 평생학습 정책은 고령층의 사회참여 촉진, 삶의 질 향상, 고령층이 보유한 지식과 기술의 사회 공유 등을 실현하는 것을 목표로 삼는다. 구체적으로는 고령층 특화형 대학 전담과정 개설 및 운영, 고령층 특화형 평생학습도시 지정 및 운영, 마을 단위 고령층 평생학습 프로그램 강화(새 일자리 찾기, 평생학습 참여, 건강관리 등 해당 지역 수요에 맞는 프로그램 개발 · 제공, 독거노인 대상 찾아가는 프로그램 개발 · 확산), 정책기반 강화 및 교육부 · 복지부 · 고용노동부 · 과기부 · 지자체 간 협업 체계 구축 등을 추진하고 있다. 노인의 평생학습이 사회참여, 경제활동, 세대 간 교류 등으로 이어질 수 있도록 지역 중심 프로그램을 개발하고 확대하고 있다(교육부, 2024).

(4) 기타 부처 및 지자체

기획재정부, 과학기술정보통신부, 외교부, 국방부, 행정안전부, 농림축산식품부, 산업통상자원부, 환경부, 고용노동부, 여성가족부, 국토교통부, 해양수산부, 중소벤처기업부 등의 정부 부처를 비롯해 광역 및 시군구 지자체 등에서도 50세 이상 성인을 위한 자원봉사 프로그램을 운영한다. 그와 더불어 취미, 여가, 문화, 교육 등의 관련프로그램을 민간 또는 공공기관을 통해 제공하고 있다.

3. 노인사회참여지원정책 문제점과 개선방안

급속한 고령화와 세계 최저 수준의 출산율로 인해서 정부는 2005년 「저출산 · 고령사회기본법」을 제정하였으며, 이를 국정과제로 대응하고 있다. 특히 가족, 친척 등 주변 사람들과 단절되어 사회에서 고립된 채 생활하던 사람이 아무도 모르게 죽음(자살 · 병사)을 맞이하는 고독사에 대응하기 위해 2024년부터 「고독사 예방 및 관리에 관한 법률」을 시행했다. 사회참여가 줄어드는 노년기의 특성상 고령층은 고독사 고위험군에 해당할 수 있다. 이러한 측면에서 중앙 부처, 광역시도, 지방자치단체 등의 행정체계가 고령사회문제를 예방하고 해결하기 위해 노력해야 한다. 이 책에서는 사회복지서비스 전달체계를 효과적으로 구축하기 위해 필요한 원칙을 토대로 노인사회참여 전달체계의 문제점에 접근하였으며, 그에 대한 개선 방안을 살펴보고자 한다. 한국의 노인사회참여 전달체계를 분석하여 아래와 같은 문제점과 개선 방안을 제시하고 있다(김수영 외, 2014b).

1) 노인사회참여지원정책의 문제점

(1) 표적대상 인식과 사업 범위에 대한 문제

앞서 노인사회참여 전달체계 현황에서 살펴보았듯이, 노인을 위한 자원봉사, 취미, 여가, 문화, 교육 등의 서비스가 보건복지부, 문화체육관광부, 교육부를 축으로 자치단체 및 집행기관을 통해 제공되고 있다. 하지만 이 과정에서 사업의 표적대상에 대한 인식이 부처별로 상이하며, 사업 범위도 불명확한 상태에 처해 있다. 사회서비스 대상자 선정기준에서 중요하게 고려되어야 할 사항은 표적효율성target efficiency이다. 표적효율성이란 서비스가 필요한 전체 대상자 중에서 실제로 서비스를 받는 대상자의 비율(수평적 표적효율성)과 서비스를 받는 대상자 중에서 우선적 욕구를 갖는 대상자의 비율(수직적 표적효율성)을 뜻한다. 그러나 현재 사회참여 전달체계는 대상자 인식에 대한 부처별 혼란과 사업 범위에 대한 논의 부재로 인해서 노인 중에서 사회참여지원이 필요한 표적집단을 합리적으로 설정하기 어려운 구조이다. 따라서 부처별로 제공되는 모든 노인사회참여 사업들이 표적집단으로 선정하는 대상자 기준과 사업 범위를 전체적으로 공유하여 역할을 조정하는 절차가 필요하다.

(2) 전달체계 복잡성 및 사각지대(통합성 및 접근성 부족)

우리나라 고령화는 세계에 유례가 없을 정도로 빠른 속도로 진행되었다. 이로 인해 발생하는 사회문제(빈곤, 질병, 소외와 고독, 무위)에 대응하기 위해서 다양한 정책과 프로그램이 도입되었다. 하지만 새로운 정책과 프로그램이 도입되는 과정에서 노인사회참여 전달체계의 행정체계와 집행체계는 구성이 다소 복잡해졌다. 행정체계와 집행체계의 복잡성은 노인의 다양한 욕구에 대응할 수 있는 통합성을 낮추는 원인이 된다. 또한 이러한 복잡한 구조는 노인이 개별적인 욕구 및 문제에 대응하기 위해 필요한 서비스를 찾거나 연계받기 어려워 결과적으로 클라이언트 접근성을 저해하는 장애요인으로 작용하게 된다.

(3) 서비스 조정기능 부재 및 전달체계 간 정보 비공유

노인사회참여지원사업의 구체적인 프로그램과 서비스는 집행체계인 한국노인인력개발원, 대한노인회, 노인복지관, 종합사회복지관, 지방문화원 등 다양한 기관을 통해 제공되고 있다. 하지만 현재 집행체계에서는 각 기관마다 제공되는 서비스를 조정하는 기능은 없는 실정이다. 서비스를 제공하는 기관 입장에서도 우리나라에서 제공받을 수 있는 사회참여 서비스가 무엇이 있는지 파악하기 어려운 구조이다. 이는 서비스를 공급하는 기관에서 노인에게 적합한 서비스를 연계하기 힘들게 만든다.

또한 행정체계 및 집행체계 간 이용자 정보가 공유되지 못하고 있는 것도 문제이다. 정부 부처별로 정보가 공유되지 않으면 서비스 중복이나 사각지대 발생에 효과적으로 대응하기 어렵다. 사회참여 서비스를 제공하는 집행체계 간의 정보 비공유는 협력관계 및 연계를 저해하며, 이용자 입장에서도 필요한 서비스를 적절하게 제공받지 못하게 하는 장애요인이 된다. 이러한 서비스 조정기능 부재 및 전달체계 간 정보 비공유가 발생하는 원인은 사회참여 욕구를 가진 노인의 데이터베이스가 없기 때문이다. 그 결과 사회참여 수요와 공급을 지속적으로 관리하거나 대응하는 것이 불가능한 상황이다.

(4) 통합적 기능 수행 전달체계의 부재

이용자 관점에서 보면, 우리나라에서 운영 중인 자원봉사, 취미, 여가, 문화, 교육활동을 제공하는 기관을 통합적으로 연결하는 전달체계가 부재한 상황이다. 노인 개인이 각 분야의 기관에 일일이 문의하거나 자신의 욕구 및 문제에 적합한 서비스 제공기관을 스스로 찾아가기는 매우 어렵다. 따라서 이용자 관점에서 일차 방문을 통해서 스크리닝, 욕구조사, 연계, 사례관리, 사회참여 포털 등을 수행할 수 있는 원스톱one-stop 기능을 수행하는 전달체계가 있어야 현재 제공되는 서비스에 대한 인식과 이용이 가능하다. 또한 개별 노인의 복합적 욕구에 지속적으로 대응하기 위해서는 원스톱 기능을 수행하는 전달체계가 수행인력의 전문성도 갖추고 있어야 한다. 현재 노인복지관 및 지역사회복지관은 노인 욕구와 문제에 적절하게 대응할 수 있는 직접서비스 제공과 함께 적절한 서비스를 연계해주는 역할을 담당하고 있다. 하지만 노인복지관 및 지역사회복지관의 기능은 특성상 보건복지부 사업에 한정되는 경향을 보인다. 따라서 보건복지부에서 담당하는 사회참여지원사업의 범위를 넘어 문화체육관광부, 교육부, 여성가족부, 산업통상자원부, 과학기술정보통신부 등 모든 정부부처에서 제공하는 사업을 이용할 수 있도록 노인청을 신설하는 등 통합형 전달체계의 구축이 필요할 것이다.

2) 노인사회참여지원정책 개선방안

노인사회참여지원사업과 정책의 방향성 정립 등을 위해 다음과 같이 개선방안을 제안하고자 한다.

첫째, 공공과 민간의 역할 분담을 통해 정책의 충분성과 적절성을 향상시켜야 한다. 노인의 양적 및 질적 변화에 대응하기 위해서는 정부가 중심이 되는 공적 정책만으로는 한계가 크다. 노인의 문화여가활동 및 자원봉사활동을 지원하기 위해서는 공공 영역의 직접서비스보다 다양한 콘텐츠가 제공될 수 있는 시민사회 및 민간 시장을 활용하는 것이 필요하다. 반면, 평생교육 인프라의 구축은 정부 주도로 진행되어야 한다.

둘째로 부처 간 협업을 통한 다양한 사회참여활동에 대한 균형 잡힌 지원이 필요하다. 노인사회참여활동은 보건복지부가 중심축이 되어서 여가문화활동은 문화체육관광부, 교육활동은 교육부, 자원봉사활동은 행정안전부 등과 협력·조율할 수 있는 구조를 마련해야 한다(정경희 외, 2016: 257-262).

셋째로 노인이 지역사회에서 지속적으로 의미 있는 상호작용을 하도록 사회적, 물리적 환경을 고령친화적으로 구축하여야 한다. 노인을 사회적으로 분리하거나 배제하지 않고 전 세대가 상호 교류에 대해 긍정적으로 인식하는 사회 분위기가 형성되어야 한다. 또한 물리적 시설에는 유니버설디자인을 적용하여 연령의 고저나 장애 유무에 상관없이 누구나 쉽게 사용할 수 있도록 편의

미국의 은퇴자를 위한 프로그램

미국에서는 전국적으로 '코제너레이트(CoGenerate)'라는 비영리단체를 통해서 은퇴자들에게 인생이모작을 지원하고, 자원봉사활동 참여를 통해서 세대 간 통합을 지원하고 있다. 코제너레이트는 1997년 '시빅 벤처스(Civic Ventures)'로 시작해서 2012년 '앙코르 커리어스(Encore Careers)'로 명칭을 변경했다. 2024년 세대를 하나로 모아 더욱 포용적이고 번영된 미래를 함께 만드는 혁신모델로 발전시키고자 코제너레이트의 이름으로 재탄생하였다.

1997년 사회적 기업가인 마크 프리드먼(Marc Freedman)은 시빅 벤처스라는 전국 차원의 비영리조직을 설립하여 중년기에서 노년기까지 제2의 경력을 갖출 수 있도록 지원하고자 하였다. 시빅 벤처스는 노인이 개인적 삶의 의미를 성취하고 경제적 안정을 이뤄 지역사회에 긍정적인 영향을 미쳤다(Gonzales and Morrow-Howell, 2009). 설립 초기에 노인은 극빈한 주민을 위한 멘토나 초등학생을 위한 튜터 역할을 수행하는 '재능나눔프로그램'에 주로 참여했다. 하지만 점차 전문지식을 갖춘 고학력자가 신노년층에 편입되면서 사회적 문제를 해결할 수 있는 비영리 및 공공 영역에서도 노인이 기여하게 되었다.

앙코르 커리어스에서 그간 운영해온 프로그램으로는 '청소년 및 취약계층과 노인 간 결연사업(Foster Grandparents program)', '재능나눔(Experience Crop)', '시니어 말벗 프로그램(Senior Companion Program)', '은퇴노인 봉사프로그램(Retired and Senior Volunteer Program)' 등이 있으며, 노인의 사회참여를 지원하는 역할을 해왔다(Hooyman and Kiyak, 2017). 현재 운영 중인 주요 프로그램으로는 '세대 간 교류 프로그램(Gen2Gen)', '노인이 갖춘 지식과 기술을 사회에 전수하는 활동(Encore Fellowships)', '혁신적인 세대교류 프로그램 시상(Encore Prize)', '지식 확산 및 인식 개선 활동(Encore Public Voices Fellowship)' 등이 있다.

현재 코제너레이트는 사회적 고립 및 외로움 해소 커뮤니티(CoGen Solutions to Social Isolation and Loneliness), CoGen 도전자 수상(노인 세대와 젊은 세대 통합 프로그램 우수 사례), 혁신 전문가 집단 운영(Innovation Fellowships), 세대 통합 봉사활동(Generations Serving Together), 세대 간 음악교류(Music Across Generations), 앙코르 의사(은퇴한 의사의 진료소 파견을 통해 의료 서비스에서 소외된 환자 치료 및 젊은 의사 멘토링 제공), 레거시 프로그램(예: Encore Fellowships, Purpose Prize, Experience Corps, The Encore Prize, The Encore Network, Encore Public Voices Fellowship) 등의 프로그램을 제공하고 있다. 지역별로 프로그램을 운영할 수 있도록 Encore Network를 운영하고 있기도 하다. 자세한 사항은 웹사이트(www.cogenerate.org)를 통해 확인할 수 있다.

성을 갖추어야 한다.

넷째로 노인사회참여지원사업의 서비스 질 관리체계를 구축하여, 참여자 수요에 맞춰 서비스를 제공할 수 있도록 수요-공급 매칭수준을 향상시켜야 한다. 이를 위해서는 전문 사회참여지원기관 역할과 기능을 확립해야 한다. 특히 미국의 코제너레이트[CoGenerate]는 웹사이트(cogenerate.org)를 포털로 활용함으로써 인생 후반부를 새롭게 시작하고자 하는 고령자들을 위해 조언, 자원, 뉴스, 연계 등을 제공하고 있다. 이를 통해 개인적 성취와 지속적인 수입을 얻고, 사회적 기여를 할 수 있는 제2의 역할을 갖도록 지원하고 있다. 이렇게 사회참여를 원하는 고령자와 적합한 서비스를 효율적으로 연결하는 국외의 사례를 한국에도 도입해야 한다.

4. 한국의 노인사회참여 프로그램 사례[2]

한국에서 실시되는 노인사회참여 프로그램은 매우 다양하다. 여기서는 한국노인복지관협회를 중심으로 전국적으로 실시되는 사업인 선배시민 자원봉사 프로그램, 우울·자살예방 '노년 행복컨설턴트' 프로그램, 교통안전 베테랑 교실을 간략하게 살펴볼 것이다. 좀 더 자세한 사항은 한국노인복지관협회(kaswcs.or.kr)를 통해서 확인할 수 있다.

2 이 자료는 한국노인복지관협회 전혜원, 김윤영 사회복지사가 작성한 것이다.

1. 선배시민 자원봉사 프로그램

이웃과 공동체의 구성원이 인간다운 삶을 살아갈 권리를 가진 주체라는 것을 인식하고 공동체의 일에 보다 자발적 · 적극적으로 참여하는 것

1) 사업목적

– 사회 또는 공공의 일을 위한 실천으로 자원봉사 범위 확대를 통한 노인의 삶의 질 향상

– 시대적 변화에 부응하여 노인자원봉사 자선형 활동에서 권리형 활동 개발 · 운영

자선형 자원봉사 – 오드리 헵번형

슈바이처(의료/보건), 오드리 헵번(문화/예술), 마더 테레사(봉사/후원), 키다리 아저씨(상담/교육), 헤라클레스(기능/기술)형

노블레스 오블리주

"Friendly visitor for client charity"

권리형 자원봉사 – 헬렌 켈러형

소크라테스(세대공감 학습/토론), 헬렌 켈러(지역조사/문제해결), 은발의 표범단(권익옹호, 정책 제안)

선배시민

"Friend with citizen rights"

2) 사업대상

선배시민 자원봉사자: 후배시민을 돌보고 소통하며, 사회와 공동체를 위해 함께 대안을 모색하는 권리형 실천활동을 하는 자

3) 주요사업내용

– 선배시민 양성과정(6회기)

구분	구분	주제	내용
1회기	나를 살펴봐	선배시민론	- 선배시민은 선배+시민이다
2회기		자원봉사론	- 자원봉사는 사회적 위험에 맞서는 것이다
3회기	주위를 둘러봐	토론방법론	- 상대를 보고 놀랄 준비가 되어야 한다
4회기		학습동아리	- 토론하는 벗과 함께하는 즐거운 소풍이다
5회기	함께 만들어봐	자원봉사 유형의 이해	- 권리형 자원봉사의 내용과 참여방법론
6회기		자원봉사 유형의 실천	- 권리형 자원봉사의 현장 실천

– 활동유형 A: 소크라테스(세대공감 학습/토론/실천)

구분	내용	운영 절차 및 예시(세대공감 토크)
대상	▸ 후배세대와 함께	■ 봉사단 내 '나를 돌아볼 수 있는' 주제 선정 및 학습, 토론 ■ 저출산, 환경문제 등 사회적 이슈 토론, 동년배 간 주기적 학습 등으로 후배세대와 만남 준비 ■ 세대 간 함께 학습, 토론, 토크 콘서트 등 공감활동 ■ 학습과 토론의 결과로 도출된 세대공감 참여활동 시행(인식 개선 캠페인 등)
주제	▸ 후배세대의 관심사 ▸ 시민의 권리, 사회적 이슈 등	
방법	▸ 주제에 대해 후배세대와 함께 학습, 토론 ▸ 세대 간 차이를 인식하고, 공감과 소통을 통해 토론한 주제에 대해 함께 실천하는 사회참여활동 시행	

– 활동유형 B: 헬렌 켈러(지역조사/연구/실천)

구분	내용	운영 절차 및 예시
대상	▸ 문제에 처한 후배세대, 지역사회 일반	■ 지역 현안 및 일상생활 불편 해소를 위한 지역 조사 ■ 방치된 지역문화유산, 기억해야 할 역사, 문화 등 찾아내고 알리는 활동 ■ 쪽방촌 구성원 실태조사와 문제해결을 위한 정책 제안 ■ 문제 대처능력 향상 지원활동 등
주제	▸ 세대 친화적 지역사회 조성 ▸ 지역사회 문제, 구성원의 삶의 질 개선 등	
방법	▸ 지역 조사, 사회문제 연구 ▸ 노인 욕구, 후배세대 문제 등 실태 조사 ▸ 홍보와 문제해결을 위한 지역사회 공감 유도, 참여활동 등	

– 활동유형 C: 은발의 표범단(권익옹호/정책 제안 등)

구분	내용	운영 절차 및 예시(의정모니터링)
대상	▸ 문제에 처한 후배세대, 지역사회 일반	■ 의회모니터링을 위한 봉사단 모집 ■ 의회에 대한 기본적 이해 교육 ■ 모니터링 방법 숙지 및 정기활동 ■ 모니터링 기록지 구청 홈페이지 게시 및 주민 공유 ■ 칭찬할 점과 시정할 점에 대한 제안
주제	▸ 노년세대의 복지와 인권 향상 ▸ 사회적 차별 등	
방법	▸ 정치참여활동, 의회/정책 모니터링 ▸ 참여예산, 마을 만들기 ▸ 노인자문단, 정책 제안활동 등	

4) 성과

- 자선형에서 권리형 시민공동체 자원봉사로의 새로운 흐름 유도
- 공동체의 안전을 위한 대안 모색, 노인의 기본적인 욕구에 대한 해결 및 권리획득

지역사회 문제
(제안 전)

문제 논의 중
(구청 제안)

문제 해결
(제안 후)

▲ 헬렌 켈러 활동 유형사례

2. 우울 · 자살예방 '노년 행복컨설턴트' 프로그램

우울 · 자살에 대한 지식과 교육 · 상담 역량을 가진 노인 전문자원봉사자를 양성하여 스크리닝(우울 및 자살 위험이 높은 노인을 선별), 캠페인, 참여활동 등으로 노인의 마음건강에 기여하고자 하는 프로그램

1) 사업목적

- 노인자원봉사단을 통한 지역 노인의 우울 감소 및 자살 예방 기여
- 지역사회 노인의 심리 · 정서적, 사회적으로 건강한 노후생활 영위

2) 사업대상

- 노년 행복컨설턴트: 우울 · 자살예방을 위한 기초교육 이수 및 스크리닝과 정보 제공, 캠페인, 행복플러스 참여활동 등 노인의 행복에 대한 다양한 노인 자원봉사활동을 할 수 있는 자

3) 주요사업 내용

– 프로그램 실천과정

1단계 사업계획	2단계 사업준비	3단계 교육	4단계 사업수행	5단계 운영관리	6단계 사업평가
• 지역사회조사 • 선행연구 • 사업계획 수립	• 모집 홍보 • 봉사자 선발 • 활동처 개발	• 봉사자 교육 • 리더교육	• Screening • 행복플러스 활동 • 캠페인	• 봉사자 관리 • 대상자 관리 • 사업 홍보	• 과정 평가 • 성과 평가

– 행복플러스 활동예시

회기성 프로그램(3회~12회)			일회성 프로그램
집단상담	집단활동	취미여가 건강	심신안정
대인관계 향상 의사소통 훈련 자신감 향상 통증 완화 치료 웃음 치료 자기발견 및 성찰 개인생애통합	역할극(심리극) 시 낭송 만다라 그리기 식습관과 음식(요리) 사진 포토페이스북 자서전 치료 레크리에이션	노래교실 댄스교실 풍물교실 도예교실 요가교실 베하스 운동 기분 UP 체조 건강운동	우울자살 인식개선교육 나들이, 문화공연 및 영화관람 생신잔치 수지침서비스 노래교실 체험 음악 및 영화, 미술감상 한끼하기(식사) 차 나누기(다도) 음식만들기(명절, 건강밥상 등) 풍선아트 성격유형검사 버킷리스트 작성 숲치유(춤테라피), 걷기명상, 산책 나무심기, 꽃화분 나누기 봉숭아 키우고 물들이기 카톡, SMS, 엽서 카드 소통 행복편지배달서비스
원예치료 미술치료 음악치료	칭찬일기 감사일기 행복노트		

– 프로그램 운영모형 및 발전방향

	1단계: 스크리닝 역량 중점 (1차년)	2단계: 행복플러스 역량강화 (2차년)	3단계: 기관 시스템 내재화 (3차년)
스크리닝	노인복지관 회원 중심 스크리닝	기존 회원 스크리닝, 지역 노인 대상 확대 (재가노인, 종교단체, 노인동아리 등)	노인복지관 일반회원, 지역사회 등
행복 플러스	대상자와 함께 할 수 있는 참여형 행복플러스 활동 시도	행복플러스 전문성 강화	시스템 내재화 및 행복플러스 지속적 운영
교육	지원체계 구축(리플릿, 매뉴얼) 및 봉사자 기초교육	매뉴얼 및 봉사자 교육 전문성 향상	노인사회참여활동 연계 및 지원

4) 성과

– 우울·자살에 대한 지역사회의 관심 유도 및 중요성 인식으로 사회문제 예방

– 노인자원봉사자 성과분석 결과 일상생활 변화, 지역사회 소속감, 지역사회 역량, 자아 통제감, 행복감 등 심리·정서적 척도 모두 유의미한 변화로 나타남

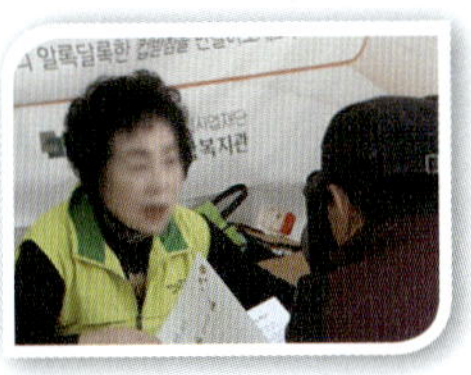

70년의 긴 인생을 머리를 잘 쓰는 일에만 몰두한 것 같은데, 노년 행복컨설턴트가 되어 마음을 잘 쓰게 된 것 같습니다. 주어진 길지 않은 시간 동안 마음을 나누며 행복을 전파하는 봉사자로 살 것을 다짐합니다. (대구 복구노인복지관 봉사자)

노년 행복컨설턴트 '토닥토닥 프렌즈'로서 이웃들에게 더욱 관심을 갖고 진실한 친구가 되도록 노력하며 살고 싶습니다. 작은 노력의 변화들이 더불어 사는 동네, 더불어 사는 복지관, 더불어 웃으며 사는 공동체가 되기를 바랍니다. (전북 금강노인복지관 봉사자)

젊은 세대가 어르신을 바라보는 시각과 관점이 보호해야 하는 늙은이라기보다는 삶의 선배로서 바라보고 자신의 향후 노년생활을 그려볼 수 있는 계기가 되었을 것이라는 기대가 됩니다. (제11회 대축제 참여 노인자원봉사자)

3. 교통안전 베테랑 교실

1) 사업목적

– 고령자 교통안전교육 사각지대 감소를 위한 찾아가는 교육서비스 제공

– 체험형 고령자 교통안전 교육과정 개발 및 운영

– 고령자의 안전한 교통환경 조성 기여

2) 사업대상

– 안전보행 교육: 시니어 교통안전에 관심이 있는 고령자(60세 이상), 또는 평소 자원봉사활동에 관심이 있는 고령자로 추후 서포터즈로 활동 가능한 자

– 안전운전 교육: 실제로 운전이 가능하며, 안전 교육과정 및 인증체계 구축과정에 참여 가능한 자

3) 주요사업내용

구분	내 용
교통안전망 구축·홍보	■ 참가자 모집 및 교육안내 관내 및 홈페이지 등 홍보 ■ 지역 경찰서, 인근 지구대(파출소), 소방서, 구청 교통계 등 협약 구축 ■ 사업운영 현황 실무자 온라인 커뮤니티 공유 및 온라인 지도(썸맵) 게시
안전보행 교육	■ 모집대상 : 교통안전에 관심 있는 어르신 20명 ■ 교육구성 : 1기당 총 3회기~6회기(이론, 실전교육, 수료식 등) ■ 진행방법 : 회기당 90분 이상으로 구성, 회기별 탄력적 운영 가능
안전운전 교육	■ 모집대상 : 실제 운전이 가능한 어르신 10명 ■ 교육구성 : 이론교육 및 도로교통공단 연계 테스트 등 180분 ※복지관 컴퓨터실 연계 이론교육 및 인지지각검사 진행
골든벨	■ 교통안전 베테랑 교실 보행교육 수료자 대상 1회 이상 진행 ■ O/X 퀴즈, 영상 속 위험/안전요소 찾기 퀴즈 등
캠페인	■ 지역사회 교통안전 위험요소 개선요청, 고령자 교통안전수칙 홍보 등 인구밀집지역, 지역축제 시 캠페인 진행
나눔활동	■ 모집대상 : 안전보행 교육을 이수한 교통안전 나눔활동 서포터즈 20명 ■ 양성교육 : 전문교육, 자조모임 등 기관별 양성교육과정 구성 ■ 활동내용 : 노인사회활동(자원봉사, 노인재능나눔활동지원사업 등) 연계 사회참여활동 - 모니터링, 안전지도 온라인 게시, 캠페인 등

– 나눔활동

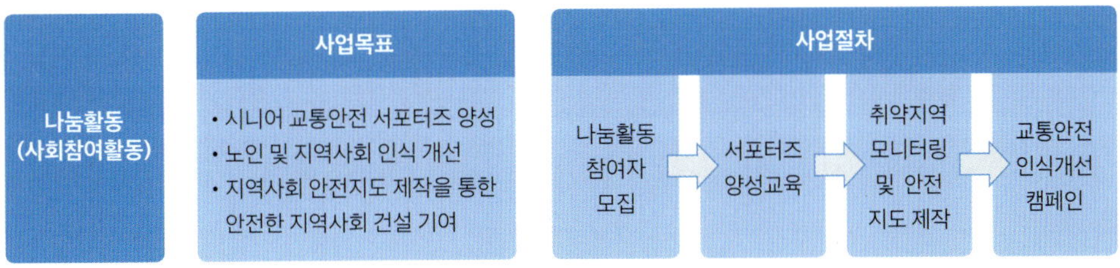

4) 성과

– 고령자 교통안전 지식 향상 및 관심도 증가(지역 내 CCTV, 노인보호구역 지정 요청 등 제언활동) 및 결과 도출 (노인주차구역, 노인보호구역 지정 등)

토론쟁점

종로구청장 최○○ 후보자는 세대 간 교류를 활성화하기 위해서 요양원과 유치원을 동일 공간(건물)에 설치하는 방안을 공약으로 발표했다. 다음 글을 읽고 토론해보자.

> 서울시 종로구청장을 선출하는 지방선거에 출마한 세대통합당 최○○ 후보자는 종로구에 요양원과 유치원을 같은 건물에 설치해 세대교류를 활성화하겠다는 공약을 발표했다. 요양원이나 유치원 개원을 위한 종로구청의 승인 규정에 이러한 내용을 새롭게 반영하겠다고 했다. 또한 유치원 아동과 요양원 노인의 통합 프로그램을 하루에 최소 1시간 이상 운영하는 경우 인센티브를 주겠다고 했다.

토론거리

1. 요양원과 유치원을 같은 건물에서 통합 운영하여 발생하는 긍정적 · 부정적 측면은 무엇이 있을까?
2. 요양원 노인과 유치원 아동의 세대교류를 활성화하기 위해 같은 건물에서 운영하는 것 이외에 다른 대안으로는 무엇이 있을까?
3. 자신이 종로구청장 후보자라면 세대통합을 위한 방안으로 무엇을 제안하고 싶은가?

제4부

노인복지실천

노인복지실천이란 사회복지 관련 지식과 가치, 기술을 활용하여 노인이 경험할 수 있는 사회적 문제를 해결하고, 노인이 인간다운 삶을 살 수 있도록 개인과 환경 차원에서 통합적으로 접근하는 것을 일컫는다. 전통적 노인복지실천은 원조관점에 입각해 사회복지사가 사회적 문제를 겪는 노인에게 전문적으로 개입하는 것을 강조해왔다. 하지만 오늘날 노인복지실천 패러다임은 노인을 '위한' 사회복지실천에서 노인과 '함께하는' 실천으로 변화하고 있다. 즉, 노인복지실천은 노인과 사회복지사 간 상호 협력을 통한 공동생산으로 이루어지는 과업이다. 사회복지사가 노인에게 일방적인 개입을 해서는 의미 있는 변화를 일으킬 수 없고, 노인과 사회복지사의 상호작용과 그 토대 위에서 긍정적 변화를 만들어낼 수 있다.

인권관점 노인복지실천은 노인의 지위를 복지 수혜자에서 권리를 가진 존재로 이동시킨다는 패러다임의 전환과도 궤를 같이한다. 노인 분야의 사회복지사는 인권전문직, 즉 인권실천가로서 모든 노인에게 기본적으로 적용되는 노인인권의 영역과 세부 권리에 대해 숙지하고 있어야 한다. 이를테면 일상생활을 독립적으로 수행하기 어려워 노인의료복지시설에 거주하는 노인을 위해서는 시설 노인인권 영역과 세부 권리를 민감하게 인식하여야 특수한 상황을 고려할 수 있다. 이와 함께 인권전문직 사회복지사는 개인과 사회, 미시와 거시 구조의 이분법적인 상황에서 이 둘의 접점을 찾아 둘 다 개입하는 활동을 해야 하며, 이용자와 평등한 관계를 맺고 욕구 패러다임에서 더 나아가 권리 패러다임의 사회복지실천을 수행해야 한다. 이를 통해 인권관점 노인복지실천이 가능하다.

특히 노인복지실천의 이론, 모델, 기법은 인권관점을 토대로 발전해왔으며, 인권과 노인복지실천의 연관성도 그동안 충분히 논의되었다(권중돈, 2016;

Ife, 2008; Lee and McPherson, 2024). 이제는 인권관점과 사회복지실천을 융합한 인권관점 노인복지실천모델이 학술적으로 정립되고 현장에서 활용될 수 있도록 구체화할 때이다. 이러한 맥락에서 이 책은 맥퍼슨[McPherson]의 인권관점 통합사회복지실천 틀을 제안한다. 이 틀을 통해 인권관점 사회복지사는 이용자를 권리보유자로 보는 인권렌즈를 착용하고, 이용자의 권리에 기초한 인권목적을 설정하고, 참여와 비차별 등의 인권원칙에 입각한 인권방법을 활용하여 통합사회복지실천을 수행할 수 있다. 이러한 인권관점 통합사회복지실천 틀을 인권관점 노인복지실천에 적용하기 위해서는 사회복지사의 인권실천역량 강화가 선행되어야 한다.

제4부 노인복지실천은 노인복지실천의 이해(14장)와 인권관점 노인복지실천(15장)으로 구성되어 있다. 14장에서는 노인복지실천의 패러다임과 환경의 변화 양상을 통해 사회복지사가 갖추어야 할 관점과 능력이 무엇인지 들려준다. 또한 노인복지실천의 개념과 목적, 지침을 비롯해 노인복지실천과정의 개입수준과 개입단계, 노인복지상담과 사례관리 등 노인복지실천방법을 살폈다. 15장에서는 먼저 인권과 사회복지실천의 관계와 더불어 노인복지실천에서의 인권 영역과 세부 권리를 설명하였다. 인권관점에 기반한 사회복지실천의 개념과 방향성, 과정과 방법 등을 통해 인권전문직 사회복지사 역할, 인권관점 사회복지실천모델, 인권관점 노인복지실천의 사례를 다루었다. 특히 노인복지실천 개입 사례는 지역사회노인이 경험할 수 있는 사회적 문제와 시설거주노인이 직면하는 어려움 등의 구체적인 사례를 제시함으로써 인권관점에서 개입하는 노인복지실천의 전체적인 과정을 설명하고자 하였다. 이러한 내용들이 (예비)사회복지사의 향후 실제 현장 활동에 다양한 도움을 줄 것이라 기대해 본다.

Chapter

14

노인복지실천 이해

이 장은 노인복지실천 패러다임과 환경의 변화를 비롯해 노인복지실천방법으로 노인복지상담과 사례관리를 소개한다. 전통적인 노인복지실천은 사회복지사가 클라이언트에게 일방적인 전달자 역할을 하는 원조관계가 일반적이었다. 하지만 최근에는 사회복지사와 클라이언트, 즉 노인이 상호 협력하여 공동으로 서비스 전달체계를 구축하는 공동생산관계로 패러다임이 전환되고 있다. 노인을 둘러싼 사회환경 또한 변화하고 있다. 이 장에서는 사회복지사가 노인의 사회환경변화에 적극적으로 대처하기 위해서 갖추어야 할 관점과 능력이 무엇인지 구체적으로 다룬다. 특히, 사회복지사는 노인문제의 복합성과 문제 간 상호작용으로 인해 노인의 전반적 상황이 나빠지는 악순환 구조를 이해할 수 있어야 한다.

노인복지실천은 개인에 국한하기보다 개별, 집단, 지역사회조직을 구분하지 않는 총괄적 개입방법을 활용하여 통합적으로 접근하고 있다. 이 장에서는 통합적 접근을 적용한 노인복지실천의 개념과 목적, 지침뿐 아니라 노인복지실천현장에서 사회복지사가 노인의 복잡한 욕구와 문제에 효과적으로 대응할 수 있는 노인복지상담과 사례관리를 자세하게 담고 있다.

1. 노인복지실천 패러다임과 환경 변화

1) 노인복지실천 패러다임 변화: 원조관계에서 공동생산관계로

전통적 노인복지실천은 사회복지사가 지식, 기술, 가치를 융합하여 사회적 문제를 겪고 있거나 욕구를 가진 노인에게 전문적으로 개입하는 원조관계에 기초하고 있다. 노인복지실천이 원조관계를 보다 강조한 것은 '노인을 위한 사회복지' Social Work for Older Adults라는 학술적 용어를 사용해온 것에서도 알 수 있다.

사회복지실천 원리를 노인에게 적용하는 노인복지실천에서도 사회복지사와 클라이언트의 전문적 원조관계를 그대로 적용해왔다. 전문적 원조관계에서 사회복지사의 역할은 교육자, 중재자, 상담자, 중개자, 촉진자, 사례관리자, 훈련가, 협상가, 자원동원자 등으로 설정된다. 사회복지 영역에서의 원조관계는 비에스텍 Biestek의 관계형성의 7대원칙(개별화, 의도적인 감정표현, 통제적 정서적 관여, 수용, 비심판적 태도, 클라이언트 자기결정권, 비밀보장)을 기본으로 하므로 다른 영역의 원조관계보다 클라이언트를 중심축으로 하는 전문적 원조가 제공된다(Biestek, 1957).

하지만 이러한 전문적 원조관계는 사회복지사가 노인에게 일방적으로 무엇을 주는 전달자 성격이 강하다는 비판이 제기되어왔다. '노인의 생활만족도를 향상시킨다'라는 노인복지실천의 목적에서 알 수 있듯이, 대개 클라이언트를 피개입자로 대상화하고 사회복지사는 변화시키는 주체가 된다. 그동안 사회복지 영역은 물론 노인복지서비스의 확대·성장이 급여 제공 중심으로 진행되는 과정에서, 클라이언트의 주체성과 긍정적 변화는 주목받지 못했다. 이제는 클라이언트와 사회복지사가 상호 협력하여 공동생산 co-production을 추구해야만 생활양식과 환경의 변화를 일으킬 수 있다.

여기서 공동생산 개념을 좀 더 살펴보자. 정무권에 따르면 공동생산이란 "지역단위 또는 개별 조직단위로서 전문공급자, 수혜자, 가족, 지역주민이 공

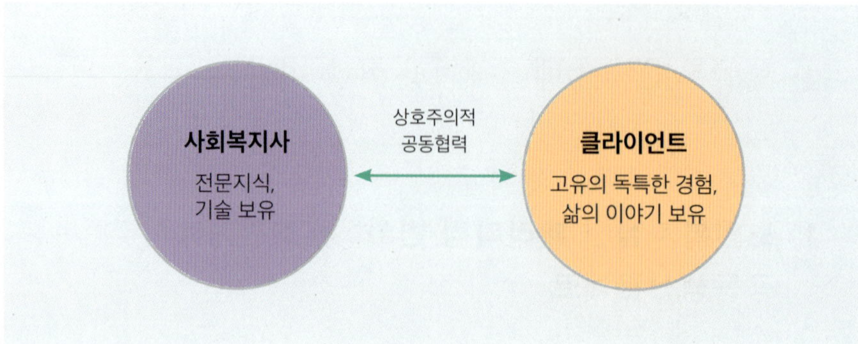

그림 14-1 공동생산 관점의 사회복지사와 클라이언트 관계

동으로 협력하여 서비스 전달체계를 구축하는 것"을 일컫는다. 그리고 "궁극적으로는 지역사회의 서비스 전달체계를 공동으로 기획·설계planning and design, 관리management, 생산production하는 것을 의미하는 포괄적 개념"이다(정무권, 2018). 공동생산의 관점에서 볼 때 〈그림 14-1〉과 같이 사회복지사는 전문지식과 기술을, 그리고 클라이언트는 자신만의 독특한 경험과 삶의 이야기를 가지고 있으며, 그렇기 때문에 상호주의적 공동협력이 있어야 화학적 변화가 발생할 수 있다(Germain and Gitterman, 2008).

결과적으로 노인복지실천 패러다임은 전통적인 전문적 원조관계에서 공동생산 관계로의 전환이 필요하다. 클라이언트 및 환경의 긍정적 변화는 사회복지사와 클라이언트의 협력적 및 비위계적 상호관계에서 생성될 수 있다(Simon, 1994). 노인복지실천은 '노인을 위한 사회복지'에서 '노인과 함께하는 사회복지'Social Work with Older Adults로 성장해야 할 것이다. 사회복지사와 노인이 함께하는 노인복지실천은 노인의 구체적인 상황, 즉 문제의 성격과 심각성, 개인 또는 사회적 자원의 유무 등에 따라 주도적 역할을 하는 주체가 달라진다(Richardson and Barusch, 2006). 이를 유형화하면 클라이언트 주도형 접근Client-Directed Approach의 공동생산, 공동협력Collaborative 접근의 공동생산, 실천가 주도형Practitioner-Directed 접근의 공동생산으로 구분할 수 있다.

(1) 클라이언트 주도형 접근의 공동생산

클라이언트 주도형 접근은 개인적 장점과 지역사회자원을 가지고 있으며 문제가 비교적 심각하지 않은 노인에게 사용하기 적합하다. 특히 자기표출self-disclosing에 대해 불편함과 저항감이 낮고 수용성이 있는 노인에게 적합하다. 현실적으로 대다수 노인은 사회복지사의 지시적인 개입방법을 원하고 또 이에 익숙하므로 때로는 이 접근이 적합하지 않을 수 있다. 하지만 사회복지사가 노인에게 적절한 지지와 격려encouragement를 제공하는 조건에서는 노인도 스스로 결정하고 개입을 주도해나가는 것을 선호하게 된다. 사회복지사는 경청과 개방형 질문을 활용하여 노인이 어려운 감정이나 불쾌한 생각이 들더라도 문제해결방법을 스스로 결정하고 행동하도록 지지한다(Richardson and Barusch, 2006).

사회복지사는 클라이언트 주도형 접근을 활용해서 노인에게 상황이해, 문제해결방법과 문제를 해결했던 경험 등을 질문할 수 있다. 이때 노인의 이야기는 포괄적 사정 및 적합한 개입을 선택하는 데 매우 효과적이다. 사회복지사는 공감적 경청과 함께 노인이 자기감정을 나누고 문제를 구체화하는 것을 돕는 질문을 할 수 있어야 한다. 이러한 클라이언트 주도형 접근은 클라이언트가 적절한 권한을 획득하거나 삶의 자율성을 얻는 것을 개입목적으로 하는 역량강화모델과 관련된다. 가장 대표적인 실천방법으로는 자조집단이 있다(Richardson and Barusch, 2006). 자조집단이란 유사한 문제를 가진 구성원들이 함께 모여 문제를 해결하기 위해 서로 도우며 상호작용하는 자발적인 집단을 말한다. 자조집단이 공유하는 문제는 개인적인 차원에서부터 사회적 변화 차원에 이르기까지 다양하다. 노인들은 이런 집단을 통해 자신의 사고, 감정, 행동 등이 이상하거나 유별난 것이 아님을 인지하게 되었을 때 자기주도형 공동생산에 편안함을 느끼는 경향을 보인다.

(2) 공동협력 접근의 공동생산

공동협력 접근은 사회복지사와 노인이 상호 협력하여 현재 당면한 노인의 문제가 무엇인지 구체화하는 작업을 거쳐, 잠재적 해결 방안을 모색하고 평가함으로써, 긍정적인 변화와 실행 등을 해나가는 것을 일컫는다. 사회복지사의 공동협력적 접근은 노인 스스로 문제해결방안을 찾을 수 있도록 촉매제 역할을 한다(Gilliand and James, 1988). 사회복지사는 노인문제를 해결하기보다는 노인과 함께 문제를 해결할 수 있는 대안들을 찾고 평가하는 것에 초점을 둔다. 먼저 사회복지사가 문제해결의 대안과 대안별 장단점 등을 노인에게 물어본다. 사회복지사는 노인이 자기 문제와 상황을 이해하고 협력적 관계를 통해서 해결책을 찾아 실행할 수 있도록 돕는다(Richardson and Barusch, 2006). 예를 들어 예를 들어 노인이 혼자서 식사를 준비하거나 옷을 갈아입기 어려운 경우에 적용할 수 있다. 사회복지사는 장기요양서비스를 이용할 때와 가족에게 부탁할 때, 그리고 요양병원 입원했을 때 등 대안별 장단점을 제공하고 노인과 의논하면서 노인이 자신을 위해 최적의 선택을 하도록 지원한다.

(3) 실천가 주도형 접근의 공동생산

실천가 주도형 접근은 클라이언트가 문제에 대한 통제력이 전혀 없거나 해결이 불가능한 매우 심각한 문제를 가지고 있어서 신속하게 위기개입이 필요한 사례에 활용된다. 사회복지사는 노인이 ① 약물 사용chemical use이나 기질적 장애organic dysfunction로 즉각적 입원이 필요한 경우, ② 개입이 어려운 심각한 우울로 고통받는 경우, ③ 심각한 정신병적 증상psychotic episode을 보이는 경우, ④ 심각한 충격, 사별, 상실로 고통받고 있는 경우, ⑤ 불안증상이 지나치게 높아 일시적으로 적절하게 행동하지 못한 경우, ⑥ 현실감이 전혀 없는 경우, ⑦ 자신에게나 다른 사람에게 위험을 주는 경우 등에서 실천가 주도형 접근을 사용할 수 있다(Gilliand and James, 1988). 예를 들어 노인이 자살생각이나 불안이 매우 심각한 상태에 있을 때는 노인의 부정적 감정에 재빠르게 대응해야 한다. 이러한 상황에서 사회복지사는 클라이언트의 문제를 구체화하고, 개입전략을 선택한 후 즉각적으로 개입하는 실천가 주도형 접근을 반드시 적용해야 한다. 신뢰감과 전문성을 갖춘 사회복지사의 개입으로 문제의 심각성이 완화될 수 있다(Richardson and Barusch, 2006).

2) 사회환경변화와 노인복지실천

현대사회에서 노인을 대상으로 실천하는 사회복지사는 노인을 둘러싼 사회환경의 변화에 적극적으로 대처해야 한다. 리처드슨Richardson과 바로쉬Barusch는 이러한 사회환경의 변화에 대한 적절한 대응을 위해 사회복지사에게 필요한 것으로는 생애과정관점을 비롯해 노인 이질성과 집단의 다양성에 대한 이해, 다학제적 시각, 그리고 권력과 역량강화를 들고 있다. 이 장에서는 여기에 더해 현대사회 노인의 욕구 및 문제의 복합성과 상호작용에 대해서도 함께 살펴보겠다.

(1) 생애과정관점

생애과정관점Life Course Perspective에서는 과거와 현재는 불가분하게 연결되어 있기 때문에 삶의 한 부분을 이해하기 위해서는 나머지의 삶도 이해해야 한다고 본다. 이는 노인의 삶을 과거의 선택과 경험 궤적에서 바라봐야 함을 뜻한다. 또한 개인의 발달과정과 경험은 사회적, 문화적, 역사적 맥락과 환경에 영향을 주고받으며 진행된다고 본다. 따라서 이 관점에서는 ① 장기적 차원에서의 시간성, ② 개인 삶의 이력과 사회변동의 상호작용, ③ 연계된 삶, ④ 인간으로서 행위 주체 의식 등 4가지를 핵심원리로 강조한다(Ferraro and Wilmoth, 2013). 이를 좀 더 자세히 살펴보면, '장기적 차원에서의 시간성'이란 생애 초기 경험과 조건들이 장기적인 결과를 가져오는 요인이라는 것을 의미한다. '개인 삶의 이력과 사회변동의 상호작용'은 곧 사회구조의 변화가 개인 삶의 변화에도 영향을 준다는 것을 뜻한다. '연계된 삶'이란 곧 주변의 사람들과 직장, 지역사회 등이 복잡하게 연결되어 있어 이 또한 개인의 삶에 영향을 준다는 것이다. '인간으로서 행위 주체 의식'은 개인 사이의 인지적 의사결정이 다양하게 이루어지는 것을 의미한다. 이러한 시각으로 살폈을 때 노인을 둘러싼 사회환경의 변화는 개인발달요인뿐 아니라 코호트, 역사, 문화, 지역 등에 의해 형성된 인간발달요인의 특성과도 연결됨을 알 수 있다.

(2) 노인 이질성 이해

사람은 나이가 들수록 비슷해진다고 여겨지지만, 실제로는 개인별 차이가 더 커진다. 같은 시기에 태어난 코호트 집단 내에서도 성별, 인종, 종교, 성적 취향, 개인 특성, 가족 배경 등이 성인발달에 영향을 주기 때문에 서로 다른 모습을 보인다. 이러한 이질성heterogeneity은 일생 동안 점점 커지는 경향을 보인다. 인간은 나이가 들수록 성격, 소득, 교육, 건강, 그리고 인지적 기능 등이 타인들과 더 차이를 보여서 점차적으로 개성이 강해지게 된다(Richardson and Barusch, 2006). 노년기 노인은 다른 어느 인생시기보다 독특성이 강화된다.

사람을 구별하게 되는 성격도 삶의 초기 단계보다 삶의 후기에 더 차이를 보이며, 코호트들도 시간이 흐름에 따라서 점차적으로 다양화된다. 이처럼 이질성과 개인별 차이에 기반을 둔 사회복지실천모델을 활용하면 노화에 대한 이해를 증진시키고, 개입의 효과성을 높일 수 있다(Richardson and Barusch, 2006). 노인을 대상으로 일하는 사회복지사의 경우 노년기 신체·심리·사회적 변화 특성을 개인별로 다르게 적용하여 개입해야 한다. 노인의 개별적 환경과 성격에 대한 이해 없이는 효과적인 개입을 할 수 없으며, 결과적으로 맞춤형 서비스로 연결되지 못한다. 특히 표준화된 사정 기술을 노인에게 적용할 때는 사회복지사가 더욱 노인의 개인별 차이를 고려해야 한다. 예를 들어 이야기 치료[1] 방법처럼 노인의 주관적 특성을 파악할 수 있는 접근이 필요하며, 개인별 특성에 따라서 객관적 정보와 주관적 정보를 균형 있게 활용해야 할 것이다.

(3) 노인집단 다양화

이질성이 개인별 차이를 의미한다면, 다양성diversity은 사회구조와 계층과 관련된 집단들 사이의 차이를 의미한다(Calasanti, 1996). 한국 사회는 빠르게 진행되는 고령화를 겪으며 노년층의 양적 증가(절대적 수와 상대적 비율)에 주목해왔다. 하지만 노인인구의 양적 증가 속에서 노인집단의 질적 변화(다양화) 또한 급속하게 진행되고 있다(이민홍, 2016a). 예를 들어 고령화를 질적 변화의 측면에서 보면, 건강상태, 만성질환 여부, 결혼상태 및 주거유형 변화, 학력수준, 자녀동거 이유 변화, 소득수준 양극화, 독거 및 노인부부가구 증가, 스마트

1 "개인의 삶은 곧 그 사람이 말하는 자기 이야기와 동일하며, 그 사람의 자기 이야기는 곧 그 사람의 삶이다. 이러한 세계관에 기초할 때 클라이언트가 당면한 문제는 자기 삶의 이야기가 문제로 가득 차 있고 그곳에서 관찰되는 자기 이미지(정체성)가 매우 빈약한 것"에서 비롯된다. 이에 이야기 치료에서는 "문제로 가득한 이야기를 풍부한 정체성의 가능성을 담고 있는 이야기로 재구성하는 것"이 목적이다(이선혜 외, 2018: 162-163).

폰 및 컴퓨터 사용능력, 심리사회적 특성 차이, 여가와 사회활동 성향, 사회적 지지, 정신건강 등에 있어서 노인집단의 다양성 변이가 점차 확대되고 있음을 알 수 있다. 즉, 노년층을 동일한 욕구를 갖는 집단이 아니라 다양한 특성이 공존하는 집단으로 인식해야 한다(이민홍, 2016b).

노인집단은 사회구조적으로 다양한 권력관계power relations를 가지고 있으며, 역동성과 유사성에 의해서 집단 간 차이가 더 커지고 복잡해지는 양상을 보인다(Calasanti, 1996). 노인을 대상으로 일하는 사회복지사는 노인이 속한 사회적 집단의 특성을 탐색하며 이해하는 것이 필요하다(Richardson and Barusch, 2006). 한국은 노인빈곤과 건강문제를 가장 보편적으로 경험하는 나라로 조사되고 있다. 하지만 더 건강하고, 더 교육받고, 더 부유한 노인집단도 지속적으로 증가하고 있다. 이는 교육수준, 월평균소득, 월생활비지출금액, 주관적 건강상태, 건강정보 이해력, 사회참여, 컴퓨터 사용능력 등의 집단 간 격차가 커지는 결과로 이어진다.

(4) 다학제적 시각

노년기에 발생하는 무수히 많은 이슈를 단일 학문 영역discipline으로 효과적으로 대응하기는 어렵다. 노인복지실천가는 노인문제 및 욕구를 적절하게 개입할 수 있도록 다양한 학문 영역으로부터 지식과 기술을 받아들이고 활용할 수 있어야 한다. 예를 들어, 노인수명은 유전뿐 아니라 운동, 긍정적 사고, 동물 지방이 적은 식사, 음주 및 흡연 등과 같은 사회행동요인에도 영향을 받는다. 강한 사회적 지지를 받는 노인은 사회적으로 고립된 노인보다 오래 산다는 선행연구도 있다(Leventhal et al., 2001). 이는 사회적 지지를 통해 감정을 교류하고 정보를 주고받을 수 있어 노인의 생활 스트레스를 완화시키는 기능을 하기 때문이다(Lubben and Gironda, 2003).

노인이 경험하는 정신건강문제는 유전적 기인으로 발생하기도 하지만, 우울의 경우 고혈압 치료약물이 원인으로 작용하기도 한다. 난청문제를 가진 노인의 경우에는 사회적으로 고립되기도 하고, 외부 소음을 차단하지 못하면 극단적인 편집증 증상을 보일 수도 있다(Richardson and Barusch, 2006). 사회복지사는 의사, 약사, 간호사, 법률가, 심리사, 물리치료사, 작업치료사, 영양사 등 다양한 학제간 전문가들과 팀을 이루어 협력할 수 있어야만 노인의 다양한 문제 및 욕구에 적절하게 대응할 수 있다. 예를 들어 노인 당뇨병 환자는 신체적, 심리적, 경제적, 사회적 측면에서 어려움을 경험하기 때문에 의사, 간호사, 영양사, 사회복지사, 약사, 운동처방사 등으로 팀을 구성해 접근하는 것이 효과적이다(Lim, 2012). 이때 사회복지사는 당뇨가 있는 노인에게 직접상담 및 사례관리를 통해 개입해야 한다. 필요한 경우 기초생활보장제도와 같은 공공부조, 의료급여, 사회서비스 등을 연계하는 역할을 하게 된다.

(5) 권력과 역량강화

노인집단 내 또는 집단 간 불평등은 계속해서 증가하고 있다. 개별 노인에 따라서는 의료 및 돌봄서비스에 대한 접근성, 빈곤, 사회적 고립 등에서 불평등한 권력관계가 발생한다. 전통적인 노화이론은 삶의 과정에서 다양성, 권력불평등과 연령, 성별, 인종, 종교, 사회적 계층, 성적 취향에 의한 억압을 합리적으로 설명하지 못해왔다. 이러한 영향요인을 중요하게 고려하지 못한 실천관점은 효과적인 개입으로 연결되지 않으며, 특권을 가진 노인집단만 혜택을 받는 구조로 이어질 수 있다(Richardson and Barusch, 2006). 경제적, 정치적, 사회적, 그리고 환경적 요인을 고려하지 못하는 프레임으로는 더 이상 적절한 대응이 불가능할 것이다.

따라서 노인의 역량을 강화할 수 있고, 개인적·사회적 억압으로부터 자유로울 수 있는 노화에 대한 통합적인 실천체계(미시와 거시 통합)가 필요하다. 이러한 시각에서 사회복지사는 사회구조적 요인과 사회정책들이 노인에게 영향을 주는 과정에 대해 이해할 수 있어야 하며, 노인의 역량을 강화할 수 있는 사회정책을 옹호해야 한다. 또한 노인의 강점을 전략적으로 적극 활용해야 된다. 즉, 사회복지사는 노인에게 불리한 사회정책을 변화시킴과 동시에 클라이언트의 강점을 지지하며, 이를 최대한 활용할 수 있는 실천능력을 갖추어야 할 것이다(Richardson and Barusch, 2006).

(6) 노인문제 복합성과 상호작용

노년기에는 대부분 신체적 · 인지적 건강의 저하와 사랑하는 친구 또는 배우자의 상실, 사회참여활동의 축소, 소득감소 등을 경험하게 된다. 그와 더불어 노인문제의 복합성과 문제 간 상호작용으로 인해서 전반적 상황이 나빠지는 특성을 보인다. 복합성이란 노인이 단일문제만으로 어려움을 경험하는 것이 아니라 복수의 노인문제가 있음을 의미한다. 예를 들어 빈곤문제가 있는 노인은 사회적 고립, 건강 저하, 자기방임 등의 문제도 동시에 경험할 위험성이 높다(김순은·이민홍, 2015). 또한 노인의 건강문제에 있어서도 고혈압을 가진 노인이 당뇨, 관절염, 심장질환 등 다른 질병을 동시에 가지고 있는 사례가 많다.

문제 간 상호작용은 각각의 노인문제가 서로에게 부정적 영향을 주는 현상을 일컫는다. 신체 건강이 저하되면 자기방임이나 우울증상 발생 위험이 높아지며, 자기방임 및 우울증상이 나타나면 신체 건강은 더욱 나빠지는 악순환에 빠진다. 마찬가지로 만성질환으로 당뇨가 있는 노인은 건강한 노인에 비해서 기능장애, 뇌졸중, 고혈압, 심혈관질환 같은 동반질환이 많다(Lim, 2012). 사회복지사는 노인문제에 접근할 때 이러한 복합성과 노인문제 간 상호작용을 고려해서 포괄적으로 상황을 사정할 필요가 있다(김순은·이민홍, 2015).

2. 노인복지실천 개요와 과정

1) 노인복지실천 개요

(1) 노인복지실천 개념

노인복지실천을 이해하기 위해서는 먼저 사회복지와 사회복지실천을 무엇으로 정의하는가에서 출발하여야 한다. 사회복지는 사회구성원의 사회적 안녕상태social well-being를 형성하기 위한 사회의 총체적 노력을 의미한다. 여기서 총체적 노력이란 개인, 집단, 조직, 지역사회, 국가, 지구적 수준에서의 모든 노력을 일컫는다. 사회복지는 직접적인 개인변화(미시적 접근)와 간접적인 환경변화(거시적 접근)를 시도한다. 직접적 변화를 위한 노력은 대상자에 대한 직접 서비스 제공 및 사례관리와 같은 사회복지실천이다. 간접적 변화를 위한 노력은 사회보험 및 공공부조와 같은 사회복지정책, 사회복지시설 운영 및 평가, 프로그램 개발 및 평가를 포함한 사회복지행정으로 구성된다.

그중 사회복지실천은 "사회복지사가 사회적 안녕상태를 이루기 위해 구체적 서비스들을 그 서비스가 요구되는 현장에서 실천에 옮기는 작업"으로 정의된다(엄명용 외, 2020). 사회복지사가 클라이언트에 직접 개입하는 실천의 전 과정에서 사회복지 지식, 가치, 기술이 융합되어 작용한다. 사회복지실천은 대상, 방법, 범위에 따라서 개별사회복지사업, 집단사회복지사업, 지역사회조직 세 영역으로 발달·교육되었다. 하지만 1970년대부터는 통합방법론이 사회복지 교육 및 실천현장에서 활용되고 있다(엄명용 외, 2020). 이는 개별, 집단, 지역사회조직이 사회복지실천에서 활용되지 않는다는 것이 아니라 사회복지사가 이 세 가지 방법을 통합적으로 활용한다는 것을 의미한다.

사회복지실천은 클라이언트에 대한 직접적 실천이지만, 활동수준은 미시적 수준, 거시적 수준, 중간적 수준을 모두 포괄한다. 첫째, 미시적 수준의 실천은 개인 및 가족을 대상으로 개인의 심리적·사회적 상태, 부부 및 부모와 자녀의 관계, 동료관계, 가족갈등 등을 사회복지사가 클라이언트와 직접 만나서 문제해결을 지원한다. 둘째, 거시적 수준의 실천으로는 클라이언트의 문제와 욕구를 해결하거나 충족할 수 있는 국가제도와 전달체계의 개발 및 대안 제시, 그리고 권리옹호 등이 있으며, 이는 국가 또는 사회를 대상으로 한다. 셋째, 중간적 수준의 실천에는 지역사회자원 개발과 연계활동, 자조 또는 치료집단의 조직·운영 활동 등이 해당된다(엄명용 외, 2020).

노인복지실천은 이러한 사회복지실천에 대한 개념적 논의를 토대로 사회복지사가 노인이 사회적 안녕상태를 누리도록 현장에서 사회복지의 지식, 가치, 기술을 활용하여 개별·집단·지역사회조직 등을 통합한 실천활동으로 정의된다. 특히 지식, 가치, 기술의 체계는 〈그림 14-2〉와 같이 표현할 수 있다. 지식체계는 사회복지사의 머리(사고)로 기초지식, 실천지식, 실천지혜를 의미한다. 가치체계는 마음(느낌)으로 인간 욕구에 대한 관심, 타인의 복지에 대한 관심, 사회복지사 윤리를 내포한다. 그리고 기술체계는 손과 발(행동)로 인간

그림 14-2 노인복지실천 구성체계

관계기술, 개입기술, 서비스기술로 설명할 수 있다(권중돈, 2022; Johnson and Yanca, 2010). 노인복지실천은 노인의 사회적 안녕을 향상하기 위해 노인 및 노인을 둘러싼 모든 환경을 주된 대상으로 하며, 사회복지사는 미시적, 거시적, 중간적 수준의 긍정적 변화가 발생하도록 제반활동을 수행해야 한다.

(2) 노인복지실천 목적

노인복지실천의 목적은 미국사회복지사협회NASW: National Association of Social Workers가 발표한 사회복지실천의 목적을 노인에 대입해서 설명할 수 있다(NASW, 1981). 노인복지실천은 노인 삶의 질을 향상하기 위해 노인 개인과 사회 간 상호 도움이 되는 상호작용을 촉진하거나 회복시키는 것을 목적으로 한다. 사회적, 물리적, 조직적 차원의 환경은 노인 개인의 잠재력과 소망을 극대화하여 실현할 수 있도록 기회와 자원을 제공해야 한다. 이를 통해서 결과적으로 노인 빈곤과 고통을 감소시킬 수 있다. 노인 스스로도 사회적 안녕과 주변 환경뿐만 아니라 집단 사회와 다른 구성원의 복지에 가능한 한 효과적으로 기여해야 한다. 노인이 노인 주변(환경)과 교류를 통해 존엄성, 개별성, 자기결정성을 높이도록 하며, 모든 인간은 인간적이고 정의롭게 대우받도록 해야 한다. 이러한 내용을 고려한다면 노인복지실천은 노인과 환경교류에 초점을 두고 있으며, 구체적으로 다음과 같은 목표를 가진다.

첫째, 노인 역량을 향상해서 개인 문제해결 및 대응능력을 높이도록 지원한다.

둘째, 노인이 필요한 각종 자원을 확보할 수 있도록 지원한다.

셋째, 노인 욕구에 적절하게 반응하는 조직이 될 수 있도록 지원한다.

넷째, 노인이 주변 환경에 속한 다른 사람들과 상호작용을 촉진할 수 있도록 지원한다.

다섯째, 사회복지조직 및 기관 간 그리고 다른 영역의 기관이나 조직과 상호작용을 촉진하여 노인의 욕구 및 문제에 대응할 수 있도록 지원한다.

여섯째, 사회복지정책과 환경정책에 영향을 미쳐서 노인 욕구 및 문제에 효과적으로 대응할 수 있도록 지원한다.

또한 미국사회복지교육협의회CSWE: Council on Social Work Education의 사회복지실천 목적을 근거로 노인복지실천 목표를 설명할 수 있다(Alexander Jr, 2009).

첫째, 노인 및 노인이 속한 가족, 집단, 조직, 지역사회의 사회적 기능을 유지, 회복, 증진하기 위해 업무를 수행하고, 고통을 예방하고 완화하며, 자원을 활용하도록 지원한다.

둘째, 노인의 기본적 욕구를 충족하며 인간으로서 역량을 개발할 수 있도록 지원하는 사회정책, 서비스, 자원 및 프로그램 계획을 수립하고 실행한다.

셋째, 위험집단에 속한 노인의 역량을 강화하고 사회 및 경제적 정의가 증진될 수 있도록 옹호 및 행동을 한다. 노인의 욕구 충족과 역량강화를 위해 수립된 정책, 서비스, 자원, 프로그램 등을 실행한다.

넷째, 이러한 목적과 관련된 전문지식과 기술을 계속해서 개발하고 검증해간다.

이를 종합하면 노인복지실천의 목적은 노인의 사회적 안녕상태를 증진하기 위해서 노인 개인의 역량을 향상하는 것을 시작으로 노인이 속한 가족, 집단, 조직, 지역사회, 국가 등의 변화까지를 포괄하는 것으로 볼 수 있다.

(3) 노인복지실천 지침

노인을 대상으로 실천[practice]을 하는 사회복지사가 지켜야 할 지침은 노인에 대한 존중을 바탕으로 노인의 강점을 파악해야 하며, 노인의 독립성을 유지할 수 있도록 해야 한다. 또한 의사소통 시 노인의 신체상태에 대한 이해를 바탕으로 반복적으로 내용을 전달해야 하며, 노인학대 및 자기방임에 대해 민감성을 지녀야 한다(Sheafor et al., 1997; 양옥남 외, 2016 재인용). 사회복지사가 준수해야 할 5가지 노인복지실천 지침과 주요 내용은 〈표 14-1〉과 같다.

표 14-1 사회복지사의 노인복지실천 지침

지침	주요 내용
노인 존중	• 노인 자율성 최대 인정: 노인 스스로 개입방법 찾도록 지원 • 노인 사생활 보호 • 노인 개인 역사 이해: 역사적 사건 이해 및 경험 존중(예: 음악, 영화, 놀이 이해)
노인 강점 파악	• 인생을 오래 산 지혜(인간의 깊은 이해, 사회적 관계에 대한 지식, 삶의 불확실성에 대한 이해 등) • 탄력성과 적응력: 어려운 상황 대처 능력과 극복 능력 • 통제감: 모든 인생 경험이 결합된 중요한 시기로 삶 통제 능력
노인 독립성 유지	• 노인이 최대한 독립성을 가지고, 독립성을 유지할 수 있도록 지원
의사소통	• 시력과 청각 손실 고려 명확하고 반복적으로 의사전달 • 비언어적 의사소통 보충적 방법 활용(예: 의사소통 보조기구)
노인학대 및 자기방임 민감성	• 모호하거나 방어적인 태도로 말하는 상처, 타박상 등(학대) • 기본적 욕구(의, 식, 주) 관련 의도적 또는 비의도적으로 미충족(자기방임)

출처: Sheafor et al.(1997); 양옥남 외(2016) 재인용 내용 수정

2) 노인복지실천과정

사회복지실천과정은 학자에 따라서 상이하지만 일반적으로 3단계에서 6단계로 분류된다. 하지만 구체적 내용을 보면 접수, 사정, 개입, 평가, 종결 등이 포함된다는 점에서 거의 차이가 없다. 노인복지실천과정도 사회복지실천

과정을 적용해서 진행되며, 이 책에서는 초기단계, 개입단계, 평가와 종결단계의 3단계로 구분하여 설명하고자 한다(김기태 외, 2009). 다만, 클라이언트가 노인이기 때문에 사회복지사는 다음 사항을 미리 염두에 두어야 한다. 첫째, 노인의 건강이 심각하거나 좋지 못한 상태에서 접수가 이루어진다면, 우선적으로 의료서비스나 돌봄서비스를 받게 해야 한다. 둘째, 노년기 만성질환의 증상에 대한 철저한 숙지를 통해서 상황별로 적절하게 대응할 수 있어야 한다. 셋째, 노인의 인지기능을 점검해야 하며, 사회복지사의 임상적 판단으로 필요하다면 보호자(가족)에게도 연락을 해야 한다. 노인복지실천을 위한 고지된 동의서는 노인에게서 받지만, 인지기능이 저하된 노인에게는 보호자에게도 공동(이중)동의를 받아야 한다.

(1) 초기단계: 접수 · 관계형성 및 사정

초기단계는 사회복지사가 직접 내방하거나 전화 연락 또는 가족 및 다른 복지기관의 의뢰, 발굴(아웃리치) 등의 다양한 경로를 통해 사례를 접수하고, 사회복지사와 노인의 첫 대면과 관계형성, 그리고 노인 상황을 포괄적으로 탐색하는 사정assessment으로 구성되어 있다. 사회복지사가 노인과 대면 과정에서 맺는 관계형성의 질은 클라이언트의 문제와 욕구에 효과적으로 대응하기 위해 매우 중요하다. 좋은 관계형성을 위해 사회복지사는 노인이 신뢰감을 느낄 수 있도록 경청, 감정이입, 따뜻함, 진실함, 노인관점에서 이해하기 등의 노력이 필요하다.

노인복지실천을 위한 사정은 포괄적 또는 통합적으로 접근해야 한다. 포괄적 접근이란 노인의 전반적 사항이 모두 포함되어야 함을 의미하고, 통합적 접근이란 사항들 간의 유기적 관계를 고려하라는 뜻이다. 포괄적 사정 내용은 심리적 및 정서적 상태, 사회적 기능, 신체적 건강과 일상생활능력, 재정적 지원, 지원체계, 환경 안전성으로도 분류된다. 〈표 14-2〉는 김기태 외(2009)가 버마지Bumagi와 힘Him의 노인사정 내용을 재구성한 것이다(Bumagi and Him, 1990; 김기태 외, 2009 재인용). 리처드슨과 바로쉬는 통합적 사정모델Integrated Gerontology Practice Model로 ABCDEF 실천 개념틀을 제시하였다. AActions는 일상적 생활능력을, BBiological Factors는 건강 및 생리적 특성을, CCognitions는 기억

표 14-2 노인사정 분류표

신체적 기능	1. 현재 의료문제	• 현재 건강상태에 대한 노인의 생각 • 활동을 제한하는 건강문제
	2. 일상생활능력	• 일상생활 동작 중 수행 불가능한 동작과 수행에 어려움이 있는 동작 • 노인의 외모(옷차림, 개인위생, 걸음걸이, 동작 등) • 면접 시 노인의 반응(태도, 정서, 시각 및 청각문제, 말의 유형 등)
	3. 병력	• 의료정보 출처 • 의료진과 접촉기록, 진단기록 • 일상생활을 제한하는 건강이나 의료적 문제, 증세, 통증 등
심리적 기능	1. 정서상태	• 노인이 문제, 한계, 건강 상실 등에 어떻게 대응하는가? • 위기에 대한 노인의 태도, 감정은 무엇인가?
	2. 인지 능력	• 현재 위치와 장소에 대한 인식, 장기 및 단기 기억력, 판단, 배회나 길 잃기 징후
	3. 정신상태	• 자아개념, 우울증 징후, 언어적 및 행동적 특징, 환각 · 환영 · 공포증 · 강박증 징후
	4. 인간관계 특성	• 서비스 제공자와의 관계, 타인과의 관계, 대처전략, 대처전략 효과성, 의존 유형과 대상
	5. 정신병력	• 자살 생각, 이전 자살 기도 • 이전 정신병력 혹은 정신병원 입원경력
사회적 기능	1. 현재 대처방식	• 사정을 요청한 사람이 누구인가? • 노인과 서비스 요청자 관계는 무엇인가? • 무엇을 요청했는가? • 왜 지금 서비스를 요청했는가?(계기)
	2. 이전 대처방식	• 과거 이와 비슷한 위기가 있었는가? • 노인과 가족은 이에 어떻게 대처하였는가? • 노인과 가족이 원하는 해결책은 무엇인가? • 노인과 가족이 그 해결책을 통해 무엇을 얻고자 하는가? • 이 문제를 해결하고자 먼저 시도했던 방법은 무엇인가?
	3. 사회적 이력과 관계	• 생애 주요 사건(개인사, 결혼, 자녀문제, 사별 등) • 가족구조와 상호작용 유형(의사소통, 접촉, 갈등, 학대나 유기 위험 등) • 사회적 관계망(친구, 친족과의 왕래, 사교활동, 지인 등)
	4. 지원체계	• 비공식적 지원체계(가족, 친척, 이웃, 종교기관 등) • 공식적 지원체계(사회복지기관 및 지자체 등) • 현재 이용 중인 서비스 만족도 • 돌봄자 부담(신체적, 정서적, 사회적, 경제적 부담)
주거환경	1. 이웃 및 근린시설	• 이웃 유형 • 교통수단 및 근린시설 이용 가능 여부
	2. 건물	• 외형, 관리, 안전문제, 이동 장애물
	3. 거주지 상태	• 위생, 안전성과 편의성

재정상태	1. 수입과 지출	• 수입 액수, 출처, 수입 시기 등 • 지출 액수, 용도 등
	2. 재산 및 재정상태	• 자산현황(현금, 부동산, 저축 등)
	3. 생계보조	• 현재 생계비 보조(공공부조 등) 수급 여부 • 생계비 보조 필요성 및 자격 여부

출처: 김기태 외(2009)를 바탕으로 재작성

력 및 지남력, D Demographics는 인구사회학적 특성, E Environment는 공식적 및 비공식적 네트워크, F Feelings는 감정적 고통 및 정서를 의미한다(Richardson and Barusch, 2006).

(2) 개입단계

사회복지사가 개입하는 노인은 매우 다양한 특성을 가지고 있는 집단이다. 각기 다른 경험과 생활양식으로 인해서 젊은 코호트보다 노인집단 내 변이가 더 크다. 또한 건강상태, 경제적 수준, 삶의 태도 및 행동, 기능수준이 같은 또래임에도 불구하고 매우 상이하다. 비교적 건강한 노인은 운동과 금연처럼 건강행위실천을 통한 건강 유지에 초점을 두고, 건강상태가 좋지 못한 노인은 문제 상황을 개선해야 한다. 중증상태로 일상생활을 독립적으로 하지 못하는 노인의 경우는 장기요양서비스 지원이 필요하다. 이렇게 노인을 대상으로 개입하는 사회복지사는 1차, 2차, 3차 중에서 사례에 적합한 수준으로 개입해야 한다(Beaver and Miller, 1995).

1차 개입: 예방

노인복지실천의 1차 개입 목적은 문제발생을 예방하는 것이다. 이 단계에서 노인복지실천은 노인의 신체적, 사회적, 정서적 건강이 가능하면 오랫동안 지속될 수 있도록 한다. 사회복지사는 노인의 건강과 복리 wellness를 향상할 수 있는 다양한 활동을 1차 개입으로 제공한다. 특히 건강 증진과 특정 고위험 노인집단 at particular high risk group의 보호기능을 제공한다(Schneider et al., 2000).

건강증진은 전체적 건강을 높일 수 있는 활동부터 건강을 위협할 수 있는 가능성을 감소시키는 활동까지를 포함한다. 이를 테면 규칙적인 식사와 영양관리, 수면위생, 규칙적인 운동, 금연 등과 같은 건강증진실천행동이나 노인이 낙상 위험을 감소할 수 있는 가정환경(주택수리) 및 외부환경 조성(고령친화)이 여기에 해당된다.

주요 대상은 고위험 노인집단으로, 1차 개입을 하지 않으면 문제 상황으로 이어질 수 있는 노인이 해당된다. 예를 들어 약물 및 알코올 남용을 하는 노인들은 이러한 행위로 인한 부정적 결과에 대해 전혀 인지하지 못하기 때문에 약물 및 알코올을 남용하는 노인이나 그 가족을 대상으로 개입하게 된다. 최근 들어서는 지역사회에서 가족이나 이웃에게 노인이 학대를 당하거나, 보이스피싱 등과 같은 금융범죄나 폭력 등 노인을 대상으로 하는 범죄의 피해자가 되는 사례가 증가하고 있어서 이를 예방하기 위한 개입도 이루어지고 있다.

2차 개입: 개입

2차 개입은 문제발생 시점부터 시작하게 되며, 목적은 초기 진단과 함께 즉시 문제에 개입하는 것이다(Beaver and Miller, 1995). 노인의 문제상황을 명확하게 구체화하여, 그 문제가 만성적인 문제로 악화되지 않도록 한다. 즉, 2차 개입에서는 최대한 문제를 해결하고, 그 문제가 더 심각해지지 않도록 하는 것을 목적으로 한다.

노년기 4고인 빈곤, 질병, 소외, 무위는 가장 보편적으로 나타나는 문제이며, 최근 노인들은 우울, 학대, 방임, 자살(또는 자살생각), 부적합한 주거환경 등도 경험하는 것으로 조사되고 있다(김순은·이민홍, 2015). 특히 한국 노인이 가장 어려워하는 문제는 경제적 빈곤과 만성질환 및 노쇠로 인한 일상생활기능 저하이다. 예를 들어 노인빈곤문제가 발생할 경우에 공공부조, 노인일자리, 긴급생계지원 등을 활용하여 개입할 수 있다. 건강문제로 노년기에 주로 경험하게 되는 관절염, 당뇨, 고혈압 등은 지역사회에서 만성질환 자기관리 프로그램을 통해 질환을 악화시키지 않고 생활하도록 지원한다(〈표 14-3〉 참조).

표 14-3 만성질환 자기관리 프로그램(CDSMP: Chronic Disease Self-Management Program) 사례

구분	내용
프로그램 소개	만성질환(고혈압, 관절염, 심장질환, 뇌졸중, 폐병, 당뇨) 경험 노인을 대상으로 만성질환을 통해 발생하는 어려움에 대처할 수 있는 정보 및 실제적 기술 교육: 노인이 만성질환이 있음에도 일상생활을 수행할 수 있는 자신감과 동기 부여
프로그램 목적	노인이 자신의 건강을 유지하고 만성질환상태에 대처할 수 있는 자기 역량(self-confidence)을 형성하도록 지원하는 것
프로그램 참여자	만성질환 노인
프로그램 주요 구성요소 및 활동	실행 계획 및 피드백, 행동 모델링, 문제해결 기술, 의사결정 등 만성질환관련 대처 전략(coping strategies) 교육
프로그램 제공시간	주당 2.5시간 6주 제공
집단프로그램	10~16인 단위
프로그램 성과(기대효과)	건강행위 증가(예: 운동, 인지 징후 관리 기술), 건강상태 긍정적 변화(예: 고통, 피로, 걱정 감소), 자기효능감 증가, 의료서비스 제공자와 원활한 의사소통, 병원 및 응급실 방문 횟수 감소

출처: National Council on Aging(2023)

3차 개입: 잔존능력 유지 및 회복

3차 개입 노인복지실천은 기능저하 방지 및 재활활동disability limitation and rehabilitation activities을 포함한다. 노인복지실천 대상자는 기능상 또는 행동상 심각한 문제를 가지고 있는 노인이다(Schneider et al., 2000). 이 단계에서는 현재의 문제 및 장애로 인한 생활상 부정적 결과를 완화하며, 가능하면 기능을 회복할 수 있도록 한다(Beaver and Miller, 1995). 이러한 상태에 있는 노인들은 일반적으로 일상생활을 독립적으로 할 수 없어 요양보호사와 같은 공식적 돌봄자 및 가족 등의 비공식적 돌봄자와 함께 생활하는 경우가 많다.

사회복지사의 3차 개입은 노인과 그 돌봄자까지를 포함하며, 이때 노인은 지역사회에서 노인장기요양서비스를 받거나 생활시설에서 거주하기도 한다. 또한 일부 노인은 치매로 인해서 기억장애, 정동장애, 배회, 망상, 타인 의심, 수집벽, 공격적 행동, 석양증후군, 수면장애, 이상행동, 섭식장애, 반복행동 등 문제행동을 보일 수 있다(권중돈, 2022). 사회복지사는 개별화된 케어와 노인이 가장 편하게 여기는 환경을 조성하여 노인의 문제행동을 감소할 수 있다. 극심한 부양부담을 경험하는 가족에 대해서는 효과적인 대처전략을 사용할 수 있

도록 사회복지사가 상담 및 교육을 제공하게 된다. 만약 일상생활을 독립적으로 수행하기 어려워 생활시설에 입소한 경우에도 노인이 최대한 개별성과 자기결정권을 누릴 수 있도록 사회복지사가 개입하게 된다. 예를 들어, 개별적 공간이나 공동목욕 대신 개별목욕서비스를 제공하고, 기상이나 취침시간을 노인 스스로 결정하게 지원한다.

(3) 평가와 종결단계

노인복지실천의 마지막 단계는 평가와 종결이다. 평가와 종결작업은 사회복지사와 노인이 첫 대면부터 사정, 개입 등 전 과정을 통해서 발전해 온 성과를 나누는 작업인 동시에 노인의 사회적 기능을 강화하는 작업이다(엄명용 외, 2020).

평가는 형성평가와 총괄평가로 구성된다. 형성평가는 사회복지사가 노인의 첫 대면에서부터 종결까지 전체 문제해결 과정이 적절했는지 평가하는 것이다. 예를 들어 사정 과정이 노인의 특성을 반영하여 적절하게 수행되었는지 평가하며, 그 내용을 가지고 부족한 점을 개선한다. 또한 노인의 긍정적 변화가 사회복지사 개입에 의해 발생한 것인지 확인한다. 예를 들어 노인의 자기방임 정도가 감소했다면, 클라이언트 네트워크를 강화하는 사회복지사의 개입이 그 결과를 가져왔는지 평가한다. 총괄평가는 개입목표 달성 여부를 체크하는 것으로 노인의 긍정적 변화가 있었는지 평가한다. 개입목표로 설정한 노인의 욕구가 충족되었는지, 문제가 감소하거나 해결되었는지가 점검사항에 해당된다. 예를 들어 노인 우울감소 및 빈곤감소 등의 긍정적 변화를 평가하며, 일반적으로 단일사례설계(프로그램 참여집단 사전사후 비교설계)가 현장에서 평가방법으로 활용될 수 있다.

종결은 사회복지사가 노인에 대한 개입활동을 종료하는 것이다. 종결 유형은 시간제한(노인복지실천기관에서 한 사례별 할당 시간), 목표달성(문제 및 욕구 해결), 중단(목표달성에 이르지 못함, 노인 일방적 종결, 사회복지사 퇴사 및 이직 등) 등이 있다. 종결단계의 핵심적 과업은 4가지로, ① 적절한 종결시기 결정, ② 노인의 정서적 반응 처리, ③ 개입의 효과성 유지 및 강화, ④ 필요 시 다른 자원 의뢰이다(엄명용 외, 2020). 노인의 정서적 반응은 개입목표를 만족스럽게 달성했을 때와 그렇지 못할 때 상이할 수 있다. 개입의 효과성 유지 및 강화를 위해서는 사후관리를 지속적으로 실행해야 한다. 또한 노인의 사망(예: 노인자살, 고독사)으로 인해서 종결되는 경우가 있다. 사회복지사가 노인 사망을 경험하게 되었을 때는 외부 전문가에 의한 정신 건강 상담을 받을 수 있도록 지원해야 한다(권중돈, 2022).

3. 노인복지상담과 사례관리

노인복지실천현장에서 사회복지사는 노인의 복합적인 욕구와 문제에 효과적으로 대응하는 방법으로 노인복지상담과 사례관리를 활용한다. 노인복지상담은 노인의 개인적 속성과 주변 환경을 이해하고, 이에 대한 변화를 유도하는 매개체 기능을 한다. 사례관리는 복합적인 특성을 지닌 노인의 문제와 욕구에 개입하기 위한 통합적 접근 실천방법이다.

1) 노인복지상담

(1) 노인복지상담 개념과 목적

노인복지상담은 전문적인 훈련을 받은 사회복지사와 다양한 욕구 및 문제를 가진 노인이 대화를 매개로 상호 의논하여, 노인과 주변 상황이 긍정적으로 변화하도록 노력하는 과정이다. 사회복지사는 노인의 신체적, 정서적, 인지적, 사회적 상황을 고려해야 하며, 노인이 감정, 사고, 행동 측면에서 성장을 경험하고 행복한 노후생활을 보낼 수 있도록 지원한다(김기태 외, 2009). 노인을 대상으로 하는 사회복지전달체계에 종사하는 사회복지사는 반드시 노인복지상담을 실천할 수 있어야 한다.

사회복지사가 담당하는 노인상담은 다음과 같은 특성이 있다(이호선, 2020:

재인용).

첫째, 상담을 받는 이용자(노인)의 연령이 상담을 제공하는 사회복지사보다 대체로 높다.
둘째, 이용자의 저항이 다른 연령층에 비해 상대적으로 강하다.
셋째, 이용자 경험의 폭이 넓어, 이용자 특성의 변이가 크다.
넷째, 새로운 삶에 대한 의지와 변화 욕구가 상대적으로 약할 수 있다.
다섯째, 남은 삶에 대한 의미보다는 삶을 죽음과 연결짓는 경향이 있다.
여섯째, 이용자 가족이나 보호자의 지지가 약하다.

또한 노인복지상담의 목적은 다음과 같이 요약할 수 있다(최해경, 2020: 재인용).

노년기 발달과업과 연결하여,
① 필요한 의료, 사회 참여, 정서 지원을 효과적으로 동원하며 이용하도록 개입
② 신체 건강 약화에 적응하도록 지원
③ 노년기 신체 및 재정 변화와 관련하여 보호 및 주거시설에 대한 욕구가 충족하도록 지원
④ 지역사회에서 새로운 역할을 가질 수 있도록 지원
⑤ 자녀, 친척 및 지역사회와 관계를 조정하도록 도움 제공
⑥ 배우자나 친구 등 상실에 적응하도록 지원
⑦ 은퇴와 재정적인 변화에 대처하도록 지원
⑧ 노인이 자기 삶에서 주도권을 갖고 중요한 결정을 할 수 있도록 지원

(2) 노인복지상담기술

노인복지상담을 수행하는 사회복지사는 노인 욕구 및 문제를 이해하고, 효과적으로 대응하는 방안을 함께 찾아가는 과정에서 상담기술을 활용한다. 〈표 14-4〉는 노인을 대상으로 상담하는 사회복지사가 현장에서 긴요하게 사용할 수 있는 기초 및 심화 상담기술을 요약한 것이다(김미령 외, 2013).

표 14-4 노인복지상담 기초 및 심화 상담기술

기술 유형	내용
기초	• **노인 외모 살피기**: 얼굴 및 표정(안색), 시선, 청결상태, 액세서리, 의상(제철과 상황에 맞는지), 신발, 전체 몸동작, 손과 발 등 외적인 특성은 내담자 심리상태 정보 제공 • **적극적 경청**: 눈 바라보기, 미소 짓기, 고개를 끄덕이거나 "네", "그렇군요" 같은 반응 보이기, 필요한 경우 필기하기, 끝까지 듣기, 끼어들지 않기, 가끔씩 이야기 정리하기 • **공감적 이해**: 다른 사람의 경험을 진지하게 살피면서 그 감정을 같은 정도로 느껴보기 • **수용하기**: 상담자가 내담자 심리를 파악하고 그의 이야기를 받아들임 • **일관된 진실성**: 상담자가 끝까지 구체적이고, 정확하며, 솔직하고, 일관되게 상담을 진행한다면 내담자는 곧 상담자 특성을 알고 이를 모델링함
심화	• **관심 기울이기**: 내담자 변화를 빠르게 알아차리고, 내용과 억양, 어조 등 차이를 민감하게 파악할 수 있는 역량 필요 • **확인하기**: 반복하기, 확인하기, 요약하기 등의 확인으로 상담 대화 과정에서 자극을 주거나 대화를 더욱 부드럽게 이끌어가는 역할 제공 • **공감하기** - **표면공감**: 상담자의 표정과 태도, 대화거리를 통해 내담자가 자신에 대한 관심과 이해 정도를 파악하는 물리적이고 외적인 특성 - **심층공감**: 동정(sympathy), 상담자가 내담자 마음속에 들어가 느끼는 공감(empathy), 내담자와 상담자 서로가 함께 느끼는 상호공감(interpathy) 등 • **맞추기**: 긍정적 피드백으로 내담자가 겉으로 보여주는 감정에 적절한 대응 • **이끌기**: 내담자가 자신을 드러내는 데 미숙하거나 새로운 시도를 제안하기 어려워할 때 실시 • **질문하기**: 폐쇄적 질문과 개방적 질문, 직접질문과 간접질문, 이중질문과 단일질문('왜'라는 질문보다는 '어떻게', '무엇을', '그렇게'로 바꾸어 질문) • **자기노출**: 상담자가 자신에 관한 내용을 내담자와 나누는 등의 자기노출 자제 적절 • **피드백**: 내담자의 말에 대한 상담자의 언어적, 신체적, 정서적 반응을 포괄적으로 지칭하는 말(솔직하고 분명하게 이루어지는 것이 좋음) • **직면하기**: 상담 도중 회피하려는 내담자에게 상담자가 회피상황을 직접 부딪히게 함

출처: 김미령 외(2013)를 바탕으로 재작성

(3) 노인복지상담유형

노인복지상담은 상담대상에 따라 노인 개인상담, 가족상담, 집단상담으로 나뉘며, 상담방법에 따라 직접대면상담, 인터넷상담, 전화상담 등으로 나뉜다(권중돈, 2022). 전화상담과 인터넷상담은 개인, 가족, 집단 등을 상담하기 위해서 사회복지사와 노인, 가족이 직접 대면하지 않고 전화와 인터넷을 접점interface으로 활용하는 것이다. 특히 코로나19와 같은 팬데믹 상황에서는 적절한 방법이다. 최근 들어서는 상담 영역에서 지역사회상담이 학술적·실천적으로 논의되고 있다(Moreira, 2018). 이 책에서는 노인복지상담의 유형으로 개인상담, 가족상담, 집단상담, 지역사회상담을 살펴보고자 한다.

개인상담은 사회복지사와 노인이 일대일 대면 상태에서 진행되는 상담이

다. 노인의 욕구 및 문제가 무엇이며, 이를 어떻게 해결해나갈 것인지를 사회복지사와 노인이 대화를 통해서 찾아가는 것이다. 가족상담은 노인이 직면하는 문제를 개인 차원으로 한정하지 않고 전체 가족 차원으로 확장한다. 즉, 가족 간 직·간접적 상호작용을 통해 문제를 해결하고 가족관계의 변화를 일으킨다(권중돈, 2022). 가족상담은 사회복지사와 노인 배우자, 자녀, 노인부부 등 가족 하위체계로 진행되기도 하고, 가족 전체가 동시에 참여하기도 한다.

집단상담은 유사한 문제 및 욕구를 가지고 있는 소규모 노인집단과 사회복지사가 함께 활동하면서 문제해결을 지원하는 상담방법이다(권중돈, 2022). 집단상담은 사회복지사의 참여 정도에 따라 성격이 달라지는데, 참여 정도가 높을수록 치료집단, 낮을수록 자조집단의 성격을 띤다.

끝으로 지역사회상담은 노인 개인의 변화를 유도하기보다는 사회적 환경을 노인이 살기 적합하게 조성하려는 노력을 의미한다(Corey and Corey, 2015). 직접적으로 사회복지사가 지역사회에 거주하는 노인들을 찾아가서 상담을 제공하거나, 간접적으로 정책입안자를 대상으로 노인 삶의 질이 향상될 수 있도록 옹호활동을 하는 것이 지역사회상담에 해당한다.

(4) 노인복지상담과정

노인복지상담은 〈표 14-5〉와 같이 일반적인 상담과 동일하게 초기과정, 중기과정, 종결과정으로 나뉜다.

표 14-5 노인복지상담의 과정

과정	내용
초기	• 상담신청 및 접수, 이용자와의 관계형성과 구조화[1)]작업을 한다. • 문제 명료화, 상담목표에 대한 합의가 이루어진다.
중기	• 노인, 노인의 가족, 집단, 지역사회 등을 대상으로 초기과정에서 수립된 상담목표를 달성하기 위한 상담을 수행한다.
종결	• 상담목표가 달성되었을 때나 사회복지사가 복합적 문제를 해결하기 어려울 때, 또는 조기 종결되는 상황이 발생했을 때이다. • 상담 종결 이후에도 사후관리를 할 수 있는 지원체계를 구축하도록 한다.

주: 1) 상담이 앞으로 어떻게 진행될 것인가를 안내하는 작업이다. 상담 시간, 이용자가 지켜야 할 규칙, 비밀보장 등에 대해 설명한다.

노인복지상담 과정은 개인상담, 가족상담, 집단상담, 지역사회상담 등 상담의 유형과 노인 욕구 및 문제 수준에 따라 유연하게 구성된다. 앞에 제시한 초기, 중기, 종결과정을 구체적으로 9단계로 분리한 노인복지상담 9단계 모델은 다음과 같다(McDonald and Haney, 1997; 김미령 외, 2013).

① 노인 이해하기 → ② 라포 형성하기 → ③ 문제 정의하기 → ④ 목표 설정하기 → ⑤ 문제 명확히 하기 → ⑥ 대안목록 작성하기 → ⑦ 대안 탐구하기 → ⑧ 결정 지지하기 → ⑨ 종결

특히 노인복지상담에서 사회복지사는 노인이 무엇을 원하는지, 어떻게 바뀌기를 바라는지를 탐색하여 목표로 설정하고, 공동으로 효과적 대안을 찾아서 실행하는 것이 중요하다. 대안 실행과정에서 지속적으로 긍정적, 부정적 결과를 평가하여 상담목표가 달성될 수 있게 노력해야 한다.

2) 사례관리[2]

(1) 사례관리 필요성 및 개념

우리나라에서는 2000년대 초반부터 효율적인 사회복지서비스 전달방식으로 사례관리case management가 주목받고 있다. 사례관리는 복합적이고 만성적인 욕구가 있는 클라이언트와 그 가족을 대상으로 하며, 그들의 사회적 기능을 강화하고 삶의 질을 향상하고자 한다. 이를 위해 협력적인 운영체계를 기반으로 체계적인 욕구사정과 함께 지역사회자원을 연결하여 지속적이고 효과적인 사회복지서비스를 제공하는 통합적인 실천방법이라고 정의할 수 있다(박미은, 2015). 사례관리는 사회복지실천과 사회복지행정을 통합하여 클라이언트의 욕구나 문제에 효율적으로 대응할 수 있도록 설계되었다.

사례관리는 민간과 공공 영역에 도입되어 다양한 대상[3]을 위해 활용되고

2 박경하 외(2012)의 "노인사회참여 사례관리 개선에 관한 연구" 일부 내용 수정 작성

있다(함철호·이기연, 2011). 사례관리는 사회서비스 통합성과 포괄성 측면에서 클라이언트 중심의 서비스 제공계획이 수립되는 임상적 전문성을 강조한다(안혜영, 2012). 또한 서비스 제공과정에서 연계와 조정 등 행정적 효율성을 활용하여 지속적으로 클라이언트에게 공식적 및 비공식적 지지체계를 수립할 수 있다. 사례관리의 필요성은 다음의 여섯 가지로 압축하여 설명할 수 있다(이종복 외, 2007; 임지영 외, 2009; Moxely, 1989).

첫째, 과거에는 일상생활을 독립적으로 수행하기 어려운 장애인이나 노인을 가정과 지역사회에서 분리하여 시설에서 보호했지만, 탈시설화 패러다임의 강조로 클라이언트가 다시 가정과 지역사회로 돌아오게 되었다. 따라서 가정과 지역사회도 노인이 시설에서 제공받던 서비스 수준을 맞출 수 있도록 사례관리와 같이 포괄적인 서비스체계 구축이 필요하게 되었다.

둘째, 사회복지서비스가 중앙집권적으로 클라이언트에게 제공되다가 지방분권화로 인해 서비스의 전통적인 전달체계에 획기적인 변화가 있었다. 사회복지서비스를 지방분권적으로 전달하기 위해서는 지역사회복지기관들의 서비스 조직화와 통합화가 요구되었다. 특히 지방분권화에 따른 부정적 영향들을 완화하고 효율적으로 서비스를 전달하기 위한 방안으로 사례관리기법을 적극적으로 활용하게 되었다.

셋째, 현대화 과정에서 매우 복잡하고 다양한 문제와 욕구를 가진 인구가 계속해서 증가하였다. 이들의 문제와 욕구에 대응하기 위하여 다양한 영역의 서비스들을 상호 연계하여 유기적으로 제공할 수 있는 체계망 구성이 필요하게 되었다. 예를 들어 정신지체, 정신질환, 신체장애, 경제적 문제, 심리적 문제 등 여러 유형의 복합적 욕구를 가진 클라이언트에게는 단일서비스체계로는 대응이 불가능했기 때문에 다차원적인 서비스 전달이 가능한 사례관리가 부각되었다.

넷째, 다양한 영역에서 산발적으로 제공되던 기존 서비스의 단편성 문제를 해결하기 위해 서비스를 조정하고 통합하여 체계적으로 조직화하는 역할이 필요해졌다. 또한 클라이언트가 복합적인 욕구를 갖고 있는 것이 일반적이기

3 사례관리대상은 독거노인, 재가노인, 학대피해노인, 시설노인, 저소득층, 발달장애 청소년, 지체장애인, 정신질환자, 문제 음주자, 결손 및 빈곤 가족, 자활대상자, 탈북자, 의료수급권자, 호스피스 등 다양하다.

때문에, 두 개 이상의 기관이 서비스를 제공해야만 대응이 가능하게 되었다. 이에 기관별로 서비스를 상호 조정하고 연계함으로써 통합적인 서비스 제공방법으로 사례관리를 활용하게 되었다.

다섯째, 복지국가 위기론과 동시에 복지혼합(복지다원주의)이 출현하면서 사회적 지원체계와 지원망의 중요성에 대한 인식이 증가하게 되었다. 1970년대 중반부터 서구국가들을 중심으로 복지국가 위기가 제기되었으며, 이를 해결하기 위한 방법으로 사회복지정책의 변화가 모색되었다. 클라이언트의 문제와 욕구에 효율적으로 대응하기 위해서 지역사회의 지원체계와 비공식적 지원체계(가족, 친구, 친족, 이웃 등)를 활용할 수 있는 사례관리기법이 적극적으로 적용되고 있으며, 이를 통해 클라이언트의 삶의 질을 높일 수 있다는 인식이 증대되었다.

여섯째, 국가적으로 사회복지서비스에 대한 비용효과성 요구에 대응하기 위해서 결핍된 자원 내에서 서비스 효과를 최대화하고, 서비스 전달과정에서 소요되는 비용을 최소화하려는 정책을 강조하게 되었다. 결과적으로 사례관리를 활용하여 지역사회에 내재되어 있는 공식적 및 비공식적 자원을 최대한 발굴하고, 서비스 조정 및 연계를 통해서 서비스 중복을 최소화하여 표적효율성을 높이기 위한 시도가 서구국가를 중심으로 나타나기 시작했다.

결론적으로 사례관리는 탈시설화, 서비스 지방분권화, 복잡한 문제 및 욕구의 증가, 서비스 단편성에 대한 문제의식, 지원체계와 관계망의 중요성 인식, 비용효과성 요구 등에 적합하게 대응하기 위해 사회복지실천과 행정을 동시에 활용하여 접근하는 것이다. 특히 사례관리는 다양한 욕구 및 문제를 갖고 있는 취약집단의 기능 회복과 복지 증진이 가능하도록 공식적 및 비공식적 자원을 활용하여 사회적 지지체계를 조직·조정하여 종합적으로 관리하는 실천방법이다(권진숙 외, 2009). 따라서 사례관리는 통합적 및 포괄적 사회복지서비스 관리를 통해서 노인의 복합적이고 다양한 욕구 및 문제에 효율적으로 대응하여 커뮤니티케어가 가능하게 한다.

(2) 사례관리 목적

사례관리는 실천적 측면과 서비스 전달 측면에서 다양한 목적을 달성할 수 있도록 체계적으로 전문화된 사회사업적 접근방법이다(임지영 외, 2009). 사례관리 목적은 사회복지실천과 서비스 전달체계로 양분하여 설명할 수 있다. 사례관리는 사회복지의 임상적 실천(개입상담 및 치료)과 실천이 가능하도록 하는 행정(조정 및 옹호)을 통합하였다. 이는 노인의 욕구 및 문제를 해결하기 위해 사회적 자원을 효율적으로 활용하기 위해서 의도된 것이다.

서울시복지재단이 제시한 사례관리의 목적을 보면, 먼저 사회복지실천 면에서는 클라이언트의 잠재력을 최대화하는 것을 비롯해 클라이언트와 가족에게 사회적 지원 활용능력을 키우고, 가족 등 비공식적 지원체계와 사회복지관 등 공식적인 도움체계의 능력을 최대화하는 것이다. 서비스 전달체계 면에서는 클라이언트를 위해 포괄적인 서비스를 제공하고, 이러한 서비스의 연속적이고 즉각적인 제공을 목적으로 한다. 또한 클라이언트의 서비스 접근가능성, 그리고 클라이언트에 대한 서비스의 적정성과 책임성을 높이는 것도 사례관리 목적이다(〈표 14-6〉 참조). 이를 통해서 복잡하고 다양한 욕구를 충족할 수 있도록 클라이언트의 역량을 향상할 뿐만 아니라 지역사회의 공식적 및 비

표 14-6 서울시복지재단의 사례관리 목적

접근방법	목적
사회복지실천	• 클라이언트 잠재력 최대화: 클라이언트 장점을 강화하여 외부환경에 적응할 수 있도록 잠재력 최대화 • 클라이언트 및 가족 지원체계 접근능력 배양: 클라이언트와 그 가족들의 사회적 지원 활용능력 습득 지원 • 비공식적 체계 보호능력 최대화: 가족, 이웃, 친구 등 비공식적 지원체계가 클라이언트를 보호할 수 있는 능력 최대화 • 공식적 도움체계 능력 최대화: 클라이언트와 가족 욕구를 충족하는 데 있어 사회복지관, 관공서, 종교기관 등 공식적 도움체계 최대화
서비스 전달체계	• 포괄적 서비스 보장: 특정 시점에 클라이언트가 가지고 있는 욕구와 문제를 해결하기 위해 포괄적인 서비스 조정 • 서비스 연속성 보장: 시간의 경과에 따라 변화하는 클라이언트 욕구를 충족할 수 있도록 즉각적이고 포괄적인 서비스를 지속적으로 제공해주는 등 보호 연속성 보장 • 클라이언트 접근가능성 역량강화: 클라이언트가 다양한 서비스 체계와 협상하는 것을 원조해 줌으로써 서비스를 쉽게 활용할 수 있는 능력 배양 • 서비스 책임성 제고: 서비스 단편화로 인한 서비스 접근의 장애들을 극복하고 클라이언트에 대해 전반적으로 책임을 지는 책임성 제고 • 서비스 적정성 확보: 클라이언트 욕구에 적합한 서비스를 적절한 방법으로 제공

출처: 임지영 외(2009)를 바탕으로 재작성

공식적 자원을 효율적으로 연계·조정하게 된다.

(3) 사례관리 유형과 기능

사례관리 유형은 단순형, 일반형, 집중형 3가지로 나누는 방법이 가장 보편적이다. 이 세 가지 유형은 국내외 학자들이 제안한 사례관리 실천모형과 한국 사회복지실천현장 특성을 반영한 것으로, 분류 기준은 사회복지서비스 전문성 정도와 개입 강도이다(박지영 외, 2011). 단순형, 일반형, 집중형 사례관리 실천모형은 사회복지현장에서 쉽게 구분하여 적용할 수 있도록 설계되었다. 실제적으로 현장에서 사용되는 사례관리 서식지도 이 구분을 따라 제작되었다. 각 유형의 구체적 내용은 〈표 14-7〉과 같이 요약할 수 있다.

단순형은 지역사회에 거주하는 노인들이 욕구 충족을 스스로 해결할 수 있도록 내적자원을 끌어냄과 동시에 외적자원을 연결해주는 기능을 수행한다. 일반형은 사례관리사가 사회복지 전문지식과 기술을 활용해서 노인에게 직접서비스(치료, 상담, 교육 등)를 제공한다. 사례관리사는 노인 욕구에 대응하기 위해 사회복지 실천개입(정신역동적 개입, 행동주의적 개입, 인지적 개입, 단기 개입, 생태체계적 개입 등)을 활용하여 직접서비스를 제공해야 한다. 마지막으로 집중형은 문제가 복합적 인과관계로 얽혀 있어 연계와 직접서비스 제공만으로 욕

표 14-7 전문성과 개입 강도에 따른 사례관리 기능 분류

구분	단순형	일반형	집중형
사례관리 목적	클라이언트와 지역사회 자원과 서비스 연계	클라이언트 문제해결을 위해 직접서비스 제공	클라이언트 욕구(문제) 복잡성: 다학제간 전문가 통합적 개입
사례관리 기능	클라이언트 자원 활용 동기화 및 자조능력 배양 상담 제공	단순형 기능 + 직접서비스 제공	단순형 기능 + 일반형 기능 + 다학제간 전문가들 팀 접근
사례관리자 역할	클라이언트 자원 활용, 문제해결 활동 관련 정규적 연락 및 적절한 상담 제공	전문적 개입 제공: 사회복지 전문기술과 지식을 갖추어야 함	클라이언트 사례 계획, 의사결정, 조정, 점검, 자원분배, 통솔 등의 역할 수행
사례관리자 담당 사례수	100케이스	30~40케이스	10케이스

출처: 권진숙 외(2009)를 바탕으로 재작성

구를 해결하기 어려운 경우에 적용된다. 즉, 복합적인 문제와 만성적인 욕구가 있으면서 그 심각성이 높다고 판단되는 경우에 제공된다(박미은, 2015).

(4) 사례관리 구성요소

사례관리의 구성요소는 대상자(클라이언트), 사회자원, 사례관리자로 나뉜다. 노인 사례관리의 경우 클라이언트는 노인이다. 사례관리가 필요한 노인은 신체적, 심리적, 경제적, 사회적 문제 등 한 가지 이상의 복합적인 문제를 안고 있다. 노인의 욕구를 충족하는 사회자원은 사례관리 서비스를 제공하는 비공식적인 지원체계와 공식적인 도움체계 등 노인을 둘러싼 환경과 자원을 모두 포함한다. 사례관리자는 기관 등에 소속되어 전문적 지식, 가치, 기술을 바탕으로 클라이언트, 즉 노인의 욕구를 파악하고 이를 충족하기 위한 서비스를 제공하는 사람을 일컫는다(정순둘, 2005). 〈그림 14-3〉은 노인 사례관리의 구성요소를 도식화한 것이다.

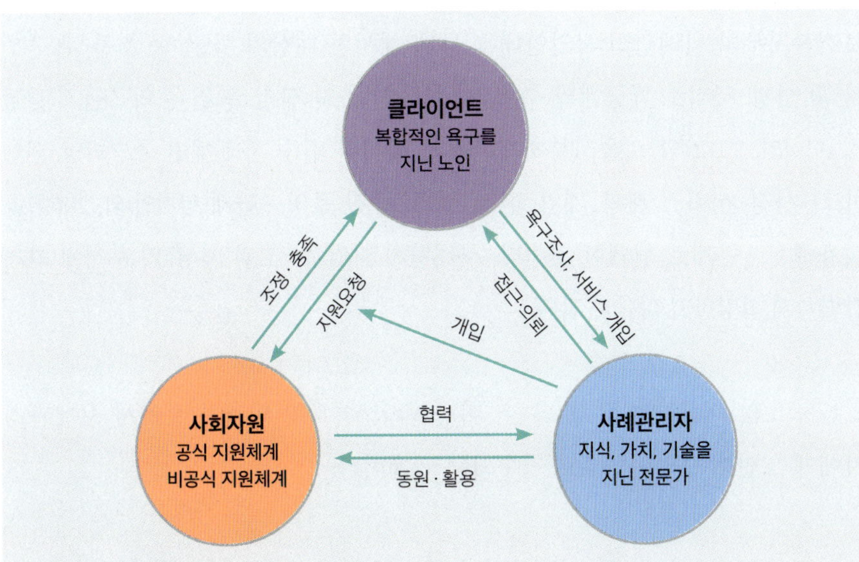

그림 14-3 노인 사례관리 구성요소

(5) 사례관리과정 및 사례관리자 역할

사례관리과정은 〈그림 14-4〉와 같이 다섯 단계로 설명할 수 있다. 이는

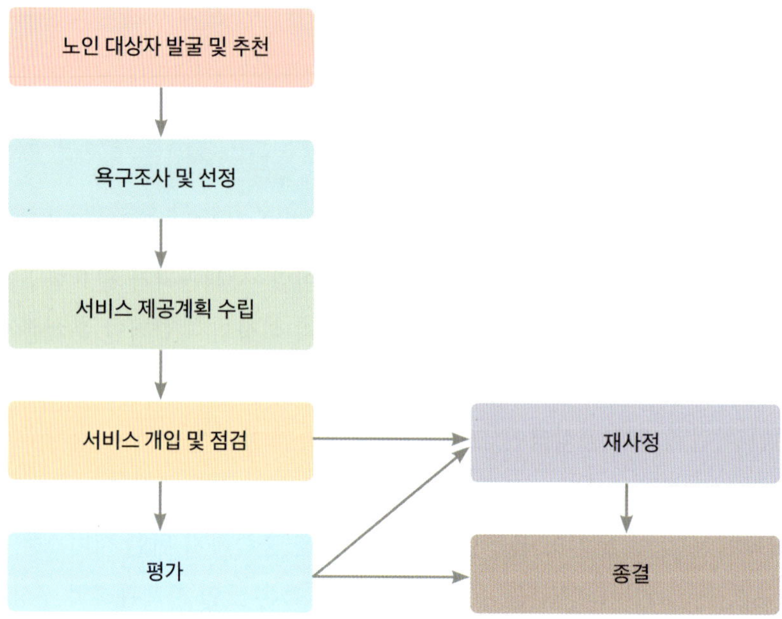

그림 14-4 노인 사례관리 과정

보건복지부의 사례관리 사업안내를 통해 제시한 대상자 발굴 및 추천, 욕구조사 및 선정, 서비스 제공계획 수립, 서비스 연계 및 점검, 종결 등의 5단계(함철호·이기연, 2012)와 서울시복지재단에서 제시한 접수(사례 발견, 스크리닝, 인테이크), 사정, 서비스 계획, 개입, 점검, 평가, 종결 등의 7단계(임지영 외, 2009)를 적용해서 5단계로 설계한 것이다. 사례관리 과정을 〈그림 14-4〉의 순서에 따라 간략하게 설명하면 다음과 같다.

- **노인 대상자 발굴 및 추천** 아웃리치[outreach] 및 의뢰를 통해서 사례관리자에게 노인이 클라이언트로 접수되는 단계이다.

- **욕구조사 및 선정** 사례관리자가 노인을 사정하는 단계로 노인 욕구 및 문제, 욕구에 대한 노인의 대처능력, 노인 지원체계 역량, 지원체계 활용 장애 등이 집중적으로 다루어진다. 이 단계에서 초기면접지, 사례관리 동의서, 사례관리 사정표 등이 작성된다.

• 서비스 제공계획 수립 사정을 통해 획득한 정보를 토대로 실천적 경험·실증적 근거·기관 상황 등을 반영하여 사례관리자의 전문적 판단으로 목표 및 목표를 달성하는 방법(보호계획)을 결정하는 단계이다. 이러한 내용은 사례관리 계획 및 평가표를 통해서 작성된다.

• 서비스 개입 및 점검 사회복지실천 실행단계를 의미한다. 서비스 개입은 직접 실천(상담, 치료, 교육, 안내, 실행, 정보 제공 등)과 간접 실천(중개, 조정, 옹호, 사회적 망 구성)을 제공하는 단계이다. 또한 점검은 현재 노인에게 제공되는 서비스와 지원의 적절성 및 지속성을 보장하기 위해서 노인·가족·서비스 제공자 등을 정기적으로 면담하며, 지원체계 서비스 전달과 실행을 확인하고 재사정을 실시하는 것이다. 사례관리자는 과정기록지, 서비스 의뢰서, 슈퍼비전 일지 등을 서비스 연계 및 점검과정에서 작성한다.

• 사례관리 평가 및 종결 이 단계에서는 노인에게 제공된 서비스를 비롯해서 노인의 변화사항, 보호계획, 서비스활동 및 서비스체계 효율성과 효과성을 종합적으로 평가하게 된다. 사례관리사는 사례종결보고서를 작성하며, 사례관리를 종결할지 아니면 수정할지 등을 결정한다. 종결은 사례관리과정을 통해서 목표가 달성되어 더 이상 서비스 제공이 필요하지 않거나, 노인의 중대한 변화로 인하여 계속적으로 사례관리를 진행할 수 없을 때 실시한다(이종복 외, 2007: 83-98).

이러한 사례관리 절차를 수행하기 위해서 사례관리자는 사회복지 임상전문가와 행정가 역할을 동시에 수행할 수 있어야 한다(정순둘, 2005). 먼저 사례관리자에게 요구되는 사회복지 임상전문가 역할이란 직접서비스를 전달할 수 있어야 함을 의미한다. 이를 위해서는 주로 관계형성 기술, 상담 및 지지, 정보수집 및 기록 등을 수행하는 것이 요구된다(이종복 외, 2007). 다음으로 사례관리자는 행정가로서 중개와 연결, 조정, 권리옹호, 사회적 네트워크, 기술적 지원과 자문 등 역할을 수행할 수 있어야 한다(이종복 외, 2007; 정순둘, 2005; Moxely, 1989). 이렇듯 사회복지전달체계에서 노인을 대상으로 사례관리하는 사회복지사는 임상전문가와 행정가 역할을 할 수 있는 역량을 갖추어야 한다. 〈표 14-8〉은 사례관리 실천과정별로 사회복지사가 수행해야 할 주요 과업 및 핵심 사항을 기술한 것이다(박미은, 2015).

표 14-8 노인 사례관리 실천과정별 사회복지사 역할

사례관리과정	실천과정	주요 과업	핵심 사항
노인 대상자 발굴 및 추천	1. 초기단계	• 초기면접	• 다양한 통로를 거쳐 의뢰된 클라이언트와 신뢰관계 형성 • 클라이언트 상황 이해 정보수집 • 사례관리 대상자 여부 판정
		• 서비스 동의와 계약	• 서비스 성과 및 결과 클라이언트 책임 강조 • 일방적인 도움 제공이 아니라 상호 협력적 실천임을 인식
욕구조사 및 선정	2. 사정단계	• 욕구사정 • 자원사정 • 장애물사정 • 강점사정 • 가계도 및 생태도 사정 • 9가지 욕구영역 사정(안전, 건강, 일상생활 유지, 가족관계, 사회적 관계, 경제, 교육, 직업, 생활환경 및 권익 보장 등)	• 이용자 능력과 대인서비스 욕구 파악 • 이용자 사회적 망(관계망)과 그 구성원들이 이용자 욕구에 부응하는 능력 정도 파악 • 대인서비스 제공자와 이용자 욕구에 부응하는 능력 정도 파악 • 이용자 삶에 대한 기대, 희망, 목표 파악: 욕구 우선순위, 목표달성 필요 자원(강점) 및 현재 확보된 내외적 자원 확인, 자원(강점) 확보 연계 방법 확인
서비스 제공계획 수립	3. 계획단계	• 개별화된 서비스 계획 수립	• 욕구사정 내용 숙고 • 장단기 변화목표 수립 • 서비스 제공자 및 기관 선정 • 시간계획 수립 • 계약 수립 • 서비스 계약서 공유
서비스 개입 및 점검	4. 실행단계	• 사례관리 실행 • 자원연계 및 개발 • 조정 및 점검 • 옹호	• 직접 실천: 상담, 치료, 교육, 안내, 실행, 정보 제공 등 • 간접 실천: 중개, 조정, 옹호, 사회적 망 구성 등
평가 및 종결	5. 평가 및 종결단계	• 서비스 분리	• 목표를 달성했을 때 • 의뢰가 효과적일 때 • 대상자가 서비스 중단을 원할 때

출처: 박미은(2015)을 바탕으로 재작성

토론쟁점

혼자서 식사 준비 및 외출이 힘든 강OO 어르신에게 개입하는 과정에 관해 토론해보자.

> 강OO 어르신은 79세로 경남 ××시에 거주하고 있다. 작년 겨울에 아내가 세상을 떠난 후 아파트에 혼자 살고 있다. 서울에 거주하는 아들과 딸이 있지만 바쁜 직장업무로 방문은 하지 않고 전화만 한다. 게다가 이웃이나 친구들과도 연락이 단절된 상황이다. 최근에 거동이 불편해져 가사일을 하기 어렵고, 병원이나 마켓에 가는 일로 외출할 때면 낙상에 대한 두려움이 크다.

토론거리

1 이 사례에 대해 노인사정 분류표를 활용해서 사정해보자.

2 이 사례는 1차(예방), 2차(개입), 3차(잔존능력 유지 및 회복) 중 어느 개입단계가 적절한가? 그 이유는 무엇인가?

3 이 사례의 사정 및 개입 과정에서 노인복지실천 지침을 적용할 수 있는 방법으로는 무엇이 있을까?

1) 노인 존중:

2) 노인 강점 파악:

3) 노인 독립성 유지:

4) 의사소통:

5) 노인학대 민감성:

Chapter

15

인권관점 노인복지실천

인권과 사회복지실천의 연관성은 사회복지의 가치와 철학이 인권에 기초하고 있다는 점에서 잘 드러난다. 인권관점 사회복지실천은 전통적인 욕구기반 접근방법에서 권리기반 접근방법으로 패러다임이 이동하면서, 사회복지사와 클라이언트(이용자)의 평등한 관계를 실천의 전제로 한다. 인권관점 사회복지실천과정에서도 매뉴얼화된 프로세스나 기법을 따르기보다는 상황에 따라 클라이언트와 함께 결정해나가는 것을 지향한다.

이 장에서는 인권관점 사회복지실천에 대한 국내외 학술자료를 토대로 인권관점 노인복지실천이 의미하는 바를 명확하게 제시한다. 이를 위해 먼저 인권관점 사회복지실천의 개념과 특징을 비롯해 실천과정과 방법을 자세히 다룬다. 임파워먼트모델, 사회정의모델, 이용자참여모델 등 인권관점 사회복지실천 모델을 소개한 후 이를 종합한 인권관점 통합사회복지실천 틀을 제시한다. 특히 이 인권관점 통합사회복지실천 틀을 인권관점 노인복지실천에 적용함으로써 인권렌즈, 인권목적, 인권방법을 통한 노인복지실천사례를 지역사회 노인과 시설거주 노인의 구체적인 이야기를 통해 들려준다.

1. 인권, 사회복지실천, 노인복지실천 이해

1) 인권과 사회복지실천 연관성

인권과 사회복지실천은 그 토대가 되는 가치와 추구하는 지향점에서 맥락을 같이한다(권중돈, 2012). 인권은 "사람이면 누구나 누릴 수 있는 권리, 사람이기 때문에 갖는 권리, 사람끼리 공동체 일원으로서 골고루 행복하게 살 권리"(박경서, 2012)로 정의된다. 역사적으로 인권 개념은 1세대 자유권, 2세대 사회권, 그리고 3세대 연대권으로 점차 발달해왔다(1장 3절 참조). 이러한 인권의 발달단계와 무관하게 인권을 "생존, 시민·정치, 문화, 경제, 사회, 환경 및 영적 권리"로 범주화시켜 설명하기도 한다(김미옥·김경희, 2011). 사회복지실천은 인간 존엄성을 기반으로 빈곤, 고독, 무위, 질병, 차별, 학대, 사회적 고립 등 다양한 사회적 위험을 개선하여 삶의 질을 향상하고 인간다운 삶을 영위하도록 이끄는 전문적 및 제도적 노력을 일컫는다(권중돈, 2012).

정리하자면 인권은 사람이면 갖는 당연한 권리이며, 사회복지실천은 그 인권을 누릴 수 있도록 하는 전문적 및 제도적 노력으로 설명할 수 있다. '인간 존엄성 보장'은 사회복지실천의 출발점일 뿐 아니라 긍정적 변화를 가져오는 행위들이 나아가야 할 방향성을 제공한다. 따라서 인권은 사회복지실천을 통해서 보장되어야 하며, 사회복지실천은 인권을 침해하지 않는 방식으로 수행되어야 한다. 사회복지실천 과정에서 인권 감수성과 실천기술이 UN의 〈세계인권선언문〉의 내용과 결을 같이할 때 인권관점은 보다 더 잘 구현될 수 있다(Ife, 2008).

결과적으로 사회복지실천은 인권과 궤를 같이하여 진행되어야 한다. 이러한 측면에서 국제사회복지사협회[IFSW: International Federation of Social Workers]는 1996년 홍콩에서 개최된 회의에서 사회복지실천원칙과 사회복지사의 역할이 인권과 밀접하게 관련되어 있음을 공표하였다. 이를 반영한 인권과 관련된 사회복지사의 대표적인 사회복지실천원칙은 다음과 같다(IFSW, 2012).

1항 모든 인간은 고유한 가치를 가지므로, 개인에 대한 윤리적 고려가 정당화된다.

4항 사회복지사는 사회정의 원칙에 대한 소신을 가져야 한다.

6항 사회복지사는 성별, 연령, 장애, 인종, 피부색, 언어, 종교적 또는 정치적 신념, 재산, 성적 취향, 지위 또는 사회적 계층에 근거하여 부당한 차별 없이 최선의 지원을 제공해야 한다.

8항 사회복지사는 전문직업에 있어 사생활 보호, 비밀보장 및 책임 있는 정보사용 원칙을 존중해야 한다.

이와 같이 사회복지실천원칙은 인간 존엄성과 인간 자체의 고유한 가치를 강조한다는 점에서 인권과 결합된다. 그런 점에서 사회복지사는 보편적인 인간 욕구를 다루며, 개인, 집단 및 지역사회의 문제를 예방하거나 완화하고 모든 사람들의 삶의 질을 향상하기 위해 노력하는 인권전문직이다.

사회복지실천 실행을 통해서 사회복지사는 개인 및 집단의 권리를 보호하고 권리가 실현될 수 있도록 한다. 사회복지사가 인권전문직으로서 역할을 수행하기 위해서는 인권의 속성, 즉 '보편성, 불가양도성, 상호의존성, 평등, 차별성'과 '인간 존엄성, 자유, 평등, 박애'로 대표되는 인권의 기본 가치에 대해 더 많이 알고 더 깊이 있게 이해하여야 한다. 또한 인권 감수성을 갖추고 인권관점에 기반하여 클라이언트의 욕구와 문제를 대응해나가는 사회복지실천을 할 수 있어야 한다. 사회복지사가 인권에 대한 이해와 감수성을 얼마나 지니고 있는가에 따라서 사회복지실천의 양상은 상이할 수 있다. 이러한 측면에서 인권과 사회복지실천은 상호보완적 관계로 볼 수 있다(권중돈, 2012).

2) 노인복지실천에서 인권

인권관점 노인복지실천은 노인의 욕구 및 문제를 해결하기 위한 노력이 시혜나 자선 차원이 아니라 노인이 인간으로서 가진 권리를 보장한다는 시각에서 접근한다. 구체적으로 노인복지실천에서 보장해야 하는 인권이 무엇인지에 대해 노인인권 영역과 세부 권리, 그리고 시설보호라는 특수한 환경에 있는 노인들에 대한 권리로 구분하여 설명하고자 한다.

(1) 노인인권 영역과 세부 권리

노인복지실천에서 사회복지사가 노인인권을 보장하기 위한 전문적, 제도적 노력을 하기 위해서는 노인인권 영역과 세부 권리에 대해 숙지하고 있어야 한다. 노인인권 영역에 대해서는 노인인권에 관한 국제원칙과 법률, 국내외 선행연구 등을 종합하여 인간 존엄권, 자유권, 사회권, 청구권 등으로 구분한 것이 가장 적합하다고 판단된다(권중돈 외, 2014). 자세한 항목을 살펴보면, 인간 존엄권에는 행복추구권과 평등권이, 자유권에는 신체자유권, 사생활자유권, 정신적 자유권, 경제적 자유권, 정치적 자유권이, 사회권에는 경제권, 노동권, 주거권, 건강권, 평생교육권, 문화생활권, 사회참여권, 가족유지권, 소통권이, 청구권에는 법 절차적 권리가 있다. 노인을 대상으로 일하는 사회복지사는 특히 노인이 사회권을 보장받을 수 있도록 해야 한다. 구체적인 인권 영역과 항목, 세부 권리는 〈표 15-1〉과 같다.

표 15-1 노인인권 영역과 세부 권리

영역	항목	세부 권리
인간 존엄권	행복추구권과 평등권	• 천부적 자유와 존엄, 생명권, 신체의 자유와 안전, 강제노동과 노예제도의 금지, 고문 금지, 법 앞에서 평등, 차별과 학대의 금지
자유권	신체자유권	• 불법 체포 및 구속에서 자유, 불법강제노역에서 자유
	사생활자유권	• 사생활 비밀과 자유, 주거불가침, 거주 및 이전 자유, 통신의 자유
	정신적 자유권	• 양심 자유, 종교 자유, 학문과 예술의 자유, 개인 및 집단적 표현의 자유
	경제적 자유권	• 재산권 보장, 직업선택의 자유
	정치적 자유권	• 정보접근권, 정치활동의 자유, 참정권
사회권	경제권	• 연금수급권, 기초생활보장권, 노후경제생활 관련 교육을 받을 권리 등
	노동권	• 은퇴준비교육권, 경제활동참여권(기업체 취업, 창업, 노인일자리사업), 적정 보수를 받을 권리, 적정 노동환경 요구권(산재보험 등) 등
	주거권	• 주거환경보장권(주택 소유, 주거환경 개선, 임대보증금 지원 등)

영역	항목	세부 권리
사회권	건강권	• 건강증진권(건강교육, 건강상담, 건강교실 등) • 위생 및 영양권(이미용, 목욕, 세탁서비스, 경로식당, 밑반찬·도시락 배달, 푸드뱅크 등) • 건강급여권(의료 이용, 국민건강보험과 의료급여 등) • 재활서비스 이용권(양·한방치료), 재활문제 해결(물리치료, 작업치료, 운동재활, ADL 훈련 등) • 요양보호권(방문요양, 노인돌봄서비스, 주간·야간·단기보호, 장제서비스), 시설입소권(노인요양시설 등) 등
	평생교육권	• 노인교실, 노인복지관 등 교육프로그램 참여권(한글교실, 외국어교실, 교양교실, 정보화교육, 역사교실, 예능교실, 전통문화교실 등)
	문화생활권	• 경로당, 노인복지관 등 여가문화프로그램 참여권(음악, 미술, 원예교실, 다도교실, 문화교실, 운동, 바둑·장기 등)
	사회참여권	• 자원봉사활동 참여권, 동아리·클럽 활동 참여권, 교통편의서비스 이용권 등
	가족유지권	• 가족과 교류, 가족부양을 받을 권리
	소통권	• 가족, 이웃, 친구, 비노인층 등 관계망과 교류권
청구권	법 절차적 권리	• 청원권, 재판청구권, 형사보상청구권, 국가배상청구권, 범죄피해자 구조청구권

출처: 권중돈 외(2014)

(2) 노인복지시설에서 노인인권

노인복지시설에는 노인주거복지시설, 노인의료복지시설, 노인보호전문기관 등이 포함된다. 일상생활능력이 저하되어 독립적으로 생활하기 어려운 노인이 노인복지시설에 입소한 경우에는 추가적인 인권 보장이 필요하다. 시설거주노인들은 사회적 취약집단으로 신체적 및 인지적 기능 저하로 인해 권리를 침해받을 개연성이 높기 때문이다. 이러한 이유로 국가인권위원회(2008)는 건강 증진 및 치료, 위생관리, 영양관리를 받을 수 있는 건강권, 안전한 주거생활을 할 수 있는 주거권, 존엄한 존재로 대우받을 수 있는 인간 존엄권, 노동권, 물품 및 금전관리, 장례 및 제사서비스를 받을 수 있는 경제권, 문화생활 권리 및 정치·종교 자유권, 가족 및 사회관계 유지, 동료 노인과 시설종사자의 인권을 보장할 수 있는 교류 및 소통권, 입소와 퇴소, 서비스 선택 및 변경, 정보통신생활과 사생활의 보호 및 비밀보장, 생활고충 및 불평 처리, 이성교제·성생활, 기호품 등을 선택할 수 있는 자기결정 및 선택권 등 7가지 권리를 노인복지시설에서 생활하는 노인에게 보장하여야 한다고 하였다.

특히 보건복지부에서는 매년 노인복지시설 인권보호 및 안전관리지침을 통해서 〈시설 생활노인 권리선언〉(〈표 15-2〉 참조)과 〈시설 생활노인 권리보호를 위한 윤리 및 행동 강령〉을 공지하고 있다. 또한 한국노인복지중앙회(2013)는 시설입소 전 단계부터 퇴소하는 시점까지 노인이 보장받아야 할 인권을 매뉴얼 형식으로 개발하였다. 노인복지시설에서 준수해야 할 구체적인 인권원칙은 〈표 15-3〉과 같다.

표 15-2 시설 생활노인 권리선언

노인복지시설 생활노인은 대한민국 국민으로서 그리고 후손의 양육과 국가 및 사회의 발전에 기여하여 온 자로서 헌법과 법률에 정한 권리와 존엄한 노후생활의 보장을 받을 권리를 지니고 있다. 노인복지시설 생활노인은 다음과 같은 기본적 권리를 가지며 어떠한 이유로도 권리의 침해를 받아서는 안 되며, 국가와 시설은 생활노인의 인권을 보호하고 삶의 질을 향상시키기 위하여 최선의 노력을 기울여야 한다.

o 시설 운영 및 생활관련 정보를 제공 받고 입소를 선택할 수 있는 권리
o 개인적 욕구에 상응하는 서비스를 제공받고 선택할 수 있는 권리
o 안락한 가정과 같은 환경과 안전한 주거환경에서 생활할 권리
o 개인적 사생활과 비밀보장에 대한 권리
o 존경과 존엄한 존재로 대우받고, 차별 및 노인학대를 받지 않을 권리
o 부당한 신체구속을 받지 않을 권리
o 건강한 생활을 위한 서비스를 제공 받을 권리
o 시설 내·외부 활동 및 사회적(종교, 정치 등) 관계에 참여할 권리
o 개인 소유의 재산과 소유물을 스스로 관리할 권리
o 이성교제, 성생활, 기호품 사용에 관한 자기 결정의 권리
o 고충의 표현과 해결을 요구할 권리
o 퇴소를 결정하고 퇴소 후 거주지를 선택할 권리
o 시설 종사자와 동료 노인의 인권을 보호해야 할 권리

출처: 보건복지부(2023)

표 15-3 노인복지시설 서비스 제공의 인권원칙

단계	영역	내용
입소 이전	입소 전 충분한 정보 제공	• 시설 정보 입소전 제공 • 시설생활 정보 입소전 제공 • 시설 운영 및 입소 절차 정보 입소전 제공
	입소상담과정	• 입소 관련 서류 및 입소 절차에 대한 충분한 설명 • 개인정보 및 사생활 보호가 가능한 상담 환경 조성
	입소 결정(입소계약)	• 노인의 입소 결정 선택권 보장 • 입소에 있어서 입소 희망자 차별 금지

단계	영역	내용
입소 초기	시설 생활 충분한 정보 제공	• 입소시설 및 이용사항에 대한 충분한 정보 제공 • 시설 생활규칙에 대한 충분한 정보 제공
	서비스 목표 및 계획 수립	• 생활노인의 사정과정(Assessment) 참여 보장 • 생활노인의 서비스 목표 설정 참여 및 자기결정권 보장 • 서비스 수립 과정 인권 보호 • 생활노인 맞춤 개별화된 서비스 제공
	생활노인 초기 적응 지원	• 적절하고 편안하게 생활할 수 있는 환경 제공 • 시설 내·외부 활동 참여 자유 보장 • 생활불편 해결 구체적인 조치 제공
입소 생활 단계	생활노인 기본 처우	• 생활노인 인격적 존중 • 생활노인 평등한 처우 • 생활노인의 신체적 자유 보장 및 개성 존중 • 학대와 부적절한 처우를 받지 않을 권리 보장
	보건의료서비스 제공	• 인권 개념 기반 보건의료서비스 제공 • 인권 고려 재활의료서비스 • 특정 질환 맞춤 적절한 서비스 제공
	일상생활 지원	• 질 높은 영양 및 식사서비스 제공 • 깨끗하고 위생적인 환경 제공 • 여가 문화·생활 욕구 충족 노력
	개별적 특수 욕구 존중	• 개인의 사적 생활과 특별한 욕구 충족 권리 보장 • 공평한 서비스 누릴 권리 보장
	서비스 변경 알 권리 및 선택권 보장	• 서비스에 대해 알고 선택할 권리 보장 • 서비스 변경 요구 권리 보장
	의사소통 및 고충 해결	• 자유로운 의사표현과 소통 권리 보장 • 고충 표현과 해결 요구 권리 보장
	가족 및 외부인 교류	• 가족과 유대관계 유지 권리 보장 • 외부인과 친밀한 관계 맺을 권리 보장
	시설 내 서로 존중	• 동료 노인으로부터 존엄한 존재로 대우받을 권리 보장 • 동료 노인 간 차별 및 학대 예방 조치 제공
퇴소 단계	퇴소 결정 정보 제공과 자기결정권 보장	• 퇴소 상담 및 결정 정보 제공 • 퇴소 의사표현 자유권 및 자기결정권 보장 • 부당한 사유로 퇴소당하지 않을 권리 보장
	전원, 사후서비스 정보 제공 및 사후조치 제공	• 전원이나 입원 의사결정과 자기결정권 보장 • 전원이나 사후서비스 등에 필요한 정보 제공 • 서비스 내역의 사후조치 제공 • 사후처치, 가족 보호 및 존엄한 장례서비스 제공 • 생활노인의 유류품 처리 유지 존중

출처: 한국노인복지중앙회(2013)를 바탕으로 재작성

2. 인권관점 사회복지실천 이해

1) 인권관점 사회복지실천: 욕구기반 접근방법에서 권리기반 접근방법으로

(1) 개념 및 특성

인권관점 사회복지실천은 인권의 속성과 가치를 토대로 하여 사회복지실천 과정이 진행되는 것을 의미한다. 즉, 사회복지사는 인권을 바탕으로 클라이언트를 이해하고, 문제점 해결을 위해 클라이언트와 함께 공동작업을 수행하게 된다(Ife, 2008). 이를 통해 인권과 사회복지가 화학적으로 융합함으로써 인권은 추상적인 개념이 아니라 문제를 인식할 수 있는 구체적 개념이 된다. 사회복지는 인권관점을 통해서 제도적으로 보완하고 기존 사회복지의 문제점을 해결할 수 있다(배화옥 외, 2015).

인권관점 사회복지실천은 전통적인 사회복지실천에서 활용해온 욕구기반 접근방법needs based approach에서 권리기반 접근방법rights based approach으로의 패러다임 이동이 사회복지실천에 적용된다는 것을 의미한다. 사회복지실천에서 욕구는

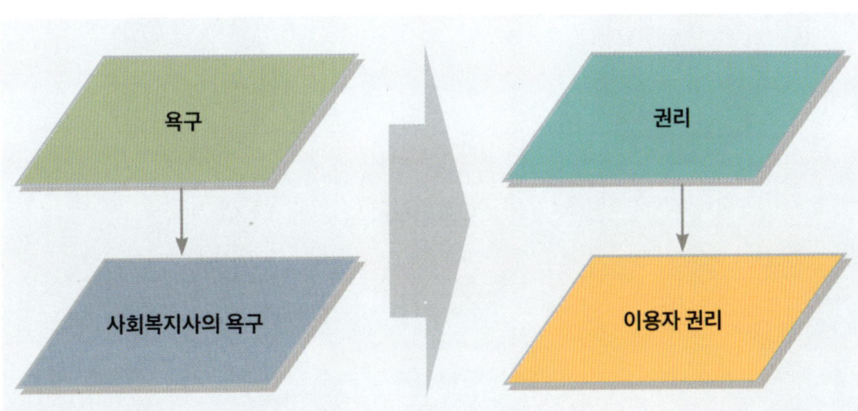

그림 15-1 욕구에서 권리로 패러다임 이동

출처: 국가인권위원회(2018)

가장 핵심적인 개념이며, 클라이언트에게 서비스를 제공하기 위한 자격을 결정짓는 필수조건으로 인식되어왔다. 인권과 사회복지실천을 학술적으로 정립한 아이프Ife가 주목한 것은 욕구 그 자체보다 "클라이언트의 욕구가 무엇인지를 누가 규정하는가"이다(Ife, 2008). 대체로 클라이언트의 욕구 유형 및 수준을 규정할 때 사회복지실천가의 역할이 주도적으로 작동한다. 이는 일차적으로 클라이언트의 자기결정권을 침해할 수 있다. 또한 사회복지실천가가 클라이언트의 욕구를 어떻게 규정하는가에 따라 개입방안이 달라지는 결과를 가져올 수 있다.

권리기반 사회복지실천은 욕구기반 사회복지실천의 대안으로서, '권리 존중, 인권관점 강조, 권리의 집단적 성격'을 구성요소로 한다(〈그림 15-2〉 참조). '권리 존중'은 서비스 제공 근거가 욕구사정이 아니라 클라이언트 권리에 있어야 함을 의미한다. 권리 인정 여부도 사회복지사의 주관적 판단보다는 인권협약과 법, 제도를 기반으로 해야 한다. 다음으로 '인권관점 강조'는 사회복지사가 클라이언트의 문제점을 사정하는 것이 아니라 클라이언트의 권리가 적절하게 보장받지 못하는 체계에 초점을 두어야 한다는 것을 의미한다. 세 번째로

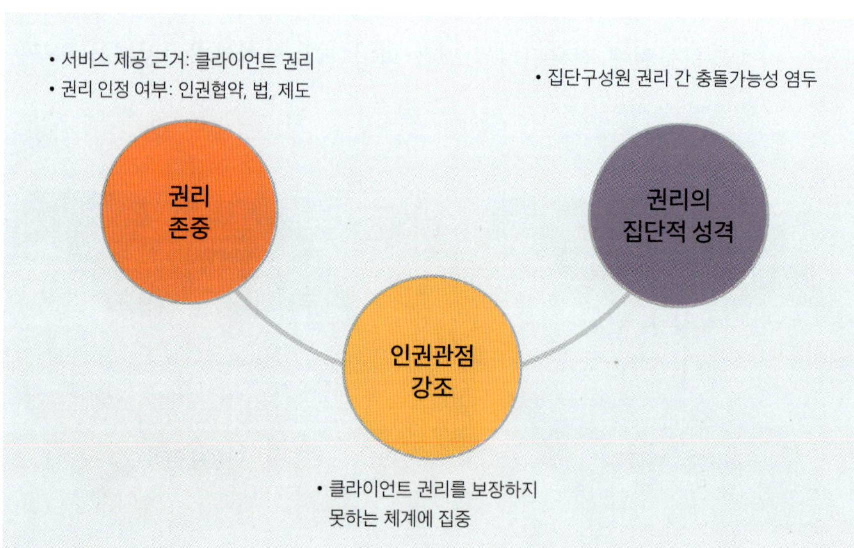

그림 15-2 권리기반 사회복지실천

출처: 국가인권위원회(2018)

'권리의 집단적 성격'은 권리기반 접근과정에서 개인, 가족, 집단, 사회 등 구성원 간 충돌가능성이 있음을 지적한 것이다. 예를 들어, 독립적으로 생활하기 어려운 장애노인의 권리와 가족구성원의 권리가 충돌할 수 있다. 장애노인은 참여권, 가족유지권(가족과 교류, 가족부양을 받을 권리)과 소통권(가족, 이웃, 친구, 비노인층 등 관계망과의 교류권)을 가진다. 하지만 장애노인의 가족구성원도 노동권과 사회권을 지닌 존재이며 이를 누릴 권리가 있다. 따라서 서비스 계획 및 제공과정에서 개인적 비난이나 이기주의를 배제하고 노인과 가족 모두의 권리를 적정화하면서 협력적 관계로 나아가야 한다.

(2) 인권관점 사회복지실천의 장점과 전제조건

인권관점 사회복지실천은 다음과 같은 장점이 있다(배화옥 외, 2015; Ife, 2008). 첫째, 인권은 시대와 문화, 국가 차원을 넘어 보편성을 갖기 때문에 인권관점 사회복지실천 또한 보편적 적용이 가능하다. 욕구기반 사회복지실천의 경우 욕구에 토대를 두기 때문에 클라이언트의 경험과 환경에 한정될 수 있으며, 사회복지사가 자신의 가치관에 따라 해석할 개연성이 있다는 단점이 있다. 반면 인권관점 사회복지실천은 인간의 존엄성 보장을 토대로 클라이언트에게 적용하는데 보편적 특성을 보인다. 둘째로 인권관점 사회복지실천은 사회복지이용자가 권리를 누릴 자격을 갖추고 있는 존재라고 본다. 자선보다 자격을 강조하는 것은 사회복지이용자의 권한을 증진한다. 사회복지실천현장에서 발생하는 윤리적 충돌이나 갈등에 대해서도 해결방안을 도출하는 지침으로 인권관점을 활용할 수 있다.

인권관점 사회복지실천이 갖는 이러한 장점은 다음과 같은 기본전제가 있기에 가능하다. 첫째, 인권관점 사회복지실천에서는 인간 이성과 합리성을 강조하는 모더니즘이 아니라 현대사회를 혼돈, 무질서, 비합리적 구조로 보는 포스트모더니즘 세계관에 기초한다(배화옥 외, 2015; Ife, 2008). 즉, 인간 및 사회구조에서 발생하는 현상을 예측 가능한 세계로 보는 모더니즘적 세계관이 현실적으로 불가능한 허구라고 본다. 따라서 전통적인 사회복지실천이 추구하는 전략수립이나 서비스 계획을 통해 예측 가능한 결과를 만들 수 있다고 보지 않는다.

둘째, 사회복지실천 대상자는 시민권을 누리는 시민 자격으로 사회복지실천에 참여한다고 본다. 이는 집단주의적 이데올로기와 참여민주주의와 맥락을 같이한다. 따라서 사회적 차원에서 개입을 개별적 접근보다 중요시하며, 사회복지사와 이용자의 지속적인 대화와 참여가 필수적이다.

셋째, 인권관점 사회복지실천은 결과보다는 과정에 초점을 둔다. 따라서 클라이언트가 자기결정권과 자기통제를 최대한 발휘하도록 클라이언트 참여를 강조하며, 사회복지실천 과정에서 인권관점이 철저하게 반영되었을 때 그 결과가 의미가 있다고 본다.

2) 인권관점 사회복지실천의 방향성 및 사회복지사 역할

사회복지실천현장에서는 인권관점보다 욕구중심관점이 주로 사용되고 있다. 그 이유는 사회복지실천이 욕구에 초점을 두고 단독 학문보다는 다학제간 학문으로 접근하기 때문이다. 또한 현장에서 사회복지사의 전문가주의professionalism가 일반적이다 보니 클라이언트의 욕구를 충족하기 위해 전문가로 개입하는 욕구 패러다임이 발달되어왔기 때문이기도 하다(Ife, 2008). 하지만 다른 한편으로는 사회복지의 목적이 인간의 행복과 자기실현에 있고, 실천과정에서 클라이언트의 자기결정권, 사생활 보호, 비밀보장, 알 권리 보장 등 인권 가치가 실제적으로 활용되고 있다. 인권관점 사회복지실천은 욕구기반이 아닌 권리 보장에 입각하여 실천의 전 과정이 진행되도록 사회복지실천의 패러다임이 이동한 것이다. 따라서 사회복지사는 지식, 가치, 기술을 갖춘 인권 전문가이고, 클라이언트는 자기 삶에 대한 전문가이므로 사회복지실천의 모든 과정에 사회복지사와 클라이언트가 파트너관계로 참여해야 한다(McPherson, 2015).

사회복지사는 인권전문직의 위상을 지녀야 하는데, 이를 위해서는 다음과 같은 실천 방향성을 지녀야 한다. 첫째, 이분법 극복이다. 사회복지학은 하나의 단독 학문이 아니라 다학제간 학문으로 발전하는 과정에서 개인과 사회, 미시와 거시 구조의 이분법적인 상황에서 둘 중 하나를 택해야 했다. 그로 인

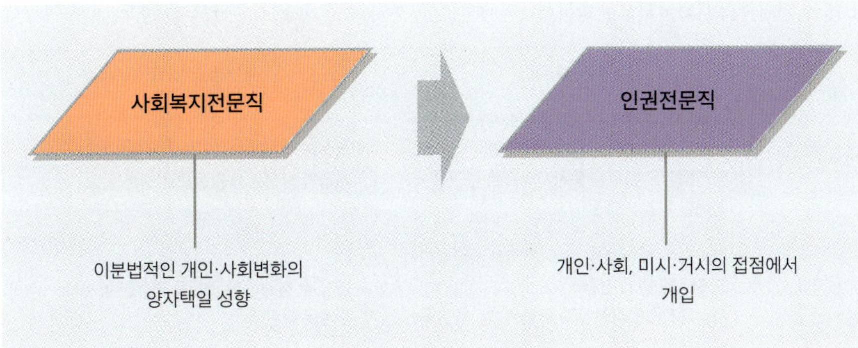

그림 15-3 사회복지전문직 위상

출처: 국가인권위원회(2018)

해 다른 한쪽을 등한시하게 되면서 인권을 침해하는 결과로 이어진다. 예를 들어 개인의 변화에 초점을 두면 인권을 침해하는 구조적 원인 쪽은 그대로 유지되는 식이다. 인권전문직으로서 사회복지사는 이러한 이분법의 접점을 찾아 둘 다 개입하는 활동이 필요하다. 둘째, 클라이언트와 평등한 관계를 맺어야 한다. 사회복지사의 전문가주의를 강조하게 되면 클라이언트와 수직관계로 나아가는 경향이 있다. 따라서 인권전문직 사회복지사는 클라이언트와의 관계를 수평적인 평등한 관계로 전환해야 한다. 셋째, 권리 패러다임의 사회복지실천을 수행해야 한다. 기존 욕구 중심 패러다임에서는 클라이언트 욕구에 기초하기 때문에 클라이언트 권리를 일부분만 제한적으로 보장하는 결과로 이어졌다. 인권전문직 사회복지사는 클라이언트 당사자가 스스로 자신의 욕구를 결정하는 것을 돕고 욕구 이면의 권리를 확인하고 이를 보장할 수 있도록 해야 한다(〈표 15-4〉 참조).

인권전문직으로서 사회복지사 역할을 살펴보면 재해석자reinterpreter, 옹호자advocate, 역량강화자empowering professional가 있다(Ife, 2008).

(1) 재해석자

클라이언트 사정 및 개입과정에서 사회복지사는 '내가 무엇을 할 수 있는가?'What can I do?에서 '나와 클라이언트가 함께 무엇을 할 수 있는가?'What can we do together?로 재해석해야 한다.

표 15-4 인권관점 사회복지실천 방향성

방향성	현재(As is)	개선 방향성(To be)
이분법 극복	• 사회복지전문직은 개인을 변화시키거나 사회를 변화시키는 양자택일 성향 • 양자택일은 한쪽을 등한시하므로 인권을 침해할 위험성 내포	• 개인과 사회, 미시와 거시 접점을 찾아 개입하는 전문직 활동으로 전환 필요
이용자와 평등한 관계	• 이용자 변화 창출 주체: 이용자와 사회복지사 간 평등한 관계 전환 • 사회복지전문직에 내포된 권위, 힘, 특권 등: 사회복지사 전문가주의 전제	• 양자 간 불평등한 관계를 평등한 동지적 관계로 전환
권리 패러다임	• 욕구 패러다임 사회복지실천: 사회복지사가 이용자 욕구를 정의하고 사정하는 전문가 • 욕구에 대한 정의: 사실에 기초하기보다 사회복지사 가치의 영향을 강하게 받음(이용자 욕구를 충족시키는 데 한계)	• 욕구 패러다임보다는 권리 패러다임 실천 지향 • 욕구는 당사자 스스로 결정: 사회복지사는 인권전문가로서 욕구 이면에 자리한 당사자의 권리 확인 및 욕구와 관련성 성찰 분석

출처: 배화옥 외(2015)를 바탕으로 재작성

(2) 옹호자

비인간적이고, 비민주적인 억압 및 차별을 받는 이유는 개인 탓이라기보다는 구조적, 제도적으로 발생하는 문제로 간주해야 한다. 특히 사회복지사는 성별, 인종, 경제수준, 국적, 장애, 종교 등에 의해서 차별받지 않도록 클라이언트의 인권을 옹호해줄 수 있어야 한다. 아동학대 예방, 장애인 차별금지, 노인학대 예방, 노인 차별금지 등과 관련해서 캠페인이나 홍보활동을 할 수 있다.

(3) 역량강화자

사회복지사는 역량강화자로, 능력이 부족한 클라이언트에 개입하는 것이 아니라 클라이언트가 자신의 권리를 발견·정의하고 실현해나갈 수 있도록 능력을 증진하는 활동을 수행해야 한다. 사회복지사는 클라이언트를 '무엇인가(역량)가 부족한 존재'로 보는 것이 아니라 '무엇인가(권리)를 갖고 있는 존재'로 보고 접근해야 한다. 이는 인권관점 사회복지실천에서 매우 중요한 접점이다(배화숙 외, 2015: 90). 따라서 클라이언트와 사회복지사는 위계적 관계이거나 누가 더 우월한 위치에 있지 않으며, 양자가 동등한 위치에서 상호 대화를 통해 사회복지실천을 해나가야 한다.

| 더 알아보기 |

인권전문직으로서 사회복지사: 노숙인종합지원센터 사회복지사, 박샘의 이야기

Q. 센터에서 활동하면서 가장 기억에 남는 사람 또는 순간이 있다면?

센터는 주로 거리 노숙인을 많이 만나는데, 거리 노숙인은 장기간 노숙하는 경우가 대부분이다. 내가 센터에 입사했을 때부터 지금까지 만나는 사람도 있다. 그래도 기억에 남는 사람을 꼽는다면, 초기 상담을 통해 알코올팀에 연계한 이후 생활시설로 연계돼서 지역사회에 정착하고 서울역 근처에서 일을 구한 분이다. 나와 센터의 초기 상담에서 만났다는 이유만으로, 매주 센터에 들러서 고맙다는 인사를 전한다.

Q. 주로 아버지뻘인 당사자들과 만날 때 느끼는 특별한 감정이 생길 수도 있을 것 같다

경력이 상대적으로 적은 사회복지사보다 센터나 노숙인 지원 서비스에 대해 더 많은 것을 알고 있는 노숙인도 있다. 그래서 나 같은 종사자를 아들처럼 대해주기도 한다. 대부분 술을 마시고 센터 근처로 와서는 사회복지사나 종사자들을 붙들고 한참 동안 이야기하는 것을 좋아한다. 그런 면에서 모든 사람 한 명, 한 명이 '인간책'인 것 같다. 야간업무를 볼 때는 그런 분들과 몇 시간씩 대화하기도 했다.

Q. 본인이 하고 있는 일을 좋은 의미에서 즐기고 있다는 느낌이 든다

내 정체성은 사회복지사보다는 활동가 같은 느낌이다. 센터에서 일하다 보면 사회복지사로서 직업의식을 잊는 순간이 더러 생긴다. 일반적인 사회복지사, 복지관의 종사자들보다는 이용자들과 인간적인 관계를 자주 맺게 된다. 업무 중에도 휴게공간에서 계속해서 마주치고, 일상적으로 피부로 부딪히는 순간이 많기 때문인 것 같다.

출처: 월간『복지동향』 2019년 6월호

3) 인권관점 사회복지실천 과정과 방법

인권관점에 입각한 사회복지실천 과정과 방법에 대해서는 짐 아이프가 제시한 영역에 따라 설명하고자 한다(Ife, 2008).

(1) 사회복지실천 용어 재정의

인권관점에 기반한 사회복지실천과정이 되기 위해서는 먼저 기존 사회복지실천현장의 용어를 재정의할 필요가 있다. 어떤 용어를 사용하느냐에 따라 사회복지사는 무의식적으로 인권에 부합하지 않는 세계관을 형성할 수 있기 때문이다. 예를 들어 클라이언트는 '이용자'로, 개입은 '함께'로, 슈퍼비전은 '동료자문'으로, 면접은 '대화'로 표현한다면 인권관점에 보다 근접한 용어가 될 것이다. 특히 군대식 표현인 전략, 표적집단, 계약, 철회, 동맹, 캠페인, 연합 등도 사회복지실천현장의 용어로 적합하지 않다.

클라이언트에서 이용자로

사회복지실천현장에서 광범위하게 사용되는 '클라이언트'는 인권관점에서 적합하지 않을 수 있다. '누가' 클라이언트인지, 클라이언트가 '무엇'을 의미하는지 서로 다르게 이해할 수 있기 때문이다. 현장에서는 '누가 클라이언트인가'를 규정하기 위해 특정 개인이나 집단에게만 특별한 지위를 부여하기 때문에 왜 특정 개인이나 집단에게 지위를 부여했는지, 선정 권한은 누구에게 있는지 의문이 발생할 수 있다. 사회복지 영역 바깥에서 클라이언트는 전문가 서비스를 받기 위해 자발적으로 계약한 사람으로 서비스의 종류나 양도 통제할 수 있다. 하지만 사회복지실천과정에서 클라이언트는 사회복지사를 선택하거나 서비스와 급여, 평가에 대한 선택권이 없으므로 이 용어 사용이 모순적일 수 있다. 또한 클라이언트는 지혜와 전문지식을 수동적으로 받아들이는 의존적인 위치에 있는 사람으로 해석될 여지가 있다. 이러한 맥락에서 클라이언트보다는 '이용자', '참여자', '고객', '시민', '회원' 등으로 바꿔 부르는 것이 바람직하다.

개입에서 함께하기(공동작업/공동생산)

'개입'은 1970년대 사회복지실천이론으로 체계이론이 활발히 적용되면서 사용된 용어이다. 사회복지사는 개인의 욕구나 문제를 해결하는 과정에서 개인, 가족, 집단, 조직, 지역사회 등 모든 체계를 분석하고, 각 체계를 변화시키기 위해 개입하게 된다. 하지만 인권관점 사회복지실천에서는 사회복지사의 체계별 개입을 비판적으로 바라본다. 체계이론에 따르면 개입은 외부행위자가 안으로 들어왔다 나가는 과정이므로 사회복지사는 체계 일부로 인식되기 어렵고, 변화를 일으킬 사람과 동일시될 수 없기 때문이다. 사회복지사가 동반자가 아니라 외부전문가로 인식되면, 수평적 실천은 결과적으로 불가능하다. 이에 인권관점에서는 클라이언트가 사회복지실천과정의 파트너라는 측면에서 개입이라는 용어 대신에 '공동작업', '함께' 등의 표현이 더 적합하다고 본다.

관리감독 슈퍼비전에서 동료자문으로

슈퍼비전은 클라이언트에게 최선의 사회복지실천을 제공하기 위해서 필수적인 요소이다. 사회복지사의 전문성이 높아지고, 유능한 사회복지실천이 되도록 선배 사회복지사가 슈퍼바이저[supervisor]로서 역할을 하게 된다. 이 과정에서 슈퍼비전을 주는 슈퍼바이저와 슈퍼비전을 받는 슈퍼바이지[supervisee] 사이의 상하권력관계가 형성되며, 슈퍼바이저는 감시와 통제를 하는 관리감독자가 된다. 인권관점에서는 슈퍼비전이라는 이름 아래에서 이루어지는 모든 것을 비판하기보다는 수평적 상호작용이 가능한 슈퍼비전을 표현할 수 있는 용어로의 변화를 주장한다. 이에 대한 대안으로는 '동료자문'이란 표현이 있다.

(2) 인권관점 사회복지실천 방법과 기술

기본적으로 인권관점 접근법에서는 사회복지실천을 위한 구체적인 기술이나 방법을 제시하지 않는다(배화옥 외, 2015). 인권관점은 포스트모더니즘을 토대로 하고 있어, 미리 실천기술이나 방법을 구체적으로 규정하는 것이 적절하지 않다고 보기 때문이다. 다만 아이프는 사회복지실천과정에서 가장 자주 활용되는 실천방법(기술)을 인권관점을 접목해서 기술하였다(Ife, 2008). 사회복지실천에서 사용되는 실천기술, 기법, 방법은 광범위하므로, 인권관점에서 사용하는 모든 실천기법과 방법을 설명하는 것은 불가능하다. 일부 내용은 〈표 15-5〉를 참조하기 바란다.

표 15-5 인권관점 사회복지실천 방법(기술)

실천방법(기술)	인권관점 사회복지실천
면접	• 인권기반 접근법에서 면접의 주인공은 사회복지이용자이므로 '면접'이라는 용어보다 '대화한다'라고 표현해 이용자 중심의 대화가 되도록 할 것
집단	• 사회복지사는 사회복지 이용자 혹은 지역사회 구성원으로 이루어지는 팀 회합, 행동집단, 사례회의 등 여러 종류의 집단에서 촉진자 역할 • 사회복지사는 한 집단 전체를 통제하는 것이 아니라 팀원 개개인이 집단을 통제하며 자유에 대한 권리와 자기결정권 등 확대 • 사회복지사는 타인에 대한 존중, 모든 구성원에게 말할 기회를 부여하는 등의 실천 원칙 이행

실천방법(기술)	인권관점 사회복지실천
지역사회	• 사람들이 자신의 인권을 행사함과 동시에 타인의 권리를 존중할 수 있도록 적절한 기회 제공 • 지역사회 지도자는 한 사람이 모든 결정을 내리고 일방적으로 지시하는 것이 아니라, 모든 결정과 지시가 충분한 자문과 합의, 민주적 과정 보장
계획	• 인권관점에서 현실은 예측 불가능하므로 계획을 비합리적이라고 간주 • 계획 '과정'에서 사회복지 이용자 혹은 지역사회 주민과 함께 프로그램에 대해 생각하고 이 과정에서 그들의 자기결정 존중
기관 운영	• 인권을 존중하고 강화하는 방식으로 기관이 운영되어야 하며, 경영 관리직의 이용자 인권 향상 방법 검토 강조
슈퍼비전	• 경영과정에 참여적이고 대화하는 방식으로 슈퍼비전이 진행되는 방법 모색 • 일대일 방식 슈퍼비전에서 집단상담 방식으로 전환 요구

출처: 배화옥 외(2015)를 바탕으로 재작성

(3) 사회복지조직 변화

사회복지사가 인권관점 사회복지실천을 실행하기 위해서는 사회복지조직에도 인권원칙에 부합하는 문화변화가 필요하다. 사회복지사가 일하는 사회복지조직에서 인권관점이 실행되기 위해서는 클라이언트 역할, 조직구조와 실천, 전문가협회 차원에서 기존 조직의 특성이 변화되어야 한다(Ife, 2008). 좀 더 구체적으로 살펴보면 다음과 같다.

클라이언트 역할

인권관점 사회복지실천은 클라이언트 자기결정권을 극대화하는 과정에서 인권을 증진하게 되므로 이러한 원칙이 사회복지조직에 적용되어야 한다. 클라이언트는 자신의 권리에 관련한 이슈를 공동으로 대응해나갈 사회복지사를 선택할 수 있어야 한다. 하지만 현재 사회복지실천현장에서 사회복지사는 클라이언트의 선호에 관계없이 일반적으로 배정되고 있다. 슈퍼비전의 경우에도 클라이언트에 의한 슈퍼비전은 전달되는 통로가 부재하다. 사회복지실천은 사회복지사와 클라이언트라는 양대 축으로 진행되므로, 클라이언트에 의한 슈퍼비전이 이루어질 수 있도록 사회복지사와 의논하여야 한다. 또한 클라이언트가 사회복지조직의 채용, 정책 및 프로그램 기획, 평가, 예산 수립 및 감사 등의 참여를 지향해야 한다.

조직구조와 실천

인권관점 실천에 장애요소가 되는 조직상 규정, 표준화된 업무, 공식적 및 비공식적 관행 등도 변화되어야 할 것이다. 위계적 조직구조, 형식적 틀 속에서 지나치게 표준화된 업무, 업무 내용 및 절차에 대한 규제, 전통적 업무처리 고수 등의 조직문화는 인권관점에 부합하지 않는다. 이러한 조직문화에 대한 재구조화 작업이 사회복지조직 차원에서 실행되어야만 인권관점 사회복지실천이 가능하게 된다. 인권관점은 포스트모더니즘과 참여민주주의에 토대를 두고 있어 사회복지사의 창의적 해석 및 수평적 의사소통이 전제되어야 할 것이다.

전문가협회

인권관점 사회복지실천을 위해서는 전문가협회인 사회복지사협회의 역할이 중요하다. 전문가협회로는 국제사회복지사협회, 미국사회복지사협회, 영국사회복지사협회British Association of Social Workers, 한국사회복지사협회 등이 있다(양옥경, 2017). 전문가협회는 사회복지사의 자격증 승인, 전문가 교육과정, 사회복지사 역할 및 윤리규정 등을 다루기 때문에 인권관점 사회복지실천 원칙을 실현하는 중심적인 위치에 있다. 전문가협회는 국내외적으로 인권에 어긋나는 사건에 맞서거나 피해를 본 사람을 위해 활동하는 행동주의적 사회복지사에 대한 지원과 보호체계 기능을 수행할 수 있어야 한다.

(4) 사회복지 교육 변화

인권관점 사회복지실천은 사회복지 교육에도 반영되어야 한다. 인권 교과목이 사회복지사를 양성하는 교육과정과 사회복지사 전문성을 강화하는 보수교육과정에도 필수적으로 포함되어야 한다. 그리고 모든 사회복지 교과목에서도 인권이 공통으로 다루어져야 할 것이다. 교육방법 또한 주입식 교육banking education에서 비판적 교육critical education으로 변화해야 한다. 사회복지를 배우는 학생에게 주전자에 물을 담듯이 지식을 암기시키는 학습은 효과적이지 않다. 주입식 교육에 대한 대안으로서 비판적 교육은 교수와 학생이 적극적으로 상호작용하면서 학생이 스스로 타오르는 촛불이 되도록 한다. 교수는 교과목, 교과목

내용, 평가, 현장실습 배치, 현장실습 교수 배정, 현장 슈퍼바이저 등에서 학생의 선택권을 최대한 보장해주어야 한다. 교수와 학생이 최대한 협력하면서 사회복지 교육을 받도록 해야 인권관점이 학생들에게 내재화될 수 있다. 이러한 교육을 받은 사회복지사는 현장에 나가서 클라이언트와 함께 인권관점에 입각한 사회복지실천을 할 것으로 기대된다.

이와 함께 클라이언트 의견이 사회복지 교육내용에 반영될 수 있어야 한다. 사회복지 교육은 결과적으로 클라이언트와 함께 일하는 사회복지사를 양성하기 위한 것이다. 클라이언트의 목소리를 반영하지 않으면 이들의 가치와 선호가 암묵적으로 배제되는 결과를 가져온다.

3. 인권관점 사회복지실천모델

인권관점에 기반한 사회복지실천모델로 임파워먼트모델, 사회정의모델, 이용자참여모델, 인권관점 통합사회복지실천모델을 간략하게 살펴보고자 한다. 특히 인권관점 통합사회복지모델이 임파워먼트모델, 사회정의모델, 이용자참여모델을 포괄하고 있으며, 인권이 사회복지실천에 적용하도록 설계되었다는 측면에서 구체적으로 다루었다.

1) 임파워먼트모델

임파워먼트[empowerment]는 역량강화 또는 권한 부여를 의미하는 용어로, 사회복지학계와 사회복지실천현장에서 보편적으로 사용되고 있다. 임파워먼트모델은 클라이언트의 사회적·조직적 환경에 대한 통제력을 증진시키기 위한 사회복지실천 기술을 의미한다(배화옥 외, 2015). 임파워먼트모델이 인권관점 사회복지실천과 결합되는 지점은 협력적 관계와 개입 차원에 있다. 협력적 관계는 인권관점 사회복지실천에서 사회복지사와 클라이언트의 평등한 관계와 유사한 개념이다. 개인, 주변, 구조 측면에서 개입하는 임파워먼트모델은 인권관점 사회복지실천에서 추구하는 이분법 극복과도 연결된다. 하지만 임파워먼트모델이 개인, 대인관계, 사회구조 차원의 부족한 역량 증진을 강조하는 것은 인권관점 사회복지실천과는 차이가 있다. 인권관점 사회복지실천은 인간을 권리를 가진 존재로 인식하는 것을 매우 강조한다(Ife, 2008). 즉, 임파워먼트모델이 인간 및 사회구조 차원에서 부족하거나 발견되지 못한 역량을 찾거나 증진하는 것이라면, 인권관점은 인간 및 주변체계(가족, 조직, 지역사회)가 권리가 있다는 전제에서 출발한다.

먼저 임파워먼트모델에서 사회복지사는 클라이언트와 협력하는 파트너십 관계를 맺는다. 다시말해 전문적 관계에 대한 시각이 내재화된 사회복지사가 클라이언트를 원조하는 것이 아니다. 클라이언트는 경험적 역량을 갖추고 있으므로 사회복지사와 파트너 관계를 맺고 문제 및 욕구를 해결하기 위해서 상호 협력한다. 클라이언트에 대한 시각도 소비자 중심으로 접근하기 때문에 클라이언트가 소비자로서 권리를 갖는다고 본다. 가장 대표적으로 클라이언트는 소비자로 자기결정권 보유자로 선택을 한다. 또한 클라이언트는 다른 체계와 효율적으로 상호작용하며, 사회적 및 물리적 환경의 자원체계에 기여할 수 있는 역량을 갖고 있다고 인식된다(양옥경 외, 2002).

다음으로 임파워먼트모델은 클라이언트가 자신과 사회에 대한 탄력성을 가지고 있다고 보고 자신에 대한 삶을 결정할 수 있는 역량을 부여한다. 클라이언트 임파워링empowering을 위해서 개인, 대인관계, 구조적 차원 등 미시와 거시적 차원에서 모두 접근한다. 이러한 차원들이 서로 분리되어 있기보다는 상호 영향을 주는 관계이기 때문이다. 개인 차원에서는 인성, 인지, 동기 등 자신의 삶에 대한 통제감이 강화되도록 한다. 주변관계 차원에서는 일방적으로 받거나 주는 것이 아닌 상호 교환하는 평형 관계를 형성하게 한다. 구조적 차원에서는 사회적, 정치적 맥락에서 발생하는 문제에 집중하며 사회구조를 바꾸고자 한다(양옥경 외, 2002).

임파워먼트모델의 개입과정은 대화단계Dialogue, 발견단계Discovery, 발전단계Development로 구성된다. 각 단계별로 사회복지사와 클라이언트는 협력적 관계에서 주요 과업들을 수행하게 된다. 대화단계에서 사회복지사와 클라이언트는 파트너 관계를 형성하고 방향 및 목표설정을 한다. 발견단계에서는 강점 확인, 자원의 역량 사정, 해결 계획 수립 및 계약을 한다. 발전단계에서는 발견단계의 계획을 실천하고, 대인관계적, 제도적 차원의 변화를 통해 다른 체계와 협력적 관계를 만들거나 새로운 자원을 형성하는 기회를 확대한다(양옥경 외, 2002).

2) 사회정의모델

사회정의모델은 사회정의가 인권으로 실현된다고 설명한다. 사회복지사를 포함해 모든 원조와 의료 전문가들이 사용할 수 있는 일반실천모델이다(Wronka, 2008). 이 모델을 설계한 롱카Wronka는 사회복지사가 글로벌한 인권문화human rights culture 문제에 더욱더 적극적으로 참여해야 한다고 주장한다. 특히 인간은 존엄한 존재로 영리profit보다 더 중요한 존재임을 분명히 인식하는 정신적 변화가 필요하다고 하였다. 이 모델에서는 사회정의를 달성함으로써 인권이슈를 해결할 수 있다고 보며, 사회정의 추구를 투쟁과정으로 본다.

사회정의와 인권은 상호불가분의 관계로, 사회정의가 실현되기 위해서는 개인, 가족, 집단, 전체 인구, 전 지구 등 다양한 차원의 개입을 해야 한다. 롱카는 다양한 차원의 개입에 대한 효과성을 지속해서 평가하여 반영해나가는 과정을 중요시하였다. 구체적으로 사회복지에서 자주 활용되는 매크로macro와 마이크로micro를 포함하여 5개 차원에서 개입이 필요하다고 주장하였다(Wronka, 2008). 먼저 매크로는 욕구 및 문제가 발생할 수 있는 모든 인구층을 대상으로 하는 기초적 개입이다. 메조mezzo는 문제 발생이 높은 조건을 갖춘 위험집단을 대상으로 하는 2차적 개입이다. 마이크로는 문제를 보이고 있는 인구층에 대한 임상적 개입으로 3차적 개입이다. 4차적 개입인 메타-매크로meta macro는 전 지구적 시각으로 세계화 및 인간의 본능으로 발생한 이슈들에 대한 관심이다. 5차적 개입인 메타-마이크로meta micro는 전문가주의를 토대로 일상생활에서 긍정적 변화를 가져오는 개입 성과를 인정하는 것이다(배화옥 외, 2015).

예를 들어 방임노인에 대해 매크로 차원에서의 개입은 크게 사회차원에서 보호를 요구하는 노인 권리의 옹호이며, 메조 차원의 개입은 독거노인 중에서 자기방임 위험이 높은 집단을 표적대상으로 삼는 것이다. 마이크로 개입은 보호소를 제공하는 전통적인 사회복지 차원의 개입이다. 또한 연구 차원의 개입은 방임노인을 이해할 수 있는 질적 및 양적 연구를 활용하는 것이다. 메타-매크로 접근은 인권원칙에 부합하는 인간다운 삶을 구현하는 사회를 만드는 것이다. 결과적으로 노인보호소는 필요하지만, 방임노인이 갖는 권리의 상호의존성interdependency of rights을 고려하여 다루어져야 할 다양한 접근 중에 한 부분일 뿐이다. 메타-마이크로 차원과 맞닿아 있는 최종 목적은 방임노인이 더 이상 이러한 프로그램에 참여할 필요가 없게 되며, 결과적으로 사회복지사가 관여하지 않은 상태out of business가 되는 것이다(Wronka, 2008).

사회정의모델에서는 사회복지사가 정치적으로 참여하는 것이 매우 중요하며, 인권 침해를 국제적으로 감시하는 유엔 조약기구에 법률 제정 청원(촉구) 및 보고서 작성을 해야 한다(Wronka, 2008). 특히 롱카는 인권과 사회정의를 향한 사회복지사의 의식 저변을 확대해야만 사회적 행동과 서비스가 공정하게 이루어지고 널리 알려지게 된다고 주장한다. 〈그림 15-4〉는 롱카가 설계한 사회정의모델을 도식화한 것이다.

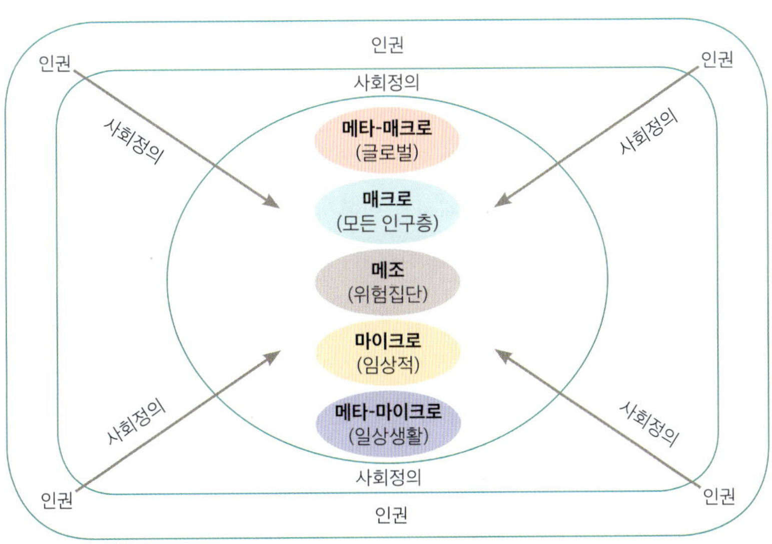

그림 15-4 사회정의모델

3) 이용자참여모델

이용자참여모델은 이용자가 자신이 필요한 서비스가 무엇이며 서비스를 어느 정도 받아야 하는지 결정하는 데 참여할 것을 강조한다. 전통적으로 서비스 이용자는 지역사회에서 살아가기 위해 자원이 필요한 사람 정도로 인식되었다. 하지만 이용자참여모델에서는 이용자가 소비자로서 상품구매와 유사한 방식으로 서비스를 선택할 수 있는 권한을 보유하고 있음을 강조한다(김용득·김미옥, 2007). 이용자의 참여는 단지 의사결정과정에 참여한다는 것 자체가 목적이 아니라 이용자가 일상생활에서 또는 사회복지서비스와 관련해서 스스로 선택할 수 있는 통제력을 갖도록 하는 데 의의가 있다(배화옥 외, 2015).

사회복지 영역에서 이용자 참여는 몇 가지 차원으로 구분할 수 있다.

첫째, 개별 이용자는 서비스 이용자 또는 잠재적 이용자로서 받고자 하는 서비스를 스스로 선택할 수 있도록 한다.

둘째, 서비스 개발 및 공급을 위한 전략적 계획과정에 참여한다.

셋째, 지방정부에 독립적인 이용자 주도의 서비스와 조직을 만든다.

넷째, 사회복지서비스와 복지공급 등에 관련한 연구에 참여한다. 예를 들어 참여자실행연구action research 방식으로 지체장애인이 적합한 서비스 시간 및 내용 등의 의견을 제안할 수 있다.

다섯째, 사회복지서비스 교육과 훈련을 제공하는 사람으로 참여한다.

여섯째, 광범위한 사회적 활동에 이용자 영향력을 증진한다.

일곱째, 서비스 이용자라는 경계선을 넘어서 지역사회 전체에 참여하는 것이다. 이용자 참여는 서비스 제공자와 이용자 사이에 발생하는 불평등한 관계를 개선하는 것을 강조한다(김용득·김미옥, 2007).

이용자참여모델의 유형은 크게 개별적 참여와 집단적 참여로 구분할 수 있다. 개별적 참여는 단지 이용자의 참여에만 목적을 두는 것이 아니라 삶에 대한 통제력을 갖도록 하는 유형이다. 즉, 일상생활에서 벌어지는 일들을 스스로 선택할 수 있게끔 돕고자 한다. 개별적 참여를 보장하기 위해서는 이용자가 서비스 제공자의 가정, 행동과 서비스 조직화 방식을 파악하고 선택할 수 있는 환경 여건이 조성되어야 한다. 집단적 참여는 서비스 이용자 집단에 영향을 미치는 개인들의 집합적 행동을 의미한다(김용득 · 김미옥, 2007).

4) 인권관점 통합사회복지실천 모델

인권관점 통합사회복지실천HRPSW: Human Rights Practice in Social Work 모델은 맥퍼슨McPherson이 인권관점 사회복지 저서들[1]과 학술논문, UN 〈인권관점 공동이해선언〉Statement of Common understanding(UNDP, 2003), 그루스킨Gruskin의 인권관점 의료정책 및 프로그램(Gruskin et al., 2010) 등을 토대로 개발하였다. 이 통합 프레임comprehensive framework은 인권렌즈human rights lens, 인권목적human rights goals, 인권방법human rights methods이라는 세 가지 축으로 구성된다(〈그림 15-5〉 참조). 사회복지사는 인권

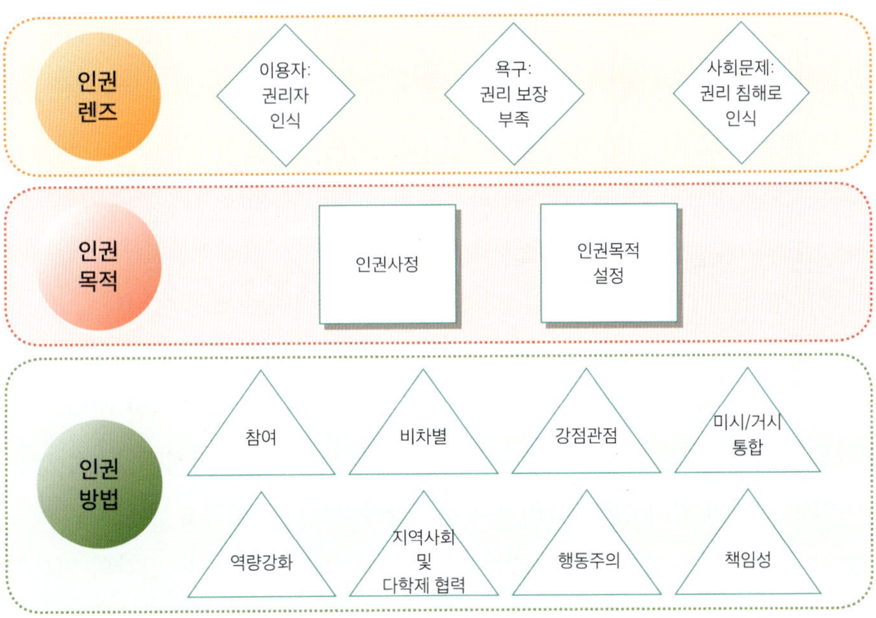

그림 15-5 인권관점 통합사회복지실천 모델

출처: McPherson(2015)을 바탕으로 재작성

1 인권관점 저서로는 Ife(2008), Lundy(2011), Mapp(2008), Reichert(2006), Univ(2007), Wronka(2008) 등이 있다.

렌즈를 통해서 보고, 인권목적 달성을 지향하며, 인권방법을 활용하는 것이다(McPherson, 2015).

인권관점 사회복지실천모델은 개념적 틀conceptual framework로 사회복지 실천가, 교육자, 연구자가 상황에 처한 자신들만의 방식으로 인권관점을 실현하고, 교육하고, 연구할 수 있다. 즉, 사회복지실천현장에서는 보편적으로 사용되는 인권관점 실천 공식이나 하나의 관점이 존재할 수 없다는 것을 강조한다. 인권관점 사회복지실천은 상황적이며, 참여적이고, 각자가 소유권을 갖는 방식이다(UNFPA and HUSPH, 2010). 따라서 인권관점 통합사회복지실천 모델은 규정이나 지침prescription이 아니라 실천을 위한 가이드로 활용해야 한다(McPherson, 2015).

(1) 인권렌즈

인권렌즈는 ① 클라이언트를 권리보유자로clients are seen as rights holders, ② 욕구는 권리 보장이 결여된 것needs are seen as lack of access to rights으로, ③ 사회문제는 권리 침해social problems are seen as rights violations로 인식하는 것을 의미한다. 카메라 렌즈의 핵심 부품처럼, 인권렌즈의 세 가지 요소는 사회복지 전문가가 인권시각rights-saturated view으로 클라이언트와 주변 환경을 볼 수 있도록 해주는 장치이다. 이 렌즈를 통해서 사회복지사는 클라이언트의 욕구보다는 권리에 집중하고, 클라이언트가 자선 수혜자가 아닌 권리보유자임을 인식하게 된다. 즉, 문제는 클라이언트가 인권을 침해받아 발생한 것이지, 개인적 병리에서 비롯된 일이 아니다.

- '클라이언트' = '권리보유자' 사회복지의 클라이언트는 일반 시민과 동일하게 권리를 보장받으며, 「헌법」 및 「사회복지법」에 의해 사회서비스를 받을 수 있는 권리가 있다. 만약 사회복지사가 클라이언트에게 필요한 도움을 제공했다면, 그 도움은 안전, 주거, 건강, 영양(음식), 소득 등과 같은 인간의 기본적 권리를 보장하기 위해서이다. 결과적으로 클라이언트는 사회복지사에게 서비스를 받을 권리가 있다는 것이다.

- '욕구' = '권리 보장 부족' 인권렌즈의 두 번째 요소는 클라이언트 욕구

가 권리 보장 부족으로 발생한 것임을 사회복지사가 인식하는 것이다. 예를 들어, 경제적 욕구(빈곤)는 일정 수준의 삶을 유지하는데 필요한 경제적 권리를 보장받지 못하고 있음을 의미한다. 마찬가지로 열악한 교육이나 의료에 대한 불만은 교육 및 의료서비스에 대한 권리 보장이 되지 않은 상황에서 발생한다.

• '사회문제' = '권리 침해' 인권렌즈의 세 번째 요소는 만성적인 사회문제 내에 존재하는 인권 침해를 사회복지사가 인지하게 해준다. 노숙인 문제는 시민의 주거권 침해로, 굶주림과 영양결핍은 음식에 대한 기본권을 침해받은 결과로 이해해야 한다. 가정폭력은 피해자의 안전권리에 대한 침해이다. 이러한 방식으로 주거, 음식, 안전을 클라이언트의 욕구나 요구가 아니라 법적으로 당연히 인정받아야 하는 권한으로 인식해야 한다.

특히 이러한 권리에 대한 의무부담자duty-bearer는 국가라는 측면에서, 인권렌즈는 사회문제에 대한 책임의 주체를 개인에서 사회나 정부로 이동시킨다. 이는 권리에 대한 개인적 책임을 갖지 말라는 것이 아니라, 인권관점의 사회복지사는 개인적 문제를 보다 광범위한 사회적 맥락과 환경 속에서 살펴보고 인지해야 함을 의미한다(Gitterman and Germain, 2008).

(2) 인권목적

인권관점 사회복지실천은 사회복지사와 사회복지기관이 인권과 관련된 용어로 목적을 재설정하는 것을 필수로 한다. 이는 UN의 〈인권접근 공동이해 선언〉과 사회복지 인권학자[2]들에 의해 공통적으로 제기된 것이다. 인권목적의 두 가지 활동은 ① 인권사정human rights assessment과 ② 인권목적 설정human rights goal-setting이다.

• 인권사정 인권관점 사회복지사는 클라이언트를 사정하는 초기 과정에서 클라이언트가 누리지 못하는 권리가 무엇인지 인권관점에서 접근한다. 안

2 Gruskin et al(2010), Lundy(2011), Mapp(2008), Univ(2004), Wronka(2008) 등을 참조할 수 있다.

전, 교육, 주거, 영양 등은 기본적 권리에 해당되므로, 클라이언트의 이러한 사항을 욕구기반에서 접근할 것이 아니라 권리에 기초한 사정을 실시해야 한다. 또한 인권관점 사회복지사는 클라이언트의 삶을 구성하는 다양한 영역을 살필 때 미시와 거시 수준에서 동시에 접근해야 한다. 예를 들어 노숙자의 경우는 주거에 대한 권리 보장으로 접근해야 하지만, 주거문제가 발생한 구조적인 문제에 대해서도 파악해야 한다.

• 인권목적 설정 사회복지서비스는 불평등한 인권 접근권을 다루어야 하며, 사회복지실천의 임무는 클라이언트의 인권 접근성을 확대해나가는 것이다. 사회복지기관은 인권과 관련된 목적을 설정해야 한다. 예를 들면 음식, 안전한 주거, 교육 및 범죄 예방에서의 비차별 등이 그러한 목적에 해당된다. 인권관점 사회복지실천모델은 사회복지의 초점이 욕구에서 권리로 이동한다는 패러다임을 강조한다. 사회복지사는 의료적·정신의학적 특성과 더불어 정치적·사회적 진단을 할 수 있는 역량을 갖추고 있어야 한다. 사회복지사와 클라이언트는 파트너 관계로 클라이언트 문제를 해결하기 위해 공동으로 노력하며, 사회복지사는 클라이언트와 함께 정치적으로 투쟁해야 한다. 이러한 지점에서 인권관점 통합사회복지실천모델은 임상적이고 진단적인 모델과는 거리가 멀다.

(3) 인권방법

인권방법은 〈노인을 위한 UN원칙〉과 같은 인권원칙이 사회복지실천에서 활용될 수 있도록 안내하는 접근방법을 의미한다. 인권원칙으로 ① 참여participation, ② 비차별nondiscrimination, ③ 강점관점strengths perspective, ④ 미시/거시 통합micro/macro integration ⑤ 역량강화capacity building, ⑥ 지역사회 및 다학제간 협력community and interdisciplinary collaboration, ⑦ 행동주의activism, ⑧ 책임성accountability 등이 사회복지실천에 적용된 것이다. 인권원칙을 준수하는 사회복지사는 서비스 계획에 클라이언트를 참여시키고, 강점관점을 활용하며, 불평등에 대응하며, 역량을 강화하기 위한 훈련을 제공하며, 클라이언트를 환경 속의 인간으로 이해하고, 다양한 전문가와 공동으로 협력하며, 성찰적 기술reflective techniques을 통한 책임성을 갖는다. 또한 클라이언트에 대한 차별이나 경제적 피해가 있다면, 사회복지사는 정치적 중립성을 포기하고 정치적인 투쟁을 해야 한다.

• 참여 클라이언트 참여는 모든 인권관점 사회복지 문헌에서 보편적으로 등장한다(Zavirsek and Hearath, 2010). 참여는 클라이언트와 사회복지사의 관계를 통해서 나타난다. 사회복지사와 클라이언트는 평등한 파트너이면서 평등한 리더로서 사정, 개입, 평가 등을 포함하여 사회복지기관 내에서 이루어지는 모든 의사결정과정에 참여해야 한다. 클라이언트 참여가 없이는 클라이언트에 대한 어떤 접근도 무의미하다는 점을 강조한다. 참여적 전략은 개입에 대한 아이디어를 클라이언트에게서 도출한다.

• 비차별 클라이언트가 구조적인 폭력으로 차별 받기도 하는데, 이는 불평등, 사회적 배제, 혐오 등이 사회적 위계 형식으로 정착되어 발생한다. 사회복지에서 비차별을 실행하기 위해서는 개인 삶에 영향을 주는 구조적 불평등인 노인학대, 빈곤, 질환, 폭력, 억압 등을 겪고 있는 클라이언트를 사회복지기관 내로 들어오게 해야 한다. 그리고 개인 삶이나 지역사회 내에서 차별이나 구조적 폭력이 제거되거나 바로잡혀야 한다. 특히 클라이언트에 대한 개입과정에서 책임성, 수용성, 접근성, 서비스의 질 등에서도 차별이 발생하지 않도록 사회복지사와 기관 차원의 노력이 필요하다.

• 강점관점 사회복지사는 클라이언트와 지역사회의 강점 강화에 초점을 두어야 한다. 클라이언트를 재능, 능력, 잠재성, 비전, 가치, 희망을 가진 존재라는 관점에서 보아야 하지만, 이러한 장점들이 환경, 억압, 트라우마로 인해서 왜곡되거나 사라질 수 있음에 주의해야 한다. 강점관점에서는 클라이언트가 알고 있는 것과 할 수 있는 것을 우선 고려한다. 개인, 가족, 지역사회와 주변에 있는 자원을 모을 수 있어야 한다.

• 미시/거시 통합 사회문제는 매우 복잡한 양상을 보이므로 사회복지실천은 모든 체계에서 개입을 해야 한다. 체계는 크게 미시와 거시로 구성되지

만, 일반적으로 사회복지사는 미시적 관점에서 접근하는 특성을 보인다. 이에 로스먼Rothman과 미즈라히Mizrahi는 미국 내 사회복지사들이 임무 절반은 포기하고 있다고 주장했다(Rothman and Mizrahi, 2014).

사회복지사들은 클라이언트가 개인적 문제를 갖는다는 병리적 진단 프레임을 짜고 개입하는 경향이 매우 강하다. 사회복지사는 개인이나 가족에 대한 개입뿐만 아니라 지역사회 조직화, 클라이언트 옹호, 정책, 정치적 행동을 동시에 취해야 한다. 인권관점 통합사회복지실천모델은 반드시 개인적(미시) 그리고 사회적(거시) 장arenas 모두에 개입해야 한다. 다수의 사회복지문헌에서도 미시와 거시 실천이 반드시 통합되어야 함을 분명히 하고 있다(Lundy, 2008; Mapp, 2008).

- 역량강화 역량강화는 사회복지사가 전문가로서 클라이언트를 위해 무엇을 할 것인지에 관한 서비스 범위를 넘어서 클라이언트가 지역사회의 불공정한 개인적·사회적 상황을 변화시키는 데 참여할 수 있도록 기술을 개발하는 것을 의미한다. 인권관점 사회복지사는 반드시 클라이언트의 개인 영역과 사회정치적 영역 모두에서 역량을 높여야 한다. 교육은 역량강화에서 가장 중요한 요소이다. 권리에 대한 정보를 잘 고지받은 클라이언트는 자신의 욕구가 시혜적 차원이 아니라 권리보유자 차원에서 다루어져야 한다는 것을 인식할 수 있게 된다.

- 지역사회 및 다학제간 협력 협력은 사회복지사가 클라이언트를 적절한 기관에 의뢰할 수 있도록 하며, 전문가, 경제상황, 지역사회 영역에 한정되지 않고 사회적 및 정치적 변화를 가져오게 한다. 이러한 협력에는 지역사회 일원, 다양한 전문가, 옹호자 집단, 지역사회 리더, 정부 관계자를 포함한다.

- 행동주의 행동주의는 사회복지사가 클라이언트, 지역사회와 함께 클라이언트의 삶에 영향을 주는 이슈에 대한 투쟁에 참여하는 것을 의미한다. 인권관점 사회복지사는 경우에 따라서 정치적 중립성을 포기하고 가치를 실현하기 위해 행동해야 한다. 인권관점 사회복지사는 모든 사람이 자원, 고용, 서비스,

기회 등에서 평등하게 접근할 수 없다면 사회적, 정치적 이슈에 적극적으로 목소리를 내야 한다.

• 책임성 책임성은 인권관점 사회복지실천의 품질보증서와 같다. 책임성의 필수조건은 서비스 이용자에게 서비스 범위와 효과성에 대한 정보를 반드시 제공하는 것이다. 결과적으로 인권관점에서는 사회복지조직이 클라이언트 집단에 제공한 서비스 목적과 관련하여 효과성을 평가해야 한다. 사회복지사는 매일 클라이언트에게 서비스를 제공하는 과정에서 치열하게 성찰해야 하며, 자신의 실천이 불평등이나 인권침해 소지가 없도록 주의해야 한다.

4. 인권관점 노인복지실천 개입 사례

지금까지 검토한 인권관점 통합사회복지실천모델을 노인복지실천에 적용해보면 ① 사회복지사가 인권렌즈를 착용하고, ② 노인과 함께 인권사정을 통해 인권목적을 설정하고, ③ 인권방법을 활용하여 노인복지실천을 수행하는 과정으로 설명할 수 있다(〈그림 15-6〉 참조).

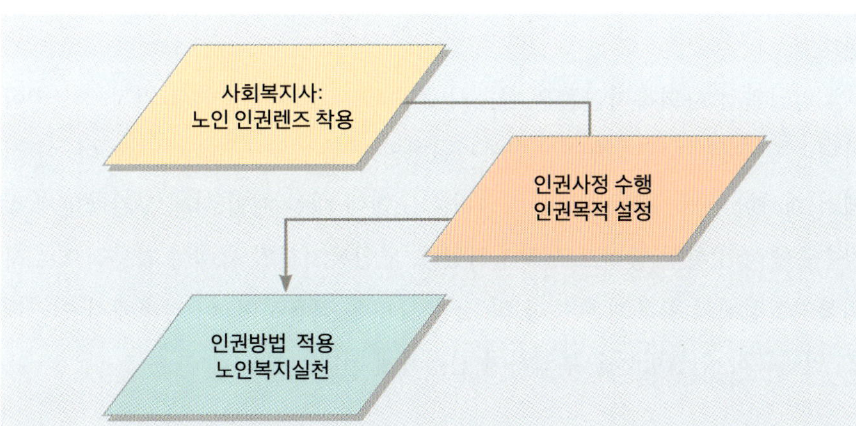

그림 15-6 인권관점 사회복지실천의 노인복지실천 적용

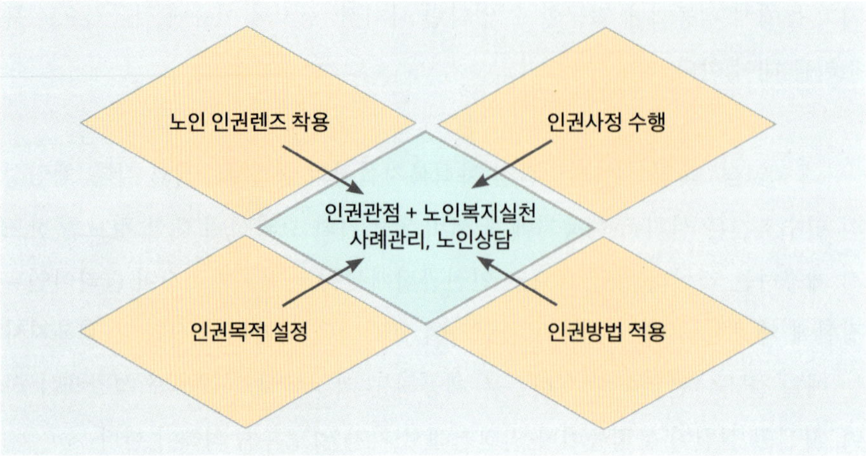

그림 15-7 인권관점 노인복지실천과정

14장에서 살펴본 바와 같이, 사회복지실천현장에서 활용되고 있는 노인복지실천과정은 ① 초기단계(접수·관계형성 및 사정), ② 개입단계, ③ 평가와 종결단계로 구성되며, 사례관리 및 노인상담이 실천방법으로 사용된다. 인권관점 노인복지실천과 전통적인 노인복지실천이 분리되기보다는 인권관점이 노인복지실천에 깃들도록 적용하는 것으로 이해할 수 있다. 따라서 인권관점 노인복지실천은 〈그림 15-7〉과 같이 인권관점으로 노인 인권렌즈 착용, 인권사정과 인권목적 설정, 인권방법 적용 등을 전통적인 노인복지실천과정에 최대한 반영함을 의미한다. 특히 사회복지사는 인권관점 노인복지실천을 위해 노인과 사회복지사의 협력적 관계와 미시와 거시의 통합적 접근을 내재화해야 한다.

인권관점 사회복지실천은 반드시 준수해야 하는 규정이나 지침prescription이 아니라 인권을 기초로 하는 노인복지실천의 방향성을 제시하는 것이다. 이 절에서 제시한 지역사회 노인 및 시설거주 노인에 대한 개입 사례도 간략하게 절차수준에서 방향성 중심으로 작성하였다. 노인복지실천 사례는 전통적으로 사회복지실천에서 활용해온 통합 및 절충 모델을 적용하며, 이 과정에서 인권렌즈, 인권목적, 인권방법을 투입하여 진행하게 된다.

1) 지역사회 노인 개입 사례

(1) 사례개요

이미남 어르신은 80세로 부인이 2년 전에 사망했고, 지방 중소도시 임대아파트에서 혼자 생활하고 있다. 아들과 딸이 있지만 서울시에 거주하고 있으며, 명절이나 생일에 집에 들러 용돈을 주거나 같이 밥을 먹는 정도이다. 손자녀는 할아버지 집이 불편하다며 같이 오는 것을 싫어하는 눈치이다. 어르신은 기초연금과 노인일자리사업 참여를 통해서 생활비를 벌어 쓰고 있다. 어르신은 혼자서 집을 정리하거나 간단한 식사를 준비하는 것이 갈수록 힘들며, 노인일자리사업에 참여하는 것도 생활비 때문에 귀찮지만 꾹 참고 있다.

이미남 어르신은 연령에 비해서 건강한 편이지만, 관절염과 만성적인 피로감, 우울 감정 등으로 인해서 생활이 행복하지 않다고 생각한다. 특히 부인 사망으로 이웃이나 친구들과 만나는 횟수도 줄어들었다. 그에게 가장 큰 걱정은 갑자기 집에서 쓰러지거나 아파도 이를 알거나 돌봐줄 사람이 없다는 것과 건강이 나빠지면 자녀가 자신을 요양병원에 보낼 것이라는 막연한 두려움이다.

노인일자리사업 담당 사회복지사는 이미남 어르신이 점점 체중이 줄어들고, 제대로 세탁이 되지 않은 옷을 입고, 일하는 과정에서 말수가 줄어들어 자기방임 및 우울증상이 의심되어서 노인복지관에 의뢰하였다.

(2) 사례개입

인권렌즈

• 어르신을 권리보유자로 인식

사회복지사는 인권렌즈를 통해서 이미남 어르신을 자유권(사생활 자유권)과 건강권(건강급여권, 위생 및 영양권, 돌봄 및 요양 보호권, 정신건강권) · 사회참여권(교육, 문화, 여가, 자원봉사) · 경제노동권 · 주거권 등의 사회권을 가지는 권리보유자로 인식한다.

• 어르신 문제를 권리침해로 인식

이미남 어르신이 자기방임과 우울증의 사회문제를 가지고 있는 것이 아니라 자유권과 사회권을 보장받지 못하여 인간으로서 누려야 할 인권을 침해받고 있다고 인식한다.

인권목적 및 인권방법

• 기본정보, 가계도, 생태도, 사회도,[3] 생활력 등 인테이크

이미남 어르신에 대한 성별, 연령, 주소, 연락처, 경제상태, 주거특성 등의 기본정보, 가계도, 사회도, 생활력 등을 어르신과 함께 작성한다.

• 인권관점 사정–목적–방법

어르신의 신체적 기능, 심리적 기능, 사회적 기능, 재정, 주거환경별로 침해된 권리가 무엇인지를 사정한다. 인권사정을 토대로 어르신과 함께 미시적 및 거시적 인권목적을 설정한다. 인권목적을 달성하기 위해서 인권방법을 활용한다.

3 생태도는 노인 및 가족이 주변체계들과 맺은 관계상황이나 에너지 유입 및 유출상황, 갈등상황 등을 시각화한 것이고, 사회도는 집단 내 성원 간 상호작용을 표현하는 그림이다(엄명용 외. 2012).

표 15-6 노인이용시설 인권관점 사정-목적-방법 작성사례

영역	인권 침해	인권 침해 내용	인권목적 설정(어르신과 함께)		인권방법
			미시	거시	
신체적 기능	건강권	• 위생 및 영양권 침해: 비위생적 옷 착용, 결식	• 자기케어 기술 증진	• 위생 및 건강권을 보장할 수 있는 제도 마련 • 영양서비스 제도화	• 참여: 노인 • 강점관점: 독립생활 의지 • 역량강화: 자기케어능력 • 지역사회자원: 보건소 • 다학제간 협력: 간호사, 영양사 • 행동주의: 사회보장 캠페인 • 책임성: 과정 및 성과 평가
심리적 기능	건강권	• 정신건강권: 우울증상	• 노인상담을 통한 우울증상 감소	• 사회적 지지 기반 및 네트워크 형성	• 참여: 노인 • 강점관점: 행복하고 싶은 소망 • 역량강화: 인권 인식 • 지역사회자원: 정신보건센터 • 다학제간 협력: 정신과의사 • 행동주의: 노인사회참여 캠페인 • 책임성: 과정 및 성과 평가
사회적 기능	사회 참여권	• 소통권: 사회적 관계 축소로 고립 상태	• 말벗서비스를 통해 사회적 고립 예방	• 세대교류가 가능한 공간 마련 • 연령 차별적 사회인식 개선	• 참여: 노인 • 강점관점: 친구 필요성 인지 • 역량강화: 권리 인식 • 지역사회자원: 정신건강지원센터 • 다학제간 협력: 보건소 협력 • 행동주의: 인식개선 캠페인 • 책임성: 과정 및 성과 평가
주거 환경	주거권	• 주거권: 냉난방 문제, 냄새	• 집안청소 및 관리 기술 강화	• 노인가정 주거환경 개선 사업	• 참여: 노인 • 강점관점: 위생 및 청결 의지 • 역량강화: 주거권 인권 인식 • 지역사회자원: 집고치기 사회적 기업 • 다학제간 협력: 주택관리사 • 행동주의: 주거권 보장 주장 • 책임성: 과정과 성과 평가
재정 상태	경제 노동권	• 경제권: 기초연금 및 노인일자리로 기초생활 어려움	• 노인맞춤돌봄 서비스를 통한 자원 연계	• 노후소득 보장제도 강화	• 참여: 노인 • 강점관점: 경제활동 의지 • 역량강화: 경제권 인권 인식 • 지역사회자원: 시니어클럽, • 주민자치센터 • 다학제간 협력: 일자리상담사 • 행동주의: 노후소득보장 강화 주장 • 책임성: 과정과 성과 평가

(3) 독거노인친구만들기

독거노인친구만들기 프로그램은 인권관점 노인복지실천 사례로 인간 존엄권, 사회권과 연결되도록 설계되었다. 특히 인권관점 사회복지실천이 지향하는 바와 같이 반드시 정해진 절차에 따르는 것이 아니라 기관(사회복지사) 및 클라이언트 상황별로 프로그램을 구성할 것을 강조한다. 이 프로그램도 전체적인 가이드만 제시하고 실제적인 진행은 복지관이 자체적으로 내용을 구성할 수 있다는 측면에서도 인권관점 사회복지실천과 접목된다.

독거노인친구만들기 프로그램은 사회복지사가 아웃리치와 연계를 통해 지역사회에서 고립된 독거노인을 발굴하고, 독거노인이 함께 믿고 의지할 수 있는 친구만들기를 통해 우울증 감소, 고독사 및 자살을 예방하는 상호돌봄체계 구축을 목적으로 한다. 최소한 1명의 절친한 친구 또는 단짝친구confidant만들기와 자조모임, 나들이, 사례관리서비스, 개인상담, 집단활동 등을 활용하여 고립된 독거노인의 삶의 질을 향상할 수 있도록 지원한다(엄태영 · 김유진, 2014). 프로그램 참여자는 가족, 친구, 이웃, 공공기관 등과 사회적 관계가 단절되거나 위축된 노인이다. 프로그램 참여자는 위험 정도에 따라 은둔형(외부인과 사회적 관계를 전혀 맺지 않고 있는 은둔형 외톨이), 활동제한형(와상상태가 아니면서, 신체장애나 만성질환으로 외부활동과 ADL이 제한된 노인으로 우울증 진단을 받은 노인), 우울형(자살시도 경험이 있는 노인과 의료기관에서 우울증으로 진단받은 노인 중에서 자살위험이 높은 독거노인) 등으로 구분된다(권중돈, 2018).

구체적인 공통적 프로그램 내용으로는 ① 개별 사례관리서비스(사례관리 및 상담), ② 현금지원 및 음주, 흡연 등을 제외한 나머지 긴급생활지원(예: 긴급생필품, 냉난방문제, 긴급의료비, 임대료 및 공과금 등), 또는 질병치료 등 긴급사례관리서비스(최대 1인 50만 원), ③ 은둔 노인 사회참여 나들이, ④ 사회관계 형성과 촉진을 위한 세부 외부활동 프로그램, ⑤ 자조모임 집단 프로그램, ⑥ 중도탈락자 사후관리 등이 있다(권중돈, 2018).

결과적으로 이 프로그램을 통해서 건강권(병원진료 및 치료, 위생 및 영양, 돌봄), 정신건강권(독거노인 우울증 및 자살생각 감소), 사회참여권(취미교실, 나들이, 친구들과 교류), 경제권(긴급생계지원비), 주거권(주거환경개선 연계) 등의 노인 인권 개선이 이루어질 수 있다.

2) 시설거주노인 개입 사례

(1) 사례개요

김사랑 어르신은 남편과 일찍 사별하고, 2남 2녀를 대학까지 공부시키기 위해 노점상을 하며 온갖 고생을 하였다. 자녀들이 좋은 직장에 취업하고 가정을 이루고 살아서 평소 주변 친구들에게 자랑을 많이 했다. 하지만 75세에 경로당 가는 길에 넘어져서 일상생활을 혼자 하기 어렵게 되었다. 병원에 입원하여 치료받고 퇴원하였지만 혼자 걸을 수 없어서 휠체어로만 이동이 가능했다. 처음에는 큰아들과 며느리가 노인맞춤 돌봄서비스를 이용하면서 부양했지만, 부양 부담과 맞벌이로 인해서 더 이상 같이 생활하기 어려웠다. 이에 큰아들이 건강보험공단에 장기요양등급을 신청하여서 김사랑 할머니는 2등급을 받았다. 큰아들 집에서 가까운 요양원에서 생활하게 되었다.

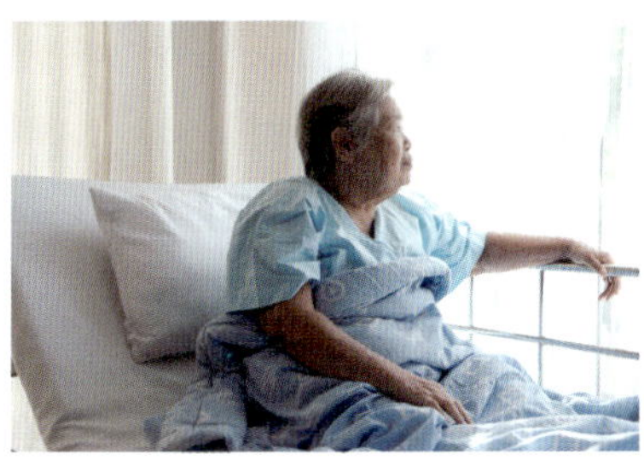

김사랑 어르신은 신뢰하는 장남한테 제일 좋은 시설이라는 이야기만 듣고 요양원에 입소했지만 왠지 아들에게 버림받았다는 기분이 들었다. 입소한 후에는 자신이 평소 입던 옷 대신에 환자복을 입어야 하고, 아침에 일어나는 시간과 자는 시간이 정해져 있고, 저녁을 5시에 먹어서 자는 내내 배고픔을 경험하였다. 건강했을 때 다니던 경로당 친구들도 더 이상 만나지 못했다. 낮 동안에는 여가 프로그램에 참여하거나 텔레비전을 시청하였다. 방에는 4명이 같이 있는데 옆 침상에 있는 노인의 활동 모습이 보이기 때문에 기저귀를 교체할 때는 불편하였다.

(2) 사례개입

인권렌즈

• 어르신을 권리보유자로 인식

사회복지사는 인권렌즈를 통해서 김사랑 어르신을 자유권과 건강권·사회참여권·경제노동권·주거권 등 사회권을 가진 권리보유자로 인식해야 한다.

• 어르신 문제를 권리침해로 인식

요양원에서 입소 어르신들을 효율적으로 돌보기 위해서 규정으로 정한 동일 환자복 착용, 동일 기상·취침·식사 시간, 외부 교류 제재 등에 대해 김사랑 어르신이 불편해하는 것을 별난 노인의 투정으로 취급해서는 안 될 것이다. 대신 사회복지사는 김사랑 어르신이 자유권, 사회참여권, 주거권 등을 침해받고 있다고 인식해야 한다.

인권목적 및 인권방법

• 기본정보, 가계도, 생태도, 사회도, 생활력 등 인테이크

김사랑 어르신에 대한 기본정보, 가계도, 사회도, 생활력 등을 어르신과 함께 작성한다.

• 인권관점 사정–목적–방법

어르신의 사회적 기능, 신체적 기능, 심리적 기능, 재정, 주거환경별로 침해된 권리가 무엇인지를 사정한다. 인권사정을 토대로 어르신과 함께 미시적 및 거시적 인권목적을 설정한다. 인권목적을 달성하기 위해서 인권방법을 활용한다.

표 15-7 노인생활시설 인권관점 사정-목적-방법 작성사례

영역	인권 침해	인권 침해 내용	인권목적 설정(어르신과 함께)		인권방법
			미시	거시	
사회적 기능	사회 참여권	• 소통권 침해: 입소 전 사회관계 단절 상태	• 경로당 친구 만나기 외출 지원	• 사회적 교류를 위한 최소 외출 규정 마련	• 참여: 노인 • 강점관점: 친구와 지속적 교류 의지 • 역량강화: 권리 인식 • 지역사회자원: 광역경로당지원센터, 노인복지관 • 다학제간 협력: 외출 시 건강 위험 관리(간호사) • 행동주의: 시설의 적정인력 기준 개선(「노인복지법」 개정) • 책임성: 목적 달성 여부 효과성 평가
신체적 기능	자유권	• 사생활 자유권 침해: 자기 일상생활(예: 의복, 취침 및 기상 시간, 식사 시간 등)에 대한 자기결정권 침해	• 의복, 취침 및 기상 시간, 식사 시간 등의 어르신 선택 존중	• 서비스 계획 작성 시 노인 참여 의무화	• 참여: 노인 • 강점관점: 자기결정 의지 • 역량강화: 권리 인식 • 지역사회자원: 노인복지관 • 다학제간 협력: 영양사, 간호사, 의사 • 행동주의: 시설인력 기준 개선(「노인복지법」 개정) • 책임성: 과정 및 성과 평가
주거 환경	주거권	• 주거환경보장권 침해: 4명이 같이 방을 사용해서 사생활을 보장받지 못한 주거환경	• 분리커튼을 활용하여 사생활 보호 증진	• 사생활자유권이 보장받을 수 있는 최저주거 기준 법제화	• 참여: 노인 및 가족 • 강점관점: 자기 의견 표시 • 역량강화: 사생활자유권 인식 • 지역사회자원: 집고치기 사회적 기업, 노인복지관 • 다학제간 협력: 주택관리사 • 행동주의: 시설기준 개선(1인 최저 주거 기준 지침 마련) • 책임성: 과정과 성과 평가

(3) 노인요양시설 문화변화

등장과 개념

노인요양시설 문화변화Nursing Home Culture Change는 인권관점이 반영된 노인복지 실천으로 노인의 자유권과 사회권을 보장하기 위한 노력이다. 문화변화 등장과 개념은 다음과 같이 요약하여 설명할 수 있다(이민홍, 2017).

노인요양시설이 사회와 단절되면서 노인의 삶이 비인간화되고 시설 내에

서 상당한 제약을 받는 문제점을 해결하려는 개혁적 노력이 미국을 중심으로 1980년대부터 시작되었다. 1980년대 초 요양시설 개혁을 위한 국제시민연대 NCCNHR: National Citizen's Coalition for Nursing Home Reform는 거주자 권리를 발표했으며, 시설이 기준 이하 서비스를 제공하는 것에 대해 문제제기를 하였다(Holder and Frank, 1985). 이는 케어의 질과 삶의 질은 분리될 수 없으며, 시설거주노인의 삶의 질을 향상하기 위한 정책이 필요하다는 담론에 처음으로 사회적 합의가 도출된 것이다. 1986년에는 의학연구소 보고서Institute of Medicine Report에서 노인요양시설의 더 좋은 케어better care로 간호보다 가정이 중요하게 부각되었다. 이를 계기로 미국에는 일괄예산조정법안OBRA: Omnibus Budget Reconciliation Act이 도입되어 거주자중심케어person-centered care를 제공하는 규정에 대한 법적 토대가 마련되었다.

이러한 발전 경로를 통해 1997년에 마침내 시설서비스 공급자, 이용자, 소비자단체, 연구자, 정부 등이 참여한 파이어니어 네트워크Pioneer Network 조직이 구성되었다. 파이어니어 네트워크는 요양시설을 집에서 머무는 것과 같은 환경으로 조성하는 사회케어모델social care model을 제안했다. 이 시점부터 거주자중

노인이 어디에 있든 '집에 있다'고 느끼게끔 하는 것이 문화변화의 핵심 목표다. 미국의 파이어니어 네트워크는 이를 위해 편안하고 사생활이 존중되는 생활공간, 돌봄을 제공하는 사람과 노인의 의미 있는 관계가 필요하다고 홈페이지에서 밝히고 있다.

표 15-8 노인요양시설 문화변화 적용

전통적 의료모델 적용 시설	문화변화 적용 시설
• 케어와 치료 중심 • 거주노인은 시설과 직원의 일상생활에 맞춤 • 직원 순환근무 • 직원이 거주노인 대신 의사결정 • 직원 중심 시설운영 • 규칙적 활동 • 부서 중심 • 질환 유형 따른 거주노인 인식(예: 치매노인)	• 거주노인 마음 배려 개별화된 케어 • 거주노인 일상생활에 맞춤 • 동일한 직원을 통한 서비스 제공 • 거주노인 스스로 의사결정 • 거주노인 중심 시설운영 • 거주노인 자발적인 행동 • 부서 간 팀 접근 • 거주노인과 개별적 관계 인식

출처: Fagan(2003)

심케어와 집과 같은 환경을 조성하는 노력을 공통적으로 문화변화라고 부르게 되었다. 참고로 일본은 집과 같은 사회적 및 물리적 환경을 제공하는 요양시설을 유닛케어라고 한다(Nishino et al., 2024). 〈표 15-8〉은 전통적 의료모델 적용 시설과 문화변화 적용 시설의 특성 차이를 압축적으로 제시한 것이다. 미국의 노인요양시설 문화변화의 시작은 민간주도였지만, 2005년부터는 중앙정부CMS: Centers for Medicare and Medicaid Services와 주정부 감독 및 인증기관을 통해서 정책과 지침으로 문화변화가 지원되고 있다.

문화변화 실천모델

노인요양시설에서 활용될 수 있도록 개발된 문화변화 실천모델로는 다음과 같은 것들이 있다. 파이어니어 네트워크 모델은 회원 기관들 간, 그리고 지역사회 간 협력을 통해 개별화된 케어를 제공한다. 또한 노인이 지역사회에 지속적으로 참여하여 욕구를 충족하면서 성장과 발전을 도모할 수 있는 장소로 시설을 바꾸고자 하였다. 에덴 얼터너티브Eden Alternative 모델은 노인이 시설에서도 애완동물이나 식물을 자유롭게 기를 수 있으며, 가족과도 불편함 없이 교류할 수 있게 지원한다. 그린 하우스Green House 모델은 요양시설 건물을 최대한 가정집처럼 조성해 10명 이하 노인들이 생활할 수 있는 환경의 제공을 강조한다. 일본의 경우 가정집처럼 소규모 노인이 생활할 수 있는 환경을 조성한 유닛케어Unit Care 모델이 확산되고 있다. 가정과 같은 환경을 제공하기 때문에 유닛케어 시설은 생활시설이 아닌 재가시설로 분류된다. 시설의 문화변화는 호주, 캐나다, 스위스, 영국 등지에서 적용되고 있으며, 그 효과에 대한 연구가 활발하게 진행되고 있다.

토론쟁점

노인인권 충돌 사례에 대해 인권관점에서 개입하는 방법을 토론해보자.

> 이○○(32세 남)은 대학졸업 후 국민연금관리공단 공채에 3번째 도전으로 입사해, 현재 부산지역본부 5년차 직장인이다. 내년에는 대리 승진 자격요건을 갖추게 되어 우수 근무평가를 받기 위해 노력하고 있다. 하지만 아버지(70세)께서 지난주 뇌출혈로 병원에 입원하게 되었으며, 아버지는 자신의 간병을 아들이 해주길 바란다. 이○○은 노동권을, 이○○ 아버지는 가족유지권(가족과 교류하고 부양받을 권리)을 갖고 있다. 가족유지권과 노동권이 충돌하는 상황에서 사회복지사는 어떻게 개입하면 좋을지 논의해보자.

토론거리

1 이○○ 아버지 입장에서 가족유지권을 주장하는 이유로는 무엇이 있을까?

2 이○○ 입장에서 노동권을 주장하는 이유로는 무엇이 있을까?

3 이 사례의 담당 사회복지사라면 어떻게 대처하겠는가?

참고문헌

1장

고진하(2008), "늙지만 말고 잘 여물어가게나", 『경향신문』, 2008년 11월 1일자.

김유경(2014), "가족주기 변화와 정책제언", 『보건복지포럼』 211: 7-22.

김윤태(2013), "토마스 험프리 마셜의 시민권 이론의 재검토: 사회권, 정치, 복지국가의 역동성", 『담론』 16(1): 5-32.

김찬호(2009), 『생애의 발견』, 서울: 인물과 사상사.

문진영(2013), "인권과 사회복지: 쟁점 분석", 『비판사회정책』 39: 83-116.

박경란 · 이영숙(2001), "대학생이 갖고 있는 노인에 대한 고정관념 분석", 『한국노년학』 21(2): 71-83.

박순우(1995), "T. H. Marshall의 시민권적 복지론의 재조명", 『사회복지정책』 1: 71-82.

보건복지부(2005), 2005년 노인보건복지사업 안내.

보건복지부(2010), 2010년 노인보건복지사업 안내.

유경 · 민경환(2005), "연령 증가에 따른 정서복잡성의 변화가 장노년기 주관적 안녕감에 미치는 영향", 『한국노년학』 25(4): 189-203.

유범상(2018), "No人에서 Know人으로: 시민성 교육을 통한 선배시민 형성전략", 한국노년교육학회 춘계학술대회 발표집.

윤홍식 · 남찬섭 · 김교성 · 주은선(2019), 『사회복지정책론』, 서울: 사회평론아카데미.

이금룡(2006), "한국사회의 노년기 연령규범에 관한 연구", 『한국노년학』 26(1): 143-159.

이인정 · 최해경(2007), 『인간행동과 사회환경』, 서울: 나남.

장수지(2013), "노년기 배우자 사별 후 적응과정에서의 개인적 성장", 『한국사회복지학』 65(4): 165-193.

정진웅(2011), "정체성으로서의 몸: 종묘공원 노년 남성의 '몸짓 문화'의 의미", 『한국노년학』 31(1): 157-170.

조효제(2007), 『인권의 문법』, 서울: 후마니타스.

조효제(2016), 『인권의 지평』, 서울: 후마니타스.

중앙치매센터(2017), 대한민국 치매현황 2016.

지은정(2021), "집단 간 위협이론의 관점에서 본 노인정책연령: 노인인지연령을 넘어서", 『한국행정연구』 30(2): 243-275.

참여연대 사회복지위원회(2014), "'중장기 사회보장 재정추계'에 대한 참여연대의 입장", 2014년 2월 논평.

최성재 · 장인협(2005), 『노인복지론』, 서울: 서울대학교 출판부.

최유석(2014), "세대간 연대의식의 기반: 가족주의 연대", 『한국인구학』 37(4): 61-87.

최혜지(2013), "센의 인간실현력 관점에 근거한 노인일자리사업의 효과성 분석", 『사회보장연구』 2: 135-166.

통계청(1990), 인구주택총조사 보고서.

통계청(2000), 인구주택총조사 보고서.

통계청(2005), 인구주택총조사 보고서.
통계청(2010), 2010 고령자통계.
통계청(2011), 장래인구추계.
통계청(2015a), 경제활동인구 고령층 부가조사.
통계청(2015b), 인구주택총조사 보고서.
통계청(2018a), 2017 고령자통계.
통계청(2018b), "2018년 인구동태조사: 출생, 사망 잠정 통계결과", 보도자료.
통계청(2018c), 시도별 장래인구추계.
통계청(2019), 장래인구추계: 2015-2065년.
통계청(2023a), 장래인구추계: 2072 주요 인구지표.
통계청(2023b), 인구동향조사: 시도별 평균초혼연령.
통계청(2023c), 장래인구추계: 2072 장래 기대수명.
통계청(2023d), 고령자통계.
통계청(2023e), 인구총조사: 2020 성별/연령별/교육 정도별 고령자(60세 이상)-시군구.
통계청(2024), 2023 인구동향조사: 출생, 사망 잠정 통계결과.

Atchley, R. C. and Barusch, A. S.(2004), *Social forces and aging: an introduction to social gerontology*. Belmont, CA: Wadsworth Thomson learning.
Baltes, M. M. and Carstensen, L. L.(1999), "Social-psychological theories and their application to aging: from individual to collective", In: V. L. Bengtson and K. W. Schaie(eds.), *Handbook of theories of aging*(2nd Ed.), pp. 209-226, New York: Springer publishing company.
Binstock, R. H., Fishman, J. R., and Johnson, T.(2006), "Anti-aging medicine and science: social implication", In: R. H. Binstock and L. K. Geroge(eds.), *Handbook of aging and social sciences*(6th Ed.), pp. 437-456, San Diego: Academic press.
Elisabeth Reichert(2008), 『사회복지와 인권』, 국가인권위원회 사회복지연구회 역, (*Social work and human rights*), 서울: 인간과 복지.
Fredman, S.(2009), 『인권의 대전환 :인권 공화국을 위한 법과 국가의 역할』, 조효제 역, (*Human rights transformed*), 서울: 교양인.
Hooyman, N. A. and Kiyak, H. A.(2005), Social gerontology. Boston, MA: Allyn & Bacon.
Marshall, T. H.(1963), "Citizenship and social class and other essays", *Citizenship and social class*, Cambridge: Cambridge university press.
Martha Nussbaum(2011), 『역량의 창조』, 한상연 역, (Creating capabilities), 파주: 돌베개.
Settersten, R. A. and Bengtson, V. L.(2016), "Prospects for future theory development and aging", In: V. L. Bengtson and R. A. Settersen, Jr.(eds.), *Handbook of theories of aging*(3rd Ed.), pp. 707-718, New York: Springer publishing company.

2장

계봉오(2015), "인구고령화, 사회경제적 발전, 사회불평등의 관계", 『경제와사회』 106, 41-72.
권중돈(2016), 『노인복지론』, 서울: 학지사.
김정석(2007), "고령화의 주요 사회이론과 담론", 『한국노년학』 27(3), 667-690.
김정석·조현연(2017), "인구고령화 시대, '생산적 노화' 담론에 대한 비판적 검토", 『사회과학연구』 24(2),

7-28.
박경숙(2003), 『고령화 사회 이미 진행된 미래』, 서울: 의암출판.
유성호 · 김형수 · 모선희 · 윤경아(2015), 『현대 노인복지론』, 서울: 학지사.
정경희 · 한경혜 · 김정석 · 임정기(2006), 노인문화의 현황과 정책적 함의: 성공적 노화 담론에 대한 비판적 검토를 중심으로, 한국보건사회연구원.
최혜지(2013), "센의 인간실현력 관점에 근거한 노인일자리사업의 효과성 분석", 『사회보장연구』 2: 135-166.
최희경(2010), "'신노년' 정책 담론에 대한 비판적 재검토: 활동적 노화, 성공적 노화, 생산적 노화를 중심으로", 『한국사회정책』 17(3): 41-65.

Atchley, R. C.(1989), "A continuity theory of normal aging", *The Gerontologist* 29(2): 183-190.
Cumming, E. and Henry, W.(1961), *Growing Old: The Process of Disengagement*, New York: Basic Books.
Dowd, J. J.(1980), *Strification among the aged*, Monterey, CA: Books Cole.
Giddens Anthony(2014[2013]), 『현대사회학』, 김미숙 · 김용학 · 박길성 · 송호근 · 신광영 · 유홍준 · 정성호 역, (Sociology), 서울: 을유문화사.
Hendricks, J.(2012), "Considering Life Course Concepts", *The Journals of Gerontology*: Series B, 67B(2): 226-231.
Hooyman. N. R. and Kiyak, H.A.(2011), *Social Gerontology*, Boston: Pearson Education, Inc.
Lemon, B. W., Bengtson, V. L., and Peterson, J. A.(1972), "An exploration of the activity theory of aging: Activity types and life satisfaction among in-movers to a retirement community", *Journal of Gerontology* 27: 511-523.
Matcha, D. A.(1997), *The sociology of aging*, Boston: Allyn and Bacon.
Moody, H. R.(1988), "Toward a critical gerontology: The contribution of the humanities to theories of aging" In: J. E. Birren and V. L. Bengtson(eds.) *Emergent theories of aging*, New York: Springer.
Moody, H. R and Sasser, J. R.(2002), *Aging: Concepts and controversies*(4th Ed.), SAGE: LA.
Nussbaum, M. C.(2000), *Women and Human Development: the capabilities approach*, Cambridge, UK: Cambridge University Press.
Passuth, P. M., and Bengtson, V. L.(1988), sociological theories of aging: current perspectives and future directions, In: J. E. birren and V. L. bengtson(eds.) *emergent theories of aging*, pp. 333-355, New York: Springer.
Ritzer, G.(2006), 『사회학 이론』, 김왕배, 김용학, 김현미 역, (*Socialogical theory*), 서울: 한울출판사.
Robeyns, I.(2003), Sen's Capability Approach and Gender Inequality: selecting relevant capabilities, *Feminist Economics* 9: 2-3, 61-92.
Rowe, J. W. and Kahn, R. L.(1998), *Successful Aging*, New York: Pantheon Books.

3장

김동기 · 김은미(2010), 『사회적응의 노인심리학』, 서울: 학지사.
김문준(2011), "유학에서의 '늙어감'에 관한 지혜", 『철학』 106: 1-23.
김수영 · 모선희 · 원영희 · 최희경(2017), 『노년사회학』(2판), 서울: 학지사.

김연순(2005), “생애사를 통해 본 여성노인의 섹슈얼리티”, 『여성건강』 6: 121-146.
김은정(2008), “여성 노인의 생애구술을 중심으로 본 노년기 자아정체성의 형성과 지속성에 관한 연구”, 『가족과 문화』 20(1): 27-67.
김재룡(2015), “노화의 정의와 생물학적 기전”, 대한노인병학회 엮음, 『노인병학』, pp. 9-20, 서울: 범문에듀케이션.
김정희(2008), “창의성과 발달: 나이가 들면 창의성이 감소하는가?”, 『영재와 영재교육』 7(1): 133-145.
김찬호(2009), 『생애의 발견』, 서울: 인물과 사상사.
김홍근·김용숙(2015), “한국인의 기억기능: 연령, 교육수준, 성별과의 관련성”, 『한국심리학회지: 임상』 34(1): 125-145.
박경숙(2004), “생애구술을 통해 본 노인의 자아”, 『한국사회학』 38(4): 101-132.
박명화·김아린·김정선·김효정·박연환·송준아 외(2015), 『노인간호학』(3판), 서울: 정담미디어.
박명화 외(2008), 2008년도 노인실태조사: 전국노인생활실태 및 복지욕구조사 기초분석 보고서, 대구: 계명대학교 산학협력단.
박민(2008), “노인의 기억재활: 이론적 개관”, 『한국노년학』 28(4): 925-940.
박소연·정영숙(2011), “대학생과 노인의 지혜에 대한 탐색적 연구”, 『한국심리학회지: 발달』 24(2): 43-63.
박효정·신선화·유은주(2016), “유배우자 여성 노인의 성(Sexuality)에 관한 연구”, 『여성건강』 17: 39-63.
서혜경·이윤희(2007), 『노인생애체험 프로그램의 운영의 실제』, 춘천: 경춘사.
성기월·이신영·박종한(2010), “‘한국노인의 지혜척도’ 개발에 관한 연구”, 『한국노년학』 30(1): 65-80.
손덕순·박영란(2014), “성인지적 관점에서 바라본 노인의 성에 관한 탐색적 연구”, 『노인복지연구』 63: 229-256.
송현옥·박아청·김남선(2008), “K-WAIS에 나타나는 유동적 지능과 결정적 지능의 발달 경향에 관한 연구”, 『Andragogy Today: Interdisplinary Journal of Adult Education』 11(2): 149-177.
이가옥·이현송(2004), “노년기 자아통합 집단 프로그램 개발: 나의 살아온 이야기”, 『한국노년학』 24(1): 37-52.
이금룡(2006), “한국사회의 노년기 연령규범에 관한 연구”, 『한국노년학』 26(1): 143-159.
이동옥(2010), “한국의 노인성담론에 관한 여성주의적 고찰”, 『한국여성학』 26(2): 41-69.
이미진(2012), “중노년층의 본인의 노화에 대한 태도에 영향을 미치는 요인: 잠재성장모델을 이용한 패널분석”, 『한국사회복지학』 64: 101-124.
장진경(2004), “노인의 이성교제에 대한 태도 연구”, 『대한가정학회지』 42: 31-54.
정경희 외(2006), “성공적 노화에 대한 이론적 고찰: 신노년담론에 대한 비판적 고찰”, 『노인문화의 현황과 정책적 함의』, pp. 39-61, 서울: 한국보건사회연구원.
정진웅(2011), “정체성으로서의 몸: 종묘공원 노년 남성의 ‘몸짓 문화’의 의미”, 『한국노년학』 31(1): 157-170.
조임현(2011), “노인의 성 인식에 관한 탐색적 연구”, 『노인복지연구』 52: 391-417.
조혜선·황순택(2017), “K-WAIS-Ⅳ에서 CHC 요인지수의 연령집단 간 비교”, 『한국심리학회지: 일반』 36(2): 271-291.
최현림(2015), “노화와 항상성 유지능력의 변화”, 대한노인병학회 엮음. 『노인병학』, pp. 125-132. 서울: 범문에듀케이션.
한정란(2000), “대학생들의 노인에 대한 태도에 관한 연구”, 『한국노년학』 20(3): 115-127.

Ardelt, M. and Oh, H.(2016), “Theories of wisdom and aging”, In: V. L. Bengtson and R. A. Settersen, Jr.(eds.), *Handbook of theories of aging*(3rd Ed.), pp. 599-620. New York: Springer publishing company.

Atchley, R. C. and Barusch, A. S.(2004), *Social forces and aging: an introduction to social gerontology*. Belmont, CA: Wadsworth/Thomson learning.

Baltes, M. M. and Carstensen, L. L.(1999), "Social-psychological theories and their application to aging: from individual to collective", In: V. L. Bengtson and K. W. Schaie(eds.), *Handbook of theories of aging*(2nd Ed.), pp. 209-226. New York: Springer publishing company.

Binstock, R. H., Fishman, J. R., and Johnson, T.(2006), "Anti-aging medicine and science: social implication", In: R. H. Binstock and L. K. Geroge(eds.), *Handbook of aging and social sciences*(6th ed.), pp. 437-456. San Diego: Academic press.

Birren, J. E. and Deutschman, D. E.(1991), *Guiding autobiography groups for older adults. Baltimore*, Johns Hopkins university press.

Cutler, S. J.(2006), "Technological change and aging", In R. H. Binstock and L. K. George (eds.), *Handbook of aging and the social sciences* (6th ed.), pp. 258-276, San Diego: Academic press.

Dennis, W.(1966), "Creative productivity between 20 and 80 years", *Journal of Gerontology* 21: 1-8.

Galenson, D.(2006), *Old masters and young geniuses: The two life cycles of artistic creativity* Princeton, NJ: Princeton University Press.

Goldsmith, T. C.(2016), "Evolution of aging theories: Why modern programmed aging concepts are transforming medical research", *Biochemistry* 81(12): 1406-1412.

Hooyman, N. R., Kawamoto, K., and Kiyak, H. A.(2015), *Aging matters: an introduction to social gerontology*.

Hooyman, N. A. and Kiyak, H. A.(2005), *Social gerontology*, Boston, MA: Allyn & Bacon.

Jaquish G. and Ripple, R. E.(1980), "Cognitive creative abilities across the adult life span", *Human Development* 24: 110-119.

Jewell, A. J.(2014), "Tornstam's notion of gerotranscendence: re-examining and questioning the theory", *Journal of aging studies* 30: 112-120.

Lehman, H.(1953), *Age and achievement*, Princeton, NJ: Princeton University Press.

Lesner, W. J. and Hillman, D.(1983), "A developmental schema of creativity", *The Journal of Creative Behavior* 17(2): 103-114.

Meyers, D. G. and DeWall, N.(2016[2015]), 『마이어스의 심리학 개론』, 신현정 · 김비아 역, (*Psychology*), 서울: 시그마프레스.

Rowe, J. W. and Cosco, T. D.(2016), "Successful aging", In: V. L. Bengtson and R. A. Settersen, Jr.(eds.), *Handbook of theories of aging* (3rd Ed.), pp. 539-550. New York: Springer publishing company.

Rowe, J. W. and Kahn, R. L. (1997), Successful aging, *Gerontologist*, 37(4):433-40.

Schulz, R. et al.(2015), "Advancing the aging and technology agenda in Gerontology", *Gerontologist* 55(5): 724-734.

Schulz, R., Noelker, L. S., Rockwood, K., and Sprott, R. L.(eds.)(2006), *The encyclopedia of aging*, Springer publishing company.

Viña, J.(2019), "The free radical theory of frailty: Mechanisms and opportunities for interventions to promote successful aging", *Free Medical Biology and Medicine* 134: 690-694.

강은나 · 김혜수 · 정찬우 · 김세진 · 이선희 · 주보혜 · 황남희 · 김경래 · 이혜정 · 최경덕(2023), 2023년도 노인실태조사, 세종: 한국보건사회연구원.

경북여성정책개발연구원(2011), 경상북도 조손가정 실태와 지원방안.

권오균 · 허준수(2010), "노년기 부부의 결혼만족도에 관한 연구", 『노인복지연구』 47: 7-30.

김미혜 · 신경림(2005), "한국 노인의 '성공적 노후 척도' 개발에 관한 연구", 『한국노년학』 25(2): 35-52.

김병수(2017), "'졸혼'을 하지 못하는 이유", 『인물과 사상』 229: 171-179.

김선영(2009), "한국가족의 현실: 생애주기에 따른 가족이슈: TV 드라마 '엄마가 뿔났다'가 선택한 가족이슈", 『사회과학연구』 35(2): 161-192.

김소진(2009), "황혼이혼 여성노인들에 대한 생애사 연구", 『한국노년학』 29(3): 1087-1105.

김유경(2014), "가족주기 변화와 정책제언", 『보건복지포럼』 211: 7-22.

김은정(2015), "손자녀 돌봄지원 관련 연구 동향과 과제: 2000년 이후 국내 학술지 논문을 중심으로", 『한국가족복지학』 50: 69-96.

김은정 · 이신영(2012), "농촌 노인의 비공식적 사회관계망과의 사회적 지원과 우울성향: 도시 노인과의 비교", 『노인복지연구』 28(2): 149-176.

김주연(2017), "한국 노인의 가구형태와 가구내 자원 분포: 사회적, 정서적, 도구적, 경제적 자원을 중심으로", 『한국인구학』 40(1): 1-28.

남궁명희(2009), "가족돌봄관계 연구경향 분석 및 제언: 기혼 성인자녀와 노부모간 관계를 중심으로", 『사회과학연구』 20(3): 49-79.

박명화 외(2008), 2008년도 노인실태조사: 전국노인생활실태 및 복지욕구조사 기초분석 보고서. 대구: 계명대학교 산학협력단.

박종서 · 이지혜(2014), "가족관계 만족도의 특징과 사회적 함의", 『보건복지포럼』 211: 32-44.

보건복지부 · 중앙노인보호전문기관(2017), 2017 노인학대 현황 보고서.

배진희(2002), "노년기 재혼이 주관적 삶의 질에 미치는 영향", 전북대학교 석사학위 논문.

배진희(2004), "노년기 재혼에 영향을 미치는 요인", 『노인복지연구』 25: 211-232.

서병숙 · 김혜경(1997), "노인의 재혼연구", 『한국가정관리학회지』 15(2): 127-140.

성경륭(2015), "세대균열과 세대연대: 정치 영역과 사회정책 영역에서의 차별적 작용에 관한 연구", 『한국사회복지학』 67(4): 5-29.

손정연 · 한경혜(2012), "결혼상태의 지속 및 변화가 노인의 건강에 미치는 영향: 경제자원 및 사회적 관계망의 매개효과 검증", 『한국가족복지학』 35: 5-40.

안정신 · 정영숙 · 정여진 · 서수균 · Cooney, T. M.(2011), "성공적 노화 연구의 비판적 고찰", 『한국심리학회지: 발달』 24(3): 35-54.

오소이 · 전혜정(2014), "손자녀 양육 경험이 중노년 여성의 정신건강에 미치는 영향: 자녀와의 관계 만족도의 매개효과 검증", 『육아정책연구』 8(1): 211-238.

유희정(2011), "노년기 세대관계 유형에 관한 종단연구(1): 변화 양상을 중심으로", 『한국가족복지학』 31: 87-111.

윤혜미 · 장혜진(2012), "조손가족의 삶: 쟁점과 지원방안", 『아동과 권리』 16(2): 259-288.

윤희 · 한경혜(1994), "노년기 형제지원망에 관한 탐색적 연구", 『한국노년학』 14(1): 117-139.

이가옥 · 서미경 · 고경환 · 박종돈(1994), 노인생활실태 분석 및 정책과제, 한국보건사회연구원.

이민아(2010), "결혼상태에 따른 노인의 우울도와 성차", 『한국사회학』 44(4): 32-62.

이성용(2012), "한국의 혼인상태 변동: 1995-2010년", 『가족과 문화』 24(3): 34-64.

이승숙 · 정문주(2017), "한국에서 졸혼을 원하는 여성들", 『한국심리학회지: 여성』 22(4): 689-711.

이신영·김은정(2008), "독거노인의 친구·이웃과의 사회적 지원과 우울성향", 『노인복지연구』 56: 137-164.
이여봉(2010), "부부역할과 여성의 결혼만족도: 연령범주별 분석", 『한국인구학』 33(1): 103-131.
이영숙·박경란(2000), "청년기 손자녀와 조부모의 공유활동에 관한 연구", 『한국노년학』 20(3): 1-16.
이용환·양승규·이영세(2001), "대학생이 인식하는 친-외조부모의 도움", 『노인복지연구』 13: 97-111.
이윤경(2014), "노인의 가족형태 변화에 따른 정책과제: 1994-2011년의 변화", 『보건복지포럼』 211: 45-54.
이윤경 외(2020), 2020년도 노인실태조사, 한국보건사회연구원.
이정화·한경혜(2008), "농촌 조손가족의 세대관계와 손자녀 양육 조모의 심리적 복지", 『한국노년학』 28(1): 177-296.
이현심(2015), "황혼이혼 여성노인에 대한 사례연구", 『노인복지연구』 68: 85-106.
임미혜·이승연(2014), "청년기 손자녀-친/외조부모간 유대와 접촉, 가치유사성 및 부모-조부모 관계 질과의 관계", 『한국노년학』 34(2): 277-297.
임준희·박경란(1997), "노년기 재혼가족생활 스트레스에 대한 경험적 연구: 재혼노인 및 그 배우자를 중심으로", 『한국가정관리학회지』 15(4): 183-200.
장수지(2013), "노년기 배우자 사별 후 적응과정에서의 개인적 성장", 『한국사회복지학』 65(4): 165-193.
정경희·강은나(2016), "한국 노인의 사회적 연계망 유형: 연계망 크기, 접촉 빈도, 친밀도를 중심으로", 『한국노년학』 36(3): 765-783.
정경희 외(2005), 2004년도 전국 노인생활 실태 및 복지욕구조사, 한국보건사회연구원.
정경희 외(2011), 2011년도 노인실태조사, 한국보건사회연구원.
정경희 외(2014), 2014년도 노인실태조사, 한국보건사회연구원.
정경희 외(2017), 2017년도 노인실태조사, 한국보건사회연구원.
정진경·김고은(2012), "노년기 부모-성인자녀간 지원유형에 관한 연구", 『한국노년학』 32(3): 895-912.
조기동(1993), "혼자 사는 노인과 재혼", 『한국노년학』 13(2): 153-162.
주수산나·전혜정·채혜원(2013), "부부관계 만족도의 종단적 상호 영향: 노년기 부부를 대상으로", 『가족과 문화』 25(4): 91-119.
최영아·이영덕(2000), "사별 및 이혼한 노인의 재혼에 관한 연구 Ⅱ", 『한국가족복지학』 5(2): 87-108.
최유석(2014), "세대간 연대의식의 기반: 가족주의 연대", 『한국인구학』 37(4): 61-87.
최혜지(2008), "조손가족 조부모 우울의 실태와 작용기제에 관한 연구", 『정신보건과 사회사업』 29: 122-149.
최혜지(2009), "조손가족 조부모의 손자녀 양육 이해: Sen의 인간존재실현력(human capability) 패러다임을 통한 접근", 『한국인구학』 32(3): 103-126.
통계청(2013), 2013 사회조사(복지, 사회참여, 문화와 여가, 소득과 소비, 노동) 결과.
통계청(2016), 2016 고령자통계.
통계청(2017), 2017년 사회조사 결과 보도자료.
통계청(2018), 2018 사회조사(가족, 교육, 보건, 안전, 환경) 결과.
통계청(2019a), 2019 고령자통계.
통계청(2019b), 2019년 사회조사 결과(복지, 사회참여, 문화와 여가, 소득과 소비, 노동).
통계청(2021), 고령자통계.
통계청(2022), 2022 사회조사 결과: 가족·교육과 훈련·건강·범죄와 안전·생활환경.
통계청(2023a), 2023 사회조사 결과: 복지·사회참여·여가·소득과 소비·노동.
통계청(2023b), 2023 청년삶실태조사: 사회적 관계망.
한경혜·손정연(2009), "장기요양보호노인을 돌보는 배우자의 부양동기, 가족관계의 질이 부양부담 및 부양경험의 보상에 미치는 영향: 남녀차이를 중심으로", 『가족과 문화』 21(2): 81-109.

Bengtson, V. L.(1996), "Continuities and discontinuities in intergenerational relationships over time", In: V. L. Bengtson(ed.), *Adulthood and aging: research on continuities and discontinuities*, pp. 271-303, New York: Springer publishing company.

Brown, S. L., Bulanda, J. R., and Lee, G. R.(2012), "The significance of nonmarital cohabitation: marital status and mental health benefits among middle-aged and older adults", *Journals of Gerontology Series B: Psychological Sciences and Social Sciences* 60: 21-29.

Giarrusso, R., Feng, D., and Bengtson, V. L.(2005), "The intergenerational-stake phenomenon over 20 years", In: K. W. Schaie and M. Silverstein(eds.), *Annual review of gerontology and geriatrics: focus on intergenerational relations across time and place*, pp. 55-76, New York: Springer.

Hartman, A. and Laird, J.(1983), *Family-centered social work practice*, New York: Free Press.

Hooyman, N. A. and Kiyak, H. A. (2005), *Social gerontology*. Boston, MA: Allyn & Bacon.

Hughes, M. E., Waite, L. J., LaPierre, T. A., and Luo, Y.(2007), "All in the family: The impact of caring for grandchildren on grandparents' health", *Journals of Gerontology: Social Sciences* 62B: 108-119.

Krause, N.(2006). "Social relationships in later life", In: R. H. Binstock and L. K. Geroge(eds.), *Handbook of aging and social sciences*(6th Ed.), pp. 111-128, San Diego: Academic press.

Murdock, G. P.(1949), *Social structure*, New York: Free Press.

Suitor, J. J., Gilligan, M., and Pillemer, K.(2016), "Stability, change, and complexity in later-life families", In: L. K. Geroge and K. F. Ferraro(eds.), *Handbook of aging and social sciences*(8th Ed.), pp. 206-226, San Diego: Academic press.

5장

강은나 · 김혜수 · 정찬우 · 김세진 · 이선희 · 주보혜 · 황남희 · 김경래 · 이혜정 · 최경덕(2023), 2023년도 노인실태조사, 세종: 한국보건사회연구원.

권중돈(2016), 『노인복지론』, 서울: 학지사.

문현경 · 김아람 · 홍성훈(2023), 2023 기초연금 수급자 실태 분석, 국민연금연구원.

변금선 · 최혜지 · 한동우 · 김형용 · 신유미 · 윤기연 · 송명호(2018), 통합형 일자리센터 모형 구축을 위한 연구, 한국노인인력개발원.

송현주 · 임란 · 왕승현 · 이은영(2018), 중 · 고령자의 경제생활 및 노후준비 실태, 국민연금연구원.

오유미(2017), 기대수명 90.8세의 정책적 함의와 대응방향, 한국건강증진개발원.

최혜지(2018), "중고령자의 불안정 노동: 세대비교적 관점으로", 『노인복지연구』 73(2): 249-272.

통계청(2013), 2013 고령자통계.

통계청(2014), 경제활동인구조사 고령층 부가조사.

통계청(2015), 경제활동인구조사 고령층 부가조사.

통계청(2016), 한국의 사망원인통계.

통계청(2017), 경제활동인구조사 고령층 부가조사.

통계청(2018), 2018 고령자통계.

통계청(2019a), 2018년 한국의 사회지표.

통계청(2019b), 경제활동인구조사 고령층 부가조사.
통계청(2024), 2024 고령자통계.
통계청(2024), 2023년 사망원인통계 결과.
한소현 · 이성국(2012), "우리나라 지역별 건강수명과 관련요인", 『한국인구학』 35(2): 209-232.

Kontis.V., Bennett, J. E., Mathers, C., Li G., Foreman, k., and Ezzati M.(2017), "Future life expectancy in 35 industrialised countries: projections with a Bayesian model ensemble", *Lancet* 389: 1323-1335.
OECD (2023), Pensions at a Glance 2023: OECD and G20 Indicators, OECD Publishing, Paris
WHO(2016), World Health Statistics 2016: Monitoring health for the SDGs.

6장

강은나 · 김혜수 · 정찬우 · 김세진 · 이선희 · 주보혜 · 황남희 · 김경래 · 이혜정 · 최경덕(2023), 2023년도 노인실태조사, 세종: 한국보건사회연구원.
구본대 외(2011), "한국형 치매임상진료지침 소개", 『한국의사협회지』 54(8): 861-875.
권금주 · 이서영 · 박태정(2016), "노인요양병원의 노인학대 실태 분석", 『한국산학기술학회논문지』 17(1): 553-560.
권중돈(2016), 『노인복지론』, 서울: 학지사.
김경숙 · 최은숙 · 박성애(2007), "시설거주 치매노인의 행동심리증상에 관한 연구", 『한국노년학』 27(1): 137-152.
김근홍 · 손덕순 · 김효정 · 송지원(2015), "노인의 가족건강성과 치매태도와의 관계 연구", 『한국지역사회복지학』 53: 341-365.
김기웅 외(2017), 2016년 전국 치매역학 조사, 보건복지부 · 중앙치매센터.
김미혜 · 김수진 · 류주연(2017), "이타주의와 시민권리의식이 연령주의(Ageism)에 미치는 영향", 『한국노년학』 37(1): 221-236.
김정윤(2018), "자살에 대한 심리적 부검", 『국제사회보장리뷰』, 4호, 128-132.
김주현(2015), "한국 고령자의 연령차별 경험과 노년기 인식 질적 연구", 『한국인구학』 38(1): 69-104.
김준아(2017), "한국 영상 콘텐츠에서 재현된 '노인'에 관한 연구", 중앙대학교 예술대학원 공연영상학과 연기뮤지컬 전공 석사학위 논문.
김형수 · 권이경(2013), "한국 노인자살률과 사회 · 경제적 요인의 관련성", 『한국콘텐츠학회논문지』 13(6): 236-245.
김형수 · 김신향(2014), "우리나라 노인자살률의 지역적 편차와 요인에 관한 연구", 『한국콘텐츠학회논문지』 14(11): 215-224.
김효창 · 손영미(2006), "노인자살의 특성과 자살유형에 관한 연구", 『한국심리학』 12(1): 1-19.
남석인 · 이예진 · 김보미 · 이은경(2016), "돌봄서비스 이용 독거노인의 우울이 자기방임에 미치는 영향: 사회적 지지 경험의 조절효과 검증", 『정신보건과 사회사업』 44(1): 161-187.
도문학 · 허만세(2015), "노인자살의 생태체계요인에 대한 탐색연구", 『사회과학연구』 31(2): 45-72.
보건복지부(2019), 자살예방백서 .
보건복지부 · 노인맞춤돌봄서비스(2024), 2024년 노인맞춤돌봄서비스 사업안내.
보건복지부 · 중앙노인보호전문기관(2017), 2016 노인학대 현황보고서.
보건복지부 · 중앙노인보호전문기관(2019), 2018 노인학대 현황보고서.

변금선 · 최혜지 · 한동우 · 김형용 · 신유미 · 윤기연 · 송명호(2018), (가칭)통합형 노인일자리센터 모형 구축을 위한 연구, 한국노인인력개발원.
송준아 · 박재원 · 천홍진 · 박명화(2015), "가족 돌봄 제공자를 위한 치매의 행동심리증상 대처 웹기반 교육 프로그램 개발", 『한국노년학』 35: 411-432.
신학진(2010), "노인의 차별경험이 자아통합감을 매개로 삶의 질에 미치는 영향", 『한국노년학』 30(2): 551-565.
안준희 · 김승용(2009), "노인의 차별경험이 자아이미지와 자아존중감에 미치는 영향에 관한 연구: 사회 · 경제적 참여의 조절효과를 중심으로", 『한국노년학』 29(4): 1645-1663.
원영희(2005), "노인차별 피해경험이 노인의 심리적 안녕감에 미치는 영향", 『사회복지정책』 21: 319-339.
원영희 · 최혜지 · 김주현 · 김성호(2017), 노인인권종합보고서 작성을 위한 실태조사, 국가인권위원회.
유성호 · 강선아(2008), "노인요양시설종사자의 노인학대 관련 법조항에 대한 이해, 노인학대 목격실태와 노인학대 신고의무위반자의 처벌에 대한 태도", 『사회복지정책』 33: 311-333.
유영규(2015), "누가 김노인을 죽였나?", 『서울신문』, 2015년 12월 4일자.
이미진(2012), "중노년층의 본인의 노화에 대한 태도에 영향을 미치는 요인: 잠재성장모델을 이용한 패널분석", 『한국사회복지학』 64: 101-124.
이미진(2018), "노인보호전문기관 상담원의 학대사례 개입경험에 대한 탐색적 연구", 2018년 한국노인복지학회 춘계학술대회 자료집.
이미진 · 김혜련 · 장고운(2018), "자기방임은 방임 및 타학대유형과 어떤 차이가 있는가?: 노인보호전문기관 노인학대 사례 비교", 『노인복지연구』 73(1): 259-291.
이민홍 · 박미은(2014), "한국 고령 독거노인의 자기방임에 관한 연구", 『사회복지정책』 41(3): 123-142.
이병문(2018), "日, 최대의 적 치매와의 전쟁", 『매일경제』, 2018년 1월 8일자.
이상림(2009), "한국의 노년과 연령주의: 차별과 배제의 중층성", 한국사회학회 사회학대회 논문집, 759-777.
이수영 외(2021), 치매 인식도 평가도구 마련 및 조사 연구, 중앙치매센터.
이순희 · 정승은(2010), "차별에 대한 노인의 경험", 『사회연구』 19: 45-68.
이윤경(2018), "노인의 건강과 돌봄", 『보건복지포럼』 264, 19-30.
이윤경 외(2020), 2020년도 노인실태조사, 세종: 보건복지부, 한국보건사회연구원.
이지수 외(2023), 대한민국 치매현황 2023, 보건복지부.
이지영(2009), "노인차별에 대한 노인의 의미화 방식에 관한 연구", 『한국노년학』 29(4): 1205-1232.
이지은 · 장윤정(2016), "치매에 대한 태도에 영향을 미치는 요인의 연령군별 비교: 청소년을 대상으로", 『보건사회연구』 36(1): 233-260.
임정미 · 김혜수 · 임성은 · 이미진 · 박홍재 · 손희숙 · 장미야(2020), 시설내 노인학대 발생과정 규명과 효과적 대응전략 모색, 세종: 한국보건사회연구원.
장윤정 · 이윤정(2014), "청소년의 치매에 대한 태도에 영향을 미치는 요인", 한국지역사회복지학회 2014년도 춘계학술대회.
정경희 · 강은나 · 이윤경 · 황남희 · 양찬미(2016), 노인복지정책 진단과 발전 전략 모색, 한국보건사회연구원.
정순둘(2015), "우리나라 노인차별 현황과 대책", 『한국노년학회 제1회 인권심포지엄 자료집』, pp. 1-24, 한국노년학회.
조맹제 외(1999), "DSM-III-R 주요우울증에 대한 한국어판 Geriatric Depression Scale(GDS)의 진단적 타당성 연구", 『신경정신의학』 38(1): 48-63.
조명제 외(2008), "치매 노인 유병률 조사", 서울대학교병원.
중앙치매센터(2018), "2016년 전국 치매역학조사 결과", 보도자료.
중앙치매센터(2023), 2023 나에게 힘이 되는 치매가이드북, 보건복지부.

최해경(2020), 『노인복지론 2판』, 서울: 학지사.
최해경(2016), 『노인복지론』, 서울: 학지사.
최혜지(2018), "중고령자의 불안정 노동: 세대 비교적 관점으로", 『노인복지연구』 73(2): 249-272.
최훈(2017), "노인에 대한 편견과 차별", 정진우 외 지음, 『나이 들어도 괜찮을까?』, pp. 47-74, 서울: 삶은책.
통계청(2018a), 2018 고령자통계.
통계청(2018b), 2018 사망원인통계.
한일우(2007), "치매의 행동심리증상에 대한 치료 전략", 대한임상노인의학회 춘계학술대회.
함선유·홍백의(2017), "공식 돌봄과 비공식 돌봄의 관계: 재가 노인 돌봄을 중심으로", 『한국사회복지학』 69(4): 203-225.

金高闇(2010), "認知症の人に対する態度に関する研究", 博士論文, 大阪府立大学大学院.
American Psychiatric Association(APA)(2015[2013]), 『정신질환의 진단 및 통계편람』(5판), 권준수 외(역), (DSM-5), 서울: 학지사.
Asuman, H., Kiyak, H., and Hooyman, N. R.(2017), *Social Gerontology: A Multidisciplinary Perspective*, Pearson Education.
Blazer, D.(2007), *Emotional problems in later life: Intervention strategies for professional caregivers*(2nd Ed.), Springer Publishing Company.
Butler, R.(1980), "Ageism: a foreword", *Journal of Social Issues* 36: 8-11.
Cook, F. L. and Kunkel, S. R.(2006), "Age stereotype", In: R. Schulz, L. S. Noekler, K. Rockwood, and R. L. Sprott(eds.), *The Encyclopedia of Aging*, pp. 43-44, New York: Springer Publishing Company, Inc.Cutler, S. J.(2006), "Technological change and aging", In: R. H. Binstock and L. K. George(eds.), Handbook of aging and the social sciences (6th Ed.), pp. 258-276, San Diego: Academic press.
Durand, V. Mark · Barlow David H.(2018), 『이상심리학』(7판), 정경미 외(역), 서울: 사회평론아카데미
Finkel, S.(2000), "Introduction to behavioral and psychological symptoms of dementia(BPSD)", *International Journal of Geriatric Psychiatry* 15: S2-S4.
Hersen, M. and Van Hasselt, V. B.(eds.)(2013), *Handbook of clinical geropsychology*, Springer Science and Business Media.
Lachs, M. S. and Pillemer, K.(2004), "Elder abuse", *Lancet* 364: 1263-1272.
Lee, S. W., Choi, J. S., and Lee, M.(2020), Life satisfaction and depression in the oldest old: a longitudinal study. *The International Journal of Aging and Human Development* 91(1): 37-59.
Levy, B. R.(2003), "Mind matters: cognitive and physical effects of aging self-stereotypes", Journal of Gerontology: Psychological Sciences 58B(4): 203-211.
Nelson, T. D.(2002), 『Ageism: stereotyping and prejudice against older persons』, MA: MIT Press.
Nordhus, I. H. E., VandenBos, G. R., Berg, S. E., and Fromholt, P. E.(1998), *Clinical geropsychology*, American Psychological Association.
OECD(2005), *The OECD Health Project Long-term Care for Older People*, OECD Publising.

7장

강혜규·박세경·함영진·이정은·김태은·최지선·김보영·John Hudson·Aniela Wenham(2016), 사회보장부문의 서비스 전달체계 연구: 맞춤형 서비스를 위한 통합성 분석을 중심으로, 한국보건사회연구원.

국가인권위원회(2022), 2022~2027 국가인권정책기본계획 권고.

김형용(2024), 2025년도 보건복지 예산안 분석: 노인복지 분야, 『복지동향』 제313호(2024년 11월), 참여연대 사회복지위원회.

법제처(2024), 노인 일자리 및 사회활동 지원에 관한 법률.

변금선·최혜지·한동우·김형용·신유미·윤기연·송명호(2018), 통합형 일자리센터 모형 구축을 위한 연구, 한국노인인력개발원.

보건복지부(2000), 고령화 관련 국제행동계획과 노인을 위한 유엔원칙.

서울특별시(2024), 서울시 인권정책 기본계획(2023-2027), 서울특별시.

서울특별시(2018), 제2차 서울시 인권정책기본계획(2018-2022), 서울특별시.

원영희·최혜지·김주현·김성호(2017), 노인인권종합보고서 작성을 위한 실태조사, 국가인권위원회.

이상만(2016), "맞춤형 복지서비스로 '행복 예천' 조기 건설", 『경북일보』, 2016년 2월 2일자.

임의영(2003), "공공성의 개념, 위기, 활성화의 조건", 『정부학연구』 9(1): 23-50.

저출산고령사회위원회(2021), 제4차 저출산·고령사회기본계획(2021-2025).

정경희·강은나·이윤경·황남희·양찬미(2016), 노인복지정책 진단과 발전 전략 모색, 한국보건사회연구원.

정경희 외(2017), 2017년도 노인실태조사, 한국보건사회연구원.

정경희·정은지·남현주·최혜지(2012), 고령화에 관한 마드리드 국제행동계획 이행실태 및 평가, 한국보건사회연구원.

최혜지·전혜상·정순둘(2015), "OECD 국가비교를 통해 본 노인 연령통합의 좌표와 유용성", 『사회복지정책』 42(2): 343-364.

Gilbert, N. and Terrell, P.(2002), *Dimensions of social welfare policy*(5th Ed.), Boston: Allyn & Bacon.

8장

강신욱·노대명·이현주·정해식·김계환·김근혜·조한나(2017), 소득보장제도의 체계화 방안 연구, 한국보건사회연구원.

국민연금공단(2024), 국민연금 공표통계.

국민연금 재정계산위원회(2023). 2023 국민연금 재정계산. 2023.10.

국회예산정책처(2025), 2025년 국민연금법 개정의 재정 및 정책효과 분석.

남찬섭·주은선·제갈현숙(2023), 국민연금 대안보고서: 국민연금의 보장성과 지속가능성의 조화를 위하여, 공적연금강화국민행동.

보건복지부(2000), 고령화 관련 국제행동계획과 노인을 위한 유엔원칙.

보건복지부(2018a), 제4차 국민연금재정계산을 바탕으로 한 국민연금 종합운영계획.

보건복지부(2018b), 2019년 국민기초생활보장사업안내.

보건복지부(2023), 제5차 국민연금 종합운영계획. 2023.11.9.

보건복지부(2024), 2023년 국민기초생활보장 수급자 현황.

연금개혁 특별위원회 산하 공론화위원회(2024). 연금개혁 공론화 결과보고. 2024.4.30.
원영희 · 최혜지 · 김주현 · 김성호(2017), 노인인권종합보고서 작성을 위한 실태조사, 국가인권위원회.
이길상(2018), "농지연금 무엇이 문제인가", 『시니어신문』, 2018년 5월 25일자.
정경희 · 정은지 · 남현주 · 최혜지(2012), 고령화에 관한 마드리드 국제행동계획 이행실태 및 평가, 한국보건사회연구원.
통계청(2023), 2022년 퇴직연금통계 결과.
통계청(2023), 2022년 연금통계 결과.
통계청(2024), 2024 고령자 통계.
허서윤(2025), "'내는 사람' 줄고 '받는 사람'만 늘어나는 국민연금… 월지급액 첫 4조 돌파", 『매일경제』, 2025년 6월 15일자.
황남희(2016), "노후소득보장정책의 현황과 과제", 『보건복지포럼』.

OECD(2018), Pension at a Glance.

9장

김기선(2012), "고용보호지수의 의미와 한계", 『국제노동브리프』 11: 18-28.
김우주(2016), "노인일자리사업 평가", 국가예산정책처.
김유성 · 이흥재(1995), 『노동법 I』, 한국방송통신대학교출판부,
박형오(2000), "헌법상 근로권에 관한 연구", 『공법학연구』 2: 306.
변금선 · 최혜지 · 한동우 · 김형용 · 신유미 · 윤기연 · 송명호(2018), 통합형 일자리센터 모형 구축을 위한 연구, 한국노인인력개발원.
원영희 · 최혜지 · 김주현 · 김성호(2017), 노인인권종합보고서 작성을 위한 실태조사, 국가인권위원회.
이윤경(2020), 2020년도 노인실태조사, 한국보건사회연구원.
이율경(2016), "고령자 근로권 보장의 의의와 방향", 『노동법연구』 41: 186-221.
장현은(2024), 공공 노인일자리 근무 중 사망…법원 "업무상 재해 아냐", 『한겨레』, 2024년 4월7일 기사.
정경희 외(2014), 2014년도 노인실태조사, 한국보건사회연구원.
정경희 외(2017), 2017년도 노인실태조사, 한국보건사회연구원.
정경희 · 정은지 · 남현주 · 최혜지(2012), 고령화에 관한 마드리드 국제행동계획 이행실태 및 평가.
정채현(2016), "노인일자리사업의 현황, 코앞에 닥친 고령화 사회, 노인은 일하고 싶다", 『대학신문사』, 2016년 11월 20일자.
지은정(2012), "OECD 15개국 청년고용과 중고령자 고용의 대체관계", 『한국사회복지학』 64(4): 233-259.
최혜지(2018), "중고령자의 불안정 노동: 세대비교적 관점으로", 『노인복지연구』 73(2): 249-272.
통계청(2015), 2015 고령자통계.
통계청(2017), 2017 고령자통계.
통계청(2018), 2018 고령자통계.
통계청(2019), 경제활동인구조사 고령층 부가조사.
한인상(2014), "근로권의 의의와 주요 입법과제", 『노동법연구』 36: 73-118.

10장

강은나 외(2024), 2023년도 노인실태조사, 한국보건사회연구원.
국회예산정책처(2019), 노인건강분야사업분석.
김남순(2017), "고령사회 진입에 따른 노인건강 현황과 보건의료 복지 서비스 제공 모형", 한국보건사회연구원.
보건복지부(2017), 2016 보건복지백서.
보건복지부(2024), 치매조기검진사업. https://www.mohw.go.kr/menu.es?mid=a10712010100.
보건복지부(2025), 건강검진. https://www.mohw.go.kr/menu.es?mid=a10706020200.
원영희·최혜지·김주현·김성호(2017), 노인인권종합보고서 작성을 위한 실태조사, 국가인권위원회.
정경희·강은나·이윤경·황남희·양찬미(2016), 노인복지정책 진단과 발전 전략 모색. 한국보건사회연구원.
정경희 외(2017), 2017년도 노인실태조사, 한국보건사회연구원.
통계청(2019), "노년층 공공보건 소비 증가에 노동연령층 부담↑", 보도자료.
통계청(각 해당연도), 사회조사 결과.
통계청(2024a), 2023 사망통계 보도자료(2024년 10월 4일).
통계청(2024b), 2024 고령자통계.

WHO(2015), World report on ageing and health.

11장

국민건강보험공단(2025), 재가급여 및 시설급여.
김란영(2018), "전국에서 모인 요양보호사들 '민간 요양시설 전면 감사 실시하라'", 미디어 참여와 혁신, 2018년 11월 10일자.
김상우·이채정(2014), 치매관리사업의 현황과 개선과제, 국회예산정책처.
김찬우·박연진(2014), "한국사회의 바람직한 노인돌봄문화에 대한 탐색적 고찰", 『비판사회정책』 44: 82-115.
박기남(2011), "영국의 노인 돌봄 정책과 시민사회 자원조직의 역할", 『한국사회정책』 18(1): 121-145.
보건복지부(2015), 2015년 노인보건복지사업안내.
보건복지부(2019), "내년부터 다양한 노인돌봄서비스가 맞춤형으로 제공됩니다", 보도자료.
보건복지부(2020), 노인맞춤돌봄서비스 전담사회복지사 직무교육 자료.
보건복지부(2024), 노인정책. https://www.mohw.go.kr/menu.es?mid=a10712010000.
석재은·노혜진·임정기(2015), "좋은 돌봄의 필요조건과 저해요인에 관한 연구", 『한국사회복지학』 67(3): 203-225.
최혜지(2006), "저소득층 조손가족의 조부모-손자녀 관계 결정모형에 관한 연구", 『한국노년학』 26(3): 641-655.
최혜지(2019), "복지정치의 새로운 동맹", 2019 한국사회복지정책학회 춘계학술대회 발표자료집.
최혜지·석재은·김찬우·임정기(2015), "서울시 노인장기요양서비스 공공성 강화 방안", 서울특별시.
통계청(2019), 2019 통계로 보는 여성의 삶.

Daly, M.(2001), "Care Policies in Western Europe, in Care Work", *The Quest for Security*, edited by Daly, M., pp. 33-55, Geneva: International Labour Office.

Held, V(2017), 『돌봄: 돌봄윤리』, 김희상 · 나상원 역, (*The Ethic of Care: Personal, Political, and Global*), 서울: 박영사.

Gibson, M. C., Carter, M. W., Helmes, E., and Edberg, A K.(2010), "Principles of good care for long-term care facilities", *International Psychogeriatrics* 22(7): 1072-1083

OECD(2022), OECD Employmet Database, Gender Wage Gap at median.

Wilken, J. P. L.(2010), *Recovering Care: A Contribution to a Theory and Practice of Good Care*, Amsterdam: SWP Publishers.

12장

국토교통부(2017a), "옹진 · 진도 · 제천 · 광양 등 11곳에 공공실버주택 건설", 보도자료.

국토교통부(2017b), "고령자 맞춤형 주택 공급 확대", 보도자료.

국회예산정책처(2019), 공공부조제도의 현안 및 재정소요 추계.

권중돈(2016), 『노인복지론』, 서울: 학지사.

김동배 · 유병선(2016), 『노인주택의 정책과 관리』, 서울: 학지사.

박순미 · 김유진 · 박소정(2017), "국내 노인주거복지서비스 현황 및 특성", 『노인복지연구』 72(3): 395-428.

보건복지부(2018), "지역사회 통합 돌봄 기본계획(안): 1단계 노인 커뮤니티케어 중심".

보건복지부 · 한국노인인력개발원(2006), "독거노인의 겨울철 준비지원을 위해 로또공익재단 5천만 원 지원", 보도자료.

유선종(2014), 『노인주택 파노라마』, 서울: 집문당.

전용호(2018), "노인 돌봄의 연속성 측면에서 바라본 의료, 보건, 복지 서비스의 이용과 연계", 『보건사회연구』 38(4): 10-39.

정형준(2014), "요양병원의 실태와 개선방안", 『복지동향』 제189호(2014년 7월).

13장

강은나 · 김혜수 · 정찬우 · 김세진 · 이선희 · 주보혜 · 황남희 · 김경래 · 이혜정 · 최경덕(2023), 2023년도 노인실태조사, 세종: 한국보건사회연구원.

교육부(2024), 제5차 평생교육진흥기본계획('23-'27년).

권중돈 · 손의성(2010), "노인의 자기인식과 차별경험이 노인의 사회참여에 미치는 영향과 자기효능감의 매개효과", 『노인복지연구』 49: 81-106.

김수영 · 이민홍 · 장수지(2014a), "노인일자리사업 참여노인의 심리사회적 건강 변화에 관한 연구", 『노인복지연구』 64: 371-393.

김수영 · 이민홍 · 손태홍(2014b), 2014년 시니어사회참여종합지원사업 평가보고서, 경성대학교 산학협력단.

김수영 · 이민홍 · 손태홍(2015), "고령자 사회참여프로그램의 효과성 분석", 『한국지역사회복지학』 53: 451-479.

박경하 · 김수영 · 이민홍 · 이현미(2012), 노인사회참여 사례관리 개선에 관한 연구, 한국노인인력개발원.

보건복지부(2001), "고령화 관련 국제행동 계획과 노인을 위한 유엔원칙".

보건복지부(2024a), 2024 노인복지시설 현황.

보건복지부(2024b), 2024년 노인보건복지 사업안내.

보건복지부(2024c), 2024년 노인일자리 및 사회활동지원사업 운영안내.

원영희·최혜지·김주현·김성호(2017), 노인인권종합보고서 작성을 위한 실태조사, 국가인권위원회.
윤동주(1994), "노인과 사회참여: 그 현황과 전망", 『한국노년학』 14(1): 169-178.
이민홍(2017), "한국사회의 세대공존을 위한 세대교류의 이론적 논의", 『한국노년학연구』 26(2), 107-122.
이소정(2013), "노인일자리사업 참여가 노인의 사회관계에 미치는 효과 분석", 『노인복지연구』 59: 331-354.
정경희 외(2017), 2017년도 노인실태조사, 한국보건사회연구원.
정정숙(1982), "노인 사회참여의 가능성", 『새가정』 314: 55-60.
조희형(2019), "'할머니를 기억할게요' 수요시위서 '김복동 장학금' 전달", MBC뉴스, 2019년 4월 17일자.
지은정(2014), "활동적 노화의 관점에서 본 노인 자원봉사지원 유형: 독일, 프랑스, 미국, 일본을 중심으로", 『사회복지정책』 41(2): 269-296.
황예랑(2018), "김복동 할머니 '목숨 끝날 때까지, 전 재산 털어서 후원'", 『한겨레신문』, 2018년 11월 23일자.

Bengtson, V. L., Gans, D., Putney, N. M., and Silverstein, M.(2009), "Theories about age and aging", *Handbook of theories of aging* 2: 3-23.
CoGenerate(2024), Cogenerat.org: Want to connect across generations?
Gonzales, E. and Morrow-Howell, N.(2009), "Productive engagement in aging-friendly communities", *Generations* 33(2): 51-58.
Hooyman, N. R., and Kiyak, H. A.(2017), *Social gerontology: A multidisciplinary perspective*(9th Ed), Allyn and Bacon.
Johnson, K. J. and Mutchler, J. E.(2014), "The emergence of a positive gerontology: From disengagement to social involvement", *The Gerontologist* 54(1): 93-100.
Levasseur, M., Desrosiers, J., and Tribble, D. S. C.(2007), "Comparing the disability creation process and international classification of functioning, disability and health models", *Canadian Journal of Occupational Therapy* 74(3): 233-242.
Levasseur, M., Richard, L., Gauvin, L., and Raymond, É.(2010), "Inventory and analysis of definitions of social participation found in the aging literature: Proposed taxonomy of social activities", *Social science and medicine* 71(12): 2141-2149.
Lloyd, J.(2008), *The State of Intergenerational Relations Today*, International Longevity Centre-UK.
Morrow-Howell, N., O'Neill, G., and Greenfield, J. C.(2011), "Civic engagement: policies and programs to support a resilient aging society", *In Resilience in Aging*: 147-162.
WHO, A. A.(2002), A policy Framework, Geneva: World Health Organization.

14장

권중돈(2022), 『노인복지론 8판』, 서울: 학지사.
권진숙 외(2009), 인천광역시 사회복지관 사례관리실천을 위한 매뉴얼 보고서, 인천광역시사회복지관협회·사례관리연구회.
김기태 외(2009), 『노인복지론』, 경기: 공동체.
김미령 외(2013), 『노인복지상담』, 경기: 공동체.
김순은·이민홍(2015), "한국노인이 경험하는 문제(어려움)는 무엇인가?", 『정책분석평가학회보』 25: 1-22.
박경하·김수영·이민홍·이현미(2012), 노인사회참여 사례관리 개선에 관한 연구, 한국노인인력개발원.

박미은(2015), 『사회복지사를 위한 사례관리』, 경기: 양성원.
박지영 · 이선영 · 서창현(2011), 노인대상 시설유형별 사례관리 매뉴얼 개발연구, 경기복지재단.
안혜영(2012), "공공부문의 사례관리 실천 현황과 과제", 『사례관리연구』 3(1): 81-102.
양옥남 · 김혜경 · 박화옥 · 정순둘(2016), 『노인복지론』, 경기: 공동체.
엄명용 · 김성천 · 윤혜미(2020), 『사회복지실천의 이해 5판』, 서울: 학지사.
이민홍(2016a), "고령화 시대의 고령자 복지전달체계", 『지방행정』 748: 30-33.
이민홍(2016b), "부산의 고령사회 특색과 시사점", 『2015년 부산복지통계』, 부산복지개발원.
이선혜 · 송영매 · 김민아 · 서진환(2018), "정신장애인 자기-스티그마 감소프로그램의 개발과 파일럿실행: 정체성 재구성을 위한 이야기치료의 적용", 『가족과 가족치료』(구 한국가족치료학회지) 26: 157-183.
이종복 · 이권일 · 김화순 · 오은경(2007), 『사례관리의 이론과 실천』, 서울: 창지사.
이호선(2012), 『노인상담』, 서울: 학지사.
임지영 외(2009), 사회복지관 프로그램 매뉴얼: 지역사회보호사업 사례관리 실천 매뉴얼, 서울특별시 · 서울복지재단.
정무권(2018), 복지국가와 사회적 경제: 사회적 경제는 복지국가 미래에 어떤 기여를 할 수 있는가?, 참여연대 사회복지위원회.
정순둘(2005), 『사례관리실천의 이해』, 서울: 학지사.
최해경(2020). 『노인복지론 2판』, 서울: 학지사.
함철호 · 이기연(2011), "공공영역 사례관리자들의 경험에 관한 연구", 『한국지역사회복지학』 38: 161-200.

Alexander Jr, R.(Ed.)(2009), *Human behavior in the social environment: A macro, national, and international perspective*, Sage.
Beaver, M. L. and Miller, D. A.(1995), *Clinical Social Work. Practice with the Elderly. Primarily. Secondary, and Tertiary Intervention.*, Dorsey Press.
Biestek, F. P.(1957), *The casework relationship*, Loyola University Press.
Calasanti, T. M.(1996), "Incorporating diversity: Meaning, levels of research, and implications for theory", *The Gerontologist* 36(2): 147-156.
Corey, M. S. and Corey, G.(2015), *Becoming a helper*, Cengage Learning.
Ferraro, K. F. and Wilmoth, J. M.(eds)(2013), *Gerontology: Perspectives and issues*, Springer Publishing Company.
Gilliand, B. E. and James, R. K.(1988), *Crisis intervention strategies*, CA: Brooks/Cole.
Gitterman, A. and Germain, C. B.(2008), *The life model of social work practice: Advances in theory and practice*, Columbia University Press.
Lee, M. and McPherson, J. (2024), "The Korean human rights lens in social work scale equips social workers to promote human rights in social service settings", *Journal of Social Service Research* 50(1): 107-114.
Leventhal, H., Leventhal, E. A., and Cameron, L.(2001), "Representations, procedures, and affect in illness self-regulation: A perceptual-cognitive model", *Handbook of health psychology* 3: 19-47.
Lim, S. C.(2012), "Intervention strategies for older adults with diabetes", *The Journal of Korean Diabetes* 13(1): 52-55.
Lubben, J. and Gironda, M.(2003), "Centrality of social ties to the health and well-being of older adults", *Social work and health care in an aging society*, pp. 319-350.
McDonald, P. A. and Haney, M.(1997), *Counseling the older adult: A training manual in clinical*

gerontology, Jossey-Bass Inc Pub.

Moxely, D. P.(1989), *The practice of Case Management*, Sage: London.

Moreira, L.(2018), "Health literacy for people-centred care: Where do OECD countries stand?", OECD Health Working Papers, (107), 0_1.

National Association of Social Workers(1981), "NASW working statement of the purpose of social work", Social Work.

National Council on Aging(2023), Evidence-Based Chronic Disease Self-Management Education Programs.

Richardson, V. E. and Barusch, A. S.(2006), *Gerontological practice for the twenty-first century: A social work perspective*, Columbia University Press.

Schneider, R. L., Kropf, N. P., and Kisor, A. J.(2000), *Gerontological social work: Knowledge, service settings, and special populations*, Brooks Cole/Thomson Learning.

Sheafor, B. W., Horejsi, C. R., and Horejsi, G. A.(1997), *Techniques and Guidelines for Social Work Practice*, Allyn and Bacon, Inc.

Simon, B. L.(1994), *The empowerment tradition in American social work: A history*, Columbia University Press.

Zastrow, C. and Kirst-Ashman, K.(2006), *Understanding human behavior and the social environment*, Cengage Learning.

—— 15장

국가인권위원회(2008),『노인분야 인권교육 교재』.

국가인권위원회(2018),『인권과 사회복지』, 인권교육센터 교육자료.

권중돈(2012),『인권과 노인복지실천』, 서울: 학지사.

권중돈(2016), "노인 인권과 사회복지실천", 한국노인복지학회 학술발표논문집.

권중돈(2018), 2018년 독거노인 친구만들기 사업매뉴얼, 보건복지부 · 독거노인종합지원센터.

권중돈 외(2014), "노인인권길라잡이", 국가인권위원회.

김경희 · 홍정훈(2019), "노숙인종합지원센터 사회복지사, 박샘의 이야기",『복지동향』제248호(2019년 6월).

김미옥 · 김경희(2011), "인권관점에 기초한 사회복지실천 경험에 관한 질적 사례연구",『한국사회복지학』 63(1): 29-55.

김용득 · 김미옥(2007), "이용자 참여의 개념 구조",『한국사회복지학』59(2), 39-64.

박경서(2012),『인권이란 무엇인가』, 서울: 미래지식.

배화옥 · 심창학 · 김미옥 · 양영자(2015),『인권과 사회복지』, 서울: 나남.

보건복지부(2023), 노인복지시설 인권보호 및 인권관리지침.

양옥경(2017),『사회복지 윤리와 인권』, 경기: 공동체.

양옥경 · 김정진 · 서미경 · 김미옥 · 김소희(2002),『사회복지실천론』, 서울: 나남.

엄태영 · 김유진(2014),『2014년 독거노인 친구만들기 사업: 효과성평가연구』, 보건복지부 · 독거노인종합지원센터.

이민홍(2017), "노인요양시설 인력의 문화변화 역량강화 프로그램 효과성 연구",『보건사회연구』37(4): 43-70.

한국노인복지중앙회(2013), "노인복지시설 인권매뉴얼", 보건복지부.

Fagan, R. M.(2003), "Pioneer Network: Changing the culture of aging in America", *Journal of Social Work in Long-Term Care* 2(1/2): 125-140.

Gruskin, S. Bogecho, D., and Ferguson, L.(2010), "Rights-based approaches to health policies and programs: Articulations, ambiguities, and assessment", *Journal of Public Health Policy* 31(2): 129-145.

Ife, J.(2008), *Human rights and social work: Towards rights-based practice*(Rev. Ed.), Cambridge, UK: Cambridge University Press.

International Federation of Social Workers(2012), Human rights: History of human rights. www.ifsw.org

Johnson, L. C. *and* Yanca, S.J.(2010), *Social work practice: A generalist approach* (10th), Ed. Boston, MA: Allyn and Bacon.

Lundy, C.(2011), *Social work, social justice, and human rights: A structural approach to practice*(2nd Ed.), Toronto, CA: University of Toronto Press.

Mapp, S.C.(2008), *Human rights and social justice in a global perspective: An introduction to international social work*, New York, NY: Oxford University Press.

McPherson, J.(2015), "Human rights practice in social work: A rights-based framework and two new measures", Doctoral dissertation, The Florida State University.

Nishino, T., Tsukuda, H., Matsubara, S., Ishii, S., Inoue, Y., Tachibana, H., Yamaguchi, K., Sima, L., & Mimasaku, U.(2024), "A scoping review of studies for senior nursing home planning in Japan-Trajectory of introducing private rooms and unit care system in nursing home", *Japan Architectural Review* 7(1): e12457.

Reichert, E.(2006), *Understanding human rights: An exercise book, Thousand Oaks*, CA: Sage Publications.

Rothman, J. and Mizrahi, T.(2014), "Balancing micro and macro practice: A challenge for social work", *Social Work* 59(1): 91-93.

United Nations Development Program(UNDP)(2003), The Human Rights-Based Approach to Development Cooperation: Towards a Common Understanding Among the UN Agencies.

United Nations Population Fund(UNFPA) and Harvard School of Public Health(2010), A Human Rights-Based Approach to Programming: Practical Implementation Manual and Training Materials.

Uvin, P.(2007), "From the right to development to the rights-based approach: How 'human rights' entered development", *Development in Practice* 17: 597-606.

Wronka, J.(2008), *Human rights and social justice: Social Action and Service for the Helping and Health Professions*, Los Angeles: SAGE publications Inc..

Zaviršek, D. and Herath, S. M.(2010), "I Want to Have My Future, I Have a Dialogue: Social Work in Sri Lanka between Neo-capitalism and Human Rights", *Social Work Education* 29(8): 831-842.

<웹사이트>

경기도노인일자리지원센터블로그 blog.naver.com/activesilver

고용노동부 www.moel.go.kr
교육부 www.moe.go.kr
국민건강보험공단 www.longtermcare.or.kr
국민연금공단 www.nps.or.kr
노인성치매임상연구센터 public.crcd.or.kr
노인생애체험센터 www.aging-simulation.or.kr
다음백과 100.daum.net/
매일경제 www.mk.co.kr
법무부공식블로그 blog.daum.net/mojjustice/8708557
법제처 www.law.go.kr
보건복지부 www.mohw.go.kr
보성군청 www.boseong.go.kr
부산동구노인복지관 www.hyojason.or.kr
사회서비스 전자바우처 www.socialservice.or.kr
삼성서울병원 우울증센터 www.samsunghospital.com
서울대학병원 www.snuh.org
서울시복지재단블로그 blog.naver.com/swf1004
서울아산병원 www.amc.seoul.kr/asan/main.do
오크 해먹 oakhammock.org
위키백과 ko.wikipedia.org
정의기억연대 womenandwar.net
질병관리본부 health.cdc.go.kr
충청남도청 www.chungnam.go.kr
통계청 kostat.go.kr
한국노인인력개발원 www.kordi.or.kr
한국생명존중희망재단 kfsp-datazoom.or.kr
한국시니어클럽협회 www.silverpower.or.kr
KOSIS 국가통계포털 kosis.kr
OECD Data data.oecd.org
OECD, Income distribution database data-explorer.oecd.org
OECD Statistics stats.oecd.org

찾아보기

ㅈ

ㅊ

저자소개

최혜지

실질적 자유를 평등하게 누리는 사회에 대한 소망으로 사회복지학을 공부했다. 건국대학교를 거쳐 현재 서울여자대학교 사회복지학과에 재직 중이다. 비판과 대안을 위한 사회복지학회장, 노인복지학회 회장을 역임했으며, 주요 저서로는 『이주민의 사회적 배제: 세대 간 전이와 민족 계급화를 중심으로』, 공저로는 『압축성장의 고고학』, 『연령통합: 새로운 사회구성의 원리』, 『한국 사회복지실천의 고유성』 등이 있다. 노년의 행복, 복지정치, 이주와 다양성을 주제로 연구하고 있다.

이미진

여성이 주로 노인을 돌본다는 사실을 알게 된 이후 노인복지에 대해 관심을 가지고 공부하게 되었다. 현재 건국대학교 글로컬캠퍼스 사회복지학과에 재직 중이다. 공저로 『노인을 위한 휴대전화 교육프로그램』, 번역서(공역)로 『기본소득, 존엄과 자유를 향한 위대한 도전』이 있다. 노인학대, 장기요양, 노인돌봄에 대해 주로 연구하고 있다.

전용호

광주 민주화운동 비디오를 보고 세상에 눈을 떠 사회학을 전공했다. 기자생활을 하다가 대학시절 소록도 자원봉사 경험을 추억하고 사회정책을 공부하기로 결심했다. 현재 인천대학교 사회복지학과에 재직 중이다. 비판과 대안을 위한 사회복지학회 학회장과 한국노인복지학회와 한국노년학회 부회장을 역임하였다. 연구 분야는 노인장기요양, 복지의 시장화, 서비스 전달체계 등이다. 공저로 『영국의 사회보장제도』, 『The Routledge Handbook of Social Care Work Around the World』, 『한국의 사회보험: 쟁점과 전망』 등이 있다.

이민홍

서울연구원의 노인복지실태와 정책 개발 연구(2002)에 위촉연구원으로 참여하면서 노인복지 연구를 시작했다. 현재 동의대학교 사회복지학과 교수로 재직 중이다. 대표 저서로 『노년기 돌봄학 이해』, 『사회복지 프로그램 개발과 평가』(4판), 『노인복지상담』 등이 있다. 한국노인복지학회와 한국노년학회 편집위원장을 역임했다. 미국사회복지행정학회지 우수논문상 수상(2007), 한국연구재단 사회과학 우수논문 선정(2008, 2015), 교육부 우수연구자 부총리 표창(2018)을 받았다. 현재 인권관점 노인복지실천, 지역사회돌봄, 장기요양을 중심으로 연구하고 있다.

이은주

인간다운 삶을 모두가 누릴 수 있는 세상을 고민하다 사회복지를 공부하기 시작했다. 국민연금의 성숙기에 공적연금 강화 방안에 몰두하였다. 2018년 제4차 국민연금제도발전위원회에 참여했다. 참여연대 사회복지위원회 실행위원, 연금행동 정책위원, 사회복지연구소 물결 연구위원으로 활동 중이다. 공저로 『국민연금 가치 선언』, 『국민연금기금의 투자전략과 지배구조』가 있다.